THE THIRD REICH: A NEW HISTORY

第三帝国

（英）迈克尔·伯利/著
李广才/译

長江出版傳媒 | 长江文艺出版社

作者介绍

迈克尔·伯利（Michael Burleigh），英国杰出的历史学家，卡迪夫大学现代史教授，曾在牛津大学、伦敦经济学院、斯坦福大学任教，著有《种族国家》、《死与生：纳粹德国的安乐死》、《道义与灭绝》等，作品已被翻译为35种语言。2001年以畅销书《第三帝国》荣获塞缪尔·约翰逊奖，2012年获得诺尼诺国际当代大师奖。他为《泰晤士报》、《每日邮报》、《立场》等报刊撰写了大量文章，他编导的纪录片《推销杀戮：第三帝国的杀人电影》荣获英国电影学院奖。他的新作《道德战争》被《每日电讯报》誉为伟大的二战史。

内容简介

1933 年，希特勒及其领导下的纳粹党上台，建立了纳粹德国。在他的统治下德国经济有所复苏，大量资金被用于军事，这个新的帝国宣扬民族主义，对犹太人推行丧心病狂的种族灭绝政策，并实施非人道的优生绝育政策。1939 年，纳粹德国入侵波兰，挑起第二次世界大战，迅速占领了欧洲的大部分国家。

1941 年 6 月，德军入侵苏联，斯大林领导下的苏联人民奋起抵抗。刚愎自用的希特勒不顾严寒强令军队拉长战线。1944 年，盟军在诺曼底登陆开辟了欧洲第二战场，腹背受敌的德军渐显颓势。1945 年 5 月，同盟国最终取得了胜利，罪行累累的第三帝国覆亡。

迈克尔 · 伯利将纳粹德国置于整个欧洲的背景中，揭示了第三帝国对民主、正直和宽容的背弃如何在当时的欧洲蔓延开来，展示了这个极端的伪宗教运动如何在一个蛊惑人心的怪人统领下，给深受一战、大萧条、恶性通货膨胀折磨的德国带来了看似有效的“解药”。伯利没有单纯从社会、政治和经济的角度看纳粹德国，而是把它们都融入一幅全景图：一个国家陷入了宗教和救世主式的狂热。

这本权威的单卷本第三帝国史，探究了纳粹主义为何能引发众多德国人的癫狂以及“对正派行为的逆袭”，对德国平民的心态有着细致的捕捉，是一部透彻、敏锐、宏大的当代史杰作。

图书在版编目（CIP）数据

第三帝国 / (英) 伯利著 ; 李广才译. -- 武汉 : 长江文艺出版社, 2016.8(2023.3 重印)
ISBN 978-7-5354-8143-6

Ⅰ. ①第… Ⅱ. ①伯… ②李… Ⅲ. ①德意志第三帝国—史料 Ⅳ. ①K516.44

中国版本图书馆 CIP 数据核字(2015)第 124234 号

责任编辑：王天然　　责任校对：毛季慧
封面设计：天行云翼　　责任印制：邱　莉　胡丽平

出版：长江出版传媒　长江文艺出版社
地址：武汉市雄楚大街 268 号　　邮编：430070
发行：长江文艺出版社
电话：027—87679360
http://www.cjlap.com
印刷：三河市百盛印装有限公司

开本：710 毫米×960 毫米　1/16　印张：25.5　插页：8 页
版次：2016 年 8 月第 1 版　2023 年 3 月第 2 次印刷
字数：418 千字

定价：88.00 元

魏玛共和国首任总统弗雷德里希·埃伯特,曾尽力在一定程度上将战败德国的秩序恢复正常。

1934年,警察头目与党卫军人物,包括未来恶名昭彰的几人。

前排左起:库尔特·达鲁埃格(治安警察头目)、党卫军全国领袖海因里希·希姆莱、埃哈德·米尔希、弗雷德里希-威廉·克鲁格(他即将成为波兰"中央政府"高级党卫军和警察头目)、党卫军队长冯·舒茨;后排左起:党卫军上将沃尔夫、警察局长博宁、莱茵哈德·海德里希(后执掌帝国中央安全局,策划了欧洲犹太人的大屠杀)。

每年11月9日在慕尼黑纪念1923年暴动丧生纳粹"烈士"是党的议程中平庸的低潮。这张1937年的照片显示希特勒和戈林跟随"运动"的"血旗"行进,扛旗者为尤利乌斯·施特赖歇尔。道旁排列的标塔上刻着暴动中死者姓名,塔顶的坛内冒着黑烟。

1938年3月纳粹德国吞并奥地利共和国。这一事件引发了无数反犹暴行，尤其在维也纳。图片显示一名男孩被迫涂抹丑化他父亲自己的企业。

有时，极权主义政权被称作“园丁国家”，试图通过消除被它们认作“外来”或“不适合”的人们，让“适者”繁荣昌盛。图上显示的是第三帝国最高级“园丁”，海因里希·希姆莱20世纪30年代末在市场上的花园里欣赏一株郁金香。

首届维希政府。贝当首排居中,拉瓦尔站在他的左边,魏刚站在他的右边。

1941年夏,炙烤大地的灼热中,开始了多国部队对苏维埃帝国的入侵。希特勒及其多数将领想象可以在数周内赢得战争。结果却是四次残酷的冬季战役后,红军胜利占领柏林。

德国犹太画家菲利克斯·努斯鲍姆在法国南部集中营内受尽折磨之后，秘密在比利时生活。在画作《胜利的死神》中，他将自己描绘为中间偏右的风琴演奏者，他生命中的许多重要物件都展现在底部的雕带内。这幅画完成后不久，努斯鲍姆与妻子又被逮捕，并被送至奥斯威辛，两人1944年8月命丧于此。

原驻罗马大使、杰出外交官乌尔里希·冯·哈塞尔。他对纳粹政权提出严正批评，因卷入1944年7月20日的炸弹密谋而被处死。

从“自由欧洲”及英美两国招募的盟国空军空乘人员在扰乱德国经济和迫使德国将本可用于东线的庞大资源用于国内防御方面发挥了至关重要的作用。此处，美军飞行员在1944年6月进攻诺曼底前执行任务返回途中。

媒体评论

本书是最高水平的作品———尼尔·弗格森最近指出，该书是真正天才史家的成果，这一论断无可辩驳。难以想象还会有比本书更透彻、更敏锐、更宏大的当代史著作。

———《金融时报》

对那个恐怖时期做出了富有可读性和高度知识性的叙述……书中若隐若现的愤慨使其读来令人为之一震……你永远不会对这部非凡著作感到厌倦。

———安德鲁·罗伯茨，《星期日邮报》

他的评论显然通俗易懂，深入浅出，场面宏大……毫无矫揉造作，充满人性关怀。

———《泰晤士报文学增刊》

本书的创作经过辛勤探索，其中史实可靠，论断睿智，证明了神话、自诩为救世主的统治者和乌托邦信念在历史上所能引发的恶果。贯穿全书的血红色主线大抵是由这些要素织就，作者称之为需要汲取的教训，表现出良好的意愿。

———约阿希姆·费斯特，《法兰克福汇报》

贯穿全书，伯利都对细节，对为希特勒欢呼、服务的人们面对的痛苦的人性抉择这一灰色地带表现出一种异乎寻常的兴趣。

———弗尔克尔·伯格翰，《纽约时报》

纳粹主义为何能够在众多德国人当中引发狂喜，为何竟能颠覆常态行为模式———伯利称之为“对正派行为的逆袭毳，伯利提出的宗教隐喻是理解该问题的重大关键。

———《旁观者》

英国历史学家迈克尔· 伯利得出一个令人信服的论断，德国当时处于阿道夫·希特勒主导的新的、阴暗的宗教魔咒的控制之下…… 在这部生动的作品中作者尽力成就了一位有良知的史家的职责，写明了在希特勒的带领下，德国人是如何一步步滑入罪恶深渊的。

——《波士顿环球报》

迈克尔·伯利大而全的历史实际上颇受欢迎。在独创性、宏大视角和雄心方面，该书都无与伦比。我预计这部非凡的著作在未来的许多年内都将无人能及。

——奥默·巴尔托弗，《新共和》

该书不仅是世界所有语言中最为权威的单卷本第三帝国史巨著，而且是一部独创性、诠释性的著作，其中结合了平铺直叙的史实，严谨的分析解释，坚定的知识分子道德判断，以及令人信服的创见。

——迈克尔·安德雷·伯恩斯坦，《洛杉矶时报》

伯利的理论线索朴实无华，却十分可取，而且他对德国国家转型的描述也富有洞见……书中贯穿着恰如其分的分析。

——《天主教先驱报》

一部当代经典……伯利的这部著作是了不起的杰作。他是杰出的历史学家，也是有格调的作家。尽管本书是一部长篇巨制，但仍令读者爱不释手。

——《耶路撒冷邮报》

表现了作者掌握的有关第三帝国的海量知识。他对二战之前的德国的描绘令人叹为观止。

——马克斯·黑斯廷斯，《旗帜晚报》

伯利生动再现了纳粹时代的一幅全景画，强烈地表达了希特勒政权导致的道德沦丧达到了史无前例的程度。

——《新苏黎世报》

迈克尔·伯利创造了现代经典……本书是一部杰作。

——《华盛顿时报》

浮士德：暴民鱼贯而上撒旦的宝座；
　　　我将从那里了解我前所未知之事……
梅菲斯托费勒斯：全部暴民鱼贯而行，大步向山顶攀登：
　　　　　　　以为自己推动别人，而自己也不情愿地受人推动

约翰·沃尔夫冈·冯·歌德《浮士德》

当人民从宗教信条出发做恶事时，会比任何时候都做得更加彻底，更加兴奋。

帕斯卡《思想录》

不论它们使用多么现代的术语，如何实际的战术，斯大林主义和纳粹主义都遵循一个古老传统——令我们这些旁观者万分迷茫的是，它们和中世纪千年至福的预言家有着如此相似的特征。

诺曼·科恩《千年至福的追求》

目　录

引言　“对灵魂犯下的极端暴行”
纳粹主义、政治宗教和极权主义　1

1　魏玛共和国：1918—1933 年　15
异端的跋涉　34
信仰者之中　44
大规模失业　57
直面惨败　69

2　“贝克小姐，小心您的头，
您在摇头”：法治的终结　71
警察的舞会　76
月之暗面　87
优雅国度　91

3　更换桥梁：新的时代，新的人　99
自以为是的政治　104
褐色崇拜和基督徒　110
入侵与受害　121

4　德国犹太人和他们的邻居：
1933—1939 年　128
大迫害　156

5　“清除昨日思维”：
人种改良和“安乐死”　170
医学化大规模谋杀　192

6 “丹麦人不是波兰人，而是条顿人”：
欧洲的被占与通敌，1939—1943 年 208
东欧、西欧和巴尔干 216

7 战线过长的闪击战？德国对苏联的入侵和占领，
1941—1943 年 246
战争外的罪行 259
其他人的战争 270

8 “铁血时代的铁扫帚”：
对犹太人发动的种族战争 291
驱逐和遣送 292
针对苏联犹太人展开的幻象 306
幻象尽显：全欧范围的“大屠杀” 324

9 “只要上帝愿意，扫把也可当枪使”：
德国境内的抵抗，1933—1945 年 346
左翼复苏，重新结盟 346
“充满原始活力”的激励和右派 349
犹豫不决的将军们 350
未捷身死的上校们 357

10 “在电影中饰演角色”：
战争与和平，1943—1948 年 366
美国世纪 366
苏联人来了 375
炸弹之下 379
神话的诞生 386
缔造和平 394

引言“对灵魂犯下的极端暴行”

纳粹主义、政治宗教和极权主义

一小撮德国精英和广大普通民众选择放弃他们个人与生俱来的批评本能，而去追寻一种建立于信念、希望、仇恨，以及寻求他们自己种族与民族利益的、情绪化的集体自尊基础上的政治体制。本书要讲述的正是在这一时刻所发生之事。因此，这是一个具有 20 世纪特征的事件。

本书涉及的是欧洲中心地带的一个发达工业社会在道德上逐渐以致几乎彻底的崩溃，其人民放弃了为自己着想这一负担，反而热衷于乔治·奥威尔所称的翻版部落文化中的手鼓的擂打。他们相信了恶人，因为恶人做出了承诺，要带领他们大步跃入宏伟的未来，同时使德国本国以及现代社会普遍的问题在暴力之下都迎刃而解。这给德国、欧洲和更广阔的世界造成的后果都是灾难性的，但远不及给欧洲犹太人造成的灾难：他们被肆意大规模屠戮，今天我们公正地认识到这是现代史上罕见的恐怖事件。

从局部看，德国遭遇了其在 20 世纪中的第二次重大惨败。用德国公民的生命为大众的愚昧和傲慢野心付出了代价，不管是由于他们直接犯下了恐怖罪行，还是由于道德上的冷漠与无知。在更广泛的意义上，其他民族也受制于对暴力罪行的妥协、被占领下的屈辱和恐惧，还有强制劳动和奴役劳动，而对欧洲犹太人而言则是大屠杀。在四年多的时间里，盟国的文化和生产资源都不得不倾斜用于击退和摧毁一个仇视文明、自由、人道、仁爱和容忍性价值观的政权，而这些价值观恰是我们所珍视的。敌托邦式的解决德国多重问题的应急之计，最终导致了约 5000 万人在冲突中丧生，欧洲用了半个世纪才从战争后遗症中完全康复，因为疗伤与和解不是短时间内能够完成的。在这个意义上，本书事关纳粹德国（及其意识形态上的同伙）之外更为广阔的国际环境，这一点已被许多以欧洲为研究视角的德国学者所忽视，因为他们无可厚非地全神贯注于本国的历史遗产。没有任何理由让有关这一时期的史学学术议程都无一例外地产生于德国，不论德国的学者为了解和理解他们当代史中这一晦暗的时期做出过多大贡献，但从更深层的意义上说，这一时期不仅是他们“自己”的历史。

虽然本书对希特勒及其党羽所犯下的终极恐怖进行了一定的思考，但这不仅仅集中于大规模屠杀，此事也许已经并不那么神秘。对此事的过度关注本身就表现出颓废的感官嗜血欲望，而令人遗憾的是，这一点正是当代探究这一主题的部分兴趣所在。作者声言自己对参加大屠杀和大破坏的个人背后动机并无特殊的见解，自从人类历史肇端以来，人们对这种行为已经有了充分的解说。古典文献、《圣经》、莎士比亚或陀思妥耶夫斯基等人的作品可以当作当代史学家的创作指南。在这个意义上，本书进入主题之前就规避了过度宏大的预期。

事实上，《第三帝国》是对一个发达工业社会在长期内，更加微妙的道德崩溃与转型的描述，敏锐的观察家可以在一定程度上预见这种崩溃与转型的后果。群众受精英人士中一小撮无良自私者的鼓动，他们逆流而上，罔顾善良真理和疑惑，信任了希特勒这个跳梁小丑，当他发现他对世界的仇恨可以无限推广的时候，他自身可怜的存在也就有了意义。历史哲学家埃里克·弗格林曾将这些群众称作“邪恶暴民”。遭受惨败和持续危机折磨的许多德国人，从希特勒精心选择实施的一系列措施中也看到了他们理想中的自身形象。正如希特勒的第一个也是最重要的传记作者康拉德·海登在1944年写到的：“人民在做梦，预言者告诉他们梦见了什么。”我之所以说“许多德国人”，是因为还有别的人，如海登、弗格林，他们的本能、人性或见识都禁止他们心存疑虑，换言之，他们的核心政治或宗教观都阻止他们落入新野蛮状态的深渊。他们二人都死于流亡途中，分别在马里兰州和路易斯安那州，但他们代表着数不清的其他人，被驱赶到布鲁克林、佛罗里达或土耳其。这些人的存在让那些信任希特勒的人们更加触目惊心地暴露了其无以复加的愚昧，尽管这会让人们不加区别地谴责所有德国人。

本书并非是首次从政治宗教或极权主义角度研究纳粹主义，只是20世纪90年代初以来，这两种研究方式再度成为时尚，其指导思想更多地得益于许多哲学家、政治科学家和文化思想史学家，而非普通的研究相关主题的史学家之流。因此，书中重申一个重要的学术传统，即试图去辨别那些有关希特勒是否和其侄女有染，是否喜爱他养的狗，或是否为温莎公爵及夫人做过计划等表面叙述底层所蕴含的纳粹现象，而海登和弗格林却对这类细枝末节的问题毫不在意。因为不论多么不合时宜，严肃的学术问题会完全埋没在病态矫饰的雪崩之下，而由此流传的平常琐事在六七十年之后仍然不见减少，此事本身就日益为高深的当代观察家带来不安。我们现在从对我们自身时代与文化的思考中，转向使本书内容、核心焦点及结构成型的思想观点的探讨。

古代经典著作为我们造就了许多政治语汇，给我们留下了诸如民主、专制、独裁和暴政等术语，而这些术语有时却不足以描述某些具有挑战性的新情况，促使评论家搜索新词，有时无功而返。亚历西斯·德·托克维尔在尝试尽力去描述北美民主时，就遇到了这一困难：

> 那么，我认为民主国家面临的压迫类型，不同于过去任何时候曾存在过的压迫；我们同时代的人们在其记忆中无法找到这种压迫的原型。我要寻找一个能够准确表达我对此形成的全部思想的词汇，却无法找到；“专制”和“暴政”都不合适：该事物是新的，既然我无法为其命名，我就必须去定义它。

20 世纪 20—30 年代，西、南欧和苏联发生着巨大变化，同时人们对这段历史进行了系统性思考。

仅仅过去十余年之后，生活在纳粹德国的人们也开始了类似的思考。例如，1934 年 7 月 14 日，德累斯顿语文学家维克托・克伦佩雷尔和妻子埃娃讨论了屋外扩音器中轰鸣传来的希特勒的演说。克伦佩雷尔写道：“这是疯狂布道者的声音。埃娃说：像约翰・范・莱登。我说：像里恩佐。”他选择的是瓦格纳早期歌剧的一个主人公。

埃娃・克伦佩雷尔并非唯一一个将希特勒与 16 世纪的再浸礼教派对比的人。另一位日记体作家，后来死于达豪集中营的遁世贵族弗雷德里希・雷克-马勒策文也进行过同样的比较，他于 1937 年对希特勒作了一番描写，将之描绘为 16 世纪在明斯特施行恐怖统治的再浸礼教派领袖约翰・博克尔松。其著作的副题为《大众疯狂史》。诸如此类的当代声音会在本书内反复回响，因为这些声音所表现的眼界和见识有时超越了那些以方法论教条或理论见长，而缺乏时代精神的当代史学家和评论家。与宗教类比也打动了那些拥有比阴郁的雷克-马勒策文更平静的世俗世界观的人们。1937 年 4 月，一位匿名作者在布拉格为流放的社民党领袖编制了一份非同凡响的报告，写到了纳粹与基督教会之间的“斗争”，紧随报道过意大利法西斯和德国纳粹主义的早期作家，该报告作者直白地将纳粹主义比作世俗化的宗教。他称结果会造就“教会国家”或“反教会国家”，带有自身毫不宽容的教条、牧师、神圣仪式，以及完全地解释过去、现在和未来的术语体系，并要求其追随者不动摇地彻底奉献。只有默许还不够；这种政权要求其民众不断地给予肯定，并表现出激情。本“引言”及全书中都将探讨此类观点中的某些内容，但是该报告的作者还引导我们去关注从一战到二战后西德民主建设的其他内容。

该报告的作者为纳粹所施行的道德转型创造了一个令人瞩目的隐喻，这一观念在现代历史创作中几乎仍付阙如，这体现着社会科学不进行价值判断的观点，仿佛道德就是说教，而并非天然存在于人类状况和哲学对其的反映之中。该报告作者将纳粹试图对德国社会进行的道德转型比作建造一座铁路桥。工程师们无法仅仅摧毁现存的框架，因为这会对铁路交通造成冲击；相反，他们缓慢地更换每个螺丝，每根大梁和钢轨，工作进行的同时，飞驰的列车上的乘客不会将目光从手中的报纸上移开，然而终有一天，他们会发现旧桥不在了，一座崭新的大桥早已取而代之。纳粹“道德”出现之前，从未出现过如此连贯、紧凑的体系来抗衡犹太教—基督教道德或实用主义道德，而这事实上却是缺乏普适性的极端民族主义。然而其中的暗示也令人忧心忡忡。

将政治运动看作具有礼拜仪式、仿神学和善与恶的类宗教或代宗教，由来已久。较早之前，托克维尔曾将法国革命比作“宗教复苏”，称之为“一种宗教”；它“如同伊斯兰教一样，有其信徒、战士和殉道者，踏平了整个世界”。由于对立的原因，罗伯斯庇尔也同意这种观点。在试图让其信徒中的怀疑者和灭亡论者绝缘革命时，他写道：“能够消除或取代这种［怀疑论］有害本能的，能够弥补人类权威不足的，就是印在我们灵魂深处的宗教本能，由高于人类的力量赐予人类的道德准则进行裁决。”这并非政治无法企及的煽动群众热情的极端伎俩，更不是要篡夺神圣话语权、仪式权以提高士气。因为这些雕虫小技简直微不足道，因为毕竟在发达民主国家和发达专制政权中，说教和自以为是的正义都已司空见惯。然而，这反映了一种观念，认为上天已降下某种特别的社会秩序，以使幸福常驻世间。任何反对这种信念的人不仅有错，而且参与了魔鬼的阴谋。这种指责发源于犹太教与基督教内部，及两者之间最初的冲突，撒旦开始只是试探人类的天使，后转型为邪恶的化身，潜伏于任何异端的表象之下。反对者不仅是受到了误导，因而无法劝说，只能灭绝，但他们所做的仅仅是生存。

那些根本没有民主或其民主令人生疑的帝国与国家，常常披上宗教的外衣，这让从那不勒斯到波兰的以救世主自居的民族主义者颇为懊恼，因为他们眼中的民族国家正是获得日常的类宗教式肯定的国家。集中关注民族与国家或某种价值观的公民宗教，曾在 19 世纪的欧洲和自诩为现代以色列的北美十分普遍。它们夸张的实体存在点缀着许多欧洲城市的中心地带，这一点任何曾在罗马市中心登上犹如婚礼蛋糕的维托里奥·埃马努埃莱二世纪念碑的人都会认可。当时，如意大利的统一日和德国的色当节等民族庆典日也流行一时。从本质上看，这些纪念碑与纪念日对于救世主式民族主义支持者而言，显得空洞而缺乏灵魂，他们需要让人民永葆高涨的热情；他们还认为现代民族国家在应包含哪些人、排斥哪些人、代表谁的利益方面漏洞百出。被排除在外的最大群体——劳工，全部或部分地组织起工会或政党。劳工自身也形成了另类的狂热崇拜仪式，而他们所坚守的意识形态信条却是激进地反宗教的。处于正式公民宗教边缘地带的人民由伟大善良人物支配，但他们也敌视有组织的劳工，常常构成法西斯主义或纳粹主义的潜在力量。

一战，有着巨大影响力的灾难，为 20 世纪大多数的恐怖埋下伏笔。本书从一战开始，埃米尔·涂尔干认为它所造成的情感波动如同宗教体验中的必要过程。大战及其引发的失常后果加强了政治学中的类宗教学派的复兴，在极端危机时代展现出最大的感召力，正如中世纪的千年至福说或审判日前需要等待千年的信仰，会在社会大变动、大紊乱中兴盛一时一样。死者悲痛欲绝的亲人会来到每个城市或村庄矗立的纪念碑前寄托哀思，这些纪念碑用金石记述了过去的英雄史诗。真正无法表达哀思的人们会在精神世界中寻找答案，观看照片贩子“捕捉”到胶片上的行进中的士兵们犹如幽灵般的影像。这些幻象和诱惑在政治上都有其同类。一战拖垮了自由文明，而恰是自由文明导致了一战的爆发，这就使某些人逃离战争的混乱和恐怖，转入世界大同的共产主义，以继续 1789 年未能实现的承诺。虽然欧洲的极端保守主义使一战提前爆发，但战争、混乱和革命的组合，也在大量的死亡之中延续了生命，毕竟新一代蛊惑人心的救世主们，残暴、自觉，能操纵别人，却下定决心不去重蹈前人的覆辙。

这些虚伪救世主最初的使徒只是一伙亡命之徒，但在真正冲击到人们存在感的本体论危机的影响之下，他们迅速在人民大众中扩展，为他们提供鼓舞的是法国革命以来所未见的强烈情感投入，还有在战争或危机中才会出现的间歇性高涨的民族热情。意大利法西斯分子和德国纳粹主义者，及其在整个欧洲范围内较为次要的模仿者们，都支持信仰的政治，并将他们的偶像、扈从符号和卐字供奉在已经部分建成的民族主义神坛上，并使用大量的爱国语言表达其诡异的目标。传统主义者可以被吸引到这里，因为这里有他们相当熟悉的东西，标新立异者因同样的原因，也被吸引而来，同样被吸引来的还有那些已将暴力当作一种生活方式，一种怀旧念想，或有洗刷罪孽的伪哲学的人们。

战争阵亡者们悲戚的墓园文化，已转变为好战孑遗们的狂热崇拜，其中一战的被难者们与极右翼势力自己恐怖暴行导致的伤亡者无缝衔接，然后这些死者就会在宏大的仪式上，以严整的步伐走入永恒的荣光。其中留下的矛盾无人评说，无人探究。青年的病态取代了哀伤。令人生畏的大众伤感，加上愤怒、恐惧、仇恨和自怜，取代了寻常的正派政治、实用主义、财富和理智，以及国家命运应由独立个人做出的主权判断来决定的思想。对于本能的信念、信仰、情感和服从，带来了辩论、怀疑和妥协。人们情愿去屈从于群体或群众情感，包括昭然若揭的肮脏丑恶的种群心态。在虔诚的信仰者中，一个春天永驻、遍地英雄和恶魔、充满火与剑的神秘世界——保育园中的幻想，取代了现实；更确切地说，是侵犯了现实，让犹太人、斯拉夫人、资本家和富农的野蛮形象占尽了人们的想象力。这是儿童政治游戏，而成人却乐此不疲，他们厌倦了战后平淡的自由民主氛围，百无聊赖，因此即使要他们以个人自由为代价，他们也愿意将英雄姿态和英雄政治当作一种剧场特技加以接受。在更严格的意义上，这种政治形式十分现代，强调形象和民族感情，因为欧洲的煽动家们都狡猾地知道他们制造群众信仰所需要的操纵技巧，他们知道群众、旗帜、歌曲、符号和色彩所能产生的影响力。这些人是政治艺术家。

1922 年意大利法西斯政权和 1933 年德国纳粹政权的出现，标志着对这些政治宗教严肃思索的开始，也正好结束了其存在的传闻性直觉。关注此事的思想家常常是那些对用唯物观解释政治现象十分不满的人们，或是那些认真对待思想的人们，他们不认为思想从属于“事实”或所谓的“更深层”社会经济结构，仔细探究之下，这种结构无法说明任何问题。正如罗素写道的：“要了解布尔什维主义，仅仅知道事实是不够的；培养新精神的共鸣或付出想象很有必要。”

20 世纪最早倡导将政治运动看作宗教的学者有德国天主教徒瓦尔德马·古里安（1902—1954 年）和埃里克·弗格林（1901—1985 年），他们于 1937 年和 1938 年相继逃离德国，分别来到圣母院和路易斯安那州立大学执教；法国伟大的自由保守派思想家雷蒙·阿龙（1905—1983 年）；以及雅各布·塔尔蒙（1916—1980 年），他是工作于英国和以色列的波兰籍犹太人，就这些问题曾写过重要但存在缺陷的三部著作。在法国、美国和德国，对于弗格林和阿龙思想的研究方兴未艾；在以色列境外，一定年龄的学术人士了解塔尔蒙，而古里安却几乎被人们遗忘，尽管他写作了不少关于布尔什维主义的佳作。

其中的某些思想家，各自或多或少地不愿被看作“保守派”，他们亲身体验过极权主义现实的经历。拿弗格林来说，他于 1937 年发表了两部著作：《知识历史中的民族思想》和《民族与国家》，但这两部书很快就不见了踪影，因为其中不仅强调了纳粹民族理论在科学上的不足，还将纳粹主义与自由主义和马克思主义相提并论，认为这些都是在更广阔层面上精神抑郁的症状。他的下一部著作《政治宗教》，将纳粹主义描绘成现代固有的异端，即就在此时此地承诺救赎；该书甫一印成，就被盖世太保收缴。盖世太保开始到弗格林家中骚扰他和妻子，没收了他收藏的《共产党宣言》等违禁书籍，但当他提议是否也将希特勒的《我的奋斗》一并收走时，却被盖世太保婉拒；他后来不无讽刺地提到，他的提议只是反映了他广泛的学术兴趣所在。盖世太保试图没收他的护照，又在他的屋外安插一名暗探时，弗格林决定逃到瑞士，进而逃往美国。这些人并非是在论证法西斯主义、纳粹主义等同于宗教，因为它们都缺乏佛教、基督教、伊斯兰教或犹太教的深度，而且它们集中关注的也不是超越宇宙的存在，泥潭中也有水，但它不是海洋。弗格林认为所有这些政治运动都是因为世界上缺乏宗教而造成的后果；他认为世界已经腐朽了，类似于此时此地救赎的基督教异端思想，融合了后启蒙时代社会转型的教条而大行其道。希特勒和墨索里尼都未将“君权神授”作为其政治使命最终合法性的来源。然而，政治宗教都强调“现世”，这也是其与旧基督教的区别特征之一，但政治宗教试图取代基督教的价值观，也与教会进行各种交易。它们的功能也与一般宗教不同，除非人们将这些政治宗教激发的热情等同于对足球队的崇拜。事实上，它们夸张地模仿了宗教信仰的根本模式，在现代社会中集体被神圣化，如阶级、民族或种族已经在一定程度上取代了上帝而成为大众热情膜拜的对象。一个统一的国家，清除了一切种族或政治污染，在外部看来毫无道德缺陷，变成聚集在一起的衷心信仰者，在倾听新“领袖”动情的有力演说；一名当时的意大利人曾将此描述为“对人类灵魂犯下的极端暴行”。

关于法西斯主义和纳粹主义的这种思考方式不但从未没落，反而显现了日益强大的迹象。在20世纪60—70年代，诺曼·科恩、乔治·莫斯、詹姆斯·比林顿、詹姆斯·罗兹、汉斯-约阿希姆·加姆、乌里尔·塔尔和克劳斯·冯东等人都借此展开了重要的研究，而“信仰政治”的普遍属性得到哲学家迈克尔·奥克肖特的关注。塔尔英年早逝，莫斯活到暮年，他们两人的作品都对本书产生了重要影响。对于政治宗教的研究兴趣目前在许多国家得到复兴，索尔·弗里兰德、菲利普·伯林、埃米利奥·让蒂勒、迈克尔·利、克劳斯-埃克哈德·贝尔施、汉斯·迈尔、尤里乌斯·舍普斯和让-皮埃尔·西龙瑙等范围广泛的历史学家对此做出了巨大贡献。政治宗教也引起了人类学家的兴趣，虽然他们的全球视角常常淡化了有意义的比较。不幸的是，对政治非理性的研究变得过于理性，也可以说是受到了貌似理性的解说方式的欺骗，这一点不乏先例。

和海量的其他历史文献有其分类一样，关于政治宗教的历史文献也有其分工。一类研究涉及的是各类政权如何利用神圣语言和仪式，即使它们自身都对宗教深恶痛绝。在这一层面上这样看待纳粹主义最容易理解和把握。最新出现的一类研究课题研究对象是政治宗教对道德产生的作用，虽然摒弃造福人类数千年的价值观的后果无一例外都是灾难性的，但仍有某些人，因无法消除阶级或种族印痕，不能被改造成新人，而被抛弃或谋杀。这里史学家使用了传统的历史编年学，因为道德气候有着模糊的边界，生活在20世纪60年代或80年代的人们与其生活在1914—1918年或30年代的先辈们一样，都会对他们所处的现实环境进行评价。学者们对各个时代中个人的抉择产生了日渐浓厚的兴趣，为海德格尔、海森堡或施佩尔等人撰写了引人入胜的新传。人们还对纳粹统治下人种改良对医疗道德的影响很感兴趣，纳粹在东线战场上将普通人转变为半人的捕食者；对慈善的利用、职业道德以及对社会正义的追求都引发了人们的兴趣，纳粹利用这些方式来转移国内人民的视线，激励他们，回报他们。但在更广泛的意义上，我们也可以说极权意识形态本身也遮蔽了传统宗教的信仰模式，因为一旦权力被送入精英集团手中，不管是基于所谓的天然优越性还是只有他们能够代表劳苦大众的说法，那么拯救不久就会来到。

纳粹意识形态从民族本体论危机出发展开救赎，这种危机吸引纳粹就如同鲜血吸引食人鲨一样，本书第一章试图表现这一绝望与失望的气候，以表明为什么是纳粹主义运动，而不是更为传统的政党引得民众趋之若鹜。当时德国千疮百孔，隔阂日深，社会动荡，经济停滞，纳粹此时提出的极具包容性的政策使这个浸透着物质利益的社会中的人们似乎感受到一种崇高理想，一种民族使命。而汉娜·阿伦特所称的极权主义意识形态的“第六感”为表象之下“真正”发生的畸变提供了简明的诊断，由此人们更倾向于相信是潜伏的力量造成了德国战后的动荡。所有人都要做的就是信仰上定量飞跃；统一一致的国民自信是解决一切世俗问题的法宝。正如墨索里尼和希特勒都曾说过的，信念真正具有移山之力。

虽然纳粹自欺欺人地使用具有实用理想的语言，也能够进行精确的算计，但它已踏足条顿神话的非理性黑暗世界之中，在这里人们从正面看待英雄末路，这里的赌注是一切，也可能是一无所有——国家与民族的救赎或毁灭。

纳粹意识形态具有宗教内容的说法似乎遭遇了事实的抵触。1938 年 9 月希特勒指责了身为党卫军首领的海因里希·希姆莱和即将成为该党意识形态领导人的阿尔弗雷德·罗森堡，因为他们试图将纳粹主义解说成一种宗教崇拜。希特勒提醒他们：

> 纳粹主义是基于最广博的知识及其精神表现的冷静的、高度理性的研究现实的途径……纳粹主义运动不是狂热崇拜运动；而是一种脱胎于纯种族本性的思考形成的民众的政治哲学。这种哲学不提倡神秘主义的崇拜，其目标是培养并带领由其血统决定命运的民族。

希特勒担心羽翼丰满的宗教会独立于他发号施令，而他必须是一切教条权威的唯一来源，他还担心这会激怒基督教会，使其放弃对政权的支持；令人难以置信的是，教会认为该政权在魏玛共和国烟消云散后一直致力于恢复权威与道德。事实上，假如纳粹取得持久胜利，那么他们所支持的一切将注定被毁灭。但希特勒也承认，纳粹主义不只是实用生物学，而且表现了上帝揭示的永恒科学法则，反过来也充满了神圣的属性。这里的科学和属性再次被施加了魔法：简洁与活力相容，宗教与科学相容，青年病态与生机论相容。纳粹的种族主义并非只是伪科学走火入魔的产物，更不必说可以指控整体“科学”的事物了，因为如果没有了科学，我们势必会更加贫困。给种族主义罩上科学的光环有其好处，不论是为了掌控当时所谓的不断上升的知识分子力量，还是为极端而非零碎地解决种族“问题”寻找理由。正如人们常说的，援引寄生虫学术语蕴含着无情的逻辑和极端性，而纯净的热情常见于那些在“铁血时代”举起“铁扫帚”扫清这世界上的种族污染的人们中间。这就是以宗教方式构想的、政治需要完成的生物学使命。

但正因希特勒回避了农民们毫无温情的民间反犹偏见，所以作为自诩的“艺术家”，他需要寻找一种比陈腐而抽象的学术思想更有包容性的东西。根据历史学家索尔·弗里兰德的观点，希特勒吸收了生物学中物种退化与纯化的观念，用于描述宗教上的毁灭和救赎，这一观点确实独树一帜。在拜罗伊特的瓦格纳崇拜者圈子内，希特勒找到了一群附庸风雅的小精英集团，并不失时机地向他们宣扬他的这种大杂烩，即用雅利安-日耳曼文明来救赎希腊-罗马文明，强调无犹太人的或去东方化的基督教，并引导人民进入“新的、灿烂、光明的未来”，只有从黑暗中走来的犹太人能够阻止这一未来的降临。一种变异的、种族主义化的、排除了德国“犹太”元素的、清除了人文情感（罪恶和怜悯）的基督教，的确是一个极为宏大的理想。在这个意义上，纳粹主义不仅是科学所运转的暴动，不论这一定义多么适用于现代遗传学；也不仅是不纯正的基督教，不论这种说法多么适合那些将纳粹主义看作教会反犹主义副产品的人们。它是二者创造性的组合。用其宗教科学武装起来，希特勒不仅变成了现代罗伯特·科赫或路易·巴斯德，热衷于消灭致命的病原体，而这种病原体恰恰是和他一样的人类；也变成了上帝的伙伴，并使他所关注的那群人类更加完善。人们可以指出纳粹变得狂傲的时刻——人们可能会说那是1941年12月做出入侵苏联进而占领美国的决策——但有必要认识到，在更深层的意义上，希特勒在政治上一直都狂傲不羁。

就这些现象进行写作还有另一个强大的传统，即通过极权主义对其进行分析。对许多评论家和学者而言，这仍是描述纳粹的绝佳途径，因为它渴望通过意识形态、宣传和恐怖来确定社会存在和终极意义。我也赞同这种观点。极权主义中“主义”二字平淡无奇，但“极权”二字却牢牢地扣住了这一政治形式的无法满足的侵略性特征：它极端仇视个体、自由、自治公民社会和法治。传统的专制政权背离民主迈出了一步，如禁止工会；与此不同的是，极权主义政权却迈出了两步，譬如组建伪工会，工人们必须先与这样的工会斗争，然后才能认真思考如何从雇主手中争取自身权利。尽管30年来，学界一直试图废止“极权主义”一词，但对于有志于探究事物表象之下深层心理的人们而言，该词仍是个有用的概念。

这一概念的简史大致是这样的。它开始流行于意大利法西斯及德国右翼知识分子圈内，其成员倡导建立一个新的、高度集中的、永久动员的国家形态，以对抗一种所谓威胁要将其吞没的现代“社会”分裂及软弱的特质。该词语在法西斯的意大利要比纳粹德国使用得更为广泛，因为德国更加强调民族与动态“运动”而不是状态。反映这些原则的政权的出现，使民主国家的评论者对其愈加关注。1929年伦敦《泰晤士报》使用“极权主义”一词描述对自由民主的日益背弃；10年后，在美国召开了首届关于极权主义的研讨会，此时莫洛托夫-里宾特洛甫条约似乎刚刚证实纳粹德国与苏联之间不道德的联系，而西方则被迫与一个被丘吉尔所称的恶魔般的大国建立联盟。乔治·奥威尔在小说《一九八四》中巧妙捕捉到了这一辛辣讽刺：当外围党迅速地将大洋国对欧亚国的战争转换为核心党命令的针对东亚国的战争时，确信前一场战争已被从记忆中抹掉了。当意识形态的列车轰鸣转向时，在极权主义的欧洲新闻界，人们也可以同样毫不费力地转换观念。

《一九八四》这本书的目的是警告那些与极权主义暧昧不清的中产阶级知识分子，正如小说中不道德的审问者奥勃良所表现的，对他而言权力已成为一种宗教。但该书也捍卫了几近消亡的中产阶级生活——充斥着书籍、艺术品和美酒，但从该书表面看来，社会主义者奥威尔甚至对无产阶级充满信心。这个正派而体面的世界，随着悬挂着一串精美珊瑚的玻璃镇纸的粉碎而瓦解了。奥勃良解释了这种哲学的本质："一直以来，每时每刻都会有胜利带来的激动，那是践踏无助的敌人时的满足，如果你想看未来的画面，那就想象一只皮靴踩在人的脸上，永远如此。"披着普世善良的外衣，将资产阶级罪恶系统化，自我憎恶，仇恨工人阶级的共产主义和唯我论、半部落式的对一个种族或民族膜拜的法西斯主义一样，都仇视文明社会中的正派、审慎、法律与秩序，并且公开宣扬暴力。

20 世纪 40 年代末，政治哲学家汉娜·阿伦特（1906—1975 年）转而投入该问题的研究，不过她高度浓缩的研究成果难以和简洁的思想与行文相比。部分原因是她收集了十余年来一直感兴趣的大量零碎话题，并决定从一个相对较高的起点将苏联问题杂糅进去。她创作《极权主义的起源》一书的方法大有缺陷，不论是不加区分地批评欧洲帝国主义，还是保守地指责使用原子弹、暴民与群众；由于阿伦特喜欢同时冒犯一切政府机构，结果树敌太多，往往举步维艰。

阿伦特从一个大主题大胆地跳跃到下一个主题；从震惊于遭遇文明世界野蛮人的南非布尔人用种族教条自我隔绝加以对抗，到大英帝国官僚机构，但她都难以确切证明这些主题与德国极权主义有何关联。阿伦特坚信极权主义并非出自欧洲上层文化，因此约瑟夫·康拉德的《黑暗的心》中孤立的欧洲人被从法律、责任和传统束缚中解救出来，就对她有着特别的吸引力。如果这是欧洲帝国主义的一种极端表现，尽管丰富多样，但积极而又并不过于血腥，那么她的描述就包含核心的真理：战时的东欧和苏联如同无法无天的无人之地，文明人已退化为半人半兽的掠食者。但是这种关联还是不甚明显。阿伦特还极力反对德国存在一条独立走向现代的历史道路的观点，而赞成将之与欧洲文明的进程截然分开，仿佛希特勒只是来自火星的访客。她本身正是这样自以为远离文明世界的民族的产物，那么她怎么可能产生与此相悖的观点呢？被许多人看作自恋而珍贵的文献都是建立在德国是"文化国家"这个古老的悖论基础上的，而这一观点让其邻国难以接受。

但是瑕不掩瑜，该书中也有深刻的见识。阿伦特认为法治居于自由社会的核心，她用了一个悖论表达这一思想：在极权主义统治下，即使人们犯罪，但当他们可以在这个一切皆有可能的恐怖地狱中被置于超越法律的地位时，他们的处境还是要比普通人、难民或集中营中的囚犯更为安全。她还捕捉到了极权主义梦魇般的特征。极权主义统治之下，人们不因愤怒和实用主义的算计，而纯粹因为历史的印痕或种族法律原因而被处死。苦难由人的类别决定，与每个受害者的所作所为没有关系，人们的等级可以无限制地重新定义或补充。由于永远需要警钟与敌人，确定了其恐怖经济的过度膨胀，现实被残暴地加以修正以适应理论上的合理世界。内部好战核心人物的深奥观点掩藏于普通同情者之内，他们中间搭起了一条启蒙的天梯，直通带领他们前进的“神人”，神人寄予的支持让内部核心人物产生了他们植根于平凡大众的幻象。本书中探讨人种改良、反犹主义和战时种族大屠杀的章节，将会说明这种心态产生的后果。

极权主义理论从未与政治宗教理论发生冲突，甚至极权主义理论家雷蒙·阿龙、卡尔-迪特里希·布拉赫尔、卡尔·弗雷德里希和兹比格涅夫·布热津斯基都曾将二者当作同义词使用。政治宗教涉及的是人类经验中的更深层次，与此相关的理论试图解释宗教形式与情感究竟如何为了政治目的而得以复制；而极权主义理论注重处理更加现代的现象，其中现代国家的创建是不可或缺的前提条件。现代国家的科技进展已将过去的敌托邦与乌托邦幻想变为可能。

政治宗教与极权主义被雅各布·塔尔蒙加以最为系统化的融合，虽然有评论家称塔尔蒙的重要作品本身由于缺乏冷门与回旋余地，而更显近似极权主义大厦。他在一定程度上受到了托克维尔追寻民主专制统治源头的启发。塔尔蒙将心理分析方法运用于他认为支撑了数个激进事业的革命救赎心态，他认为这一心态是将“合理世界”强加于现实之上。他的研究从卢梭和人们的一般愿望开始。前者颇有争议，后者不容置疑；而更加直截了当地以罗伯斯庇尔、圣茹斯特和巴贝夫，以及他们更为疯狂地将敌对的现实转换为他称的“他们的铅笔草图”的理论世界所使用的计谋终结。塔尔蒙认为，有远见的革命精英预测大众理想与历史方向，斩断他们普遍的幸福观，直到他们所创造的“幸福”将他们自己吞噬。他将这种极权主义民主和自由实用主义民主加以对比，认为两者都是启蒙运动的产物。他除对荷兰、英格兰、德国、苏格兰或弗吉尼亚启蒙运动缺乏兴趣外，还极大地低估了 18 世纪之前的议会民主对机构、思想和直觉所产生的影响，当时议会为征税或反抗君主侵犯早期的权利与特权提供了统一意见。但是，塔尔蒙是有思想的人，而不仅是关心特权与税收的人。他也受到民族主义的困扰。他对民族主义各种世界大同的“各国之春”言之甚少，却更倾向于强调民族主义的种族排他性与救世主形式，并将之与他一直感兴趣的极权主义民主的更加国际主义的格调加以融合。

从这些例子中可以看出，极权主义理论并非始终围绕极权主义国家的静态模型，并非编制某种识别特征对照表——与之对照学者们就可以认定某一政权是否属于极权主义政权。某些人采取了这种方式，也取得了中肯的成果，但即使他们列举了共同症状，他们所做的也聊胜于对此的简单分类。学术界的政治科学可能欣赏如此的分类，但研究极权主义政权的文献还包括阿图尔·克斯特勒、乔治·奥威尔、切斯瓦夫·米沃什和弗拉基米尔·布科夫斯基的作品。他们的途径更具想象力。这些研究途径都并不缺乏对这些意识形态、运动和政权之间的重要区别的认识，即使有时人们会说，在表面敌对的意识形态之下，存在着隐藏的亲密关系。一个明显的例子是雷蒙·阿龙，他将纳粹主义和共产主义加以区别，但是他并未抛弃极权主义，将之用作描述二者相似之处的途径，即拥有“宏大抱负，激进态度和采取极端方式”。不过，他还慎重地补充道：“对于苏维埃的行径，我会重申这个古老的公式：想要制造天使的人，却造就了恶魔；对于纳粹的作为：人不应模仿掠食的野兽，因为模仿野兽，就会变成野兽。”卡尔·弗雷德里希和兹比格涅夫·布热津斯基在探讨极权主义政权“基本相似”但并非“完全相同”时，也提到了这一点。

人们也不应认定，使用极权主义一词描述包罗万有的政治热情已因下列情况的出现而显得不合时宜：现代学者就理想与现实之间不可避免的矛盾得出的新发现；政党与国家之间的二元摩擦；互有重叠的官僚职能之间的相互竞争，这种竞争正如伦纳德·夏皮罗早在 1972 年写到的：“逐渐发生作用，如同某种恶性肿瘤，将政府和社会的一切纤维消磨殆尽。”毕竟，关注极权主义的作者群体都阅读过当代结构主义史学圣贤的作品，不过没感觉到有大幅修正其结论的必要。

最后，极权主义理论也不仅是西方冷战思维的产物——仿佛历史学家只是中央情报局或军情六处的学术武器。那些影射这种联系的人们是否是在捍卫屠杀了数千万人的政权？这些理论在冷战之前就有其前身，而且不论将其作为一种组织原则，或仅不自觉地使用该词的作品，在冷战结束十年之后的 20 世纪 90 年代再度复兴，实在是再好不过的事。一系列抱有不同政治理念的评论家和学者都曾使用该术语，仅随机列举某些知名人士：奥默·巴尔托弗、阿兰·贝桑松、卡尔-迪特里希·布拉赫尔、斯特凡·库尔图瓦、理查德·克兰普顿、罗伯特·康奎斯特、诺曼·戴维斯、伊什特万·戴阿克、弗朗索瓦·菲雷、蒂莫西·加顿·阿什、埃米利奥·让蒂勒、乌尔里希·赫伯特、米哈伊尔·伊格纳季耶夫、克劳德·勒福尔、马丁·玛利亚、小巴林顿·穆尔、杰里米·诺克斯、弗里茨·斯特恩、茨维坦·托多罗夫、安杰伊·瓦利基和阿米尔·韦纳。

面对纳粹德国整体研究的工业化规模的文献，将纳粹德国作为政治宗教或某种形式的极权主义而研究的文献规模相形见绌。本书中某一章的课题已成为 5.5 万余部著作的研究对象，其他相关章节的研究密度也与此相近。如此庞大的工作需要拥有独立的编史指南，虽然这并不足以取代经典文献。本书并不寻求完全推倒前人，也无意做出更大覆盖面的诠释，而是要见证对于政治宗教与极权主义概念不断积累的洞见，在我们理解继续为冷战后世界提供教训的欧洲历史上的一个阶段中，会把我们引向何方。

本书的一个特点是它研究的时间范围超过了 1933—1945 年间的德国史，这不仅是因为这些年当中的六年内德国史事关整个欧洲史，甚至更大范围的世界史，尽管纳粹主义的冲击早在战前就已显现：一股股难民逃离德国与奥地利，奔赴自由世界；德意的新统治者肆无忌惮地破坏一战后的国际体系。在有尊严的沉默是最佳选择时，勇敢的德国史学家不回避这些问题，人们常指责他们自我玷污，所以我们不应蔑视他们，有时人们希望有一个德国视角，正如随后几章，如被占领下的欧洲、入侵苏联、战时种族屠杀，以及最后的盟国战争努力所说明的，书中故事不仅牵涉德国人（或奥地利人），也不存在一个正统的方式来叙述这个故事。因此某些问题，尽管在德国编写的史书中显得突出重要，如所谓的“独裁现代化冲击”或“最终解决方案”起源中的意识形态的目的与结构，本书中几乎毫不涉及。

而且，没有这一广阔的视角，德国历史有时会显得异乎寻常，充满着关于民族性格的陈词滥调，而阅读奥威尔的《一九八四》时，人们根本想不到民族性格，虽然小说的背景设在英国，但在纳粹德国生活过的人们能从亲身经历中认识到这里不是英国。另一部关于极权主义的伟大经典著作，切斯瓦夫·米沃什的《被禁锢的头脑》也同样如此，没有人认为该书描写的仅仅是 20 世纪 40 年代末和 50 年代生活在波兰的知识分子的行为。

假如没有国际外交史、经济史、学术史、军事史、政治史和社会史学家团队在了解纳粹主义方面取得的重大进展，本书的写作将无法完成，他们的辛勤劳动值得尊敬。如果本书能够鼓励其他人就其中涉及的某些问题进行更深层次的研究，那么它就实现了一个目标。假如没有欧洲、以色列和北美产生的大规模高质量的研究成果，那么本书也不可能成形，即使其目的只是回顾已存在多时的视角，而并不是去“发现”理论解释为什么有时人会像野兽一样对待自己的同类。书后所附“精选文献”为有志于更进一步探究各个课题的人们提供了重要的书目，其中许多课题都要比纳粹德国这一主题更为深广。我并未做到详尽处理每个问题；也并未采用平铺直叙的方式叙述事件，以希特勒在柏林地堡自杀作为一切的终结。如果不回溯到 1933—1945 年之前，或超越德国边境进入那些表面看来完美无缺的民主典范国家，那么反犹主义与“人种改良”都将不可理解。在 1989—1991 年间东欧和苏联剧变中，值得一提的是波兰信奉罗马天主教的工人们在逆转原政变后果方面发挥了重要作用；与此不同，纳粹德国的毁灭完全取决于对手的奋力回击，这也是本书要讲述的。就战时德军占领或种族屠杀中的哪些方面需要探讨，作者做出了社论式的选择，因为要充分探讨上面两个问题中的任何一个，都至少需要写一本大部头的著作，而且已经存在许多相当优秀的作品：包括劳尔·希尔伯格和索尔·弗里兰德关于种族大屠杀的研究。如果在对一个虚无主义至上的政权的研究中，有关大屠杀的发现居于核心地位，那么纳粹主义的话题将会无穷无尽。但是我们的目的是期待一个结局，而不是寻找一个可用的开端，让我们转到纳粹德国历史可能开始的地方。1918 年和其他任何切入点同样具有随意性。我们完全可以回溯到 1914 年，甚至就此问题返回到 1870 年。

1　魏玛共和国：1918—1933 年

一战回响

1914 年夏战争爆发时，多数欧洲国家首都一度云集着一群群沙文主义者。比较淡定的观察家们认识到一个时代已经终结——他们要见证一场恐怖而前所未闻的事件。1914 年 8 月 4 日，美国小说家亨利·詹姆斯从他的英国寓所写信给他的朋友、同为作家的爱德华·沃尔多·爱默生。此刻"黑云笼罩，全面战争一触即发"，五个国家已经开战，英国即将参与其间。詹姆斯评论道：

> 它犹如猛兽跃出巢穴——我们不及旋踵，它已扑面而来。它令我充满痛苦与惊悸。我不禁自问，难道我就是为此而成长的吗？是否这就是我们世纪中那表面相对静谧，所有据信更美好的过去有意造成的吗？它暴露了人们信奉并为之生活的一切——我嫉妒我们同代人中那些没能活到亲身经历它的人们。仿佛各个可怕的国家无法在恐怖与耻辱的混乱中突然止步不前。人们昨天就说过这个，哎！今天再说这个为时已晚……它让我们回想起少年时的战火——但今天，在这个更加稠密，更加美好的世界上，整个事情与我们竟然这样接近，显得如此巨大，如此沉重。

1914 年全欧洲范围内数百万人聚集到军旗之下，他们当中数不清的人伤残或战死，反应机敏的士兵在污秽泥泞的地狱中和死者为伍，继续（或反击）德国在 20 世纪首次妄图称霸世界的野心。19 世纪 60 年代以来，欧洲的政治家就已学会了容忍短暂而有节制的德国统一战争的后果，多数人对此表示欢迎，视之为欧洲局部国际局势的积极进展，旁观者毫不介怀。但到 1914 年仲夏，德国领导人已经实行了十余年不稳定路线，他们欠缺铁血宰相俾斯麦的外交手腕和自我克制，此时周边的邻国仍似乎感觉德国不会越雷池一步。因此牵扯德国盟友奥匈帝国和俄国支持的塞尔维亚的巴尔干局部冲突就迅速升级为大洲之战，然后进一步演变为全面的世界大战。

德意志帝国武力征服欧洲的叫嚣几乎一开始就被击溃。德军最高司令部原计划采取运动战，以开局大胜使其达到巅峰，但马恩河一役之后，西线冲突突然降级为消耗战，纵横交错的战壕从比利时一直延伸到瑞士边境。德皇威廉二世认识到德国社会中的深层裂痕——某些史学家认为这也是当初德国参战的原因，于是宣布实行“民事停火”。国内教派、社会和政治冲突都要停留在悬而未决的状态，只待德国战胜之后，一切都将得到奇迹般的解决，这样，国内专制社会和政治现状将得以保留，而大范围对民主化的要求将无疾而终。四年多绷紧弦的全面战争使这种民事停火形同虚设。

与德国统治者的预期相反，主要工业化经济体之间的全面战争造成的匮乏使战前就已出现的社会紧张更加恶化，并造成了新的不满与仇恨。工业化规模的战争极大地扭曲了德国经济，将大量的人力和物资消耗殆尽，而在战略上能否取得优势还不得而知，在早已炸平的弗兰德斯上留下弹坑遍布的阵地。财政支出与死亡数字一样难以估量。协约国的海军封锁使政府的关税收入降到最低，有产者在各州地方议会阻挠平等公民权法案的通过，随之而来的更为公平的税收方案也只好搁浅。在近五年的战争中，税收仅占德国政府支出的 14%。德帝国政府反而需要举债筹集战款：发行战争债券，由爱国的公民购买，最终会用德国战败的对手支付的巨额战争赔款加以偿还。这种金钱爱国主义也无法与直线攀升的战争开支相比，于是德国政府开始大印钞票，使平均通胀水平从 1890—1914 年的 1%一步跃升为 32%，该数字尚未包括生意兴隆的黑市带来的影响。到 1918 年，德国马克比战前贬值了四分之三。

旷日持久的工业规模战争也造成了严重的社会后果，虽然受战争折磨最深的往往是战争的死硬支持者。到 1917 年，该国 1/3 的手工业作坊已经消失，其业主或被征召入伍，或得不到原材料无法开工。原材料都进了大工厂，由于拥有规模效益，大工厂被赋予了使用原材料的优先权。店主得不到工厂供货，因为工厂更直接、更廉价地将货物出售给劳动大军。与战争相关行业的熟练工人膨胀的工资相比，服务业人员和白领的薪水停滞不前，往往赶不上物价上涨的速度。许多妇女的涌入进一步压低了工资水平。从事被认为与战争无关行业的人们陷入了贫困，被认为累赘且无生产能力的人们，如精神病人，则因疾病和无人照管而死，他们在战时医疗类选法中获得治疗的优先次序排在最末。越来越多的人开始依赖地方或国家救济，随着生活成本的上升，他们能领到的救济也只是杯水车薪。在劳动力变得日益极端、无助、年轻化和女性化的情况下，罢工到处蔓延，政府也习惯于征募或监禁首犯。当然，在战时英国也实行这样的政策，而且英国的罢工人数远远高于德国。

战时的动荡也产生了某些无形的后果。伦理学家们目睹了犯罪、离婚、粗暴、乱交和性病的增多，还有越来越多没有父亲的年轻人，他们有着过多的时间和金钱。停建不重要的工程项目导致住房短缺，人们缺少了隐私和羞耻。战争造成了一位观察家所称的个人行为中的“道德延迟”，这在当时既合理又合法，不论采取多么不择手段的行为。

扩张的黑市损害了传统的诚信观念，辛勤劳动一天换取一天回报的观念，和谁有权拥有某些产品的观念。推论为类似中世纪的“公平”价格观念的重现：投机商在战时民间传说中成了中世纪的高利贷者；农民们试图通过非法屠宰和黑市避开政府控制；饥肠辘辘的城市贫民来到农田拾荒捡粮，甚至洗劫运粮列车。无偿接管了数百万后撤的城市儿童的农民无疑憎恨这种更进一步的蚕食。政府对城市消费者采取的正面行动导致官僚控制、审查生产者，更不必说对那些想拿走一文公款的人做出的卑劣谴责了。

由于城乡分裂显示了国家分配机制的缺陷，政府在习惯于传说中的公平行政的人民心中失去了信任。手工业者、农民和店主都自认为是劳动者与利益集团组合主义者共谋的牺牲品。小人物的困顿是未来几年内反复出现的事物。究竟谁在战斗，谁在装病怠工，这个问题染上了种族色彩，导致陆军部于 1916 年展开了恶名昭彰的“犹太人案”，该案目的为调查是否只有某个种族出现懦夫。调查结果恰恰与此相反。因在各个机构中有从国外购买原材料的商人存在，加上 1914—1915 年间又将实业家瓦尔特·拉特瑙说成战争原料大亨，如此种种都让人们感觉当大多数人在死亡线上挣扎时，犹太人却在大发横财——这也是将恶事归咎于犹太人以显得自己品德高尚的途径之一，这种做法不仅出现在现代德国，正如莱比锡的一位拉比评论的：“如果人们从火炮和装甲板中牟利，这就是爱国；但是如果卖鸡蛋和袜子，就被称作叛国。”实际上，所谓犹太人消极怠工的说法可以用铁一般的证据加以驳斥：在德国犹太墓园中，埋葬着 1.2 万名战死的犹太人，德国家庭因这些犹太人为德国皇帝和祖国献身而感到骄傲。

但多数德国人的关注焦点并不是犹太少数民族问题。在全欧洲境内，“古老”的仇恨得到发酵。最初受过良好教育的英国人因要与落后的沙俄结盟以对抗令人艳羡的哲学博士而感到恐慌。几年之后，他们将恨不得“笑谈渴饮匈奴血”，会去试图消灭那些在漫画中被描绘为梳着平头，带着几块伤疤，手举单筒望远镜的普鲁士军国主义者。在德国，仇恨情绪也同样逐渐定型：将英国作为贪婪的“曼彻斯特”资本主义的故乡；将法国作为 1789 年所代表的思想的化身，或作为与高尚“文化”对立的轻浮得无法拯救的“康康舞”文明的故乡。在已有反自由思想的德国知识分子当中，像俄国小说家费奥多尔·陀思妥耶夫斯基这样狂暴地反西方的作家，变成了时尚。随着战争的拖延，这些仇恨开始重新转向德国境内的目标。相对自由且温和的南部德国人开始谴责执政的普鲁士军事集团过度拖延了毫无意义的屠杀。

我们并不关注战争的详细进程。战争的结束方式才和我们的故事相关。德国1918年3月强加给俄国布尔什维克的布列斯特-立陶夫斯克和平，让俄国在西线放弃了大片领土，使布党得以巩固刚刚取得的俄国政权，这让德国能够集中兵力对西方展开屠杀，1917年以来西方的联盟中已经包括美国。但这最终的春季攻势被协约国军队——输入了100万美军的新鲜血液——的夏季反攻粉碎。强大的协约国军队力量及其背后提供支持的庞大工业资源，也许已令德军丧失士气；尤其考虑到伍德罗·威尔逊总统新形成的正义的世界观，即未来要让此类毁灭性冲突减到最少，德国的盟友奥匈帝国和保加利亚都先后弃船自保，达成了各自的和约。

德帝国军队迅速分裂，其具体原因仍不得而知。军官与士卒之间，前线部队与后方部队之间开始出现裂痕。桀骜不驯的士兵不再情愿毫无意义地去送死，他们在平民中散播消沉意志，而平民自身就有充分的理由一蹶不振。根据军邮督察官的说法，士兵们认为这场战争是蓄意杀人的“骗局”，当然这种观点也为敌军战壕中的“农夫”“牧师”和“士兵”们所认同。军队电影院中放映的德军著名指挥官兴登堡和鲁登道夫的影像，引发的是口哨声和“拔刀，找两个锅装血”的呼喊声。火车上士兵们漫不经心地商量着逃离军队和自残，或向家乡偷运武器以响应即将爆发的革命，平民碰巧听到这些话时往往惊愕不已。

一支曾令人闻风丧胆的军队开始以前所未有的规模大量投降。海军士兵避免与英国舰队决一雌雄，因为害怕这样会破坏正在开展的停火谈判，于是他们在基尔哗变。不满情绪在德国各地传遍之后，才出现在首都柏林。士兵、海员和产业工人，以及农民和中产阶级，都在全国境内的城镇组建了“委员会”或“苏维埃”。魏玛共和国的一位未来总理，海因里希·布吕宁在1918年还是西线阵地上的一名连队指挥官，他当选为一个士兵苏维埃的主席。

这些不满的迹象是德国崩溃的症状，而不是起因。腐烂开始于军队的最上层，大家认识到1918年春季发起的最后的战略进攻失败了。在此次最后攻势中，德军在西线推进了约40英里，但这一大胆动作过度延长了补给线，导致了恐怖的伤亡。招致失败的司令官埃里希·鲁登道夫提议停火，并组建一个对议会负责的政府。他希望将战败的责任从最高司令部转移到民主派政客身上。更加聪明的将领们认识到，民主政府将会阻止俄国式革命的出现，并有可能与协约国军队签署条件不至过于苛刻的和平条约。

德国战败之后，立刻爆发了共和民主革命，两者间没有留下任何时间来悼念250余万战死者，也没有为400多万伤者留下反思的时间。这是在一代代欧洲人（及其帝国盟友）之间硬生生撕开的裂痕，这种裂痕，即使最为敏感的战争纪念物——如伦敦白厅的纪念碑——都只能通过建筑艺术空无一物的祈求加以传达。在欧洲及更广阔的世界范围内，共有 900 多万人战死，在四年零三个月的时间内平均每天就有 6000 多人遇难。在灾难中，随着年轻的生命而去的，还有一种生活方式。这场灾难对于许多当代欧洲人而言，要比后来发生的二战和种族大屠杀在情感和想象世界中占有更加深刻的地位。一战十年后，斯科特·菲茨杰拉德的小说《夜色温柔》的主人公迪克·戴弗抓住了这一情绪："我一切美丽、可爱、平安的世界在这里［马恩河］随着高能炸药的一阵巨响而不复存在了。"

战争与革命摧毁了三大帝国。在德国，旧秩序的巅峰迅速瓦解。在慕尼黑，独立社民党成员、前柏林记者库尔特·艾泽于 1918 年领导了左翼政变，建立了巴伐利亚共和国，结束了脆弱的维特尔斯巴赫王朝的统治。在柏林，多数派社民党成员利用了一个千载难逢的机会，他们的对手独立民主党骨干此时不在柏林，给他们留下了主动权，此刻一直以忠于旧制度著称的军队决定支持多数派社民党。霍亨索伦王朝末代皇帝被迫于 11 月 9 日退位，逃往位于比利时斯帕的司令部，后流亡荷兰，直至 1941 年去世。虽然许多社民党领袖对是否保留君主制采取无所谓的态度，只要皇帝不姓霍亨索伦，但德国仍宣布为共和国。过渡总理辞职后，弗雷德里希·埃伯特上台，他建立了一个由他的多数派社民党的三名党员与来自更激进的独立社会党的三名成员组成的临时政府。经过短暂的思索，埃伯特评论说："这一职位将步履维艰，但我会迎难而上。"

11 月 10 日，军需官威廉·格勒纳将军为埃伯特提供了军事支持，并同意为对抗布尔什维主义的威胁而英勇战斗，只要他同样支持传统军官集团——这些军官的徽章早已被不驯服的士兵撕去。这些安排继续了战时形成的有组织的劳动者与武装部队之间的密切关系，确保了平稳复员德国陆军。但军队并未宣誓支持新建国家，将来也不会。在更大范围内的德国传统精英都震惊于如此之快的失败与变革，以毫不掩饰的敌意和迷惑看待新生的民主共和国。他们的世界坍塌了。开始于 1918 年秋季的革命，原本是平民以不流血的方式推进和平与民主，但同年冬天出现了派系阶级冲突的残酷暴力特征。虽然最初建立更为民主的政体的诉求得到了自由资产阶级和普通工人的广泛支持，但随后推动的民主革命只赢得了工人阶级中的少数以及自称代表他们的利益知识分子的支持。多数派社民党已经实现了其目标，进一步开展军队复员、媾和与恢复经济秩序等非乌托邦的事业。他们适合在委员会中展开探讨，却难以容忍街头自发的游行。尽管委员会由他们的普通成员支配，但他们还是对其心存疑忌。这些人是现实主义的实干家。尽管他们有着马克思主义的论调，但他们认识到推进的改革已经取得成效，害怕如果爆发革命，他们可能丧失已经取得的一切。社民党领袖也深知要为各阶层的全体德国人负责，并一厢情愿地说起"国民全体"，愿意尽早选举国民大会，拒绝革命派鼓吹的冒险行为。埃伯特展现了值得称道的爱国责任，并不屈从于少数派不负责任且无代表性的指手画脚。另外，协约国军队坚持要有某种形式的德国中央政府，以期能够与其谈判并达成持久和平协议，这也是埃伯特和同僚们做出各种抉择的一个背景。

工人运动中的工业阵营也存在小规模的保守主义。社会主义的自由贸易工会一直反感其成员被激进的极端知识分子用作工业炮灰，以对抗那些有着传统偏见的工会领袖。1916 年的自助服务法保障了工会的组织权，给予他们一定程度的自由，可以共同商定工资和劳动条件，从而推动了通过它们共同选择主导战争努力，它们已经推动了某种形式的纳粹主义。1918 年 11 月，工会与临时瘫痪的主要雇主联盟达成了中央劳动联盟协议，获取了更多的让步。雇主们放弃了对他们自已那些柔弱联盟的支持，缩短工时，不减工资，并在更大型的企业中认可工作委员会。作为回报，工会宣布放弃生产资料的深层“社会化”。在新兴的组合主义框架下，对工会职能人员而言所谓的收获，在工厂中或在矿井下就完全不同了。这里战时工会共同选择的后果仿佛是取消安全措施，延长工时，以及无法被那些整日坐在老板办公室内的工会领袖所充分代表。魏玛共和国最初几年常常受到地方性的工人武力暴动的困扰，有的还由无政府—辛迪加主义成员策动，工会自身也无力加以控制。德国工会领袖认为“辛迪加主义的行动是极端反社会性质的混乱状态”，而多数派社民党声称“在现阶段的德国革命中，只有一个危险的敌人，那就是工人阶级”。

1917 年从大党中分离出来的独立社民党，大部分为民主人士，他们希望将工人委员会和士兵委员会组合为议会政府，利用这些委员会来永久性地缩小将领和工业资本家的力量。和多数派社民党一样，他们也渴望召开国民大会，但想推迟选举，以便利用中间的过渡时期展开德国经济与社会的彻底的社会化。换言之，他们不相信选出来的议会会走这条路线，因此希望代之做出决策。政府中的三名独立党部长于 1918 年 12 月向内阁辞职，因为政府无法动用军队解救被罢工水手困在兵营里做人质的社民党成员。独立党极左翼拒绝了议会民主，但在意识形态上处于窘境：无法确定有纪律的工厂工人还是无组织的暴民才是革命的中坚力量。1918—1919 年冬春之交，这些斯巴达同盟成员与以不来梅和汉堡为基地的其他极左翼派别合并，建立了德国共产党，这是知识分子与反对议会民主、主张暴力起义的愤怒年轻人之间不稳定的联盟。党中央代理人卡尔·拉达克与列宁的布尔什维克党建立了联系，激进左派在“疯狂乌托邦精神”的推动下，于 1919 年 4 月发起了夺权行动，其借口是普鲁士政府将柏林极左翼警察头目埃米尔·艾希霍恩解职，他曾在首都圣诞节混乱期间协助哗变水兵将社民党领导人扣为人质。武装示威者占领了各大报纸总部——包括社民党中央机关报《前进报》，以图破坏新闻自由，阻止召集选区大会。为恢复秩序，国防部长古斯塔夫·诺斯克决定调遣志愿的自由军团和宣誓效忠共和国的常备军。他对埃伯特说：“你现在可以放松了，一切都会过去的。”

社民党随意的联盟者中包含虚无主义的反革命分子，他们对于德国新建共和国的观点，正如其中人所说的，就是“一团烂泥妄图做主。教会是烂泥，资产阶级是烂泥，军队也是烂泥”。自由军团是后来的雇佣兵，组成成员为原突袭部队、下级与临时军官、错过了战争“历练”的大学生，以及那些热血沸腾，无法从精神上复员的人们。这些队伍的特征是过度男性化的袍泽之谊，孤独寂寞与连续的反叛，他们的行动得到正规军和共和国政府的支持。他们最初在德国东部边境的西里西亚和波罗的海地区打击波兰人和苏联人，这是协约国当时能够容忍的，因为协约国希望制止布尔什维主义的扩张，但他们很快就适应了与德国同胞自相残杀。

这 40 万人完全不同于另外数百万德国一战老兵，普通老兵都想要正常与宁静，不愿再见到祖国的街道上再次爆发动乱。这些人中的多数都属于中产阶级，但他们在战前的青年运动中已经吸收了反资产阶级的意识形态，在战争期间这种意识形态变得高度极端化，当时的宣传家称这场战争是“德国”与西方自由民主价值观之战，而且恩斯特·云格尔和恩斯特·冯·萨洛蒙等人都曾美化过屠杀。尼采的生机个人主义学说被变形为为那些更像屠杀机器而不像人类的武士的纯粹的残暴而进行的不道德的庆贺。萨洛蒙是这样描述他的同类的：

> 当我们了解自由军团斗士们的构成时，我们发现所有成员都曾在德国历史中发挥作用，但资产阶级除外。这十分自然，因为这些人的特殊经历……已经将他们锻造成毁灭破坏的力量……［斗士的］任务是：必须把所有累赘，所有愁绪，所有其他价值观，都无情地抛诸脑后，然后他的全部力量才能够释放出来。

战壕中这些瘦骨嶙峋的幸存者，将战时的敌我分化带到了德国街头。显然从战前数年经历的反社会主义者镇压出发，但与匈牙利和意大利的“白色”或法西斯分子同步，他们毫无顾忌地屠杀政治上的反对派。死在他们屠刀下的包括左翼活动家卡尔·李卜克内西和罗莎·卢森堡，他们于 1919 年 1 月 15 日被自由军团谋害。在德国其他地区，自由军团队伍冲击了工人阶级暴动中心。

国际事件以复杂的方式升高了德国国内温度。在左翼，种族与政治事件的怪异组合逐渐为人接受。战时对于犹太人与懦夫的憎恶被恶毒的甄别游戏所超越，正如列宁也在错误甄别，犹太人与革命者别无二致。这是沙俄时代遗留下来的机制，但这种回响在德国之外也极为普遍，英国官员相信，“布尔什维克完全是由犹太人组织和领导的”，一位在俄国战斗的美国将领确信拉脱维亚警察部队绝大部分都是犹太人。

诚然，在布尔什维克的俄国和匈牙利都有功勋卓著的激进主义犹太人，他们还试图在德国建立这样的政权。匈牙利革命家贝洛·库恩、赤卫队领导人蒂博尔·绍穆埃利，以及匈牙利陆军部长威尔默斯·伯姆都是犹太人，另外许多政治委员和革命法庭人员都是犹太人。托洛茨基（出生名布龙斯坦）、卢森堡和埃斯纳都是犹太人，但他们的犹太人身份只是名义上的，他们拥有普世价值，反感犹太人的爱国主义和宗教排他主义，而且他们的乌托邦极端主义并不代表各自国家内部的犹太人群。事实上，在19世纪，每当一个小孩决定加入反沙皇的革命阵营时，许多家庭都要宣布举行为期一周的哀悼。但这些细微差异在战后欧洲的邪恶气候中根本算不了什么，这是典型的"大规模简化"时刻。正如莫斯科的大拉比曾说过的："托洛茨基们发动了革命，但布龙斯坦们埋单。"右翼的白俄罗斯与波罗的海德国移居者，主要是埃尔温·里希特、阿尔弗雷德·罗森堡和恩斯特·楚·雷文特洛，都极力传播俄国革命的反犹主义诠释，他们影响了阿道夫·希特勒，此时犹太人与革命者之间人为的联系已经相当普遍。反犹者认可政治混乱，"利用局势虚张声势地反犹太人，把犹太人当作一切不满情绪的闪电导体"。

邪恶的国际形势影响了德国，反社会主义和反犹主义都在这里生根，其他许多欧洲国家也是一样。在巴伐利亚，事件都围绕慕尼黑罗马天主教主导的小镇与木屋海洋中漂浮的一座无政府主义与政治激进主义的孤岛展开，并且扩散到阿尔卑斯山麓。这些都是斯堪的纳维亚史诗般的嫉妒与仇恨可以滋生并徘徊不去的地方。执政百日之后，总理库尔特·埃斯纳在其所在党派大选失利一个月后，在前往议会递交辞呈途中，被安东·安科-瓦利暗杀，此时巴伐利亚已经处于一片混乱之中。他在战前发表的有关德国外交的官方文件，并未在民族主义的圈子中增加他的人气。一名革命工人委员会委员为进行报复，枪击多数派社民党领袖埃哈德·奥尔，以及一名来自中央党巴伐利亚支部的代表，这表明极右翼势力并未垄断恐怖暴力。由于无法掌控进行中的动乱，另一名社民党要人约翰内斯·霍夫曼将合法政府后撤至班贝格，这就让一群形形色色的无政府主义者和放荡不羁的怪人以附庸风雅的施瓦宾区为基地，在慕尼黑攫取了六天的政权。这些人当中只有新任外交部部长是真正的疯子，竟然给列宁和教皇发电报询问厕所钥匙在哪。一支红军部队击败了合法的巴伐利亚政府派来的共和国军队。

在这个古怪的插曲之后，共产主义者暂时夺取了政权，宣布成立巴伐利亚苏维埃共和国。流亡的巴伐利亚政府获得了柏林诺斯克的支援，他派来了 3.5 万名自由军团士兵，奋力击退了红军。5 月初进入慕尼黑之后，自由军团开始了恐怖统治，到处都是就地枪决和例行公事的审判。在这场共有 606 人丧生的一边倒的内战中，战场细节无人过问。军官们鼓动士兵把良心摆在一边，错杀几个无辜的人也胜过让罪人逃掉。

这些无辜者中就包括天主教圣约瑟夫教区的20名成员，他们被从会场中拖出去枪杀。莱文经审判被以叛国罪处决。革命者建立一连串的将巴伐利亚、奥地利和匈牙利一直连接到苏联的布尔什维克共和国的梦想，已经破灭了。工人委员会和士兵委员会都完全消失了，因为当地政府拒绝为它们提供经费；另外，德皇的军队全部复员。

来自极左翼的威胁已被化解，尽管化解的方式令社民党与共产党之间的关系雪上加霜，这种关系一直持续到纳粹政府最终上台仍未改观，虽然联合工人运动对任何地方的专制主义和法西斯主义都算不上障碍。据说亲密者之间仇恨最深，在这里的确如此，至少在最高层，因为下层“同志”有时还要彼此合作打击“法西斯主义”。共产党人指责社民党背叛革命，使资本主义通过改革得以幸存；社民党憎恨共产党，因为后者为莫斯科火中取栗。这类相互厌恶，再加上各自构成人群不同年龄、背景和性格，使得情况变得更为复杂。

有时人们会设想在一战刚刚结束的关键数月中，多数派社民党应该也能够以另一种方式行事，虽然其他的选择方案也并非特别有说服力。社民党也许可以更加努力地组建自己的共和国民兵，以减少对自由军团、中产阶级的国民自卫军和正规军的依赖，因为这些队伍的忠诚十分脆弱。但工人阶级已被灌输了数十年和平主义信念，并没有成群结队加入这样的军队，也许有人阻止他们加入。

不过就在同时，德国政府以惊人的速度复员了600万名士兵，让他们重返生产劳动，尽管这加剧了战时就存在的通货膨胀，并推迟了德国经济的回稳。一战后德国并未提高税收或推行严格的银根紧缩政策——这在其他国家造成了失业率大幅上升，而是集中关注福利，制造就业机会，并履行照顾战争伤员、寡妇和孤儿的义务。更合理的社会政策替代了更深层的“社会化”。银根紧缩和高失业率并非工会愿意面对的选择。

社民党也许可以没收大地主的土地，或将重工业收归国有，虽然这两项措施在当时和现在一样，都无法成为医治社会疾患的万灵药。没收土地不会稳定食品供给，当时情况已十分严峻，因为协约国军队旷日持久的封锁旨在迫使德国遵守和平条款；而工业国有化则可能会因简化了所有制关系，而有利于协约国索取更严苛的赔偿：协约国作为优秀的资本主义国家，是尊重财产所有权的。战时国家对经济的控制就低效且不受欢迎，战后，这种控制不太可能延续。事实上，其中某些措施持续到1920年，这在一定程度上说明农业群体脱离主要政党，由此脱离了魏玛共和国的管控。

多数派社民党也许还可以从帝国政权中排挤掉任满延期的官僚群体，但是该党与临时委员会都不具备经营一个复杂的现代国家及其武装力量所必需的专业技能。整体地清洗官僚、法院和大学教授可能会创下丑陋的先例。假如没有反共和的新教神职人员或巴伐利亚“红衣主教”米夏埃尔・福尔哈贝尔——她在1922年的宣誓令人记忆犹新："革命是伪证和叛国，将带着永远的污点，被烙上该隐的印记"——他们是否还会止步不前呢？尽管她的说法有失偏颇，但问题的症结是德意志帝国是发达的工业国，其政治制度结合了议会公民权，要比当时英国的专制政府更加民主。德国 2/3 的人口从事工业和商业。多数派社民党断定大多数人在激进社会实验中失去的要比得到的多。有必要指出的是，当时年满 20 周岁的所有男人和女人都拥有选举权，而激进的社会变革可能使这一制度倒退。社民党会因追寻乌托邦而损害他们此前在战争期间及战后取得的进展。

由 1919 年 1 月中旬选出的代表构成的国民大会于魏玛共和国小镇图林根开会,起草并通过了一部共和宪法，同时政府审查了协约国的和平条款。两件事联系密切，因为选择开会的地点，就是向协约国显示，在一个熟知歌德的小镇，一个崭新的德国已经诞生。

宪法的基础在国会开会之前就已确定：要建立一个以总统议会制为基础的民主联邦共和国。政治、工业和军事领袖之间早前达成的协议就可行的事件做出了限制，宪法事实上尊重了德国革命最初非暴力阶段做出的妥协。2 月 11 日，大会选举埃伯特为总统，总统命令菲利普・沙伊德曼组织多党联合政府，包括多数派社民党、天主教中央党和自由德意志民主党，这些政党在战前有过合作记录，并于 1 月取得了超过 76% 的选票投出的授权。左派自由律师承担了起草宪法的主要责任，虽然教会和联邦各州代表的影响也不可低估。关于国旗图案、宗教教育地位和地区各州权利等问题，出现过胶着的争论，但宪法的审议于 1919 年 2—8 月间迅速告一段落。

由于自由派宪法起草人历史上就对议会权力过度慎重，所以宪法结合了民选总统和民选议会，总统被赋予紧急行事权，年满 20 周岁的公民都有选举议员的权利。议会任期四年，而总统则为七年一选。总统很大程度上居于荣誉的虚君地位，以填补流亡的德国君主留下的空白，尽管登上总统宝座的人（只有第二任总统兴登堡由全民选出）都未能显示出感召力。除履行国家元首的义务之外，总统还有权解散议会，任命得到议会多数支持的人士为总理（这绝非以往的结论）；而且根据第 48 条，有权颁布紧急法令和调遣武装部队恢复秩序。上述最后一条规定十分模糊，预示着恶兆。埃伯特自己就颁布了 136 次紧急法令，其中许多都属于技术性法令，在 1923 年出现的危机中颁发的最多；而他的继任者兴登堡在 1925—1930 年期间没有颁布一道紧急法令，反而撤销了八道埃伯特颁发的法令。当时谁曾想到这一终极权力可能会被滥用；魏玛宪法自身也无法为一个种族主义、极权主义政权的出现负责。

采用比例代表制意味着许多边缘党派在议会中都有其代理人。然而，鉴于与选举无关的因素对选民的影响，采用另类选举模式的详细计算表明，按照英国的"得票多者当选议员"的选举制度完全可能加速纳粹主义的胜利。换言之，纳粹也许能够在

1930 年，而不是在三年之后上台执政。为事先选出的政党名单投票的新制度也许至多在一定程度上减少了代表与选民之间的个人联系。从正面看，比例代表制给予了离散各地的天主教徒或新教徒以发言权，否则这些地区将会仅由其居于主导地位的对手所代表。同样，创制权和全民投票对魏玛民主造成的恶劣影响可能被某些评论家夸大了——全民投票原旨在选举周期之间提供一个民主渠道；这不仅是因为魏玛共和国七次全民投票全部无疾而终。新国家既不倾向于新教，也不倾向于天主教，这一姿态得到了天主教的欢迎，新教对此却十分郁闷，因为新教曾是前“王座与神坛”的特许教派。对委员会运动做出的唯一让步是第 165 条，规定成立帝国经济委员会，但该让步并无持续意义。宪法中对个人基本权利的规定也惹人注目，其中包括第 163 条，确保每名德国公民都有工作的权利。

尤为突出的是，关于宪法日问题，67 名来自执政联盟代表的各党派的代表——包括 1/4 社民党、1/4 右翼自由派德国人民党和 1/5 左翼自由派德国民主党核心干部——否决了以宪法形式做出规定，随后以讲座形式试图为 8 月 11 日宪法日鼓动人民热情的行动也告失败。埃伯特宣誓就任总统的共和国开国典礼简直出尽了洋相，乌尔施泰因集团报纸对此没有雪中送炭，反而登出了埃伯特与国防部长诺斯克穿游泳裤的照片。哈利·凯斯勒伯爵这样描述典礼：“所有人都非常庄重、得体，但是缺乏干劲，如同在一个体面的中产阶级家庭举行坚信礼。共和国应该避免繁文缛节，这些不适于这种类型的政府。如同家庭女教师在跳芭蕾。”报业巨头赫尔曼·乌尔施泰因悲叹共和国将美德隐藏于标准之下。共和国回避了阅兵，部分原因是社会主义的反军国主义，但另一个原因是新建的国防军忠诚与否难以确定，让他们齐步走过阅兵场令人心中不安。但如果法国总统可以乘马车，在两旁银光闪耀的胸甲骑兵的护卫之下，前往巴黎龙骧，那么，埃伯特为什么就不能在汉堡的仪式中做出同样的表演呢？乌尔施泰因评论说，失败的宣传等于“为敌人张目”。后来施来歇也对 1930—1932 年间的德国总理海因里希·布吕宁做出了同样的评论，说他乘马车在骑兵护卫下每天沿柏林政府主要大道来来回回跑许多次。埃伯特总统是正派的爱国人士，但正如著名的印象派画家马克斯·利伯曼说的，“人们无法描绘他”。甚至共和国的标志物“鹰”也有问题，因为其翅膀下垂，很快就得到了“破产秃鹫”的外号。其他因左派对细微事物的固执而导致的标志性失败，还包括拒绝为世界上最大规模的战争的幸存者铸造纪念章。

新共和国的红、黑、金三色旗，也未能唤起那些缅怀帝国时代黑、白、红三色旗的人们的热情。结果出现了一个软弱的妥协，商船上仍悬挂旧旗，因为据说共和国旗帜上的金色在海上不够醒目。另外还有一小撮狂乱的人认为金色是新旗帜上“黄色犹太人的污迹”。在极右翼一方，成立了德国种族防卫与斗争联盟这一覆盖性的组织，包括二三十万成员，自由派犹太人胡戈·普鲁伊斯在宪法起草中发挥的作用就使人们将其与犹太人犯下的一系列“罪恶”联系起来。这些活动开始于 1912 年社民党在“犹太选举”中获胜，然后就是“犹太战争”与“犹太革命”，再接下来就是“犹太的胜利”和“犹太共和国”。凡尔赛和约使这种不断加强的偏执摩擦更加细致，人们都说德国银行家梅尔基奥与沃伯格正和他们在纽约的亲戚策划密谋。

在 1919 年 5 月的凡尔赛，前来参加和平谈判的德国代表惊异地发现威尔逊总统的民族自决原则将他们的国家排除在外。在协约国最后通牒推动下达成的第一轮条款中，德国失去了一切海外殖民地和邻国声称拥有的领土；德国与奥地利的合并被禁止；其武装部队的规模与性质受到了限制，废除了军官学校、参谋本部、坦克部队与新生的空军部队。因发动战争的责任应支付的赔款数额未定，因为和约第 231 条认定德国是唯一犯下战争罪的国家。军事力量从 1919 年 4 月的 80 万锐减到 1921 年 1 月的 10 万，3.4 万名军官中有 3 万名被解职。如果说限制军力标志着削弱德国实力，但将其拟人化的有关战争罪和交出战犯等条款，就显得有些非正义和蓄意惩罚的性质了。协约国监督裁军和赔款偿付的各委员会，是对国家主权的长久伤害。当前，无论在哪里做出类似强制性的安排时，监督赔款都是个棘手的问题，而那时更是敏感的问题，尤其因为协约国没有一兵一卒进入德国领土，德国就已战败。德国试图通过相反的提议和威胁不守条约来分化协约国，但这反而使协约国更加团结，并在条约中提出进一步超越桥头堡的军事进入和设置非军事区的规定。协约国为敏感的德国人做出的一个小小让步就是决定以公民投票形式确定上西里西亚的未来，而波兰人试图使用武力推翻投票结果。

事实上，德国各界舆论都愤怒谴责协约国的和平条款，因其与基于威尔逊理想主义的预期有着天壤之别。试图揭露德意志帝国战前密谋的德国社会主义者，如爱德华·贝尔施泰因或库尔特·埃斯纳之流毕竟是少数。凡尔赛和会德国代表团长、外长布罗克多夫-兰曹下榻的酒店客房被安装了窃听器，他在法国美术馆大闹会场，脱下黑手套放在他那份和约上，对着协约国代表发表了一通演说，语调时而哀婉时而尖利，但他一直笨拙地坐在位子上不动。他的听众根本无动于衷。德国政府对于《凡尔赛和约》的反应也同样情绪化。总理沙伊德曼评论说：“用这套镣铐捆住我们的手脚，我们怎能不凋零？”被锁链捆住的国家成为一个信手拈来的隐喻，数不清的地图与图表触目惊心地表现出德国的损失，历史上的德国领土被外国势力一块块残酷肢解。《凡尔赛和约》似乎让协约国永久陷德国于限制和义务的罗网中的阴谋得逞，因为和约中德国应负担的赔偿是无限开放的。这使战后的国际机构和理想主义价值蒙羞，因此美国参议院既不批准和约，也不批准美国加入国际联盟，德国右翼知识分子嘲笑国际法、道德和关于世界和平的言论，而更欣赏不同的民族与种族间不可避免的冲突为基础的信条。

甚至当和平缔造者们尽力保护少数民族权利时，民族问题尤其有可能染上一层历史性悲剧色彩。在民族成分复杂的后帝国时代东欧地区，为传统的多民族国家强行套上单一民族国家的框架，注定为许多少数民族带来不公，然而这些问题与法国寻找稳定的联盟以取代沙俄和波兰两百年来寻求的国家独立相比，最终被认为是次要的，在众多新成立的东欧国家内，德国飞地倾向于采取地方沙文主义行动；德国政府相应地付出了文化与经济上的努力以让境外的德裔人口留在原地。

没有德裔人口居住的地方就不属于德国领土，这一政策在 1945 年后的同一地区实行得更加激进。巴尔干地区有一个笑话："为什么我是你们国家的少数民族？你也可以是我们国家的少数民族啊。"这样，13%的德国人口就被放逐到前德意志帝国的边境之外。在阿尔萨斯-洛林和莱茵兰受法国当局控制的德国人，以及在西普鲁士和西里西亚受波兰军队压制的德国族裔也助长了具有强烈情绪的"大众"思维，提供了迫害与苦难的案例，并坚持只有全部德国人都回到不含其他种族的"民族共同体"中，德国才能富强。

不论协约国多么有理由要德国承担赔偿物质损害和损失船只的费用，以及为老兵、寡妇和孤儿支付抚养费的义务，但是传统的政治信息似乎是凡尔赛和约因经济利益拖延了战争。因为，除试图削弱德国军事力量之外，还企图永久瘫痪其支撑军力的经济力量，而无视德国境内政治环境的转型，以及这种做法在经济和心理上给魏玛共和国的稳定带来的巨大伤害。所有这类恐惧加上协约国潜在威胁武力干涉以实施和约条款，都使人感到 1918 年后的德国被卷入了一场某种形式的冷战。

从表面上说，是《凡尔赛和约》促成了德国人的全体一致。但是这一滥用的悖论，其实似是而非。和约的温和反对派选择通过谈判达成修正条款，继任的魏玛共和国总理们和外交部部长们，从约瑟夫·维尔特，经古斯塔夫·斯特来斯曼，到海因里希·布吕宁，都或笨拙或灵活地执行这条路线，但共和国死硬的反对派们却称他们为"十一月罪人"，认为共和国推翻了皇帝，投降了协约国，这才有了德国的战败和如此沉重而耻辱的和平条约。一旦人们开始焦躁不安，他们就会对现实视而不见。不论像斯特来斯曼这样伟大的政治家多么灵活地运用和解手段与欧洲联合意识形态，以图打破凡尔赛的框架，他都永远无法满足 19 世纪 80 年代出现的各国觊觎德国突然形成的海陆大帝国地位的欲望。共和国的外交政策不可避免地缺乏如此难以满足的期望，在威廉帝国时代也是如此，当时的外交政策因民族主义舆论，从未足够激烈。

德国内阁就是否接受协约国和平条款分为两派，但最终决定服从。议会勉强授权遵守和约，并于 6 月 28 日于凡尔赛签署。德国新教教会宣布举行为期一天的哀悼。和约的诞生来自协约国各种考量的复杂组合，如人员与物资的损失、共同战争债、少数民族与民族主义者的游说，以及协约国各国国内的舆论，再有就是"一朝被蛇咬"的国家安全考虑。和对待魏玛宪法一样，我们不应将和平方案与十年后纳粹的兴起自动地加以联系。《凡尔赛和约》并未无可挽回地否定德国作为大国的长期存在，其条款与德帝国1918年强加给俄国布尔什维克新政府的《布列斯特-立陶夫斯克条约》完全不同。正如比利时外交部部长在斯帕举行的关于赔偿的探讨中，在德国右翼自由派工业家胡戈·施亭内斯做出不温和的表现后评论的："如果这样的人取胜的话，我们现在会变成什么样子？"如果德国战胜，按照《布列斯特-立陶夫斯克条约》，战败的对手将要放弃90%的煤炭和50%的工业。凡尔赛条约中关于德国的条款与条约中强加给奥地利、匈牙利和土耳其的条款相比，并不过分。匈牙利失去了战前领土中的70%，而德国只失去了13%，但是比较的角度更加接近一个关注自身苦难的民族，对德国失去经济上落后的东部农业区的理智的得失评估也是如此，不论人人向往的贵族生活方式曾在那里多么兴盛过。

魏玛政治阶层普遍拒绝接受《凡尔赛和约》，共产党也一样，他们认为这是更广泛的帝国主义阴谋的组成部分。反对这一条约无法带来明显的政治优势。其中的许多强制性解决方案——如军事监督、占领区或赔偿等，基本上在纳粹主义成为大规模运动之前就已松动，在欧洲绝非所有国家都对德国合理的不满毫无同情。

然而，《凡尔赛和约》中被广泛认可的不公却被右翼德国人视而不见，他们仍要宣判所谓的"十一月罪犯"叛国罪，这十分荒唐。人身攻击和政治恐怖主义支持并强化了此类错误指控，其目的在于破坏全新的民主秩序。这一秩序也受到了知识分子右派的伤害，他们说该秩序是外来的、机械的、西方化的舶来品，背离了德国所谓的专属国民传统，近年来无数沉睡的公国变为欧洲列强。这一思路无视了威廉帝国时代生动的政党政治文化。曾在战争中被某些德国人称道的假想的"民事停火"，已变异为虚无缥缈中的超越阶级斗争的"国民全体"，其中的义务与秩序取代了西方个人权利和自由的观念。当然在德国人生活中，在天主教徒与社会主义者中，还存在另一种不容忽视的"国民全体"，它以基督教原则为基础，忠于共和国，渴望社会公正。但是心有不甘的右翼妄图通过寻找一个理想中的过去，以大胆地走入未来。在他们的冲天愤怒中，准确、公正、对个人和机构的尊重都不是首要问题，他们的和鸣中也掺杂了来自极右翼对他们所称的社会主义革命的叛徒的恶毒攻击，以及对假想的德国国民性格的肆意诬蔑，这也激怒了普通德国人。怀有这种思想的所谓知识分子阶层，嘲讽当时沉闷的正派政治家，取笑武装部队和他们的广大同胞，他们鄙视这些人冷漠的价值观与品德；正如与他们相对的右翼强烈批评"群众"和德国新的、无机的魏玛政治"体系"，他们精心选择"体系"一词以影射无权威的、外来的、机械的事物。

共和国领导人被迫诉诸法庭以保护自身免于恶意中伤。1920年马蒂亚斯·埃莎尔贝格对保守派的卡尔·黑费尔里希提起诉讼，因后者对他提出严重指责。作为停火协议签字者，以及重要关税改革案的起草人，埃莎尔贝格受到右派的憎恨。法律诉讼对他十分不利：虽然收到了300马克的赔偿金，但法庭也揭露了他曾避税，并利用职务之便牟利的事实。同样，总统埃伯特也被迫因170余起诽谤事件将右翼记者告上法庭，这些记者抨击了他在战时军火工人罢工期间的所作所为。虽然马格德堡法庭裁定，埃伯特加入罢工领导层的目的是去除其极端性，但这也隐晦地证明了他的叛国指控。由于延误急性阑尾炎手术，这位54岁的总统因庭审而一命呜呼。

与此相对，当陆军元帅兴登堡驾临一个调查德国军队1918年溃败原因的议会委员会时，他被给予了充分的回旋余地。这是新的民主政权首次面对一个旧的帝国秩序的资深代表。结果仿佛是缘木求鱼。兴登堡朗读了一份事先准备的声明，结尾特别提及"一位英国将军"的观点，即"德军被从背后捅了一刀"。其实这是一名英国军官对鲁登道夫的说法做出的令人难以置信的回应："什么？你说你们被从背后捅了一刀？"但高层中不仅是战时的将领们拒绝为德国的军事失败负责。埃伯特隆重地问候"不败"归国的复员士兵，表明他本人也拒绝负责。这个背后被捅一刀的传说，其真实的情况是"正面被捅一刀"。此外，对德帝国的战败的进一步解释还有所谓的英国报纸的优越性，特别是诺思克利夫勋爵名下的报纸，这些报纸的恐怖宣传曾将"匈奴人"妖魔化。诚实厚道的德国齐格弗里德——德意志民族的拟人化称呼——在公平斗争中败下阵来，败给了《每日邮报》的阴暗艺术。

协约国对德国战后武装力量规模的控制，给自由军团造成的后果就是突然中止了他们在波罗的海和波兰的行动。一些部队被并入新军，即国防军，或并入州警察部队，另一些解散后成立了"运动协会""马戏团""侦探社""拖运公司"以及"劳动帮会"，带着他们的机械工具，对付积怨已久的农业劳动者和杰出的魏玛政治家。针对魏玛共和国的袭扰采取了利用民众不幸、暴动以及暗杀行动。

牢骚满腹的自由军团头目们为1920年3月的一次暴动提供了人力。他们的支持者包括多为贵族的正规军军官，以及易北河东岸乡村的保守资本家。暴动的领导者是鲁登道夫和沃尔夫冈·卡普，两人原来都曾是祖国党成员，该党成立于1917年，目标是为庞大的战争开销获取支持。由于正规军严守"中立"，暴动分子迅速占领柏林政府区。国防军自认为是国家保卫者的化身，但其保卫的抽象国家并不包括合法共和国政府。此次暴动的各种要素无法凝聚。卡普已是明日黄花，不愿奉行自由军团"多杀人存真理"的信条。地方本土自卫军，虽然仇视共和国，但对卡普复辟旧制度的渴望和自由军团的虚无主义都没有兴趣。几个带头的大工业家，如卡尔·德伊斯伯格，都相当冷静地看待他们所谓的"军事聚会"的急躁。

政府逃到德累斯顿之前就号召了一次全面罢工，暴动就此瓦解，但此次罢工的策划者是社会主义的工会。由于全民就业，这次罢工取得了最佳效果，而且社民党、天主教会和共产党团结协作。有讽刺意味的是，尽管暴动不幸失败，但为反暴动而释放出来的力量却难以遏制。工会开始对政府指手画脚提出要求，包括参与内阁，而此时5 万多红军正在鲁尔区游荡。政府试图通过谈判解散这支军队未果，但由此导致与该军的冲突中有 1000 名叛军丧生。当时 20 名马尔堡大学学生押送 15 名“斯巴达克”党徒从一个村庄前往哥达途中，就在铁路沿线将他们全部射杀，这也是具有时代特征的事件。

共和国经历了卡普暴动得以幸存，但在 1920 年 6 月的选举中，选民坚定拒绝了原魏玛执政联盟中的党派。多数派社民党和左翼自由派德国民主党分别失去了 1/3 和 3/5 的支持率，而自由保守派、保守民族主义者与激进的独立社会主义党支持率大增。换言之，中产阶级进一步向右转向，而一部分工人阶级更加偏左。

1920 年暴动失败之后，右派采用了其他战术，并以复杂的方式发生异化。巴伐利亚变成了“秩序单元”，右派用该词描述地方对反民主的颠覆活动的纵容。3 月，古斯塔夫·里特·冯·卡尔领导的保守派政权接管了巴伐利亚，该政权组合的特异敏感性及其对右派的同情让极右势力在此兴盛一时。右派分子发起成立了埃舍利希组织，叫嚣将追求中产阶级利益和武装夺取政权相结合，该组织领导人预见到大混乱的景象：生产者与专业人士的罢工将激发可以想见的反革命右派反应，国防军会借机将左派一举铲除。左派也怀有类似的想法，因为有时极端势力需要跳“双人舞”，一方依赖另一方的激发和反应。1920 年独立社民党分裂，35 万名党员加入了共产党，使共产党首次成为大党。

阴暗的右翼团伙，如执政组织，发动了一场暗杀和恐怖运动。1921 年，冒充爱国者的恐怖分子刺杀了埃莎尔贝格，并将氢氰酸喷到前总理菲利普·沙伊德曼脸上。次年又将外长瓦尔特·拉特瑙枪杀于上班途中。此次谋杀可能意在激起左翼的反抗，然后保守派就可以将他们粉碎，而且免于罪责。唱出“杀掉拉特瑙这只该死的犹太母猪”的人们得偿所愿。这些就是右翼恐怖分子在魏玛时代犯下的 350 多起政治谋杀事件中最为恶名昭彰的几个案例。尽管刺客全部远走高飞——有的得到警察的协助，有的获得反共和的法官谅解，不过政府还是于 1922 年通过了保卫共和国的法律以平息众怒。此时数百万人走上街头，为遇刺的外长举行群众游行，死者是第一位担任此职的犹太人。但在巴伐利亚这个右倾的州内，共和派试图反抗右翼极端势力的行动仍功亏一篑。

协约国的赔款要求恰逢魏玛共和国遭逢下一轮危机。1921 年 4 月，协约国委员会提出了赔款数额，总额为 1320 亿金马克，约合 300 亿美元，这已经是缩减后的数额，因为仅英美两国就曾对法国施压，阻止其索要 2690 亿金马克的赔款。总理约瑟夫·威尔特采取了战术应对措施，只想证明德国无力赔偿。对协约国而言，要求德国赔款，却把筹款任务交给德国人去完成，免除了军事占领带来的军事支出。法国威胁说要延长占领期，但这只是虚张声势，因为像经济学家凯恩斯这样有影响力的英国人绝不会对德国人的极端贫困坐视不理。

付款安排表明，向协约国赔款和德国政府通过推迟经济稳定来换取社会和平之间要出现一场竞争，此时协约国各国通货紧缩，失业率高。协约国怀疑德国利用货币贬值使其义务最小化，并倾销出口商品。1922 年，德国与苏联签订了《拉帕洛协议》，在西方看来，这是在排挤波兰——法国在维斯瓦河畔监视东西方邪恶势力的宪兵，结果使上述怀疑更加扑朔迷离。

1922 年圣诞节和 1923 年新年过后，德国两次未能履行支付义务，法国和比利时的 7 万大军占领了鲁尔区，表面是为保卫争夺电报杆和木料的工程师，实际目的则是夺取法国和比利时在《凡尔赛和约》中未能获取的经济前沿利益。汉堡商人威廉·库诺的新内阁——埃伯特任命库诺的目的就是向协约国示好——却有讽刺意味地认可了鲁尔区居民发起的消极抵抗行动，事先从未想过不幸的结局。鲁尔区的抵抗行动让法国占领当局有借口驱逐或监禁抵抗者。约有 46200 名公务员、铁路工人和警察受到直接迫害，他们的 10 万家属也在劫难逃。零星破坏与低水平恐怖行动，就仿佛爱尔兰共和军针对英国人的恐怖行动一样，遭遇的反击是枪杀、扣为人质和集体罚款。因欺凌普通德国人，占领军已经有了污点，结果又疯狂搜屋，核对身份，就地处决，这些都使占领军越错越深。军事法庭也造就了民族主义烈士，其中最有名的是 1923 年被法国占领当局枪杀的莱奥·施拉格特。

其他特立独行者同样惊人。社民党工人们围绕在弗里茨·蒂森周围，他因与许多矿主拒绝用煤炭支付赔款而被法国军事法庭审判。联合企业主工会委员会向罢工者支付了金钱，而此时已是基督教工会运动引路人的海因里希·布吕宁就曾给罢工者运去装满现金的箱子。讽刺的是，唯一一个没有参与此次群情激奋的抵抗运动的党派是超爱国的纳粹党，它呼吁德国人不要受法国的干扰，要集中精力推翻国内的“十一月罪犯们”。

协约国军队 1923 年占领鲁尔区对经济的影响是灾难性的。德国政府使用赤字财政暂时为失业工人支付补贴，同时还从英国购买煤炭。由于鲁尔区暂停向外运送原材料，全国各地减少生产和停工状况不断出现。失业率从 2%上升到 23%。税收收入急剧下降，到 1923 年 10 月税收收入仅占政府总支出的 1%。德国流通货币规模呈天文数字增长，到秋天大约 2000 台印钞机日夜不停地印着巨大面额的货币。帝国银行中一位印钞员的账户余额显示为 3,227,768,997,637,344,990,417 马克 5 芬尼。银行被迫雇用更多职员清点这些不断变长的数字。工人们要用小车把一天的工资送到银行，因而生产放缓了；店主用昨日进账难以支付进货费用，因而商店歇业。康拉德·海登在“钱之死”一章中，讲述了下面的故事：

> 自认为在银行中存了许多钱的人可能会收到银行主管发来的这样一封信：“我们遗憾地通知您，银行无法继续管理您的1.8万马克存款，因为管理这笔存款的成本已超过存款额本身。由于我行无小面额钞票可供支付，因此将余额取整为100万马克。附上100万马克钞票一张。”面值为500万马克的邮票点缀着信封一角。

易货贸易出现了，谨慎的中产阶级开始出售他们的珍藏品，施坦威钢琴数量极多，农民家庭也可以摆下一台。书籍被用于矫治通货膨胀导致的混淆是非的道德观。

人们认识到，和战时一样，社会的渣滓又青云直上，正直而勤劳的人们认为他们受到了游手好闲者的剥削，又把他们弄到手的黑心钱拿到夜总会和酒店消费，而医生、律师和学生就被迫干手工活，或到施粥处觅食。在这片国度里，有一种令人作呕的人四处游荡：

> 当时的鉴赏家们应当在晚上沿长廊和华丽餐饮店散步——不论在哪，在每个污秽的角落，你都会嗅到战争与和平时期同样脑满肠肥的投机商。

根据《柏林在变为妓院》这篇杂文作者的说法，柏林当时的10万名妓女不再是那些被开除的保姆，而是天生丽质的资产阶级女孩：

> 大学教授赚的钱比电车售票员少，而学者的女儿却习惯穿长筒丝袜。裸体舞者赛莉·德·莱特是前普鲁士军官的妻子，这绝非巧合。数以千计的资产阶级家庭被迫离开有六个房间的公寓，并开始吃素食，如果他们想要光明正大地凭收入过活的话。资产阶级的贫困注定要让习惯奢华的女人变为妓女……贫困的女贵族当起了酒吧女郎；退役海军军官拍电影，外省法官的女儿不能指望父亲会送冬衣给她当礼物。

赚钱方式的差别被抹除，这带来一种急剧的社会去阶级化，明显地体现在中产阶级军事丐帮中。人们长久处于营养不良中又缺食少药，容易患上结核病和软骨病。虽然法庭认可“马克就是马克”的政策，让农民和抵押者能够偿债，但领救济金的人们、节俭的人们和靠微薄的房租收入过活的老年人就跌入了贫困与不安的境地，有时他们摆脱羞辱的唯一方式就是自杀。

1923年9月底，德国政府放弃了抵抗法国鲁尔区占领当局的政策，该政策曾阻止法国在鲁尔区取得永久据点。右翼自由派德国人民党领袖古斯塔夫·斯特来斯曼当选新的“大联盟”总理，联盟中除人民党外，还有社民党。这类安排的快速出现是由于左右两派为被迫放弃对法国占领的消极抵抗政策而相互指责。在极右翼一方，放弃鲁尔区的抵抗加重了共和派 1918 年的叛国罪责。斯特来斯曼担任总理仅 100 天，但他直到 1929 年临死前一直担任外长。他是非同凡响的政治家，虽然年轻气盛时被称作“鲁登道夫年轻人”，他有关对共和国“谨慎忠诚”的言论和在国际舞台上从头再来的渴望，都是无比真诚的。

1923 年 10—11 月间，斯特来斯曼克服了极端与分裂势力两派对政府的威胁。然而，某些极端分子却身处维护法律与秩序的队伍内部，自秋季以来，国防军司令官泽克特将军、泛德运动领袖海因里希·克拉斯与斯特来斯曼的人民党内的右翼工业家估计，假如共产党发动起义，他们就能动员起专制指挥部下的一切右派，这样在总统的合法安排下将共产党消灭，搁置议会民主，并废止此前向有组织的劳动者做出的让步。

经布置，军队与前线部队和非法的“黑色”国防军加强了联系，“黑色”国防军由秘密的准军事人员组成，其成立旨在秘密突破协约国对德国军事力量的限制。某些驻扎于柏林附近的这类队伍不愿对优柔寡断的泽克特唯命是听，因此突如其来地发动了一次他不赞成的暴动。正规军遵照泽克特的命令解除了他们的武装。同时，共产党发起了又一次试图推翻“资产阶级共和国”的行动。

德共的行动为巴伐利亚准军事部队在该国北部边境大规模集结提供了绝佳借口，目标就是意大利式的“向柏林进军”。利用巴伐利亚作为打击柏林政府行为的发射板是卡尔和鲁登道夫领导下的“大众”右翼共有的想法——将军已变为政客，赞同这一想法的还有将军密友，前巴伐利亚陆军下士阿道夫·希特勒，他的历程我们即将谈到。但是一俟军人在萨克森、图林根粉碎了左派，巴伐利亚右派主流发生了动摇。卡尔曾因保护巴伐利亚国防军司令洛索将军而冒犯过泽克特，当时洛索拒绝查封攻击国防军领导人的巴伐利亚报纸《人民观察家报》。尽管如此，没有泽克特本人介入，卡尔就不愿继续向柏林进军；而泽克特介入的条件是卡尔远离煽动暴动的鲁登道夫和希特勒。泽克特向卡尔解释了军队的难处，但毫不掩饰对共和国的对抗：

> 国防军不可以被卷入这样一种局面，为一个道不同的政府而去打击与其有着共同信念的人民。另一方面，军队也不允许不负责任、无权威的派系试图以武力促成改变。如果军队被迫去捍卫一国两面的权威，那么它必将分裂。那么我们就成了法国的游戏，并为莫斯科共产主义提供了最后的胜利机会。

卡尔、洛索和巴伐利亚警察头目赛瑟尔在等待着北方传来的消息。希特勒觉察到保守派的出卖，害怕失去来自大众准军事部队不稳定联盟的支持，于是他在贝格布劳凯勒啤酒馆劫持了会面中的卡尔和洛索，并宣布爆发了“民族大众革命”。卡尔、洛索和赛瑟尔被迫支持希特勒的夺权行动，但他们一找到机会就立即倒戈。1923 年 11 月 9 日，希特勒与鲁登道夫率领 2000 名极端分子穿行慕尼黑，在经过统帅堂时被巴伐利亚警察的几阵扫射击溃。受轻伤的希特勒潜逃，但当日事件将成为纳粹神话的一部分，因为此次交火为纳粹造就了最早，因而也是最神圣的烈士。

这段俗丽的插曲宣告了准军事团体针对魏玛共和国的暴动的终结。当极右翼势力再次试图夺取政权时，他们将使用更为阴险的手段，即投票箱和街头暴力并举。但是，暂时而言，蔓延的通货膨胀因发行新帝国马克而得到制止，新马克至少获得了 40%黄金支持，换走了一捆捆不值钱的废纸。根据 1924 年的道威斯计划，曾令全民愤慨的赔款问题变为一个关注全欧资本主义稳定的国际专家介入的技术问题。1923—1924 年，英法两国大选选出的新政府不像前任那样公开怀有恶意。美国正面介入欧洲大陆事务起了关键作用。8 亿金马克的贷款使人们对新货币充满信心，并为赔款支付正常化提供了推动力。尽管赔款支付期限可以延长至 20 世纪 80 年代末，但由于外国控制了德国铁路和中央银行，民族主义仇恨并未减少，正如货币的稳定无法抚平中产阶级和劳动人民的创伤，他们曾在通货膨胀中吃尽苦头。但是共和国似乎度过了最艰难的危机。

异端的跋涉

希特勒从因河畔布劳瑙到贝格布劳凯勒啤酒馆的发迹史，大家都已耳熟能详，这里只需最简略的梗概。希特勒出生于 1889 年，他的外省家庭背景并未预示他即将成为世界史上的怪兽。在 19 世纪末，不仅奥地利乡村地区常有刚摆脱文盲状态，靠打短工为生的近乎流浪的家庭改换姓名，以攀上有钱有势的亲戚。这些事也许不像人们认为的那么重要。换做任何一个人，希特勒的童年和少年时代都会引发同情。在他严厉的海关官员父亲死后，希特勒随母亲、姑姑和妹妹搬到林茨。这里他过着无忧无虑受宠爱的生活。这里没有发生多少事，除了一周三次经过的东方快车载着富人去君士坦丁堡或巴黎。此时他对布尔战争和俄日战争发生了兴趣，总是在儿童游戏中选择扮演南非白人和日本武士。由于频繁前往维也纳，林茨对这个自认拥有艺术天赋的少年而言显得局促和狭隘。1907 年夏，希特勒搬到帝国首都，只是在当年冬季才回到林茨陪伴他垂死的母亲。幸亏有布丽吉特·哈曼的学术著作，让我们了解希特勒 1907—1913 年间的许多细节，但这些记录与他后来在《我的奋斗》中所写的经历常有显著的差异。当时，这是一个万花筒般的城市，贫富悬殊，每年涌入 3 万移民，古斯塔夫·克利姆特、埃贡·席勒、阿图尔·施尼茨勒和古斯塔夫·马勒在开展艺术实验，还有年迈的皇帝弗朗茨·约瑟夫每天乘坐他的马车往返美泉宫。

希特勒来维也纳的目的是报考美术学院，入学考试失利，他就留在维也纳，靠家里的资助，像懒惰的穷人一样勉强为生。他逐渐痴迷理查德·瓦格纳的歌剧。这为他提供了一个与他的生活完全不同的英雄幻想世界，因此如果人们想从传统政治类型角度去了解他的生涯将会极其困难。与那些只醉心于维持铁腕统治现状的普通田园专制统治者不同，他有着不可思议的一面。他菲薄的收入只出不进，似乎主要都花在看戏上，希特勒逐渐破产。到 1909 年圣诞节前夕，他连低廉的房租都付不起了，只好在城市客栈中与社会最底层人员为伍。他已身无长物，身穿的蓝色西装长期风吹日晒变成紫色。这几个月的经历也许让他对整个人类的观点变得阴郁，至少也冰冻了他曾经拥有的一切人类感情。他搬去一家设施齐全的青年旅馆后，开始了从人生低谷向上的攀登，这家旅馆是罗斯柴尔德这样的家族慷慨施舍的产物。其中的常客都很贫困，但不潦倒，希特勒在这里住了三年，并将之作为兜售自己创作的油画和贺卡的基地。根据大家的说法，希特勒此时与许多犹太人有着和睦的互利关系：他们把他的画卖给主要是犹太人的顾客。当然他究竟什么时候开始反犹，我们不得而知。

青年旅馆的写作沙龙为许多长住的自学者提供了阅读资料和研讨交流。夜晚，希特勒就在他的小卧室里阅读，而不和一群群士兵、工人掺和在一起，也不邀请捷克侍女前往维也纳普拉特区逛游乐场，坐摩天轮。他不饮酒，不吸烟，也不跳舞，尽管他可以装作风度翩翩，但他却不近女色，害怕染上性病。虽然他后来宣称作过建筑工人，但鉴于他的家庭背景以及他并不健壮的身躯，这不太可能。我们很难知道他都阅读了哪些书籍。报纸和小册子经常发表许多作家与思想家“代表性”思想，很容易让人对阅读过这些的人产生博学的印象。作为一个有自知之明的局外人，希特勒对那些因创作出非凡作品而陷入维也纳学术和知识世界外围的人充满同情。和这些人一样，他认为这种放逐足以表明高人一等的见识与创造。有许多博学的疯子可供选择，他们痴迷于雅利安人、犹太人和卐字符，和“世界冰冻说”这类伪科学教义，细节毋庸赘述。这些不正常的思想家中有许多人都脱离了人类常识，青睐宏大宇宙视角，或以追溯史前迷雾，或以探索人类生物学构成谜团的视点看待人类。

当时维也纳这座多语种城市中的各种仇恨也对希特勒造成了影响，来自不同国家背景的学生之间的暴力冲突不断，椅子和墨水瓶在急躁的议会内横飞。其中一个激发仇恨的观点是德裔人口正被多民族奥匈帝国的主体斯拉夫人所淹没；另一个原因是归化的犹太人显然处于支配地位，而未归化的东方犹太人逃脱了沙俄一次次的大屠杀，却在一定程度上造成了斯拉夫人的泛滥。德国包围的观念被泛德民族主义政治家所利用，他们希望奥地利的德裔人群冲破哈布斯堡帝国多民族的“牢笼”，加入他们北部伟大的条顿邻邦，而把南部斯拉夫人留在巴尔干让他们去自相残杀。

格奥尔格·里特·冯·舍纳尔是这种泛德思潮的首要代表，他是个好斗的醉鬼，拥有土地的慈善家，他针对反对者寻求使用暴力，这让他在狱中终了余生。他对罗马天主教的刺耳攻击和他宣称应皈依新教以加速奥地利与德国的合并惹恼了哈布斯堡帝国德语区主体天主教徒后，他的好运就一去不返了。舍纳尔的超级条顿狂热包括审查结婚对象以排除犹太人和斯拉夫人；以德国传统名字而不是源自圣经的名字为儿童洗礼；采用以条顿人战胜罗马人的公元前113年为纪元元年的德历，取代以耶稣诞生纪年的公历，并把一月称作“冰月”，把四月称作“光明女神月”。这些和舍纳尔病态的反犹种族思想一样，预示着后来纳粹的许多痴迷思想。

希特勒还受到了1897—1910年间担任维也纳市长的基督教社会党人卡尔·卢埃格尔的深刻影响。卢埃格尔于1895年首次当选市长，但皇帝弗朗茨·约瑟夫两次拒绝了选民的意愿。卢埃格尔怀有许多与舍纳尔相同的仇恨，关键区别在于他的党希望帝国维持一个罗马天主教德裔人口占主体的君主政体。这一平台的核心是反犹主义，在奥地利的中层阶级中有着显著的吸引力。虽然卢埃格尔喜欢在香烟缭绕的神职人员陪同下在城市各处走动（甚至带上大主教到新建的煤气厂举行宗教仪式），但这种虔诚迅速被贫民窟中讥讽的羞辱和每当他面对听众演讲时流下的大汗所取代。前律师卢埃格尔和舍纳尔一样，本来可以利用职业优势为小人物做很多好事，但他迅速地发挥了学识，变成一个口若悬河的煽动家，大肆攻击犹太人和捷克人。当社民党某些领导人，其中也有犹太人，为1905年自由俄国革命的失败欢呼时，卢埃格尔对富裕犹太人的猛烈指责开始加上将犹太人视为威胁革命的力量的隐忧。希特勒似乎受到这些问题的影响，又被其表达方式所吸引，但这些是否只给他留下印象造成偏见，还是形成了意识形态体系都令人生疑。

1913年，已经拥有一小笔遗产的希特勒离开维也纳，前往慕尼黑，部分原因是他要逃避哈布斯堡军队的兵役。一年之后奥地利当局将他抓获，他被迫接受一场尴尬的地方法官听证会，尽管军队证明他因体质问题不适合服役。带着漫无目的的令人陶醉的理想主义的长期漂泊生活，终于因一战的爆发而告一段落。25岁的希特勒志愿参加了巴伐利亚军队，在西线战场当传令兵，表现出色。他曾在协约国军队的毒气攻击下双目暂时失明，他的作战经历使他的性格变得更加野蛮、粗鄙。小客栈的肤浅与战时目睹大批死亡的经历相叠加，没有任何正面的人类经历可以补偿。这位孤立的没有忍耐力的年轻人遇到了与他完全相宜的气候。

希特勒复员之后，慕尼黑的气候被适时地搅动得极端而狂妄，恰好适合他在这里滋养发迹。他被送选参加军队政治灌输课程后，上级折服于他尚未磨砺的演说技巧，决定让他监视慕尼黑政治生活的外围，特别交给他监视1919年1月成立的德意志工人党的任务。除掉该党一个职业追随者之后，希特勒加入了该党，几个心意相通的党员在慕尼黑酒吧聚集。该党的财产总共不过 5~15 马克，都装在一个雪茄盒内。该党于 1921 年 2 月发表了一个浮夸的纲领，其吸引力核心是宣称保守派民族主义者缺乏社会良心，而左派毫无爱国热情。同月，该党更名为国家社会主义德国工人党。到 1920 年底，党员人数从 200 增加到 2000，党的分支扩散到慕尼黑之外甚至巴伐利亚。它还办了一份《人民观察家报》，最初每周出两期。“希特勒同志”利用强大的演说天分，迫使该党放弃了集体领导制，成为该党权威的“主席”。1921 年中，该党宣布组建其武装力量——冲锋队，欢迎被解散的前自由军团成员加入其中。到 1923 年慕尼黑暴动之前，纳粹党已经有了一个粗暴对待反对者的名声，它壮观的公共集会也频繁举行。此时该党党员维持在 4.5 万人。

1924 年 2 月希特勒与暴动的其他领导人受到叛国罪起诉。希特勒利用听证会的机会把自己展现为被小人物出卖的极端爱国斗士，出卖者包括卡尔和洛索。他颠倒黑白地将这些证人搅入他的阴谋，并声称“永恒的历史法庭”终将宣判他无罪。被巴伐利亚前政府可疑的活动搞得无所适从，法庭宣布鲁登道夫无罪，判处希特勒五年监禁。兰茨贝格监狱的条件算不上困难，希特勒在这里每天如同临朝。他的狱友请他写一本书，因为他们听腻了他一直滔滔不绝发表的观点。对他们来说非常不幸，他口授了《我的奋斗》第一部分——他个人的神话连同他的政治哲学。他重述了他的政治“觉醒”，将他在战后回到慕尼黑时采取的姿态提前到战前他身处维也纳的时期。希特勒喋喋不休地谈到反犹主义、人种改良和地缘政治的文献，尽管我们不知道他阅读的是原文还是简化的版本。该书虽经细致编辑，但也掩盖不住拙劣的文风，其中处处可见疯狂的爆发。谈到正在消失的青年时尚时，希特勒狂叫：

> 女子应该认识她的情郎。如果外在美不再被迫完全去适应纨绔子弟的时尚的背景，那么那些罗圈腿的可憎的犹太杂种就不可能诱骗数百万女子。

读者仿佛进入了反犹核心人物的头脑，他所拼凑起来的意识形态的混杂物取代了精神病患者的淡漠情感。自学者的不学无术，加上真实和虚构的经历，造就出一种完全僵化的世界观，其中新的事实被迫去适应僵硬的框架。正如汉娜·阿伦特评价的，“意识形态思想被从我们用五种感官感受的现实中解放出来，坚持一个隐藏在所有可感知事物背后的‘更真实’的现实，从隐藏之处主导这些事物，并需要第六感让我们去感知它”。

就希特勒而言，生物决定论的观点与启示录、阴谋论和偏执狂的世界观发生了融合。他既是还原论科学中最令人生厌的人，永远拿猫与鼠做例证；又是沙龙—酒吧阴谋理论家，不断地攻击犹太人。希特勒认为种族有高低之分，他们之间的融合也会造成文化、政治和种族的衰落。这种观念来自 20 世纪约瑟夫·德·戈比诺伯爵等反动思想家。希特勒相信这一过程受到犹太人的推动，他们正策划统治世界的阴谋。革命前逃离俄国的沙俄保皇右派似乎证明犹太人正在埃菲尔铁塔附近的一间暗室内密谋。由于这种意识形态可以包容最为扭曲的政治观点，马克思主义就被看作犹太民族登上权力巅峰的政治工具。希特勒认为这正是布尔什维克革命的核心，其中“纯种”犹太人利用疯狂的野蛮和非人的折磨虐杀和饿死 3000 万人民，以便让一群犹太记者和股票交易所的匪徒统治一个伟大民族，这种描述与列宁统治下的现实生活完全不符。因为，至少自 1920 年起，希特勒的反犹执着已与恶毒的反马克思主义相结合，生成一个犹太布尔什维克的形象，在希特勒的魔鬼学说中，这是与其他被妖魔化为装病者、贪婪的资本家和美少女的诱奸者的犹太人并列的梦魇似的人物。

希特勒重塑的有选择的个人生活叙述包含一系列猛然觉醒，仿佛前往大马士革途中的使徒保罗：

> 在我看来维也纳和以前不同了。我所到之处都能看见犹太人，我见到的犹太人越多，他们在我眼中与其他人类的区别就越显著……短期内我就比以前更加警醒，觉察到那些犹太人在某些领域究竟在干些什么勾当。任何一种形式的肮脏和堕落，尤其在文化生活中，哪种没有一个犹太人参与其中？甚至只要你小心地割开一个这样的毒瘤，你就会发现一个小犹太人因初见天光而目眩，如同腐尸上的蛆虫一般。

事实上，希特勒在战前的维也纳与犹太朋友和熟人的关系相当平淡无奇。但是有的时候他也极端痴迷于疾病和死亡——蛆虫、害兽和吸血鬼，他自己那救世主般的幻觉也与日俱增。下列引文虽然充满伪学者的措辞，但实质自大而空洞：

> 犹太的马克思主义教义拒绝大自然赋予的贵族准则，以大量的群众和他们的死亡之力取代了永恒的权力与力量。因此，它否认人性，否认民族与种族的意义，由此脱离了人类存在与人类文化的前提。作为一种宇宙观，这一教义将会终结任何人类智慧可以理解的秩序。在这个可以识别的最庞大的有机体中，运用这一法则的后果只能是混乱，事实上它终将带来星球上所有居民的毁灭。
>
> 假如犹太人借助马克思主义教条战胜了世界上的其他民族，那么，犹太人的王冠将成为全人类丧礼上的花环，这个星球将与数千年前一样，进入无人的黑暗地狱。永恒的自然法则将对违反其权威的人施以冷酷的报复。因此今天我相信，我执行着万能的造物主的意志：保卫自我，反抗犹太人，我为上帝的杰作而战斗。

希特勒执着于“雅利安人”与“犹太人”这两大敌对势力之间永恒的斗争，其输赢决定着人类与星球的存续。雅利安人被描绘为游荡的有创造性的力量，其使命是统治低等人类，他们是“上帝选民”，人数不多，但他们的力量在于集体权力和保持种族纯洁。因为雅利安人不是尼采笔下孤独的克服自身本性的“超人”，而是一种集体存在：“雅利安人的最伟大之处不在于其心灵本质，而在于愿意竭尽所能为大众服务。在雅利安人中，自我保存已上升到高贵的形式，因为他们愿意将自我置于集体生活之后，有必要时甚至牺牲自我。”换句话说，这就是夸大其词地将尼采主义和粗糙的生物决定论与战场上的团结一致拼凑在一起。

希特勒是卡尔·迈的西部小说的狂热书迷，他从牛仔和印第安人的角度来想象雅利安人的主人公。受到迈的小说中狂野西部的猎人的激励，希特勒将北美与拉美做了比较；北美“人口由世界上最多的日耳曼后裔构成，与低等的有色人种没有太多混合”，而拉美“居主导地位的拉丁移民经常大规模地与原住民融合”。这是种族毁灭，种族自杀，起因都是与低等种族的杂交。人从天堂堕落，之后就被放逐。颠覆的源头是不断变形的永远的敌人，是与雅利安大天使相对的犹太撒旦。这里，英雄的雅利安人被描绘得模糊不清，而与其相对的魔鬼却得到细致的描绘。希特勒将犹太人看成可怕的敌手，因为只有拥有了大规模杀伤性武器的力量才能使荒凉的星球变成人间地狱，这种将力量归于敌人的做法是反犹主义与其他种族主义的区别之处，因为力量不会仅因顽固与偏见而被赋予被憎恨的对象。

希特勒的反犹主义是名副其实且具有功利性的，如社民党和虚弱无力的资产阶级这些第二等角色的恶棍，都被看作犹太敌人的愚弄对象、傀儡和工具。他理解他的这些信念具有操纵价值，但这丝毫没有减少这些信念的强烈而坚定不移的直率。希特勒的信念不只是煽动家的姿态或伎俩，表面的清晰取代了内部的杂乱，同时也是理解外部世界混乱的途径。

反犹主义的起源可以从基督徒与犹太人的复杂关系说起，毫无疑问，反犹的基督徒滋长了有关犹太人的丑陋的民间观念，视之为贱民和魔鬼代言人。在日益理性的世俗化的表象下，这种观念成为潜伏于下意识之中的典型。

对犹太人的偏见不因政治属性而有整齐的划分。正如我们所见，自由主义对阻挡“进步”的一切形式的宗教顽抗者充满厌恶，他们拥护一种观点，即犹太人的解放是国家的恩赐，但必须以他们的归化为条件。归化是不可能彻底实现的。到哪种程度才是尽头？服饰，发式和语言？饮食习惯和宗教节日？他们是否必须放弃自己的信仰，还是从事某些特定职业以与占统治地位的人口相一致？无政府主义者也有这类污点，俄国人米哈伊尔·巴枯宁破口大骂：“现在整个犹太人世界，这世界由水蛭的种类构成，一个贪婪的寄生虫、不仅跨越国界，而且超越所有不同政治观念亲密地联合起来，现在这个犹太人世界一方面任马克思主义者支配，另一方面受制于罗斯柴尔德。”保守派憎恨犹太人，将他们看成民主现代化的代言人，无约束的资本的受益者，还是自由主义与马克思主义的拥护者。显然，这些观念并不仅限于欧洲，有时其他国家的恶毒程度要比德国更甚。当时有各种不同的解决“犹太问题”的方式，但在希望犹太人变成英国人、法国人或德国人与视他们为应消灭的寄生虫之间有着天壤之别。

希特勒执着于抽象的“犹太人”，而不是真正的犹太人：他们或是自由派、保守派、社会主义者、复国主义者或不关心政治；谨守教规、不谨守教规、基督徒、不可知论者或无神论者；富有、中等或贫穷；德国人或外国人，其具体特征无穷无尽。德国犹太人社区的轮廓已被清晰地划出；这是群体优胜的故事，没有平庸的迹象，在这群人中偏见常催人奋起直追。犹太人只占德国人口的 1%，他们已基本城市化。1905年，约有 95%的德国小镇和乡村根本没有犹太居民，但这并未制止反犹主义的脚步。德国犹太人中的 20%生活在柏林和美因河畔法兰克福。某些犹太人享有杰出的政治生涯；不能说德国犹太人的历史是完全排外的历史。到 1871 年，大多数犹太人都是中产阶级，从事学术与艺术、银行业和商业、医疗、科技、新闻和其他职业，但也并非所有犹太人都很富有。犹太商业银行业巨子已经出现了轻微的时代错误，正在被上流社会的大企业联合体所取代。法律和医疗行业声誉与财富差异较大，而学术职业常是通向上流社会的贫困的通行证。新闻业除最成功者外，对大多数人来说都是极不稳定的职业。然而，在不多的犹太小资产阶级之后，更下层的人仿佛是隐形人。但是清晰可见的集体身份可能是其他人憎恨犹太人的一个原因。1932 年，在一篇探讨反犹主义的文章中，卡尔·冯·奥西茨基指出了关键一点：在其他国家，“人们认为不同种族人群之间的竞争有激励性，当然不会引来麻烦。比如在英国报社，灵活的凯尔特人的智慧头脑起到了支配作用，而且学校教育也让我们仰慕勃兰登堡大选侯腓特烈·威廉，因为他允许法国难民进入普鲁士”。当然这种对于新到外来者的比较史学视角不适用于英国的情况，在德国则完全空位。当然，对于任何有恒心有毅力去克服它的聪明人而言，甚至偏见偶尔也会带来一线光明。许多犹太科学家被排挤出大学的教学岗位后致力于纯科学的研究，终于在反犹的德皇威廉二世庇佑下的工业家创立的知名研究机构中功成名就。其中的内情并不简单。

虽然许多犹太人极其爱国，浸透着德国素养与文化，但他们不属于抽象而神秘的“人民”，这一概念比普通的启蒙价值观有更深的潜在含义。在新兴民族国家，人民的概念蕴含着通过血缘和文化引发的归属，而不是通过共同拥有的公民价值观和脆弱的机构。信仰理性与普适文明价值的人们无法想象像希特勒这样一个原始粗俗的人怎能攫取主宰贝多芬、歌德、普朗克和爱因斯坦所在国度的权柄。但这是一个尽人皆知的比喻。人们可以说自恋的高尚德国文化的认同感，加上对无文化人民的不安而势利的蔑视，使人们无法理解深层的暗流，无法理解有教养的德国人放弃朴实观点而去追寻狭隘的价值。还有一种错位的观点认为德国的精英肯定不会让希特勒这样的边缘煽动家攫取权力，这种信念植根于尚待解放的犹太族群对统治者的依赖，以防遭遇大多数人卑劣的本能。

犹太人不断增强的社会经济流动性——他们接受并融入，而不排斥德国社会，成了反犹主义者的噩梦：犹太人无影无踪，却在进行着颠覆。他们想让时光倒流，把这些不受欢迎的“闯入者”放回到有着清晰界限的社会边缘，而要清除与这种模糊地向上的“其他人”交流的必要。史学家一直强调 19 世纪德国科学反犹主义的兴起，把希特勒看作一代代恶毒思想教育狂热者孕育的思想的目的论集大成者。这种条顿的思想史细致地追溯了所谓的知识界影响，仿佛为希特勒提供了一份回顾性的阅读书目。其局限性在于缺乏觉悟。

科学是 19 世纪的权威话语，因此反犹主义也步经济学、历史学或心理学之后尘，挂上了科学的头衔。1879 年，变节社会主义者威廉·马尔发明了“反犹主义”一词。他模仿了保守主义、自由主义和社会主义等更为综合的意识形态词汇，其强烈的世俗倾向表明，它不仅是基督徒对犹太教徒的偏见。事实上，某些反犹主义者在对犹太人怀有敌意的同时，也以仅次于尼采的方式猛烈攻击基督徒及其核心价值，并将基督教看作犹太人的伎俩。以种族法律或真理形式出现的“犹太问题”科学专制化，封锁了归化和洗礼的途径，因为生物学遗传无可逃避。科学提供了精确性，制造了不用于人类的语汇，人们在证明犹太人是致命的病原体时，就借用了这些语汇。这是新兴的生物政治视点，其基础是种族纯洁、适者生存，当中也不乏宗教的暗流。值得一提的还有反犹主义的另一要素，被德国人称作信仰嫉妒。因为德国人强烈渴望重铸自我信念，而过度复杂的犹太人与德国人再造的、单纯的道德世界并无关联。

希特勒的反犹主义并非基督徒对犹太人幻想的总和，也不仅是伪装为种族科学的偏见。前者适用于农民，后者适用于种族主义教授，他鄙视这些人，说，他们忘记了“他们生活在公元 1920 年，而不是公元 600 年或 700 年”。他所需要的应更具包容性，一种适合于元首的偏见。希特勒不是科学家，而是幻想做救世主的（失败的）艺术家。史学家绍尔·弗里兰德雄辩地指出，希特勒将种族堕落与清洗的视点融入了宗教中关于毁灭与救赎的叙述。基督教必须被改造，因为其最终形式过于犹太化，过于非德国化。有了这一新的武器，希特勒就能够真正自认是上帝代理人。这种明显的融合似乎来自理查德·瓦格纳在拜罗伊特的社交圈，一小撮附庸风雅的反犹主义者及他们的犹太人追随者，他们给希特勒留下了深刻的印象。这些人不是干巴巴的民众教授，姿态笨拙地讲授抽象理论，而是一位创造性天才经社会磨砺的密友，为了他们，卑躬屈膝的元首甘愿奉茶。"音乐大师"以其精神的守护者为媒介，与另一位"艺术家"对话。

说瓦格纳本人对犹太人的可憎的观点在其歌剧中被简单复制，这纯属谬论。毫无疑问，瓦格纳对个别犹太人，主要是作曲家贾莫科・梅耶尔，怀有刻骨仇恨，还不光彩地利用他所鄙视的犹太人追随者和伙伴，不过他肯定不是在个人交往中采取欺骗和伪善手段的唯一一位创造性天才。与埃德加・德加、费奥多尔・陀思妥耶夫斯基和乔治・奥威尔有过一面之交的任何人都能证明这一点。但瓦格纳，这位早期革命者、巴枯宁和蒲鲁东的崇拜者，后来的不关心政治的作曲家，受叔本华主义和佛教怜惜众生的情愫影响颇深，1881 年，他拒绝在伯恩哈特・福斯特的反犹请愿书上签字。将他歌剧中的人物如克梅瑟、阿尔贝里希、米梅、克林索尔和孔德里认作犹太人，或是拘泥字面，或是纯粹的猜度，而他的歌曲的主线也可以做出令希特勒不满的解释。希特勒对这些歌剧的理解——包括注定灭亡的资本主义文明的寓言，及在异端神话中与中世纪基督教改造之间摇摆不定的背景下对爱和情感的探索——和他对查尔斯・达尔文的掌握一样浮浅，而达尔文对瓦格纳产生了重要影响。

纳粹不遗余力盗用瓦格纳，警醒我们不要进行过多的表面联想。他们还利用了尼采的理论，这是尼采的妹妹伊丽莎白和他那不正常的丈夫伯恩哈特・福斯特改造的，但是认真阅读尼采作品的人都不会严肃看待其中牵强的联系。尼采的许多思想都要被迫压制，以将它理解为纳粹的原型；其中主要是将他所鄙视的虚无主义的"兽群"或"暴民"视为反犹主义者的观点："蚕食的生理伤害［都是］充满仇恨的人，整体的颤抖的地下复仇的领域，其对欢乐者的爆发，无穷无尽，无法满足，同样伪装复仇并为复仇寻找借口。"尼采欢迎犹太人创造性地融入他所希望的"最强大的欧洲混合种族"，和希特勒对种族纯洁的执着不可同日而语。瓦格纳的交际圈和家庭是另一个问题，他们的确助长了将瓦格纳主义转变为民族主义的准宗教，这是尼采连同民族主义一同鄙视的一种倾向。尼采善于自我剖析，不会堕入他们伪渊博、雄辩和神秘的民族主义陷阱。

英国人对创立德国式的种族主义基督教负有一定责任。瓦格纳那位会说法语和德语的超级世界主义的英国女婿休斯敦・斯图尔特・张伯伦，是一位将历史科学专制主义和宗教神秘主义相调和的作家。学徒超越了老师：张伯伦声称德国人是希腊—罗马文明的拯救者，是非犹太的基督徒，他们利用现代工业将人们引入"新的、美妙的、光明的"未来。犹太人虽然也传承了他们种族的纯洁与力量，却要试图阻挠"雅利安—日耳曼人"救赎人类的使命。瓦格纳的英国儿媳温妮于 1923 年将希特勒邀请到幻想庄园，在这里他参观了瓦格纳旧居，凭吊了他的坟墓，热泪盈眶。深受罗恩格林和里恩佐青年时代英雄事迹的震撼，希特勒觉得温妮是一位忠实的追随者——她于 1926 年加入纳粹党——她不仅尝试使拜罗伊特的节日政治化，还给予希特勒情感上的支持，使他有了杰出大家庭的归属感。

《我的奋斗》不仅是希特勒反犹主义的记录，虽然这是其最显著的特征。其中也涉及其他话题，如外交政策、世界语、宠物和公众演说。希特勒早期对英国的反感被国际分工的思想取代：英国专心经营其殖民帝国，德国将以布尔什维克俄国为代价实现扩张。希特勒从布尔什维克革命后幸存的亲俄倾向出发，却对法国怀有一种传统的仇恨。因为不是普鲁士人，他对波兰几乎无话可说。

有关希特勒更广泛的价值观，《我的奋斗》会告诉我们什么？种族自我主义意味着对其他社会与文化的无尽蔑视；他认为试图教育教化“霍屯督人”或“祖鲁人”相当于对种族的背叛，社会达尔文主义与鄙视人道救助弱者的伪尼采思想发生了融合。同当时的种族纯洁论与安乐死的支持者一样，希特勒相信任何不适于生存的人都应灭亡，国家可以对自然伸出援手。由于这是要让普通大众吞下的一粒苦药，它表面就被涂上了一层责任与牺牲的糖衣，是个人必须为集体做出的奉献：“只存在一种耻辱：抱着病患之躯，还要将孩子带到这个世界上来；一种最高的荣誉：放弃这种做法。”我们看到，在当时人种改良界内，这种观点并非绝无仅有。战争被视为种族再生的积极力量：“最血腥的内战经常能够催生坚强而又健康的民族，而人类的和平状态却造成恶臭冲天的腐朽。”希特勒绝不是唯一有这种信念的人。

希特勒大言不惭宣称的“新生活哲学”鄙视资产阶级价值观：“我们当前的资产阶级对于人类任何高尚的事业而言都一文不值，只因为它没有素质，一无是处。”他反知识，认为教育体制培训的是官僚和技术专家，而不能育人：“我们全部的知识界领袖都只是接受了‘知识’教育，因此当面对一方使用铁棒而非知识武器的时候，他们将无助，无法抵抗。”被多数人认为是缺点的特征——盲从、教条主义和狂热，这些都使他对罗马天主教充满羡慕——却被当成值得效法的美德。正如他 1927 年作出的评说：“要确信，我们也把信仰，而不是认识放在首位。人们一定要能够去相信一项事业。只有信仰才能造就国家。是什么驱使人们走上战场为宗教理想而献出生命？不是认识，而是盲目的信仰。”希特勒毫不掩饰地宣扬他要将暴力施加于敌人的愿望。他哀叹 1914—1918 年政府未能无情地消灭那些领导国家的鼓动者：“假如最优秀的人们正在前线舍生忘死，那么我们在后方至少能做到扫除这些害人虫。”他还特别提到：

> 假如大战之初或大战进行中，有 1.2 万~1.5 万这些人民的希伯来蛀虫被抛于毒气之下，正如数十万优秀德国工人在战场上受难一样，那么数百万人决不会在前线白白牺牲。与此相反，此时 1.2 万名恶棍却清除了对未来有价值的，可以挽救 100 万人生命的力量。

这与许多不为人知的言论似乎足以证明希特勒不是合格的政治家。尽管有观察过希特勒的人认为他平淡无奇，脸色苍白，瞪着亢奋的双眼，但有些时髦的圈子却被他激进和粗野的举止打动，这令偶尔闪现的魔力似乎更具欺骗性，面对庞大的听众，这位平淡无奇的人学会了将自己轮番转变为恳求、哀婉和愤怒的力量，使听众无法区分究竟他们是“推动着别人，还是违背自己的意识而被别人推动”。记者康拉德·海登1933 年流亡前曾对希特勒进行了为期 10 年的细致研究，他为我们留下了关于希特勒从人到元首的不凡的描述：

> 带着不容置疑的确信，希特勒表达了面对无形的敌人时群众无言的恐慌，并给这一无名的幽灵命了名。他是现代群体灵魂的一个纯粹的碎片，缺乏任何个人素养。人们不必去问，他使用何种伎俩征服了大众；他并没有征服他们，他只是描绘并代表了他们。他的演说是群体灵魂的白日梦，这些演说混乱，充满矛盾，如按字面来看，时常如梦一般毫无意义，但却被赋予了深层含义。丑陋的诽谤，平淡的笑话，夹杂着回音，有时还有得意扬扬的语句。这些演说常以深沉的悲观主义开始，以皆大欢喜的胜利救赎告终；它们常可被用推理加以驳斥，但是它们却追寻更强大的潜意识逻辑，任何反驳都无法触及。希特勒曾向现代群众无言的恐慌发表演说，并为无名的恐惧命名，这让他成为群体时代最伟大的群体演说家。

在这些听众之外，希特勒让海登想起无风天空中杆顶上松垂的旗帜，一个无足轻重的人将再次等待时机模仿巨人。

信仰者之中

1924 年 12 月 23 日希特勒获释出狱。巴伐利亚州长海因里希·黑尔德勉强接受了希特勒作出的将来守法的声明，决定不将这名奥地利重罪犯驱逐出境（他直到 1932 年才入德国籍）。巴伐利亚当局想要除掉希特勒，部分原因是害怕政治动荡影响旅游业；奥地利基督教社会党总理伊格纳茨·塞佩尔也有此想法，他认为希特勒战争期间为德军服役，已经放弃了奥地利公民身份，因而不愿让这位恶名昭彰的煽动家返国。1927—1928 年希特勒在德国多数州被禁言，唯一例外的是图林根，这里有一小撮纳粹代理人利用政治僵局上台。图林根的异常局面表明议会政治也有其用途。

由于被禁言，希特勒致力于巩固他对纳粹党的控制，在他服刑期间该党分裂为多个区域性敌对派别。纳粹党禁止成员加入多重种族主义组织，而且只允许个人，不允许拥有庞大追随者群体的领袖加入该党。希特勒采取各个击破的手段，使这些敌对组织达成一致。他开始着手一项新的行动，利用民主的缺陷来诋毁民主，“追求议会政治的同时，议会本身就是反例”。鲁登道夫已名誉扫地，希特勒迅速变成了这一“运动”无可争辩的领导者，“运动”一词将纳粹党与传统政党、准军事组织和大众派别区分开来，虽然纳粹主义包含三者的元素，但超越了它们。新兴的极权领导方式——尽管希特勒刻意隐瞒他的懒散——在党内未受到普遍的欢迎。一位纳粹头目评论说：“即使领袖也只是人心的公仆，人心向背决定运动的走向……绝对的服从不可接受，否则人们培养的只是有依赖性的动物。最终领袖的误用愈演愈烈：只要提到某人的名字，我们的仰慕者就发出歇斯底里的尖叫‘万岁！’这些尖叫着的猿猴的戒律就是谁不尖叫都会被枪杀！”

作别大众挑战者后，希特勒遭遇了党内南北紧张局面。在德国北部和西部，充满活力的领袖如格雷戈尔・施特拉塞尔和埃伯费尔德的记者约瑟夫・戈培尔都想要获取城市社会主义者的选票。他们两人都对希特勒的战略天赋有所怀疑，也敌视在慕尼黑围绕在他身边的小集团。这些人赞成某种普鲁士社会主义。近来希特勒将他的仇恨撒向了苏联。他们认为苏联是“各国青年一代有意无意向往的社会民族主义国家”。他们的社会主义也许将他们带入了同样的轨道，但这并不意味着他们放弃了社会主义政党的全部共同特征，其千差万别的历史根源包括手工艺乌托邦和书吏倾向。

1926 年初，在班贝格仓促召集的一次大会上，希特勒取消了支持社民党和共产党提出的没收德国前统治王朝财产动议的计划，并禁止进一步讨论根本原则。重新掌权之后，希特勒任命格雷戈尔・施特拉塞尔负责党的宣传工作，任命希姆莱为他的杂役，并提拔他的新崇拜者戈培尔担任“赤色柏林”地区长官。创造了这一超越大众派别和传统政党的事物后，希特勒还制止了该运动准军事分支的独立倾向。1926 年中，他任命弗朗茨・普费弗・冯・萨洛蒙为冲锋队长官，以取代恩斯特・罗姆。萨洛蒙受命制止了冲锋队获取半军事地位的渴望，并牢固地使之服从于党的政治和宣传目的。冲锋队要发挥两种功能：在选举期间殴打反对者——这种来自大西洋对岸的做法令希特勒羡慕不已；并在街头显示纳粹党存在。正如希特勒给普费弗的信中写道：“我们必须让马克思主义者知道：未来街头的主宰是纳粹主义，终有一天，它也将成为国家的主宰。”冲锋队仍存在态度问题，但在他们血溅牢狱之后，最终由一股在他们庇佑之下发展壮大起来的力量——希特勒的党卫军加以纠正。党卫军由 18 岁以上受过更好教育、更瘦、更高的人员组成，而冲锋队的人员多是大腹便便的中年混混。党卫军中也有混混，但他们是更高级别的、受过学术教育的混混。

纳粹对使用政治暴力的热情，也使其有别于资产阶级政党。纳粹首要攻击目标是赤色分子，其次为犹太人和波兰人，但这并未减少它对高尚市民的吸引。纳粹的暴力几乎不与警察对抗。许多纳粹同情者是教会委员会成员、商业、餐饮和体育俱乐部会员，他们间接地比任何宣传方式都更有效地使一个极端政党本土化，特别是他们不必佩戴胸章和手持《人民观察家报》，就宣扬了纳粹的意识形态承诺。例如，在一个人口不足 3 万的大学城和服务业为主的城镇马尔堡，1933 年 1 月之前主体为大学生的 194 名纳粹党员加入了 375 个非政治志愿者组织。人们常说口碑是最好的宣传，这里的人们处于为纳粹进行正面宣传的最佳位置。他们传统的社会关系淡化了这样一个政党带来的负面印象，该党结合了极端主义议程，做出了反政治超越的承诺。对于那些长期以来形成的世界观中包含对导致分裂的政党的“非政治”反感的人们而言，一种反叛运动更可能产生强大的吸引力。在上巴伐利亚的因戈尔施塔特，一名杰出的医生、自由党地方议员路德维希·利布尔成为当地纳粹党支部的组织新手，他亲自出资出版当地纳粹报纸。在汉诺威的诺尔泰姆，一位旧贵族家庭出身的温和的书店店主成了镇上第一个纳粹，他周围的人们开始议论：“如果他加入了纳粹，那么纳粹肯定是不错的。”他们二人都不爱胡言乱语，也不是恶棍，但他们的许多同党却是。对黑森早期纳粹的研究表明，当时纳粹党中有相当多可怜的醉鬼和不懂交际的人。

在乡村也出现了同样的纳粹主义同化现象，乡村精英——地主、大农场主和学校校长——使纳粹权威而体面地进入对现实不满的乡村社区。然而当乡村穷人遭到富人中的纳粹分子排斥时，就出现了逆流。对于赞同纳粹主义的乡村牧师而言，他们也曾追逐自己的牧群，以求获得人气，就像今天在教堂弹电吉他布道的教区牧师一样。假如这些人宣称赞同纳粹主义，怀着理想主义的动机——保存衰落中的生活方式、家庭完整和宗教价值——那么这有什么错呢？牧师与学校校长口齿清晰，善于将自己的观点传播给全神贯注的听众。在波美拉尼亚，庄园主和对纳粹主义持友善的同情态度，或带领整个地区的人们从保守民族主义集体转向极右翼阵营。纳粹还盗用爱国主义，邀请陆军军官或杰出的潜艇艇长做演说嘉宾。无人在意这些爱国英雄中是否包括有政治谋杀和恫吓波兰人背景的自由军团老兵，或是共产党的变节者，纳粹的宣传机器曾使许多共产党员叛变。有时演说者神经错乱，但这让场面更加壮观。一位被开除教职的牧师路德维希·明希迈尔这样谈起《圣经》语句：“知道真相的人不言，他就是不折不扣的可怜虫。”这是背离政治话语理性形式的令人振奋的转变。

纳粹的平均主义和对性格、主动性和意志力的注重，表明它认识到“对这场运动而言，农民的儿子通过努力控制了村庄要比所谓的‘领袖人格’更有价值，这种人格事实上一无是处”。令人惊讶的是纳粹每请出一位贵族血统演说家，如普鲁士奥古斯特·威廉王子，他们都会精心选出一位农民与之相伴。正如希特勒在上巴伐利亚的一次会议上讲述的，纳粹党“不是带有博士头衔的人们的政党”。由于东弗里斯兰和吕讷堡等偏远地区的农民不信任外来者，那里的纳粹煽动家就包括了扬·布兰肯迈尔等人，他们能说当地的德语土话。纳粹的口碑还伴随着他们对利益集团的渗入，同时他们还建立了平行的组织，这给人留下一个倾听大众个别委屈的政党形象。这也反映了一种极权主义的渴望，即纳粹要让生活中的各个领域都不留政治空白；反映了一种非常现代的政治观点，即渗入利益集团会加速最终的接管。部门性组织也与纳粹建立了非正式联结，借此纳粹党可以召唤各行各业的志愿知识精英。纳粹建成了自助式网络，一个小型社会。

也有专门为中学生和大学生建立的独立纳粹组织，另有更广泛的希特勒青年团和希特勒少女团，他们将纪律与涂抹着卐字的违法活动结合起来。学生们常被该党的聚焦行动、反知识的嘲讽所吸引，这种情绪得到了教授们的支持，后者自身也有沙文主义倾向、卑鄙的嫉妒和仇恨。一战期间已在心理上被动员起来的这些德国学术界人物无法顺利过渡到和平时代，而外国学术界和科学界大力抵制德国学者，也助长了这种情绪。但年长者不必过于努力就可以煽动起青年人的仇恨。大众意识形态在学生中，尤其在 1919 年夏的高等学校德国艺术节以来有组织的学生中已相当普遍。到 1922 年已迫使获得公开资助的,代表 11 万学生的全国学生联合会接受公开排斥非雅利安成员的奥地利和苏台德区的学生会的加入。自 20 世纪 20 年代中期以来，非精英的纳粹学生组织打头阵。到 1930 年，纳粹学生已在九所大学的学生会中占据多数；到 1931 年，纳粹学生已攫取了全国学生自治团体的控制权。

尽管经济相对贫困，因为通货膨胀将他们父母用于缴学费的收入化为乌有，但学生们有时间搞政治；他们在机构间跳转；他们被纵容地视作未来的精英，而不是游手好闲的懒惰者。半自治的学袍世界常使他们免于城市的伤害。广阔的文化做出调整，要对学生们空洞的笑话纵情大笑。在马尔堡，一个学生身穿写着反犹标语的硬纸板招摇过市，活像一个“流动亭子”。学生是反犹选民的中坚力量。早在一战之前犹太人就被从某些学生社团中剔除，1919—1921 年间也是一样。决斗兄弟会引入了排外的《雅利安条款》。通货膨胀意味着没有维持经费，贫困的魏玛政府无钱支付津贴：学生们将苦难归咎于他们的犹太同学，这些人不属于“人民”，但在讲堂中，在他们即将从事的事业中，有着太多的“人民”。与这一态度同时出现的还有拒绝“外来”西方思想：英国放任自流的经济政策和法国革命中的价值观。他们被教导要重视客观性，及如何让学生远离仁爱价值，许多学生认为民间反犹主义在情感上过于原始而弃之不用；而倾心于更“科学”，更能吸引教育程度不高的矫饰的知识分子的说辞。他们的精神狭隘受到了怀有偏见的学术人士的鼓励，对这些人士而言，思想竞争与外部世界完全在书本之内，虽然他们对职业倦怠和微政治颇有了解。纯粹的自由派史学家弗雷德里希·迈内克在二战之后这样描述战前的德国：“过于仓促贪婪地痛饮摆到他们面前的权力之酒的人当中有很多都是犹太人。”我们必须设想，他那些并不温和的同僚们当时会有何种说法，因为在帝国时代和魏玛时期，犹太人从未享受过任何近似“权力”的东西。

20世纪20年代末，纳粹建筑师、律师、医生和教师组织盛极一时，部分原因是纳粹学生走上工作岗位。然而，动因来自职业内部，而非那些渴望在职业生涯中站稳脚跟的不满者。有地位的医生中包含许多自由军团老兵和激烈的反犹主义者，犹太人占医疗从业者的10%，在柏林和法兰克福介于30%～40%之间，这也未减轻对犹太人的仇恨。许多反犹医生还痴迷于当时流行的人种改良和种族科学，自认为会由此成为国家基因库的守护人。未来的职业光环与现实中的普遍不满形成鲜明对照，这种不满针对的是他们的职业团体——哈特曼联盟，认为其无法制止社会化医疗的扩散，社会化医疗是从一般医疗到大众保险的“凭证”医疗和过度专家化的转移，由此会将独立医师降格为从属性技师。如果说医疗行业让纳粹有体面，那么艺术家代表也同样如此。德国文化斗争联盟纠集了一帮不满魏玛现代主义和外国犹太影响的艺术家和作家，尽管绝非所有“现代主义者”都是自由派和左翼人士。

纳粹为渗入各社会经济阶层，成立了平行的行业组织，或进入现存团体，而怀有推翻其领导，组织内部“政变”的预谋。纳粹工厂核心组成立始于1925年，在柏林、汉堡、萨克森-图林根大企业，如西门子和小企业以及采矿和铁路部门的工人当中首先成立。城市电力工人首当其冲，但也曾在党内引发争议。希特勒对非政治的工作不无反感，但他也不想因支持工人阶级好战分子而疏远企业人士。他认识到在宣称团结高于政治和阶级的“国民全体”，与支持贸易社会经济集团的利益之间存在矛盾。纳粹的工厂核心组有时参加罢工，偶尔也与共产党结盟反抗社民党。有的纳粹领袖支持渗入现有工会，主要原因是纳粹主义工厂核心组织无钱支付罢工和福利费用。到1931—1932年，该组织并入纳粹党时拥有25万成员，多于共产主义革命反对派工会。

纳粹党在早已牢骚满腹的好斗农民中获得了更大的成功。纳粹党开始是一个城市政党，原纲领忽略了农业问题，但1928年选举中该党在农村地区获得了骄人战绩，表明它对农业有更多关注：组织和宣传一样，有时紧随事先的承诺。早期“为集体目的没收土地”的计划被改写为“仅针对从事商业投机的犹太公司”。希特勒的德裔阿根廷崇拜者理查德·瓦尔特·达雷被授予特权组建农业政治机构，成员为愿从农村地区心脏地带发起煽动的纳粹农民，新的聚焦农民的学术与通俗杂志被誉为物种健康与民族强大未来的智慧源泉。但农民们是否能在如尼文题词中找到安慰令人生疑。纳粹的谄媚与广布的农民脱离民主与民主政党相比，只居于次要地位——这是战后农民政治民主化的矛盾后果，农民容易被激怒，他们对利益集团的醒悟常主导地方士绅，昙花一现的农村政党与“绿色前线”等覆盖性组织也加速了纳粹侵入农村选民。纳粹在农业群体中活跃者对候选进入当地农业厅的农业联盟代表形成了挑战，从这一平台他们会进入联盟的国家操纵团体。在 1932 年大选中，该组织放弃兴登堡，支持希特勒，尽管兴登堡本人就是大地主，足以看出纳粹对该组织的渗透程度。

纳粹选举的成功不仅来自良好的组织，也来自宣传，宣传包容了与现代民主进程迥异的活动。纳粹宣传的胜利，不因它领先于时代，当时左翼自由派德国民主党拥有复杂的美国式宣传机器，利用影片，并分发錾着“民主”金字的领带和铅笔，但都并无大用。多数有关希特勒掌权的现代纪录片专门强调宣传，这有误导性，因为其中总是选用纳粹能够影响电影中的现实后所拍摄的影片，而忽略纳粹在被他们称为“斗争时期”的魏玛时代为赢得选票而使用的论点与形式。

纳粹在选举之前、之中和之后都召集会议，并选择特定地区进行饱和覆盖，这也有别于其他党派。这些会议是团结零星活动人士的方式，纳粹永远开动选举机器。他们为随时与反对者辩驳而处理掉了印刷机，同时法官随时准备签署诽谤令状。不存在被动党员群体；甚至还发行盲文手册以吸引盲人中的纳粹选民。

希特勒写到社会主义示威将“下贱的蠕虫”转变为“巨龙”。自身意识形态理念对事业造成潜在危害，对人身带来危险的人们发现，其他人也在做同样的牺牲。艰苦岁月并非自动引导人们投奔纳粹，许多纳粹活跃者丢掉了工作，因为他们无法将政治理念与工作截然分开。这些人当中包括库尔特·布洛姆医生，他被从“红色”罗思托夫一家医院开除；弗朗茨·舍德被从科堡电厂一个工程岗位上辞退；被免职的路德派牧师明希迈尔；被解雇的巴伐利亚校长汉斯·舍姆；所有这些人在 1933 年后都飞黄腾达。掌权后，前“老战士”有时会被问及背景。时任党卫军上将的杜塞尔多夫警察头目回应说，他在 1927—1932 年间的犯罪记录包括因羞辱官员、非法持枪、恶意伤害反对者和袭警而入狱 132 次。

会议因入场费和募款，也变为重要的收入来源。这就能为煽动公众的演说家提供额外酬劳，他们的每场演说报酬为七帝国马克，食宿由纳粹支持者提供。它也变成了创造工作的计划。有潜力的演说者获得资助参加黑尔兴的弗里茨·莱因哈特主办的党内培训课程。1933 年前约 6000 人参加了此类函授课程，更正了讲话内容样稿，学习如何应对有陷阱的提问，并在镜子前演练。这些人是否成功成为大众演说家令人生疑：滑稽地模仿希特勒是他们的专长。纳粹在国会代表中成员的增加也推动了演说的开展，因为代表们享受免费头等车厢铁路交通，并拥有议员豁免权。戈培尔提到，他在 1928 年当选之后，“我就成了拥有豁免权的国会议员了，这是最主要的”。在这个“猿猴剧场”中混迹一个月之后，他宣称“议会政治熟透了，必须摧毁。我们将敲响它的丧钟。我受够了这种剧场。人们在这座雄伟的建筑内将不会再看到我”。纳粹在国会膨胀的核心人物威廉·弗里克自称是“鲤鱼池中的梭子鱼”。

对一个在活跃暴力与军事活动中获得狂喜的运动而言，会议过于平静，这是纳粹有别于其他政党和“大众”派别的特征，这些党派召开的会议如午后的科学大会一样冗长沉闷。随时准备采取暴力是表现对“资产阶级法律”蔑视的途径，正如欧伊廷的一位纳粹党徒所说，接着将共产主义反对派逼到一间房子里用破家具殴打他们。由于纳粹暴力经常依赖被动进攻——挑衅反对者以对其攻击——很少牵涉针对国家代表的行动，因此未与社会恢复法治的愿望发生直接冲突。纳粹领导人如戈培尔之流都积极刺激左翼反对派对他们使用暴力，因为暴力本身也是宣传。反对派攻击纳粹后，纳粹就玩起了游戏，因为人们相信两人才能跳探戈。由于共产党常攻击警察，纳粹逐渐从警察同情者转化为警察。纳粹的政治暴力也伴随着道义上的自以为是，这是最令人反感的人类特征。

如果说热烈的纳粹会议为催眠的死水带来激励，那么冲锋队就为年轻人展示反社会倾向提供了意识形态上统一一致的平台。在农村，无业和失业年轻人——如农民、工匠和劳工的儿子们——本可能结成帮会，他们在酒吧和舞厅外游荡，被统一组织起来，受制于年长的、长期从事军事暴力的煽动家。从表面看，冲锋队的情况类似任何违纪次文化。帮会成员在墙上涂抹标语和卐字，让醉酒的争吵升级为半恐怖主义。玩笑和特技让他们更加兴奋——攀爬高耸的烟囱以展开旗帜，将反对者的椅子捆在一起以免他们携带武器。在黑森，朗根区特勒伊施咖啡馆的 33 名帮会成员头戴钢盔，身佩手枪，骑着摩托呼啸着驶过乡村。冲锋队经常醉酒，因为纳粹政治常流出走味的啤酒、雪茄和汗水，这是阳刚之气的噩梦，在慕尼黑啤酒馆无一例外地带来被英国旅行家帕特里克·利·弗莫尔称作“贪婪的全身僵化”的症状。

人们在此无法一眼看全所有正在进行的事物。以制服为例，1928 年起制服由军需官发放，从用于殖民地部队的廉价的褐衫中选出，出售包括臂章、带有可用作指节铜环的带扣的皮带等附件的全套装备，让党的保险箱鼓了起来。假如贫困的冲锋队员无钱购置这些装备，富裕的支持者有时会代其购买。显然不少人极端贫困，照片显示很多冲锋队员冬天赤脚。统一的制服将这些原本平凡的年轻人改变为侵略性的权威人物。作为集体，冲锋队为纳粹显示了可圈可点、不容忽视的存在。齐步行进的队员们制造了噪音和景观，乐队奏唱着欢快或哀伤的歌曲，呼喊着“灭亡吧犹太！”这些歌曲融合了民族主义、种族主义和社会主义：

起来，希特勒的人们集结一起
我们已准备好了最后的种族斗争

我们用鲜血供奉旗帜
作为时代的标志

雪白大地上红底黑色的卐字闪现微光

胜利的号角已吹响
天很快就要亮
德国的未来是国家社会主义！

我们是真正的社会主义者
我们不要反革命
我们憎恨犹太人和马克思主义者
为德国革命喝彩
我们是真正善良的工人
我们需要自由的祖国

出来，弟兄们，来到军营
当希特勒召唤，我们立即随行
反动分子将我们背叛
但第三帝国仍要来临
我们职员与工人的自由纵队永向前

火炬游行增加了一点神圣意味，又带上一点点烈火与硫黄的味道。因为冲锋队是政治神圣化的首要成分；纳粹的情感动员超越了争吵、绝望和憎恨，达到英雄主义和半宗教的地步。这些人是必要的牺牲品，实际是战略地装点着其领袖权力之路的烈士。

纳粹动员起了物质利益之外的各种人类感情。纳粹的情感表露与呼喊不仅超越了偏爱理性的共和派政治家，也超越了他们的宗教反对派，采用的是宗教的感情和形式，将之事实上组合为一种政治宗教。不应将他们这种做法与他们试图复兴基督教异端相混同，尽管某些人爱在森林深处的篝火边吼叫，或在光天化日之下脱得一丝不挂扔健身球。希特勒反感任何使之疏离教会，或有损运动形象，使其看似摇摆派别的事物。也可以说异端过于无害和容忍，至少其溪流和树木崇拜的表象，对他而言并无大用。一个倾向于攻击政治化牧师的政党，却为政治目的系统化利用宗教情感。它是这样自我解释的："我们缺乏仪式。纳粹主义必须成为德国国教。我的党是我的教会。"

如果说纳粹党的普通会议充满了辩论与混乱，那么该党的重大宣言已经开始有了仪式化的弦外之音：救世主式的希特勒是这一过程的核心。希特勒充分认识到生命恩赐他的一个天分，作为煽动家的天赋。正如他所写的："有史以来，能够引发巨大宗教与政治雪崩的力量就是文字的神奇力量。”他将话语比作投于柴堆上的火炬，将他的煽动言论比做“唯美文学家与起居室英雄们笔下流淌的甜美甘露”。话语是铁锤，能够敲开“一个民族的心扉”。根据他自己的说法，希特勒的演说范例有法国和布尔什维克革命煽动家、奥地利和德国社民党人，和暴躁的威尔士空谈者劳合·乔治，后者也成了元首的崇拜者。希特勒写道：

> 这个英国人的演说是最美妙的表演，因为这些演说正面证明了广泛人民群众心中惊人的事实……在他的演说中他找到了使人民向他敞开心灵的形式和表现力，最终让人们完全服务于他的意愿。在他原始的话语和表现中，使用最简单的易于理解的例证，证明这个英国人有非凡的能力。

有了如何对群众发表或不发表演说的范例，希特勒在更大规模的听众面前磨砺了他的演说技巧。1922 年 10 月，德国种族防御和战斗联盟在科堡主办“德意志日”，邀请希特勒作为演说嘉宾，把他当作赚钱工具。他成为“大厅中数千群众要求的、擅长利用感伤和手势的演说家”。他知道时间与场地的选择和演说内容同样重要。一个星期日早上，在慕尼黑一家啤酒馆遭遇“气氛冰冷”的不友好的接待后，他对场地的选择更加慎重，经常在夜间演说：此时阴暗的思想可以高翔。正如希特勒所写的：“夜晚……他们更容易屈服于拥有更强大意志的主导力量……天主教堂中人造的神秘，闪烁的烛光、香炉中燃着的香等带来的朦胧状态也达到了同样的目的。”他仰慕罗马天主教中所谓的教条僵化，及其从普通大众中拣选牧师的平均主义方式。1930 年他对一群纳粹新闻官员演讲时，一位出席者回忆到希特勒将主教和纳粹的地方长官，将牧师和纳粹活跃分子做了对比，而他自己的角色是至高无上的教皇，“正如他毫无疑虑地表达权威、服从和信仰的观念，从精神到世俗领域的转移，并未暗示概念的变化”。当时听众尖刻地窃窃私语：“可敬的红衣主教约瑟夫·戈培尔博士圣座。”

涉及希特勒演说的重大场合开始呈现独特风格。场地选择格外小心，用鲜花和纳粹符号装点。冲锋队员禁酒禁烟，随时准备对激烈的质问者拳脚相加，因为争论已从属于喝彩，反对的声音被立刻消灭。较长的准备工作和主讲人姗姗来迟提升了听众的预期。国歌声与舞台灯光用来调动听众情绪。在鼓乐和欢呼中，希特勒昂然登场，开始了可能持续数小时的演说。整体效果如同在捉摸不定的情感暖流中被弄得晕头转向。当时的人注意到，在低沉、徘徊的开头之后，“大约 15 分钟后，出现的情况只能用古老的隐喻来描述：他已被鬼魂附身”。希特勒将叫卖信仰复兴运动的因子移植到了中欧。在演讲中他变成一个拥有绝对信念的人，并用全部的诚意表达。

希特勒的声音被描述为来自“德国南部社会无人地带……无人拥有这样的声音”。他的演说有着可预见的结构模式。他总是以自己从布劳瑙的神秘跋涉开篇——说神秘，是因为尽管他习惯于极端关注自我以暗示权威，但他希望大家产生他是出身卑微的先知的幻觉。在政治家被认为牟取有形利益的社会中，他的卑微出身使他有了一定的吸引力。他的听众在这一幻想中与他共谋，日益称他为“领袖”而不是“希特勒”。“上天”选了这个卑微的无名小卒来当伟大领袖，他的使命是恢复 200 万战死者消逝的荣耀。一个虔诚的兄弟团——他时常排外地谈到“德雷克斯勒先生和我”，指的是受他排挤的一位纳粹早期领导人——正在变成群众运动。1923 年当他的追随者遭到枪击时，他从慕尼黑奥登广场仓皇出逃的事件成了政党神话，希特勒借用他们英勇的自我牺牲加速了他复兴伟大民族的使命。德国曾被其战后领导人背叛和毁灭，他们当中任何一个都是邪恶势力的傀儡。在此希特勒引入了利他主义、理想主义雅利安英雄的对立典型，即自我中心的、邪恶的犹太人。对当时德国混乱负有责任的政党有十年的时间可以将其理顺，但它们却没有做到。普通人遭到了毁灭，但现在解脱和复仇近在眼前。那些大笑的人们很快就会哭泣。信仰、牺牲和（希特勒惯用的）“钢铁”意志终将取得胜利。

未来如苍穹一样无形。和谐将取代分裂，不仅让当代两大意识形态——社会主义和民族主义——调和而不对抗。将出现全新的“和平堡垒”，为了充满活力的民族全体利益，其中意识形态政治的极端被合成而不被搁置，届时将有充足的面包和工作。

演说结束时，希特勒已被汗水浸透，如同刚交媾过的男人般喘息。他认为这正是他征服听众的方式。墨索里尼也有同感。确实很多人被征服。一位汉堡教师写到她 1932 年参加过的一次会议：“多少人怀着动人的信仰仰望着他。他们的助手、救星、摆脱难以忍受的苦难的人——拯救了普鲁士王子、学者、牧师、农民、工人、失业者，他将他们从派系中拯救出来，使他们重回国家的怀抱。”1933 年一名冲锋队中士讲述了他开始变为纳粹党徒的原因。他写道：

> 因此在我们的反对派将我们看作与经济学党、民主党和马克思主义政党同样的党派时，他们就犯下了根本错误。所有这些党派只是利益集团，缺乏灵魂和精神的纽带。希特勒作为新政治宗教的承载者出现。这一宗教生发于 1914 年 8 月 1 日德国的民族觉醒，生发于 1914—1918 年我国人民的伟大斗争。

1934 年美国社会学家威廉·阿贝尔获准组织一场作文竞赛，其中纳粹参赛者解释了他们的背景和政治抉择。700 多名参赛者中，一名工人写道：“信仰永远引导我们前进，对德国的信仰、对民族纯洁的信仰和对领袖的信仰。我们的斗争神圣，我们的胜利神圣……终有一天世界将承认我们用鲜血和牺牲建立的帝国注定为世界带来和平与幸福。”

对旁观者而言，似乎一种模糊的宗教已扩散开来。弗兰科尼亚纳粹地方长官尤利乌斯·施特赖歇尔丝毫不禁止，反而督促朝拜者一年一度前往黑瑟尔山聚集，跪着聆听他对犹太人的恶毒谩骂。纳粹第一次集会于魏玛举行，因希特勒在图林根未被禁言；1927 年后，移师纽伦堡。会商都闭门举行，会议主席不采用民主决策，全体会议也无民主。但讨论都离题万里。这些集会是露天汇演、军力展示和庄严时刻的总和。平庸的低潮是向冲锋队旗帜献祭，要触摸 1923 年 11 月 9 日血染的旗帜。

1918 年 11 月 9 日和 1923 年 11 月 9 日的事件已变成纳粹主义形成中的礼拜仪式的核心。前一个日子是“德国历史上最黑暗的一天”，第二个是重生时刻，从死亡中诞生永恒的生命。1926 年纳粹党宣布 11 月 9 日为帝国哀悼日。虽然慕尼黑暴动中被击毙者处于该场合的中心地位，但被悼念者还包括一战死者、波罗的海和西里西亚战事中的自由军团丧生者，还有那些据说在执行公务时死难的纳粹。纳粹盗用了数百万人的记忆，将战争阵亡者与他们政治狂热的牺牲者混在一起。1932 年，他们出版了仪式规范以协调各地纪念行动：降半旗、陈列花圈、将钢盔安放在铺着黑布的圣坛上，由荣誉卫士守护，人工照明被烛光和火炬取代，禁止儿童入内。在更大规模聚集中，军乐队奏葬礼进行曲“英雄”；人们哀伤地唱起“我曾有一个战友”。在慕尼黑，这些仪式达到情绪的巅峰，经常能够变出暴动者血染的旗帜；人们手捧烈士名册读出他们的名字，同时旗帜被郑重握紧，伴随着刚毅的目光交流。

潜在的烈士队伍不断壮大，因为这类政治行动有其自身的累赘。1928 年有 5 名纳粹被杀，1930 年有 17 人，1931 年有 43 人，1932 年有 84 人。当然，这些人中的多数因生活状况和死因不足以成为“烈士”，官方烈士的选择极为审慎。1926 年戈培尔在“柏林战役”中担任统帅，他的到来立刻使节奏发生改变，正如次年出版的新报纸《进攻报》所标志的。他的日记显示了他对当地烈士的渴求。1928 年底，他认为找到了一个。当时一位“党内同志”汉斯·屈特迈尔遭到“马克思主义者”殴打，并被投入兰德韦尔运河溺死。警察在质询中发现事有蹊跷，有新闻暗示此人实为自杀。戈培尔在他的报纸上极力想象事件细节：一辆载有“赤色嗜血黑帮”的出租车被揉进故事中，他们用铁棍将屈特迈尔“苍白的脸打得血肉模糊”。还介绍了涉及屈特迈尔遗孀的煽情细节，因为不幸的是没有悲痛欲绝的孩子们。煽情在坟墓前继续。几位牧师愤怒谴责懦夫，屈特迈尔夫人“心碎地哭泣”。屈特迈尔的同志们默默地摆放花圈，其中“一名工人”迈步向前，“脸色同白纸一般”，“手举冲锋队旗帜”，“他的手开始颤抖，接着他说：‘我是与遇难的同志并肩前行的一员。我在此发誓：他去之后我要加快步伐，为他复仇奋战到底。’”然后他就站在那里颤抖着，像孩子般哭泣。

1929 年，戈培尔再次选中一个潜在烈士，一名 19 岁的年轻人，他名叫瓦尔特·菲舍尔，在冲锋队基地死于共产党袭击。但后来证明他不适合，因为他那位身为社民党员的父亲逼他退出冲锋队，脱离纳粹党，而且他只是在冲锋队酒吧遭德共流弹击中而死。新年伊始，戈培尔终于得偿所愿，死者在一个月之前刚出席过菲舍尔的葬礼。霍斯特·威塞尔是柏林尼古拉教堂牧师的儿子，23 岁。他接受过中学和大学教育，但是成为了建筑工人和纳粹活跃分子。他为冲锋队创作歌曲，模仿共产党组织演奏进行曲的冲锋队乐队。他在冲锋队进入菲舍基茨区时发挥了突出作用，该区在亚历山大广场附近，共产党和这里的黑社会有着不稳定的关系；威塞尔称之为“布尔什维克匪徒的巢穴”来激怒这里的居民。他受到追踪，共产党的传单上写着：“注意这张脸！霍斯特·威塞尔，带头杀害工人的冲锋队头目。”后附他的地址。

1929 年，威塞尔开始与埃尔娜·耶尼克同居，他们一起搬进寡妇札尔姆开的公寓。住客与女房东之间出现了矛盾，札尔姆太太试图寻求他先夫的共产党同志帮她解决问题。最初无人回应，因为她丈夫举行的是宗教葬礼，但威塞尔之名立刻突破了这一教条主义的苛求。红色战线战士联盟的两名成员，包括一个名叫“阿里”·赫勒尔的刺着文身的皮条客，一同出发前去驱逐威塞尔。在他来开门时，赫勒尔开枪击中了他，也许由于职业关系，赫勒尔认识埃尔娜·耶尼克，此次谋杀可能是因驱逐房客和意识形态冲突，也很有可能因嫖客间争风吃醋引起。共产党在李卜克内西旧居总部组织杀人者逃亡，并指示札尔姆太太将一场政治谋杀说成是两个男人争夺一个从良妓女的故事。

正当威塞尔躺在医院弥留之际，戈培尔就已着手将这个出乎意料的人物转变为耶稣再世。这里有大量的文学想象，如同电视广告导演抄袭经典影片一样。威塞尔还没咽气，戈培尔就从他悲伤的母亲处得到了真相：“像陀思妥耶夫斯基的小说：白痴、工人、妓女，资产阶级家庭，良心的折磨，永远的痛苦。”1930 年 2 月 23 日，威塞尔停止了呼吸；戈培尔评论说：“为第三帝国献身的又一位烈士。”

纳粹付出巨大努力将威塞尔的葬礼变成反共的挑衅行动，以《进攻报》上一篇郑重的讣告开头：

> 他如同荒野中的牧师一样前行……收获的只有仇恨，没有感激，只有迫害，没有认可……每当他走到他们中间，他们嘲笑他，讥讽他，朝他吐痰，厌恶地转过身去……最终，他做好准备……告别他的母亲和家庭，走到曾讥笑他、向他吐痰的人们中间……此外，在无产阶级的社区，在高耸的屋顶上，他创造了一个严峻年轻人的存在。一位基督徒社会主义者！他用自己的行动发出呐喊：“到这里来，

我拯救你！”……五个星期，他与死神痛苦面对……他没有怨言……最终，他累了，痛苦极了，放弃的生命。人们将他抬到墓地……他试图拯救的人们朝死者扔石头……他将盛满痛苦的圣杯一饮而尽……逝者与我们同在，举起疲惫的手，指向昏暗的远方：向前进！德意志就在尽头！

威塞尔 1929 年创作的一首歌成了纳粹运动的战斗圣歌：

旗帜高举，队伍紧排
冲锋队以坚毅的步伐前进
同志们倒在红色阵线和反动派的枪口下
我们的队伍精神饱满向前进

“阿里”·赫勒尔也没被放过，1933 年初冲锋队将他从监狱拖出杀死。

会议、行军和半宗教事件是纳粹试图垄断公众舆论的一个侧面。行军或罢工中的奥地利、德国社民党是他们实际占领街头的样板。他们还无耻地掠夺“马克思主义”反对派文学与视觉宝库，混淆视听，并利用与共产党相似的渴望与仇恨。首要目标是彻底诬蔑最认可受人憎恨的魏玛“体系”的党派，将工人从“马克思主义”社会主义阵营吸引过来。广泛地说，纳粹的宣传是“无论你们能做什么，我们都能抢过来，而且做得更好”，这也完全在意料之中。

正如希特勒在《我的奋斗》中叙述的，他为创制一个有力的符号大费心力。纳粹重新利用了红旗，在其中加上卐字，这是他们从早前的大众派系和自由军团夺来的，并狡猾地将帝国旗帜的黑与白融入其中。红色也主导着他们的旗帜和海报。由于纳粹宣传既有职业性，又有反馈性，红色对于广撒网的党而言不合时宜，他们就适时选择了多种色彩。他们尊重形象和灵活性，这方面他们相当现代。

宣传涉及形式与内容。在将劳动者并不复杂的品德戏剧化和情绪化方面，反对派共产党让纳粹获益良多。希特勒也许鄙视容易上当、容易被操纵的群众，但每当说起手胼足胝的劳苦大众时，他总是情绪激昂。在其他领域纳粹也有海绵的吸收能力。社民党有了讽刺杂志《简化主义》，纳粹就用《荨麻》加以回应；共产党有了《工人画报》，纳粹就立即推出《观察家画报》。纳粹认为工人阶级体格健全，勤劳诚恳，却上了“马克思主义伪良心”的当，因此纳粹海报大量面向工人。一个强大的“无产者”普罗米修斯砸烂了锁链，用铁锤粉碎了叛徒，用气动压力机压倒国会。从左翼阵营借来的东西还包括将资本家描绘为“钱袋”和“操纵者”的形象，与苏联的宣传毫无二致。纳粹的另一个战术是借用社民党左翼和共产党对社民党“大佬”的恶毒攻击，除将他们说成“1919 年叛国”的始作俑者，纳粹还将他们描绘为将胖大身躯缩进晚宴夹克内的伪善者，他们在享用鱼子酱、香槟和牡蛎，而他们的追随者却失业挨饿。1929 年起，纳粹充分利用了“斯克拉雷克”三兄弟与柏林社民党市政府之间的丑闻，其中某些正在接受毛皮大衣的官员被当场抓获，三兄弟作为犹太社民党人被纳粹送上了天堂。

纳粹海报使用类似手段在天主教中央党领袖和其信仰者中钉进楔子。他们攻击牧师的政治行动，而不针对宗教，纳粹党也采取这一路线袭扰犹太人。当纳粹攻击自由派和保守派民族主义者时，他们或聚焦斯特来斯曼，或嘲讽逝去的时代——尤其是帕彭时期的——高礼帽和燕尾服。出现在他们宣传中的共产主义者，总是以“亚洲”煽动家和谋杀犯的形象出现，在政治谱系中这一观点不仅限于右派，许多社民党领袖也同样有此观点，他们在这方面是完全传统的。

似乎可以确定，纳粹每时每刻在每个地方的第一推动力都是恶毒反马克思主义，但是朝社民党打响第一枪。反犹主义局限于纳粹当时存在的偏执狂群体的出版物中。奥黛特·黑尔布伦纳曾细致地比较了地方和区域性的混乱史以寻求反犹主义在纳粹宣传中的明证。尽管历史学界存在偏见——他们可能是自由派或马克思主义者；德国人或外国人；当地人或外来者——但他们的结论是惊人的：反犹主义仅在弗兰科尼亚和黑森有所表现，这些地方的反犹主义已存在多时或带来特殊利益，或当地纳粹大佬刻骨反犹。与此相对，在巴登、但泽、莱茵兰、石勒苏益格-荷尔斯泰因和符腾堡均未出现纳粹反犹宣传，这些地方的掌权者对此无动于衷，或有其他憎恨对象，如丹麦人或波兰人。

大规模失业

1929 年世界经济大萧条的来临极大加剧了德国政治气候的极端化。通用电气和高盛等美国公司股票崩盘，使广大投资者陷入恐慌，迫切要求将美国对外投资资本调回国内。在德国，短期贷款被投于长期项目，使之难以快速偿还。大萧条制造了绝望的氛围，人们铤而走险，孤注一掷。由于准军事组织在街头你争我夺，德国已人人自危。12 月内政部长泽韦林看到急转直下的公共安全、无遮拦的言辞——“黑红屎”“把他们吊到树上”，还有不断增加的政治驱动的殴斗、抢劫和刺杀事件。以暴易暴愈演愈烈，大的准军事组织领导人都以法律和秩序的捍卫者自居，却为手下人犯的谋杀罪开脱。纳粹选票和枪并举的双轨战略令当局对他们的反应极其复杂。

经济萧条和政治极端化之间的联系并非自然而然。长期失业者可能终有一天躺在床上试图推翻魏玛宪政，但失业者拥有自己的想法，而其他人——主要是纳粹——却为自己的政治目的恶意利用他们的贫困。

登记在册的失业人数从 1929 年 10 月的 160 万增加到 1932 年 2 月的 612 万。由于这些数字不包含“隐形的”未注册失业人口，1932 年的人数可能至少达 760 万。劳动者中有 1/3 没有工作。把家属计算在内，约 2300 万人受失业影响。如此大规模的失业让只能应付 80 万失业人口的保障体系疲于应对。到 1933 年初，600 多万失业人口中仅 90 万获得国家保障援助。某些行业的工人——农业、渔业和林业——被完全排除在外，由于他们对保障体系贡献较少，另有人声称他们应由家庭供养，这一不公就不了了之。事实上，这是在篡改失业统计数据。类似论点也被用来减少地方的养老金支付款项。除迫使领取养老金者售出财物，政府还长篇大论地要求家庭尽赡养义务；对家庭进行说教也有成本效益。

办理复杂的手续后，失业者可在 26 周内获得相当于原收入 35%~75%的国家保障援助，这一阶段过后，若他们在失业前一年工作 13 周以上，可获得危机补助。这些紧急援助款枯竭之后，失业者就得依赖地方发放的救济为生，有时还要参加强制劳动。飞升的失业率使这一体系不堪重负，并遭遇政治危机。在 1929 年 12 月，联邦机构因支付这些款项而欠帝国政府 34200 万马克。市政府税收也无法填补福利开支。例如，在波鸿，税收收入为 1860 万马克，但福利支出为 2250 万马克。米勒内阁的紧急预算案勉强获得议会通过，但代表雇主的右翼自由派德意志人民党和代表工会的社民党之间的根本冲突——雇主希望看到福利缩减，并将税负从企业转移到消费，而工会希望增加福利和紧急税收——迫使联合内阁于 1930 年 3 月全体辞职。

另一个诱因是兴登堡总统不许米勒总理颁布紧急行政法令实施管理，而埃伯特总统曾有效利用紧急行政法令有效制止了过度通货膨胀。此时兴登堡选出了新的“反马克思主义”内阁，总理为中央党政治家海因里希·布吕宁，阁员包括自由派代表和上届内阁中续留的小党派代表。议会投票否决了一揽子紧缩财政措施，但总统紧急法令决定强制执行这些措施。议会一表示抗议，立刻被解散。

1930 年 7 月的选举使纳粹代表增加到 107 人，共产党代表增加到 77 人。纳粹代表不顾政府对冲锋队的禁令，他们身着褐色制服出席国会某次会议，此时他们的同伙在街上到处砸碎犹太人企业的窗户，后来普鲁士警方恢复了秩序。国会的党派构成使多数派政府无法成形，因此，布吕宁依靠宽容的社民党。要做的交易是布吕宁提出紧缩措施，但社民党逐步削弱这些措施，因为宪法规定，这些措施要经议会讨论。布吕宁谨守宪法，从中可见一斑。他也信任、尊重社民党人。后者希望从这笔交易中得到什么？首先，他们希望阻止布吕宁与纳粹达成相应安排——他曾与纳粹领导人进行毫无结果的秘密会谈；第二，他们希望维持与普鲁士天主教中央党的强大联盟，假如他们不在国会支持布吕宁的话，这是无法做到的。这些安排的代价是社民党无法有效发挥反对党职责，那么这一角色毫无悬念地由共产党，并最终由纳粹党承担，两党均不支持不得民心的政府措施。

布吕宁担任总理的两年中，议会政治每况愈下。议会开会时间逐年减少：1930 年为 94 天，1931 年 42 天，1932 年只有 13 天。紧急法令的增加将立法机构边缘化，起草这些高度技术性文件的未当选议员的高级公务员地位攀升。久而久之，这种悬于议会民主与专制统治之间的特殊统治模式，逐渐被视为正常。但布吕宁日益依赖兴登堡和他身边一小撮权力掮客，这是万分危险的。实际上布吕宁与兴登堡之间关系开始疏远，耄耋之年的总统越来越多的时间在他的诺伊德克庄园度过，其子奥斯卡和国务秘书奥托·迈斯纳守护身旁。不管兴登堡 1930 年曾向布吕宁做过多么忠诚的声明，但他是个弱者，他只有面对军事将领和地主贵族才游刃有余。布吕宁的总理之路步履维艰。

在各州，又出现了令人忧心的新情况。1930—1932 年，纳粹进入了安哈尔特、布伦瑞克、奥尔登堡和图林根各州政府。他们和共产党压低了州议会呼声，并提出增加公众座席以使其听众人数最大化，对他们而言民主政治如同演戏。在布伦瑞克，1930—1931 年的 28 次会议，就被打断 8000 多次，其中多半为纳粹代表所为。他们平均打断每次会议 406 次。在政府，纳粹采用平民主义战术，拒收全额薪金。他们还在警察、学校和教育监察机构中清洗社会主义者。在图林根，他们引入法律裁撤州政府冗员。在文化领域他们最为活跃。学校重新强制实行每日祈祷，典型内容是“德国崛起”和“上帝赐我们自由！”被称为具有煽动性的书籍和戏剧，比如埃里希·马利亚·雷马克的小说《西线无战事》遭禁；“堕落”艺术品被请出魏玛共和国堡垒博物馆。与此相反，面对教职员的强烈反对，“拉森”·京特被捧上耶拿大学社会人类学的新交椅，希特勒亲自出席他的就职演讲。在布伦瑞克，他们付出巨大努力阻止一名来自多哥兰的黑人路德派牧师布道，这里预先体验了德国 1933 年 1 月之后的场景。这就构成了德国最具灾难性的经济危机令人讶异的政治背景。失业让人们遍体鳞伤。

回顾一下失业造成的后果也许是有益的：在某些经受长期完全的失业打击的地区，人们逐渐丧失了自我价值，精神视野不断萎缩，劳动技能不断下降，最后工作的愿望也消失殆尽。后一点成了推动强制劳动的理由，如疏浚运河、挖掘沟渠和修剪道旁绿化带。地方政府也使用强制劳动来将失业负担转嫁给联邦政府，声称这类劳动使失业者再度有资格领取国家保险。

失业者整天看报、抽烟、排队领食物、到福利部门大吵大闹，或漫无目的地在公园和街角游荡。男人们在候车室挤在一起取暖，或到垃圾箱内觅食。他们的衣服变得破破烂烂，鞋底磨穿，这样衣衫不整，就更难找到工作。还有人举牌找工作。好多人对失业已麻木不仁，逆来顺受。有的则彻底绝望。到 1932 年，德国每百万人中有 260 人自杀，同时英国每百万人中 85 人自杀，美国为 133 人。由于女性工资较低，她们更容易找工作，而丈夫、儿子们留守家中，这种性别角色颠倒常令家庭不和。绝望情绪也在孩子们中间蔓延，他们也受到父母情绪的感染。孩子们营养不良、极度疲劳——廉价童工再度出现——他们无法专心学习。在大城市，某些少年加入了反社会团伙，仅柏林一地的“荒野团”就有 1400 名成员。青少年犯罪、卖淫、流浪和破坏活动都有所增加，少年犯拘留所和少年监狱的在押人数不断上升。

失业集中出现于某些区域——北方 50 座工业城市最高，工业不发达的南部最低——约 40 万人走上街头寻找工作，令人忧心忡忡。依赖地方微薄救济的人们只有面包和土豆可吃，或吃乞讨、偷窃来的食物，还去矿渣堆捡生活燃料。人们在粥厂排队等着领取让人倒胃口的食物。得脓包病、软骨病和肺病的人数多得惊人。由于住房支出增加了 10%~50%，驱逐房客的事件也有增加，许多失业工人就搬去郊外的棚户区。原产业工人为生存又回到农村采摘、耕种、偷窃或抢夺田里的粮食。充满雄心的少数人决心大干一场，在街角卖啤酒、水果和剃须刀。失业者的这种自助行为损害了需求下滑的小企业。石勒苏益格-荷尔斯泰因养牲畜的农户春季借钱购买幼畜，经夏季养肥，然后秋季屠宰销往阿尔托纳、汉堡、基尔和吕贝克，以清偿债款。由于失业者几乎连面包和土豆都买不起，这就注定了许多牲畜养殖户的破产。

有工作的德国人也面临工资减少，工会代表直接呼吁广大劳工减少工时，强制与失业者交替劳动。在某些企业，如法本公司，55 岁以上的药剂师和工程师要全部让位给年轻人。工人对他们的工会代表信任降低，因为后者咬住不现实的工资水平不放，即使这意味着工厂倒闭。大萧条既加强又破坏了团结。在某些工厂，资方收到谴责懒散工会官员的匿名信：“工会老板们滚开，这里的聚会结束了。”参战老兵希望那些“从未见过战壕、污秽、虱子和苦难，从未听过 3000 声炮响的”“赤色懦夫”首先从工厂消失。

大规模失业全面促成了政治极端主义。许多失业者本身就愤愤不平，他们这一情绪的表达为那些试图利用他们苦难的人们所乐见。执行驱逐房客的法警常遭到有组织的暴民的恐吓，而市政福利处充满火药味，工作人员不经意间问及失业者的私事，常使他们暴跳如雷，过来维持秩序的警察对这些失业人员更为同情。在柏林，戈培尔的《进攻报》刊出自杀名单，并挖苦共和国最初的承诺：“他今生将无法承受美丽尊严的命运。”冲锋队开起了客栈，让其失业人员可以安睡饱餐；当这种安排扩展到其他失业人员后，就相当于为纳粹真正的、现存的社会主义做了广告。但纳粹仅仅是大规模失业状况的间接政治受益者。中产阶级对失业的反应徘徊于同情与恐惧之间，他们为失业者提供免费食物和廉价燃料，但他们也指责失业人员懒惰，并担心失业带来企业破产。最后，由于30%的失业者对共产主义表现了明确的同情，他们选票的增加及他们高涨的反资本主义言论都将其他焦虑的选民推向纳粹的怀抱。

从业者与失业者之间的鸿沟最终变为政治分野。由于社民党人热心于魏玛福利制度的创立与运营，他们也因其失效和不公遭到谴责。共产党希望社民党和社会主义工会更多关注那些有工作的人们的利益。纳粹党和共产党在指责社民党“大佬”方面互不相让。共产党不管政府如何运作，它反对魏玛共和国一切削减福利的措施。

仍对政治抱有一点兴趣的失业者大批转向共产党，急于将自己描绘为灾难最深重的人们的领袖。1928—1932 年，共产党人数增加了两倍，选举得票从 1%上升到约17%，共产党在失业问题最严重的区域获得不成比例的巨大收益——如柏林城区、萨克森和图林根，并在乡村地区已开始取得支持。但从几个方面看，共产党新取得的支持是虚幻的，显然新党员反复无常：党只是发泄愤怒的途径，一种情感寄托，而非意识形态抉择。失业者不在工厂，尽管市政雇员也召集了罢工，但这恰好甩掉了负担，罢工工人立即失业，这样受共产党青睐的战场不复存在。他们选择了街头示威，并通过鼓动政治暴力以求掌控整个工人阶级社区。不愿交纳政治保护费的店主被迫关门大吉。

纳粹和德共各自的准军事组织时时碰撞。他们比邻而居，都拼命吸引相似的选民，所用的图像与话语日益难以区分。在柏林，戈培尔谈起共产党“袭扰”“赤色柏林”的工人阶级社区（新克尔恩、威丁和威塞尔遇害的菲舍基茨）令气氛紧张。这些都是内城贫民窟，精明的社民党支持者早已从这里逃到更为体面的郊区。常有会议上的争吵，有组织地对住所和总部的袭扰，和以牙还牙的挑衅与暗杀；某些事件中，政治只是掩盖个人目的的幌子。

研究共产国际的专家评论道：“如果忽视或藐视莫斯科共产国际执行委员会的巨大作用的话，‘自上而下’的观念有着内在缺陷。”共产党在德国有数个准军事组织，如红色阵线战士联盟——政府于 1929 年禁止，但继续在地下存在；其后续者，成立于 1930 年的反法西斯战斗同盟；同年共产党还创建了无产阶级自卫军。

20 世纪 20 年代后期以来，选举中德共得票增多，斯大林觉得德国已处于革命边缘。真正的议程是在苏联共产党内需要增加“左派”以打击布哈林主义的“右派”。斯大林为实现国内目的而导演的此次“德国革命”，准备工作包括游行与罢工，继以武装暴动。虽然某些共产党团体关照失业者，但他们的秘密分支却在准备军事基地和警局地图，学习如何在丛林和采石场使用枪炮和炸药，并在工厂实施破坏行动。由于政治化的罢工在大萧条期间比较少见，大规模游行成为常用战术，不仅因多为社民党的警察给了共产党恐怖组织将他们击倒的机会。警方试图在共产党控制区恢复秩序，却遭遇屋顶狙击手的袭击；普通警察常被暗杀。1938 年 8 月 1 日，三名柏林警察在比洛广场附近的巴比伦影院外遇害。谋杀由德共政治局策划，包括瓦尔特・乌布里希，也涉及从萨克森和柏林北部调来的暗杀队。杀手包括埃里希・米科尔，战后任东德国家安全部（史塔西）部长；他从德国被秘密送往苏联。

纳粹对警察头目个人——主要为戈培尔与柏林的伯恩哈德・魏斯之间的宿怨发动人身攻击，但他们有意避免与警方发生正面冲突，并显得同情警察遭遇共产党侵犯所处的困境。当然，冲锋队暴力不仅是侵犯共产党视为自己领地的区域，褐衫队还令整个城镇乃至整个州闻之色变，让人们预先体验了 1933 年 1 月他们掌权之后进行合法统治的滋味。1932 年 8 月，相对让纳粹和德共失望的选举结果，导致冲锋队在中普鲁士首府柯尼斯堡展开残暴统治。他们在社民党和自由派办公室纵火、投炸弹，数位杰出共产党人被暗杀或受伤。暴力蔓延到东普鲁士阿伦施泰因、埃尔宾和马林堡等城镇。在西里西亚，疯狂的冲锋队员发起了为期十天的配合行动，对中央党、社民党和共产党数十个独立目标精心策划了枪击与手榴弹攻击。他们还狡猾地对自己的办公室发起数次打击，给人造成的印象是因共产党挑衅而还击。

政治恐怖在现实中的意味由西里西亚与波兰交界处波滕帕村事件形象地展示出来：该事件展示了当时努力爬上德国总理宝座的是个什么人。一支冲锋队前往解决与一个名叫康拉德・皮埃楚赫的失业波兰共产党员的仇怨。他是一名波兰失业共产党。他们冲进他的小屋，朝他开枪，将他勒死，还踩住他的气管不放。博伊滕的特别反恐法庭指控其中九人犯有谋杀罪。被告中五人被判处死刑。希特勒致电表达对他们“无限忠诚”，并承诺伸出援手。死刑被改判为终身监禁，凶手们七个月后被希特勒总理释放。

共产党与纳粹的关系不仅是掩盖清算旧账的街头枪战和事件。魏玛时期的政治会议中有时会邀请反对派当看客，以凸显主要发言人。1931 年初，柏林弗雷德里希会议厅上演了戈培尔与德共的瓦尔特・乌布里希之间的重大口头决斗。类似金刚对战哥斯拉，听众多达 4000 人。一位孤单的社民党人试图发言，但被双方听众的喊声淹没；会后，双方用桌椅为武器开始战斗。政治信仰处于极端的人们通过辩论可能会引发叛变和转化的行动。

1930 年赫尔穆特・格拉赫发表研究作品以来，评论家一直努力探究纳粹支持的来源。格拉赫说得正确的一点是，纳粹的支持范围广泛，但除狂热中坚分子之外，其支持并不深厚。他写道：“假如太阳再次照耀德国经济，那么投票支持希特勒的选民将像冰雪消融。”大萧条不仅决定了许多中产阶级德国人的政治抉择，而且将纳粹的支持者延伸到广大工人阶级当中，延伸得极为成功，乃至某些史学家开始质疑将社会阶级作为考查选民的分析工具是否还有价值。我们也许有必要认真区分社民党的变节者（纳粹中每十个选民就有一个来自这一阵营）与工人阶级整体的投票习惯。当三名纳粹中就有一个是前保守派选民，四名纳粹中就有一人是前自由派时，可以看出工人阶级的选择行为难以预料，与人们在以色列和南非所见的情况相似。根据于根·法尔特对选举数据进行的复杂计算机统计，40%纳粹选民为工人，纳粹党员中40%也是工人，在冲锋队中这两个比例都增至60%，在纳粹党卫军无阶级的种族精英中，也有相当多的工人代表。

过去习惯于将工人阶级对纳粹的支持说得极少，但现在有将其夸大的危险。纳粹工人生活于鲁尔区和萨克森工业心脏地带，1928—1932年间德国范围内多达300万纳粹选的都是前社民党人，或对前“资产阶级政党”幻灭的支持者。为什么许多工人投票给纳粹而不投给社民党，有若干原因。社民党已有了介入政府的特色——不论直接或间接通过他们对布吕宁心照不宣的支持；而且在艰苦岁月中，他们创立的帮助工人的体系显然无效。数年有目共睹的进展——工资增加、物质条件改善和安全状况加强——被继以毁灭性的贫困：这一发展模式注定会让舆论激化。在社民党站稳脚跟的地方，人们在投票站窃窃私语表达对它的不满；在其他地方，人们对该党毫不掩饰地加以指责。因为工人对纳粹党的支持不仅是社民党组织某种工人团体失败及其机构衰退的总和。

纳粹不仅谴责社民党大佬，还实行不同于资产及政党的平均主义。中产阶级和上流社会将工人阶级看作幼稚的下等人，这引发了工人阶级的刻骨仇恨。威廉·阿贝尔的一个散文作者是疯狂反犹的司机兼勤杂工——他也许对社会冷漠极为敏感，1926年他到一个庄园劳动，收割工人中有几名冲锋队员。被吸引到他们身边后，他写道：

> 搬运者比劳工还要低等，与他们经常打交道被认为是不可能的……我自己有阶级骄傲，不管这听上去多么奇怪；我认为自己比那些乡村搬运工要高一等。他1928年失业，到柏林当上了管家。1931年他加入了纳粹，开始在一家餐馆参加每周会议：“大家都特别热情地对待我。这里的精神是纯粹的同志情谊，从此我感到自由自在了。我当时了解到，这种晚会主要针对军官，但我还被允许参加……阶级骄傲在党内、在我们之间完全消除了。”

这些工人强烈渴望得到公平对待，希望“性格”等因素，而不是出身和特权决定命运。那些为平等权而斗争的人们在传统等级的复兴之下怒火中烧。他们当中许多人没有时间研究马克思的国际主义，他们不仅是工人，还是家庭和崇尚爱国主义教育体系的产物。

纳粹似乎提出了使德国摆脱大萧条的大胆良方，同时极力赞扬普通德国人。不仅如此，在强调平均主义和企业家精神的同时，他们避免谈及财富再分配，这样就不致吓跑中产阶级。纳粹提出的是将经济民族主义和非正统反周期的刺激就业措施的结合。来自格特弗里德·费德尔的粗糙的“利益奴隶制”自 1931 年起被党设于慕尼黑的经济政治部制定的具体政策取代。经济将被重组使其服务于整个国家利益。对于中欧和东南欧德国人主导的经济联盟而言，德国融入国际是次要的：这些地区既是德国工业产品的市场，又是无法与德国农民竞争的农产品来源地。纳粹连续的经济计划都有实际的沙文主义倾向和明显的强硬姿态：绝对专制与呼吁创造就业机会（如造屋、修路和复垦土地）相结合。纳粹呼吁遣返外国劳工，尤其是波兰季节性劳工，并呼吁实行强制劳动，这会让因失业而变得固执的青年受到纪律约束。绝对专制可以吸引那些非出口导向型行业中的工人，或深受“理性化”之害的人们，一个后果就是压制技术劳工，而使非技术劳工备受青睐；但无法吸引动态的出口导向型部门中的工人，他们在纳粹追随者中没有得到充分的代表。

纳粹提出了一个有力的交易：工作换取政治支持。他们也擅长恢复德国劳工的尊严和无阶级的国民全体，他们将工人的憎恨转移到社民党大佬身上或小型的、有形的国际犹太资本家（与整体无形的资本主义相对）身上。讽刺的是，社民党经济学家和工会主义者通过赤字财政——1931 年的 WTB 计划——来刺激就业，但这次积极干预经济的尝试毫无效果：对于寻求国有化的人们或自认为是垂死的资本主义继承人的马克思主义者而言，不够激进；但对于大多数经历过梦魇般通货膨胀的人而言，又过于激进。与纳粹将赤字财政和经济民族主义大胆融合相比，这一措施无比可怜。

最后，不论两大政党在地方基层做出何种安排，它们的精力过度用于内耗。共产党坚信“纳粹和社民党坚持资产阶级私有财产的立场，是资本的奴隶和工人阶级的敌人”。

这种意识形态上的歪曲是通过想象在极端危机条件下，资本主义或会选择日益“资产阶级化”的改革派社会民主，或将资产阶级与边缘化的破落人群有机组合以打造恐怖主义专制的群众基础。纳粹主义的特殊威胁被淹没在对“法西斯分子”的声讨中，“法西斯分子”一词被恶意用于布吕宁、社民党及各色人等。教条主义的灾难论使共产党人极力藐视纳粹，恩斯特·台尔曼 1932 年 2 月警告德共中央委员会：“最大的灾难就是从机会主义出发过度高估希特勒的法西斯主义。”

布吕宁有天主教工会的背景，极度威严，据说他走进房间就让人不寒而栗。他自我要求严，从未结婚，将自己全身心奉献国家。他希望整个国家都遵行普鲁士人勤奋与自我牺牲的品德。他的超级爱国主义也许过度补偿了他作为天主教徒的事实。作为一战铁十字勋章的获得者，他憎恨纳粹僭夺爱国主义，并在国会正告纳粹核心人物：

> 你们总是在谈论“体系”，有时被你们称作“布吕宁体系”，有时是“11月9日体系”——先生们，你们怎么能把我和11月9日联系在一起！……11月9日我在哪里？……先生们，11月9日我还隶属温特费尔德兵团先头部队，准备镇压革命。

布吕宁的紧缩经济政策符合正统经济学观点，包括约翰·凯恩斯对德国的个案研究，反映了蔓延到社民党和工会的对通货膨胀的巨大恐惧，工会心照不宣地支持这些政策，却公开谴责这些政策的后果。低价格与低工资将增加德国出口产品的国际竞争力，间接迫使协约国修订杨格计划中的赔款支付条款，因为德国需要贸易顺差才能支付赔款。布吕宁并非有意利用大规模失业，他反而定期推动公共工程项目。他更不愿复辟君主制，因为他知道霍亨索伦王室已分崩离析，但他对君主立宪显示出偏好。他希望他对低效自私的资本家同业联盟，对不检点的有着各种政治色彩的市政当局进行的均衡打击会补偿时艰，使工会与社民党支持他的立场。这是高风险策略，其成功取决于大萧条何时结束，而且必将激怒右派，对右派而言，社民党是叛徒。

为弥补不断减少的财政收入，布吕宁增加税收，降低公务员工资，将薪金冻结在1927年的水平，让失业保障更难以申领。照料失业人员的责任被转嫁给地方政府，布吕宁迫使地方政府制定成熟的预算。强调普鲁士人坚忍淡泊的话语不可避免地令衣食无着的人们厌烦。当军费开支毫不减少，东部庄园靠谷物价格保护性关税及廉价信贷维持着生活格调而不仅仅是生存时，讨论淡泊坚忍总显得表里不一。强有力的少数派与市场机制绝缘，其理论缘由据说是将带来“德国地位”的衰落。和许多人一样，布吕宁也认识到这种强辞掩盖的是赤裸裸的自私。

这些紧缩政策不得人心，布吕宁在德国乘火车时，总是将窗帘放下，因为人们一见到他就朝他扔石块。写给兴登堡总统索要总理人头，及组建更加右翼内阁的信件塞满了信筒。在经济危机不断恶化的背景下，布吕宁试图推行更加乐观的外交政策。布吕宁及其外交部不愿继续斯特来斯曼与法国密切的外交关系。他们略过了和法国进行经济合作的计划，反而积极响应奥地利外交部部长朔贝尔有关关税同盟的倡议，认为这在法律上不违反《凡尔赛和约》。法国认为德国此举意在破坏奥地利独立（除基督教社会主义党外所有奥地利政党都倾向德奥统一），而且德国会将其影响力罪恶地延伸到东南欧。假如捷克斯洛伐克加入该关税同盟，法国头号盟友波兰将受到严重削弱，它将被迫提出以边界调整交换德国经济援助。法国在该地区有70亿法郎投资，并对其盟友波兰有更多的安全关注。该关税同盟计划的提出正赶上奥地利银行体系崩溃，只有法国拥有能够解救奥地利银行的黄金储备，此刻还不是疏远法国的最佳时机。银行业崩溃蔓延到德国，主要原因是布吕宁开展了新的一轮缩减，有消息说德国已达极限，无法承受赔偿压力，惊惶的外国债权人纷纷撤资。当然，巴黎的皮埃尔·拉瓦尔政府为德国贷款做出了极其严格的政治限制。由于德国经济的彻底崩溃不利于美国利益与国际经济，赫伯特·胡佛总统在 1931 年夏提出了暂停德国赔款的计划。布吕宁并未从这一重大进展中获得好评。

1931 年 10 月，兴登堡总统迫使布吕宁重组内阁，继续背离民主政府。布吕宁依赖兴登堡而不依赖议会，这是致命的。1932 年初，布吕宁拒绝兴登堡在没有其他候选人的情况下通过公民投票再度当选总统，这进一步惹恼了兴登堡，让兴登堡不肯认可怀有敌意的国会延长任期。布吕宁忠诚地将自己卷入兴登堡的选举行动，也显示了演说家的天分，及罕见的把公款非法用于资助选战的意愿。4 月，兴登堡在第二轮投票中获得 53%的选票。与他势均力敌的对手是希特勒（布伦瑞克州政府的纳粹分子刚授予他德国公民身份），获得近 37%的选票。兴登堡在他理所当然的核心选区波美拉尼亚、图林根和石勒苏益格-荷尔斯泰因选况极差，在这些地方他得到天主教徒和社民党不情愿的支持。但兴登堡不想得到这种支持。

布吕宁的命运日益受到右派游说集团和陆军将军库尔特·施莱歇的左右，施莱歇曾与兴登堡之子同在第三近卫队服役。政局中开始有随意的联合，这是民主政治衰落的令人沮丧的标志，毫无代表性的精英产生了不合比例的过大影响力。不断高涨的公开暴力潮，以及揭露黑森的冲锋队会在共产党起义时发动暴动，使布吕宁禁止人们穿着政治制服，随后又对冲锋队发出禁令。国防部长格勒纳将军 1932 年 4 月 13 日实施冲锋队禁令。警察封闭了冲锋队客栈，没收了旗帜、帐篷和卡车。甚至由司机驾驶的戈培尔座驾也被收缴。然而，此项禁令打乱了施莱歇将军将冲锋队用于军队扩张前准军事演练的计划，也打乱了他重组将布吕宁排除在外的偏右政府的计划，他认为布吕宁过度依赖左派。该政府将包括纳粹部长——想通过赋予他们政府职责将其驯服，这一计划遭到布吕宁的反对。施莱歇给兴登堡提供了有关社民党准军事组织“帝国旗”的种种恶行资料，这对格勒纳造成了伤害，但这些资料大部分都是从右翼报刊上的不公正报道中剪剪贴贴而来。帝国旗与冲锋队之间毫无可比性。然而，兴登堡不再信任国防部长；他坚持认为军官集团必须行为正派，而且他从未欣赏格勒纳，因他的妻子从前是个管家，而且未婚先孕。格勒纳在国会勉强为冲锋队禁令做了辩护后，施莱歇告诉兴登堡，国防部长已失去高级军官集团的信任。由于布吕宁坚持到底支持命运多舛的格勒纳，格勒纳的辞职对他打击不小。

布吕宁错误地认同了其基督教工会顾问、劳工部长亚当·斯特格瓦尔德提出的计划，即将重工业国有化并没收破产的东埃尔宾庄园，此时他的覆亡也已经注定。该计划的目的在于补偿政府拒绝实施工会提出的有限经济复苏政策，布吕宁另外提出了取消谷物补贴的政策。但他的敌人选择将此与他拒绝的没收政策相混淆，声称他支持“农业布尔什维主义”。他被打倒了。简短会见之后，兴登堡要求布吕宁辞职。他还天真地以为总统会热泪盈眶地邀请他再组建一心为贵族集团办事的新政府，而他个人一无所求。几个星期之前，施莱歇就同希特勒商谈，并达成交易：取消对冲锋队的禁令并召集新的选举，作为回报，希特勒不再对抗更右翼的总统内阁制。社民党对布吕宁的容忍将被纳粹对其继任者的容忍取代。施莱歇已经决定新总理人选及新的内阁成员。情况急转直下。

弗朗茨·冯·帕彭是威斯特法伦天主教小贵族，怀着明显的反对派观点，他对农业和工业利益集团感恩戴德。帕彭，1879 年生，曾任皇室侍从，后作为第一乌兰近卫团候选人加入总参谋部。他婚后获得了来自萨尔兰的大量金钱，为他的军事生涯买通了道路，也让他有钱继续他对骑术的热爱。1914 年被派往华盛顿任武官，在企图破坏加拿大太平洋铁路时被当场抓获。美制武器都沿着这条铁路流到协约国、同盟国各方，同时该铁路也维持着和爱尔兰共和军恐怖分子罗杰·凯斯门特的密切联系。他被宣布为不受欢迎的人。战后，帕彭当选为普鲁士州议会中央党代表。作为绅士们的勋爵俱乐部创建者，帕彭在意识形态和宗教立场上都敌视议会民主。只是他的亲法仇俄将他与反西方的东埃尔宾保守派区分开来，这些保守派寻求亲苏损害法国盟友波兰。他仇视普鲁士（德国最大联邦州）和帝国双轨制的继续，因为战前普鲁士保守派霸权已被魏玛共和国中央党社会民主联盟所取代。1925 年总统大选中帕彭帮助新教徒兴登堡击败天主教徒马克斯，这让兴登堡 1928 年考虑任命帕彭为国防部长。

1932 年施莱歇选择帕彭，受到一种观念的影响，即作为中央党政治家，帕彭可以抚慰该党因布吕宁被解职引发的愤怒，布吕宁下野后比在职时更得民心。作为突出的意识形态保守派，帕彭也为人民党所接受，并且从未与纳粹发生冲突。施莱歇挑选的其他部长（他将国防职责抓到自己手中）包括许多贵族，本届内阁被称作“男爵内阁”，尽管其中有三名资产阶级：弗朗茨·居特纳任司法部长，法本和克虏伯公司的两名董事任经济和劳工部长。新政府未能给国家提出建设性政策，只是空谈君主制适于德国，并呼吁建立基督教政体。这在巨大经济危机期间形同绝望。内阁实行贵族式漫不经心的骑士政策。这始于帕彭决定使用收音机而不是议会宣布他的政策，并用广播不合时宜地攻击“文化布尔什维主义”和议会民主。失业补助被减少近 1/4，并必须进行经济状况审查方可申领，雇主的支出被缩减，更多的补贴流入东埃尔宾农民手中。假如雇主和资本家认为他们最终得到了理想的政府，那么该政府不公平的政策和偏颇的社会构成表明纳粹只要谋求工人选票，就无法容忍这届政府。

施莱歇被迫召集新的选举，谨守他和希特勒达成的交易。取消对冲锋队的禁令后不断升级的暴力，使帕彭和施莱歇有借口打击普鲁士的独立，他们认为这是帝国重建的最大障碍。尽管纳粹对公共秩序混乱负有主要责任，但帕彭仍宣布普鲁士政府无法维持公共秩序。这就掩盖了普鲁士内政部长卡尔·泽韦林和普鲁士警察部队过去的行动，他们曾在这个不幸拥有德国一切激进政治混乱的大州积极打击极权党派。1932 年 7 月 17 日，阿尔托纳的“血腥星期天”中 18 名平民在德共与冲锋队的交火中丧生，让帕彭决定对普鲁士政府发动一场政变。7 月 20 日，他废黜了社民党奥托·布劳恩的普鲁士合法看守政府，将德国总理职责与普鲁士州长合并，并任命一名帝国专员为普鲁士州内政部长。新内阁部长海因里希·布拉赫特开始了对社会主义者、罗马天主教徒和犹太公务员的清洗，普鲁士政府禁止纳粹当公务员的禁令被解除。解职官员主要被贵族接替，由此 12 年的共和民主化进程付之东流。鉴于创纪录的失业状况，再组织一次如 1920 年瓦解卡普暴动的大罢工也将于事无补。纳粹柏林地方长官戈培尔担心帕彭政府“做得太过分，我们将无所作为”，这既是对未来过度的谦逊，也是在指责它摧毁了为数不多的抵制未来独裁的一个堡垒。纳粹在 7 月 30 日的选举中取得最佳战果，获得了超过 30%的选票，并取得议会中 230 个席位。保守派、自由派和分支党派斩获甚微。保守派获得 5.9%的选票，两大自由派分获 1.2%和 1%。投票日当天，12 人在恐怖事件中遇害。纳粹开始觉察选民在议会中的厌倦情绪，所以他们更多地依赖了不经思维的娱乐、游行和进军活动。与此同时，他们的左派对手很迟才认识到符号和非正常状态的情感威力。

受到选举结果的激励，希特勒违背了他容忍帕彭政府的承诺，坚持要求政府改组，并由他自己出任总理。8 月 13 日帕彭会见兴登堡，并对兴登堡重提这些要求。兴登堡为希特勒及其追随者提供了以帕彭为首的政府内的职位，但他补充说他的责任感不允许他“将全部的政府权威移交给某一个政党，尤其是一个对不同意其观点的人民采取歧视态度的政党”。这是德国式的轻描淡写，因为兴登堡谈到的政党使用炸弹、枪炮和屠刀对待反对者，这在三夜之前星期二的波滕帕村已经得到证明。希特勒决定下野。会面结束时，兴登堡评论说：“我们是老战友，我们想永远如此，因为事件的进程可能会让我们后会有期。”权力之门已对他半开。

帕彭内阁尚未推出政策就在 1932 年 9 月 12 日因德共策动的 512 票对 42 票的不信任案而弄得灰头土脸。至于帕彭能提出什么政策，也都是用于取代议会民主的全民投票的总统制和代表经济“庄园”限制成熟民众的上议院，目的为剥夺德国许多年轻极端分子的公民权。国会被解散，不久内阁讨论通过无限期推迟新的选举。新议会将于 11 月召集。过渡期间，施莱歇将军决定弃帕彭不用，国防部长受到了京特·格雷特圈子——包括纳粹、社民党、工会主义者和民族主义钢盔团的非正式讨论组织——代表的引诱。施莱歇开始见识人们所称的斜线攻势：他所领导的政府依赖军队、工会和纳粹党施特拉塞尔派的支持，这与希特勒对大企业的包容性姿态和他毫不妥协地登上总理宝座的愿望无法协调。施莱歇更为行动主义者思想所吸引，他们主张在西方放任自流的自由主义与极权主义之间寻找一条“中间道路”。

直面惨败

1932 年 11 月 6 日的选举中，纳粹得票下跌了 200 万，即 4%，在国会中的席位从 230 席降到 196 席。这次选举的主要获益者为保守派民族主义者，获得了 80 万选票，以及共产党，其支持率由 14.5%上升到 16.9%。纳粹党与德共革命工会共谋的罢工使柏林交通网络于 11 月的第一个星期瘫痪，这促使许多保守派重返传统阵营。原来互称“褐祸”和“赤色半人”的人们随着柏林罢工愈演愈烈，开始在营地中表现出极大的团结。戈培尔认识到中产阶级脱离纳粹是暂时的，假如纳粹不支持罢工者，那么它将永远失去工人的支持。党的路线变得难以捉摸：攻击保守派也有必要，因为他们的政策迫使人们转向共产党，选民对纳粹的同情不会因冲锋队秋季在西里西亚的暴行，包括波滕帕令人毛骨悚然的谋杀而增长。

在日记中，戈培尔承认活跃分子在减少，因为活跃分子厌倦了将一切献给党，而党却不给他们机会分享权力。支持者常处于失业状态，党长期缺乏经费，人们认为党过度利用了人们的善意。（戈培尔此番评论表明党依赖成员的捐助，而不是所谓的大企业的慷慨。）1930 年以来看似不可阻挡的运动首次出现了疲惫与内部紧张的迹象。纳粹得票下跌，而此时对共产党的支持的增加开始显现出值得注意的后果：某些有影响的资本家开始支持的是无益的保守派和右翼自由派，现在转而支持纳粹，以此作为限制德共壮大的唯一途径。

1932 年 12 月，施莱歇将军继帕彭任总理，此时他无法确定各政党是否支持他的对角政策，他在其中附加了创造工作机会和为失业人员提供“冬季援助”的计划。他将副总理职位留给了格雷戈尔·施特拉塞尔，但后者却试图劝说希特勒同意，但希特勒未表示同意，他就辞去纳粹党内一切职务。尽管希特勒陷入了毁灭性的消沉，但他很快振作，在其地方长官施特拉塞尔到蒂罗尔南部度假期间，又重新树立权威。施特拉塞尔未能抓住机会，等于签下了自己的死刑令，终于在 1934 年的“长刀之夜”一命呜呼。不管这些阴谋，事实已经表明，纳粹党已处于危急关头，它脱离权力越久，后果越不堪设想。12 月 4 日，纳粹在图林根选举中，得票再次下滑，在魏玛原来支持纳粹的城镇失去多达 35%的选票。

自由派的《柏林国家报》分析了 1932 年 11—12 月的选举结果，看到了未来的希望："常胜的光轮消失了，大众宣传不再引起轰动效果，最高级的承诺被人充耳不闻。康复阶段可以开始。"乐观情绪也在国外出现，伦敦经济学院左翼学者兼幻想家哈罗德·拉斯基认为纳粹气数已尽。拉斯基坚定确信地预言说，希特勒晚年将会在一个巴伐利亚村庄度过，在花园内，端着啤酒回想自己差一点就统治了德意志帝国。

2　“贝克小姐，小心您的头，您在摇头”：法治的终结

时髦伙伴

希特勒自己拥有的政治技巧，他的数位前任犯下的承诺与放任的罪孽，以及兴登堡总统做出的致命选择，让希特勒最终爬上德国总理的宝座。兴登堡的决定之所以致命，是因为纳粹频繁宣誓他们蔑视法治，1932 年他们就已誓称要将共产党人和社民党中的反对者关进集中营。

纳粹戏剧性地使用“夺权”一词，描述复杂的讨价还价与密谋过程，在此过程中，主角不总是他们，结果永远不确定。因为至少在一次高额赌注牌局中，希特勒曾说，假如他的党在未来受挫预期的重压下瓦解的话，他将自杀。他的消沉令别人意气风发。帕彭决心重掌权力——坐在前排还是后排无关紧要——但他需要获得大党的支持，这正是他上届政府欠缺的。经历了选举惨败的纳粹党也相应地易于接受其领袖曾拒绝的交易。帕彭于 1933 年 1 月 4 日在银行家库尔特·冯·施罗德男爵在科隆的家中会见了希特勒，施罗德在会谈中也表明商界欢迎帕彭与希特勒结盟。希特勒在讨论中解释了他决心“将共产党人、社民党人和犹太人扫出德国领导职位，并要恢复公共生活秩序”。帕彭并未提出异议。

正如此前的布吕宁一样，施莱歇认识到实施民众欢迎的政策要付的代价是疏远总统身旁的精英。施莱歇试图安抚有组织的劳工，惹恼了重工业界，而他对出口部门热情又疏远了大地主。当施莱歇恢复布吕宁将劳动者安置于破产庄园的计划时，他所剩的时间就屈指可数了。帕彭比施莱歇更易接近总统，这是他另一有力武器，因为总统从未原谅过这位迫使他开除帕彭的将军。由于总统官邸进行修缮，兴登堡搬进总理府居住。施莱歇和兴登堡可能共用办公区，但晚上施莱歇就返回别处的家，使帕彭有机会非正式拜访总统，帕彭的公寓就在总理府后，与总理府相隔一个花园。帕彭使兴登堡对施莱歇的不悦变为不满。受纳粹影响的农业联盟也因兴登堡的愤怒火上浇油，因

为施莱歇拒绝支持保护性农业关税，还拒绝延长面临丧失抵押品的破产农民的宽限期。雪上加霜的是，在社民党提议下，国会的一个预算委员会开始调查兴登堡的一个容克朋友涉嫌的欺诈案，他把东部农业补贴款用于去里维埃拉乘车度假。帕彭也许确信兴登堡将这一丑闻的揭露与施莱歇对贫苦农民缺乏慷慨错误地联系起来。

施莱歇将纳粹分而治之的计划无疾而终，只是激怒了希特勒。失去了纳粹的支持，总理的整体政治战略完全崩溃。在整天讨论普鲁士的忠诚却对给朋友背后一刀毫无愧疚的圈子中，他成了多余的人。最初信号是兴登堡拒绝赋予其无限紧急权力，又解散了议会。在兴登堡轻蔑回绝施莱歇的同时，帕彭在兴登堡之子奥斯卡和总统首席职员奥托·迈锡纳的陪同下秘密会见了希特勒。1 月 18 日的这场会面地点选择在约阿希姆·里宾特洛甫家里，另一位重要客人是赫尔曼·戈林。希特勒对奥斯卡·冯·兴登堡滔滔不绝地发表了一番独白，帕彭表示他愿意担任副总理，假如希特勒如民心所望成为帝国总理的话。戈林向麦锡纳说出了纳粹党并不太大的野心，即再取得一个内阁职位。在与帕彭更进一步的谈判中，希特勒对他们之前的交易进行了巧妙修改。他坚持纳粹要占据帝国和普鲁士两个内政部长职位，这将能够让他控制警察，并操控新一轮选举。预期的纳粹多数将会在国会推动授权法的通过，使希特勒不需紧急方案和国会进行统治。一旦帕彭拼凑起纳粹党占绝大多数的保守派内阁，可靠的勃洛姆堡将军担任国防部长，这时兴登堡就会被迫让希特勒宣誓就任德国总理。帕彭造谣说施莱歇有预谋让军队发动叛乱废黜年迈的总统，借以加速预期结果出现。可以讨论的是，这一想象中的后果要比真实发生的事实清白，但既然施莱歇反对这种解决方案，想要重新担任国防部长，那么军权向纳粹主义的过渡仍然未定。

使希特勒登上总理职位的人们想象他们终于得到了一个可望成功的保守联盟，由纳粹与德国人民党和钢盔团，加上零星的专家部长组成。帕彭确信希特勒将受到限制，被边缘化并被排挤掉，然后政府就会重新回到真正值得掌权的人手中。帕彭在客厅里炮制出的谋略低估了希特勒的狡猾。希特勒已经在全城各地与他的同志们握手，戈培尔在日记中写道，与他握手的同志们热泪盈眶。

纳粹独裁获益于三年的总统总理制时期出现的民主机构的衰落。1933 年 1 月 30 日之后，纳粹和其保守派民族主义支持者加速了专制主义进程，在非法性、暴力和无穷野心方面都达到了前所未有的程度。许多人称之为极权主义，用以描述纳粹对政权的渴望。紧急法令和恐怖影响了 1933 年 3 月 5 日的选举，但其仍未获得压倒一切的结果。2 月 17 日，戈林煽动普鲁士警察对政治反对派使用武器。22 日，他将 5 万名从冲锋队、党卫军和钢盔团中挑选出来的辅助部队扩充为警察。六天之后的国会纵火案——纳粹对此作出了对自己有利的解释——为 28 日颁布《总统保护国家和人民特别法令》提供了借口，该法令废除了魏玛宪法保障的权利。希特勒告知内阁“反对德共的斗争一定不要依赖法律思考”。该法令终止了集会和言论自由，授权安装窃听器装置及拆信检查，许可无证搜查和不定期关押。这构成了警察权力的基础。警察和冲锋队、党卫军辅助部队开始了一轮轮肆意逮捕行动，常常是为了与政治对手算旧账。在纳粹曾在数量上处于劣势的地区，报复倾向尤为明显，由于警察局号房和监狱都开始爆满，监禁场所包括了冲锋队营房和酒吧，以及轮船、水塔，还有柏林以北奥拉宁堡酒厂冰冷的酒窖。以这种方式被绑架来的多是共产党人，他们要饱受残酷折磨。

《国会纵火案法令》基于幻想，因为莱比锡最高法庭无法证实荷兰纵火犯马里纳斯·卢贝与被控阴谋罪的共产国际代表之间有任何联系，这一决策证实希特勒对司法部门怀有仇恨。一个幻想紧接另一幻想。利用“中间危险”概念、警察和法庭，他们也用该法令压迫反共势力，如青年天主教登山者和耶和华见证人，理由是他们的“分裂性”可以进一步推动共产主义目标，尽管正如法庭所判，“警方的规定所影响到的组织本身就反对无神论的共产主义”。

与压制行动同时展开的总统选举运动中，希特勒摆出根本没有具体政策的姿态。1933 年 2 月 10 日他担任总理后发表的第一次演说从柏林体育宫现场转播，演说中，他以其人之道还治其人之身，称对手们 14 年来一事无成，反而要问“您的计划是什么？”他自己的计划是不做“廉价的承诺”。复苏需要自力更生、艰苦奋斗，而不要外援。列举出一、二、三点之后，希特勒断言：“我们不依赖外来的理论重塑我们的人民，而要依赖永恒有效的法则。不依靠阶级的理论，不依靠阶级的概念。”诸如此类，一直谈到血与土的真谛，和阶级和解的需要：“我绝不会偏离将马克思主义者及其副作用清出德国的使命，在这一点上我决不让步。”对种族更新有责任的农民得到了应有的赞扬，工人也一样，他们将被从孤立的状态融入德国“国民全体”。换句话说，强调的重点是今天我们所称的包容性。正派、自尊和“真正的德国文化”将永存。总之，“这一计划将是一切生活领域中的民族复兴计划，不能容忍任何人针对国家犯罪，弟兄和朋友们要为人民、为民族的复兴而战斗。”任何反对纳粹的人都是叛徒。希特勒的结论有必要全文引用：

> 我无法摆脱我对我的人民的信念，我确信这个民族终有一天会崛起，我热爱我的人民，我珍爱这一信念，今天鄙视我们的数百万人将支持我们，与我们一道，欢呼新的、来之不易的我们一起创造的德意志帝国，新的伟大的光荣的正义的帝国，这一时刻终将来到。阿门。

这里没有计划，只有情绪，充满着千年梦想和必然的复仇，其中向上帝的祷告用以激起类宗教的情绪。戈培尔总结了这篇“非同寻常的演说”：“结尾拥有巨大感召力：

‘阿门’！”这句基督教赞颂词不久就换成了“胜利万岁”的呼喊。

在3月的选举中，纳粹及其盟友斩获52%的选票，捞到国会647个议席中的340席。这仍达不到2/3修宪多数，并且表明对于“民族起义”的支持仍少于全体。投给81名共产党人（大多数仍处于监押状态）的选票被忽略不计。国会议事规则被修改，没有正当理由缺席的代表被算作出席。梵蒂冈对与德国签订如1929年与墨索里尼订立的《拉特兰条约》一样的国家间协定，要比一个曾经强大的政党的存亡更感兴趣，这让天主教中央党遭到毁灭性打击。看到希特勒对机构教会的细心抚慰，德国教会高层也发现了他的潜在品德。在3月28日富尔达主教会议上发表声明，带有明显的路德派腔调的“天主教基督徒们，对他们而言教会神圣，他们不需特别告诫，就忠于合法当局，悉心完成他们的世俗使命，坚决拒绝非法和革命活动”。中央党政治家权衡利弊，选择了战术合作途径。74名国会代表中的14人希望同布吕宁一道反对《减轻人民和帝国苦难法》，即《授权法》，但他们收到警告，他们人身安全可能受到威胁，并最终被帕彭争取过去，帕彭使他们确信他和内阁要审查每一部政府法令。

街头恐怖暂时向克罗尔歌剧院转移，此时国会在这里暂驻。冲锋队的呼喊声从外面传来，他们呼喊“中央党的猪”和“马克思主义母猪”，招呼各位代表，同时冲锋队和党卫军守卫着围墙，对94名社民党代表呈居高临下之势。年轻的纳粹历史学家瓦尔特·弗兰克，是各色觊觎权威者中肮脏透顶的人，他将这些安排与法国革命大会作了正面比较。在接下来的辩论中，社民党人奥托·韦尔斯勇敢地捍卫民主理想，包括建立“平等权利基础上的‘国民全体’”。纳粹核心干部发出了嘲笑。希特勒的即兴回答又重述了先前14年所谓的失败。“你们说你们是社会主义的唯一支柱。你们是那种神秘的、德国人从未瞥见的社会主义的支柱……观其果而知其树！你们的果对你们不利！”接下来是大众反复高呼“万岁！”和“听啊，听啊！”结果《授权法》以444票对94票得以通过。两位前总理约瑟夫·维尔特和海因里希·布吕宁被迫逃出德国，布吕宁此时处于被监视状态，两三星期就变换住址，朋友们说他像“惊弓之鸟，惊恐万分，筋疲力尽地等待着最后射来的子弹”。恐怖与非法触手可及。另一位前总理施莱歇尔将军一生无法脱离阴谋，又开始与法国大使和冲锋队司令罗姆进行交易。这让他付出了生命的代价。

《授权法》许可政府在四年内不经议会认可而通过预算并颁行法律，包括修宪。在民主国家，修宪是极其庄严的时刻；但在这里要比修改交通规则还要简单。希特勒在对国会演说中对教会和司法机关所作的保证绝非一纸空文，残缺不全的《魏玛宪法》为方便原因仍予保留，这能造成持续与合法的假象。没有必要颁布新的纳粹宪法——这可能会让自己受到限制——因为《魏玛宪法》的大部分条款早已失效。此后，法律草案在相关部长们的案头传递，直到达成统一意见。例行公事的一致性在行政法令中被加以详细描述，无一例外地违反了宪法中那些技术上仍然有效的条款。内阁施政到 1938 年已完全偏离正轨。《授权法》于 1937 年延期，到 1943 年希特勒宣布其永久有效。

希特勒从来不是这个民族的代表，他却自称为这个民族一致意愿的化身。只有深陷经济灾难之中的，有着丰厚历史文化容易接受救赎话语和神秘化的国家，才会严肃地将其接纳。诗歌比散文存在更多陷阱。这个民族有时被要求对元首的决策表达幼稚的信念。投票自阉的议会成了独裁的舞台布景中的一个多余道具。在 1933 年 11 月 12 日的选举中，纳粹党“元首指令名单”及党的“嘉宾”赢得了 92%的选票，在接下来的两次选举中，得票率上升到 99%。国会不常开会，只是在希特勒下决心时才开，并在战前通过了七部法律，最为臭名远扬的是 1935 年的《纽伦堡法》。国会再也不对任何问题进行辩论，因为唯一的发言人是希特勒；统一着装的代表们只有一个使命：表示热烈赞同。会议结束时要唱起德国国歌和“霍斯特·威塞尔之歌”，有识之士称这 876 名代表是“世界上工资最高的男声合唱团”。有 80 多位前魏玛国会议员死于纳粹迫害，160 多人被流放。

代表民主制被公民投票取代。公民投票再次确认了由自身命运引导领袖与受邀前来认可这一神秘共同经历而非表达个人选择的人民之间的完全一致。在为脱离国际联盟或将奥地利并入德国举行的公民投票中，支持率都达到 90%以上。公民投票纯粹是宣传演习，因为让希特勒感觉束缚的不是其政权可以垄断的大多数人，而是指引他脚步的模糊概念，如“历史”“命运”和“上帝”。1936 年，希特勒用“梦游者”做比喻：一往直前，忘记危险。只有他自己知道上帝要将他引向何方，他只是希望民众在后面跟随。

反对党被清除或自动解散。共产党 1933 年 3 月 7 日被宣布禁止；社民党在 6 月 22 日被禁止，理由是德国的观潮派社民党残余未能驱逐流亡到布拉格的异议社民党领袖，这是未犯罪变为已犯罪的不祥标志。工会通过脱离社民党，与政府进行不幸的和解之后就被“协调”了。工会领袖被捕，财产被夺，成员被强行编入新的德国劳工阵线。教会、保守派和自由派政党也都相继解散。7 月 14 日纳粹党成为唯一合法政党，也就是反对党全为非法。威廉时代和魏玛时期德国丰富的政党文化一扫而空。

在向常规发起首次袭击后，希特勒故态复萌，又开始懒散起来，尽管我们不应期望一位自视为政治艺术天才的领袖像传说中的委员会成员那样勤奋。他不去处理西里西亚的煤炭价格，正如斯大林不会去关注乌兹别克加盟共和国教育制度一样。正统的历史观点认为，政府的特点为多极不和谐的统一体，是濒临混乱的用一切反对一切的战争。但纳粹政府的例外之处就是其混乱程度的无以复加。民主政府也充满派别阴谋和个人恩怨；有职责重叠；依赖外来者激励无精打采的官僚；受无数外部因素的限制。而且，许多现代公司和机构，甚至包括大学，也因实行达尔文主义管理而繁荣，基于分而治之而不致明显损失效益。换句话说，日益上升为解释纳粹统治的万能钥匙的理论，即互相竞争的机关的共同极端化的理论，可能并不充分。假如所谓的纳粹独裁独有的特征也适用于许多其他现代政府和组织，那么这就无法解释为何这一政权具有如此罕见的破坏性。

独裁的一个方面似乎更需要强调——警察恐怖取代法制。这不是曾令老一代历史学家全神贯注的枝节问题，而是纳粹政府引致的对文明价值观的最重大的背离。

警察的舞会

随着党卫军领袖希姆莱逐渐摆脱名义上对内政部的隶属关系，警察的法外权力也迅速增加。警察的政治使命意味着他们是元首意志的工具，而不是司法机关的执法手段。这赋予了他们极大的权力。1933 年 2 月 28 日《国会纵火法令》下的保护性监禁紧急权力变为永恒存在，因为帝国的敌人显然从不睡觉。保护性监禁是一种中间状态，处于提审前在警察号房监押与确定在监狱服刑之间的阶段。“中间状态”是其实质，其实际应用从左翼反对派扩展到神职人员和耶和华见证人，而且每当法庭免罪或量刑过轻，就会被用以纠正。保护性监禁挑战法庭的审判垄断，颠覆了法庭；又通过纠正法庭判决，而对法庭造成破坏；司法当局的反对带来了妥协措施，似乎对其应用作出了限制和规定，但实际效果却微乎其微。一项专门针对政治嫌犯的措施经历了无限扩张。究竟多少人曾被“保护性监禁”无法统计，但海德里希的工作人员使用带有其签名的橡皮图章授权执行。1934 年，盖世太保开始用犯人姓名的首字母加递增数字来记录监禁令。现存的最后一份命令，监禁者姓的开头字母为 M，编号为“M34591”，签发于 1945 年。

保护性监禁被警方的预防性监禁加以扩大，这反映了刑事犯罪和政治犯罪的日益混同。打击长期、职业犯罪的愿望十分普遍，1933 年 11 月的《反惯犯法》对此做出充分的迎合。不论这给法庭带来多大回旋余地，这都取决于犯罪事实和动机，包括作案当场擒获，而不取决于嫌犯的性格缺陷。肆意搜捕和提前预定已知罪犯名额开始于戈林统治下的普鲁士，理由是法庭审判开支昂贵、进程缓慢，以及此类罪犯的最初受害者都是穷人。大规模违法也受社会良心谴责。希姆莱极大延伸了这些做法的范围。1937 年初，他根据刑警收集的信息授权逮捕 2000 名职业惯犯和性罪犯。他们被关进集中营，次年，警察又收到新的逮捕名额，但这回要抓的是“反社会”分子——未犯任何具体罪行，但行为被“国民全体”领袖视为不可接受的个人。到 1938 年，魏玛附近的布痕瓦尔德集中营仅有 1/3 囚犯为政治犯。他们的监禁解决了集中营中盈利设施，如砖瓦厂和采石场劳工短缺问题，这反过来又满足了建筑师施佩尔对建筑材料的需求。

关于司法机关与警察间正常关系如何遭到颠覆，已进行了充分说明。那么警察自身呢？纳粹德国大多数警察都来自魏玛共和国。1937 年纳粹党对盖世太保头目海因里希·米勒的审查报告中对警察过去的公正致以羡慕的敬意：“他的活动范围是监督及接触左翼运动。必须承认他顽强地与之对抗……但同样清楚的是，假如赋予任务，他也会针对右派采取同样的措施。”除针对柏林副专员伯恩哈德·魏斯等目标外，共和国时期的纳粹分子选择了被动进攻的姿态对待警方，在法律与秩序问题上无可挑剔。警察的同情可能向右转移，尽管这难以准确衡量，因为警察被禁止加入纳粹党，只能隐蔽地对其表示同情。

魏玛共和国没有全国统一的警察部队。每个联邦州都有为数不多的政治警察，他们来自更大范围的侦探、以军营为基地的防暴警察和巡警。最初，党卫军领袖海因里希·希姆莱是慕尼黑警察局长和巴伐利亚政治警察司令。他任命莱茵哈德·海德里希为慕尼黑警察局政治头目。1931 年，这位被革职的海军军官开始负责创建一支党卫军反情报队伍，次年，他和希姆莱重新定义其职责为意识形态研究情报机构，名称为保安处。最初招募的人员包括前水果进口商、烟草大亨卡尔·奥贝格——未来被占法国领土上的恶魔——和希姆莱的表兄、一个研究宗教的教师。初期的保安处依赖无薪酬的志愿者，他们的热情转变为负责意识形态监督的固定分支。一名早期加入者带来了关于莱茵兰分裂势力的档案，一名俄罗斯移居者将共济会的捐款双手奉上。他们使用花园家具和棚子当作办公桌椅和办公室，可以看出其业余水准和缺乏资源。1932 年海德里希因无钱缴费，家里和办公室的电话都被切断。他和同事们在秘密特工的幻想中得到补偿，将自己想象为传说中的英国特务机构中的人物。

当保安处的概念在海德里希头脑中尚未成型时，他和希姆莱就同时控制了除巴伐利亚之外各州的政治警察部队。德国最大一州的警察由戈林控制。柏林微小的政治部门由一个叫鲁道夫·迪尔斯的公务员掌管，在帕彭非暴力的普鲁士政变期间他已初露锋芒，将这支队伍变为排外的反共工具。迪尔斯建立了中央控制的地区秘密国家警察岗哨网络，戈林的警察部队面临两个独立挑战，一个来自自封的冲锋队辅助警察，另一个来自威廉·弗里克的内政部，内政部试图建立统一的帝国警察部队。为应付这些挑战，1934 年戈林使政治警察脱离柏林的警察总部，并任命希姆莱为目前所谓的盖世太保头目，其中最后一步是与弗里克玩的权力游戏。执行权被交给海德里希，而迪尔斯被迫退休前往科隆。

接下来的几年，希姆莱摆脱了对戈林和弗里克的隶属，同时将联邦政治警察部队集中控制于他的柏林总部之下。他的青云直上来自党卫军在 1933 年 6 月“长刀之夜”中发挥的首要作用。此后不久，党卫军与冲锋队正式分离。保安处成为党的唯一情报机关。各种各样的武装部队成了武装党卫军的雏形。由于这些部队用以代替正规部队集中镇压国内战时动乱，他们不会再有使其重蹈冲锋队覆辙的准军事对手。党卫军骷髅头卫队的特奥多尔·艾克成了党卫军集中营检察官，其总部位于萨克森豪森。谋杀为各机构都带来了红利。

与弗里克的残余斗争在 1936 年 2 月靠《盖世太保法》得以解决，该法将盖世太保变为独立的全国性机构。四个月后，希特勒任命希姆莱为德国警察头目。希姆莱继续在盖世太保总部工作，仅用一两个助手与德国警察部队联络。他不是政府部长，但仍出席内阁会议，这也反映了德国警察的政治权力。组织上的重新安排使海德里希控制了新的安全警察，包括盖世太保和刑事警察，而着警服的治安警察由党卫军将军、大恶棍库尔特·达鲁埃格掌握。显然，盖世太保对警察整体而言是居主导地位的伙伴，而阿图尔·贝内手下的约 1.2 万名刑事调查员，开始与政治警察失去差别。此类安排的最终逻辑开始于 1940 年显露。是年，盖世太保宣布不再受《国会纵火法令》制约。此后，其权力来自“覆盖性委员会”，独立于法律、政令和法令。警察成为自主的政治权力源泉，而国家权力需追随其后。

尽管受制于世俗的“现代化”进程，要有先进的数据技术、指纹识别技术和增多的巡逻车以应对不断增加的交通违规，但这些也许都不是第三帝国警察制度最突出的方面。政治警察和保安处经历了迅速的膨胀。1933 年盖世太保人员约为 1300 人，三年后增加到约 7000 人。此间，其预算从 100 万马克增加到 4000 万。1933—1937 年间，保安处人员由 250 人猛增到约 5000 人，其预算由纳粹党支出，部分来自捐款。

这些组织也许规模较小，稀疏地分布于首都之外，但重要的是保安处情报特工可以依靠盖世太保，而后者在有必要时可以调动大批警力和辅助人员警戒隔离某一区域以搜查武器或共产党文件。1935 年盖世太保对柏林北部的出击共调用 200 名正规警察、100 名辅助人员和三支由武装摩托化警察组成的机动部队。有时他们的引擎轰鸣声通过广播传来，形成严打的震慑效果。恐怖弱化了政治对手，又通过渗透性的不安全感压制了更广泛的人群。那些将纳粹德国描述为极权主义“警察国家”的人们从不否认警察的行动能力要依赖与某类人员的合作。

由于扩张，盖世太保的成员包括来自多样化机构背景的人们，他们有鲜明的传统、气质，受过专门培训。党卫军有最高和最底层代表，没有典型的中间人群。大多数盖世太保地区领袖都是年轻的中产阶级律师，狂热纳粹分子并不多见。有些盖世太保头目有左派背景，如蒂尔希特的海因茨·格雷费，有些是罗马天主教徒，曾经仇视纳粹主义。当时社会上律师供过于求，盖世太保又给出了诱人的薪水，再加上维尔纳·贝斯特习惯按自己的形象招人，也许可以解释为什么有这么多律师加入盖世太保。与此同时，海因里希·米勒更热衷于招募像他自己一样的职业侦探。米勒出生于天主教家庭，是巴伐利亚天主教人民党同情者，他是职业政治家，一战中曾担任飞行员，多次立功，战后于 1919 年加入巴伐利亚警察部队。1934 年调到柏林，加入了党卫军，并在名义上隶属保安处。他最终于 1939 年加入纳粹党。

研究盖世太保的现代文献大都表现一种伏案工作的警察形象，他们几乎淹没于普通公民谴责的雪崩下，尤其在违反种族立法方面。事实也许如此。但这一形象有其局限性。某些历史学家试图证明盖世太保的做法并无异常，宣称盖世太保过分行为和英美警察之间没有差别，但缺少比较证据支撑这一观点，这种说法来自希姆莱的一句评论，当然可笑至极。

盖世太保的首要任务是摧毁政治和教会反对派。这一任务完成得显然极为出色，因为共产党地下组织完全销声匿迹，这给苏联的外交政策带来某些不便。盖世太保并非偶然发现共产党网络。私拆信件和安装电话窃听器（常用方法是提出维修电话故障）之外，安插线人是最有效的手段，这和一般谴责者、告密者和内奸不同。面对胁迫或监禁的反对者有时会同意在地下组织内部充当线人。有时共产党员被请来，摆在面前的是一张逮捕令和 20 马克钞票以及线人合同，让他们选择。

胁迫是打破有组织的政治反对派的首要途径。使用武力或以武力相威胁在盖世太保中尤为普遍。汉堡盖世太保头目布鲁诺·施特雷肯巴赫 1934 年与法庭做出安排：被指节环铜击碎肾脏的“自杀者”，要被火化以避免尸检。施特雷肯巴赫的同事们也同样恶毒，他们或亲自殴打犯人，或叫雇佣党卫军轮换队代为行刑。这也解释了为什么盖世太保在其总部地窖内的 38 个监押点不敷使用时，喜欢将嫌犯关押在柏林国际机场的哥伦比亚豪斯监押中心，而不愿使用像斯潘道这样正规的监狱：无法依赖普鲁士监狱给犯人更多痛苦折磨，哥伦比亚豪斯的党卫军可以在自己的领地上，将囚犯打得不省人事。

一名经历过关押的社民党人留下了详细记录。早上 7 时，盖世太保来到他家，“如同旧犯罪小说中的情节”，以不专业的方式进行搜查。每次电话响起盖世太保一接听就被挂断，接着马上拨打 007 查明来电者身份：电话已被窃听。嫌犯被带到盖世太保总部，先被关押于公共牢房，然后被带上楼受审。审问者们大呼小叫要求他在口供上签名。下午 5 点，他被带到哥伦比亚豪斯。由年轻的党卫军人员对他进行光身搜查，他们对割礼颇感兴趣，然后他去淋浴。他在最无助的时刻遭到党卫军人员的毒打，他们还反复问他盖世太保那些问题。晚餐后，他又被带回盖世太保总部进行审问。三四天的大部分时间他都在那里度过，此后又被带回哥伦比亚豪斯，承受更多暴力。他最终被投入莫阿比特监狱，这里的条件还能忍受。由于证据不足，他被再次带回盖世太保总部，然后又被送到哥伦比亚豪斯，在这里他遭到严重骚扰，并被锁在没有床的暗牢里。11 月天气已经很冷。

盖世太保和保安处的职能分离开始于一系列事件之后，当时纳粹的休闲组织“快乐活力”游轮上旅客遭到特工监督事件败露。根据海德里希 1937 年 7 月的安排，盖世太保负责针对马克思主义者、叛徒和外来者展开行动，而保安处处理监督学术、艺术界、教会、教育和青年、和平主义和犹太人的事务。希姆莱解释了这样做的用意。比如，保安处会对一个执着于确定奥地利身份的学术人员产生兴趣，因为这将造就另一个瑞士。哪些德国教授支持这一理论，他们与海外有何种联系？“这些是我们感兴趣的领域。”与此相对：

> 作为安全机关，我们不关心，比如说柏林威丁区德共监狱是否已被削弱。这些是执行人员的事务。总有一天它会被弱化，或者它已被弱化，我们并不关心。德国不会因此而毁灭。

随后的分工包括交换记录，保安处接管了盖世太保有关已归化的、正统的和犹太复国主义组织的记录。盖世太保同意担任前锋，负责代替保安处与外交部通信，这样保安处的外部情报活动将瞒过与之竞争的军方反间谍机关。这两个机构关系密切，盖世太保逐渐认可保安处在其关键领域内智力的提升。

与盖世太保不同，保安处招收人员更加快速随机。根据希姆莱的告诫可以推断盖世太保深陷于传统心态，文件摆放杂乱，因为高级公务员有低级雇员帮他们将文件从案头移向案头，要下班时他们盯着时钟，时间一到立刻拥向出口。保安处人员更愿将工作带回家完成，还会在工余时间学希伯来语提高业务技能。保安处开始摆出一种“智囊”作风。许多恶名昭彰的保安处人物，如赫尔穆特·克诺亨、奥托·奥伦多夫和弗朗茨·阿尔弗雷德·西克斯，都是保安处职业天才探子招募的。还有人加入的原因是他们认为安保工作意味着担任领袖的保镖，年轻的奥地利党卫军阿道夫·埃希曼就犯了这样的错误，他花费六个月整理共济会会员索引卡片后，被调到保安处的犹太人部门工作。

保安处约有 41%的成员受过高等教育，当时全国平均水平为 2%～3%。单凭这一点难以确定保安处的人员都是知识分子，这里指的是那些有独立思想，能进行反思，并给予他人以有想象力的同情的人们，如阿图尔·科斯特勒、切斯瓦夫·米沃什和乔治·奥威尔。保安处“知识分子”盲目地勤奋劳动，成果丰硕却毫无创新。无论他们是否喜爱下棋、伪装崇尚科学客观，但驱动他们的是虚无主义、偏执狂和仇恨。他们让人想起那些高度逻辑化的人们，据说这些人被基督教科学论派的思想所吸引。显然他们并非全部经历过凄惨的童年，也未必都有过显赫的家世，但他们有那一代人共同的经历：战败、革命、外国占领和经济动荡，这都使他们倾向于习惯精英形式的右翼极端政治。

关于保安处“知识分子”还有一个事实值得研究：他们的社会背景在传统上与高等教育无关。以弗朗茨·阿尔弗雷德·西克斯为例。他父亲是家具商和裱糊商。西克斯在海德堡学习新闻，坐在破旧的寝室内，他逐渐开始对大学中道貌岸然者和种种学术无耻行为心生厌恶。他因受到孤立而加入纳粹学生政治团体，这让他初尝阴谋、煽动和操纵的滋味，这令他此后受益匪浅。他为受孤立的学生和学术人士发起运动，将他们融入“真正的”工作世界，反对少数政治上活跃的学术人士，如埃米尔·贡贝尔，此人在爱国学生自以为是地发动反对他以数据证明其司法审判偏见的游行后被解雇。1934 年，他经一位教授介绍加入保安处。这也对他的职业生涯起到推波助澜的作用，30 岁就担任柯尼斯堡记者协会主席，及柏林大学新成立的外交学院教授、院长，尽管教职员找不到他的任何学术出版记录。

作为新闻专家，西克斯主要关注的是建立保安处有关意识形态反对派智力产品的记录。这包括梳理大量的出版资料，当时根据令人迷惑的敌对组织（天主教会、共济会、保皇派、反对派、分裂分子等）进行分类，或非正常的机会主义倾向（施特拉瑟分子或斯潘会成员）进行分类，然后确认其间的罪恶联系，他经常借助图表分析。信手拈来的隐喻包括水螅、章鱼和蜘蛛，因为非理性处于表象之下。完全无关的组织和个人变为狂热阴谋的分支，阴谋中潜伏着一个恶毒的敌人，那就是犹太人。换言之，这些人生活的世界上充斥着形同中世纪恶魔一样的人群。

保安处开展警察工作的方式在心理和政治上发挥多种功能。首先，保安处始终拒绝认同简单事物，如仇恨、偏见或怨恨，也许因为“热”情不如“冷”科学那样具有可持续性。这一途径使其脱离暴民政治热情，同时又可利用暴民为自己的理性解决方案正名。暴民暴力并未从结构上脱离保安处，保安处有时故意将其纳入算计之中。它还意识到民众的反犹情绪会像木柴的火焰一样熄灭。它还知道，利用图表图形和数据看似理性的展示，要比《先锋报》上的那类色情图片更有威力。

保安处强调的深度研究暗示盖世太保进行的压制仅仅擦破了政治反对派的表面，而更为险恶的敌人仍在挖掘国家的墙脚。随着保安处由研究情报转向将更为活跃的任务，它日益承担起解决问题的角色，尤其在涉及“犹太人问题”时。实质上，目的的改变由该机构另外两个方面保证，这是其领袖一直试图夺取的领域。首先，保安处人员被鼓励展示主动性；第二，保安处的“知识分子”经常被提醒，他们并非童话中的理论家，而是要寻找切实可行的解决方案。因此保安处扩大了外部秘密行动，由西克斯博士、教授率领在奥地利和捷克斯洛伐克开展绑架和暗杀行动，目标包括“长刀之夜”的漏网之鱼和支持教会法西斯主义的人们。他未来的职业高潮包括被任命为英国高级党卫军和警察领袖，以及用于进攻莫斯科的党卫军特遣队司令。

认为保安处的角色和活动仅限于解决犹太人问题是不正确的，保安处还左右舆论。1935 年起，海德里希关于保安处使命的声明开始刊登在党卫军周刊《黑色军团》上，编者为 25 岁的记者京特・阿尔肯。这一喉舌对保安处思想多有揭露，因为其内容和方向依赖来自该机构的信息。它将古怪、人情味和对组织和个人的恶毒攻击结合起来。里面没有八卦栏目和星座运势，但大谈放荡的修女、如尼文和体育，还有可以贴在墙上的健美的女性照片。其格调粗俗下流，自以为是。

该周刊也登载人身攻击，例如，“白色犹太人”、量子物理学家海森堡，就因其“雅利安”实验主义诺贝尔奖得主同事们的品味受到攻击。对海森堡的攻击由约翰内斯・施塔克起草，尽管施塔克隐藏于评论文章之后，该文章通过其学生、海德堡物理学教授送交保安处。同样，一家报纸认为法理学家卡尔・施密特曾是机会主义者，1933 年前有过太多犹太人朋友，从而降低了他的威望。

隐藏于《公海上的飞机场》《什么是石器时代？》《武士》和《集中营里的白鹳》等标题之间的，是保安处想就更为当前的话题要表达的台词。核心的困扰不是犹太人，而是政治天主教，《黑色军团》对此进行过无休止的分析，还对高级牧师和一小撮反教会渣滓进行过抨击，旨在摧毁天主教的道德权威。保安处也借此试探公众对超前观点做何反应，通过表面无害、有人情味的故事和读者来信，看大众对“安乐死”等政策的态度，或是用更激进的方式提及尚未解决的“犹太人问题”，大标题为《犹太人现在在干什么？》。

保安处还承担起对舆论进行社会学监督的责任。对反对派组织的报告被延伸到监督整个社会生活，以确定纳粹“世界观”在人民中取得多大进展。1939 年 12 月初，这些报告的摘要开始被称作“来自帝国的报告”。一份 1938 年的报告包括对共济会的例行调查，共济会的温和行动一直为狂热的左派和右派带来烦恼。有组织的共济会因其人性容忍和自由主义的启蒙运动遗产，因其是“推动的犹太思想和目标的工具”已被粉碎。但残余势力如同滴落在地板上的油一样正在重新聚合，有一名霍纳・费尔博士，仍在不顾危险地讲授“希腊哲学”，更不必说与外国联系密切的人智学家、扶轮社会员和神智学者。该报告还建议盖世太保同行们将已被粉碎的东西再次摧毁。

据说共济会成员在党内、帝国银行和德国铁路十分活跃。险恶的底层共济会员被元首特赦，但他们滥用元首的宽宏试图重组。前共济会员与犹太人、“犯罪教会圈子”和“反动联盟”有过多的“社会联系”，由此“跨越联系的个人本质存在，由两大敌对阵营的意识形态倾向加以巩固”。纽伦堡的一家博物馆也帮助颠覆了腰系围裙、手拿泥刀的群众完全无害的观点。保安处还关注国际共济会动态，揭示了英国与法国共济会员之间的教条主义争论，巴西和乌拉圭共济会的进展，及匈牙利、爱尔兰和波兰对共济会的镇压。令人忧心的是法国内阁中多数人都是共济会员，更不必说罗斯福总统和黑尔伍德伯爵。美国共济会的反纳粹活动得到了细致的关注。

警察的背景差异和机构竞争因党卫军不断蔓延的影响力而化解。希姆莱意图建立一支巩固的、意识形态饱和的警察部队，即在外部阵线战斗的国内部队。他将保安处提升为执行警察部队的“总参谋部”，该计划搁浅，因为保安处缺乏能安插在盖世太保内的受过训练的警察，还因他已经取得双重控制。相反，希姆莱放松了警察加入党卫军和保安处的限制。着警服的治安警察被鼓励加入非军事化党卫军，让他们在衣领上佩戴如尼文徽章，而许多安全警察加入了保安处，如上文中的海因里希·米勒。党卫军身份仍为自愿，不过在处理行政和党内事务时，这一身份能带来尊重。

虽然两大机构进行合作，但其间也有风格上的矛盾，这种矛盾因各自领袖习惯于按照自身形象招人而永久存在。消瘦而卑鄙的保安处理论家看不起“身着党卫军制服的大腹便便的旧警察政治委员”，而盖世太保官员却回以“所有知识分子都应被驱赶到一个矿坑中，再把他们炸到天上去”的说法。然而，这种冲突却带来了积极效果。两个组织在艰难困苦中彼此竞争。人们是否按照当前正统观念称之为“渐进性极端化”，还是称之为创造性矛盾，这只是品味问题，并非不容辩驳，是社会学与管理学之间的差别。

加入党卫军意味着加入了以反历史宗教团体为模型的精英组织，如条顿骑士团和耶稣会，他们对更高理想的奉献得到反教会圈子的崇拜。由于加入党卫军是群众事件，保安处自认为是“精英中的精英”。这里有必要对党卫军领袖进行思考，因为党卫军的精神气质是来自希姆莱将自身思想投射到机构背景中，而且行动风格整体来自海德里希。人们对纳粹领袖都已耳熟能详，尽管视之为群魔乱舞，而非古代或异教万神殿中的神祇。由于“校长”希姆莱和“金发怪兽”海德里希都逐渐有了自己的性格特征和神话，我们必须去除他们怪异的思想和推定的犹太先祖，以掌握他们是如何创立人类前所未有的恐怖高效的警察极权的。

希姆莱更加怪异的困扰不应干扰他对这个混乱而易变的政治制度的工作方式的掌握。他的手段高于敌人，他的帝国在德国内部，甚至横跨整个被占欧洲，在国家、党和军队的间隙蔓延。他看似漫不经心，但他的冷静、说教、窥探和怀疑让他绝对掌控他的下属。这里引证的几个困扰证明了这个爱说教的奴才的怪异，与他自己隐晦的话语完全相符——只是他并未将他那些淫荡的说教局限于他的下属抽多少烟、喝多少酒，尽管这也足够恶劣。

对于下属婚姻的说教式干涉是监视者被监视的例子，更别说对每个党卫军成员

（上至海德里希）都要查清上溯到 1750—1800 年优生及种族审查信息。这是影响力，因为从种族和优生角度，“氏族”谱系上总有薄弱环节。即使那些有无可指责的祖先和体型的人们也不能平安无事。希姆莱坚持党卫军要像饲养员那样，对可疑人物加以本能关注，搜索他们的主观性格缺陷。充满怀疑的监视也是个人和机构制造恐惧的途径。尽管保安处试图显露友善面孔加速控告，但党卫军却有意让人战栗。正如希姆莱 1935 年所说：“我知道许多人见到这身黑色制服就作呕；我们对此表示理解，我们也不指望受到许多人爱戴。”他也为绝对藐视法治定下了基调。1936 年，在德国法学院奠基礼上，他对一群法理学家说：

> 某一法律条款是否和我们的行动相抵触，我对此完全无动于衷……在事关德意志民族生死存亡的岁月，他人是否对违法发出狂叫毫不相干。外国人……自然而然地谈起警察无法无天，进而谈到国家缺乏法治，因为这不符合他们的法律观念。实际上，我们通过劳动已经奠定了新法的基础，那就是让德意志民族生存下去的法律。

党卫军的精英特征来自其接近希特勒，来自严格的优生与种族审查，每当党卫军成员结婚时，这种审查就会重复进行。1937 年，希姆莱提醒党卫军头目要尽的社会义务。他建议他们要敢于进入平民纳粹党革命者不愿涉足的领域，要去参加舞会，要进入上层“反动”势力存在的场所。党卫军的执政官形象也促进了其对贵族的招募，他们引入马背活动也吸引了骑马爱好者加入。结果党卫军成员身份带上了《哥达年鉴》的色彩，更不必说党卫军骑手们包揽了 1937 年马术锦标赛的所有奖项。银行家、工业家和年迈的公务员都被选入“党卫军领袖之友”，这是业务密友之间的非正式网络。作为前巴伐利亚君主教师的儿子，希姆莱也无法摆脱奴才的势利，他试图将决斗作为解决党卫军荣誉问题的途径，后来希特勒有效制止了这一过时的冲突解决方式，宣称只允许牧师和律师采取这种方式。尽管党卫军允许荣誉蒙羞的成员选择自裁，但因同性恋而被可耻开除的党卫军无一例外“在逃离集中营时被击毙”。

贵族被淹没在组织新合成的精英之内，这个组织支持平均主义贤能统治，以及种族而非社会的精英主义。成就和表现重于出身。或者说贵族出身在按种族挑选的精英中一文不值。农民的孩子可以上布伦瑞克巴德图尔兹党卫军军官学校，这与重阶级成分的陆军军官集团形成鲜明对照。这些党卫军军官学校职员由前陆军军官充任。整齐划一的制服掩盖了个人身份，他们的徽章、饰带、领花、匕首、姓名缩写和印戒让人一目了然。党卫军、警察和保安处白手起家，后来搬进不起眼的达勒姆别墅，领袖们有了自己的副官、侍从、厨师、司机、秘书团队，更不必说希姆莱的韦韦尔斯城堡甚至有了自己的盾徽。换句话说，党卫军形成了自己的权力阶层和词汇，更不用说为帮助有困难的人设计的强制储蓄计划了。

党卫军的团队精神来自艰苦的体能训练，上下级“战士”之间尔汝相称，等级制度不再森严，而武装党卫军却经历了半军事化的过程，和僧侣、牧师或共产党一样，新党卫军成员有一个相当长的见习期或预备期，接受意识形态教育、劳动和军事训练，以及学习体育技能。传统的贵族运动如拳击、登山、击剑、马术和划船都备受推崇。古老的入会仪式为加入这个特权阶层增添了庄严色彩。午夜的宣誓显然能唤起激情。一位目击者称：“当时，在火炬光中，数千个声音同声重复誓言，我已眼含热泪。这就仿佛是一次祈祷。”其中有混杂的教义问答，问题和回应包括“我们为什么信仰德国和元首？”“因为我们信仰上帝，我们信仰上帝创立的德国，我们相信上帝派遣元首阿道夫·希特勒来到我们身边。”和一切极权教派和极权组织一样，党卫军不认可任何偏离和独立的私密领域。党卫军成员禁止到教堂举行婚礼，他们的结婚誓言要在党卫军自己的仪式上宣布。配偶要经历详细的种族审查，他们也被选入新的精英集团，他们的生育能力受到监督，每生一个孩子都会受到党卫军的奖励。党卫军的孩子要接受另类洗礼，第七个孩子有资格认希姆莱做教父。仪式中的核心装饰是希特勒画像，没有牧师，但有党卫军举着卐字旗和“德国崛起”的传说。记录党卫军出生率的更实际原因是未来 2/3 的新成员要来自党卫军家庭。所有这些都完全符合其他极权教派和组织为个人营造整体氛围的习惯。

党卫军的价值观是新与旧的杂糅，交织着死亡迷恋。人们有理由问，为什么有人佩戴骷髅画和如尼文四处游荡，除非他们也像活跃的摩托少年一样病态着魔？党卫军抱着残余的传统军事品德，衍生自对战争及其后果的态度，合并了伪尼采主义和新异教主义的新/旧反基督教道德观，对保守的基督徒大众而言过于高深，他们以人的面孔依附着上帝。忠诚是首要的品德，“我的荣誉是忠诚”印在党卫军的腰带上。一般而言，忠诚是令人钦佩的品质，但在此却脱离了一切良心的考虑，完全聚集于希特勒本人。战士和运动员、体育家固有的忠诚被同样剥离了其有限的目标，不受条件限制，上升为包罗万有的世界观。人们不再按照公平的规则决定一项运动和一个种族的输赢，而是采取一切可能的手段摧毁对方。

战争的遗产也造成了党卫军的另一个共同特征。现实英雄主义是第一次世界大战的一个智力副产品。一群士兵不顾临头的失败奋战到底，这是知识分子控制士兵遭受屠杀的混乱局面的一种手段。战争本身就是理由，这观念与生活中的社会达尔文主义遥相呼应，形成了更高层次的价值观。

冷静、沉着的客观表象据说成为受制于党卫军品德的多重震惊效果的一代经历过战争的人们的特征，这也反映在他们脱离文明、人性的情感，转向无情的新野蛮主义。

假如这就是战争及其结局留下的遗产，为目的不择手段，那么现代社会中它仍顽强存在，一个不经意的后果就是让人作茧自缚，党卫军自杀率极高。

党卫军人员都是志愿者。正如希姆莱曾说过的要发财的人在党卫军中无处容身，尽管他也曾懊恼地承认，特务机关“绅士”并非能由一代人建立起来；因为一个国家必须有三四百年作为主宰种族的历史，就像英国那样，从中可以看出生动的自卑情结。他们是去个人化的意识形态斗士，自愿将自己的意志屈从于上级的目标，而上级的理智却有待质疑。有关种族存亡绝续的空谈，以及元首对天文学的兴趣，带来的是个人责任的免除，和行使紧急历史使命的自豪感。与宏大的生物学时代和宇宙空间相连，党卫军被赐予一劳永逸的机会去拯救国家和民族的未来免除混乱、颠覆和遗忘，因为种族的概念意味着党卫军终有一天会跨越民族的界限。谋杀者使命的实现会为任何人类代价找到理由，接近希特勒是党卫军的内在要求，因此被上帝派来执行拯救使命的人物光环事实上也影响到其最亲近的支持者。这简直达到了亵渎上帝的程度：“你见到我们的元首时，仿佛是在梦中；你会忘记周围的一切，仿佛上帝亲临。”

因此，一切对抗的道德准则，都必须面向人，或被改得面目全非。主要的威胁来自基督教。党卫军对基督教的仇恨超越了传统上对神职人员的反感。教会是身着僧袍的同性恋者俱乐部，主教就像容颜老去的演员，而基督教本身就是一匹收容犹太人和布尔什维克阴谋与价值观的特洛伊木马。历史上，教会试图清除异教徒，而女巫狂热是针对 50 万德国妇女和儿童的种族屠杀，这一观点也无法替纳粹掩盖初露端倪的迫害，或带有性别歧视的种族主义。

纳粹主义代表着对基督教根本价值的持续攻击。同情、谦恭和睦邻被当作人性的弱点加以摒弃，而将冷酷、牺牲和超越自我当作正面品德。其中包含基督教某些次要品德并未带来矛盾，却表明党卫军篡夺了基督教的形式和价值，将其剥离用于反基督教目的。诬蔑了“不道德”和“政治化的”神职人员之后，更为模糊的宗教虔诚仍有些用途。希姆莱禁止宣扬无神论，就相当于允许党卫军选择信奉另类天主教、新教或“上帝信仰”。这是有意为之，因为无神论者相信人是衡量一切的尺度，因此会拒绝认可上层权威。总之，无神论是潜在混乱的来源。这里存在双向进程。对超自然力量的普遍认同抵消了种族精英成员身份带来的个人主义高傲。与此相对，成为种族精英成员的自觉性在心理上有助于使信心不足的无安全感的个人作为“主宰种族”而行事。此时此刻，在大地上实现乌托邦的任务，替代了世俗无益的存在和伟大万能的上帝。

由此看出，并非所有党卫军都“不道德”。尽管许多党卫军确实如此，因为腐败和施虐狂的冲动都会在支持清教主义的组织中释放出来。酗酒和偷窃是重大道德缺陷，而将集中营囚犯抛下悬崖不值一提。这种丧失尺度是狂热心灵运作的根本线索。恰恰是对于琐事的说教和绝对的自以为是，与乌托邦式的通过激进的“速效对策”完善人类的教义，使得这一极权主义政权和致力于将其付诸实施的狂热者如此具有破坏性。德国的新浪潮最终是要促进一个目标的实现：摧毁纳粹的敌人，这些人实际上已被排除在法律保护之外。

月之暗面

被定为敌人的和不受欢迎的人们的最终归宿是临时或永久监禁。这有几种形式，司法监禁体系与法外关押形式并存，囚犯在二者之间移动。战前被关押于监狱或集中营的绝大多数并非犹太人，而是政治上持敌对观点的异教徒，其中包括与不拘教义的犯罪定义相冲突的人们，一般都是因身份而非事实犯罪。1933 年被“保护性监禁”的政治犯有 10 万人，是年冬，因纳粹巩固权力，政治犯人数降到几千。逮捕“反社会分子”之后，囚犯人数又有攀升，在 1938 年的几个月内达到 6 万人，不过多数犹太人在押者在 11 月“水晶之夜”后获释，后来到 1939 年 8 月囚犯人数增至 2 万有余，然后战争与占领将集中营和监狱中的囚犯人数推上数十万的巅峰。

一般而言，反对派成员认为在普通监狱坐牢是更好的选择，只要看守未被换成冲锋队或党卫军人员。这并非普遍正确，因为有参观过弗伦斯堡监狱的人们注意到，囚犯脸上有瘀伤，显然是被推着撞门形成的。监狱十分拥挤，劳济茨地区科布斯堡的一所监狱超员 60%，食品匮乏，而看守们几乎都是趋炎附势的现实主义者，他们认为政治犯要比刑事犯容易管理。如果囚犯服从规定，他们的日子就不会太难过。

最初的集中营是地方纳粹党大佬、警察和冲锋队专门设立的，用于集中关押常规刑罚体系无法容纳的大量罪犯。称之为“野外营地”是不正确的，因为许多集中营就设于现有的刑罚机构内部，多数都被并入警察和司法体系。它们不是超越司法体系的标新立异的行动。许多早期集中营生命周期不长。例如，布赖特瑙的前囚犯工厂就在 1933 年 6 月—1934 年 3 月间收容过来自卡塞尔地区的主要为共产党员的 500 名囚犯。看守由冲锋队换成党卫军，他们最终的任务是筛选出他们自己的主要集中营里的囚犯，而部分的特赦使其余人员重回“国民全体”。这些集中营并非地处偏僻，而是位于人口稠密地区。居民可以看到它们，也能在当地报刊上看到关于它们的误导性报道，包括知名囚犯，如前总统埃伯特之子的到来。常有为德国或外国要人或见习公务员组织的参观，奥拉宁堡集中营指挥官因一名越狱者公开有关“他的”集中营的负面消息，就开始发表他是如何对“忘记自己的德国人身份的弟兄们进行再教育的”，还请来了拍摄新闻短片的摄影师，有关该集中营的纪录片在德国 500 家影院上映。

不来梅地区监狱的过度拥挤导致地区性集中营的设立。来自这些相对激进的港口城市的政治犯被孤立于德国的“阿尔卡特拉斯岛”，一个名为朗格吕蒂恩的小岛上，海军曾将该岛用作扼守威悉河口的炮台。他们被困在隐蔽的地下炮台内，整日无所事事，等待潮涨潮落，将他们的牢房浸满冰冷的海水。当地渔民能从海鸥的叫声中分辨出人类的惨叫，然后他们的渔船就被炮火轰走。还有的囚犯被关进所谓的“鬼船”——停泊于威悉河上不来梅对岸的奥希图姆的一艘监狱驳船。身穿消防员制服，裤腿上带有一条白色条纹的囚犯被分两批关押，甲板上拉着电网，沿着木制走道延伸到岸边，他们在这里从事运土劳动。

党卫军的主要集中营开始于1933年3月设立，那是能容纳5000人的一个集中营，它位于达豪郊外一家废弃的火药厂内。巴伐利亚警察培训了党卫军部队，然后党卫军取代了警察。第一任指挥官与司法当局交恶，结果让特奥多尔·艾克取而代之。艾克曾任军队发薪人员，来自一家精神病诊所。这里的维尔纳·海德教授，亦即未来的“安乐死”计划组织者，发给他一张精神健康证明。艾克建立了一支特别卫队，根据他们右领章上的铝制骷髅画，被命名为骷髅头部队。1937年12月，这支部队已有4800人。他们被从集中营管理中严格隔离开来，被赋予了双重使命：保卫周边，以及在战时作为全副武装的辅助警察部队应对国内突变。为此目的，海德里希自1936年起开始编制关于必须立即逮捕的4.6万人的索引卡片。同年，希特勒开始通过高级党卫军和警察领袖巩固地区党卫军和警察的权力，他们的领地和军事集团的辖区重叠。

根据新兴的党卫军集中营帝国的范例准则，艾克试图通过对暴力适用范围作出规定而将其最大化。随时的过度行为在理论上被有组织的暴力取代。看守们的口号是“容忍意味着脆弱”；门上、墙上和屋顶都刻印着告诫囚犯的标语。小错就会导致单独监押和肉体惩罚；任何牵涉政治和不服从的行为都会让囚犯被绞死或被当场击毙。死刑命令来自私设的公堂，主审法官是集中营指挥官，仅有的其他成员是党卫军看守。看守被告知无须鸣枪示警而将逃狱者和攻击他们的囚犯直接击毙。看守也可以进行“随机处罚”，如殴打、反复操练和拴住犯人手臂吊到灯柱上。与哥伦比亚豪斯监禁中心一样，达豪集中营也变为恐怖学校，因为未来几乎所有的集中营指挥官都毕业于这两个机构。萨克森豪森（1936年）、布痕瓦尔德（1937年）、弗洛森比格和毛特豪森（1938年）等集中营接受了其他解散的集中营的囚犯，有时尚有额外容量将囚犯关押至战争爆发。与早期集中营不同，这些新的集中营都是为特定目的建立的设施，选址更为靠近建筑材料的来源和工厂。它们绝不是临时性场所，讽刺的是哥伦比亚豪斯集中营囚犯为萨克森豪森集中营工程制作了技术图纸。设计的结果就如同一个倒置的三角，一个环形监狱，其中摆好的机关枪可以全方位扫射。

国外和地下对这些集中营的负面报道被党卫军的宣传加以反驳。他们利用遍身刺青的照片暗示所有的犯人都是罪人，标题为“犹太种族玷污者画廊。这些面孔难道还无法说明一切吗？”希姆莱一贯坚称这些获得许可的暴力恐怖中心具有道德再教育目的。在一篇 1933 年的演讲中，他仿佛在描述 20 世纪 50 年代美国的少年管教所和英国的教育感化院：

> 和任何形式的剥夺自由一样，集中营当然是一种严酷而强硬的措施。艰苦的创造性劳动、正常化的生活方式、居住条件和个人卫生的极端洁净、无可挑剔的饮食，以及掌握一门手艺的机会，都是训练改造的手段。这些集中营的格言是：只有一条道路通往自由。道路上的里程碑是：服从、勤奋、秩序、洁净、清醒、诚实、自我牺牲和热爱祖国。

这充满谎言的描述和事实完全不符。这些集中营旨在隔离潜在的反对者并粉碎其精神世界。战前的集中营凶残丑陋，尽管与人们一抵达就被杀害的战时或被占东方的灭绝营无法相比。在前者，囚犯可以接受探视和食物、金钱形式的礼物，但必须以勒索般的汇率兑换成集中营货币。但仅将这些设施看作得到许可的暴行中心是不准确的。在哥伦比亚豪斯谋杀案之后，当时的集中营指挥官向希姆莱解释了他对囚犯的看法，现以第三人称记录形式存在于司法部档案中：

> 一个人的生命决不会与另一个人的生命相同，更有价值的生命必须受到保护免受无价值的生命的伤害，为了民族的利益，通过必要手段……他不是法官，决不能自作主张不按上级命令行事，或做出任何有损国家和元首的事情，但人们不会期待这种完全无价值的人将其他人拖入泥沼，会被给予任何考虑。这种特点绝对适用于那两个被击毙的人。

在党卫军食堂干活的囚犯记录了看守们关于虐待囚犯的玩笑，说“他们都是必须被杀掉的猪，因为穆奇曼和某个更高的纳粹领袖想要这样”。

集中营规则的存在也无法得到通常的结局。设计规则的目的是造成可预见性，即使这会令受影响的人们不快，他们放弃了对一切活动的选择，事实上沦为幼稚的监护工人。按照集中营的逻辑和预见性，除墙壁和电网，规范日常行为的不成文规定只是个人怪念头的表达。正如多年以后普里莫·列维在战时的莫洛维茨集中营发现的，“这里没有为什么”。实际上，“那里有为什么”：就是要把和他一样的人碾成灰尘。不论正式或非正式的规则，目的都不是让集中营更平稳地运转，而是要制造机会上演惨剧，这样集中营的存在就不再枯燥乏味，将集中营与现代监狱进行类比完全离题。所有谨慎的确信在其他方面都无法立足，因为任何教化或社会优越性的迹象，更不必说种族差异，都会促进而不是限制看守使用暴力。奥拉宁堡集中营指挥官就反复嘲笑他的囚犯中的“贵族”“高收入者”或其学位和着装品位。

由于许多“规则”由单个看守制定，完全服从就毫无希望。看守不是自然的公务员，在紧张的环境下也很轻松，机关枪能够完全摧毁囚犯，因而哗变与暴乱不可能发生。似是而非的是，1936 年的一场反腐运动可能让情况雪上加霜。如果囚犯受不了寂寞，看守们会用很多新方法帮他克服。他们将囚犯的帽子扔过地雷绊线，让囚犯自行取回时挑战他们坐于岗楼上的同事们的枪法。看守防止了越狱可获得三天假期，这一做法得到了激励，将有逃狱可能的囚犯背后画上记号让游戏更加简单。毛特豪森集中营采石场百无聊赖的看守们经常为取乐将“跳伞者”推下悬崖。根据集中营的早期记录，某些看守受虐待狂的欲望驱动，这种欲望以疯狂的袭击形式呈现。囚犯还会无缘无故受到肉体攻击，早期囚犯贝内迪克特·考茨基记载，少数看守会从肉体惩罚中得到性快感。

集中营是处于完全控制之下的环境。囚犯们一到，就失去了一切，站在露天等候无精打采的党卫军职员为他们办理没完没了的官僚手续。囚犯们要经历奥威尔式的非人化过程，头发被剃光，一切都被偷走。从一个人沦为一个号码要花上两小时。新的没有自我的犯人接下来到政治部照相。被问到“职业”时，回答不可以是“砖瓦匠”，而只能是“马克思主义的猪”，因为集中营用语受到限制。党卫军指导囚犯如何叠被，因为军事斯巴达主义仍然盛行，持续数小时也无法令党卫军满意。只是为了寻求刺激，党卫军接下来可能会将牢房弄得天翻地覆。集中营的时间对失去手表的囚犯而言开始得异常早，夏天 4 时 15 分，冬天 5 时 15 分就得起床。直到晚上 9 时，囚犯们才可以停止跑步前进，他们在 10 时熄灯，熄灯前有一小时休息时间。夜晚的天空常被探照灯划破，传来阵阵犬吠。随机的点名风雨无阻，都是要让这些黎明前就必须起来的人们在夜里受到更多折磨。

默默无闻成了求生法宝，惹人注意容易招来杀身之祸。最好隐藏在群众当中，党卫军处于攻击距离时不能站在前沿。最好也不要做犹太人，在奥斯特霍芬，犹太人被迫绕着特别的围墙奔跑。但在此刻我们不应夸大犹太人的维度。粗糙的集中营制服上有集中营的统一分类，涂着防水漆的彩色编码标记成为首要身份。囚犯不再是个人，而是反社会者、刑事犯、吉卜赛人、同性恋者、耶和华见证人、犹太人或政治犯。即使他们的劳动受到剥削，集中营囚犯仍不如党卫军豢养的阿尔萨斯犬、拳师犬和德国牧羊犬有价值。一名驯犬员发现他的狗蜷缩在囚犯腿边，他就打死了这只狗，对这名囚犯狂叫：“如果你再毁掉我一只狗，我就会让你完蛋，懂吗？”

每天都有繁重的工作，砸石头、切泥炭、制砖或搬岩石，还有为这些 20~60 岁的因恶劣饮食和虐待身体已十分虚弱的人们故意设计的毫无意义的“体育运动”。欢快的欺骗总能穿插进来。任何囚犯都可能被随机选中供肆意骚扰；还有正式的公开惩罚环节，此时痛苦的哭喊让殴打从头再来。大家还被迫高唱纳粹歌曲，让他们蒙受更大羞辱。

集中营日益多样化的囚犯群体让党卫军看守能够采取分而治之的政策，让刑事犯的“绿营”和政治犯的“赤营”互斗，直到后者通过加强自律和组织稍占上风。通过选择囚犯等级和鼓励对同性恋者的仇恨可以进行控制。政治犯热衷于将自己与反社会犯和刑事犯区别开来，但也不免于他们自己的暴虐。战争期间这种敌对又因民族和政治仇恨而变得更加复杂，在奥地利毛特豪森，狂热支持佛朗哥的波兰天主教徒无法和西班牙共和军士兵开玩笑。受害者未必总被赋予世俗的神圣，极端经历通常无法完全揭示关于人性的终极真理，尽管与之相对的是个常见的假设，尤其在那些披着基于这一谬误的道德权威外衣的人们当中。

从这些集中营获释的囚犯都要签一份文件，禁止他们谈论这里的经历，要带着痛苦转入“保护性监禁”。换言之，释放是有条件的，是一种永远的不确定。许多人因这段经历而受到强烈震惊，不愿对人提起，以为这会对他人造成强大震慑。这就引起了除因闲谈、玩笑和胡言乱语而迫害人之外的有关控制舆论的更广泛的问题。因为这不仅是自由社会中轻微失衡的生活方式，也是现代民主国家公民对日常生活中不以为然的事物的嘲讽，即法治下的自由。

优雅国度

无线广播电台的国有化由帕彭于 1932 年引入，1933 年 3 月戈培尔控制了播出内容和从业人员，一定比例的执照费被他的宣传部攫取，当时宣传部下属的一个部门直接为地方广播电台提供新闻简报。他充满自信地预测“这一最现代化的影响群众的手段”将取代报纸。在魏玛时代，汉斯・弗莱施是为无线电广播现代化做出突出贡献的人，他是引入现场直播和听众参与的先驱者，后来却被关进集中营。

1933—1941 年间，廉价收音机用户数从 400 万上升到 1600 万。收音机本身就是小型宣传品，因为 VE301 型收音机（人民收音机 301）纪念的是德国历史上最重要的一天，1933 年 1 月 30 日。对那些买不起收音机的人或外出时不想错过收听广播的人而言，在公共场所有 6000 个大喇叭。集体收听受到鼓励。一名无线电宣传家将集体收听收音机和教堂中的团体礼拜进行了比较。“收音机看守人”监督着秩序：广播节目结束前禁止人们在办公桌前来回走动。评论和军乐定下了情感基调。由于人们能够不厌其烦地享受美好事物，过度意识形态化的内容迅速减少，被换成贝多芬或瓦格纳的作品，这显示了假的持续性，或为官方思想无法鼓舞当代作曲家而做出补偿。轻松娱乐节目的比例不断上升。到 20 世纪 30 年代末，2/3 的广播节目完全由纯音乐构成。

戈培尔曾当过记者，他对纸质新闻业也十分关注。德国的出版文化丰富多样，1933年有近 3500 种报纸和 1 万种期刊。然而，全面的统计数据掩盖了产业的困境，许多地区性报纸发行量低得可笑。在巴伐利亚的 479 种报纸中，有 3/4 的读者人数少于 3000；有 1/3 的报纸读者不足 1000 人。只有 5%印量超过 1500 份。有多家报纸只是“单人团队”，只用印版而不用印刷机印刷，并依赖通讯社获得新闻，通过刊登广告、通知和业余人士撰写的文章而增大版面。主要全国性报纸也受到发行量下滑的困扰，部分原因是来自无线电广播的竞争，还有一个原因是不良经济环境下的经营不善。还有一系列画报和女性杂志。某些出版大亨是犹太人，如莫斯和乌尔施泰因，他们即将发现他们能够产生的影响在独裁统治下十分脆弱。

对那些自以为能扭亏为盈或需要途径发表观点的人而言，亏损的报纸成了美差。所有权集中开始于 1933 年前。除阿尔弗雷德·胡根贝格的多媒体帝国外，古特霍夫努格冶金厂的保罗·罗伊施也显示出控制慕尼黑的主要日报的兴趣。法本公司试图控制《法兰克福人报》，胡戈·施廷内斯试图控制《德意志汇报》，凡此种种，不一而足。尽管纳粹自己的报纸发行量都不大，但 1933 年之后他们关闭了 200 家社民党报纸和 35 家共产党报纸，或是盗用编辑室和机械设备，或是将资产清算后并入埃赫尔出版社——马克斯·阿曼的纳粹出版帝国。

由于这一手段也可获取被没收的工会资金，它就成了新闻界的主要角色，尤其是广告收入流向纳粹报纸，进一步弱化了早已呈病态的竞争。犹太人名下的出版社被以“雅利安化”的名义没收，戈培尔将莫斯家族驱逐出境——莫斯曾拒绝为他提供一份记者工作。资本积累到 6000 万马克的乌尔施泰因帝国被阿曼的一家控股公司以这一价格的 1/10 拍下，乌尔施泰因一家一无所获，而且无法离开德国。20 世纪 30 年代中期埃赫尔出版社的凤凰控股公司购买了多数地方性天主教报纸，当时这些报纸作为少数获得许可的宗教媒体贫民窟而存在。同样的命运也在等待着上流资产阶级报纸《法兰克福人报》，埃赫尔出版社在 1939 年 4 月将其买下，当作希特勒 50 岁的生日礼物。该报的版面和文风并未完全公开纳粹化，给人造成一种持续的假象。埃赫尔出版社旗下的控股公司最终控制了德国报业的 82.5%。纳粹党控制了 350 家报纸，625 家仍为私人所有，但这些报纸的市场份额仅为 17.5%。埃赫尔出版社巨额盈利的受益人包括戈培尔本人。为他死后 25 年出版其日记，1936 年戈培尔就收到了提前支付的 100 万马克，然后每年还收到 10 万马克酬金。提前支付的酬金让他买下了柏林独一无二的施瓦能岛上占地广大的“夏屋”，其中有自动窗户，是 30 年代最时髦的聚会场所。

如果说所有权是对报社进行控制的方式，那么其他控制方式也牢牢掌控了编辑和记者。随着出版业巨头阿曼当上出版者联盟主席，纳粹记者和报业头目奥托·迪特里希开始担任新的德国新闻联合会主席，该会将所有新闻记者纳入其中。当然并非全部，因为到1939年就有1300名犹太和“马克思主义”记者被解雇或逃往国外。有时戈培尔亲自解雇记者。他曾召来一名受威廉·富特文勒胁迫刊登有关欣德米特作品正面评论文章的乐评人，将其开除。新闻记者容易遭遇职业陷阱，法典和法庭可以使其丧失工作，只有那些通过种族和政治筛选的人才能胜任记者工作。根据1933年10月的《编辑法》，报纸所有人相对于编辑的权力受到限制，但编辑对政府的责任变为绝对服从。该法第20条规定：“报纸编辑承担职业责任，并对其创作或接受发表的智慧内容承担刑事或民事责任。”赫尔曼·乌尔施泰因等报纸出版商也发现办公电话被窃听，大量职员都是隐蔽的纳粹分子，他们需要全新的顾问和中间人帮助他们和新的当局疏通关系。曾经乐于助人的看门人现在带头呼喊：“犹太人滚出去！”

电讯社被国有的德意志通讯社取代，有助于控制新闻内容。在掌权后的首次记者会上，戈培尔解释了新闻界的目标是人们应该“统一思想、统一行动，将自己的身心置于政府支配之下”。在宣传部的这些午间记者会上，政府坚持要求对葛丽泰·嘉宝作出正面报道，而托马斯·曼必须被“从每个德国人的记忆中抹去”。指示延及某篇文章的长度及标题字体，更不必说刊登的照片。被禁照片包括官方招待会上成堆啤酒瓶后的政府官员或1938年11月焚烧犹太教堂的照片。

与此相反，画报或女性杂志却可以刊登对着电话大笑或欣赏汽车展的元首照片，也可以刊登其他纳粹领袖的妻子与孩子们的照片。女性杂志还刊登过集中营里心怀感激的囚犯们喝咖啡休息时的照片，旁边是经过种族审查的模特与家庭管理提示。由于多愁善感没有国界，1938年英国《美好家园》杂志刊登了希特勒在贝希特斯加登山庄深处名贵花盆中的仙人掌旁的照片，让英国读者确信，元首只是“滑稽的说书人”，而且板鸭和主教鳟鱼味道似乎还过得去。

一成不变的宣传被证明毫无效果后，戈培尔采取了“统一原则，多样色彩”的方针。政治信息被掩盖在表面的连续性之下，或隐藏于无害的琐事之中。显然新闻记者在艺术和体育版比政治评论员和报道者有更大的空间发表模棱两可的观点。

纳粹自己的党报无法做出从攻击到捍卫政府的转型。如果“斗争时代”的粗俗下流和恶毒与生俱来，那么党的喉舌就无法轻易为强制性的夸张政权做出调整。只有犹太人和天主教徒的栏目是宣泄其早期的坏脾气的出口。党的主要报纸《人民观察家报》以更大版面出版，并面向所有公务员发行。该报还在四个方位点出版独立地区版，并使用双色印刷和宽幅版式，当时这两项技术在德国还没有普及。如果算上这点的话，那么该报也是十分现代的产品。还有些发行量很大的机构报纸加盟，如党卫军的《黑色军团》《德国劳动阵线》等。半色情的《先锋报》实际上是弗兰科尼亚纳粹地方长官尤利乌斯·施特赖歇尔的私人工具，他于1928年被从教师岗位上开除，因为他坚持让学生在上课时呼喊“希特勒万岁”。该报专门刊登有色情性质的信息，公布任何与犹太人交往过密的人的姓名和住址，并确认 1937 年新泽西“兴登堡”号飞艇灾难背后有犹太人阴谋。有时希特勒和戈培尔会因其报纸内容而对施特赖歇尔加以指责，但这只是对已知“性格”的同志进行限制的方式，而不是从根本上否认《先锋报》表达的情绪。施特赖歇尔声称它是希特勒从头至尾读完的唯一一份报纸。

报纸内容日益充斥着激动人心的事件。人们常说，政治被简化为大规模的戏剧场面，其中永恒的主角将次要的悲剧角色推入背景之中。思辨和理性被喝彩、表演、组织化所取代。但后现代的剧场话语却无法走得更远。因为不论人们使用怎样的理性主义类别和概念将这段历史改头换面，其中还是缺乏一种元素，只有参照未实现的宗教需求才能填补。因为元首不是救世主还能是什么？上帝选民、领导阶级、先锋政党不是实现特权的工具还能是什么？一旦恶魔的阶级和种族被消灭，人类将进入完美状态，在这个伪科学的信条背后隐藏着什么？如果“国民全体”不是未经政教分离时代的回归，还能是什么？而且，一切都弥漫着情感，没有包容性的后现代直觉，没有与纳粹使用心理技巧操纵群众有丝毫差异的方式，同时规避着心理学的自觉运用。可以认为，情感是纳粹最为现代的特征，因为在千年之交的政治中，如果不是被启示录的预感充斥，那么就浸透着难以与牧师区分开来的政治家的令人腻味的感伤，以及专注、真诚且有着被害情绪的文化。在这方面，纳粹真正超越了所处的时代，超越了它对技术的寻常执着，这是情感的政治。

1933—1938 年在纽伦堡举行的群众集会有着多重目的。每次集会都有主题，只是 1939 年“和平集会”被迫取消。这是该政权所希望看待自己的方式，其巅峰是莱尼·里芬施塔尔的《意志的胜利》，一次决定性的、无须重复的宣传演习。集会结合了民众节日、阅兵、政治会议和神圣场合，此时有着最高价值的国民全体得到最具体的呈现，其核心在于国家意志的个体体现。民族在这里变为现实，无数渺小的存在获得了意义。希特勒 1937 年 9 月对此作出了解释：

> 村里的农民，车间、工厂中的工人，办公室的职员，他们如何才能掌握无数人牺牲与斗争整体结果的实质？
>
> 一年一度在党的全面展示的场合，他们从一己狭隘卑微的存在阔步向前，去凝视并承认斗争和胜利的荣光！……而且，在这几天，数十万人再次向纽伦堡进军，因此，从德国每个角落都有一条生命热流涌入这座城市。他们全部……将能够得出同样的结论：我们真正见证了德国历史上任何民族从未经历过的重大变革。

纽伦堡能让人产生有关中世纪和瓦格纳的丰富遐想。然而，这一怪异背景确实达到一个现代目的，即巩固领袖的“王位”。整队“部族”缓缓聚集，热切盼望着元首的飞机穿过阴暗的云层，到达伟大城市的屋顶上空。按照某一神圣的传统，领袖要乘着万道阳光而来。日间活动涉及年轻人、军队分列式和全国各地聚集而来的工人，他们精力充沛地回应着“同志，你来自哪里？”的呼喊：“来自弗里斯兰——来自巴伐利亚、来自多瑙河、来自莱茵兰、来自西里西亚。”阶级斗争被工人团结取代，其准军事特征让一名英国观察家评论：“不论如何，带着铁锹敬礼并不显得荒唐。”如果这个充满怀疑的英国人有所保留，那么《纽约时报》的记者则着迷于这种热情。大型的阅兵行进也传递出其他信息，此时陆军与戴白手套的党卫军巨人们无缝接合，跟随护旗士官，在回荡的军乐中穿越纽伦堡蜿蜒的街道。夜幕降临，晚间活动拉开帷幕，其情感寄托被世界上最庞大的电动机关强化，施佩尔的灯光教堂将寒流送到几英里外的黑暗中。在别处，在希特勒最爱的热烈元素当中，纳粹党的老战士走到前台，只是施佩尔感到无法将这些人的啤酒肚排成整齐一线。希特勒矫情地提及“我的驼背的故人们”，也表明难以将这饱经风霜的海盗般的一群人重塑为超人。

希特勒充分榨取这些集会中的群众情感。他独自穿越战士的行列，与纳粹党的烈士们密谈，然后伴随坚定的握手和长久的男人间的眼神交流触摸“血旗”，让新的旗帜成圣。同性恋般的袍泽之谊与孤单的和亡灵交谈相互交织，元首从凡间走上神坛。领袖自认为是救世主，老战士们都仿佛是最初的使徒。1937 年 9 月 10 日，希特勒对政治干部的演说堪比《约翰福音》：

> 能够每年一度再次看到我的老战友令我万分高兴。我始终有这种感觉，只要人类拥有天赋的生命，他就应该渴望那些塑造了他生命的人们。假如没有你们我的生命将会怎样，你们再次向我走来，信任我，这将给你们的生命带来新的意义和新的目标。我再次找到你们，这是我个人生命和斗争的先决条件。

他不太能够控制天气，因为 1937 年的纳粹集会遭遇了暴雨，但是他却能够将这一点变为政治寓言，讲给希特勒青年团的听众们听：

> 今天早上，我从天气预报得知我们目前的天气情况“极差”。我的孩子们，德国的天气 15 年来一直是这样的情况。党也遭遇恶劣天气！在十年里，阳光没有照耀这一运动。这场斗争中只有希望能够取胜，一轮红日普照德国的希望！太阳已经升起！你们今天站在这里，升起的太阳朝你们微笑。因为我们不仅要在阳光灿烂的日子里，还要在暴风骤雨的日子里让德国崛起。

德国已从经济复苏和对外谈判中获益，这全部被归功于这位上帝使者般的奇迹人物。最令人欣喜的是，他并非远古的埃及神王，其宗教仅供精英信奉，而凡人则必须将就崇拜冥神奥西里斯；希特勒自称凡人，奇迹般地从弗兰德斯战壕的屠杀中生还，并为其中的死者代言。德国变成了“优雅国度”。希望与渴望被投射到一人身上，他的宣传家们忙于将他的人格缺陷——懒散的工作习惯和与女人之间的混乱关系——转化为天才属性或自我否定的英雄主义。

和世界各地的国家元首一样，希特勒也是疯狂者、绝望者、机会主义者和自命不凡者的最后一根稻草。人们根据电影形象想象他的情感。蛋糕师、花匠和鞋油生产商都争先恐后地想为自己的产品冠上希特勒之名，但这些请求全因“犯上”而被婉拒，令布鲁诺愤恨的是，马林韦尔德的一个面包师生产了“阿道夫·希特勒大蛋糕”，甚至连厨师也这样自命不凡。教会希望在新的大钟上刻上希特勒之名，实际上每两个村庄就有一个要为希特勒献上一棵树，或将历史久远的村名改为“希特勒村”。然后是桥梁和道路。骄傲的父亲们请求允许用“希特勒琳娜”和“阿道芬娜”作为受洗的女儿们的教名。然后又有手工制作的小提琴和理发师用人发精心编织的卐字。典型的是，罗马尼亚的一个德裔聚居区要献上精美的地毯，必须等候领事对奉献者姓名“科恩菲尔德”进行详细审查。满怀希望的纺织工人在希特勒难得的出访中陪伴他，但那个愿意为墨索里尼提供视网膜，这样元首唯一的朋友就不会失明的人，也许被政治热情伤害过度了。说到眼睛，希特勒的爱犬死后，一对奥地利夫妇将米特加德献给他，它“忠诚的双眼”将照看“伟大的绅士”，“随时准备为阁下奋战到最后一息”。偶尔在矫情的洪流中还有一丝温和。1937 年生日时，希特勒允许一名小女孩向他献花，以将她的父亲释放出狱，并转送集中营关押。

孩子们是元首崇拜中的重要成分，他们推动着仁爱的暖流和对未来渺茫的希望。尽管我们已将他们从记忆中滤除，但他们仍和雕塑般的党卫军士兵一样无处不在。1936 年 4 月 20 日，希特勒接待了代表帝国粮食庄园的儿童代表团。当天是他的生日。节目计划单上写着：

> 孩子们，年轻的农夫和少女们都身着农民的盛装前来。少女们手持花束。发言的女孩手捧大束鲜花，在发言结束后将它献给元首。

发言稿：

> 亲爱的元首：
>
> 我们这些来自德国农场的少男少女们今天来到您的身边。爸爸、妈妈和村里的乡亲们都通过我们向您致以热烈的问候。他们都衷心爱戴您，并祝您生日非常、

非常快乐。

爸爸告诉我们您有一个大农场，像所有的农场加起来那样大。爸爸还说他的农场只是您的农场的一小部分。爸爸说这个大农场就是德国，您就是这个大农场的主人。爸爸说这个大农场曾病入膏肓，原来外国侵略者夺走了马牛和粮食。但您已经让一切重新好了起来。

爸爸、妈妈和乡亲们为您骄傲。他们告诉我们一定要热爱您，就像爱爸爸妈妈那样。有一天，当我们像您一样大时，我们会像您领导大农场——德国——那样经营我们自己的农场。现在您一定要和我们同乐。来吧，我们想为元首唱一首歌。

发言时间：2分钟。

然后孩子们一起唱歌：

亲爱的好元首
我们热爱您，
我们想给您献花
用我们稚嫩的小手
然后您也会爱我们。
亲爱的好元首
我们热爱您
您在我们幼小心灵中
地位最重要
我们热爱您。

唱歌时间：1.5分钟。

"爸爸"照看羊群时显然忘记了历史，因为那些"乡亲们"曾是侵略的受害者。这篇煽情的胡说背后的极权热望，在希特勒发表于1938年的一篇演说中被表达得淋漓尽致，其中他列举了等待德国青年人从摇篮到坟墓的进步：

这些男孩10岁加入我们的组织，开始首次呼吸新鲜空气，四年后他们加入希特勒青年团，我们让他们在此继续待上四年时间。然后我们就不准备把他们交回那些创造阶级和地位障碍的人们手中，而是立即将他们吸收进冲锋队或党卫军，或纳粹摩托化运输队。如果18个月或两年之后，他们还是无法成为真正的纳粹，那么他们就进入劳动工役制，并继续磨练6—7个月，所有这些都处于一个符号之下——德国铲。而且，假如6—7个月之后，他们仍有残余的阶级意识和身份高傲，那么国防军将继续训练他们两年，两到四年之后他们回来时，为防止他们恢复过去的习惯，我们立即将他们编入冲锋队、党卫军，这样他们的一生将不再自由。这是许多德国年轻人梦寐以求的不自由合约，是寻找他们欠缺的人生意义和目的的方式。

3 更换桥梁：新的时代，新的人

信念、希望，甚至还有一点慈善

如果信念、希望和纳粹主义密不可分，那么令人惊讶的是，慈善也同样如此。这不再是人类利他主义的简单反映，更不是人们为自己的良心，或为获取免税和美名而慎重为之。在纳粹德国，它成了一种动员集体情感的方式。

在魏玛时期，最初的纳粹福利措施由地方发端，关注党员或冲锋队员中的贫困者或负伤者，为他们提供食宿，年轻女子帮他们包扎。1931 年纳粹柏林地方长官戈培尔发现了一个小型纳粹人民福利联盟的宣传潜能，该机构由首都一个党支部建立。在戈培尔帮助下，该机构被战时担任过飞行员的商人埃里希·希尔根费尔特接管，他成功发起了募款行动，为 4 月 20 日希特勒生日献礼。1933 年 5 月，希特勒认可人民福利为全国唯一纳粹党福利机构；马格达·戈培尔成了该机构的保护人。

希特勒的青睐让人民福利建立了机构自治，当时其他意欲染指福利领域的纳粹组织有莱伊的德国劳工阵线、席拉赫的希特勒青年团和肖尔茨-克林克的女性福利联盟，这些机构的客户群与人民福利重合。它们之间的关系经常紧张，但 20 世纪 30 年代签订的一系列协议解决了最严重的划界争端。当时在慈善领域还有非纳粹机构存在，纳粹决定要将它们吸收或排挤掉。

福利领域最初有七大高峰。人民福利在利用教会福利机构分化过时的基督教工人福利联盟的同时，收缴了社会主义福利组织的财产。全国性的犹太人慈善机构被取消法律资格，被局限于种族飞地内。三个竞争机构一开始就被打倒，人民福利继续小心应对剩余的三家慈善机构，即新教国内使命机构（1848 年成立）、罗马天主教博爱联盟（1896 年成立）和国际红十字会德国分会。这些机构总称为德国志愿福利联盟。教会福利团体复杂庞大，开办 15500 家精神病院、医院和收容所，有约 130 万张床位，培训数万名护士和护工。最后，德国红十字会仍有威廉时代上流社会福利的形象，通过承担一系列平民福利责任取代大体失灵的军事辅助医疗职业，向共和时代过渡。

"同化"的妖法值得详述。首先，希尔根费尔特吸纳更小的盲聋哑人和破产中产阶级的自助组织，加强人民福利，很像大亨在接管前自抬身价。接着，他跻身剩余福利组织的全国管理机构，将"第五"慈善机构收入人民福利囊中，该机构与教会慈善机构的关系最初相当融洽。国内使命机构中的新教徒以为教会平衡已经恢复，因为罗马天主教中央党接近共和国核心事务，曾使没有政党的新教处于下风。新教徒发现他们与纳粹有许多爱国的共同基础，都接受通过人种改良的方式解决生物学上的"原罪"。国内使命机构的一位领袖人物在人民福利中登上高位。天主教博爱联盟尴尬而过分谦恭地欢迎了"污秽与渣滓"的终结——家庭价值观、自力更生和秩序的回归。天主教徒可能无法直视绝育，但他们最初自欺地认为 1933 年与梵蒂冈达成的协定会让他们在专制政治制度下获得受保护的生存空间。德国红十字会通过任命以萨克森-科堡和哥达的卡尔·爱德华公爵殿下为首的纳粹担任要职继续调整，并在大众场合行"希特勒礼"，高唱纳粹歌曲。

将教会慈善团体和红十字会都纳入新的全国性管理机构后，希尔根费尔特采取各种诡计将竞争对手边缘化。1934 年，通过立法限制教会慈善团体在教会之外的募款能力。邮寄广告运动被禁止，教会慈善团体被迫为纳粹自己的"冬季援助"项目募款，以获取分红收益。各种各样的纳粹机构分到大头，让那些教会慈善团体和红十字会每年只能分得一点残羹。自 1923 年的通货膨胀开始，政府为它们额外拨款。此时，新的拨款却受制于与人民福利的协议。1938 年，国内使命机构要求 284 万马克拨款，博爱联盟要求 120 万；但二者分别得到所需款项的 15%和 12%。营业额中还要扣除营业税。1939 年，这些拨款终止，理由是人民福利独立承担起了奥地利和苏台德区的额外责任。希尔根费尔特说，教会秘密为教会机构筹款，而这些机构的日子已屈指可数。他还攻击已经"自我同化"的红十字会。红十字会和平时期的平民福利责任被转给人民福利，却被"鼓励"转向原来的军事辅助医疗职责。1937 年，红十字会主席职务落入党卫军帝国医生领袖罗贝特·格拉维茨手中。三年后，理论上代表全国福利机构的管理委员会的撤销，标志着志愿福利部门的完全同化。

教会慈善机构认为这些安排不算太恶劣，因为希尔根费尔特看似保护它们不让地区性和当地纳粹大佬窃取其财产。1939 年，人民福利已经成为德国劳工阵线之下的第二大纳粹群众组织，拥有成员 1250 万，占人口的 15%，覆盖全国一半的家庭。它直接雇用 8 万多名职员，另有 100 万左右不拿工资的志愿者。到 1938 年，这些人中包括 8000 名"褐色姐妹"——人民福利的社区护士，她们的使命是维持国家的生物学力量，并非从事照料生病个人的某种世俗或宗教职业。通过收取会费和募款，人民福利获取了大量财富。

在全球，福利分为多种形式，通常志愿部门中存在互补而非对抗的关系。在魏玛共和国时期，福利在整个教会和政治体系内成为争议话题，有着激烈的哲学竞争以确定 1919 年以来日益扩展的公共慈善的目标和界限。在批评者看来，国家福利机构带来了官僚迟钝、对权利文化的依赖、无法区分浪费的和谨慎的穷人，并损害了基督教和公众的自愿捐助行为。许多基督徒认为福利成了目的，脱离了精神目标；许多申领者对领到的菲薄财物牢骚满腹；医生抱怨社会化医疗让他们失去了职业自治权。过度好高骛远的体系在无法实现预期和大规模经济危机的双重压力下轰然倒塌。

纳粹试图通过以无情的激进主义取代无形迟钝的官僚，通过将慈善和福利融合来纠正这些失误。大规模自愿捐助行为表明国民全体在行动，也能使政府将公共资源转用于福利之外的其他目的。大萧条期间的预算缩减可以继续，因为福利的财政负担日益由人民自己承担。慈善也吸收了额外现金，通过压缩消费需求，这些现金可间接用于重新武装。纳粹可以摧毁福利国家，表面上却似乎在弥补自愿捐助和党的组织之间的缺口。这是没有限定中心的意识形态和组织蚕食国家与社会的过程。后来，希特勒公开承认，慈善有着税收无法实现的教化作用："当然，［福利税］对无数人而言更加轻松，负担更小，但这恰恰缺乏我们希望利用冬季援助达到的目的，即对德国国民全体进行教育。"这里，他谈到的是为集体的福祉付出的责任和牺牲。人民福利的成员和支持者向轻工业发放证书、徽章和其他奖励，仿佛对待的是成年童军。对于其他纳粹组织持模棱两可或仇视态度的人们可以加入人民福利，只是因为它强硬排外的议程被相对较好地隐藏于善良的表面之下。纳粹主要的慈善行动是"冬季援助"，目的为在一年中最恶劣的几个月内减轻贫困带来的苦难，和许多其他领域一样，这也是从魏玛共和国承袭而来。和魏玛的创造工作计划一样，该计划减轻苦难的实验也被最终的危机吞没。

"冬季援助"由布吕宁政府 1931 年首先发起，但健忘的希特勒每年 10 月开启筹款运动时总是自贪全功。尽管"冬季援助"由人民福利发起，但希尔根费尔特从属于宣传部长戈培尔，目的就是要描绘行动中的"国民全体"，以纳粹"行动的社会主义"取代马克思主义的国际主义，将教会慈善机构边缘化。如果前共产党员放弃他们的固有信仰，甚至他们也可能享受慈善待遇。在 1935 年"冬季援助"运动开启仪式上，希特勒说："我们认为，通过这样清楚的示范，我们继续震动了大众的良心，让你们中的每个人都再次意识到你们应当将自己看成国民同志的一员，你们应当作出牺牲！……我们向世界表明德国人并非空谈'全体'，而把'全体'看作我们应当为之尽心尽力的事物。"两年之后，他将他对慈善和对社会主义者与基督徒的观点进行了对比：

> 有时，当我看见衣衫褴褛的小女孩儿在寒冷中颤抖，却为了挨冻的他人以无限的耐心募捐的时候，我就感觉到她们是某种基督教的使徒！这是一种无人敢当的基督教：这是把真诚的信念作为职业的基督教，因为支撑其后的不是话语，而是行动！
>
> 有了这个巨大社会的援助，无数人正脱离被社会抛弃和孤立之感。许多人因此找回了坚定的信念：他们并未完全迷失，并非孤立于世界，而是受到国民全体的保护，他们也得到照顾，他们也被考虑，被记住。除此之外，社会主义的理论知识和社会主义的现实生活之间有着差别。人们不是生而为社会主义者，而是必须被教导如何成为社会主义者。

纳粹慈善团体利用了对贫困者的罪行和对难以抗拒情感的人们的利诱，这是不足为奇的。在冬天的几个月中每两星期都会在周日吃大锅饭，用“冬季捐助”款项购买更多美食。纳粹领袖，包括希特勒本人，都曾在此享用大盆热气腾腾的炖肉。利用大多数人无法抵抗的论据，希特勒说：

> 别告诉我，“好吧，但是捐款仍是令人烦恼的事”。那你从未经历过饥饿，否则一定知道饥饿是多么让人烦恼……如果别人说：“但是你知道，所有这些炖肉星期天——我想献出点什么，但我有胃病。我一直就有胃病，我不了解。但我同样愿意捐出十芬尼。”不，我的朋友，在我们所做的任何事背后都有原因。这对你尤其有用，因为你不懂，这至少是我们可以引导你重回你的人民中的一条途径，回到数百万你的国民同志当中，他们一冬天只能吃到一次炖肉，而你每个月都能吃到的话他们也会非常高兴。

纳粹首次“冬季援助”运动比 1931—1932 年冬季净增 400%。通过“冬季援助”，数量大得惊人的物资被运往全国，包括衣物、煤炭、木柴和土豆。通过购买全国深海捕捞量的 35%，“冬季援助”为内陆地区的居民提供了鲜鱼。圣诞节，给孩子们买来了他们父母买不起的礼物。实物商品重于捐助现金有着暗示性，因为涉及的数量可以更好地用于宣传目标。当时电视连续剧和信用卡时代尚未到来，而 1938 年捐款人被邀请竞猜地区性筹款总数，获胜者赢取一架照相机、元首画像和真空吸尘器。戈培尔能够列举出免费向食不果腹、缺少娱乐的穷人分发的数亿公斤土豆和 3734752 张剧场门票和电影票。照片显示利用“冬季援助”款项购买的 9925 万英担煤炭外围有 9 米高的围墙，用这些煤筑墙，可以环绕德国一周。这可能给轻信者留下深刻印象。

但慈善也被重新定义，不仅逐渐排除了“种族外来者”——人民福利鼓励他们采用其他安排——而且致力于排外性地关注无法生产和再生产的贫困国民同志，让教会慈善机构专门照看长期患病、年老和其他的无望人群。最明显的是，集中营囚犯从视线中消逝，或者可以说德国福利机构试图阻断相关外国同行的视线。1933 年底，德国红十字会主席向瑞典同行解释“置身于无产阶级当中的大量集中营囚犯，他们的生活标准高于原来的水平”。一个瑞士国际委员会检查组经过“净化”后的达豪之旅之后同意了这一观点。

纳粹慈善的排外特征有别于基督教信条，按照基督教信条上帝面前人人平等，无人被看作无望者。事实上，贫困苦难的程度越深，越能显示神秘的上帝大能。纳粹慈善和福利也偏离了传统保守派和进步自由派世界观，不仅因为重点强调集体福利和实行种族排外。魏玛时代保守派和自由派福利改革者无人考虑因种族原因将某些人排除在外，及杀死智力和身体残障者。由于纳粹福利受政府高度干预，它不应被误认为是当时的左派和右派自由论者的保守的、反依赖的意识形态的先兆。不墨守成规的左派认为福利是稳定并永久持续资本主义制度的方式；侧重供给的右派将其看作福利职业人士自私的阴谋，阻止了那些最合适的人创造可以普及的繁荣。纳粹主义从不同的角度解决了这一问题。

对人类善良的其他呼吁被消除，这始于一个慕尼黑被截肢者、四个孩子的母亲，她大胆而绝望地试图在玛利亚广场上获得希姆莱的施舍。乞丐们无一例外被集中关进囚犯工厂和集中营。消除了与恢复秩序的社会相抵触的形象，让公众更加致力于慷慨为“冬季援助”捐款。纳粹更常见的做法是将人民的慷慨集中用于优生学和种族上无瑕疵的人们。福利不再是国家补偿生活灾难的方式，而变成国家将私人援助用于将对国民全体做出贡献的家庭“细胞”。过去的有关如何评估领取资格的争吵被推到一旁，纳粹慈善进入任何贫困的国民同志手中，尽管其中无人拥有领取救助的法律资格。换言之，曾经困扰多元体制的分发问题已经解决了。

随着纳粹将教会福利机构边缘化，他们通过胁迫加强了自愿捐助。写着“我是人民福利成员，你呢？”的海报出现在公共汽车和电车上。全新的募款方式，如用动物园的大象来吸引群众，和骑马者用棍子挑着罐头伸到楼上窗户的做法很快令人腻烦。“冬季援助”变成一种明目张胆的敲诈。

胁迫慈善不仅让盒子咄咄逼人地在人眼前叮当乱响，这是更大的计划中一个很小的恼人行为。发行徽章和旗帜使筹款者能够骗来那些不表明恰当承诺的人们。户主被迫填写的特别表格也同样如此，这些表格详细列举了他们所捐款项。还有的表格涉及捐助者的“道德”评估。接着又来了“冬季援助”的空袋子，充满暗示地被放在前门。用希特勒青年团、冲锋队和党卫军人员担任筹款人仅仅加强了以慈善之名行抢劫之实的印象。公开的威胁接踵而至，因为不履行自己的牺牲义务就意味着对纳粹国家的集体教育目标持敌对态度。一种选择已经成为潜在的政治犯罪。退出游戏也有可怕的后果，通常会用“保护”犯错的个人免受人民正义的愤怒来表达。

1935 年，一个富裕的弗兰科尼亚农民格莱斯勒赫收到一封警告信，称他未曾向“冬季援助”捐款，告诫他如果在八天内不更正，则有必要采取愤怒群众的先发制人措施。在令人忧心的结尾处明确指出了可能导致的结果：“我相信，作为农民，您拥有足够的骄傲不允许局面超乎想象，您不会想终结于只有国家的敌人和寄生虫会被监押的地方。”在弗伦斯堡，一个当地纳粹党大佬通过组织公众集会胁迫一名没有向“冬季援助”捐款的商人，结果导致一群愤怒的暴民出现在他的门外。这位商人受到了“保护性监禁”，结果他承诺通过向“冬季援助”捐款将自己“全身心”融入国民全体当中。在开姆尼茨，另一伙暴徒将一个法官的家团团围住，因为他的妻子捐献的是一袋烂梨。他们呼喊：“她知道这些梨子都烂了，这只老猪，这只老母猪，母猪，母猪！”这种对雅各宾派道德愤怒的利用在当时的极权国家中很常见。

面对经济复苏的背景，“国民同志”被这种持续的、日益增强的为贫穷者的强制捐助要求所激怒。他们怀疑节省下的国家资源被分离出来用于军事目的，而且憎恨募捐带来的次生腐败。在平静的表面下，腐败盛行。流亡的社民党关于德国情况的报告注意到纳粹地区领袖携带“冬季援助”得来的巨款逃到荷兰边境。穷人也不高兴，他们将“冬季援助”的德文缩写 WHW 演绎为“我们仍在挨饿”。额外的期待落空，孩子们郁闷地想着“冬季援助”圣诞礼物变成了七个坚果，六块饼干和一包肮脏的男衬衫衣领，“号码是 39、40”，还不是让他们献给父亲的礼物。纳粹试图垄断慈善本能的一个后果是人们开始有意为宗教慈善机构，如博爱联盟进行捐助，以表达他们的不满。

“冬季援助”是人民福利在整个福利部门进行的大范围扩张。人民福利承担了照看失业成人和少年犯，主要铁路车站之间的援助服务，和利用厨房垃圾喂养全国的猪的四年计划的责任。但是和它们对家庭的亲密世界的入侵相比，这些都不值一提。魏玛共和国在儿童津贴、产妇福利、带薪休假和提供助产士和社工方面取得了重大的进步。然而，这种进步大都被大萧条破坏，而几个政治派别的道德学家看出了家庭的危机。魏玛为其艺术繁荣和性行为实验进行了庆祝，但是当时曾有过 60 多个组织致力于恢复传统艺术和道德价值观。

自以为是的政治

在战时欧洲，对一蹶不振的出生率的担忧和鼓励生育的政府政策十分普遍。纳粹在这一领域的所作所为在英国和法国看来不足为奇，它们也经历过类似的灾难。显然，强调的重点稍有不同。人民福利劫持了先前的新教慈善机构救助母亲和婴儿的行动，因为对未来德国种族优生福利如此重要的领域不可交给教会。将母亲称为“永恒生命的源泉”，将孩子称为“我们民族未来的承载者”，从中显然可以看出反个人主义的踪迹。他们的躯体是传承民族的集体“血液”的唯一媒介，而不是传播个人 DNA 的中介。除为床位和物资筹款减轻贫困给产妇带来的痛苦外，人民福利还为家庭提供帮助，通常以德国少女团产后康复之家，和为六岁以下儿童提供的幼儿园和保育院的形式。母亲们经过筛选住进康复之家，这些设施经常位于山区，或靠近大海、温泉。护工都经过特别培训。这些康复之家的重点在于集体，每天早上升旗，都有强烈的纳粹意识形态，同时能够开展实际的儿童护理。六岁以下儿童从此开始重要旅程的第一步，此后走上持续一生的机构化道路。农村幼儿园最初目的是为农忙季节减轻母亲们的负担。全国范围内消除城乡差别的计划，使城市儿童下乡的政策成形。其实，魏玛共和国早就让母亲们休产假，还在 1925—1932 年间送 250 万儿童下乡，但这似乎已被遗忘。

纳粹将女性看作种族生存承载者的冰冷工具的观点包裹着煽情元素。每年都有几天，全国到处充满伍尔沃思出售的贺卡。母亲崇拜的一个目标是提升不断下降的出生率，为此，纳粹引入了为新婚“雅利安”夫妇提供的贷款，随着孩子们的降生这些贷款将被分期偿还。独身者和无子夫妇被课以重税，以便为儿童津贴提供资金，或一次性补贴别人的孩子。虽然曾经有过出生率的大幅增长，人们生育 3~4 个孩子，但由于没有相称的公共住房政策，无法阻挡家庭小型化趋势，党卫军成员的生育率更低。

纳粹围绕母亲进行的一切运作都是虚伪的，从母亲崇拜所谓的神圣起源开始就是如此。纳粹日历规定 5 月 10 为德国母亲节，依据古老的条顿习俗，“英雄儿女为他们亲爱的好母亲编花冠”。实际上，母亲节是美国人安·贾维斯的想法，早在 1914 年就已成为美国的公共假日。由于道德保守派和德国鲜花产业的强烈游说，20 世纪 20 年代母亲节成为德国非法定庆祝日；领带生产商努力推动父亲节的设立，但无法取得同样的成功。纳粹将这一场合正式化并放大，赋予母亲节优生和类宗教的弦外之音。来自人民福利、希特勒青年团、冲锋队和党卫军的筹款大军，发起大规模行动，经常以威胁手段索要捐款。以母亲为主题的诗歌和戏剧在广播中播出，并被搬上舞台。

1938 年，纳粹定制了铜、银、金三种母亲十字勋章，颁发给多子的母亲。法国生育高级委员会 1920 年起就在采取这类措施。这些奖项的提名由住房街区或核心组领袖提出，受制于由健康和福利、纳粹党和警察当局进行的多重监督。监督已经很恶劣了，被提名人若未得到她们并未申请的奖项更是会受到双重伤害。被拒绝者无法上诉，没有解释。选择条件被设计成区分值得称道的、独立的、井井有条的“多子”家庭，和不光彩的、有依赖性的、无法发挥功能的“大家庭”。质量重于数量。与不同伴侣生下许多孩子的妇女没有资格。犹太人和吉卜赛人也一样，这些奖项旨在增强社会对母亲的尊重，随后会对获奖者提供优待。

最理想的待选人是勤奋的、持家有道的、丈夫有工作的、生下合法孩子的家庭主妇。党卫军前卫的解决私生子问题的方式并未被广泛接受。理想的母亲总是认真对待怀孕，禁烟禁酒，没有情人。但她的丈夫可能不断抽烟，但是如果他过量饮酒，母亲十字勋章可能也会不翼而飞。丈夫和妻子都不能有任何犯罪记录，要支付房租，还清债务，但是如果他们依赖社会福利，他们要将这笔钱用于孩子们，而不能购买非生活必需品。在此，无子的夫妇都受到强烈谴责，说他们有所谓的自我主义，无子简直就是失职。因此 1938 年离婚法修正案规定，无子可以成为离婚理由，这样无子夫妇平白承受了更大的压力。

由于很多母亲十字勋章待选人已经年迈，相关咨询会涉及孩子们和每个家庭成员的生活方式，其中有人被关进精神病院或被优生绝育都会成为不合格的理由，同时也暴露了家丑。这些事情有真正的人性后果。如果一名党卫军的岳母曾因抑郁症进过精神病院而无法获取母亲十字勋章，那么他的升迁之路就会严重受阻。受尽挫折的被提名者愤怒地宣称她们生了 10 或 11 个孩子，家里没人入狱，大家勤奋工作，没人从事颠覆活动，没人酗酒；由此可以看出选取的标准已经深入人心。

得到这些十字勋章的女性，可以由她们的身体是传承日耳曼血统的媒介的说法得到满足，即使将她们贬为在田野中反刍的奶牛。但是这些让人耳熟能详，种族驱动的鼓励生育政策只反映了纳粹主义这一方面的局部，其矫饰的情感要比乍看之下更有深意。因为和谐的假象，这里指的是摇篮，孩子和家庭温暖的田园诗，与横行无忌的混乱劫掠，在狂乱的启示录式的放纵中谋杀他人的孩子，烧毁他们的房屋、村庄和城市密不可分。母亲们也加入了抚慰纳粹心灵的田园诗，因为她们的品性经常让她们看不到为自己设定的种族使命的肮脏现实。希特勒虽然心存目标，但他自己却成为这一精神分裂的状况的缩影。一方面，有溺爱小孩的极端传统人物在强装欢乐的气氛中大口吃奶油蛋糕；另一方面是不断壮大的军阀，他们更看重血迹斑斑的蓝灰天空下的城市硝烟。希特勒的情感范围只包括前者。母亲十字勋章的佩戴者也被融入这一范例当中，她们很快发现最光荣的孩子是为祖国倒下的人们，为了祖国她们接受了类似的勋章。生与死轰轰烈烈地合并，充满青春期症候、死亡迷恋和煽情的纳粹在一首小诗中格外明显：

母亲们，你们的摇篮，
如同酣睡的军队

永远准备好去取得胜利
摇篮将不再空虚。

魏玛共和国的许多道德学家在大城市中看出了堕落之风，包括显而易见的同性恋、卖淫和浪荡的“新女性”。后者指的是职员、售货员和打字员，她们剪短了头发，梦想成为电影明星，但她们的野心和欲望按照20世纪末的观念看来平淡乏味。在此，对于“她”的关注在许多欧洲国家都非常普遍。左派和右派可能在对于所谓的道德危机解决方式方面有着不同的分析，但大家一致强调家庭的重要性。纳粹对道德学家的恐慌情绪纠缠不休。典型说来，根据人们的观点，可能和不可能成为合理关注的理由的事物，不会被看作混乱催生的暂时偏差或更大容忍性的迹象。在魏玛城市所谓的显而易见的同性恋和卖淫被融入近在眼前的种族灭亡的幻象，或被戏剧化为无望的、“史无前例的对一切价值观的颠覆”。

纳粹强硬地坚持家庭价值观，尤为重视青年。某些纳粹领袖可能希望将实际存在的男权解释为一种正式的“男性纽带”意识形态，但家族传统主义者却认为这一观点有着同性恋意味。虽然他们利用表面保守的家庭话语，充满“义务”与“服从”这类词语，但他们有着集体主义和生物学的目标。家庭被视为生物学整体的“核心细胞”。魏玛时代对生活方式多样化的容忍不复存在，当时不会为独身、无子或同性恋贴上耻辱的标签，接下来就出现了国家驱动的鼓励生育政策，目的在于产生“多子”，并在质量上无可挑剔的家庭，绝对无法容忍异端形式的人类性行为和离经叛道的生活方式。

这一规则的主要的例外是希特勒本人，他对这些问题的观点为“我是完全没有家庭的人，完全没有氏族观念”，他自己的情感生活则阴云密布，他以不正常的方式艰难地接近一系列不善交际的年轻女子。希特勒个人的安排可被公开合理化，并被解释为为职责做出的斯巴达式牺牲；这样约瑟夫和马格达·戈培尔夫妇，加上他们漂亮的孩子们，就站出来成为第一家庭，即使戈培尔本人对婚姻不忠，最后他在毒死孩子们后和妻子共赴黄泉。但是政治家们在性方面的伪善只能引起淫荡者的兴趣。

通过一系列法律使婚姻受制于强烈的优生审查，而健康“雅利安人”与种族“外来者”之间的婚姻被禁止。法律应保护的最私密领域受到了法律的侵犯。意识形态取代人类感情最终决定了谁该和谁结婚，谁有权生育。已婚夫妇及孩子们的一切福利，包括购买家具的结婚贷款和儿童津贴，都受制于种族条件。生物学主义的目标，而不是道德目的，加强了禁止“雅利安人”流产和绝育措施的运用，因为这些办法和非自愿绝育一样都是留给优生学上不适者——阿拉伯裔或非洲裔德国人、吉卜赛人和犹太人所用的。这就解释了为什么盖世太保机关打压同性恋和流产，因为二者都不利于提升出生率。1938 年，《离婚法》被放宽，加速新婚姻的数量增加从而提升出生率。极端反神职主义对于解决非婚生子问题发挥了作用，希姆莱担任前锋谴责"婚姻法本身就不道德"，是天主教"撒旦所为"，是"中产阶级道德"的产物。这些思想工作的艺术家嘲讽旧的、用羞耻感来限制人类性行为的生活方式。为此目的，希姆莱建立了生活源泉家庭网络，这里未婚先孕的女孩们能和党卫军妻子们一起在最好的条件下生产，远离家人和牧师们的说教与关注。根据纳粹头号同性恋追杀者的说法，男同性恋是亚洲的罪恶，由天主教施加给"日耳曼"各无辜民族。

纳粹主义可能对家庭价值观做过表面文章，但极权主义社会团体却弱化了家庭纽带，在家庭和学校颠覆了传统等级。一个笑话说一个家庭中父亲是冲锋队员，母亲是女性福利会成员，一个儿子是希特勒青年团员，一个女儿是德国少女联盟成员；纳粹主义家庭只有在纽伦堡集会上才能聚到一处。由当局策动，多人热情参与的无情的激进主义显然对婚姻造成了冲击，不断有"政治寡妇"提出离婚申请。缺乏独立的处理家庭本身问题的机构，与牵涉母亲、青年、人口和种族政策的众多机构形成了鲜明对照，表明纳粹家庭表面的保守主义从属于其种族的当务之急。

将威廉时期和魏玛时代青年运动反政治的理想主义扩大化，纳粹主义将自己描绘为未来几代人的政治，这一极端姿态让它可以将自由民主当作旧时代的旧世界政治加以清除。自由主义对辩论和阶级自由的强调日益显得怪异。纳粹主义永远愤愤不平的腔调吸引了年长的善于说教泄愤的人群，进一步说明纳粹在本质上的青春期敏感。正如我们所见，纳粹领袖都明显比他们民主派的对手年轻。如果政治根据年轻和经验的周期循环往复，这里不成熟的夸大的道德占据了上风。希特勒准备毁灭老一代，1933 年 11 月他说："当反对者说'我不会支持你'时，我平静地说，'你的孩子们已经属于我了……你继续前行，然而你的子孙站到了新的阵营。在不久的将来，会只知道这个新群体。'"政治驱动的对新事物、激进主义和青年的执着带来的一个副产品就是老人和柔弱者开始感觉自己是多余的人，后来该政权的战时政策让他们有理由感觉自己真正不堪一击。

多元青年文化——与流行和今日媒体推动的青年（不）服从无关——被 14～18 岁的希特勒青年团和德意志少女团，以及 10～14 岁的德意志男孩团和德意志女孩团整体取代。希特勒青年团实质上是"同化"与排挤对手的过程中的产物，正如我们在人民福利"同化"、排挤对手的类似过程中所看到的情况。

由于离经叛道的次文化对某些历史学家有着巨大的吸引力，当前对纳粹统治下的青年的描述通常虚假地将循规蹈矩的希特勒青年团和莱茵兰违法的少年帮会相提并论，同时也对汉堡西部音乐的崇尚者致敬，以此显示音乐品味表明更大程度上的不墨守成规。这一结论可以被轻易驳斥，因为百威啤酒和大众汽车支持的滚石乐队音乐会上，50 多岁的商业银行家们也参与了街头巷战。由于纳粹对希特勒青年团和年轻共产党员的经典描述，电影《机智的希特勒青年》对比了前者坚定的价值观和吸烟拥吻的少男少女，我们应该对这些两极分化的观点持怀疑态度。

表面看来，希特勒青年团和希特勒少女团近似于被禁的军事化童军，二者都强调洁净生活、竞争、训练、团队工作、体育等。作为特别组织，希特勒青年团空中、摩托化和海军分支有着公开的军事议程，普遍的枪法及其他武器训练。希特勒青年团巡逻任务是为未来的警察而设计的。

尽管这听起来似乎有趣——特别是有机会开枪和驾驶滑翔机，后果却十分复杂。假如所有希特勒青年团成员都只是童子军，某些事情也许并没有两样。父母对孩子的控制变小，由于孩子开始在上学和青年团活动之间才回家，父母的义务常是为他们提供一张床和一顿早餐。父母抱怨："我们不再拥有管孩子的权力。"更进一步的危险还有许多孩子摔断了手脚，更不必说每周可支配收入只有五马克的家庭要为复杂装备花掉 135.4 马克而捉襟见肘。孩子们平时在家都很懒惰，却在周末完成 50 公里行军，父母对此是否在意是难以确定的。而且，许多人担心孩子们会遇到希特勒青年团领袖当中为数不多的恋童癖者和变态者，政治对他们来说只是诡秘追求的遮羞布。职员发现了由于过度重视体育活动所带来的学业上的落后。希特勒坚持让拳击回归学校，而且他对瘦弱的知识分子的蔑视也对此有一定责任。

希特勒青年团的其他方面也非常独特。父母和其他人，面对孩子们逐渐粗野的性格，贫乏的词汇和对传统价值观的排斥惊慌失措。根据流放的社民党人的说法，孩子们的性格转变让富裕的家庭反思个人与政治自由的价值。他们的孩子变成了陌生人，蔑视君主，蔑视宗教，永远狂吠、吼叫，如同缩小的普鲁士军士长。总之，孩子们似乎比以前变得更粗野，更暴躁，更愚蠢。

由于许多 14 岁的孩子每周有 48 小时活动，希特勒青年团成员利用政治独立将经济问题复杂化，尽管在这个社会中他们太小没有投票权，也不能看成人电影，同时又大得足以让盟军的子弹击中。希特勒青年团成员面对新的意识形态福音，参加持续到深夜的会议，加剧了家庭冲突，他们支持的价值观与他们父母的传统观点不同，而他们处于身着政治制服的有利地位。老师鼓励孩子谴责父母，他们布置的作文题目是"你的父母在家谈论什么？"父母必须权衡是否有可能在自以为是的孩子脸上打一巴掌。事实上，身怀六甲的女士如果打了一名希特勒青年团员，那么她立刻会被打得不省人事，因为她违反了不允许任何人打击组织成员的准则。父母和老师都认为希特勒青年团领袖有权严惩孩子，虽然领袖走入花园将一个男孩打倒在地，原因是孩子因过度疲劳而无法参加会议，这也许是一种过分的行为，他会这样通知目瞪口呆的父母："这纯属我们二人之间的官方问题，不涉及孩子的母亲。"为遵循古老的条顿"血仇"

仪式，将继母刺死在门廊的希特勒青年团成员，是一个普通问题的极端例证。有孩子的人们开始羡慕没有孩子的人们。

如果建立信心和指挥链条的措施造就了能够恫吓父母与老师的孩子们，那么希特勒青年团在促成内部成员统一一致方面不很成功。允许迫害，就允许了横行无忌。在街上他们用这样无礼的话语问候牧师：“我们会踢你们红衣主教的屁股。”坚信礼课堂变成一场折磨，尤其是当地校长要给孩子们灌输纳粹观点。因此，施塔德一位牧师的课堂不断被反犹喧闹所打断：“犹太人都是骗子、懦夫。赫斯特先生［本地教师］说《圣经》只有一半正确。我不需要学《圣经》……犹太人恨耶稣基督，所以我们也必须恨犹太人。”对犹太人表示同情的牧师在《先锋报》等出版物中被公开中伤为“犹太人的朋友”。

加入希特勒青年团等于获得恶棍许可证。至少一个寻求加入党卫军的男孩还能诚实地说：“能痛打别人真的很好，而且不会遭到还击。”这一组织成为普遍性少年违法的幌子，农民害怕城里小孩偷窃水果和蔬菜，牧师害怕喧闹的反教会行为干扰他们的宗教仪式。甚至最极端的自由思想家的反牧师的“暴食教士”都无法与希特勒青年团成员相比。希特勒青年团员和任何同龄人一样，都会误用武器向错误的目标射击，正如那个“武装到牙齿的”17 岁团员，他从屋顶的有利角度射中了一名工人和一名 11 岁少年。希特勒青年团员们酩酊大醉，讲下流故事，还让未成年的德意志少女团女孩怀孕，反而争辩说他们只是在实现元首的愿望。

褐色崇拜和基督徒

纳粹从电气工程中借来“同化”一词，来描述依据他们的理想、仇恨和情感进行的社会变革。不管这是否能被称作连贯的意识形态，这种混合物都应该被认真对待，不论我们对其有多大的排斥。巧合的是，一位匿名的、向社民党报告的反对者也借用了土木工程用语描述他眼前发生的事实。这是了不起的分析，在学术界开始将纳粹称为政治宗教之前就有先见之明，埃里克·弗格林的相关论文次年才发表。这位报告人讲述的内容值得深思。

日期为 1937 年 4 月 4 日，主题是“教会斗争”，该报告将纳粹主义比作宗教，因为它要求追随者全心服从，并抛弃个人灵魂。纳粹主义是世俗“世界观”，这一观念只是一层迷雾。这种政治宗教与新异教主义完全无关，新异教从纳粹主义本身的类宗教性质中分离出来。它有不合常规的主张，鼓动着疯狂，并对想法与之相异的人们极度不容忍。一个“教会国家”已浮出水面，有崇拜、教条和圣仪，其信仰由某种形式的“千年福说”构成，其中面临的末日恶魔是布尔什维克和犹太人。你或者盲目赞成，或者表示反对；所有一切中间立场都被排除。但这只是报告人想要说的部分内容。报告的结论同样惊人。如前文所述，发生的事实让这位匿名的报告人联想到铁路桥的重建。桥梁不能被直接摧毁，因为这会中断铁路交通。反而日复一日，每根大梁、每根钢轨都被更换，直到对此过程没有过多在意，或设想进行的只是零星修补的乘客们，突然发现他们跨越的是一座崭新的大桥。这是一个漫长的过程，但也是一个彻底的过程。

重要的是，从一开始就要理解至少对希特勒本人而言，新异教主义和将基督教纳粹化的努力本身都是次要的考虑。他没有时间思考他的某些亲密者疯癫的思想，认为他的盲目追随者罗森堡只是反启蒙主义者，希姆莱是一个忠诚的怪人。1938 年 9 月，希特勒在为期一周的纳粹党集会中参加了一次德国文化会议并发表讲话。这是一场抽象的演讲，表面看来谈的是建筑，但其中谈到了宇宙，并隐含着对罗森堡和希姆莱的警告：

> 民众的文化革命和银河系革命相似。在无数昏暗的恒星之间，有几颗太阳发出耀眼光芒。然而，所有的太阳和行星都是由同种物质构成，它们全都遵守同样的法则。民众的全部文化工作不能只面向完成一个使命的目标，但必须以一种精神去完成这一使命。
>
> 纳粹主义是基于最伟大的科学知识及其精神表现的、冷静的、高度理性的对待现实的途径。由于我们已经用这些教导敞开了民众的心扉，由于我们目前还在这样做，我们就不想对民众灌输超越我们的教导的目标的神秘主义。
>
> 首先，纳粹主义实质上是一场民众运动，绝不是崇拜运动！至于我们民众的启蒙和记录要求使用特定的方法，目前这已变为其传统的一部分，这些方法植根于用完全排外的实用主义考量所取得的经验和领悟。因此将这些方法变为供未来使用的遗产会非常有益。它们与从此时构成崇拜本质的观点中借来的其他方法和表述毫不相关。因为纳粹主义运动不是一场崇拜运动，而是一种民众的政治的哲学，生发于其排外的种族主义本性考量。这种哲学并不赞成神秘的崇拜，而是致力于教化并赢得用其血统决定命运的人民。

乍看之下，这似乎否定了将纳粹主义解释为政治宗教的尝试，但其实不然。虽然纳粹主义为其意识形态的混合物声称拥有科学权威，但所谓血统、种族和人类再同化的科学事实都被神圣化了，理解这一点十分重要。“最高的根本价值在于生命，和在永不停歇的创造性生命运动之中对神性的觉察”，这一观念有着多重后果。首先，纳粹主义不仅是离经叛道和走火入魔的科学，因为生物科学被赋予了宗教属性。自然和血统僭夺了永恒中上帝的位置。因此，当今对纳粹生物政治学的过度强调有误导性，因为这是从表面看待科学家的自我评估，而对科学“真理”被神化为令人惊叹的神秘对象的方式披露甚少。不必列举希特勒无法理解的血清学知识，但简单忽略“种族心灵”等重要概念也有很大误导性。简洁被证明可与神秘相融，宗教能和科学相容，正如对生命的正面强调与青年病态相伴一样。科学的用处是能给基督教当头一棒，但科学也被赋予了众多的宗教属性。自然法则是一系列苍白的不可避免的福音，由遥远的上帝传递而来，而上帝的半神性手段实际上已被从画面中擦除。除了被犹太人钉上十字架之外，耶稣基督也带来了不便。总之，科学的确定性，可以用来攻击教会，与来自生发于基督教内部的平民异教的认识论的不容置疑性进行了融合。

而且，一种新的宗教暗含根本价值观的调整。某些事物要遭到石块的痛击：“任何有利于保存民族的事物都是道德上好的事物，任何威胁其活力的事物都是错误的、令人厌恶的。”但在浮夸的条顿繁文缛节中到处存在着危险的相对主义论调：

> 基于生命需求的道德无法建立永恒不变的道德准则，因为永恒的生命涌流使渐进的内部再调整成为必需。生命哲学的道德不能也不会提供立足点之外的任何东西，就是对待这些问题的态度。根据僵化的、事先制定的规则教育人民毫无用处；唯一重要的事就是：敞开他的心扉，用生命热流灌输他存在的每一根纤维。增强的活力，就是生命哲学的最高要求。

正如纳粹的生物科学由多重的强调与倾向构成，其对待信仰的态度也千差万别，其中希特勒坚持唯一的核心崇拜，即他自己的崇拜，他自认假如他设想的种族战争出现了错误的结局，他就是宇宙毁灭之前拯救世界的最后一次机会。因为纳粹主义永远都被恐怖的想象和启示录的场景笼罩，纳粹分子始终准备好要让全人类和他们同归于尽。事实上，这种意识形态设想的基础是一场最后的决战，或与犹太人进行的最后的清算。

纳粹无法独自垄断政治的神圣化，因为自法国革命以来，基于理性、阶级和民族的对乌托邦的追求已被解释为一个神圣使命。许多政权或多或少有意识地篡夺了宗教形式，其中多数都是无害地将宗教情感转移到艺术、猎狐和足球俱乐部当中。在世俗时代，宗教情感分散成多种部分，其中一种就是有组织的宗教本身，它已变成与素食主义和编织等生活方式选择同等的自然问题。但纳粹主义不仅劫持了礼拜的外观，而且在更大程度上赢得了一个基督教大国。它将一个钻头伸入存在于焦虑中的深不见底的水库，试图将人们从本体论危机中拯救出来。

在了解希特勒崇拜如何运作之前，我们有必要谈到将多数德国人信仰边缘化或彻底推翻的尝试；换句更有颠覆性的话，也就是如何向宗教信仰虔诚的听众灌输政治。因为随着宗教日益适应世俗世界和政治，政治不仅将财宝箱劫掠一空，还开掘了人类学的底层资源。纳粹主义将占星、玄奥和新异教主义的热爱者与追随者都编了号码，这与更恶毒的企图将基督教与犹太教彻底分离的做法，以及将基督教信息改头换面相比就显得无关紧要。最大的新异教联盟，雅格布·豪尔的德国信仰运动，混合了种族科学和日耳曼与东方神秘主义，有 4 万追随者，他们来自众多教派。其主要用途就是破坏基督教的内容，甚至连纳粹化的德国基督徒都对这些激进分子采取防御姿态。辩论的基础已经显而易见地发生了转移，有见识的人们不得不浪费精力和学识驳斥荒唐的观点，其中最不值一提的就是究竟耶稣是不是犹太人。

纳粹因基督教的犹太根基、软弱、理想世界和普适价值，而对其持鄙视态度。对肯定生命的人而言，它否定生命，动员了全部卑劣的情感与价值。宽恕不适合心怀愤恨的人，同情对于那些想要把弱者踩在脚下的人们而言也并无大用。总之，基督教是一种“心灵弊病”。许多纳粹分子还无理地反神职人员，包括抗拒他们自己的行列中出现类神职的阶层。人们必须回到宗教改革时代，或了解现代极端自由反神职主义时代，才能找到与纳粹对牧师恶毒粗野攻击相类似的情况。但基督教的实质价值挡住了他们前进的道路，与他们的整体主张发生冲突，阻断了他们进行种族狂暴行动不可或缺的道义上的放纵。他们对基督教进行假惺惺的恭维，认识到只有某种极其相似的东西才能将基督教清除，这被描绘为“某种破坏性的拟态”。核心的原则被去除，但残余的分散的宗教情感仍有其用途。

不论基督教对犹太人采取多么模棱两可或敌视的态度，其同情与谦恭的核心关注都是一种种族自我中心、崇拜暴力与强权的政治的宿敌。基督教的这些“方面”都应当被去除。在纳粹看来，基督教是“外来的”“非自然的”，或被描绘为犹太人的“遗腹毒药”，这是纳粹从尼采那里寻章摘句得来的观念。从伪历史主义的观点看来，它是东方地中海的“奴化道德”，却被利用武力和花招强加给了容易轻信的古代德意志人民。基督教清除了他们的价值与传统，榨干了他们的“种族”活力。这就涉及超越人类时间，将人类置于尴尬的无始无终的万能的上帝与卑微的自然世界之间的问题，而纳粹却要完全地使人类融入后者，即使是纳粹主义里也并非没有假装的永恒。人将变成一种杀人不眨眼的掠食者，将他的敌人撕成碎片，仿佛无情的猛虎和鲨鱼一般。高高在上的上帝以神圣的漠然审视这场杀戮。

基督教认为一切世间存在都转瞬即逝，而纳粹通过某种生物学的“伟大存在链条”使生命变为永恒。但个人一无是处，种族集体将与世长存。这也许就是希特勒说这番话时的含义，他说：“对基督教信条而言，个人的灵魂有着无尽的意义……我冷静而清晰地反对个人存在的毫无意义的教条，反对国家的可见的永恒存在。”如此痴迷于死亡和毁灭的人们却试图通过他们人民的属性寻求千年的生命。从这些方面看来，纳粹主义并非在某一时刻变得狂妄自大，自大从一开始就成为整个"运动"的特征。"千年帝国"还能是什么？

纳粹与两大教派的许多牧师之间有着广泛的共同基础：反对布尔什维主义，反对犹太教，以及国家濒于灭亡的感觉。当然，反对共产主义并非自动包含反犹。由于偏见得来容易，某些天主教徒和新教徒利用"对方有犹太属性"的指控相互攻击，当然他们也对犹太人发起攻击。

我们这里并非要重述所谓的"教会斗争"的兴衰史，它最多只是为控制平凡机构的斗争，或者针对根本原则发生的冲突，如上帝的差异性和不可知性。它属于一种延后的对抵抗的讨论，一个值得广泛而非零星探讨的重要课题。纳粹对基督教的攻击几乎未遭遇任何抵抗，同时这种进攻还受到教会内部成型的特洛伊木马的推动。

德国基督徒在新教内部开展了一场运动，旨在通过强烈接触"人民"的政治以复兴宗教，将人民的教会建设为种族与血统的团体。由于纳粹主义将德意志种族认作被赋予使命的精英，德国基督徒可以轻而易举地跨越这道鸿沟。20 世纪 30 年代中期，德国有大约 60 万名基督徒，他们怀有不同的程度的激进主义和实用主义心态。他们希望通过搭上强大的类宗教政治运动，来抵消教会逐渐缺失的人气。毕竟，如果某些基督徒可以与马克思主义无神论达成和解，那么触怒万能上帝，承诺恢复道德的"运动"将成为次要障碍。因为在基督徒看来，纳粹主义是一种类宗教运动，大量的新教徒和罗马天主教徒融入其中。因此，传教士应该走出教会，以实际行动追踪他们的牧群。许多人相信德意志民族是现代以色列，因为上帝通过它被迫害与被拯救的故事向人类宣谕。纳粹并不赏识这一类比。德意志民族及其教会成为神启而非普世博爱的证明。它的拯救在于政党，这一观点对于像保罗·蒂利希这样的基督教社会主义者而言完全陌生。某些人似乎自欺地认为，他们将要为所谓的值得称道的纳粹主义动员起来的情感提供道德与精神内容。德国基督徒让纳粹主义获益的方式似乎并不显著。毕竟，纳粹化的基督教概念会暗示纳粹主义缺乏精神信仰。

希特勒现在已被封为"德国人的历史拯救者"，他似乎以特有的愤世嫉俗看待这一政治上的欢迎动态，他说："教士们将要成为自己的掘墓人。他们会背叛他们的上帝投靠我们。为了他们个人的可怜的工作与收入，他们会背叛一切。"考虑到速效的德国基督徒的政变将会化解问题，希特勒在 1933 年 7 月的教会选举中利用了庞大的纳粹宣传工具，结果导致纳粹攫取了 2/3 的教会部门。然而，怀着必胜信念的激进德国基督徒残余，在 1933 年 11 月的柏林集会中，放松了针对旧约中的"牲口贩子和皮条客的"道德谴责，从而导致他们被新的"帝国大主教"路德维希·米勒抛弃，而且新教因此难逃分崩离析的命运。一直以来就反教会的希特勒对这些制造麻烦的牧师不闻不问，让他人以卑劣手段代为攻击基督教本身。

那些能够与如此有害的政权进行合作的基督徒，在理论上没有多少困难使他们的这些做法变得合理。在这方面，牧师的背叛并不具有隐含的意义。德国某些最优秀的神学家，如保罗·阿尔特豪斯和埃马努埃尔·希尔施，都能够为上帝拣选德国人民。其他人为赐予犹太人的"客体"身份找到了神学基础。讽刺的是，反对纳粹主义的神学家经常想不出更好的主张，只会说纳粹对通过种族精英的救赎的强调，表明"他们的思想完全是犹太化的"，以及"这个种族思想就是犹太主义"。

某些绝望的逻辑被引入用于让纳粹主义与基督教达成和解。正如海外的传教士有时会对基督教作出调整以适应异教人群的习俗和信仰，德国基督徒也试图"利用全新的耶稣基督的消息来开辟一片全新的具有德国性质的基督教土壤"。似是而非的是，在德国基督徒支持"被上帝分开的东西，无人能将其合并"的观点的同时——他们此说是针对"非雅利安"基督徒，他们把人民放在首位，却带来了试图将罗马天主教徒与新教徒完全融入一个超越教派的全国统一教会中的阵阵努力。然而，这是一个永远支持全国一统的政权并不关注的领域。

将犹太人出身的德国基督徒排除在教众和牧师之外的做法，伴随着清洗基督教中的犹太成分的运动，这一过程和为挽救病人生命而切除其所有重要器官的做法极端相似。德国基督徒中几乎没有人认识到这只是一个开始：一旦犹太人被赶走，接下来马上就要消灭基督教本身。《旧约》被排除于教义之外，同时"四福音书"被改写以证明耶稣不是犹太人，最愚蠢的证据就是犹太人都不是木匠。他的种族属性被重新安排，或者将他描述为雅利安人，或者假定"加利利人"都不是犹太人。他与法利赛人的麻烦，和针对僭越者的行动，都被用反犹的透镜加以审查。广泛而言，受难的耶稣基督被愤怒的僭越者的清洗人，或普通的战士所取代，由此德国基督徒"拯救了拯救者"。但这还是比希特勒的将耶稣基督完全清除的做法好一些的无奈选择。元首经常大谈上帝，但他对救世主几乎只字不提。如果耶稣基督不容重新解释，那么基督教的核心概念也同样如此。罪孽是一个不便因素，正如党卫军周刊《黑色军团》解释的："有关原罪的抽象教条，从这里生发出救赎的必要；堕落——事实上教会提出的涉及来世的回报与惩罚的整个的罪的观念——都是日耳曼民族无法容忍的，因为它与我们血液中的'英雄'意识形态格格不入。"这是一种更广泛的"让我们的民族灵魂……清洗掉犹太污染导致的疾病……其中的一个就是让德国人脱离其日耳曼的历史……只有重新找回我们的自我身份，我们才能在生存斗争中成为胜利者。"

"哈利路亚"被"万岁"取代，孤儿们用《平安夜》的曲调唱起这样的歌：

平安夜！圣善夜！一切都宁静，一切都光明，

只有总理在孤身坚定斗争，
永远关怀着我们，
照看德国日夜不停。

将三位贤人重新认定为斯拉格贝德、埃吉尔和威兰，以及将圣诞节改称为“莫德兰之夜”和“尤尔节”的尝试并未成功，虽然党卫军成员因希姆来赠送的更适合“万圣节”的“尤尔节之光”礼物而兴高采烈。

从德国基督徒的角度而言，一个次要目标就是要通过吸引“褐衫人”的加入，来克服宗教日益女性化的倾向，即所谓的对无谓的多愁善感的过度强调。我们并不关注这一枝节问题。过去模棱两可地允许身着制服、挥舞旗帜的人进入教堂的做法未能如愿，而随军牧师严肃的语调统治着一切。1933 年 8 月教士长格雷尔对勃兰登堡宗教会议与会人员说：“革命时代不适合软弱者生存。”许多德国基督教牧师都相信了他此话的字面意义。有人认为宗教仪式若在酒馆举行能够提升层次，同时采取一种相应无情的腔调传播新的福音，还有的牧师穿上军装、套上皮靴与他们同在教会中的对头大打出手。几乎没有人做得像那位“左轮枪主教”一样过分，他使用武器将与其竞争的牧师排挤出教会部门；将教堂的门用厚木板钉上以防教会牧师举行宗教仪式是更为常见的做法。

希特勒放弃了德国基督教，不把它看成吸收新教徒融入纳粹国家的工具，反而喜欢坐山观虎斗，让教会两败俱伤，这一惨败增强了反神职、反基督教的纳粹将两大教派的影响局限于德国民众生活中最为狭隘的领域的决心。从上文中我们已看到教会被如何排斥在募集善款的职能之外，这是旨在削弱他们对公众福利活动的掌握，这些活动逐渐被党的组织夺取。进一步的限制情况出现在教会学校和青年工作领域。梵蒂冈缔结协议时犯下了致命错误，协议规定不认可一系列无豁免权的组织，不认可对政治运动的定义。从政治角度解释一切，纳粹能够立即清除教育部门或更广泛的青年工作领域中的多样化。父母就有关其子女教育问题的投票，受到大规模宣传运动、上门通知、雇主威胁，以及取消处于劣势地位的人们的“冬季援助”福利产生的影响。最恶劣的是，投票日拒绝参加投票以示抗议的弃权者被算作到场并投赞成票。操纵国会的伎俩被移植于卑微的家长会上。天主教教士被转换到新教场所，或做出相反的调动，来造成孤立隔绝之感。到 1939 年，所有的教派学校都被取消，随之而去的还有教会主办的私立和寄宿学校。纳粹摧毁了丰富多样的机构后，又开始致力于清除“集体学校”课程中的宗教内容，禁止牧师走入学校，鼓励教师把宗教作为私人问题加以处理。与此同时开展的强制性希特勒青年团活动计划，目的也在于确保无人参加能与之竞争的教会活动。

纳粹对牧师和基督教的骚扰十分粗鲁——甚至包括将排泄物抹在圣坛和教会大门上，路边的圣物也遭到亵渎——这不可避免地使人们向宗教虔诚回归。教会被贴满了反牧师的海报，还有描绘衣着暴露的德意志少女团成员的图画。显示宗教虔诚的画遭到破坏，这让农民们恼恨不已，因为这些画是保佑他们获得丰收的神祇。圣安东尼的头被人斩断，圣贝尔纳黛特最终流落池塘，耶稣基督被抛上麦堆。希特勒青年团成员反宗教的破坏十分猖獗，比如在伍珀塔尔-巴尔门，男孩们取下传教十字架做步枪靶子，又将耶稣受难十字架钉在犹太人企业的门上，呼喊“打倒犹太人，打倒基督徒”。在没有犹太教堂的地方，暴力行动有时直指基督教堂。

纳粹地方性的针对人类最强大符号的仇恨并非没有受到抵制。在奥尔登堡和巴伐利亚农村地区，试图将学校教室墙上的十字架取下的行动，受到了大批民众的强烈抵制。

德国北部的奥尔登堡是人口稀疏的农业区，在魏玛共和国时期，其农业人口都虔诚地参加宗教活动，支持天主教中央党。与新教徒比邻而居也增强了他们的围困心态。教区主管牧师，明斯特的盖伦，是受耶稣会教育的贵族反动分子，他对纳粹新异教主义采取了不可调和的抗拒态度，这始于他早期对罗森堡的仇视，终于他有原则地对战时安乐死的谴责，这一姿态并非与疯狂的反布尔什维主义和支持国家参战的态度格格不入。

1936 年当地狂热的纳粹分子在奥尔登堡州政府通过法令，规定路德画像和耶稣受难十字架必须从学校墙上消失，北部的新教徒勉强遵行，但南部的天主教徒提出异议。这些人可能平凡而简单，但十字架是他们宗教信仰的本质。愤怒的开车人在地区政府部门外面鸣笛，政府部门被抗议信淹没。每隔两小时教堂的钟声敲响，还有两个教堂在塔尖上突出显示电灯照亮的十字架以示抗议。甚至某些坚定的纳粹分子也反对这些政策，没有人愿意因从学校墙上取下十字架而遭遇攻击。一时间，纳粹党似乎即将分裂，在这一地区纳粹只是一个柔弱的势力，农民们拒绝参加农忙战役，冲锋队人员放弃了他们的身份，大家拒绝为“冬季援助”提供捐款。纳粹地方长官决定有必要撤销这项《十字架法令》，但又鲁莽地决定举行公众大会以表明这并非迫于压力。这位地方长官在演说中回顾了他在非洲经商的经历，以说明种族纯洁的主题，但他被呼喊声打断：“你就应该待在那儿。我们能从非洲得到什么？我们现在都在克洛彭堡。谈正题：十字架。”他废除了法令，大家掌声雷动，当地报纸将这件事情描述为“令人印象深刻地证明了人们对明斯特兰地方长官的充分信任”。这次演讲的录音——当中的诘问被擦除，被用来表明这些事件的官方说法的正确性。耶稣受难十字架得以保留，但不久之后教派学校已无影无踪。而且，这些抗议之声并非针对希特勒本人，而是集中在底层狂热分子身上，因为受采访的农民这样说：“我们生为天主教徒，希望为自己也为我们的孩子们永远做天主教徒，同时成为元首阿道夫·希特勒的追随者。”

宗教节日、朝拜与宗教游行是虔诚信徒与纳粹分子之间的另一个矛盾激发点，尤其在天主教区域，在这里这些事件与宗教信仰密不可分，同时还有机会让他们放假一天。这很快就发生了改变，因为万圣节不再是西里西亚的公共假日，主显节也不再是巴伐利亚的节日。公务员被要求上班，原因是允许天主教徒放假将会导致分裂，同时禁止展示教会旗帜。发给流亡社民党领袖的报告变得更加有说服力，因为其中勉强承认宗教异议，包含重要人物的某些个案，他们阐明分化教会的企图注定徒劳。在亚琛，纳粹当局竭尽全力确保每年一度的圣物游行成为惨败。申请交通围挡遭到拒绝。禁止悬挂黄蓝的教廷旗帜。密探被安插于大教堂外的大规模人群中，他们在群众中高呼“莫斯科万岁”，“罗森堡万岁”或“把大主教吊上灯柱”以引发警察干预。群众从早上 7 时开始聚集，等待一批大主教的出现，仿佛他们是通俗歌星。这一场面在每座大教堂重演，人们呼喊“我们要见我们的主教”，或高唱“基督带来新时代”。男孩们爬上街头的大灯呼唤教会上层的出现。群众中有人喊出“我们要让我们的天主教学校回来”的时候，警察就会介入采取暴力行动。在最末一天，有一队六列的庞大游行队伍在亚琛街头穿行了一个小时。在天主教的上西里西亚，纳粹试图从学校取走圣像，同时禁止在这个种族混杂的边境地区的宗教仪式上使用波兰语。纳粹分子 1936 年修建希特勒青年团“圣所”，1939 年关闭天主教朝圣客栈，阻止天主教徒进行传统的圣安娜山朝圣。参加朝圣受到阻碍，矿业雇主为工人提供免费啤酒和香肠，公路被封锁，火车乘客滞留车站，另外还取消了返程列车。然而，试图在圣地设置警戒隔离带的冲锋队和党卫军成员被 15 万虔诚的信徒淹没。有德共、社民党人、耶和华见证人和犹太人参与其中，这就相当于展示了被迫害基督徒的空前团结。但犹太教堂在升腾的烈焰中消失的时候，这些基督徒并没有做出相应的反应。

纳粹取得国家的权威、技术和资源之后，就想用自己的崇拜和圣仪侵入普通德国人的生活。其中的某些努力遭遇惨败，人们面对新剧场中雄辩家的合唱感到厌烦无聊，他们还规避纳粹化的人生重大事件的仪式。党卫军成员可能在他们元首的注视下，在诡异的仪式中完成婚礼，也会被向着北方埋葬，但这些“习俗”并未影响到更多的人。然而，所揭示的热望与这些做法是否普及并不相关。

纳粹改变传统日历的行动取得了巨大成功，不过它永远无法换掉圣诞节和复活节。一年中第一个节日是“夺权日”（1 月 30 日），接下来就是“党章颁布日”（2 月 24 日）、“英雄纪念日”（3 月 16 日）、“希特勒青年团庄严接待日”（3 月最后一个星期日）、“元首生日”（4 月 20 日）、“德国人民国庆节”（5 月 1 日）、“母亲节”（5 月）、“夏至”（6 月 21 日）、“帝国政党日”（9 月初）、“收获感恩节”（10 月初）、“‘运动’烈士纪念日”（11 月 9 日）——这一纪念日取代了“阵亡将士纪念日”，以及“冬至”

（12 月 21 日和圣诞节）。这些节日的设立吸收了现存的做法，如圣诞节和“五月节”，其中弥漫着纳粹含义；或存在某种创新，如“‘运动’烈士纪念日”，就充满了由自命不凡的哀鸣所构成的类宗教情绪。这种所谓催人泪下的节日，对任何严格的理性主义者和怀有虔诚宗教信仰的人而言，都令人作呕。

每年 11 月，一场纳粹化的耶稣受难活剧在慕尼黑中心的街头上演，纪念的是 1923 年暴动中倒下的纳粹分子，仿佛他们预见了 1933 年的胜利。因此导致领袖本人入狱的政治惨败变成了未来胜利的先兆。希特勒从暴动主义有意识转向合法道路的事实，和其他许多历史事件一样被轻而易举地忽略，一伙无用的人们生而成为“运动”的英雄与烈士，因为正如这些仪式表明的，死者事实上已到现场。这并不完全是对于宗教形式与功能的僭夺。

在 1935 年左右实现的更为成熟的话语中，希特勒在 11 月 8 日晚上向参加过啤酒馆暴动的老兵同志们发表演说。《最后的晚餐》在泛起泡沫的啤酒表面下发挥影响。演说结束后，他穿过阴暗的街道，在标塔顶部的坛中闪烁的火焰照耀下，来到统帅堂，这里 16 位“运动”烈士的棺木被搬到炮架上。他拾级而上，和覆盖着卐字旗的棺材神交，这里很快就会被描述为“圣坛”。“运动”血染的旗帜被当作圣物呈上。纳粹老兵——某些人胸前佩戴着“血章”，和他一起唱起“我曾有一个战友”，其目的就是要把死去与活着的纳粹都融入数百万战争阵亡者的行列。幸存的“老战士”变成了不太真实的使徒团队。

次日，希特勒到统帅堂摆放花圈，面对的是从贝格布劳凯勒啤酒馆移送棺木的行列，来到国王广场上路德维希·特罗斯特新建的神殿。如果慕尼黑是纳粹主义的罗马或麦加，那么这里就是其核心圣所。希特勒随同同志们的行列挺进，而不走在队伍的前方，暂时回到了无名小卒的角色之中。每当行进的队伍经过 240 个刻着遇难者姓名的标塔，都会停下来聆听死者的名字被读出，与之相伴的还有鼓声和喇叭声。队伍到达目的地时，空中回荡着礼炮的巨响。16 个名字被再次诵读，希特勒青年团成员代他们答“到！”，然后乐队奏响葬礼进行曲和德意志国歌。高级牧师大步走上神殿台阶摆放花圈。由于石棺都被沉于神殿地板之下，这种建筑安排强调的是烈士生活于中间层面，并没有死去。他们的意识形态化身总是以党卫军卫士的形式存在。深夜，希特勒在统帅堂前主持党卫军新成员入会仪式。

这些重大场合对于纳粹德国唯一真正重要的崇拜而言居于核心地位，这就是对元首自己的崇拜。其中有细致入微精心筹划的表演，随着唯一的演员在静默的人群中走动，孤独的明星可以将自己最大程度地戏剧化。政治被恐怖地拟人化了，尽管这和一人控制一切的说法并非完全一样。他在集会中得到多大程度的狂喜！一副被免疫的同代人称为导购员或侍者式的苍白面孔，时而露出阳刚之人的真诚，时而暴露出被当作是满足的虚伪笑容，仿佛矮胖的老妇人吃完一盘糕点后显露的表情。在9月纳粹党集会的星期日早晨，希特勒穿越 10 万名冲锋队和党卫军人员的行列，在冲锋队参谋长和党卫军全国领袖一定距离之外的陪同下，在路德波特竞技场再次和烈士的纪念碑交谈。所有的旗帜都伴随“我曾有一个战友”的节奏下落，然后元首手持“血旗”从纪念碑走下，要用“血旗”使新的纳粹组织旗帜成圣。

群众反高潮中进行的这些活动是经过发展的元首崇拜的最为显而易见的方面，其中一人获取了神话般的特征。希特勒最早最坚定的追随者对元首投入的信仰已变成群众现象，在分裂的、没有强大民主传统的国家这是并不令人惊奇的反应，这里许多人感到生存受到了一系列危机的威胁，他们宁愿在信仰上达成飞跃，也不愿理性地理解所处的困境。元首崇拜在旁观者眼中和在戈培尔宣传机构的诡计中几乎完全一致，因为人民已经为希特勒赋予了他显然欠缺的属性。这不仅仅是对听觉、情感和视觉的操纵。这一崇拜的核心要素可以被迅速重演。不同于对专制政党运作方式的理性理解，人们相信希特勒“没有原罪”，主宰着由小希特勒们组成的大军，随时为最坏的结果做好准备。因此 1934 年 6 月底的谋杀得到了广泛的认可和容忍，原因是元首清洗了罗姆手下骄奢淫逸的同性恋者，这是便捷的将具有完全政治动机的谋杀理性化的道德方式。与圣君庸臣的思想相一致，希特勒成为普通民众愤怒与正义的报复工具——只是他并非君主，而是一个有自我意识的普通人，能够说出他的普通国民的忧虑与渴望，所用话语可以让他们欢笑、哭泣，能够在粗俗的谩骂与轻浮的修辞之间来回转换。这一游离的程序贯穿第三帝国的始终，苦行的元首显然不了解他手下人的奢靡生活，如果知道的话他一定会对此状态做出纠正。“熟知内情的”人们想象出各种场景：爆发雷霆之怒的元首踏入纳粹各种邪恶的巢穴，将腐败分子一扫而光。同样，与所有事实不同，希特勒被认为是相对温和的人物，对纳粹激进分子的疯狂过度行为做出限制，西方政治家有时也会犯这种错误。但在这表面的背后更多的事情正在发生。

假如许多人在希特勒的影子中看到自己生活中的悲喜剧和从未取得成功的尝试，那么他们也从中获取了最大程度的满足。他们微不足道的存在也被赋予了宇宙的民族活剧的重大意义。因为希特勒不是现代的科里奥兰纳斯，尽管他和墨索里尼一样有时也会谈起民众如同可塑的黏土。然而，他正面赞扬农民、母亲、工人等人民大众，赋予他们政治家一般会赋予武装部队的英雄特征。广泛的人民群众可能共同创造了希特勒神话，但在一个互相崇拜的周期中，希特勒本人实现了将神话创造者神话化的最高伟业。人民投入了希特勒，希特勒也投入了人民。正如他在 1936 年 5 月所说：

> 我们如此幸运能够生活在这样的人民当中，我为能成为你们的元首而骄傲。我骄傲，因为我无法想象在这世上还有任何事情能够使我信服，让我用它来交换其

他事物。我宁愿，千百倍地宁愿成为你们中间国民同志的最后一员，也不愿在其他地方当一个国王。

入侵与受害

新的价值观不仅局限于德国国内的政治与社会，还被投射到国际舞台之上。由于从 1934 年通过《慕尼黑协定》与波兰达成互不侵犯条约，到德国陈兵于废弃的波兰边境这段历史人们已经有过详细叙述，我们在这里只谈谈作为外交政策的纳粹主义的某些突出特征。

纳粹和法西斯外交政策都建立于侵略，这种观点毫无深意。更精确地说，这是民族极端被迫害感的产物，是为当代世界的不容忍、迫害与暴力做道德上的辩白的借口。1934 年 6 月，在格拉发表的演讲中，希特勒以适合纳粹党的粗俗向他的听众表达："我们并不感觉我们是劣等民族，某种可以被任何人和每个人踢来踢去的无益的群体；反而感觉到我们是一个曾经忘记自我的伟大民族，被疯狂的蠢人们引入歧途的民族，自身权利被剥夺，这个民族现在已从疯狂的噩梦中再次觉醒。"欧洲列强如同对待海外领地一样对德国施加恶毒苦难，最严重的罪恶就是向莱茵兰地区派驻殖民部队，仿佛德国就是阿尔及利亚或塞内加尔一样。

被迫害感在顶层和底层都造就了极端的自以为是。埃弗林·伦奇爵士是"崇尚欧洲的"编辑，英国保守派的《观察家报》社长，他自 1895 年起经常去德国。纳粹对犹太人的迫害造成了存在论的震惊，因为他所认同的观点是上流文化和种族主义互不相容，尽管他自己也对犹太人存在着一定程度的势利。从他创作的书籍判断，伦奇是一个正派的人，深陷于一个他所声称熟悉的国家之中。他能够想到的可与"希特勒主义"相类比的事物就是教皇的永无谬误。在战争爆发六周前，伦奇重返德国，在高级别的会议之间，他努力了解某些党卫军人员，他对这些人存有某种程度的喜爱：

> 令人绝望的是，我面对的是"闭锁的心灵"。我们在战后岁月中艰难前行，我愿意承认在凡尔赛和我们后来所犯的错误，但当我同样要求看到纳粹政府愿意承认其错误的时候，我碰到的却是一堵白墙。我面对的是希特勒的永无谬误。我意识到英国与德国的观念之间有一道无法逾越的鸿沟。

在多数德国人看来，《凡尔赛和约》是国际企图将德国沦为奴隶，尽管军事核查和被迫赔款是被强加于一个主权政府之上，原来的对手国家还是给它提供贷款，想要让德国重新站起来，德国与奴隶制的共同点只是都不发达。德国已变成盟军的殖民地，这羞辱的命运被强加给文明的欧洲人，而此时他们却不自觉地将这种安排强加于欧洲之外的人类世界。怀有同样的仇恨的600万奥地利德裔人口，他们生活在曾经强大的帝国废墟之上，这一废墟现在只有首都以及附属的高山、峡谷，显然缺乏经济连贯和存在理由。

《国际法》和国际机构受到怀疑和敌视，因为无法满足散布于中东欧德裔人口飞地上人们的需要。纳粹声称国际邪恶势力通过将本属于统一体的“雅利安-日耳曼种族”变为四分五裂的状况，图谋颠覆，由此将这种情感的自欺解释为更大程度上的本体论危机。协约国每次对德国做出的让步，从道威斯计划到胡佛总统争取的延期赔付，都被加入这种脱离现实的注解。这就可以让希特勒为所欲为，仿佛斯特来斯曼和布吕宁通过和平手段从协约国那里争取来的让步根本没有发生一样，或者这些让步根本毫无意义。他公然退出国际联盟，并拼凑了一小撮学术人士和知识分子正式宣告国际法学的终结，反而支持横行无忌的种族与国家自我主义。与在国内的竞技场一样，希特勒认为国际法是达到更高目标的障碍，国际联盟是协约国的阴谋。

希特勒并非谋求为德国正当利益重新调整欧洲的势力均衡，而是要去摧毁它，准备建立一个超越他的帝国时代和魏玛时期修正主义前任者们最高级的幻想的种族主义大帝国。不顾背景、进程和时间，将这三个时期合并为不变的巨石，这就模糊了纳粹主义独有的恐怖真相。这一幻觉的要素与最近的过去重叠，但希特勒逐渐揭示的种族主义和革命目标让占据传统保守权力核心的许多人震惊不已。如果他们和希特勒有同样的心态，那么将不会存在紧张、对抗，他也不必用更逆来顺受的人物取代他们，然后开始他更加冒险的行动。希特勒对国界的零星修补毫无兴趣，他致力于获取生存空间，仿佛国家的地理版图可以确保民族的福祉。同时对人口增长的执着，也只是众多凸显的矛盾之一。事实上这一目标注定会导致另一场世界大战，其中希特勒将成为欧洲霸主，准备以近乎平静的心态对这一恐怖场景进行深思。完全成型的远景和希特勒准备采取的手段都没有展示给德国人民，对于他们，和外国政治家一样，都有另一套关于被拒绝的权利和要争取的正义的另类说辞。因为正当希特勒秘密谋划展开进攻，逐渐开始让他的将领们进入状态时，公众舆论看到的还是德国遭受了殖民地般的待遇，被剥夺了人权，至少有一次人们对社会主义工人遭受的虐待和拒绝举行民主选举义愤填膺。不能因为这种持续的自以为是，与另一种完全精确的将希特勒看作赤裸裸的侵略者的观点不符，就对此视而不见。

伴随希特勒在大众中取得胜利的险恶腔调、欺凌与机会主义，可以从他在战前取得的最重大外交胜利当中看出，即 1938 年 3 月吞并奥地利。奥地利在 1919 年签订《圣日耳曼条约》之后，问题层出不穷，与战后德国相比更为严重。德国只是暂时而非永久地失去了大国地位。奥地利却走上了一条不归路，除非得到意大利的庇护，或与纳粹德国合并。新共和国的面积与人口大约是哈布斯堡帝国统治下奥地利领土的1/4，公务员队伍庞大，大多为冗员，农业、工业和原材料基地荒废。原来的子民如今已变成邻邦，它们为保护自己稚嫩的经济过河拆桥，使奥地利对外国贷款与德国的依赖程度更深。和魏玛德国一样，奥地利在20世纪20年代初也遭受通货膨胀的蹂躏。1923年，国外贷款要取决于更强大的不与德国合并的决心，1931年，法国企图染指奥地利银行，瓦解了奥德关税同盟时，就是采取的这一策略。奥地利1929年开始的萧条期要比欧洲任何其他地方都更为严重，持续了更长时间，1936年有1/3的劳动力失业，这是奥地利大萧条的低谷。这增强了与北部纳粹邻邦发展更紧密联系的经济吸引力，当时德国劳动力匮乏。

和魏玛德国一样，奥地利的战后政治也分化为极端化意识形态阵营。舞台上的主角是保守的基督教社会党、言辞刺耳的社民党，以及规模更小的泛德和农民政党。奥地利共产党在这个有独特的奥地利马克思主义传统的国家发展不顺。除泛德外，与德国合并的热情根据北部边境统治者的变化有涨有落，直到外交英杰们让短暂的拥有天主教社团主义成分的“奥地利法西斯主义”试验成型。和魏玛德国一样，战后奥地利也受到边境战斗和准军事暴力的破坏，最大的准军事组织是左翼的舒茨联盟和右翼的“地方军”。长期的分裂也成为奥地利纳粹主义的特征，其先驱在战前帝国的捷克与德国的民族冲突中丧生。奥地利纳粹分子没有一个人物可以与希特勒遥相呼应，希特勒在德国掌权导致了老一代“工人主义者”和年轻的希特勒派的分裂，他们争论的焦点问题是领袖究竟应该选举产生还是由上级强制任命。在反犹主义猖獗，其他政党支持与德国一统的政治背景下，他们也难以确立一个独立身份。虽然奥地利纳粹分子获得的选票在1932年初增加到16%以上，但不坚定的选民总体却局限于一个90%选民投票的政体之内，其中80%都投给了两大主要政党。最后，与德国纳粹相比，奥地利纳粹分子还面临更加坚决的反对者，这些人专制地引进法西斯主义似乎得到了最初的法西斯独裁者的鼓励。

当纳粹分子试图重演北上夺权行动的时候，新的基督教社会党领袖恩格尔贝特·陶尔斐斯并未冷眼旁观，而是将技术性的解散国会转变为通过紧急法令带来的专制规定。按照西班牙和波兰的先例，陶尔斐斯追溯性地建立了一个群众政党，名为祖国阵线，吸收“地方军”和基督教社会党成员中的非纳粹分子加盟。受墨索里尼鼓励，陶尔斐斯禁止了社民党和纳粹党，前者曾因揭露意大利与匈牙利之间的武器买卖更改条件与转运过程而引发首领的雷霆之怒。当然这种“奥地利法西斯主义”试验有内部和外部原因。陶尔斐斯决定使用榴弹炮摧毁“赤色”维也纳居住区社会主义者的抵抗，这让1934年2月希特勒面对《每日邮报》的沃德·普赖斯的采访时，占据了道德高地。他声称由于陶尔斐斯的错误，导致1600人遇难，500人负伤。与之相对，在他自己的“夺权”中，只有27人遇难，150人负伤。毫无讽刺，希特勒建议陶尔斐斯采取劝说的手段，问他是否看到残余的1100万纳粹前反对者此后都已被“转化”。

奥地利纳粹分子对于他们行动受限做出了回应，用恐怖的爆炸关闭了自己的机构设施，有时还派少年纳粹在旅游中心设置爆炸装置。很快每天发生多达40起爆炸案。陶尔斐斯并未疯狂，他从公务员队伍、教师和企业部门中，将纳粹同情者清洗出去，违反主要大学的司法自治，驱逐了其中的纳粹死硬支持者。纳粹主义的重要人物被遣回德国，或被与社会主义分子一道拘押。他们的关押场所是否是不太成功的集中营，还是改造恶棍的康复之家，各种记录说法不一。

希特勒决定使用德国度假者和强大的宣传运动毁灭陶尔斐斯，此人身高只有4英尺11英寸，却对一个试图征服身材高大的英国显贵的领袖采取螳臂挡车的反抗。到奥地利的旅游签证费被提高到1000马克，这意味着1933年7月到奥地利旅游的人数下降到8000，而上一年人数多达9.8万。德国飞机空投传单敦促奥地利人拒不缴税，并从银行中提取存款。慕尼黑广播电台播出连续宣传，在陆地边界地段大喇叭展开轰鸣的宣传攻势。烛光照亮的卐字符沿多瑙河顺流而下。这些措施对陶尔斐斯政权发挥的最小作用就是让奥地利纳粹领袖可以通过谈判逐步掌权。当他们的无耻要求遭到驳斥之后，他们转而采取绝望的暴动主义策略。希特勒似乎误认为奥地利军队准备发起政变，他对此采取机会主义的欢迎态度，但最终发现进行中的暴动仅涉及地方长官特奥·哈比希特怂恿的一小撮党卫军人员，他以此作为掌控奥地利纳粹主义各争斗派别的途径。军队射中了陶尔斐斯，造成了致命伤害。奥地利冲锋队拒绝支援，军队和“地方军”积极反对，这次暴动迅速瓦解。墨索里尼调动了四个师支援早已驻扎在布伦纳山口的意大利军队，充分意识到那个不太现实的教唆者可能会暗杀他的被监护人。正如他所说：“如果这个谋杀犯与鸡奸者的国家能够在欧洲横行无忌，那么这将意味着欧洲的末日。”

陶尔斐斯的继任者——库尔特·许士尼格步他的后尘，绝望地为其专制政权披上了法西斯主义的外衣。这是来自高层的法西斯主义，而不是自下而上的法西斯主义。祖国阵线采用了另一种形式的卐字符，建立了一个单边工会、一个名为“新生活”的休闲部门、一个母亲救助团体、青年组织，还有一个类似党卫军的身着蓝色制服的“冲锋军”。其中有一个关键区别，在一定程度上由不能做任何妨碍美国贷款的事情的需要，以及将自己与纳粹区分开来的愿望决定。尽管该政权对各行业中雇用犹太人做出了限额规定，但犹太人对陶尔斐斯和许士尼格却给予了全心的支持，这把逐渐蔓延的“胶鞋底反犹主义”和厚底皮靴的纳粹主义明确区分开来。两位领袖都是身着法西斯外衣的奥地利保守派天主教爱国者，而不是致力于对外入侵、制造新人的极端狂热分子。匈牙利的情况大体与此相同。

奥地利的试验因意大利外交政策的当务之急而中断。墨索里尼对阿比西尼亚和伊比利亚半岛的介入，使他对德国的依赖程度加深。赞成支持德国让他将奥地利投入狼群之中。许士尼格解散了“地方军”，开除了其领袖施塔尔亨贝格在祖国阵线的领导层中的职位。由于他拒绝墨索里尼伸出的援手，只好别无选择地安抚纳粹德国。1936年7月，他与德国达成协议，据此德国宣称放弃干涉奥地利内政，条件是奥地利承认本国是“德国人组成的国家”，决不参与任何反德联盟。该协议未公开的部分更为不祥。经济文化关系正常化意味着纳粹宣传将淹没奥地利。身为纳粹恐怖分子的政治犯将获释，他们在国家反对派联盟中的意气相投者被允许进入政府机构。许士尼格认为他达成了一笔交易，希特勒和戈林——他们对奥地利怀有最大企图——认为这是一根还可以榨取更多利益的杠杆。从英国大使哈利法克斯那里得来的情报说英国政府将不反对以渐进和平的方式改变奥地利、捷克斯洛伐克和有争议的但泽港的现状，这仅仅加强了希特勒认为英国人都是“蠕虫”的观点。戈林从墨索里尼那里申请到了一盏类似的“绿灯”。德国派遣国务秘书威廉·开普勒前往联络德奥纳粹分子，德国还对天主教律师阿图尔·赛斯-英夸特表现出强烈兴趣，因为他有可能轻而易举毫无阻力地融入许士尼格的内阁政府，从这两件事中都可看出德国纳粹试图提升在奥地利的利益。实际上，许士尼格本人就提出过这一解决方案，作为希特勒与奥地利纳粹激进分子断绝关系的交换条件。后来他于1938年2月12日觐见了德国元首。

保守的奥地利总理和希特勒的这场会面在外交史上恶名昭彰。许士尼格有关会议厅的闲聊被希特勒打断：“是的，我的思想在这里成熟。但我们还没有谈到美丽的风光和天气呢。”希特勒接着说：“我有一项历史使命，我要把它完成，因为上帝为此派遣我来……你当然不会相信你可以让我等半个小时之久？谁知道——也许我会在一夜之间出现在维也纳，如同一场春季风暴。然后你等着看吧。”希特勒多数时间都对着他的谈话对象狂吼，或是反复述说他从卑微到伟大的个人历程。午餐时候，许士尼格发现他被夹在希特勒更加冰冷的将领们中间，下午会议上凯特尔煞有介事地被召来。这样，许士尼格受到威逼恫吓，被迫接受他的内阁成员和国内安全政策受制于外国独裁。将赛斯-英夸特任命为内政部长，就如同让狼去守卫羊圈一样。许士尼格有三天时间让他的政府表示赞同，否则德国将大军压境。1938年2月20日，希特勒在对国会的讲话中对奥地利总理颇有溢美之词，“他热情地接受我的邀请，并和我一道努力找到了对两国和整体德意志民族公正的解决方式，我们都是德意志种族的子孙，不论祖国的摇篮被置于何处”。

许士尼格3月初决定举行公民投票以维持现状，这激怒了希特勒，他发布命令进行部分动员。有关公民投票的情报通过他最为信任的奥地利崇拜者奥迪洛·格罗博克尼克传递给希特勒。假如出现一次支持奥地利政府的投票，就会给希特勒所谓的支持民族自决的战术带来巨大尴尬。提出的问题——支持一个“自由、独立的基督教奥地利和祖国”——不太可能被拒绝，但是此刻，选举的时代来临，只有“赞成票”被分发，反对者可以补上自己的选项，而且这次公民投票高度公开，完全有机会举行多次投票。面对希特勒使用武力的欲望，许士尼格取消了此次公民投票，并让位给赛斯-英夸特。奥地利纳粹分子接管了大城市，没有想到德军穿越边界终结了任何形式的自主解决方案。

希特勒将自己的前祖国“送入了历史”，他对胜利之路进行了回顾。他发表了一系列谈话，隐瞒了刚刚发生的尽人皆知的历史事件的真相，抹去其中的机会主义特征。1938 年 3 月 12 日，戈林宣读的宣言中谈到权利近在眼前。许士尼格及其同伙曾试图“为他们无休止地违反奥地利德国人的平等权利寻找借口，以完全剥夺该国大多数人的公民权利为目的编制了一份请愿书”。“没有选民名单，没有选民证。无法核查选民资质；没有尽到保护选票保密的义务；没有确保选举行为公正；清点选票时没有监督。”

在采访和演说中，希特勒强调许士尼格总理对他个人的“背叛”。奥地利纳粹烈士遭受的苦难显然日益深重：“甚至没人考虑用一颗子弹结束他们的生命。是的，他们被处以绞刑！仅仅在维也纳就有 13 座被处以绞刑的牺牲者的坟墓。有 400 多人被捕杀，2500 人遭到枪击，这是在现代社会针对我们的人民的最卑鄙最残暴的压迫。”一周之后，他在斯图加特补充说，另有 1 万人受伤，他在被占波兰也将重复这一战术。毋庸赘述，所谓的“受害者”都是妄图推翻奥地利政权的恐怖分子。对于被打败的奥地利反对者，他们采取了宽宏大量的政策：“从我们一方而言，我们准备把那些罪犯用豪华游轮运到这些国家。这些日子我们无比快乐，我们已忘记了一切复仇的欲望。”但情况并非如此，因为冲锋队杀人小队此时正在维也纳搜索，将 1934 年逃脱魔掌的保守派赶尽杀绝。犹太人遭遇了暂时在德国也尚无先例的杀戮狂潮。许士尼格消失于集中营内。

在界限模糊的中欧地带遭遇苦难的德裔人群目前已达“一千万”，这不祥地预示在 600 万奥地利人之外，希特勒心中还酝酿着更进一步的解放行动计划。在接受《每日邮报》采访时，希特勒断言他干预奥地利内政的目的是要让他的祖国免遭像西班牙那样内战的蹂躏，而他的神鹰军团已经通过炸弹仓达成了和谐。类宗教成分弥漫于他的每一次公开讲话。尽管戈林对德奥合并发挥了突出作用，但希特勒为这一“奇迹”包揽了全功：

> 过去数周发生的事件是思想获胜的结果、是意志获胜的结果、甚至还是坚持与顽强获胜的结果，而且首先它是信仰奇迹的结果，因为只有信仰能够移动这些高山。

3 月 31 日，希特勒在法兰克福说，他的生命故事已变为“穿越德国的朝圣”。一周之后在上萨尔茨堡发表的演说中，他宣布：“最初就有人民，有了人民，然后帝国才能到来。”其中充满了对上帝的亵渎：

> 我相信，这也是上帝的旨意：要差遣这样一个男孩进入帝国，在那里成长，然后让他登上帝国元首的宝座，由此使他能够将他自己的家乡与帝国融合。这是上天的旨意，我们都是其工具。

这不仅仅是修辞上的飞跃，还揭示了他救世主般的自信，希特勒以此解决了随后由他造成的捷克斯洛伐克危机，他积极策划了捷克斯洛伐克的覆灭，并骗过了曾在慕尼黑暂时使他的计划受挫的“蠕虫”。此后，“蠕虫”翻过身来，过迟地认识到他们在与谁进行着什么交易，然后比张伯伦更加坚决的个人起来接受了挑战。但是，在跟踪希特勒的大军进入波兰、横穿欧洲大陆之前，我们有必要了解奥地利和德国犹太人在国内遭受的迫害，以及后来人种改良政策升级为冷血的屠杀。到那时才有可能全面看待希特勒对欧洲、欧亚大陆和整个世界发动的救世主般的种族战争的全景。笼罩纳粹主义的启示录式的弦外之音从一开始就在试图取得突破，来到表层。

4 德国犹太人和他们的邻居：1933—1939 年

相互矛盾的标记

“夺权”之后，取胜的纳粹立即开始同政治反对派和犹太人清算旧账。以激进暴力为特征的运动无法像水龙头那样随时关闭。冲锋队和党卫军人员把他们的受害者拖到特意设立的折磨与谋杀场所，仅在柏林就有 100 处这样的设在军营、酒厂、工厂、水塔、轮船、酒吧和餐馆中的设施。他们在此要经历恐怖持久的骚扰。犹太人还遭到冲锋队恶棍组成的劫掠武装进行的恫吓和暴力，同时犹太医生和律师被禁止从事他们的合法职业。由于执法治安大军现已包括戴着“辅助警察”袖标的冲锋队和党卫军人员，这些人可能参与其中以便阻止这些暴怒。

国外媒体负面评价了地方组织对犹太企业的联合抵制行动。希特勒和戈培尔决定利用国外的负面反应作为借口策划 1933 年 4 月 1 日举行的全国范围内的抵制行动。尤利乌斯·施特赖歇尔——纳粹反犹主义的“英雄”——成了当天的主宰。领会了希特勒的旨意，戈培尔匆忙筹备宣传计划。此次半官方的示威呈现为针对犹太人的“某种正当防卫”，还将半自发的地方行动引入更有控制和更有理性的渠道。新教领袖谴责国外媒体将德国事件报道为夸张的恐怖故事。读者众多的新教周日报纸发表了大量的评论，论及在文化生活、经济、法律和医疗行业中，犹太代表人数过多，有必要根据圣经上许可的界限对此采取措施。但圣经毕竟留有余地。

戈培尔声称公众坚决支持此次抵制行动，但街头的景象复杂多样。尽管此次抵制为期较短，但许多犹太人还是遭遇了恐怖的震惊。一战老兵埃德温·兰道无法理解这种事情怎么会发生在 20 世纪，“因为此类事件只可能发生于中世纪”。他对身着制服的“野蛮人”和傻笑的路人心存愤恨。一切突然变得陌生，仿佛置身于充满敌意的异国。兰道在墓园对着父母的坟墓倾诉，又走入情感“已被钉于卐字上”的犹太教堂，仍百思不解，他叩问：“我的上帝，你为何将我抛弃！”德累斯顿语文学家维科托·克伦佩雷尔在日记中写道："比我在战争期间受到的压力还大，在生命中我第一次对一个群众集体有了致命的政治仇恨（在战争中从未出现）。"如埃弗林·伦奇这样的外国观察家，都深受震惊。伦奇评论说：

> 我曾在欧洲遇到过反犹主义，但我原以为种族迫害属于另一个时代。半文明的民族也许仍在纵容迫害，但一定不会是我所熟知的德国。这似乎是一场恐怖的噩梦，我必须从中醒来……仿佛我们已回到中世纪，到处都充满中世纪的种族不容忍与迫害。这不是暴民暴力，那是我在1914年战争爆发的紧张日子里在巴黎亲历的：当时拥上林荫大道的人群，摧毁了几幢德国人拥有的建筑。这次是政府指导、政府鼓舞的仇恨。

尽管街上到处都是身着制服，手拿相机和警棍的恶棍，但有时争论也围绕一筹莫展的购物者展开，包括一些将领，他们佩戴勋章昂然走进犹太人的商店。这些政策刺痛了良心，激起了辩论。维克托·克伦佩雷尔听到了一个士兵和他的女友在德累斯顿电影院中的对话，这家电影院中有一个犹太人开的商店：

> 他："人们真的不应该去犹太人的商店买东西。"她，思考着，以就事论事的腔调，毫无表情地说道："也未必，他们的商店开门时间长，质量好，和基督教商店一样——而且还便宜不少。"他沉默了。当希特勒、兴登堡等人出现在银幕上时，他热情鼓掌。后来，在播放关于美国爵士乐队的影片时，到精彩之处，他甚至更加热烈地鼓掌。

在下莱茵地区威塞尔，一名犹太老兵埃里希·莱恩斯，穿上他的灰军装，佩戴好勋章在他家开办的百货商店门口分发传单抗议此次抵制行动。传单上写着：

> 我们的帝国总理希特勒、帝国部长弗里克和戈林都反复做出过下列宣示："任何侮辱第三帝国参战老兵的人都应被处以监禁的惩罚。"
>
> 莱恩斯兄弟三人都曾志愿赴前线参战。他们负过伤，英勇作战，屡立战功。他们的父亲［赫尔曼］·莱恩斯是参加过打击斯巴达克军团战斗的志愿兵。他的祖父在解放战争中曾在卡茨巴赫负伤。有着这样为国服役的记录，我们怎能再遭受如此公开的奇耻大辱？难道这就是祖国今天表达感激的方式，安插大量的纠察在我的门前要求大家不买我店的商品？我们认为这一行径，与散布全城的诽谤行为如出一辙，都是对我们民族和国民荣誉的攻击，也是对为祖国战死的1.2万名德国犹

太人的怀念的亵渎。而且，我们认为这一挑衅是对每个有良知的市民的侮辱。我们毫不怀疑，直至今天，威塞尔还有许多公民有勇气坚持俾斯麦曾呼吁的信念，尤其在此时，坚定地支持我们，成为德国人民的团结的典范。

莱恩斯后来说："群众高声响亮地支持传单中提出的论断。男人们宣泄了愤怒，妇女们哭泣着走上前来和我紧紧相拥。"

根据最近的研究判断，无法说清此次联合抵制行动收到的主要是正面还是负面回应。虽然抵制行动一天之后就被取消，但它在重启将德国生活中所谓的把犹太人的影响降至最少的一般话题的同时，表明了"自发的"底层行动和"后续的"国家支持的措施之间的辩证关系。

抵制行动一周之后，政府引入了《恢复职业公共服务法》，这是在对公务员队伍进行长久深思熟虑之后得出的结果，因为他们害怕这会引发更广泛的反响。虽然名义上旨在清洗魏玛共和国公务人员中实际的或所谓的政治任命人员，但该法包含了一个强制性从公务人员中辞退犹太人的条款——这里的犹太人被定义为（外）祖父母中有一人是犹太人的，只要他们未曾赴前线参战或没有亲属在一战中牺牲。这是对兴登堡总统做出的礼貌性让步，我们应注意到兴登堡和希特勒的保守派联盟伙伴一道，都和纳粹分子合谋通过了这部法律。5 月，这条纯粹战术性的让步被部分撤销，撤销的办法仅仅通过禁止受老兵身份保护的人员获得晋升。参加过战斗的犹太老兵人数似乎让纳粹分子惊诧。有 10 万人曾在武装部队中服役，7 万人赴前线参战。3 万犹太人曾因英勇作战而立功，约 1.2 万名犹太人为德皇和祖国牺牲。从这一令人震惊的消息中苏醒后，纳粹分子禁止在新的战争记事录中包含犹太人的死难者姓名，对此加以纠正。

如果说 1933 年犹太人公务员人数不足 5000，这正表明了代表人数严重不足；公共服务机构成了其他职业的样板。一部涉及法律行业从业人员的独立法律，导致了 1400 名犹太律师和 381 名犹太法官与国家公诉人被取消出庭资格。70%的犹太律师仍在技术上从事他们的行业，这一事实也许鼓励犹太人抓住最后的一根稻草，认清纳粹宣传与政府做法之间的差距。犹太医生被排挤出医疗组织之外，他们也逐渐被禁止在公立医院、学校和福利机构中工作。到 1934 年，2600 名犹太医生遭到解聘。在慕尼黑，卡尔·费勒市长限制犹太病理学家检查犹太人尸体。非犹太医生毫无顾忌地诋毁他们的职业竞争者，使用的伎俩包括利用犹太评委出席选美比赛作为论据阻止犹太人担任产科医生。针对内科医生采取的措施被迅速用到牙医身上，他们遭受《冲锋报》的诬蔑，上面刊登着肮脏设备和邋遢的手术的照片，他们还被排挤出保险小组的工作。其中的一位牙医，罗斯托克的海因茨·莫拉尔，德国最杰出的牙科诊断教材的编者，在被开除大学教职之后自杀身亡。在给系主任的信中，他写道：

> 我是犹太人，我从未对此保密，但我整个的世界观都是德国的，我始终以身为德国人骄傲，德国人的宗教是犹太的。我拒绝因外部原因背叛我的宗教。但是，仅仅因为我是犹太人就被迫离开我的工作，我对此无法容忍，因为我一直全心投入工作，从未违反我的誓言和我的职责。因此我自愿离开，也不在别处继续工作，我要去一个平和宁静之处，这里的宁静不容我的存在，因为他们认为犹太人是没有价值的人。

据估计，仅在 1933 年德国学术界 800 多名犹太人中——其中有享誉世界的杰出人物，就有 200 人离开德国。其中 20 人是诺贝尔奖得主，11 名物理学家中包括阿尔伯特·爱因斯坦。由于任何艺术创作活动都取决于新的文化协会会员身份，“非雅利安人”无法获取会员资格，这种天才——也有庸才——的流失，很快就在电影、新闻、文学、音乐、绘画和戏剧行业变得明显起来。遭到禁止、受到诬蔑的包括保守的保皇分子阿诺德·舒恩贝格和他的马克思主义学生汉斯·艾斯勒。与联合抵制行动带来的强烈反应不同，这些在艺术科学领域进行的清洗并未带来职业人士和公众的抗议。在一定程度上这是因为“雅利安化”可以制造让野心勃勃的非犹太德国人填补的工作机会。奥托·哈恩建议举行学术界抗议时，马克斯·普朗克向他解释道：“如果今天有 30 位教授起来抗议政府行为，那么明天将有 150 个人宣布他们要和希特勒紧密团结，仅仅因为他们要找的是工作。”学术界和创造艺术领域内外的机会主义者们长久以来就相信在这些行业中犹太人代表占据了过多份额。

并非所有的德国犹太人都是法官、电影导演和教授，尽管有关流亡者的文献经常给人传递这一印象，仿佛国家迫害的是一名医生而不是一个屠夫或钢琴调音师，就能给人带来更加震惊的效果。不幸的是，我们对与索尔·贝娄和菲利普·罗特创作的天才小说中的人物身份相同的人们，过着平凡乏味的工作与家庭生活的人们，或被放逐于孤独与凄惨之中，没有移民好莱坞或登上牛津或普林斯顿大学讲坛，而是成为裁缝或英国中产阶级家庭女仆的人们的命运知之甚少。许多犹太人从事手工作坊、商业和工业工作。纳粹工厂核心组要确保看到莱泽尔、欧斯朗和康明斯等公司开除犹太人。犹太企业人员在公开招标的合同待遇方面被歧视，结婚和福利代金券持有者被明确命令不要到犹太人商店去兑现。如果说雇用大批人员的企业——如百货商店——在大规模失业期间不容易遭受攻击，那么这种暂时性的保护并不适合于小规模零售商，他们甚至在警察维护秩序的民主国家中也容易遭受少年暴力和流氓行动的侵扰。

犹太人对此类骚扰的回应相当复杂。这反映了年龄、性别、婚姻状况、财富，以及实际上，每个人看到的是只剩半杯水，还是装满一半水的心态问题。鉴于在自由民主国家中人们无法理解竟然可以挑出并迫害某一类人群，仅仅因为他们属于某一特定种族，那么犹太人无法真正掌握正在发生的穷凶极恶的事件也就不足为奇了。毫无疑问，许多犹太人感觉他们早已经历了这些迫害。犹太人的顽强不屈有时被粗俗地表达为"我们跨过了红海，那么我们也必将跨过这堆褐屎"，并非所有的犹太人都像歌德和席勒那样遣词造句。反犹主义犹如一道异常的波浪——极具破坏性，但随着推动它的情绪如泛起泡沫的海水一样从沙滩回落，终将风平浪静。在维也纳，克拉尔家族的家长对希特勒怀有一种鬼鬼祟祟的崇拜，他为纳粹的过度行为寻找了借口：

> 利用反犹主义夺取政权之后，如同在他之前的许多煽动家，希特勒是否别无选择只能让他的冲锋队员走上战场？我们从前是否没有看到过？卢埃格尔的反犹言论又当作何解释？这些听起来就如同希特勒的一样。后来最终当上维也纳市长之后，难道他没有与他富有的犹太人朋友聚餐共饮？当人们因他的前后不一而对他横加指责的时候，他答复说：我不是维也纳犹太人的敌人；他们并非如此恶劣，没有他们我们将一事无成。我的维也纳人一直需要一次好好的休息，犹太人就是那些永远想要活跃的人们。

其他人追随了自己的内心直觉。1933 年，4 万犹太人离开德国，这是 1938 年之前最大规模的流亡，其中包括许多年轻独身者，以及政治上遭遇危险的和富有的人。踏上未知的国土对那些老年人、有年迈亲属或婴儿的人们，或经过数代人的努力建立起商业和客户群体的人们，或因文化原因从未考虑过离开德国的人们而言最为困难。在他们看来，谁愿意用柏林或维也纳舒适的生活去和 20 世纪 30 年代伦敦郊区阴暗的平房相交换？这种不愿流动对乡村犹太人而言更具有双重的正确性，他们的技能在别处无人需求，他们不懂外语，对他们而言，前往最近的城镇都是一场探险。乐观者感觉局面终将稳定，希特勒注定会被扫进历史的垃圾堆。希特勒手下的副总理帕彭也怀有同样的情绪，对他和其他保守分子与许多左翼人士而言，"法西斯主义"代表着资产阶级的资本主义制度的最终消亡。人们可以自欺地认为宪法秩序仍在持续，认为人们仍然可以继续生活在犹太人曾帮助建立的帝国之内，认为纳粹暴力只是恶毒的个人所为。还有一种自然的人性倾向，相信说词与政策之间存在差异，正如格言所说："说话严厉者并无恶意。"因此，才有了犹太人写给当地和全国机构的无数封信件，为个人遭遇的苦难论争，同时记录写信者优秀的爱国主义品格。不仅是迫害，还有身份的缺失都导致在纳粹统治下的数年时间内约 1 万德国犹太人试图自杀，或自杀身亡。

犹太人被呼吁要做出集体回应。这一高度分裂群体的每个代表部分都以自己的方式做出回应。德国犹太复国主义者注意到纳粹政策将犹太人看作一个“种族”的成员，而不管他们是否是无神论者还是受洗的基督徒。自由派反犹太复国主义者再次发现了群体的道德，他们呼吁犹太人不要移民：“在这里完成你的使命！”正统派致信希特勒，强调他们的爱国主义记录，并要求“在德意志民族的生存空间内获得生存空间”。除正统派外，自由派和犹太复国主义者最终组建了救助与重建中央委员会，1933 年 9 月又组建了德国犹太人帝国中央代表处。这些组织共同帮助日益增多的贫困犹太人，同时让他们重新掌握技能使他们更有希望移民外国。他们还在绝望的条件下尽力维持了某种形式的文化与宗教连续性。

在抵制行动暂停之后，基层的反犹情绪于 1935 年重新燃起，尽管我们应该注意自发性的背后也暗藏中央人物进行的教唆。历史学家们通过各种途径发现了戈培尔的地区性宣传机构的手腕；冲锋队在遭遇 1934 年的清洗之后决心发出革命的声音；地方的纳粹党大佬试图为“犹太人问题”找到一个激进的解决方案，而不是他们所见的上层的随波摇摆和犹豫不决。1935 年 7 月，流亡社民党的“来自德国的报告”开始记录全国范围内怒潮的某些细节。不论他们作为消息来源有多少不足之处，即他们高度印象主义的倾向，这些报告都立即给人一种时代感，如同在全国范围内拍摄的快照。这些报告也由个人撰写的回忆录加以补充，这些回忆录在捕捉更个人化的歧视与非正式的社会排斥方面尤为详尽。

在全国范围内，墙上和商店橱窗上都涂抹着攻击性的标语，人行道被标上了箭头直指犹太人企业所在地。写着“这里不欢迎犹太人”的告示挂满大街，或被展示于酒吧、咖啡厅和商店的橱窗外。打趣者在道路急弯处竖起牌子，上写着：“致命急弯！允许犹太人以 120 公里时速通过。”犹太人像被踢成碎片，或当街烧毁。令人愤怒的淫秽的《冲锋报》出现于日益增多的阅报栏上，有些阅报栏被挑衅性地设立于犹太教堂门外。晚上，住房和商店的窗户都被抹上粪便、沥青和油漆。胆大的冲锋队员伙同希特勒青年团成员溜进犹太人墓地玷污墓碑。用“犹太人名字”命名的公共场所，如曼海姆的赫舍尔游泳池（用其慈善的创建者的名字命名），都被改名；著名德国犹太人的塑像——如莱比锡的门德尔松像——都从公众视野中消失，这让保守的市长卡尔·格德勒相当恼恨。

夏季的到来给游泳池带来了麻烦。半裸的犹太人代表着放荡与水污染的双重威胁。在纽伦堡，1933 年犹太人被禁止在河流游泳和公共浴室中洗澡。到 1938 年这项措施延伸到市政澡堂，正如市长利贝尔所说：“人们无法想象任何德国人会爬进一个刚刚被犹太人用过的浴缸。”这种禁令通常利用暴民暴力加以实施。1935年6月27日，游泳者们在莱茵巴德赫韦克游泳池中平静地自由嬉戏时，突然被一名党卫军头目率领的60~80名纳粹分子打断。半裸的游泳者惊慌失措地跑到曼海姆城堡地面。一名犹太游泳者被打落牙齿，另一名在试图阻止暴徒将他妹妹扔进深水中时被逮捕。在卡塞尔，十名党卫军成员践踏了一个游泳池，将一个来自柏林的盖世太保官员暴打一顿，直到他从衣服口袋中取出身份证明。另一个引发混乱的因素是牲口市场。在富尔达，大约100名党卫军人员扑向牲口市场，导致交易人员和农民受伤，走失的牛群在城中横冲直撞。公众面对匪帮的流氓行为采取被动态度当然不仅限于德国，但在20世纪30年代的德国，傲慢的团伙变得百倍强壮，警察部队有时冷眼旁观，有时介入对受害者进行逮捕。

针对知名的个人开展的运动尤为频繁和恶毒。在伍珀塔尔，一名犹太屠夫被指控出售羊头，并用腐烂的肉馅填充香肠。他的会计被诬蔑为对犹太男孩有非分之想的同性恋者，而这名屠夫免费为这些男孩提供“犹太的肉类和鸡肉”。经常光顾这家“疫摊”的顾客姓名都被锁定，因而也被加上了社会的污点。这位屠夫“该去的地方”就是集中营。在克里米肖，一位名叫博阿斯的医生被指控为好色，他的同行竞争者利用这一指控诋毁他的人格。无动于衷的医疗同行们和他的竞争对手们公开了他的犹太人身份。此后不久，博阿斯诊所的窗户被砸碎，他的诊所被洗劫一空，他本人也被逮捕。

公众对此类事件的反应相当复杂，也难以保证德意志民族是统一整体的推论。不能因为咖啡馆和餐厅的房屋外都贴着“不欢迎犹太人”的告示，就认为主人真正认真遵行，尤其因为——不同于美国“有色人种”——犹太人从外表看来无法区分。犹太人的保护者们经常接到通知要他们保留这些告示，但他们应忽略其内容。有时候这类告示仅仅出现于墙上。当冲锋队员示威反对市政许可的冰激凌小贩时，群众集中起来说冲锋队员“游手好闲者无所事事，整天惹是生非”，以及“他们太懒，不愿工作，才和卖冰激凌的人们大吵大闹”。在黑森的一个村庄，农民因把牛卖给犹太人——他们付款及时，给的又多——而遭受公开中伤，这些农民愤怒抗议，直到当局取消令人不快的条款。许多人公然走入犹太人开办的商店购物，不顾随处可见的记录他们行为的纳粹摄影者。当然，在犹太商店购物以及农民和犹太牲口贩子之间的交易并不能说明太多。例如，在利珀河流域的农村地区就没有“雅利安”牲口贩子，所以农民们别无选择。在其他地方，持续保护犹太人与公平价格和赊账机会更为相关，这并非亲犹太人。和朋友关系一样，与个别犹太人进行的有限的商业交易并不排除对某种抽象概念的偏见。

一系列描述大型群众集会的报告比较有趣。显示用反犹标语装点的公众集会的照片具有某些暗示性，但无法说明究竟群众对反犹主义实际上有多大程度的接受，正如光鲜亮丽的海报无法告诉我们观众对一部电影和一部歌剧的观点一样。1935 年 8 月底，汉堡纳粹分子开始为一次将由弗兰科尼亚反犹分子尤利乌斯·施特赖歇尔发表讲话的群众集会兴风作浪。在远郊地区就树立起了大约 200 张宣传展板。一群群的冲锋队人员穿行于犹太人聚居区，向街心投掷火把，并呼喊“灭亡吧犹太”。宣传这次大会的海报贴满了每面墙壁，失业者可以减免入场费。纳粹党员必须参加。最终多达 2 万人挤进了体育馆。那是 8 月的一个闷热夜晚。演说开始 10 分钟后，施特赖歇尔注意到某些人打起了瞌睡。这时已经到了外衣和隐喻中的手套都被脱下的时刻。首先，演说人唤醒了“受过教育的”上层阶级；接下来他抨击了国外媒体，引来守卫在演讲厅周围的纳粹党活跃分子的礼貌性掌声。拒绝承认“弗兰科尼亚犹太人屠夫”的称号，他的演讲开始渐入佳境。他针对教会狂吼，还提出了自己的一套浓缩的基督教义。耶稣不可能是犹太人，因为他曾将换钱者从神殿赶走。耶稣和希特勒一样，都受上帝差遣来拯救人类。一个卑微的派别成长壮大为一场群众运动，引发了“这一时代的”法利赛人/反动分子/钢盔团的仇恨。

不知为何，施特赖歇尔谈到了强暴，因为逻辑并非他的强项。一个“雅利安”女人体内的犹太血液要经过 10 代人才能清除。他讲了一个嫁给犹太人的教授女儿的故事。就要讲到关键之处的时候，他停顿眨眼，已婚夫妇们都面红耳赤，小伙子们咧嘴笑着邪恶地期待。“后来的小儿床中，躺着的是什么，是国民同志吗？是一只小猴子。”这句话得到的回应是尴尬、冰冷的沉默。但施特赖歇尔还没讲完。这名女子离开了丈夫，随后改嫁给一名党卫军人员。然后还是给他生了一个猴子。他解释这种现象时伴随着屈膝和手臂姿势，描绘着“雅利安”与犹太人的血液的往复交流，最后他总结，“德国妇女们，我警告你们”，还没有说完，人们已离开会场，微弱的掌声来自施特赖歇尔有意安排的那些啦啦队。显然，听众并不在意这个口沫横飞的男人展示自己阴暗的性幻想。反犹主义遇到的并不是一个没有价值观的世界，而是与有关正派、端庄和人们可以在公开场合说出何种话语的观点相冲突。这是在 20 世纪 30 年代，当时公开展示无品位或粗俗内容要比这个世纪的后来阶段少见得多。

让我们来到 1936 年 8 月。西里西亚交响乐团的音乐指挥赫斯林被告知要在他的犹太妻子和他的职业之间做出选择。他选择了妻子，辞去工作，并在维也纳找到了另一份工作。他的告别音乐会门票被售出。演出也被热烈的掌声频繁打断。演出结束后试图通过关灯终止掌声也无济于事。一群纳粹分子从大楼的另一侧闻声而来。他们看到正在发生的事件，就向这名指挥高声进行反犹的谩骂。听众们向纳粹分子们发出嘘声，把他们叫作“下流的笨蛋”。后来直到有人告诉赫斯林说人们不愿看到他遭受侮辱，他才明白刚才发生了什么。听众们把他抬回酒店，在那里又对他致以热烈欢迎。这种大规模的群众行动值得关注。中产阶级参加音乐会的人群有着自己的社会纽带，显然排除了引诱犹太人的暴民，因为没有所谓的单一“德国人身份”的实体，而存在形形色色的个人，他们的身份包括宗教的、社会的，以及种族的类别。1935 年，盖世太保发出指示，要立即逮捕警察出面干预时赢得群众热烈欢迎的犹太表演艺术家。对这些事件有必要作出评论。它们事关整个欧洲。

这些报告告诉我们，在对纳粹的反犹主义的群众反应方面做出绝对化论断时要格外小心。这些报告本身变得普遍，留给人的印象更加复杂。在巴伐利亚，没有人对犹太人遭遇的迫害做出“积极回应”，这并非种族主义宣传发生效力，因为人们认为纳粹采取的是合法手段，只是他们的过度行为遭到纵容。在萨克森，出现了牵强的对“小”犹太人的同情，而同时却普遍认为“许多犹太人”过去在不稳定时期趁火打劫，现在遭遇迫害也是罪有应得。“甚至”社民党人也同意存在一个有待解决的“犹太人问题”，尽管和大多数人一样，他们也对施特赖歇尔的庸俗和冲锋队的胡闹充满愤恨。不赞成过度行为并非意味着反对反犹主义的扩散。多数人都认可犹太人是“另一种族”。从前对犹太人一无所知的人们，现在都因每次不幸遭遇而对他们横加指责。因社会阶层不同和受教育的程度不同，在这方面也存在差异。

尽管这一事实并非经常在时髦的倾向于将底层阶级理想化的历史文献上被加以评论，显赫的家族经常公开与犹太人交往，因为多数犹太人都来自这一阶层，这也不令人惊奇。1937 年 11 月，有报告说“反犹主义在资产阶级当中有许多反对者”。与此相反，反犹主义却在对政治漠不关心的广大工人群众中取得较大进展。上流社会阶级也临时性地为富有的犹太人提供了一把保护伞，因为顺从仍然盛行，在犹太人消失于视线之外时，就会将骚扰转变为卑鄙的谩骂。更贫困的人们则遭受口头和身体的攻击，尤其如果他们生活在乡村，那就更无处藏身，在很大程度上有赖于当地显贵要人的保护。农民们也许被迫求助犹太人购买牛、啤酒花、木材等物资（尤其据说慷慨的犹太人允许赊账和分期付款），但社会交往的非正式纽带被迅速斩断，政治文化为拒不偿付旧债提供了借口。然而人们在此应注意避免泛化，因为有关信奉新教的中弗兰科尼亚地区——反犹主义的温床——的研究显示，直到 1938 年农村犹太人仍然生意兴隆，并能欢乐地庆祝他们的节日。总之，证据显示，从个别案例角度看来，很少有个人公开批评这些针对犹太人的愤怒；一大群人正在积极活跃地发泄这种愤怒，而大多数德国人并不在意公共混乱，即使他们同意存在需要以“合法”手段解决的“犹太人问题”。令人忧心的是，这一信念超越了人们与犹太人个人打交道的实际经历。

利用法律将犹太人从德国社会结构中驱逐出去的过程仍在继续。东方犹太人和生活于国外的“种族”难民被立即剥夺了公民权。1934 年 8 月，德国福音派教会，其全国宗教大会由德国基督徒主导，也引入一条“雅利安条款”，影响了一群“非雅利安”出身的牧师。1935 年 5 月，新的《兵役法》规定“雅利安出身”是在武装部队服役的先决条件，这对那些爱国情怀表现于为国服役以纪念犹太墓园中的牺牲者的人们而言是一个沉重的打击；在东柏林的魏森斯，人们可以看到这里的墓园中显示某某人的儿子曾在某个势利小人领导的掷弹兵警卫团中担任下士或勤务兵。改变德国犹太人法律地位现状的呼声，使已取得的成就发生倒退，从 1935 年初开始扩散，当然德国与国外的犹太人只能眼睁睁地看着这些事件发生。

他们抓住了解决问题的机会，8 月 18 日在柯尼斯堡，希特勒谈到了通过颁布一部法律改变犹太人身份，实现党章第四款和第五款的必要。他说他已在筹备这部法律。8 月 20 日，一场经济部举行的，由数位部长、阿道夫·瓦格纳和盖世太保与保安处代表参加的会议，致力于将国内外"犹太人问题"加以细化，结果与会者一致赞同通过一部法律让犹太人处于更低的地位，据说他们在这种地位上还会被保护免受恐怖暴力的伤害。尽管随后的《公民身份法》和《保护德意志血统与荣誉法》（统称为纽伦堡法律）并未引入清晰的概念，但仍能满足保守派合法与稳定的欲望，同时又以革命的姿态安抚了激进纳粹分子的渴望。希特勒本人有着自己的日程，即利用集会将拖沓的官僚"弹起"，使他们认同自己的根本思想。而且，他曾于 1934 年对他的保守派伙伴和军队表示过青睐，现在他又开始通过支持自己政党内的活跃分子做出补偿。根据前一部法律，犹太人被剥夺了德国公民身份，变为"国家臣民"。第二条法律禁止"雅利安人"与犹太人之间通婚或交媾；禁止犹太家庭雇用 45 岁以下的"雅利安"女仆；最后禁止犹太人升起德国国旗。犹太参战老兵的豁免条款不复存在。第二部法律稍嫌诡异的内容不仅反映了希特勒离奇的执着，还反映了当时旗帜经常上新闻（纽约码头工人最近就在"不来梅"号轮船上焚烧了一面卐字旗），以及把性罪错都转嫁给犹太人的欲望。

两部法律草案的各种文本被公务人员拼凑起来，他们又被临时通知从柏林飞来，然后他们来往穿梭于纽伦堡拥挤的街头，恳请获得元首的通过。我们不应将制定这些法律的特殊方式误认为是缺乏立法意志。显然，更加强硬的一揽子计划被搁置，因为公务人员反对将犹太人的定义加以扩展，还因为帝国医生领袖格哈德·瓦格纳的极端代表无聊得玩起了玩具坦克。虽然希特勒最终选择了《保护法》相对温和的文本作为定稿，但他删去了其中至关重要的一句话"本法仅适用于纯种犹太人"，这样就让该法涉及的对象身份问题仍然悬而未决。官员和种族专家每天进行的秘密会议持续了数周时间，研究谁是犹太人的问题，这个问题不能解决，这部法律仍将有失公允。问题的本质是这些措施是否适用于"半犹太人"。纳粹党想把这些人也归入犹太人一类；公务人员却争论说这将给犹太人增加 20 万新的盟友，而这些人的"遗传物质"当中却有 50%的"雅利安属性"。最终，颁布于 1935 年 11 月 14 日的 13 部附属法令中的第一部，规定凡（外）祖父母中有三或四人为犹太人的为纯种犹太人，（外）祖父母中有两人为犹太人，另两人为雅利安人的，为“半犹太人”；只要他们奉行犹太宗教，与犹太人结婚，或是犹太人与“雅利安”父母的婚生或是非婚生子女，那么他们就被认为是犹太人。后者被称作“范围犹太人”，指的是那些也被算作犹太人的人们，以区别于那些有一个或两个犹太（外）祖父母的人们，这些人被称作“混种犹太人”。后一类别中只有 11%的人属于犹太宗教群体。尽管现代学者对这类人中的许多人进行了大量研究，但我们应当记住只有疯狂的纳粹种族主义才使他们变成了“半犹太人”，他们自己可能会拒绝承认这一身份。因为血统在这些问题中是一个反复无常的指标，立法者不得不前后不一地转而依赖宗教标准。由于国家登记机关只保留 1875 年以来的记录，这让该政权只能查看教会记录以追踪先祖世系，或追踪从犹太教改信基督教的时间，根本目的就是识别那些作为“非雅利安”基督徒生活的种族犹太人。一个大大的问号悬于那些从教区记录中提供此类信息的牧师们头上。

就在立法者决定谁是犹太人的同时，德国最高法院正纠缠于一个重大问题：性行为是否意味着交媾，还是包括“所有形式的自然和非自然性接触——即，交媾与其他形式的、所有与异性进行的替代交媾的、满足至少一方性冲动的性活动”。这就意味着一个犹太男子因为亲吻某人，就会被汉堡法庭判处两年监禁，因为他在庭辩中承认，尽管他的性欲因战争经历而减弱，但他有时还会因拥抱而射精。另一名犹太男人也被判处两年监禁，因为他经常造访一位女按摩师，这被审讯他的盖世太保说成性交易。1939 年，一名犹太男子被法兰克福法庭判处监禁一个月，他的“骚扰行为”只是上午 11 点在大街上看了一名 15 岁的女孩。审判词写道：

> 被告的行为显然有明确的色情基础，明显怀有实现接近这个能取悦他的女孩的目的。他的目的没有达成，只是因为证人拒绝合作并叫来了警察以对这名女孩实施救助。该犹太被告对这名女孩的行为构成了对证人的不敬与蔑视，因为被告显然认为他可以通过他明目张胆的行为实现他接近女孩的目的……即使被告并未向证人说明更进一步的目的，他的外在行为至少也无法作出别种解释。

民众对纽伦堡法律的反应千差万别。强硬路线反犹分子发出欢呼：国家终于具体地对他们的激进行动做出了回应，追溯性地将他们数月以来的非法暴力行为合法化了。这些法律证明“国家仍具有革命性”，他们目前的任务就是继续积极推进这些问题，让政府拿出最终解决方案。然而，多数人认为这些法律将会稳定局面，将犹太人限制于低等的、半自治的范围之内，而且这将切开街头暴力的毒瘤。根本人权的废除似乎并未造成普遍的麻烦。有关反对这些法律的报道仅限于自由资产阶级、某些天主教飞地，如亚琛或阿伦施泰因，以及担心国外发生反响的商人。当希特勒对他的政党领袖发表讲话时，他似乎将这些问题联系了起来："根据这些法律，德国境内的犹太人被给予了在各自区域过自己民族生活的机会，这是他们在其他国家一直无法做到的。有鉴于此，元首对纳粹党重申他的命令，避免一切针对犹太人的个人行动。" 在多数地区，这些行动极大地减少了，尽管在某些个案中反犹暴力仍在继续。德国新闻社对这一"康复与有意义的事件"进行了报道，欢快地宣称这些法律承认了国际犹太复国主义大会上的宣言"犹太人属于一个独立的民族"，同时欢快地忽视大多数德国犹太人都不是复国主义者这一事实。德国犹太人帝国中央代表处对这一"沉重打击"做出果敢回应，希望这两部法律能够"建立德国人与犹太民族之间容忍相处的基础"，这一提法明确显示纳粹已在德国人和犹太人的概念之间钉进了楔子。对此进行反思之后，德国犹太人帝国中央代表处迅即更名为德国境内犹太人中央代表处，而不使用德国犹太人一词。重要的是，我们要注意在希特勒心中，纽伦堡法律是有条件的。在 9 月 15 日发表于纽伦堡的演说中，他将这些法律解释为针对国内外犹太人的煽动做出的回应。被动进攻性的言辞无法掩盖其威胁："德意志帝国政府由可能通过一项单一世俗措施达成一个解决框架的希望指引，在这个框架中德国人民将处于一个能够与犹太人建立容忍关系的地位。然而，假如这个希望落空，或犹太人仍怙恶不悛，继续煽动，那么将有必要对形势做出新的评估。"

接二连三的法令禁止犹太人从事公共部门和法律部门的工作。他们还放弃了法律不确定的保护。1936 年初，一名德国商人为他的企业被强制拍卖而争辩，这一处罚是由黑森税收当局因他于 1931—1935 年间所欠税款而实施的。他指出第三帝国的法律影响了他的收入，因而影响了他偿还税款的能力。法庭拒绝了他的上诉，同时承认原告的收入因为旨在"将帝国境内种族外来成员在德国公共生活中所起作用减少至可接受水平"的法律而有所下降，"因此，该债务人收入水平的下降并非普遍趋势带来的副作用，债务人并非这一趋势中应该得到保护的无辜受害者，而是病态元素康复的必要表现"。同年，德国最高法院恢复了中世纪的民事死亡概念，以追溯性宣告一家电影公司与一名犹太导演所签合同无效。法治、文明社会与野蛮状态之间的屏障，不再适用于这个人群，对他们而言法庭本身已变成一种卡夫卡式的梦魇。

针对通婚的规定，深深伤害了所有牵涉其中的人们的感情。十个犹太人当中，就有一个和非犹太人结婚，换言之，1939 年就有大约 3 万对种族间通婚的夫妻。在纽伦堡法律通过之前，婚姻登记员都接受指令劝说这类夫妻改弦更张，甚至在婚礼仪式上也会出现对那些坚持前往登记处的人们进行的喧嚣的抗议。尽管纳粹直到 1938 年 6 月才修正婚姻法，这让德国人伴侣一方过迟地意识到"犹太人问题"现已成为离婚的充分理由，多重压力已被施加于德国—犹太婚姻伴侣身上。最明显的是，让犹太人失去从事公共服务和其他行业从业资格的法律，可以导致财政压力或丧失社会地位的恐惧。当一名家庭成员执着选择他的爱侣时，这个大家庭可能因此分裂，这样就会使非犹太人婚姻伴侣的亲属蒙羞。除受到邻居和陌生人的鄙视之外，处于这种关系之中的人们还必须忍受盖世太保的频繁责问，他们威逼利诱迫使非犹太伴侣离弃对方。值得注意的是，混合婚姻中只有 7%的人选择了离婚，巩固的婚姻关系不容纳粹轻易颠覆。大约 7%的为职业原因抛弃伴侣的情况将在后面做出探讨。

随着构成文明社会的线轴被移开，婚姻之外的人际关系也遭到普遍的政治气候的侵蚀。与反犹立法或像联合抵制行动那样的戏剧化片段同时到来的，还有缓慢、沉稳的非正式放逐进程，犹太人被迫屈从于这一进程，对个人而言造成了深深的伤害。1933年，埃里希·莱恩斯接待了来访的老朋友赫尔曼·布吕克，他的哥哥就在凡尔登战役中牺牲于莱恩斯身旁。他们共同缅怀了先前的峥嵘岁月，后来布吕克告诉莱恩斯说他感到有必要因职业原因加入纳粹党，然后他“将无法再来看我，甚至在街角也不能再和我打招呼”。人性中的天真率直让位于算计：想象一下朋友只能深夜来访。这恰恰是维克托·克伦佩雷尔所经历过的事情，当时他的一位前女仆不得不离去，因为雇用她的犹太人家对她自己的家庭造成了影响，她希望在克伦佩雷尔妻子生日当天来看望她：“她晚上来了，一切收拾停当。她本想等天完全黑下来在不被人注意的情况下溜出去，但街上总是有人，她很害怕。她没有意识到这令我们感到多么恐怖的紧张，她的恐惧毫无疑问也是所有‘国民同志’的恐惧。”

像两个熟人在街头握手这种无害的动作都变成添加了迅速的算计和道德抉择的事物。一名犹太人可能突然发现一枚纳粹党领章，佩戴者可能注意到这一轻微的犹豫然后直接走过。在这个社会中，在家里招待客人并非理所当然，但犹太主人还发现他们的客人名单完全空白。马克斯·莱纳的一位朋友解释了他不能再来造访的原因：“看，如果我来看你，我们不可能知道我们还会遇见谁。你的其他客人只要毫无恶意地提到他曾和我们在你家共聚，然后我就会失去工作。任何来我家的人从一开始就知道他必须经过深思熟虑。”但同样重要的是记住那些患难中的知己，比如一位建筑师朋友，他来看望莱恩斯，为他加油鼓劲，与他共饮同醉，他冒的风险是因与犹太人来往而被社会排斥。

需要一点点文明的社会场合，从与仆人到酒店或餐厅中的侍者的交流，都充满着可能发生的尴尬局面。利奥·格林鲍姆在斯图加特一家酒店预订了一张床位，到达时却被告知床位已被延长住宿的另一位客人占据。而且，当然城中正在召开两场大会。不过旅馆侍者还是为他在别处找到一个房间。在深夜 11 点到达第二家旅馆后，格林鲍姆填好登记表格，其中包括种族出身一栏。前台职员对着整个门厅高声宣布“非雅利安人不能在此住宿”，将面红耳赤的格林鲍姆赶出门外。有时看似漫不经心，表面友善的评论，如“假如他们都和你一样！”也如同公开的侮辱一样有伤害性，因为心智正常的人谁会希望被看作被普遍诬蔑为罪犯、骗子的人群中的一个特例？同情者可能会将纳粹分子谴责为“流氓和恶棍”，但他会小心翼翼地关好办公室隔间的房门，以防他的秘书听到。再想象一下，当犹太人在公共场合碰见朋友的时候，他们谈论的话题戛然而止。

无害的场合也充满着仇恨的情绪。1934 年在康斯坦茨附近的欣根举行的狂欢节上，一辆花车被装扮成火车车厢的模样，上面标着“柏林—巴勒斯坦”，一群酒馆老板和持小口径步枪的人们在上面斜视众人。1938 年的狂欢节上，孩子们和老师们头戴硬纸板面具，面具上突出的是“犹太人”的大鼻子，和“最后的黎巴嫩蒂罗尔人已被清除”的标语。一年之后，在一辆巨型鳄鱼花车上写着“犹太贪吃鬼”，鳄鱼的嘴里喷出糖果，撒向呼喊着“让你们在轧钢机下抱怨、哀号吧”的人群。不论他们走到哪，犹太人总能听到攻击犹太人的宣传。马克斯·莱纳回忆说：“我再也不敢翻开德国报纸。犹太人……犹太人……仿佛根本没有其他话题。他们遭遇到无以复加的侮辱、威胁和嘲笑。不仅这些新闻内容让我不安，例如帝国邮政部长取消了失明犹太老兵享受的所有邮政待遇，还有马格德堡的犹太人不再被允许乘坐电车。”政府的双重承诺让粗野行径日益盛行：对犹太人的种族主义仇恨与对资产阶级谨慎的礼节冷淡的蔑视混杂一处，这样，孩子们在学校的无礼举动被说成热情。

特许的歧视和经济上的排外也对最私密的领域——家庭——造成了影响。孩子们在学校不被当人看。他们被迫一直静听老师们发出的侮辱性反犹谩骂。一个孩子被允许参加学校庆典，但由于是“非雅利安人”，他不被许可在一年一度的学校节日上唱歌；一名学生抗议说她要为她妈妈唱歌，得到的答复是：“我知道你也有个妈妈，但她只是犹太人的妈妈。”正如许多难民所说，孩子们承受了过重的压力，事实上已经错过了童年。一位流落英国的难民简短地回顾：“一件事是确定的——你在一夜之间长大成人。”过去外出工作供养妻儿的男人，现在在家无所事事，“男人没有权威，女人无人供养”。女人们再也不加入街边商店、路上和邻里之间的随意交流。刚生孩子的人们发现婴儿护理安排已不见踪迹。原来的职业人士和商人丢掉了营生，他们不得不沿街叫卖养家糊口。繁华地段的大公寓房被换成了贫困区的简朴房屋；过去都有个人房间的孩子们现在不得不拥挤一处；过去他们的父母轻松应对的熟悉的世界现在似乎变得陌生而难以和解。由于社会地位一落千丈，从未为钱发愁的人们随着在家庭中的权威和地位模糊不清，也变得紧张易怒。丈夫们充满绝望，心理崩溃，女人们不得不装作勇敢的样子，代替男人直面权威。当这些人紧张地注视着提前装好的行李箱，或者排队等候一天仍然无法拿到签证时，他们的内心能否波澜不惊？当犹太人在这个被弄得毫无意义的世界上探索存在的价值时，多姿多彩的人生已被剥离得只剩下最根本的生存。

政治局面也影响了那些需要在事业与亲情之间做出痛苦抉择的人们。对于个人私生活常遭遇流言蜚语的攻击和大众猜度的人们——主要是电影明星和其他名人——而言，这种情况尤为明显。这也许使得下面的例子显得特别不典型。演员古斯塔夫·弗勒利希和他的犹太妻子吉塔·阿尔帕应邀前往参加戈培尔举行的招待会。他们与维利·弗里奇和汉斯·阿尔贝斯同坐一桌，后者是德国薪酬最高的男影星。当别人都起立同声高唱“霍斯特·威塞尔之歌”时，阿尔帕故意坐在原处，和另外两名女士聊天。一位军官和一名女士走到他们桌前，说“请随我来，戈培尔先生想见您”，又补充说“弗勒利希先生，请”，然后对他的妻子说“不是你！”于是弗勒利希起身与他们同去。此后不久，她返回匈牙利，在那里为弗勒利希生下一个女儿，并和他离婚。阿尔贝斯本人也面临同样的问题，但是他却试图以更为适当的方式加以解决。金发、碧眼、窄长的鼻子，加上突出的下巴，阿尔贝斯的脸型恰好是纳粹理想的外形，不过他随时都戴着帽子和假发遮掩日益严重的秃顶。如果阿尔贝斯想要继续当他的德国克拉克·盖博，有一个问题必须解决。自从20世纪20年代起，他一直与演员欧根·布尔格的女儿汉茜·布尔格同居，“布尔格”这个姓是被欧根从“希什布尔格”改成的。这种关系的确切性质受到包括希特勒总理府人员在内的纳粹官僚的不断指责，直到1935年阿尔贝斯致信戈培尔：“我已结束与汉茜·布尔格小姐的个人关系，以履行我对纳粹祖国的责任，并对其表示认可。尊敬的帝国部长先生，是否可以允许我另外请求鉴于纳粹祖国形势发生的变化，您是否可以将提供给艺术家的保护也延伸给我。”“自然而然”，戈培尔对他折衷对待。事实上，尽管布尔格不久就嫁给了挪威演员埃里希·布吕特，但她仍常与阿尔贝斯幽会，如1936年他们就在伦敦相会。保安处人员对他进行跟踪，给他施加压力结束这段关系，同时电影公司接到指令不得再与他签订任何合约。这种关系事实上终止了，因为阿尔贝斯每错过一部电影，就会损失7万帝国马克。他变得日益富有；汉茜·布尔格在此期间滞留英伦，欧根·布尔格被谋杀于特莱西恩施塔特。1945年，汉茜·布尔格回到阿尔贝斯身边，把他当时的女友从他们的家中赶走，给这位电影明星在第三帝国时期的辉煌事业提供了一个毫无瑕疵的借口。

在探讨德国民众对犹太人遭遇的迫害做出的回应时，“冷漠”一词频繁出现。尽管在德语中该词并没有无情中立的引申含义，但却能够让我们想起普通德国人考虑的犹太人之外的其他话题，比如谋生、教育或休闲、视民主为儿戏的国家等等。也许出现的情况是，许多人听腻了重复无数次的同样乖戾暴躁的口号，因而简单地将它们从自己的意识中滤除。然而，还是有德国人积极参与迫害其他种族的人群。我们必须转向社会底层，那里的小人物利用纳粹政权对他人行使非法或合法的权威，激化卑鄙的仇恨，给同类造成严重的伤害。

在人们表面守法而私下违法的地方，或在阴暗的职业仇恨发生作用之处，这点尤为有害。1936 年 8 月，在几篇社民党探讨“种族通婚”个案的报告中，涉及最多的是那些在“纽伦堡法律”尚未通过前就生活在一起的爱侣当中，出现了敲诈的情况。这种情况下，都是女性进行敲诈，因为只有犹太男子能因这种“犯罪”行为受到迫害。在曼海姆，一名妇女被判处六个月监禁，原因是勒索她的犹太情人 500 马克。在亚琛，一名妇女和她的两个男性同伙被判处敲诈罪和诱骗罪。她把一个犹太人勾引到家中，然后又告诉他交出 500 马克给她的两名气焰嚣张的同伙。随后，这名犹太男子因“玷污种族罪”而被判处五个月监禁。被迫从犹太人家中辞职的年轻女仆受到党卫军充满暗示性的质询，即使他们的原雇主恰好已步入耄耋之年。假如女仆因不善处世而离开，或假如她有一个追名逐利的纳粹情人的话，这种气候下的恶意更加无处不在。

战后，认为盖世太保曾经无所不能的观点只是许多德国政治派别找到的轻松借口。尽管和大多数警察部队一样，盖世太保也有意造成了罪恶无所不在的气氛，但它依赖与人民大众中个别成员的合作，不论是作为兼职志愿者的特工，还是专门的告密者。近年来对杜塞尔多夫、利珀、萨尔布吕肯和维尔茨堡的研究，极大地丰富了对警察制度的这一侧面的了解，尽管盖世太保获得了许多平民的帮助，但这一事实无法自动减轻人们普遍接受的观点，即当时存在着一个不折不扣的警察国家。不容完全忽视的问题是，解除了一切法律限制的警察部队与获得许可的检举并存，就意味着一种恐怖的气候。维克托·克伦佩雷尔在他的日记中恰到好处地抓住了这一点：

> 但实际上每个人都畏缩不前。通信、电话聊天、在街上交谈都不再安全。每个人都害怕他身旁的人是告密者。克拉普曼夫人警告了过度信奉纳粹主义的莱曼夫人——莱曼夫人充满悲戚地向我们讲述她的哥哥因为借给一个“真正的共产党人”一本《红旗》而被判处一年监禁，而这个“真正的共产党人”恰恰是告密者。

那些经历过这种恐惧的人们不必费心计算某个区域的盖世太保部门管着多少人。据估计，每 10 万人中只有一名盖世太保警官，他们要完成的任务多得令人迷茫。例如，1937 年杜塞尔多夫地区盖世太保总部有 291 名人员，管辖片区人口为 4000 万。49 名盖世太保成员负责行政管理。128 名人员负责杜塞尔多夫城区（人口为 50 万）；43 负责名埃森（人口为 65 万）；43 名负责伍珀塔尔，28 名负责杜伊斯堡（人口都是 40 万）。在维尔茨堡办事处，28 人要负责整个弗兰科尼亚全境。萨尔布吕肯配备人员稍多，但 113 名职员中有许多都从事文案工作。当然，尽管这些事实比较有趣，但那些认为秘密警察潜伏于每个角落后面的当代的人们，或者对此一无所知，或者认为无关紧要。

但是我们的关注重点并非盖世太保。他们经常伏案工作，处理公众提供的情报，并非总是积极主动地参与调查。这一事实又一次被彻底对公众封锁。例如在维尔茨堡，“种族污染”案件中的57%都由普通公民提起，只有一个案件由盖世太保的调查引发。没有任何法律迫使任何人向当局揭发同为普通市民的人们；事实上1933年5月对恶意检举行为施以更重的刑罚。同月，希特勒亲自向司法部长居特纳承认：“我们生活于检举与人性罪恶的汪洋大海之中……任何诋毁他人的人马上也会遭人诋毁。”纳粹无疑鼓励检举揭发，但矛盾的是他们对检举者本人并不在意，而且实际上偶尔会害怕他们掀起无法控制的狂潮。

谁检举谁，为什么要这样做？检举主要由社会的最底层发出，试图解决横向的旧账和纵向的仇恨。典型的作恶者是仆人、工人、工匠或工薪雇员，男女各占一半。上层人士和显贵有着表达社会权力的其他途径，已进入一个平等成员间拥有共同价值和信任的世界当中，来自底层阶级的警察部队倾向于怀着敬畏看待他们，他们可以发动起各行各业社会各界的人士为自己辩护。检举人的动机千差万别，不过仍然有某些类型。他们当中的多数都是普通公民，并非纳粹狂热分子。他们是某种自视甚高的人群，喜欢流言蜚语、刺探消息、挑拨离间，在为民族集体尽本分的幌子下挑起恶毒的仇恨。同样，怀有深深嫉妒的个人，他们不允许自己蒙羞，而采取这种不光彩的手段对待他人。在正常民主的情况下，这些人只是受人鄙视，但在极权专制的国家中，如纳粹德国，这种人却能置人于死地。

检举揭发还能传染，盖世太保1935年8月描述一类“种族玷污精神病”时就注意到了这种情况。女学生组团巡查东方犹太人聚居区，搜索公开“通婚”的人们，同时纳粹女性组织成员手持相机沿街巡逻以记录证据。一个农民因不给他的雇工放假去听希特勒的演说，又因责罚了去听演说的另一名雇工，就被人检举说他曾经把牛卖给犹太人。一位理发师从一名冲锋队员口中得知，他曾当场抓住与一名“雅利安”女孩在客栈私会的犹太牲口贩子，于是马不停蹄地向盖世太保报告。这名女孩被劝说将事件中的恋情说成骚扰之后，那个犹太牲口贩子被判处15个月的监禁。1938年7月，一位“国民同志”写信给奥地利纳粹长官比克尔，揭发一个贩卖烈酒的犹太商人秘密悬挂“雅利安”旗帜进行交易，因为他已将他的企业转租给一名非犹太维也纳人。后者甚至还鲁莽地使用卐字符。写信者相信地方长官一定会迅速纠正这个无耻的欺骗行为。

国家支持的反犹主义、官僚欺骗，和非正式社会关系的割裂造成的有害后果从某些个人的日记中可见一斑。把他们称作“受害者”是一种善意的非人性化作为。实际上，他们当中的大多数人都要比那些作恶者有趣得多，而人们却对那些作恶者的性格和心态进行了过度的研究。下列细节来自一位德国的七旬老人对1935—1939年间事件的回顾。

阿尔贝特·赫茨菲尔德（1865—1941 年）是杜塞尔多夫纺织品生产商之子，他们位于莱茵河畔的企业雇用了 500 多名工人。阿尔贝特的叔叔古斯塔夫是当地有名的慈善家，他向该城捐献了 10 万马克为当地贫困儿童提供节日营地。阿尔贝特是受洗的新教徒，曾在霍亨索伦中学读书，1886 年志愿参军。在曼彻斯特当了一年学徒之后，他自认为不适合经商，反而为自己的人生之路选择了绅士画家这一职业。他师从弗里茨·罗伊兴和洛维斯·科林特，钻研风景画和肖像画的创作。1914 年，他八次志愿赴前线作战——尽管他当时 48 岁，带着妻子和两个孩子。1915 年起，他升任中尉，被授予二级铁十字勋章。战后，赫茨菲尔德重新回到了文明富足的中上阶层过起舒适的生活，居住在菲尔德大街拐角处怡人的城镇别墅内，有仆人、4000 册书、利伯曼的绘画、罗森塔尔瓷器，还有满架的烟斗。赫茨菲尔德惹人喜爱，结交广泛，求知欲强，他属于警卫团老兵俱乐部成员；又是历史、集邮和科学协会会员；还是艺术家俱乐部成员。在化装舞会上他打扮成拿破仑出场。换句话说这是高级资产阶级的生活，基于礼节、对生命中美好事物的欣赏、对知识的好奇、仪式，以及对处于不利地位者的社会责任——这种生活要比埃希曼或海德里希过得更加丰富多彩。

这位精明的保守派爱国者写下的日记，有节制而不温不火地描述了他在被他称为“野蛮人”“最平庸的暴民”和“乌合之众”的那帮人手中遭受的大大小小的屈辱。一个学校校长退出了租屋，因为作为公务人员，他不愿与“非雅利安人”同住一个屋檐下。家庭用人一直是个问题。女仆黑德维希被迫离开，因为“非雅利安人”不得雇用 45 岁以下的女仆。总是把照顾弱者放在心上的赫茨菲尔德把她介绍到一个朋友家中工作，她走时眼含热泪。佩克太太是黑德维希的众多接替者之一，她却因虚报年龄——尽管看上去像 50 岁，但她只有 44 岁——而无法为犹太人当女仆。嘲讽与歧视增多，对他造成直接影响的事物也在他所居住的公众空间有所反映。就在他作为原参战老兵被授予荣誉勋章的那周通过了剥夺他的公民权的纽伦堡法律。用以纪念他的叔叔对本城做出贡献的一座玩球小女孩塑像被从基座上拆除。几乎与此同时，门德尔松大街更名为汉斯-施勒姆大街。他所在的艺术家俱乐部向他祝贺 70 寿辰，八个星期之后，就将他排挤出去。蒂茨百货商店被改为西部百货；冒犯性的反犹告示被张贴在犹太教堂门外的展亭上。威廉皇帝公园里的游泳池边竖起了一个牌子，上书：“不准犹太人进入。”标示着“海因里希·海涅故居”的牌子不翼而飞，门德尔松塑像也被捣毁。35 年来，赫茨菲尔德每天午餐时都要光顾罗伊施海鲜馆享用一碗鲜贝，现在这里也竖起了“不欢迎犹太人”的牌子。同样的牌子很快也在“莱茵种族餐厅”出现。每个“穷人和罪犯”都能频繁进入的威斯巴登温泉旅游胜地，现在却对明显令人肃然起敬的犹太人关闭了大门。这真的令人恼恨不已。

这些做法并非屈辱的尽头，或用赫茨菲尔德这个老兵的话语更确切地说，这就是

"耻辱"。犹太人的话题反复在报纸和演说中出现。显然，艺术市场完全由犹太人操控。1935 年 8 月，英国队和德国队在托特纳姆激战之时，"犹太人"未能阻止德国足球迷看球的乐趣，尽管因英国队以 3：0 取胜，导致其中的乐趣转瞬即逝。赫茨菲尔德时常阅读的报纸现在被公开称作"犹太人的《曼彻斯特卫报》"。当纽约市长拉瓜迪亚抨击德国政策时——赫茨菲尔德认为这种抨击"有勇无谋"，《进攻报》立即刊出一篇文章，声称本杰明·富兰克林就有反犹观点。赫茨菲尔德评论道："大胆坚持某事，有时也会招来非议。"他还不无幽默地写道：是否已经禁止犹太人为"德国文化"做出贡献，"这是否意味着我必须要用印象派风格作画？"不，他想多了，因为 1938 年他就被完全禁止作画，尽管他的画艺已荒疏多年。那么 1.2 万名战死的犹太军人是否要被从"英烈祠"中清除？不会的，但是人们可以通过禁止犹太人登上报纸的"盖棺录"，达到控制死者的目的，这就违反了"不能诋毁过世者"的古训。

这位老人陪着病妻，在梦魇和形而上的宿命感中辗转反侧。为了不致让脆弱的心脏过度紧张，他走路或试图爬楼时，都要服用硝化甘油糖丸。他预言说那些无处可逃的犹太人将会被"驱入贫民窟"，或被"打倒杀死"，或被迫戴上黄帽子，挂上黄标记。一位一辈子的老朋友从三楼窗户跳出，因为他无法忍受他女儿被开除教职。在奥地利自杀率极高。赫茨菲尔德的女儿原已被从法律职业开除，现在的老板又被迫把她解雇，她含泪与同事们和经常在家招待她的老板道别。

1937 年 11 月 29 日下午 2 点 50 分，正当赫茨菲尔德从意大利的康复旅行中返回时，纳粹当局终于准时将他抓住，在火车上一名边境卫兵收缴了他的护照，说到了杜塞尔多夫就归还。到 1938 年 1 月，他还没有收到护照。经过反复去信查询，2 月杜塞尔多夫警察局通知他"调查还在继续"，"因此提出进一步要求毫无意义"。上面的附文"不再答复"被人画掉了。5 月，他被叫到警察总部第 150 号房，一名官员询问他旅行的目的。得到"医嘱"的答复后，那人告诉他，在他提供必要的医疗证明后，可以在旅行前四至六周申请护照。当然，人们在旅行前四个月就需要护照，否则无法兑换外币。

此刻，赫茨菲尔德预言说"我们必须头戴黄帽，衣服上贴黄色标签，被迫进入封闭的贫民窟生活的中世纪的折磨和歧视"又要重现。1938 年 10 月，有人在他家的门上涂抹了"犹太人仍旧是犹太人"标语。他不敢写信报警求救。1938 年 11 月 9 日晚上，一群暴徒冲击了一个邻居的家，男主人被刺九刀。在别处，暴民们还闯进了他表兄罗贝特的家，砸碎了一面塞夫勒镜子，用椅子腿砸烂了墙上的名画，因为这些人憎恨上流文化，讨厌收藏文化瑰宝的人们。犹太医生无助地看着他们的仪器被摧毁，同时家具和钢琴被从楼上抛下。

在对残暴行为加以延伸的持续不断的述说中他可以寻求些许安慰。赫茨菲尔德感党“广大公众绝对不是反犹的”，他还反复提到他的朋友们永远忠诚。布伦瑞克的一位新教牧师因劝说他的教众不要去参加反犹示威而被判处六个月监禁。像策德利茨-利佩将军这样仅有泛泛之交的朋友也出面大声疾呼，显示了大家的团结一致。赫茨菲尔德不容纳粹政治毁掉友情，把他写的一首俏皮的诗送给他的一个同为70岁的朋友：

在发出良好祝愿的人们中间
有朋友、侄女、表兄和阿姨，
今天选择的道路通往埃尔克拉
愿“非雅利安人”也无错失！
……
在彼此之间的争吵中，
除非遇到了政治问题，
否则我们都能所见略同。
所以我不想给您带来尴尬，
如果老朋友们今日同庆
向您致以最美好的祝愿
年届七旬又张开摇篮般的怀抱。
作为“非雅利安人”
我也向您致以德国人的问候
在您身边我不免畏缩。
然而，我却用犹太人的狡诈避免困境
并高呼：万岁，艾玛阿姨！

在犹太人遭遇屠杀之后，赫茨菲尔德写道，他认识的纳粹党员有4/5都不赞成当时的事件，多数德国人民对这些事都怀有厌恶情绪。但屈辱仍接踵而至。11月，所有犹太人都被要求上交武器。赫茨菲尔德也被迫交出他的军官短刀。1939年1月他的署名必须改成阿尔贝特·以色列，而他的妻子的名字被换成埃尔泽·萨拉。同月，他被排挤出跻身其中20多年的集邮俱乐部。他们接到命令将所有贵重金属和宝石登记，但没有人告诉他们该怎么办。日记从1939年1月24日起中断，1941年1月18日，赫茨菲尔德的女儿被驱逐出境，最后在明斯克惨遭杀害。赫茨菲尔德与妻子于1941年1月被关进特莱西恩施塔特集中营，一年后他在这里去世。他的妻子在被转送到奥斯威辛-比克瑙集中营后不久，死于1944年8月。他们的家园彻底消失。

我们已进入彻底剥夺和全国范围的恐怖暴力时代，但值得强调的是两者都是在局部和个人层面发生于数年的时间内。剥夺，包括或多或少强制性的犹太人企业清算和出售，开始于 1933 年，到 1938 年基本完成。与从公务员队伍中清除犹太人不同，1938 年前，“去犹太化”一直没有法律依据，尽管这并未给商人和司法当局造成多少麻烦。1933 年，德国境内大约有 10 万家犹太人企业，其中绝大多数都属于中小规模，另有 5 万家个人商号，还有 1 万家手工作坊。到 1938 年 4 月，其中的 60%都已经易手，剩下大约 4 万家企业仍在犹太人手中。广泛说来，百货商店、大型工业企业和商业银行要比小企业有着更大的喘息余地；不过说起百货商店，它是支持纳粹运动的小企业主们特别憎恨的对象。希特勒曾亲自批准为百货店主犹太人蒂茨兄弟提供联合贷款，但这家百货商店的主人很快就变成了赫蒂股份公司。对大企业和小企业看似矛盾的差别对待，是因为大企业倒闭时，会造成严重的失业后果，还因为反资本主义的冲锋队流氓们更有手段对付小企业，而对大企业的董事会无可奈何。因此，基地位于汉堡的瓦尔堡商业银行直到 1938 年才被“雅利安化”，此时，无数的小型犹太企业早已被毁，或转移海外。

关闭企业或改变企业所有人的手段包括：冲锋队抵制；取消信贷措施、官方合同或交易会中的展位；来自财政或外资部门、健康、卫生和劳动机构，或真正来自盖世太保的令人忧心的间接压力；以及向劳动力行贿，或向顾客和供应商暗示让他们转移阵地。在辛根，用于消费耐用品的结婚代金券持有者被告知不要到犹太人的商店里兑现。在梅克伦堡的帕尔希姆，市长亲自叮嘱领取公共福利或养老金的人员，他们被禁止光顾犹太人商店，否则将失去福利保障。反犹商人组建了“雅利安”部门联盟，如雅利安德国服装生产商工人联盟，它们的目标是在服装工业内切断犹太生产商、供货商与销售渠道之间的联系。犹太企业被从商业联盟中清除，因此失去了所有的业务联系。这样，犹太拖船船主西尔维尤斯·沙尔沙在枪口威逼下辞去了奥得河船主联盟主席职务，同时还被排挤出布雷斯劳商会。依赖公共合同项目的公司，如柏林的约翰内斯杰塞里希公司，就被清除了其中的犹太人董事会成员，柏林的国家建设部也施加压力，如果杰塞里希公司不清除犹太人，就不再与它签订筑路合同。纳粹工厂核心组织和德国劳工阵线都利用自己的政治影响力驱逐犹太经理和董事，最后当企业中的犹太人全被清除后，就下发一张宣布该企业成为“德国企业”的招贴。德国零售商协会显然会给犹太人的瓷器生产厂家施加巨大压力，因为后者必须依赖前者才能把产品批发给零售店。地区经济顾问监督犹太人企业，对那些接管者也逐渐确立了不断蔓延的控制。发现市场空白之后，一批寄生的顾问、清算人、中间人和信托人阶层应运而生，专门从事查找、关闭、接管犹太企业或对其进行资产剥夺的勾当。显然，德国商人处于近水楼台，能够以极低价格收购与其竞争的犹太企业。在纽伦堡，因为施特赖歇尔的存在，让“雅利安化”的过程充满邪恶，犹太人从自行车、啤酒花和玩具行业中消失。给犹太人提供的收购价格仅是其企业或财产市值的1/10，理由是他们曾经在通货膨胀期间以过低价格买入而牟取了暴利。个人有时被毒打，直到签署把他们辛苦挣来的家业拱手让人的文件。在纽伦堡，这些财产包括豪华汽车，一辆价值 9600 马克的奔驰车仅售 100 马克。这就是那套道貌岸然的所谓将“不正当手段”盈利归还国民全体的说辞背后的肮脏、贪婪的现实。

这种苍白的叙述无法说清针对犹太商人调动起来的狡诈与狂妄。纳粹的每个敲诈者和官僚都在某个人的不幸中找到了发财的机会。1933 年 7 月，一名资深纳粹党员在写给海德里希的信中记录了他对眼前发生的事件的反感：

> 一种方式显然是通过提出作为纳粹党员帮助他们召集董事会、行政委员会、执行委员会或其他“咨询”团体，以图进入犹太企业，自然这是要收取费用的。然后向他们表明出现的任何困难都能通过与党和政府部门加强现有联络而轻易解决。一旦与该犹太企业建立了稳固的联系，有人成功“打入内部”，接下来就迅速给企业的犹太所有者造成人事或政治问题。作为企业的朋友，我们希望能够提供帮助，但是据说形势非常严峻，高层已介入问题的调查。下一步，上级官员逮捕该犹太所有者，但我们在他们被捕后进行百般援助。同时，负责企业出售或移交的代理人就会现身。在企业主获释后——通常监禁期不超过三天，我们就说我们付出了多大的努力去营救他们。没有我们的援助，没有与我们关系良好的地方长官部门的援助，涉案的犹太人早就被关进集中营了。这样，犹太人明智的做法是用具体的方式向帮助他的人或地方部门表示感谢——交钱。基于同样的原则，这一程序可以在多种不同情况下反复重演。

大银行被“雅利安化”也有多种方式：作为受害者，因为其犹太董事和雇员都已被因种族理由辞退；作为犹太银行家或商人青睐的中途站点，他们必须在声誉良好和声名狼藉的清算者之间做出抉择，这就意味着究竟获得少许东西还是一无所有地离开德国；以及作为罪恶的参与方——因为它们可以给未来的“雅利安化者”提供需要用来购买犹太企业的信用额度，或为私利成为掠食者。

“雅利安化”过程中有一个重要例子值得详细探讨，因为它证明了无良商人如何利用纳粹司法和警察工具实现商业目的，证明了公司董事会和冲锋队或盖世太保恶徒之间难以明确地画界。柏林的恩格尔哈特酿酒厂（该厂现在的产品是“舒尔泰斯”啤酒）是德国第二大酿酒企业，在许多地区都有分厂，如巴伐利亚的霍夫布劳酿酒厂、鲁尔区的里特酿酒厂，以及汉堡的温特胡德酿酒厂。总经理、最大股东是 64 岁的伊格纳茨·纳赫，他是著名犹太企业家，最先生产了受孕妇喜爱的无酒精大麦啤酒，最早采用巴氏消毒法为啤酒消毒，并使用可回收酒瓶。纳赫为人慷慨大方。他的慈善活动包括：建立15万马克的基金保障企业员工的孤儿寡妇；用30万马克在格莱维茨建立阿尔加和伊格纳茨老人院；投资5万马克在夏洛滕堡建设学生旅馆。1929年，纳赫做了一件让他后悔终生的错事。他授权时任企业执行经理的理夏德·克斯特以接近900万马克的价格向一家市政公司出售位于亚历山大广场上的一片办公区。接下来该市政公司主席向纳赫索取 12 万马克，作为无明确目的的政治捐款，结果如愿以偿。纳粹记者、新任城市委员尤利乌斯·利珀特一想到“犹太人的”啤酒正在流入纳粹口中，就如坐针毡，于是他在 1933 年 5 月将纳赫召来进行质询，当时他的桌上放着一把咄咄逼人的左轮手枪。在克斯特的撺掇下，1929 年令人生疑的政治献金案又沉渣泛起；克斯特因试图抬高那片办公区的售价，而被纳赫降职，派到哈雷分厂工作。纳赫被劝说要代表柏林向利珀特“做出赔偿”：利珀特想要占有恩格尔哈特酒厂股份中的250万马克。纳赫被告知该公司必须要转入“雅利安人”手中，在公司董事会的一次非法改组中，他被顺势排挤出去。克斯特又回来了，德累斯顿银行（持有该酒厂23%的股份）的两名代表也被安插进新的董事会。来自德累斯顿银行的一名先生发誓说，纳赫“将带着他的丐帮离开德国”，以财政舞弊为由鼓动起针对他的法律诉讼。

被指控犯有欺诈罪的纳赫遭到逮捕，尽管法庭实际证明那片办公区的售价过低，根本没有敲诈嫌疑。诉讼程序被推迟，以便让调查纳赫的五家机构把诬陷的名堂编得更加圆满。2 月召开的股东年度大会上充满了恐吓的气氛，冲锋队员们端茶倒酒，充当服务人员。纳赫此时精神崩溃，他让朋友、柏林工业大学经济学家瓦尔德马·科赫作为他的全权代表，替他发言。科赫热情赞扬纳赫时遭到了骚扰，差点被人扔出窗外。来自德累斯顿银行的那两人接着要求纳赫归还他已支付给利珀特的250万马克，并以公司事务管理不善为由取消了纳赫的养老金合同。科赫还为自己的人格勇气与正直付出了代价。德累斯顿银行的两人咨询了刑事警察，然后他们致信工业大学校长，称科赫不应占据学术职位，而且他的妻子是犹太人。他被解雇并被处以保护性监禁。纳赫在此期间被处以罚款，并以舞弊罪被判处四个月监禁，被送往慕尼黑服刑，无法上诉。他是个不幸的人。

在慕尼黑，一个名叫格奥尔格·艾登辛克的商业银行家来探视他，向他表达了买下整个恩格尔哈特酒厂的愿望，离开时强烈暗示他与希特勒和希姆莱有着非同寻常的关系。后来他帮助协商将纳赫送回位于亚历山大广场上的盖世太保总部，这里临近那片勾起纳赫伤心事的办公区。接着，他的辩护律师也出现了，还带来一个公证员。释放纳赫的条件是将他手中剩余的公司股份转让给这位律师，然后该律师就将其卖给德累斯顿银行，因为德累斯顿银行不想失去一个利用他人的不幸牟利的机会。整个事件被及时地透露给新闻界，使股票价格又成为讨价还价的条件。

虽然纳赫遭到驱逐，但他的苦难还没有结束。在牢房中，慕尼黑党卫军军官汉斯·拉滕许贝（希特勒后来的保镖，最终在元首尸体上倾倒汽油）和艾登辛克的表兄前来探视。尽管艾登辛克资金不足，无法接管德累斯顿银行，但他却能够欺凌一位被关在盖世太保牢房中的患有糖尿病的老人。纳赫将巴伐利亚的酿酒分厂卖给了艾登辛克，并向他支付了巨额酬金，因为据说后者因试图接管整个公司失利，遭受了巨大损失。拉滕许贝在离开牢房时甩给纳赫一小瓶胰岛素。艾登辛克试图从德累斯顿银行手中夺取恩格尔哈特酿酒总厂，但银行准备用天文数字的巨款贿赂法庭，而且银行安排盖世太保向他发出的传票也让他心惊胆战。利珀特将他价值250万马克的股份卖给了银行，以换取债务人、普鲁士王子弗雷德里希·利奥波德殿下赠送的一片公园用地，并将之“转赠”给市政府。利珀特将那里的一幢狩猎小屋改建成豪宅。来自德累斯顿银行的两个人在酒厂登上高位，尽管其中的西拉尔·吉贝尔的妻子是犹太人。1938年11月，伊格纳茨·纳赫最终被允许移民，但必须先向帝国付清总额为1796906马克的补偿与“除籍”税款才能获此“特权”。正如人们预测的，他于1939年9月15日死于瑞士，“身旁是一根乞丐的棒子”。

合法化的歧视、暴民暴力和德国经济“非犹太化”的最终目的都是要迫使犹太人移民——似乎这样就可以将反犹主义输出到国外。希特勒在他个人的幻想世界中怀着更加激进的选择方案，包括可能采取的屠杀手段，他对这些犹太人的去向毫不在意。1933年，有50万犹太人生活在德国，在奥地利另有20万犹太人，1938年3月奥地利变成了大德意志帝国的一部分。然而，关注的焦点却是如何让国家不费一分一厘就能驱逐犹太人——即，在他们离开之前榨干他们的财产，而他们相当清楚外国决不会欢迎一贫如洗的未来移民。为解决这一难题，当局需要的是精明的、能够与外国政要坐下谈判、让他们克服对犹太人的反感的人，而不是教育程度不高的莽汉。

为回答“谁”的问题，我们有必要涉足标着官僚机构缩写名称的办公走廊，在这里，迫害伴随着打字机的啪啪声，和索引卡片的沙沙作响展开，没有人用皮靴踢人的裆部和脸——尽管这些也可轻易安排。

除盖世太保二部一局二处内部的犹太专家之外，还有一个机构将掩饰、效率、繁荣与无所畏惧的意识形态结合起来。我们在前一章已了解党卫军保安处如何从内部安全部门，逐渐扩展到监督国内（二部）和国外（三部）意识形态反对者职能的。1935年起，二部一局12处专门负责监督犹太人活动。该部下辖三个分支，分别负责已归化者、正统派和复国主义者组织，年轻的阿道夫·埃希曼，一位被从维也纳真空石油公司招募来的人员负责上述最后一项任务。1937年，二部一局的新头目阿尔贝特·西克斯教授走马上任，同时二部一局12处交由同样激进的迪特尔·维斯里塞尼掌管，他是身无分文的西里西亚地主之子，曾经失业。特奥·丹内克尔接管了监督已归化犹太人的部门，他曾在 17 岁时试图接掌家中的洗衣店生意，但未成功。实际上，这些人都出生于 1905—1913 年间，都遭遇过大萧条的伤痛，都曾因个人缺陷或因政治上的极端主张而在职场失意。

他们的任务从监督犹太人组织的成员，变为在将犹太人驱逐出经济体系和推动他们移民方面发挥激进作用。为此目的，维斯里塞尼建议“砸烂犹太归化主义者组织”，同时“巧妙推动犹太复国主义”，以分化犹太人群体，让他们互相攻击。他们着手考虑在国际范围内收集有关全球犹太人组织的数据，并从他们的朋友，反犹的耶路撒冷的大穆夫提那里订购夏季旅行用品。盖世太保与拥有逮捕和搜查权的警察之间的合作开展得十分顺利，不久之后，他们就于 1939 年 9 月被融入帝国中央保安局。

这些年轻的狂热分子不同于冲锋队中眼神迷离的恶棍，尽管人们不至于夸大他们的礼貌与客气。他们受到鼓励参加晚间课程，并开始学习零碎的希伯来语。这些人不在窗户上涂抹标语，反而以“我如何看待犹太人问题的解决方式”或“关于牲口贸易中的犹太人的调查报告”为题撰写论文。他们被鼓励尽最大努力查找并解决问题，这种途径与他们机械的执行命令的思想难以相容。正如我们所见，他们解决的许多问题都由他们自己造成，因为他们每两周必须上交一份活动报告，这也导致这种情况无法避免。1934 年，海德里希阐明了他手下人员处理“犹太人问题”的途径，其中用到了强烈的类比，不顾长久以来就对此进行谴责的世界舆论：

> 犹太人的生存条件要受到限制，这一点不仅是从经济角度而言。德国必须成为对他们而言没有未来的国家，在这里残余的老一代人当然必须死去，同样年轻人在这里也无法生存，以便让移民的刺激仍然显著。“喧嚣的反犹主义”方式要被摒弃。人们无须用左轮枪来打老鼠，而是要用毒药和毒气。国外政治的破坏与局部成功没有关系。

保安处放弃了反犹的流氓行为的说法并不完全正确，1935 年柏林的主要商业街上还时有发生。在也许是埃希曼写于 1937 年的有关“犹太人问题”的冗长的备忘录中，使用这类暴行在犹太人群中散布存在危机的做法得到了明确的认可。有趣的是，其作者还加上了这样的评论：“尽管这种方式并不合法。”

这群年轻人的一个重要任务就是为德国犹太人查找合适的海外移民目的地。值得注意的是，他们认为纳粹的反犹宣传已经失败，认为德国民众中的重要成分，主要是前左派、乡村天主教徒和地主与陆军军官，都或者公开同情犹太人，或者继续与他们开展商业往来。他们的想法转向合适的目的地。他们鼓励犹太人移民巴勒斯坦，直到外交部和英国政府都对未来可能疏远阿拉伯世界心生恐惧。其他的目的地或者正被关闭（巴西和南非于 1937 年，意大利于 1938 年），或者像美国那样，对移民人数有严格的限额，德国犹太人迅速超过了这个限额。考察过各种选择方案之后，保安处专家感觉哥伦比亚、厄瓜多尔和委内瑞拉诸国非常贫困，移民那里不太可能造成政治危机。

与保安处的犹太移民计划同时开展的还有高级别处理当时这一国际难民问题的努力。1938 年 7 月，在罗斯福总统提议下，32 个国家的代表在埃维昂来班皇家酒店会面，商讨解决这些问题的途径。令德国人紧张的是，瑞士代表坚持此次会议在日内瓦湖法国一侧召开。代表们花费大量时间讲述了国内的困难，以证明无法再容纳新的移民。美国代表将移民限额和英属巴勒斯坦问题排除于探讨话题之外。澳大利亚代表不谈“难民”话题，反而直言不讳地说起一个不同的“种族”。只有多米尼加共和国拉菲尔·特鲁希略的代表提出可以接纳犹太人，这在一定程度上是政府以低廉成本解决国内土地问题的堕落伎俩。无人谴责那个该为“难民”问题负责的政府。此次会议取得的一个微小成就是建立了一个由乔治·鲁布利领导的政府间委员会，其职能是让 50 万人离开德国，同时确保接纳移民的国家移民限额不被超过。

1938 年 12 月，希特勒派遣亚马尔·沙赫特前往伦敦，与鲁布利进行谈判，计划首先让 15 万强壮犹太人在三年内离开德国，然后他们为另外 20 万贫困犹太人的移民提供补贴。日内瓦湖畔各国需要为此分摊费用，因为德国认为犹太人手中的 600 亿马克属于自己的财产。这一数字中的 25%要以信用形式扣留，直到对德国出口的抵制被取消时再行支付。身在国外的犹太人——被迫按照纳粹宣传的“国际犹太人”形象行事——被迫拿出同样的数额，以支付旅行和安置费用，一笔贷款以从德国持有的信用中购买德国商品的形式偿还。犹太资本剩余的 75%将会加给德意志帝国，因为无需使用这笔钱来保障国内犹太人的生活。鉴于此类提议当中令人透不过气来的玩世不恭，还有日内瓦湖畔各国显然既不情愿冒犯德国，又不愿接纳犹太难民，对此的谈论令人惊讶地逐渐销声匿迹。日益绝望的人们走上了危险的旅程，穿越西伯利亚来到战火纷飞的上海，或乘坐锈迹斑斑的轮船漂洋过海在古巴、墨西哥或巴勒斯坦寻找不确定的避难之所。英国许可儿童和家庭女佣进入，以缓解中产阶级家庭的困境，同时与阿拉伯各国合谋防止在巴勒斯坦建立犹太民族家园。

后来保安处人员意识到，移民还有其他预先注定的制约。虽然富人、儿童和年轻力壮的男人大批离开德国，但老年人、妇女和穷人仅仅在国内移居，从脆弱的乡村飞地迁移到小城镇或大城市中相对隐蔽的区域。纳粹自己造成的这个问题，在 1938 年 3 月奥地利与德国合并，带来 19.5 万名犹太人进入新的大德意志帝国时变得更加复杂，这些人当中有 17 万生活于维也纳——当时世界上的第六大城市犹太人口聚居区。

德奥合并加剧了纳粹反犹政策的效果，因为和被遣返后归国的人们一样，奥地利德国人的凶残经常超越了他们北方的兄弟。最明显的是，德奥合并意味着纳粹 1933—

1938 年 3 月期间努力驱逐犹太人的任务又回到了原点。1937 年失业率仍保持在 35%，即 67 万人，这时的前奥地利共和国仍深陷于经济危机当中，而此时德国刚刚从经济危机中复苏。两国经济的任何结构性合并都需要在不损害德国的情况下稳定奥地利经济。反犹主义在奥地利也有长久的历史，偶尔体现在政党当中，经常受到罗马天主教会的煽动。这些问题一并而来。

先前非法的奥地利纳粹分子猖獗横行，维也纳的反犹情绪更加狂妄，这样公共治安和平稳移交都遭到威胁。1934 年英国代表委员会主席内维尔·拉斯基在奥地利旅游之后总结说：

> 奥地利人民贫困。奥地利职业阶层非常沮丧。寻找工作的中下阶层年轻人就好像年轻的纳粹分子——满怀希望而来，彻底失望而去。我问……除泛德之外奥地利纳粹分子还代表着什么。得到的答复是……局面不会变得更糟，许多奥地利人希望能以某种形式最终并入德国，作为奥地利的纳粹就等于有条件取得一份工作，成为纳粹分子就是成为乐观者。

他们的这一天终于来到。

伴随着轰鸣敲响的钟声和“灭亡吧犹太！”的呼喊声，维也纳人向犹太人扑去，甚至当时摩托化的德国国防军还未赶到。一群群犹太人被组织起来用指甲刷和牙刷清扫街道，仅仅是为了让他们的上流社会邻居们取乐，这帮人自己却忙于在墙上涂抹“犹太猪”“复国主义者”和“犹太母猪”这样的丑化标语。犹太著名女演员被派往冲锋队军营清扫厕所。在下奥地利，清扫工作迅速变为疏浚运河和修筑道路的艰苦劳动。汽车被没收，企业遭到洗劫，犹太人家中的贵重物品也被一抢而空。1938 年底，据估计已有 4 万个家庭被“雅利安化”，犹太人被赶进拥挤肮脏的环境中，这被方便地用来证明纳粹所宣传的犹太人与卫生的关系。据估计有 2.5 万名“行政专员”或在当地纳粹党的要求下，或出于个人意愿，立即开展关闭犹太人企业的活动。

在下列例子中，看看当窃贼开始争吵时发生的情况，对我们很有意义。约瑟夫·比恩是一位 64 岁的犹太皮货商，他在西站附近的玛丽亚希尔费大街上开了一家生意兴隆的皮货店，经常有游客光顾。作为陆军老兵，他曾在喀尔巴阡山脉作战时肩颈负伤。1938 年 7 月，一个名叫卡尔·科拉里克的皮货商同行向他宣布他是这家商店的新“行政专员”。于是他每天到访，并在每个星期六都从钱柜中取走 50 马克，直到比恩每星期为他支付 75 马克的“工资”。科拉里克就比恩的商业行为写了报告，除了没提他自己染指钱柜的事实外，报告取得了良好效果。另一个名叫安东·朱利奥的皮货商同行也于此时出现，询问比恩是否有意出售这家商店。朱利奥不接受否定的回答，采取强迫手段让比恩转让该店。最后朱利奥并未成功，这块肥肉落入了名叫爱德华·惠什尼克的第四个皮货商手中。

1938 年 11 月 10 日，当地纳粹分子洗劫了比恩的皮货店。他们拿走了 3400 马克现金和价值 2 万马克的存货。充满怨气的专员科拉里克赶到现场，临时关注起比恩的案子。他甚至代表比恩的员工进行干预，因为他们曾被拖欠工资。参与抢劫的一个纳粹分子曾受雇于惠什尼克，而惠什尼克本人似乎清楚被偷物品藏于何处。然后这家皮货店被转让给他。但接下来惠什尼克竟然愚蠢地开始出售店中显然是被偷走的那些存货。消息传出说他用 2300 马克买了这些赃货。他自己还把当时售价为 750 马克的大衣卖价定为 140 马克。虽然惠什尼克在形式上不具备接管该皮货店的资格，但无人可以阻止他。比恩被禁止进入他从前的店铺。

1938 年 5 月，在两名奥地利纳粹分子——瓦尔特·拉夫斯贝格和汉斯·菲施博克——指导下，开始建立中央控制机制，参与其中的还有德国经济学家鲁道夫·加特尔，他曾写过的关于事态预测的论文发表于哈佛大学；还有来自汉堡的瓦尔特·埃梅里希，他的兴趣在于将维也纳作为“通往东南欧的门户”。这些人从维也纳制鞋工业开始，系统性地清算了犹太人所有的手工业、制造业和服务业部门，主持了残余部分的现代化和重新分配。其他人员，在威廉·开普勒的庇佑下，着手对大银行和大规模工业企业进行合理化改造。他们的集体劳动成果可以从显示奥地利经济“去犹太化”的无数张表格和图表中看出。当谈及粗暴而迅速地对待犹太人时，这些人可以对原帝国的德国人指教一二。

鉴于奥地利反犹主义持续疯狂，大量的维也纳犹太人绝望地离开了国家。然而，移民法律程序涉及多个政府部门中的数十道手续，结果导致人们排起长队，吸引来如同苍蝇般的敲诈者和官僚，他们为宝贵的橡皮图章或签名索取贿赂。换言之，移民手续腐败而缓慢，而此时他们还没有开始与复杂的外国领事馆与大使馆打交道。埃希曼被派往维也纳监督犹太人组织，他从这里看到了能够以使自己权威和升职可能性最大化的解决问题的机会。

饱受困扰的犹太人社区领袖求助埃希曼来简化手续，还请求允许通过接触共同分配委员会获得资金援助。埃希曼不至于过度骄傲以致忽视他的受害者提出的好办法，于是他看准机会建立了“奥地利犹太人移民中央办事处”，并把它牢牢抓在手中。不久他将该办事处搬到了欧根王子大街上的罗斯柴尔德故居。他招来了更多职员，这些人都是 25~30 岁的原体力劳动者，都曾有过失业记录，全部是奥地利纳粹党员。他们从领取救济的长队中走出，身着黑色制服神气活现地出现在罗斯柴尔德故居，这帮人对经过他们面前的犹太人肆意谩骂，系统掠夺，如同伏案工作的强盗。偶尔他们也用随机的审讯打破填表的沉闷。如果像“职业？”这样的问题得到了“我是犹太骗子，一个恶棍”的回答，那么这个移民申请者就会得到一句嘲讽的“好极了”，从而免去迎面打来的一拳。根据 1938 年 11 月 21 日的进程报告，埃希曼夸口说每天有 350 名犹太人通过他的办事处离开奥地利，总人数被过分夸大以便让他的柏林上级铭记在心。埃希曼的办事处是犹太人最后一个停泊点，但绝不是让他们赤贫化的唯一一个官方机构。一个尚未解决的问题是移民会不可避免地导致残余的贫困犹太人日益无产阶级化。奥地利再次成为典范，尽管事件的发展要在此产生更加邪恶的转折。

大迫害

正当埃希曼等人在维也纳不知疲倦地工作时，德国与奥地利的纳粹党流氓与恐怖元素，在国家领袖的合谋与明目张胆的鼓励下，也即将超越他们之前的过分之举。在某种意义上，1938 年 11 月的“帝国水晶之夜”是街头暴力一个周期的终结，尽管它矛盾地为更加系统、更加恶劣的行径铺平了道路。激情驱动的狂热暴力随着形势的转变可能逐渐消失，冷冰冰的官僚暴力成为一种全职的职业选择。

此事的借口——并非起因——是抗议 17 岁波兰犹太人赫舍尔·格林斯潘在巴黎利勒路枪击德国大使馆使团秘书恩斯特·冯·拉特。根据众人的描述，受害者出生于有教养的贵族家庭，他对纳粹主义不温不火。谋杀他的人是“东方”犹太人，正如我们所见，他们在偏执而恐怖的纳粹心里占据一个特殊位置。“东方犹太人”不仅是犹太人，而且来自“东方”，来自落后、未开化而有威胁性的未知地域，淹没在数不清的蒙古人、波兰人、俄罗斯人和犹太移民当中。

多数德国犹太人对拉特的遇刺深感遗憾。此事由 1938 年 3 月开始的一连串事件引发，当时波兰政府极力遏制犹太难民在德奥合并之后逃离奥地利的狂潮，导致数千名生活在国外的波兰人，包括在德国居住的 5 万波兰犹太人无家可归。一定程度上为了超越疯狂反犹的国家民主党（或恩德克党），波兰的后毕苏斯基政府在呼吁将犹太人驱逐到贫民窟的同时，容忍了恩德克党的联合抵制与迫害，政府自身也试图将犹太人排挤出商业、医疗、法律和大学之外，同时寻找将犹太人重新安置于巴勒斯坦或马达加斯加的外交途径，这正是纳粹分子玩弄的手段。波兰国内犹太人的命运极端凄凉，因为他们被夹在两个反犹政权的中间。10 月，德国当局聚集了 1.7 万名犹太人，并使用暴力手段迫使他们越过边境，由于波兰人拒绝让他们入境，这些人被推入两国之间的无人之地。被放逐者当中包括赫舍尔·格林斯潘的父母和两个妹妹，他们孤立无援，无家可归，暂居巴黎。来自妹妹的令人焦虑的消息，再加上他了解到的德国事件，使格林斯潘产生了法国调查者后来记录下来的心态：

> 我……因爱我的父母，爱我的那些受到残暴对待的人民而行动……毕竟，做一个犹太人并非罪行。我不是狗。我有权利生活。我的人民有权生存于这个世界之上。

11 月 7 日，格林斯潘求见德国大使，却被带到了被他击中五枪的恩斯特·冯·拉特面前。拉特不是纳粹。正当他生命垂危之际，纳粹的宣传机构开始运转，将此次刺杀行动解释为国际犹太人的阴谋，并将之与 1936 年威廉·古斯特洛夫在达沃斯遇刺事件联系起来，古斯特洛夫是瑞士纳粹头目，刺客名叫大卫·法兰克福特，是一个南斯拉夫犹太学生。1936 年 2 月，希特勒在古斯特洛夫葬礼上的演说也许还算“温和”，但值得注意的是他觉察到了刺杀事件背后的犹太人阴谋：

> 组织这类犯罪的无形的手还将继续妄为。现在，为这些事件负责的那一方终于现形……这样以武力杀害我党同志，不仅是针对德意志人民发动的疯狂战争，而且是针对每个自由、自治和独立的民族发动的战争。我认为这就是宣战，我们会做出回应！我亲爱的党内同志，你不会白白死去！

希特勒当时想到的计划，如对德国犹太人强征报复性税捐，开始随着经济与外交政策的考量，包括即将在加尔米施帕滕基兴开幕的冬季奥运会，有所缓和；此刻又伴随仇恨而复苏。相信阴谋论的人们可以轻易让南斯拉夫人与德国人，或波兰人与奥地利人和解，只要作恶者与受害者同属于犹太人群体。各大报纸头版刊登拉特的不幸，明确地将他的遇刺与两年前古斯特洛夫事件相提并论，当时的气氛如同暴风雨前的闷热。11 月 7—8 日，在黑森和马格德堡-安哈尔特部分地区，爆发了丑陋的反犹示威。在罗滕堡和巴德黑斯费尔德，犹太教堂遭到洗劫和捣毁。海德里希收到来自卡塞尔盖世太保的一份有关 1000 多名暴民在该市横行无忌的报告后，未加任何评论就将之转交帝国总理府的汉斯·拉默斯。11 月 9 日，外部的活动分子与当地纳粹分子共同出现，用煽动性演说激发众人的情绪。这里显示了底层自发的燃烧，用巧妙的行动和精心雕琢的语言，就可以被煽动为全国性的烈火。

恩斯特·冯·拉特于 11 月 9 日下午 4 时左右平静地去世，但他的死恰逢纳粹日程上一个标志性的事件，即庄严纪念那些死于 1923 年 11 月 9 日未遂暴动中的烈士。如前所述，在这一天纳粹的“老战士们”与他们的元首在“同志情谊之夜”共聚。人们可以想象当时的气氛，在自以为是地对发生于巴黎事件的愤怒，与共同回顾使用皮靴、拳头、瓶子和刺刀对待反对者的最近过去的岁月之间来回摆动。两个主要演员是希特勒和戈培尔，戈培尔的日记最近在莫斯科浮出水面。希特勒急切地与戈培尔窃窃私语，批准延长示威，阻止警方干预，并命令逮捕 2 万~3 万名犹太人进行报复。然后他匆忙离开旧市政厅，似乎想与他刚刚授权的事件摆脱干系。

这才仅仅是开始，尽管这是非同寻常的开始，因为它让一群人就它们之间的事件展开了公平游戏。人们的想象力可以填补介入其中的强烈情感，在德奥合并和慕尼黑协定之后，这一情感可能爆发出残忍暴力，而且不会受到严惩。这些人本身有侵略性，又要复仇，他们实际上热烈地谈起一次大迫害。戈培尔此刻已有数周不被希特勒看好，因为他与捷克女明星丽达·巴洛娃保持着不正当关系，希特勒认为，只有他结束这种关系，戈培尔才可能有政治前途。当晚 10 点，戈培尔发表了反犹的激烈长篇指责，结束时号召针对犹太人展开复仇。集会的纳粹党和冲锋队领袖开始慌乱地打电话——“人人都奔向电话机”——从莱茵霍夫酒店打给各自的地区，传递他们对大会的印象、建议，在某种情况下，还直接指使展开谋杀行动。随着电话指示向指挥链条层级的下方传递，就涉及更多的野蛮行径的表达，这样就导致了威悉蒙德 411 冲锋队旗队在莱苏姆杀死 3 名犹太人。

说这些事件中“缺乏协调”，可能事实上不错，因为每个地区的执行方式千差万别，但这种说法淡化了充满强烈情绪的场面，并暗示着临时行动与坚定意识形态之间不可调和。当戈培尔回到下榻酒店之时，天空已被火焰映成“血红色”。尽管戈培尔是直接煽动者，但当普鲁士财政部长波比茨告诉戈林作恶者应受惩罚时，戈林回答说：“我亲爱的波比茨，你想要惩罚元首吗？”当戈培尔于 11 月 10 日在意尚餐厅向希特勒汇报时，他注意到“他［希特勒］的观点非常激进而有侵略性”。他想让犹太人承担损害赔偿，并逐渐没收他们的企业。显然希特勒不仅是在主持，而且已经超前行动。至此大迫害似乎让党卫军领袖大吃一惊，尽管希姆莱和海德里希迅速恢复了正常。海德里希从四季饭店酒吧仓促赶往摄政王外大街希特勒公馆，希姆莱在此指出是戈培尔主持一切。在接下来的电话交谈中，海德里希指示盖世太保和保安处要发挥作用，要去害谁，谁不能害，并指示尽可能多地扣押成年男性犹太人，最好是富人。有证据显示，党卫军提前做好了行动准备，此次大迫害为他们推进既定议程提供了绝佳借口。为了逮捕并拘禁 2 万~3 万人，需要进行大量的准备工作。

来自德国与奥地利不同地区的几个例子证明，此次大迫害的形式千差万别，有悲剧，有闹剧。在慕尼黑聚集的纳粹头目包括蒂罗尔地区长官弗朗茨·霍费尔，他给因斯布鲁克的下属打电话，通报消息说“一个或几个犹太人被杀无关紧要”。他在 11 月 10 日凌晨 1 点回到因斯布鲁克时，与警察、冲锋队和党卫军头目会面，当时值得注意的是在这个不太可能的时刻大家竟能聚集开会，这些人更像帮会，而不是警察和政客。另一个巧合是在午夜时分党卫军在因斯布鲁克阿道夫希特勒广场举行入会宣誓仪式。党卫军连长们同党卫军少将汉斯·冯·法伊尔会面，法伊尔本人刚刚结束与霍费尔进行的密谈。党卫军老兵接到命令换上平民服装，等待当地雅利安化全权代表下发犹太人黑名单。被挑选参加此次大迫害的都是意识形态狂热分子，他们在陶尔斐斯和许士尼格执政期间都曾因纳粹活动而被长期监禁。其中有的人是恶名昭彰的“T组”成员，在德奥合并之前专门谋杀政治反对派。从社会角度而言，这伙人中有屠夫之子、拳击手和滑雪教练，还有因斯布鲁克学生兄弟会领袖苏埃维亚。这些人把参与此次行动当作“特别荣耀”，即使他们当晚所为让他们中的个别人感到恶心。然后法伊尔把这些小队派往一个特别街道，他们在这里“将以最小的噪音屠杀”指定的三个犹太人家庭的男主人，而屠杀者个人对被害者也相当熟悉。第一个受害者头上被砍了三刀，并被用煤铲毒打。第二个受害者背后被党卫军匕首刺中，第三个被刺中后，被用手枪砸死。另一个谋杀小队将受害者从位于克拉纳比滕的家中绑架出来，用石头将他砸死，然后将尸体扔进酒馆。

在平静的威斯巴登，三名冲锋队员坐在主火车站的候车室内，等待他们的旗帜从慕尼黑返回。和因斯布鲁克党卫军人一样，这些人也碰巧在多数人都沉入梦乡之时在这里聚集。凌晨2点，他们收到克拉夫特准将的电话，命令他们换上平民服装捣毁当地犹太教堂。收拾停当之后，他们驱车前往吕德斯海姆，将车停在远离目标的地方，打发被他们吵醒的犹太教堂看门人去睡觉，然后他们破门而入，将5升汽油倾倒在他们尚未掠夺的家具陈设之上，然后用纸点燃，汽油燃烧时发生意想不到的爆炸，几乎把他们自己烧死。当地警察毫无作为，尽管找到了一条线索：一张写着“慕尼黑冲锋队高级领袖”的字条，这是连白痴都不会错过的。纵火者技术拙劣，当地人很快将火扑灭，结果第二天另一伙人重来，将犹太教堂烧毁。

这场被冠以“帝国水晶之夜”之名的大迫害不仅凶残，而且是毫无心计、充满仇恨的暴民掠夺并破坏生活优越于他们的家庭的机会，这一事实恰好符合德国犹太人群体广阔的社会经济背景。他们在偷窃现金、照相机、珠宝等东西的同时，捣毁了任何不易拿动的东西——划破名画，砸碎家具和钢琴，用大锤砸烂大理石和瓷器。还有的人完全就是小偷，让同伴在外放哨，自己风卷残云地满载战利品从后门溜走。一个冲锋队成员被指控抢劫了乌辛根的一家布店，调查发现他偷窃了四件套衫、两块床边地毯、三套西服、一件大衣、一卷布、四条缎子床罩，能做12个枕头、五对支架、五条吊带、三件夹克的布料、一条蓝色羊毛地毯，还有一辆自行车。每个小贼都发现了作案机会。一个来自科隆的行骗者、小偷，在杜塞尔多夫酒吧和妓院流连忘返，现在决心通过加入冲锋队袭击一家犹太人住宅，并威胁索要50马克，以弥补他挥霍的金钱。这也是年轻人追逐并拳打脚踢老年受害者的机会，受害者当中还有妇女，此时孩子们已被枪口吓坏。在某些地方，犹太人遭受的公开侮辱是被迫脚踩他们的晨祷披巾，高声朗诵《我的奋斗》，还要高唱纳粹的《霍斯特·威塞尔之歌》。在上西里西亚博伊滕，犹太人被迫在熊熊燃烧的犹太教堂门前站立数个小时。在这场大迫害之后斗胆走上街头的犹太人，有时会受到成群的恶毒孩子们的追逐，他们用棍子在犹太人的腿上乱打，向他们吐痰。

据估计，约有 7500 家企业遭到破坏或损毁。一位柏林犹太社区工人描述了库坦大街上的场景，说这使他想起了战区。暴民用撬棍撬开了铁百叶窗。在办公用品店，他们砸毁了笨重的计算器和打字机，费尽心机地撬掉每个按键，用打字机的红蓝色带给店铺挂彩。在男装店，每件外套和西服上衣都被切去了袖子，或被用刀划开。这是专门的破坏。在法式蛋糕店，蛋糕和馅饼被甩满墙壁，浸在酒中的碎玻璃铺满地。汽车被迫绕道，以防玻璃扎破轮胎，行人都走到路中央，以避开人行道上的残片。1938—1939 年，英国出生的爱尔兰作家胡伯特·巴特勒为维也纳贵格会“教友中心”工作，帮助犹太人完成移民手续，并往返玻利维亚、墨西哥或秘鲁大使馆帮助他们取得签证。一天，他沿着普拉特大街朝普拉特游乐场走去。他写道：“这条街上一定有许多家犹太人店铺，因为一路行来，在遭到洗劫的店铺前面残存的窗玻璃上都涂抹着‘去达豪康复’，空气中充满了挑动我们最卑劣情感的战争必定引发的无端仇恨。”

作恶者受命捣毁国内所有犹太教堂。在魏玛时代和纳粹政权初期，曾出现过对犹太教堂的零星攻击，特别是假如其建筑具有明显的东方风格的话，而这一风格是犹太群体先前的统治者强加给他们的。犹太教堂是旧时民间恐惧的对象，它招惹麻烦如同磁铁吸引铁屑一样。宗教仪式被催泪弹打断，窗户被砸破，有时在教堂入口处还竖起了绞架，其用意不言而喻。1938 年，纳粹当局发现阻碍交通是摧毁这些精良的古老建筑的有用借口。慕尼黑赫尔佐克-马克斯大街上的主犹太教堂于 1938 年夏天被摧毁，名义是改善该市的交通状况。同年 8 月，纽伦堡汉斯-萨克斯广场上的老犹太教堂也被摧毁，理由是这个“非德国式的、东方的建筑”破坏了该城半木建筑的中世纪特征。1938 年 11 月 9 到 10 日的事件完全不同于随意性的破坏。

在维也纳，当地版《人民观察家报》在刊载该城犹太教堂和祈祷处地址之后数日，这些地方就遭到摧毁。一伙伙暴徒，手持斧头、撬棍、大锤和汽油罐，破门而入，砸烂家具纵火。价值不可估量的物品，包括上帝话语的文本，都被撕毁，付之一炬。此时消防队员并不活跃，他们收到命令，将水管架在临近建筑的屋顶或墙上，限制火势蔓延，并不救火。无名“专家”出面，就如何在不扩散火灾的情况下将犹太教堂整齐地烧毁提供咨询。对某些作恶者而言，这场大迫害是他们想要重复的激动人心的经历，一场释放野蛮激情的狂欢。1938 年 11 月 11 日，党卫军奥珀伦分部在向布雷斯劳发送的报告中，记载了如何在上西里西亚的犹太人中制造混乱，焚烧了奥珀伦、卡尔斯吕赫、兰茨贝格、罗森堡、施特莱利茨、托斯特、佩斯科维采、格莱维茨、兴登堡、博伊滕、朗根多夫、拉蒂博尔、特罗堡、格武布奇采、雅格恩多夫、诺因施塔特、祖尔茨和科泽尔等地的犹太教堂。报告说："所有这些行动的执行者都是党卫军。冲锋队未做出任何重大贡献。"报告中还对士气作出评价："所有长官和士兵都对参与行动感到万分高兴。此类命令应该更经常下达。"

党卫军也以机构形式参与了迫害，因为在党卫军的集中营内短期拘押了3万犹太人，目的仅仅是对他们进行恐吓，迫使他们仓促移民。如此大规模人员的抓捕、转运和监禁是重大的后勤行动。对受害者而言，则是完全的恐怖经历，他们被扔进一个由铁丝网、瞭望塔和机枪围绕的陌生世界，这里极端残暴的看守得到鼓励，可以为所欲为。西格蒙德·韦尔特林格回家接女儿上钢琴课时，发现一名盖世太保警官坐在家中。他被逮捕，用火车穿越柏林北部郊区，送到萨克森豪森集中营。在黑暗中下车，犹太人遭到羞辱，被脚踢，被枪托打。集中营指挥官向他们介绍一套赤裸裸的规章：

> 你们在这里是为你们的波兰同志格林斯潘犯下的懦弱的刺杀行为赎罪。你们必须在这里做人质，这样世界上的犹太人就不会再展开更多谋杀行动。你们不是在疗养院而是在火葬场。党卫军发出的任何命令都必须遵守。如果党卫军愿意，他们可以枪毙你们。我们的孩子们都是神枪手。妄图逃跑毫无意义。营院周围的铁丝网都通了电，触者立死。所有逃跑者都将受到枪击。为了生存，你们必须劳动。我们确信你们通过劳动会把啤酒肚减掉的。

在阅兵场站立一夜后，犹太人被剥去衣服，夺走贵重物品，剪发，穿上非人性化的绿白条纹制服。然后又在阅兵场上集合，"穿着这些，我们无法再认出彼此"。马克斯·摩西·珀尔克被送到魏玛附近的布痕瓦尔德。在车站隧道内面壁数小时后，卡车将他和同伴们送往集中营。被迫去阅兵场上再次站立数小前，囚犯们遭到了党卫军夹道的鞭打。夜晚，2000人被塞进一幢营房中的五层床上，营房长50米，宽10米。单个人也遭殴打，被打死后就说自杀身亡。上集中营的厕所非常危险，有些人不幸落入三米深的粪坑中淹死。发疯者或癫痫发作者会因"抵抗"被枪杀，而那些有着特殊饮食需求的人们，如糖尿病患者，也只能等死。

大迫害与对其受害者的抓捕风潮，遍布德国和奥地利的每个角落，在某些地区直到11月13日才逐渐告一段落。在那几个日日夜夜，仅维也纳一地就有约680名犹太人自杀，迫害事件对犹太人心理上造成的冲击由此可见一斑。这些事件让人们对犹太人遭遇的迫害形成某些观点，即使他们在睡梦中度过了11月9日、10日的夜晚。人们因以普适的正派、人道主义、基督教、法律和秩序为基础的现存的道德价值观念，以及私有财产不容侵犯，或给青年一代造成的恶劣影响而做出回应。

在中产阶级和上流社会当中，人们因文明国家会出现此类场面而感到羞耻、尴尬，人们鄙视需要对此负责的流氓暴徒。前驻罗马大使乌尔里希·冯·哈塞尔在他连续数日的日记内详细探讨了这次迫害。在“千钧重负”的情感压力之下，哈塞尔在日记中提到国外恶意的回应与基于“最卑劣的本能”的“丑恶迫害”，揭示了现政府应对事件最终负责。近一个月之后，哈塞尔仍感到“一种自 11 月［大迫害］事件以来一直压在一切正派和有良知的人们心头的愧疚。其他的话题无人谈起”。甚至许多纳粹领导人，包括那些负有责任者，“都私下谴责这次暴行”。哈塞尔注意到国外评论家将“需要为这类行动负责的人员和组织”区分开来，群众自发地因拉特遇刺引起的激愤舆论骗不过任何人。这种野蛮暴行竟然会在文明国家内发生带来了普遍的耻辱。人们想到这一点就害怕此次暴行将严重影响德国的国际形象。

来自纳粹党内部和外部的证据都显示，德国舆论的大部分，尤其根据保安处报告，在西南部的罗马天主教区域，都对这次大迫害充满厌恶情绪。这在一定程度上是因为纳粹对罗马天主教会的攻击公开演变为对有着同根同源信仰的人们的袭扰，还因为“爱你的邻居”的传统被证明强于将其杀死的煽动。纳粹的反犹主义似乎与纳粹的反教会和新异教主义密不可分。在信仰罗马天主教的德国人当中，有人真正害怕自己会成为纳粹的下一批牺牲品。这种恐惧并非没有理由，因为暴民在没有犹太教堂的区域，有时会抢劫天主教会财物，决心对任何显示神圣存在的事物犯下暴行。尽管根据保安处报告所说，在乡村新教地区，抗议之声最小，但也有新教牧师个人用令人置疑的方式发表抗议。1938 年 12 月，一名新教牧师致信希特勒、戈林和戈培尔，并在信末署名：

> 今年 11 月 9 日当天及后来在我国人民当中发生的事件迫使我采取明确立场。虽然我无法忽视犹太人针对我们祖国犯下的罪行，特别是刚刚过去的几十年内；虽然我无法否认我们有权逐步温和地针对犹太人展开行动，但我决不会为今年 11 月 9 日当天及后来针对犹太人采取的过分之举（细节毋庸赘述）寻找理由，我满怀羞愧对其谴责，这些事件是德国人美名上的一个污点。
>
> 首先，我作为新教基督徒，毫不怀疑开展并容忍如此的报复行动将引发上帝对我国人民和国家的震怒。正如以色列因为最早抛弃耶稣基督而被诅咒并受到审判一样，同样的诅咒也会降临到每个以同样方式和同样手段拒绝耶稣基督的国家。
>
> 作为每日为人民和他们的领袖向上帝祈祷的基督徒，我已说出一个迫切的愿望。愿上帝倾听我的声音，希望这不是有关此事的唯一一个声音。
>
> 顺致敬意。
>
> 埃里希·克拉普罗特
>
> 牧师

自由派中产阶级也对这次大迫害表示不齿。在斯图加特，自由工业家罗贝特·博施和他的常务董事汉斯·瓦尔茨为犹太非法移民提供资金，并向一家荷兰银行转移50万马克帮助移民渡过难关；两人都曾活跃于反犹防御联盟。普遍而言，中产阶级人民并不偏爱纵火、偷窃或非必要的暴力。有些人真正忧虑这给年轻人造成的恶劣影响，还有人在犹太人经历动荡的日夜中积极为他们提供救助。1939年初，一位给流亡社民党人发送报告的中产阶级萨克森记者提到，他所认识的一切人，无一例外地都对这场大迫害深表厌恶。他们当中的某些人，包括高级公务人员，都竭尽所能保护犹太人，将他们藏于家中，或协助他们尽快移民。他们不接受纳粹邀请参加社交活动，从而使自己疏远纳粹分子，纳粹分子在这些场合经常尖酸刻薄地谈起这些缺席者，谈起戈培尔是这次大迫害行动的始作俑者。这些圈子的一个共同担心的重点，就是随意破坏财物要求保险赔偿，或者说破坏行动与公众关于回收利用沙丁罐头或牙膏皮的呼声有利可图地发生巧合。保安处还注意到“许多人相信他们必须公开支持犹太人……人们起来支持遭受压迫的犹太人”。报告显示农民、工人都没有给犹太人提供任何支持。

在公开谴责盛行的气候之下，帮犹太人说话或对其展开积极救援都需要极大勇气。而人们偏偏这样做就足以驳斥德国偏执狂式反犹的观念。博伊滕的一个银行经理因为公开谴责此次暴行，受到侍者的揭发，结果获罪入狱。一对中产阶级母子忧心忡忡地帮助一个犹太店主清扫她被捣毁的店铺，就被当地报纸公开中伤为“脆弱的情感”和是非不分的“人道”：“在这个问题上只有一种真正的人道：清除这个世界性瘟疫。”

如果说这次大迫害的事件明显咄咄逼人，那么随后的法律措施就有更加普遍的意义，因为犹太人被系统地贫困化，并被送入党卫军罪恶的官僚机构手中。正如戈培尔注意到的，反犹的仇恨根本没有散去，“整个问题现已向前推进了一大步”。暂时缓和了他们更加笨拙粗野的追随者的嗜血欲望之后，纳粹领袖在此期间通过他们的社会报告发现广大德国人民并不喜欢公开暴力，于是又重新实施合乎法律形式的迫害。

正当被焚烧的房屋余烬还在冒烟时，戈林在希特勒的公开指示下，作为“四年计划”的最高权威，于1938年11月12日主持了一场有大约100人参加的会议。大迫害之后，保险和玻璃的问题令纳粹分子如坐针毡。平板玻璃需要从比利时进口。实际上德国需要购买比利时年产玻璃总量的一半来修复几天前行动造成的破坏，估计需要花费相当于30亿马克的外汇。接下来出现了德国保险公司的诡计，他们或者对犹太人企业承保，或者让外国保险公司为自己担保。据估计与这次大迫害相关的保险金额为22500万马克。这种困难被用《恢复街头局面法》加以解决，旨在让受害者自己对暴民造成的损害做出赔偿，同时意味着支付的保险金直接进入了政府的囊中。随后又出现了一次性的资本摊派，被称作为“犹太人”刺杀拉特而“赎罪”，包括10亿马克，摊派给资本在5000马克以上的一切资本企业身上。一部《德国经济生活排除犹太人法令》禁止犹太人从事独立经济活动，经营街边商店或从事批发贸易。《使用犹太人财产法》意味着证券全部进入冻结账户，犹太人再也无法自由买卖珠宝、贵金属或艺术品。

虚张声势的会议主席一直口若悬河。戈林对于此次暴行引发的复杂财政与保险问题充满厌倦，甚至说他宁愿杀死 200 个犹太人，也不愿出现这种物质破坏。实际上此次被杀的犹太人不止 200 人，但他似乎没有看到。审视大家一致同意的措施，戈林评论道："蠢猪将不会如此迅速地再犯谋杀案。我必须承认，我不愿当德国犹太人。"考虑到近期爆发战争的前景，他接着说："显然我们德国人首先要确保和犹太人解决旧账。"戈培尔的干涉轻浮而恶毒。他想让游泳池、沙滩、电影院、马戏团、剧场和"德国的"森林都禁止犹太人入内。戈林建议将犹太人圈禁在森林的某一区域，这样可以让他们和那些"与犹太人长得特别接近的动物们"共同生活，"是的，驼鹿就长着鹰钩鼻子"。当时还出现了是否需要在火车上为犹太人专门设立隔离车厢的怪异提议。假如只有一个犹太人要乘坐某一列火车那该如何？他是否能够独占一节车厢？当然不能，因为法律作出了限制："我们会把他踢出去，让他一路都单独坐在厕所里。"

但是，在卑鄙讽刺的表象之下，权力正明显地向别处转移。来自维也纳的汉斯·菲施博克也有讲不完的话，如同想要在班上名列前茅的访问学者。这里根本没有任何自我意识。菲施博克极尽谄媚主动指出："在奥地利，我们早已作出精确计划，元帅先生。"根据他的基于对每个经济部门的研究的计划，在需要被"雅利安化"的 1.7 万家企业当中，只有 3000～3500 家将维持运转："我们以这种方式清除了所有可见的犹太企业。"戈林："了不起！"海德里希特别忧虑犹太人被排挤出经济之后会出现何种情况，特别是应该如何将他们赶出德国。强迫富有的犹太人离开很容易，问题是残余的"犹太暴民"。该问题得到了保守派什未林·冯·克罗希克的回应，他评论说："关键之处是我们不保留整个社会阶层上的无产阶级。与他们进行交易总是可怕的负担。"弗里克："还很危险。"海德里希平静地赞扬了埃希曼在维也纳的"中央办事处"，随口建议在原帝国也建立一个类似机构。由此犹太人的命运进一步落入党卫军的掌握之中。十年之久的移民计划将不可避免地意味着在此期间要供养犹太"无产阶级"。用某种特别样式的制服和标记来区分犹太人尤其必要。他认为没有必要将犹太人赶入贫民窟，因为"那里是隐蔽的罪恶的渊薮和病毒的巢穴"。这是一种有着揭示意义的思路。最好让局面正常持续，"犹太人正受到全国人民警惕的目光的控制"。

纳粹政权让犹太人沿着社会阶梯向下层移动的同时，犹太人的集体命运受到了警察的操控，因为犹太人与穷人（二者日益难以区分）都是天生的罪犯。党卫军的情绪如同面临世界末日。1938 年 11 月 9 日，希姆莱向党卫军将军们发表了年度演说，表达了独特的劝告："在每个地方，党卫军都要成为谨慎、礼貌的榜样，要为其他国民同志进行人道考量。”他乐观地相信反犹主义已被成功输出：“而且，捷克佬也正在反犹，整个巴尔干地区都在反犹，巴勒斯坦地区面对犹太人也不知所措，要不了多久，世界上将没有犹太人的容身之所。”希姆莱将自己的强烈愿望投射到“敌人”身上，认为后者将会“烧毁并消灭”他所说的“反犹主义的源头之国”。他将犹太人从受害者变成进攻者。他请他的听众明确，“如果我们在这场决定命运的斗争中失败，那么一块德国人的保留地也不会留下，每个人都会饥寒交迫，大家会被屠杀殆尽。这会影响到每个人，不管他是否热烈支持第三帝国，只要他讲德语，只要他有德国母亲。”他头脑中想着谋杀，尽管潜在的杀人犯是犹太人。这样的思路无法更改。

“帝国水晶之夜”过去两周之后，1938 年 11 月 24 日，党卫军周刊《黑色军团》在“犹太人，现在怎样了？”的标题下评估了此次暴行造成的新的形势。文章显示对国际舆论的水火不侵，而一年之后的沙文主义喧嚣则几乎将国际舆论完全淹没。强调这一点十分重要，因为人们经常认为战争让纳粹分子为所欲为，而这篇文章显示战争开始前一年，纳粹分子已经毫无顾忌。换言之，草率订下的“战争罪名”有着和战争毫不相关的谱系源头。经验显示文明世界对犹太人冷漠无情，人道主义说辞遭遇限制性的移民规定：

> 罗斯福先生不会，英国大主教也不会，任何杰出的民主外交官也不会把自己心爱的女儿送到油腻腻的东欧犹太人的床上；只是，当德国问题出现的时候，他们突然对“犹太人问题”全然无知，只知道“无辜者因宗教而遭迫害”，仿佛我们曾经关注过犹太人信仰什么或不信什么似的。

人们不再接受这样的信息：

> 今天我们对他们的尖叫作出回应，仿佛这场持续的噪音已经最响。众所周知，人耳只能听见一定振幅的声音。频率更高的声音人们无法听见。世界犹太人发出更高的哭喊声我们已经充耳不闻。

有了“无人可以阻止我们”的力量（狂妄自大天然存在于他们的心态中），现在已到了“彻底解决”“犹太人问题”的时刻。经济隔离还远远不够：“要做的事还很多！”犹太人，更确切地讲，“谋杀者与罪犯们”应被隔离于特别街道和住宅区，让他们无法与德国人接触。人们说犹太人无法劳动谋生，他们将消费自己神秘地未曾用尽的资源，同时富有者会资助贫困者。“依据他们血统决定的本性，他们全都将会坠入犯罪的深渊。”当然，在这里代表德国人民的党卫军，不会冷静面对最后的场景，尤其是因为犹太人会寻求“复仇”。他们不会容忍“一个布尔什维主义的繁育场和包容政治与刑事低等人的组织”；“犹太人的黑社会”需要用“烈火和利剑”斩尽杀绝。这里令人触目惊心的是将犹太人、犯罪、布尔什维主义和低等人混为一谈，这种混淆显然使救世主式的暴力合法化，有意迫使人们因政府的政策而离开，而限制性的国外移民法律，又让这些人无所适从。在希姆莱的演说中，选择的意象有着启示录式的暴力，希姆莱想象如果德国输掉了这场迫在眉睫的斗争，那么犹太人将针对德国人展开屠杀。

大德意志境内犹太人的现实生活和这些恐怖的想象之间形成了惊人对照。如果希特勒、希姆莱、海德里希、埃希曼和他们的同类决定移民不再是理想或可行的方案的话，德国和奥地利余下的犹太人将被隔离于各自家中，或沿着充满敌意的街道狂奔——无法在公园中刷成黄色的专门留给他们的隔离座椅上小憩，他们只能任人宰割。在此阶段，残忍的暴力仍是实现另一目的的手段：强制移民，但在某些范围内，微妙的平衡发生了明显的倾斜，让谋杀本身——此刻还未成为全国范围内的官僚使命——成为目的。

犹太人的极端弱势在其他方面也显而易见。由于日益增多的犹太人陷入赤贫，人们普遍认为他们应被强制劳动求得生存。1938 年 10 月从奥地利开始，劳动部门命令成群的犹太人孤立地从事垃圾场、筑路和街道清洁工作，此前这种强制劳动一直针对的是桀骜不驯的失业者；此后，帝国其他大城市纷纷效法。次年 4 月，新的《犹太人租住条件法》使房东可以将犹太租客赶走，如果能够证明他们在别处有存身之所。这就让市政和地区住房当局能够有效将犹太人重新安置于特定的犹太人区，或带有不光彩的“犹太屋”标志的过度拥挤的房舍内。

1939 年 1 月初，语文学家维克托·克伦佩雷尔正在打印他的简历，准备邮寄给利马、耶路撒冷或悉尼，他称之为“紧急救援呼叫”，常常以冷漠向绝望者致意的大洋彼岸没有回复。强制劳动的日子里，他充满恐怖的空虚，生活日益让他紧张不安，无奈之下他尝试学点英语。他低调地评论道，他去银行需要签的名字是维克托·“以色列”·克伦佩雷尔，而且出版商还调整了书籍的题名，这样，霍华德·斯普林的《噢押沙龙》变成了《亲爱的儿子》，弗雷德里克·莱特的《阿龙·凯恩编年史》被改成《船长凯恩编年史》，附带的免责声明解释说来自《旧约》的基督教姓名在清教主义时代使用频繁。1 月 10 日，克伦佩雷尔细致反思了“德国和西欧犹太人问题”的虚伪矫饰。有必要看一下他是如何理解当时事件的：

> 从至少 100 年前直到 1933 年，德国犹太人完全是德国人。证据是：成千上万具有 1/2 或 1/4 犹太血统的犹太人与“犹太裔子孙”共存，证明了犹太人和德国人

在德国生活的方方面面毫无摩擦地共同生息与劳动。始终存在的反犹主义根本无法证明与此相反的结论，因为犹太人和“雅利安人”之间的摩擦，不及新教徒与天主教徒之间摩擦的一半，同样，也不如东普鲁士人和南巴伐利亚人之间的摩擦，或莱茵兰人和柏林人之间的摩擦。德国犹太人是德意志民族的一部分，正如法国犹太人是法兰西民族的一部分一样。他们在德国生活中发挥了自身作用，绝对不是整个民族的负担。他们的角色很少是工人，更很少是农业劳动者。他们曾是，也仍是（即使他们现在不想再成为）德国人，绝大多数都是知识分子和受过良好教育的人们。如果目前的意图是要大规模驱逐他们，把他们赶入农田，那么这个意图难免失败，并将在各地造成动荡。对于德国或西欧犹太人问题而言，只有一个解决方案：问题制造者的失败。需要另外处理的是东方犹太人问题，因为长久以来，这些人过于贫穷，不渴望文明开化，却涌入西方国家并在此形成了地下阶层，从中形成了强大的向上攀登的群体。这无害于任何民族，因为在血统纯洁的意义上，种族是个动物学观念，这个概念早已不再与任何现实发生对应，甚至要比古老而严格的夫妻之别更不重要。纯粹的或宗教上的犹太复国主义事业是教派成员的事，对大多数人毫无意义，和所有的教派事物一样，这非常隐秘和落后，如同阿姆斯特丹附近的荷兰村庄一样，是一种露天博物馆。现在假如独立的犹太国家被建立于罗得西亚或其他地方，对我而言这就是全然的疯狂。这就等于纳粹让我们回到了数千年前。牵涉其中的犹太人正在犯罪——必须承认，我们必须给他们宽松的环境——如果他们同意进行这场游戏的话。如果西欧移民被完全转变为农业劳动者的话，那么这既荒唐可笑，又是对自然和文明犯下的罪行。回归自然的运动已经被千百次地证明有着反自然属性，因为发展顺乎自然，而倒退违背自然。犹太人问题的解决方案只能从那些发现这个问题的人们的解脱当中寻找。而世界——因为该问题的确牵涉全世界——则被迫做出相应的行动。

数周后，克伦佩雷尔注意到希特勒最近对国会发表的一次演说：“在希特勒 1 月 30 日对国会的演说中，他将所有的反对者都归结为犹太人，并威胁说，如果欧洲犹太人密谋对德国开战，那么他会将之‘消灭’。”根据这则日记判断，克伦佩雷尔并未特别注意这个文明国家领袖的此次异常爆发。许多历史学家也坚持认为这次演说是个“隐喻”。

国会 1 月 30 日开会庆祝希特勒掌权六周年。在两个小时的演说中，希特勒强烈批评了犹太人，说他们恶化了外交局面，还嘲讽民主国家，说德国为它们提供了如此之多的“杰出人物”，它们却不知感恩图报。有影片记录了这一场合，显示希特勒时而表现出他所欠缺的政治家风范，然后重新回到他本质上的匪首形象。在关键之处，他插入了克伦佩雷尔注意到但未加评论的威胁：

> 在我的一生中，我经常是个预言家，我也遭受最多的嘲笑。在我的夺权时期，多数犹太人对这一预言发出嘲笑，即终有一天我会取得德国的领导权，由此取得整个德意志民族的领导权，在众多问题当中，我首先要解决的是犹太人问题。我认为当时的狂笑已经卡在德国犹太人的喉咙里。今天我想再次成为预言家：如果欧洲内外的国际犹太资本家再次让各国卷入一场世界大战，那么结局不会是全球的布尔什维克化，也不会是犹太人的胜利，而是欧洲的犹太种族被彻底消灭。

在某一层面上，这一威胁——带着激情讲出，被报以疯狂的掌声——针对的是国外犹太人，希特勒认为这些人要为美国批评他的政权，以及国际上对英国绥靖政策的日益敌视负责，这种敌视在一定程度上由11月的恐怖景象造成。毕竟，“犹太人”——作为宇宙中恶毒的阴谋家——潜伏于阻挡德国上升之路的一切事物背后。这个威胁可能还意在敲诈西方各国政府，让它们为德国犹太人的移民提供资金，以15亿马克贷款的形式支付，将在10年内通过德国的出口偿还。

但在更深层面上，希特勒正在策划一个潜在场景，假如一场全面战争让他的权力冰消瓦解，1918年的场面重演，出现令整个民族蒙羞的局面。他在设想他还能做什么，以他所采用的预言的模式，将个人责任从可能发生的事件中剪除。他必定会做的就是脱离任何人性制约。这是一个预言：事件不以人力为转移。这次演说的内容和两年后伴随入侵苏联对犹太人展开的大屠杀没有直接联系。但正如菲利普·伯林所说：“通过说出内心目的，他也褒奖了自己，使自己变得强大。”应该指出，他根本没有直接将自己与暴行联系起来。在大规模屠杀成为可能之前，事件必须经历曲折。其他选项必须封锁；国内门槛进一步降低；战时的残暴使情感麻木；迷雾散去露出耀眼的未来，或堕入启示录的期待；编织诡辩使谋杀和正派相容；付出高昂的赌注迎接未来的重大胜利或深重的耻辱。所有这些都没有在1939年1月发生。而且，当袭扰确实开始之后，希特勒曾多次提及此次演说，1942年两次，1943年三次，仿佛这是提前通知将会——而不是可能——发生的事件，如同暴风中的铁锚或参照点。

对希特勒听众当中的某些人而言，这一演说进一步许可了他们加快脚步寻找“犹太人问题”解决方案，手段日益激进极端。在完全没有法律制约的情况下，一旦这些有着内在优越感的人们放任自由，那么尼采以相当的先见之明描述的事情就会发生。1887年，他写道：

> 同样的那些人，受到风俗、尊重、习惯、感恩，甚至更多地受到彼此监督和

同伴嫉妒制约的那些人，在另一方面，他们对待彼此表现出无微不至的关怀、自控、精致、忠诚、骄傲和友情——这些人其实比外部那个陌生、怪异开始降临时世界上那些未被关入笼中的猛兽好不了多少。他们在这里享受社会局限制约着的自由，在荒野他们会为因长期在平静的社区受到封锁和限制而对自己做出补偿，他们要重新回到野兽的心态，作为跃跃欲试的庞然大物，他们离开后就会犯下一连串谋杀、纵火、强奸和折磨的暴行，心中毫无愧疚，仿佛只是一个恶作剧的学生，确信诗人将把他讴歌，并可以进行长久的庆贺。在这些高贵种族的中心，我们不难看到金发的猛兽，高贵的金发猛兽贪婪潜行，搜寻战利品，寻求胜利，这个隐蔽的中心需要不时的释放，野兽必定再次出现，必定重回荒野。

这里的思想可以令厌倦、憎恶资产阶级心满意足的田园诗的人们陷入无限遐想，尽管讽刺的是，官僚、醉汉、疯子和流泪的刽子手及令人毛骨悚然的肮脏现实，也因其平凡与缺乏贵族精神让尼采费尽想象。正如我们开始所说，标记仍然模棱两可，但意图和环境的组合会让狰狞面目清晰显露。

5 “清除昨日思维”：人种改良和“安乐死”

培育最优秀的人？

在 20 世纪 30 年代之前的数十年内，多国的医生、精神病专家、科学家和学术权威都认为工业、城市社会正在造成生物学上的堕落。各个国家都正在遭受日益众多的不适者的破坏，他们一辈辈酗酒、反社会、犯罪，并存在心理缺陷。人们认为他们不健全的“遗传物质”——细胞生物学家奥古斯特·魏斯曼创造该词用来指代基因——而非环境或贫困，是问题的症结。现代医药和福利逆选择性地使这些问题永久化，每项重大科学进步都仅代表一次惨胜。这种担忧并不限于发达工业社会。

从外部看来，一切社会似乎都受到更为多产的民族的威胁，仿佛国家实力在严格意义上仅是国民人口数的问题。法国人畏惧其东部好战邻邦居高不下的出生率；德国人一想到“斯拉夫游牧部落”就浑身战栗。在数个社会当中，人口迁移是人种改良的一个忧虑来源。人种改良主义者担心他们正在失去适合的人群，又担心他们正在得到不该来的人们。在北美，身无分文的东南欧人进入城市贫民区，还有当地“垃圾白人”的多子多孙，让占主导地位的盎格鲁—撒克逊人不胜烦恼。显然是北方的改革者将这些“激进”观念介绍给了教育程度不高的南方人。斯堪的纳维亚人哀叹北欧生活方式败给了北美。为表明此类的忧虑绝不仅限于欧洲，人们还有必要提到日本的人种改良主义者谴责通婚造成了该国的病态，并呼吁清除“不适分子”；在巴西和印度，人种改良也得到广泛关注。

零星的优生学先驱们获得了机构性支持，一个不同于日后的太空种族的“基因种族”开始出现于不同国家的优生主义者之间。世界上首个优生学教授职位于 1909 年在伦敦大学学院确立，这里是教育界激进主义和宗教异端的堡垒；首个致力于种族生物学研究的研究所于 1922 年成立于瑞典的乌普萨拉，它吸引了一大批英国的激进人物，如凯恩斯和韦伯斯一家，后者是伦敦经济学学院的创立者，该学院是另一个最前沿领地。然而，英国的人种改良先驱者们被美国人和德国人迅速超越，尽管《新政治家》和《曼彻斯特卫报》直到20世纪30年代仍表现出某种同情心态。1889年从印第安纳州开始，北美35个州最终许可主要是残疾人的人口进行优生绝育。加利福尼亚州比其他各州绝育的人口都多。富裕的慈善家们承担了冷泉湾人种改良实验室的费用，而当魏玛共和国财政紧张之时，也确实承担了慕尼黑的德皇威廉研究所谱系与人口学学院的负担。德国人种改良主义者随后也对美国的绝育法律充满热望，看好1924年的《移民限制法案》，同时建议采取类似立法以便将东方犹太人和南欧人隔绝于德国境外。美国对“垃圾白人”，如朱克人家庭的研究，和对卡利考克家族肖与不肖子孙的研究，都被毫不费力地引入纳粹的视觉库中。美国的人种改良主义者和对他们仰慕不已的德国人都强调纳税人为朱克人等反社会家族和公共精神病院承担的巨额费用。

人种改良不仅是某种国际科学时尚，它还跨越了传统政治分野，让形形色色的男男女女参与其中。除对现代医药怀有教条主义信任之外，某些自由派社会主义者希望管理并改造那些“流氓无产者”的生活方式，这些人并不遵从他们所认定的工人阶级应有的理想。对此，专制主义的左派将会回应说自由主义的支持者不必与肆意反社会的人士同处一个屋檐下。

但重要的是，要记住政治不是只有左右之分。人种改良涉及面大，因时代的公共气候不同而交替呈现硬与软的面目，或得到调整以适应国内环境。如果基督徒不喜欢激进新道德的声音，或不喜欢通过进行机构性的绝育来减少开支的思想，那么他们也难以反驳人种改良主义者对于婚姻伴侣的精挑细选、保存家庭，以及温和生活方式的优点的强调。

右翼和左翼的人种改良主义者同时看到了让如他们自己一样的专家和职业人士通过植根于方兴未艾的健康和福利体系中的积极或消极的人种改良措施，来计划和引导未来的生物学群体的机会。在英国，公务人员相对于学术人士和科学家的权力和地位，以及对“精明的”学问家的蔑视，在一定程度上可以解释人种改良比在德国遭遇到更多怀疑，在德国，职业人士沉浸在毫无疑义的欢呼喝彩当中。在“房间就是太平间”和掘墓盗尸者的国度，对于将人“切开”有着一种文化上的反感，同时切斯特顿等人有效地发出了20万英国罗马天主教徒的反对的声音。传统保守主义者的姿态比较复杂，不应与极端右派或在此个案中的“激进”左派相混同。保守派批评不断攀升的福利费用，还谈及其内在固有的非正常官僚主义倾向，以及这对有依赖性的穷人造成的堕落效果——强调责任而不强调权利，包括个人和集体相互扶持的义务。对于福利依赖性对道德损害的批评，以及对个人——不论贫富——义务的强调，将传统保守主义和纳粹主义对未来雅利安-日耳曼种族的集体健康的关注区分开来。人种改良在大国受到青睐，因为它实际上依赖于庞大的空想行善的职业人群的存在。

人种改良的国际性、美国和斯堪的纳维亚半岛对于绝育的热情，都不足以解释纳粹的种族清洗政策的规模和系统性的恶毒，这种政策不仅在10年内让约40万人绝育，而且战时“安乐死”计划——从完全不同的观点出发——蓄意谋杀了大约20万人。这些政策有其腹地，其中部分内容仍被某些当代人士看作道德气候的一种变化。

在德国，一战造成了情感的野蛮化、尖锐的国家屈辱感和对于经济损失和人员伤亡的恼恨。后者还因魏玛共和国的经济危机而加剧，这样天平逐渐脱离集体的福利措施，而倾向于更廉价的预防性绝育选择。在数个国家的人种改良主义者当中，出现了同样的针对大萧条的类似回应。战前对于逆选择性消费人群的阵发性忧虑因第一次世界大战的失败而更显突出，这些人在经济上是个负担，在生物学上也对整体与种族有机体造成伤害——尽管德国伤亡人数当中包含大约7万名精神病院住院者，他们在战争后期因疏于照管和营养不良而死去。敏锐的观察者意识到战争本身使局面更加恶化。战场行为的转变——机枪和毒气让骑士精神不再必要——也同样在后方阵线得到呼应。1920年5月，神学家迪特里希的父亲、德国精神病学家联盟主席卡尔·邦赫费尔在该联盟全体会议上说道：

> 似乎我们已经见证了人道主义概念的变化。我只想说明我们被恐怖的战争紧急状况迫使接受一种不同于过去的价值观，在战争中饥寒交迫的岁月里，我们必须习惯于眼睁睁地看着我们的大批病人死于营养不良，却几乎要支持这种情况，因为我们知道也许通过这些牺牲，健康者就能够继续生存下去。但是强调健康者继续生存的权利——这是艰苦岁月带来的不可避免的后果，也有着过犹不及的危险；强壮者做出自我牺牲以满足贫病无助者的需求——真正关注弱者的人都对此赞同，将让位于健康者继续生存的需要。

对于安乐死的探讨开始于1914年前，最初围绕的是个人自决权的议题。这种探讨迅速演变为有关降低开支的讨论。因此1910年，激进的自由联盟成员海因茨·波特霍夫博士，就扬言国家的福利资金将被用于更佳的用途，而不是用于“残障和白痴”。这类自由主义者的激进论调与后来纳粹的说法毫无差别。

一战之后，卡尔·宾丁和阿尔弗雷德·霍赫合作发表于1920年的论文《准许毁灭不值得生存的生命》当中，又突出表达了这些思想。宾丁是一位杰出的学术律师，他死后这篇论文才得以发表。霍赫是一位精神病专家，他的成名得益于其大气磅礴的诗篇，以及对绞刑架下受害者脊髓进行研究的恐怖实验。在论文中，宾丁和霍赫提及了古代或原始社会，强调了犹太-基督教对人类生命尊严的注重的历史和空间相对性。20世纪的德国人被鼓励模仿斯巴达人和因纽特人，这些人会分别杀害他们患病的婴儿和年迈的父母。几乎与此同时，一位杰出的美国精神病专家阿尔弗雷德·布卢默博士赞美了“野蛮的苏格兰人”，这些人杀掉有缺陷的婴儿和他们的母亲。进步显然带来了向远古时代道德准则的倒退，这确定无疑地表明现代人对当前社会无所适从。仅仅表现出同情毫无意义，因为“没有苦难的地方，也就没有怜悯”。用富于激情的恐怖语言指认“不值得生存的生命”之后，两位作者辩论说“无可救药的白痴”应该被杀掉，长期患病和受重伤的人员也应如此，这些人的愿望可以得到确认或预估。

对于病患亲属的道德体系和情感负担的高度关注，迅速被物质成本的问题所取代，霍赫计算了20~30名活到50岁的“白痴”导致的直接或间接负担。霍赫在将倒在战场上和在矿井中遇难的健康者和精神病院中所谓的毫无意义的生命的“累赘存在”进行对比过程中表现出的愤慨，也许可以从其独子在朗格马克遇难得到解释，而并非游荡于绞刑架后的人具有的那种心态。两位作者在探讨如何达成一致意见和如何准确无误地开展这些措施时，态度都十分轻慢。一个禁忌已被打破：医生被鼓励夺去生命。随后的辩论让大量的职业人士参与其中，他们当中的多数都众口一词地反对这些论调，因为这些论调受到了广泛的谴责，尽管作者也显然对法律保障有所担心。反对者当中包括几名激进的种族改良主义者，他们辩论说良好的培育与优雅的死亡这两个独立问题之间毫无关系，因为目标在于防止“不值得生存的生命”出生，而不是当这些人已经存在时去杀害他们。这些底层的复杂形象再次经常被那些试图谴责堕胎、基因学、安乐死等纳粹德国“教训”的人士所忽略。

学术人士、医生和律师之间就安乐死进行辩论之外，新的进展显然有利于极端解决方案，同时进一步使本已孤立的人们被更加进一步边缘化。首先，左右两派都批评精神病治疗代价高昂、费时费力，魏玛政府关注缩减开支，这就激起精神病治疗改革者如古斯塔夫·科尔布和赫尔曼·西蒙等人展开行动，二者都因外省大型精神病院对病人疏于照管而倍感压抑。他们在荒野大声疾呼多年之后，为团体照管和职业疗法的地区性努力找到了更为适宜的政治与职业呼应，主要是因为改革可以节约资金，并使精神病治疗成为医学问题。这些改革包括门诊病人安排和有偿家庭抚养，以及为精神病院引入职业化疗法（或无偿义工）。经济效益显而易见。在慕尼黑的艾格芬哈尔精神病院，一人住院需要开支1277马克，而为成千上万人服务的慕尼黑门诊诊所年人均经费为2000马克。同样，在那些有多达80%的病人参与劳动的精神病院，也产生了巨大的节约效益，不论他们从事的是农业，或如卷烟等轻工业，或跑腿、接电话等零活，都能拿到最低工资。这些事实足以使纳粹所谓的精神病院是“负担”和强压在勤劳的“国民同志”身上的“累赘存在”的说法不攻自破。不久，精神病学专业杂志就对此类繁忙机构表现出乐观情绪，如埃朗根的瓦伦丁·法尔特霍伊泽等许多人都在爱尔福特或纽伦堡采纳了类似的门诊病人策略。这并不令人惊讶，因为这些改革目的为使精神病治疗医学化，让精神病院更加近似医院，而不那么像货栈，并承诺急性病例也可能取得更高的治愈率。

无法避免的是，这些改革也有其缺陷，尽管这并不足以使之丧失效用。许多精神病专家在将病人安置在更广阔的世界内之后，才发现这些病人仅仅是冰山一角，他们的家人也同样怪异杂出。精神病专家（与其科学界同行）在心理上日益承袭前辈，他们开始利用原始的数据库来详细分析这类信息。他们因问题规模而变得悲观，许多人开始考虑将绝育作为问题的解决方案。此时再次出现了国际性倾向。在英国，1929 年的伍兹心理缺陷研究委员会报道称有 25 万心理有缺陷的人生活于精神病院之外，这让人种改良协会组建了“人种改良绝育合法化委员会”，支持主教会 1931 年提出的准许自愿绝育的议案。同样值得强调的是，1930 年教皇的“圣洁婚姻”通谕主要谴责了美国 30 余个州，因为这些州引入了将心理缺陷者绝育的法案。

在精神病院引入职业疗法，间接吸引了对慢性患者中那些抗拒治疗者的注意，这些人在后排病房内的存在，一直提醒人们精神病治疗项目有着内在局限。换言之，精神病治疗改革强调处理一个早已孤立的群体中的亚边缘成员。早在纳粹掌权之前，某些精神病专家就提出要让不适者绝育，尽管几乎无人认为杀死病入膏肓者或身体残障者是理想或可行的方案。如茨维考的海因里希·伯特斯等热衷者开展并公开非法手术，以试探当时的法律框架。热衷者当中还包括基督教福利官员，如“新教内部使命”的汉斯·哈姆森，对他而言，绝育是“道德义务，可解释为爱自己的邻居和对未来子孙的职责”。他们用爱、牺牲和义务——而不是仇恨——的话语，筹备了一个朦胧的未来。

一些精神病专家对此类流弊发出抗议。1923 年，万人仰慕的柏林“大教主”卡尔·邦赫费尔为普鲁士卫生部的人口政策和种族卫生委员会写出一份报告，强烈批评了伯特斯的法律草案，该草案计划强制对先天失明或失聪者、白痴、癫痫病患者、心理疾病患者、罪犯、性罪错者，以及生过两个以上私生子的父母实施绝育。他质疑国家干涉私人生活的权利，质疑伯特斯所谓的精神疾患有明显增加，以及他的法律草案所针对的状况具有遗传特征的说法。1932 年，当普鲁士卫生部就一部关于自愿绝育的法律草案进行辩论时，邦赫费尔提出了一系列技术问题进行驳斥。另一位杰出精神病专家、慕尼黑的奥斯瓦尔德·布姆克进一步强调指出：

> 如果人们想要把绝育话题拖入今天政治斗争的竞技场内，那么很快人们将不再探讨精神疾患，而要更多地谈论雅利安人与非雅利安人，谈论金发的日耳曼种族和卑微的圆颅民众之别。从中当然难以得出任何积极正面的事物；反而，一般的科学和特定的家谱与人种改良学，都会遭到难以恢复的损害。

布姆克还警告说，如果盲目迷恋降低成本，就会使人们产生这样的观点："我们不仅要杀死一切患有心理疾病的人和精神病人，还要杀死所有的瘸子——包括伤残老兵、所有无法继续劳动的女仆、所有不再抚养任何子女的寡妇，以及所有残疾人和领取养老金者。"各类人士就优生绝育和安乐死进行了辩论，有的支持前者而反对后者，但当时的某些人开始同声共气地讨论这些问题了。

引入自愿优生绝育的尝试出现于纳粹政府之前，1924 年、1928 年和 1932 年，地区性倡议获得了跨党派支持。根据最新研究，社民党中的人种改良主义者（即医生与妇女的联合）为引入此类措施而多方奔走。1933 年 7 月末，纳粹引入了《防止遗传疾病感染后代子孙法》，自 1934 年 1 月 1 日起生效。该法在很多方面反映了初期的立法草案，重要区别在于目前可以强制实施绝育。该法规定了八种所谓的遗传性疾患：先天性弱智、精神分裂症、躁狂性抑郁症、癫痫病、亨氏舞蹈症、遗传性失明和失聪、严重肢体畸形；这些病症的遗传特征"已通过研究得到充分证实"。令人忧心的是，列出的疾病可以无穷无尽。

当然上述最后一点在 30 年代显然是不正确的，因为精神分裂症或躁狂抑郁症都不具备遗传特征，这是要手腕以掩盖疾患的外在病因。用温和姿态试水之后，该法也使长期酗酒者被绝育成为可能，而这类人的界定也相当有弹性。该法的一系列修正案批准十岁以上的儿童绝育，尽管仅对 14 岁以上的人群直接采取暴力，强制接受公共医疗检查，在新的遗传健康法庭出庭的受审者被剥夺了法律代表权。1935 年，批准为优生而让怀孕六个月及以下的孕妇人流。1936 年，该法又被修正，以使 38 岁以上的妇女通过 X 射线绝育。

绝育通常由 1934 年 7 月 3 日颁发的《公共卫生体系统一化法》建立的大约 1000 个国家健康部门内部的公共健康医生鼓噪，就住院病人而言，则由精神病院院长推动。强大的国家控制是实现人种改良乌托邦不可或缺的前提。因为这些问题当中一个无人关注的方面就是，尽管美国精神病专家走出精神病院，开展私人诊疗，切断了与政府之间的联系，但在德国，似乎发生了与此相反的情况，精神病专家实际上成了"捍卫民族遗传流向的哨兵"。更加普遍而言，任何与患者有接触的人都被迫向公共卫生当局报告（诋毁的婉辞）他们对此人所知的一切，当局接下来搜罗包括此人家庭背景、学校记录与福利部门交易、劳动履历以及邻居和警察的个人观点等一切信息。在向遗传健康法庭提出绝育申请之前，需要与公共健康医生进行面谈。在美因河畔法兰克福，照管跛足者、酗酒者、前罪犯、流浪汉和乞丐的独立相关机构，被整体转入新建的城市卫生部，以针对生物学上有缺陷群体加强机构间合作。到 1938 年，仅这一家机构就从其“遗传档案”中处理掉了 28 万张索引卡片和 25 万份文件。在德国其他地区也由卡尔·阿斯特尔、赖纳·费切尔和海因里希·威廉·克兰茨等热衷者建立了同样的数据库。到 1938 年，阿斯特尔和他的团队已为图林根 1/4 的人口建立了档案，“从此，卑下者、反社会者、罪犯就可以比原来更加轻易地被排除在外”。克兰茨是马尔堡学生军团老兵，该军团曾支持卡普暴动。他在吉森大学建立了一个遗传生物学研究室，并于 1940 年任该研究室主任。克兰茨和他众多的助手一道，建立了有关黑森居民遗传信息的庞大数据库，他还通过讲座、演说和撰文，宣扬医生作为元首的“政治士兵”的新角色。

侵害性并不仅限于住院病人——他们占被绝育者的 30%~40%，因为他们产生下一代的概率微乎其微。人种改良宣传中提出他们在精神病院制造智力有缺陷的下一代，两性隔离让这种说法站不住脚。而接下来将十岁的失明者和强奸犯与谋杀犯混为一谈就过分牵强了。在精神病院之外，“遗传”疾患的绝育要以对原病人的查询，以及调查家族中的远房亲属为基础。旧的病人入院记录被调出以查找整个家族的信息，这就违反了所有例行的医疗保密守则。有人曾于 1921 年接受过精神错乱治疗，此后当上了成功的小商人，却要在 14 年后成为绝育申请的主体，尽管在立法中并不存在“精神错乱”这一条。还有人因与他们毫不相识的亲戚而经受类似的折磨，如赫尔曼·普凡米勒就利用一名年轻女士接受检查的机会，在她的家族中发现了另外 21 名“堕落者”，并建议其中 10 人绝育。在某些地区，精神病专家鼓励教师让儿童画出家族谱系，让他们为使自己家人绝育而共同合作。

由于疯狂者和严重心理疾病患者通常都已住院，报道机构集中关注广阔群体中的“弱智者”，他们占被绝育者群体中的 60%。但先天“弱智”究竟如何界定？德国精神疾病治疗联盟是从愚蠢（智商 0—19）和低能（智商 20—49）的角度进行理解的。然而，这些人还被赋予圈定绝育法所希望包括的“轻度弱智”或智障者（智商 50—70）的精确范围的任务。这并非学术问题，因为有 10 万人可以按照第一条规定而被绝育，第二条会影响到约 100 万人，包括军队招募新兵中的 10%。还有智商不高的纳粹党成员的问题，他们当中有的出自农场主家庭，身材如同一节树桩。此时，政府草率地指责教育体系，而绝口不提遗传因素。1936 年，帝国医生副领袖巴特尔斯表达了罕见的环境主义怀疑论：

> 来自马祖里的一个农家儿童，几乎从未上过学，因为他必须在田间劳动。当

他来到柏林加入某个党派，后来醉酒时做了傻事，接下来他就要经历检查，并有可能最终导致绝育。那么我要问那些重要的问题，如“哥伦布出生于何时？”，然后那孩子对每个问题的回答都是“我一点也不知道”，因为他非常有可能从未学过这些东西。仅对他进行一次检查的医生当然无法以此为依据而作出最后判断说这孩子毫无价值，因为也许他的能力尚未开花结果。

这仅仅是纳粹对人种改良和种族纯洁的热情中出现的一个小讽刺。其中的重大讽刺由作家赛缪尔·贝克特捕捉到，他曾于 30 年代寄居德国。他写道，雅利安人的最新定义就是，“他必须像希特勒一样满头金发，像戈林一样苗条，像戈培尔一样英俊，像罗姆一样强壮——而且他的名字是罗森堡”。这个并不讨喜的群体就健壮和纯洁而言，并没有多少发言权。

人们知道智商测验用途有限，因为在东普鲁士萨姆兰的学校中对正常和落后儿童进行的研究表明，他们对俾斯麦和克里斯托弗·哥伦布都同样无知。只有 7%的正常儿童能够区分国家公诉人和律师，而落后学童群体中有 2%能够区分。然而，在许多模棱两可的情况下，当智商测验无法发挥功用时，“道德失常”等观念就被信手拈来，用以指责他们的生活方式而将其绝育，这种观念的主观程度令人忧心。有关“谁是路德”“太阳从哪升起，从哪降落”的问题被“人们为什么祈祷，为什么说真话”取代，似乎能够回答这些问题，就能证明道德无瑕疵。从更常见的领域来说，如果孩子们不保持整洁，不叠被或不洗衣，那么接下来就会被绝育。然后又出现了心理疾病康复者，成功治愈的酗酒者及视力受损者的问题。由于立法者关注的是长期问题，康复者、戒酒者、白内障手术成功者仍然都被绝育，因为目标是清除有潜在可能的精神病患。人种改良和医疗（此时已基本合二为一）杂志上到处探讨严重畸形是否包括先天性髋关节脱位、身高为 140 厘米的女性、有兔唇和腭裂的人，或患孤独症的学者是否可算弱智。这一文献的最突出特征是其研究无所不用其极，即使最罕见的非正常情况也被调查。心不在焉地探讨是否要让侏儒绝育，或截瘫患者是否能过性生活等问题，都让学术事业得以推进。

由新的遗传健康法庭做出将某人绝育的决定，此类法庭共有 220 个，另有 18 个高等法庭听取上诉。遗传健康法庭由一名法官、一名公共健康医生和一名其他医疗“专家”（其专业技能常与法律所规定的疾患并不相关）组成，法庭可索取更多证据或资料，或仅依据原绝育申请审理。经常出现的情况是鼓动审判的医生和精神病专家也在遗传健康法庭上进行审判，如考夫博伊伦的精神病专家瓦伦丁·法尔特霍伊泽就在肯普滕的遗传健康法庭担任法官。甚至不必考虑普遍奉行的准则：“法官必须永远牢记希特勒所说的‘个人自由应永远让位于保存种族的义务’。”这种做法本身就违反了文明司法惯例。这些法官当中的许多人都和不来梅的医生法官们持有同样的观点，让他们的医学同僚们通过狂热鼓吹对病人实施绝育来“清除昨日思维”。换言之，他们都是狂热的人种改良者，他们最显著的特征并非在这些问题上做到公平公正。他们经常用伪宗教的语言说出对这种伪科学的救世主般的狂热，而受害者却为集体的利益自我“牺牲”。卡尔·施奈德曾以科学为由反对绝育，现在却将绝育描述为“在上帝面前做出负责任的尝试，为新的时代提供新的人”。这听上去傲慢十足，但其空虚的自命不凡却令人沮丧。

鉴于此类疾病所谓的遗传特征，对于因个人健康原因或生活方式而受审的人们及其家庭而言，遗传健康法庭的诉讼过程通常极度激烈，听证会却十分简洁。在法兰克福，遗传健康法庭每周开庭一次，审理 15~20 个案件，每个案件讨论 10~15 分钟。当认为有必要召见讨论对象进行面对面评估时，讨论时间延长至半小时。向高等法院上诉必须在一个月之内进行，如被驳回，就必须在两周内进行手术，有必要时还会使用暴力。指定的手术医生约 140 名，他们按比例开展工作。女性手术为输卵管结扎，对男性而言，则是输精管切除术。约 5000 人因外科感染死去，死者中多数为女性，因为输卵管结扎术更为复杂。误用麻醉剂等重大医疗事故都被草率掩盖。除那些在手术后自杀者外，许多被绝育者都经历了长期的痛苦，直至今天每当想起自己断子绝孙就悲痛万分。绝育不仅严重违反人格尊严，如被绝育者是天主教徒，还违反了根本信仰，它还使人成为二等公民。许多人气愤地坚持他们对社会做出了贡献，常常让雇主为此提供证明书，从这些人的数量可见这对他们造成了多大的负担。他们的亲属感到不得不强调家族的健康无可挑剔，或强调影响某一具体个人的外来病因。与其他极权社会一样，纳粹德国利用了人类的罪恶感，将心理责任强加于个人，以证明其对集体的价值，仿佛人们必须为活着与生儿育女找到理由。

围绕强制绝育的引入，有许多问题值得深入探讨。这些政策必须被呈现给更多的人。从威斯巴登州长和法兰克福城市卫生部之间的通信，可以看出许多人对此类措施异常焦虑。前者惊恐地发现遗传疾病患者个人或其亲属联合抵制“雅利安”医生，而青睐犹太医生，因犹太医生憎恨鼓吹绝育。法兰克福的“雅利安”医生每月都会被公示，以表明他们是否完成绝育申请的定额。

由于人种改良的做法会潜在地触及众多德国人，为劝说公众相信这些措施有其必要作出了巨大努力。在被高墙大锁封闭数十年后，精神病院现在变得透明，数千人来参观，当中充斥着讲座、电影和极为惊人的真人展览。1933—1939 年，就有 2.1 万人，包括 6000 名巴德图尔茨的党卫军士兵参观了慕尼黑的艾格尔芬哈尔精神病院。尽管有时访客因医护人员粗暴对待“展品”而受到触动，感到恶心，但一名党卫军军官建议应在入口处设置机关枪，这种反应并非个别。种族政治宣传繁荣起来，到 1938 年，柏林的种族政治部培训了 3600 名宣传人员。由于医生的合作至关重要，也为医生特别开设了课程。在大学中建立了种族卫生教授职位，医科学生必须参加此类讲座，并参加考试。卡尔·邦赫费尔似乎让这类课程处于柏林神经学和精神病学协会的庇佑之下，以提醒听课者精神分裂症等疾病无形而易变。1936 年，当局禁止了这类课程，也禁止邦赫费尔在这类课程中发表观点。

纳粹机构在最初的人种改良宣传基础上，让德国民众置身于海量的图表、幻灯和纪录片当中，宣传的都是强制绝育。整个国家仿佛遭到了不断扩散的先天弱智者的威胁。《新民族》和《民族与种族》等杂志上的图表将酗酒者和娼妓不正常的子女，与人们希望“国民同志”表现出的常态进行了对比。后者被表现为承受了类人猿般“生物”造成的负担，因为此处的待议事项质疑了相关者的人格。他们描绘了一袋袋货币被用于各类不同的残疾者。事实上，他们不错过任何机会将所谓的浪费在心理或生理残障者身上的巨额资金，和在精神病院、监狱中的人们所享受的舒适条件，与普通德国工人微薄的、后萧条时期的生活标准进行对照。为什么健康的少年只能在潮湿破旧的城市庭院中玩耍，而心理疾病患者却可在改造过的巴洛克城堡中奢侈享受，有明亮的灯光和新鲜空气？为什么健康的少男少女只能赤脚在雪地奔跑，而“数百万”金钱却被花在跛足者和白痴身上？

1936 年摄制的影片《遗传病》，执意将病人与罪犯混同，后者主要指的是强奸犯和杀人犯，电影强调了花在精神病院和监狱的巨额资金可建造大量住宅楼。曾在全国 5000 家影院上映的电影《过去的受害者》，播放了与疯人的面谈，一名心急如焚者注意到：“犹太种族在疯狂者中人数众多，我们也给他们提供了照顾。健康的德意志国民同志被迫给他们喂食、清洗。任何参观过大精神病院的人都了解这一事实。”在一个特别善于发现犹太人的社会，观看病人访谈的人们，都不会错过“轻率的”犹太病人在医生身后，以令人沮丧、愤慨的方式和医生仰首谈话的语言和视觉线索。

这些电影在加深针对脆弱个人的群体仇恨的同时，还试图颠覆有碍于相关政策平稳实施的传统道德价值观。使用了电影制作教科书上各种视觉技巧，每个可能的角度都被圆滑的撰稿人激进地掩盖。科学家和医生常被借以为人种改良说法提供无可辩驳的权威，在德国普通大众仍对“医生先生”和“教授先生”怀有毫不怀疑的敬意。由于无人会对护士怀有恶意，这些电影将他们“被浪费”的青春活力和“理想主义”（他们当中的许多人在大萧条后才刚找到这份工作），与他们为之奉献的对象所谓的懒惰与疯狂进行了对照。对大自然惯常的观察——“任何脆弱的生命终将不可避免被摧毁的命运”——被用于使这些政策看似实现花园中的杂草般难以避免的宿命。现代福利制度被诋毁为违反了选择性，或被说成违背“自然选择规律”的“罪恶”。盗用并倒置对手的道德语言，义务、解脱、怜悯、牺牲等词汇，都从这些人的舌尖冒出，对他们而言，同情、人性或怜悯则是一种诅咒，他们妄图取代基督教和自由道德秩序。

宣传有时被当作对皈依者的布道而被弃置不用，事实上，宣传还有煽动道德混淆的功能，或能开启从未梦想过的景象，而不像现代广告那样诱使人购买令人作呕的饮料，而将这些饮料和塞舌尔的游艇和丰满女郎联系起来。这样，宣传就会煽动人们去怀疑神圣的宗教准则，或使其怀有正常情况下并不具备的思想。因为开放的心灵也必然有着犯法的可能性。这些电影唯一的（小）缺点就是让人震惊或引发了他们的同情。为动员他们议事日程后面的群众，纳粹必须损害那些拥有与之抗衡的价值观的人们，其做法有时正是实践这些价值观。两大教会在许多方面都受到这些政策的影响：他们经营着广泛的慈善网络，经常专注于以廉价维持不可救药者和低智商儿童的生命，这意味着他们必须选择对照顾对象实施绝育以与政府合作，或至少需要咨询各自上层教会的意见。

两大教派都不可避免地对新时代的新科学思想做出妥协，尤其是当这种思想符合传统家庭观念并代表了道德进步时。两大教派都关注机构的生存，并与纳粹在反犹主义、民族主义和反布尔什维主义方面有部分共同语言，尽管论调时常有别。新教的“内部使命”关掉了数百家为肢体残疾者、心理疾病患者、癫痫病患者、老年病患者和难以调教的青少年开设的机构。其人种改良常设会议于 1931 年 5 月在特赖萨召开首次会议，由汉斯·哈姆森主持。请柬上写着：“出自逆向的人道主义的对反社会者和卑微者过度的保护性措施，已导致大众中的反社会群体迅猛增加。”会上达成的特赖萨决议倡议实行区分性福利措施，并将优生绝育非罪化。尽管会议摒弃了宾丁和霍赫关于将十足白痴非人化的论点，但仍强调第五条戒律，还指出人为延长寿命和以安乐死缩短寿命，同为对上帝杰作的干预。

某些新教神学家认为应抛弃普遍福利，理由是上帝已经创造了家庭、民族、种族等超个人实体，它们的未来安康要凌驾于个人福利之上。新教对普鲁士的自愿绝育法表示支持后，就接受了纳粹党的强制措施，仅争论说新教机构不应使用武力，而且就失聪失明者而言，他们的绝育应基于自愿原则。1934 年，新教精神病院中有 2399 名住院者被绝育。1935 年上半年，被绝育者人数为 3140。

鉴于精神病院员工经常为专制国民政府的出现而欢呼，认为一切精神病院都不愿参与的说法有误导性。士瓦本的哈尔或施泰滕等精神病院的年度报告都积极正面地描述其员工如何成功地劝说病人“自愿”接受优生绝育，以及他们如何以大无畏精神应对额外工作。某些新教精神病院的医生做好准备，以更激进的方式解决病人带来的负担。1937 年，中弗兰科尼亚路德派诺因戴特尔索精神病院主治医师阿道夫·伯克，在对地方纳粹党徒的讲话中，试图将人种改良的安乐死与上帝的杰作混为一谈：

> 尽管上帝当然为人类的命运施加了疾病，但程度最严重的白痴和完全怪异的人格分裂则与上帝的大能无关……上帝在我们心中以肯定情感的形式设置了警告，我们不应通过夸大因而虚伪的同情来维持这类荒谬的生命，我们反而应该把他们送回上帝那里去。

有着慈善联盟这一类似机构的罗马天主教会也无法完全免除人种改良时尚的影响。纳粹人种改良击中了天主教关于人的生命尊严的教义。天主教会教皇高高在上的等级制度和对达尔文主义的敌视，使其有了一点特定的长处。罗马天主教徒中为数不多的人种改良措施支持者中就有前耶稣会成员赫尔曼·穆克曼，他在德皇威廉研究所领导人种改良研究小组，后因称希特勒为“白痴”而被开除。穆克曼最初鼓励多生优育，后来逐渐认可了优生绝育的必要性。他在有影响力的天主教圈子内，以及更受欢迎的出版物中，都对自己的观点进行了修正。

另有学术界中的个人神学家，主要是帕德博恩的约瑟夫·迈尔，通过声称集体福利高于个人身体的完整，来支持人流和优生绝育，尽管这违反了家庭要发挥其生育功能的教规，正如教皇庇护 11 世在 1930 年的通谕中详尽指出的。但这是一种非常标新立异的观点，只有在纳粹利用它时才有价值。多数天主教神学家都不支持纳粹的种族至上观点，强调说人类不可干预上帝的杰作，包括上帝并非完美的创造。然而，神学理论作品仅仅是教会做出回应的一部分。

1933 年 5 月的富尔达主教会议讨论并反驳了绝育法草案，使该法直到 7 月才得以颁布，以避免干扰当时与梵蒂冈谈判的协议。8 月，主教会议重开时，无人发出反对的声音。更确切而言，在随后与内政部长进行的交易中，主教们表达的焦虑仅限于绝育可能会给罗马天主教精神病院员工、医生、法官和护士带来良心问题。内政部长对他们做出让步，免除了天主教徒申请（或积极鼓动）绝育的义务，而要报告患有人种改良立法中列出疾病的人员姓名。天主教的诡辩有效区分了中立“报告”与“正式合作”或积极教唆之间的区别。后来的主教通信以并不特别的方式反对绝育。告解者并未就如何应对因参与纳粹种族政策而受到良心谴责的公务员、医生和护士被给予统一指令。

后者当中的某些人不满于随后出现的万马齐喑的局面。1934 年，一个护工致信林堡主教，说她的任务使她陷入《遗传疾病法》无法自拔。她已无法应对被她描绘的“如此暴力干预上帝作为造物主的权利以及个人人权，更不必说对他们造成的后果，尤其是心理后果，这是可预知的”。做任何违背上帝旨意事情的想法使她内心震恐。8 月 19 日，主教复信，称她的态度当然正确。但她的工作已岌岌可危。除赞同她不应影响当事人自愿绝育外，主教还建议她展开与绝育相关的其余义务，即报告病例或调研其家庭背景，“这样你就可能继续以护工身份在市政社会服务部门工作”。

反对或颠覆纳粹人种改良政策，并非揭露现代民主社会中如教育或卫生体制中的机构性滥用。由于被开除是个人面临的重大问题，极端慎重是明智的做法。作为现存制度的残余，两大教派都更倾向于强调维持道德秩序的共同利益，或寻求某些纳粹领袖身上较为优良的品性，使与其进行对话仍有可能。他们试图在混杂的社会和政治组合中的政府内将个人加以区分，并探究说法与做法之间是否有差距。不论有多么强烈的后见之明，这都会比义愤填膺的对抗带来更多的红利。

假定照管病员和不正常者的宗教机构领导和员工并不赞同优生绝育，那么他们可选的策略也微乎其微。我们应当记住这些人在此类机构中工作，恰恰因为他们无法融入更广阔的世界，因此他们先天难以应对恶棍组成的政府。纳粹无所不用其极，更改慈善和私人基金免税规定，将其毁灭；或对员工提起虐待儿童诉讼，以骚扰他们，使他们名誉扫地。觉察到告密者和奸细无处不在的员工们不愿组织抗议。不过，如士瓦本的法森豪森失明儿童之家就通过隔绝两性，或隔绝与外部的接触，从而使儿童提前避免了这类戏剧性措施。在德国其他地区，天主教护工指示他们的护理对象如何回答标准化智商测验——“路德是谁”的答案不可能是“一个异教徒”——这种测验在决定绝育与否时举足轻重。

受到这些政策影响的人们一般有较为贫困的背景，尽管这不意味着情况一直如此，因为没有哪个社会阶层对心理疾病或身体残疾免疫。换言之，人种改良不可被顿呼而当作推定的“社会问题”的解决方案。受到影响的人们也并非仅仅是城市贫民，甚至偏远的东弗里斯村庄如莫斯多夫也无法幸免，主要原因是这里 60%的“反社会”村民把选票投给了共产党。不论这些人身份如何，将他们描绘为被动的政策接受者是不正确的，因为弱势群体拥有智谋，而富裕者可以动员一系列的职业人士。如果他们当中的某些人无法避免遭遇外科医生的手术刀，他们还可成功推迟手术。由于遗传健康法庭在其决策中变得不那么随意，讨论的对象也通过叫证人到庭，或询问多方意见而想方设法拖延诉讼程序。原本只需几分钟就可审结的案子由此可能会拖延数月时间。

还有一个选择是逃亡。一名法兰克福女子显然已逃离国境，声称她将在年满 45 岁时回国，那时绝育对她而言将是多余的。另有一人自愿自费进入精神病院。她凭每月领取的 58.20 马克的津贴，在四年内过得不错。然而，她于 1940 年被转移到埃希堡，这里的费用每月多了 2.5 马克。因为法兰克福福利部将支付差额，不久之后警察提出绝育的申请。1943 年，诉讼被搁置，因为在精神病院生活七年后，该女子已达闭经年龄。不愿绝育的人们错过和医生的约见，或从医院候诊室逃脱，直到警方将他们捉拿归案。不来梅港商船上一位狡猾的船员在整个第三帝国期间移驻外国船。

不那么戏剧性的是，人们动员律师和怀有同情心的医生来代表他们介入，或自己指出“遗传研究仍处于婴儿期”。扮演法律守护者角色的律师有时会提出尴尬的问题。当哈达马尔领导人试图以“遗传受损、智力缺陷、性乱、害怕工作、无家族观念、过反社会生活，以及可能会生出拥有同样遗传缺陷的子女”为由，让一名患有淋病的18岁女孩绝育时，她的律师指出上述任何一种情况都不足以让她绝育。哈达马尔的领导人毫不灰心，回复说法律必须涵盖“外表弱智”的病例，因为这类人通常会与类似伴侣生下孩子，“因此”造成“重大遗传损害”。她于1936年被绝育。

从切断在人种改良问题上不理想的脉系的角度而言，绝育是规定性措施，因为纳粹宣传谈到军团、部落和族群，而非个人。他们并未采取任何行动更正现存的“反社会”家族的行为。我们所掌握的证据再次暗示更为严酷的气候。奥格斯堡的酗酒者进入了赫尔曼·普凡米勒的管辖范围，他后来成了埃格芬哈尔精神病院院长和安乐死执行者。他因有问题的酗酒者被卷入一家天主教疗养院，对从环境角度解释酗酒问题怀有同情。他对无可救药者和无治疗反应者较为温和的态度显然可从他于1937年经手的三个病例中看出。

一个叫弗里克（化名）的男人和妻子弗兰齐斯卡与三个孩子生活在奥格斯堡的一所一居室房内。家里小而洁净，孩子们也都很有出息。弗里克是高速公路上的工人，收入菲薄，周薪仅为38马克，他偶尔给妻子15~25马克，尽管每月的房租就要22马克。大部分时间弗兰齐斯卡一文不名，因为每到发薪日，弗里克就冲进家附近的酒馆，第二天一早酩酊大醉返家，打骂妻子，然后连湿透的衣服和鞋子都不脱，上床便睡。此案由弗兰齐斯卡提起，她希望能对他醉酒的丈夫采取行动。我们不可以简单忽略她的“投入”，也无法忽视弗里克的暴行。普凡米勒费尽心思记录了这对夫妻的生活史，弗里克有不少小案底，多数为乞讨和扰乱秩序。然后医生对他们进行了访谈，结果认为弗里克“无耻、不可理喻，冷酷，粗野。性格缺陷：意志薄弱、无节制，饮酒无度，有道德缺陷，尽管患晚期梅毒，仍性欲旺盛”。他建议对其绝育，以他来自“反社会大家庭”为由，剥夺其一切福利保障，“尽管弗里克患心脏器质性疾病，但如他继续给公共福利机关增添负担的话，他将被送往集中营强制训练”。

普凡米勒经手的另一名酗酒者是施密特（化名）。施密特治家无方。他声称妻子和继子经常用开水浇他，用刀子刺他，用铁棍戳他。施密特被迫防卫，刀斧不离身。普凡米勒对此不予采信，让他签署了如下的保证：

> 我发誓我将来要保持清醒，不再威胁我的亲属。假如任何人看到我喝醉，我同意立即让警察介入。我被告知，假如我再喝醉，再威胁我的亲戚，就会把我送到达豪集中营。我也同意警方共同监督。我同意进行门诊治疗，每周三晚上参加。

这一声明并未产生必要的震慑效果。几周后，施密特烂醉如泥地回到家，对他的妻子吼叫："我也不想再见到你，滚出去，不然我要拿刀割你的脖子。"普凡米勒让人把他送到了集中营。

最后一个案子的主人公叫厄格（化名）。厄格酗酒，多年来一直受红十字会、童军和公共福利部门供养。他殴打妻子，他的孩子们似乎无人照管，营养不良。1933 年，虽然他家分到了新房，但家人都开始过度饮酒，妻子在极度醉酒的状态下在大街上横冲直撞。到 1936 年圣诞节，甚至连孩子们都在酗酒，似乎是为了忘记他们没有食物和鞋子。厄格用疾病福利买酒。他妻子被指控骚扰一名福利官员。普凡米勒在收到一系列来自青少年和福利当局的电话报告后提议："治疗已不可能，也完全没有意义。厄格是反社会、意志薄弱的酗酒者，无节制、有缺陷的人物，他应被送到达豪集中营进行强制训练与改造。似乎已提议对他绝育。有必要剥夺他对孩子们的监护权……我们要申请尽快将他送去［达豪］。"

出于本能，我们倾向于通过他们公诉人的文件记录来看待这些人，或偏信将这些人看作受害者的历史学家所做的记录，这些人当然是受害者。我们很难见到那些被认为是反社会者做出的独立个人记录。汉堡的退休出租车司机埃尔维拉·亨佩尔曾为 30 年代的一个反社会家庭写过一份令人震惊的不动感情的自传式记录。她曾被归类为"弱智者"，是在"安乐死"计划中幸免于难的人之一。

埃尔维拉·亨佩尔的父亲是个劫匪，他对自己孩子的需要毫不在意。他年年都有孩子出生（埃尔维拉本人生于 1931 年），九个夭折后，仅有六个幸存。他们永远饥饿，甚至冬天也没鞋穿。慰问的教会人员送来了食品。通过频繁从新教皈依天主教，或从天主教皈依新教，亨佩尔家的孩子们终于能够敲诈来一身换洗衣服和一辆自行车。警察频繁来访：或来抓父亲，或抓也开始参与抢劫的她的几个哥哥。由于无钱付房租，亨佩尔一家只得露宿街头。终于找到有一个房间的地下室存身后，她的母亲找到青少年部门寻求帮助。三个哥哥很快得到了照顾。埃尔维拉的母亲随后把她寄养在祖父母家里。

1936 年夏，埃尔维拉生病住院。以祖父有结核病为由，青少年部门将埃尔维拉转到一个儿童之家。由于经常尿床，她就在餐后受到处罚，被脱光，被用一桶冷水从头上浇下。1938 年，她被宣布为弱智，并被与她三岁的妹妹一道转入乌赫茨斯普林格精神病院儿科："在这里我被不正常的人们围绕，我从没见过这种人。一个孩子只有一只眼睛，另一个头特别小，仿佛从未长大过。另一个半边脸扭曲，许多人都阵发癫痫。那里还有白痴，真正的白痴。"这种词语的选择本身就值得注意。她在这所沉闷的机构中帮助医护人员做事借以维持清醒。1939 年，她得知这所精神病院中的残疾婴儿都被饿死、杀害，她将做这种事的人称为“死神”。

有独立文件佐证埃尔维拉的故事，1940 年 8 月 28 日，她的妹妹——她一直把妹妹当作会动的娃娃来照顾——被人带走。然后护士也来把她带走。一个陌生的女子对她进行访谈，显然是在测试她的智商，问的问题包括“你能说出四季吗？”或“一年有多少个月？”接下来她在将一堆卡片摆放成一个花瓶和一束花的练习中做得一团糟。埃尔维拉随后被人用公共汽车送往勃兰登堡的“T-4”测试中心。在与其他孩子一道被送往毒气室之前，她被告知脱去衣服（这花了很长时间，因为幸运的是，她的衣服有许多纽扣）。最终，一个研究卷宗的男子要她穿上衣服。然后她被送到幸存的另外两个孩子身边。几周后，她被转移至勃兰登堡-高登，1941 年 3 月，她被从这里送入阿尔特希尔比茨。

针对“反社会”群体，还存在许多局部和区域性的动议。虽然众所周知，纳粹引入了鼓励及奖励多产母亲的措施，如勋章、为生育四个孩子的家庭提供贷款，并提供廉价的娱乐和旅行，但我们应记住，纳粹对就种族而言理想的“多子家庭”和从优生角度而言不理想的“大家庭”进行了区分。因为质量胜于数量，所以并不是有很多孩子就好。纳粹热衷于鼓励职业人士和受人尊敬的工人阶级家庭拥有健康的出生率，还决心限制从人种改良角度而言不理想的家庭的生育率。因为，作为遗传学家的种族科学家教导说，这种人制造或加重了某种有害环境，解决方案或者是清除这一环境，或者是从环境中清除这类家庭。在汉堡，一个临时的失业学术人士团体开发了该市的反社会地图，事件频发地点恰巧位于共产党选民活跃区域。这些码头旁的贫民窟随后被摧毁，以驱散被指定为“生物学上的布尔什维克”的当地居民。除减少福利以让反社会分子改弦易辙外，某些地区还专门建立了特定聚居地，以便控制问题家庭。

海德堡市长奥托·韦策尔是这类聚居地的坚定支持者，他认为从生物学主义控制角度而言，比起当前的将这类人群赶入大学城郊外的临时居所的做法，这种聚居地代表着一种进步。在海德堡，当局在市议会附近为反社会者建立了聚居点。这里很快有了一个中性名称：“维歇恩定居点。”“反社会”的定居者来去自由，他们分到了小块土地，分到了供食用的兔子。福利当局接下来对这些家庭进行审查，将可改造好的和桀骜不驯者转移到其他机构。

不来梅的福利当局展开了一种更为完全的社会工程学尝试。负责就业、技术和福利的上院议员首当其冲，在哈修德建立了一个介于贫民屋和集中营之间的聚居点。不来梅当局模仿 1923 年在海牙建立的“受控贫民屋”，为自己的这项工程投入了 60 万马克。该工程由 84 幢“L”形房屋组成，这种设计意在加强位于拐角处的观察点展开控制。房子没有后门，周围被拉上了双层电网。居民日夜都只能通过有人值守的警卫室出入。房屋构造大量使用了石头和铁，这样就使其中的居民难以烧毁或砸烂外围设施。这类家庭被送往哈修德居住一年，在此期间他们必须显露行为改进的迹象。他们当中的许多人都拖欠房租，无业游荡，家庭生活长期很困难。在哈修德，男人们干活以支付房租，而妇女在女性社会工作者的监视下做家务，这些社工特别注重清洁与秩序。这里还为小孩子们开办了托儿所。到处都有琐碎的规则，对拒绝工作者或破坏者展开集体惩罚，或关进号房。重罪的处罚为在托伊弗斯沼泽拘禁一段时间，或被关进集中营。由于前囚犯中的反社会惯犯比例较高，这一在受控中进行的开支庞大的试验于 1940 年告终，此后在德国各地也无人问津。

在对待吉卜赛人的问题上，也明显存在地方性强制措施，这些人处于纳粹刑事、人种改良和种族关注的交叉火力压制下。绝育法、1933 年 11 月通过的《惯犯法》和 1935 年的纽伦堡法律都未直接提到吉卜赛人，但“天生”犯罪倾向与“社交弱智”让他们频繁落入前两部法律彀中。同样，纽伦堡法律的解释将种族外来者的概念延伸，使其包括吉卜赛人和一度占据德国西部的阿拉伯人或非洲裔法军后裔。因此这两种人被排除在“雅利安人”结婚对象之外。纠结的问题是，吉卜赛人最初来自印度北部，因此就是毫无瑕疵的“雅利安人”。该问题被罗贝特·里特尔等种族科学家解决，他们指出：吉卜赛人在迁徙欧洲途中和“亚洲人”与罪犯混血融合，使他们人口当中 90%的人反社会或离经叛道。里特尔的研究有助于将少数“纯粹”吉卜赛人和多数堕落者区分开来。海因里希·威廉·克兰茨激烈宣扬将吉卜赛人绝育的做法。在题为《这就是真正的吉卜赛人》的文章中，他将他们描述为“另一种族的游牧者……引起恶毒、污秽和恶臭，直至今日仍与我们格格不入”。

当里特尔及其年轻助手组成的团队平静地根据这些标准对吉卜赛人进行评估时，公众和地方当局利用新的气候使自己摆脱了这一公认的害群之马带来的负担。这是一个复杂的话题，不值得从当今政治正确的角度进行研究。从最温和的角度说，文化差异有时会引发真正的问题，对此已经有无穷无尽的对于民俗歧视和种族的讨论。由此，1930 年，美因河畔法兰克福的数条相邻街道上的人们对他们当中的“吉卜赛人”怨声载道。这些人用粪便把到处都弄得污秽不堪，他们深夜打斗、惊呼扰民。他们的孩子习惯怪异。物业价值贬低，房客寻求减租。市政当局对该问题不予理会，而纳粹就逮住了居民中的个案。在柏林，奥运会成为将 600 个吉卜赛人拘禁在污浊而偏远的马尔察纳的借口，这里逐渐成了封闭集中营的标志。实际上，是地方当局纠缠党卫军将马尔察纳划为集中营，以避免为其支付费用。其中的两个厕所和三条竖管迅速造成感染蔓延。在莱茵兰伯勒堡，市长认为这种全封闭式的集中营是造成吉卜赛人乱伦的原因，而乱伦可能会引发绝育法适用的遗传疾病。

在杜塞尔多夫，一个名为海讷菲尔德的棚户住宅区令当局愤怒不已，该住宅区容纳了 1200 人，其中有 70%左右为吉卜赛人，该地原为法军的靶场。虽然当地画家奥托·潘科克描绘了当地居民享受的美景，但 1932 年的一次斑疹伤寒暴发激怒了当局，三年后，三名吉卜赛人还骚扰了一位市政住房官员。活动板房和铁皮房屋很快就被推倒，城内所有吉卜赛人都被赶进一个专设于上韦格的集中营，这里夜晚到处都是巡逻的武装警卫，他们拿着电筒和皮鞭，牵着狗。该集中营住户无法获取福利保障，而必须每月向市政当局交纳六马克房租。吉卜赛人有权做工匠和乐手来谋生，但他们还是被迫从事强制劳动——铺设铁轨，或在盖尔斯海姆的煤气厂干活。科隆、美因河畔法兰克福和萨尔茨堡也建立了类似的集中营。这些集中营经常是对普通市民就吉卜赛人的抱怨做出的回应，这种回应也无疑迎合了地方当局的意愿，他们正好可以由此甩掉因出其不意出现在某些地方的人员导致的额外教育、医疗、基础设施和福利费用。

纳粹承袭了零星的将吉卜赛人赶到外地的区域性立法，并将迫害职能集中于 1936 年建立的帝国斗争吉卜赛人中央局。该机构自 1938 年起成为柏林的帝国刑事警察厅的一个部门，并得到了慕尼黑警察和种族科学家罗贝特·里特尔搜集的资料。里特尔开展的国家资助研究项目旨在区分纯种吉卜赛人、“半”吉卜赛人和有“吉卜赛人生活方式”的人们。就族谱进行的访谈和里特尔助手团队展开的对吉卜赛人的研究积累了德国吉卜赛人口的数据库。该项目的部分资金由帝国中央保安局支付。意图是要取消现行政策，让纯种吉卜赛人被许可在有控制的范围内——作为人类学奇观——旅行，而要通过将“半”吉卜赛人绝育并关进城市集中营来防止其融入德国流氓无产者当中。城市集中营后来逐渐变成有党卫军巡查的聚居点，也是遣送至集中营帝国的出口。

纳粹政府制造了更严酷的政治气候，鼓励地方当局采取措施压制各种不受欢迎群体。1933 年，约有 20 万～50 万德国人居无定所，许多人前往经济较好的地区谋职。纳粹为无家可归者颁发了流浪者登记证，记录他们在被准许的特定路线上的栖身之所逗留的情况。未取得登记证的人们被视为“妨害治安的流浪者”，并可能被监禁。因为扔给乞丐的钱无法用于“冬季援助”或其他纳粹福利项目，而且乞丐是一个兴奋地重返工作岗位的民族形象上的污点，纳粹就尝试了极端的解决方案。在魏玛时期的贝尔特·布雷希特和弗里茨·朗大张旗鼓地对所谓的城市犯罪团伙展开媒体攻势后，警察和冲锋队于 1933 年 9 月 18—23 日间围捕了 10 万流浪者。其中多数人都被释放，因为尚未准备好拘禁这些人。在某些地区，新的暴力气候使市政当局能够将失业者送进或多或少带有强制措施的集中营，如汉堡的里克林或不来梅的托伊弗斯沼泽，在这些营地，不愿工作的人们每天要在武装人员看守下花十个小时修剪草皮。

尽管 1938 年前吉卜赛人或“反社会”的个人就已无疑被送往集中营，这年希姆莱的警察机器在全国范围发起了一系列大规模针对“反社会”者的打击，导致他们被“预防性关押”于集中营，这种关押形式此前仅限于政治反对派或职业罪犯。这些人的被捕同样反映了警察中自我膨胀倾向的抬头，反映了希姆莱将警察管制当作某种预防流行病学的想法。更多的个人原因也许正在发挥作用。1937 年 12 月，一名在车祸中失去双脚的女乞丐试图在慕尼黑玛丽亚广场上向党卫军帝国领袖讨钱。毫无同情心的戈林下令逮捕慕尼黑全城的乞丐，将他们监禁于达豪，只是警方未能追踪到这名妇女的下落。一年后，职业介绍所接到通知，要向盖世太保报告任何拒绝工作或无正当理由离开工作岗位的身体健全者。地方和刑事警察经常在党和国家福利机构的协助下展开对迷途个人的调查。究竟应该拣选何种人，并将之送往布痕瓦尔德，完全取决于盖世太保。盖世太保被提醒特别注意青年人和健康者，而非酗酒者和老弱人群。

纳粹党及其军事组织中的“反社会”者得到公开豁免。由于盖世太保并未销毁有关“反社会”者的详细个人资料，他们就在违反当事人信息保密观念的情况下滥用福利部门提供的这些信息，这些机关看到了减少福利开支的机会，开支中包括将“反社会”者收容在各种机构内的费用。同时，明斯特等城市的抓捕行动也起到杀鸡儆猴的作用，让许多人对申请公共福利心存忌惮。

1938 年 4 月 21—30 日，盖世太保在全国范围内逮捕了约 8000 名“不愿工作”的人。由于在技术上对一般性罪犯实施保护性监禁属于刑警的职责，1938 年夏，海德里希指示他们围捕“反社会”者，其指令的头一句理顺了一个突出的术语差异：“由于刑事犯罪植根于反社会行为……”每个刑事警察局都被要求至少拘禁 200 人，包括流浪者、乞丐、吉卜赛人、被判刑的或仍在从业的皮条客、暴力罪犯，以及被判处一个月以上监禁的所有犹太男子。猎物因四年计划中反复提及的劳动力需求而被饶恕，此时的命令仅要求逮捕身体健全者。逮捕行动始于 1938 年 6 月 13 日，警方搜查了火车站厅、小客栈、旅馆和过夜棚屋。被捕者名单显示，其中许多人流离失所，酗酒，患支气管炎、软骨病和胃病。皮条客中包含大量酗酒的暴躁懒汉，他们在妓女环绕的下三滥酒馆内消磨时光。在不少地区，警方逮捕的人数都远超限额。党卫军报告说，他们拘留了 1 万人，而不是 3000（14 个刑警总部，每个限额 200 人）。应强调的是，在这些预防性逮捕行动中并未有任何法庭介入。警察现已接管了一直由地方依法控制的领域。实际上，在 1938 年 8 月的一次会议上，地方当局就被粗鲁地告知：他们不必费心通过一部法律来增强其在工厂内展开逮捕行动的实力，因为“从现在起，德国警察……将负责把反社会者清除出国民全体之外”。

在“帝国惩治不愿工作人员行动”名义下被拘押的 1 万名“反社会”者被监禁于新型的集中营内，如弗洛森比格、毛特豪森和诺因加姆，这些营地位于采石场附近；或在布痕瓦尔德和萨克森豪森，这两座集中营有专门的制砖厂。这似乎也是他们被捕的原因，党卫军土石公司需要劳动力为希特勒和施佩尔的大规模公共工程项目生产原材料。一大堆纪律、艰辛的劳动和新鲜空气是这些人需要的一切。但从许多被捕者心力交瘁、气喘吁吁的状况判断，这种组合也许会置人于死地。此次逮捕行动的一个同样重要的原因是要对所有“国民同志”造成震慑效果。“反社会”分子的命运带来了警示：“国民全体身上的寄生虫将不被纳粹政权容忍。”

对“反社会”者的大规模逮捕急剧改变了集中营在押人员的构成。在萨克森豪森，1700 名政治犯因 6000 名“不愿工作”者的到来而沉渣泛起。这些衣食无着的囚犯缺少内部团结，形成了彼此对抗的政治犯“红派”和刑事犯“绿派”。什么都无法使乞丐和皮条客团结起来，吉卜赛人和醉鬼也同样无法团结一致，集中营幸存者留下的有关他们营内生活的描述表明“反社会”分子极度分裂、混乱，甚至无法忍受做不成集中营中的告密者。在营内各等级之中，他们被置于稍高于犹太人和同性恋者的地位。在下奥地利的毛特豪森，他们在采石场被累死，被巨石压垮。在德国中部布痕瓦尔德，他们在近旁的博尔施泰特湿冷的陶土矿往返穿梭，或在烟气熏天的砖窑前窒息。在布痕瓦尔德负责分配劳动任务的政治犯以“反社会”者是可消耗力量为由，派他们干户外的重活。

至此，我们已经考察了生活于德国社会边缘的放任自流者的命运，人种改良政治以巨大力量伤害了被囚于为落后者、违规者、残疾者和疯狂者设立的机构中的人们，对这些人而言，逃避和逃亡都已不可行。现在我们需要花点时间了解这种边缘化的、易受伤害的个人的命运。广泛说来，纳粹政权的出现为管理精神病院的官员和其中雇用的医护人员带来了重大改变。在地方和全国，整体政策变为保留极端无情者。埃希堡精神病院院长威廉·欣森回忆说，在有其他同业人士参加的会议上，地区精神病院总负责人弗里茨·贝尔诺塔特评论说：“假如我是医生，我会除掉这些病人。”对此欣森答道：“对德国医疗制度而言万幸的是，您不是医生。”在上巴伐利亚，由瓦尔特·舒尔茨教授实施对精神病院的控制，1933 年他公开反对“供养身体、生理上无可救药者和无价值者”，同时还称颂集中营终结不适者和离经叛道者的益处。贝尔诺塔特和舒尔茨都曾于 30 年代中期探讨过杀死不可治愈的精神病人和“白痴”儿童的想法，精神病院巡视官、法兰克福大学的克莱斯特教授哀叹，“压在全体国民身上毫无产出性的负担”等话语中充斥着管理主义野蛮化，以及压倒一切的对成本的执着。

在精神病院内部同样出现了进一步的人员变动。埃希堡精神病院的欣森被告知，“将来你们只能得到党卫军医生，他们知道如何扎针”。1938 年，一名后来者——凶暴的弗雷德里希·门内克博士——将欣森从院长职位上挤走。在汉堡，新上任的健康与福利处官员向精神病院发放问卷调查自厨工以上所有人的政治倾向。可疑分子，即任何社民党人，都要发还原精神病院进行详细审查。朗根霍恩精神病院管理人员费尽周折，试图帮一个 58 岁的洗衣工保留职位，他自 1906 年起就是社民党成员。有人解释说此人过于老迈愚昧，不会对当前国家造成任何威胁；还有人说他每次缴纳党费时都心痛地抱怨，他骨子里是民族主义者，自觉支持纳粹主义。流言蜚语在精神病院任意蔓延。

在《国际医学通报》上撰文的社会主义流亡医生怀着极大关注论及这些人员变动带来的影响。《通报》对失业冲锋队员大量涌入护理行业进行了如下评论：

> 这里采用的护理方法与集中营内的管理办法类似。目前从业的冲锋队员不按人道主义原则履行义务。他们缺乏对病人的心理学认同，他们并不关注个体，反而时时下达命令，职业疗法被集体劳动取代，其目标并非照顾病人个体需要，而是本着领导工作优先的原则进行。过去十年中，在这一领域开展的非凡工作遭受了致命打击。疯人院——今天再次名副其实——退到了50年前的水平。

当听到虐待和谋杀自己病人的医生和精神病专家谈论“现代化”问题时，可能我们应当记住这些。

精神病院中的生活迅速军事化、政治化，职员被鼓励加入纳粹军事组织，参加会议和夜间培训课程，倾听扩音器里传来的元首演说。病人们也被军事化，这倒常令他们兴高采烈，因为想象落后者、失明者和残疾者与更广泛的政治激流隔开令人感觉高人一等。这一过程囊括了一切类型的收容机构。在符腾堡州信奉天主教的马利亚堡，残疾儿童“迈着整齐的步伐排队穿过精神病院的庭院，走上广场。他们在这里一首接一首地高唱赞颂希特勒的歌曲。夜幕降临这场演唱会才告一段落”。到教室参观的人们听到“希特勒万岁”的呼喊，因为孩子们想要成为真正的“希特勒青年团成员”。在新教为癫痫患者和弱智者兴办的赫法塔精神病院，人们为元首祷告，并为庆祝元首生日而装点他的画像。在巴登的维斯洛赫，院长默克尔甚至想让他的精神病院参加“纳粹主义模范企业”竞赛，尽管精神病院完全难以满足参赛条件。在柏林，施泰格利茨区盲人之家的失明儿童们阅读盲文版《我的奋斗》，通过触摸“雅利安人”和“非雅利安人”的头颅学习种族科学，并身着希特勒青年团制服行希特勒礼。尽管我们在假设这种外在一致的迹象发自真心时应当慎重，但证据如此确凿，说其中多数不是发自真心也不太可能。

虽然强制绝育似乎在对精神病院情况的探讨中占据主导位置，但所有病人也同样受到了开支缩减和配给制的影响。自魏玛时代的大萧条起，精神病专家就忙于在食物、供暖、灯光和肥皂方面节省开支，甚至还计算出了每个病人需要呼吸多少立方米的空气。这种令人沮丧的趋势在30年代达到巅峰，尽管此时德国经济已全面复苏。许多专业设施被关闭；最佳精神病院实力的“过时”观念被摒弃；同时每日花费于每个病人身上的开支总额被降低。在汉堡，1800名心理疾病患者被以高昂代价从风景如画的弗雷德里希堡精神病院迁出，取代他们入住的是享有资格的年迈或孤残“国民同志”，这些人将更能欣赏这里的美景。定额供给和专业设施关闭造成的一个后果就是长期超员。1938年在魏尔明斯特，四年前只有600名病人的精神病院已被挤进了1500多人。在许多精神病院，医患比例由原来的1：150降至1：300。在埃希堡，巡视官克莱斯特惊恐地发现平均一名医生要照管446名病人。由于精神病院医生经常要被借调到遗传健康法庭，这就进一步对医患比例造成了负面影响，如编制人种改良统计资料或完成绝育申请手续，每次都要占用医生2~3小时时间。据负责的精神病专家说，要从人种改良角度对汉堡的一家孤儿院的366名受训者进行裁决，要花上1200小时工作时间。填表缩短了医生照顾病人的时间。

精神病院院长们也你追我赶，进行最大限度的节约。除从服装与食物方面节省开支外，他们还使用毛蕊花、薄荷叶和春黄菊等药草替代昂贵的镇静药。病人们这样回忆极度单调的食谱：“早上吃面包夹萝卜泥。我们通常在前一天晚上将萝卜泥抹在面包上，这样吃的时候就已入味。在锡壶中有咖啡，无奶无糖。午餐正午开饭。还吃萝卜，或者芜青甘蓝，没有一点油水。永远是同样的东西。通常有带皮煮熟的三个土豆。我们一周吃一次甜菜根。三点钟我们再喝一次咖啡，蘸糖浆吃面包。”精神病院入住者是否变得粗暴无从得知。在限制难以管理的个人与使用种种伎俩处罚自己不喜欢的人之间隔着一层纸。某些精神病院，如赫法塔，允许对病人采取野蛮的肉体惩罚。而埃希堡等其他机构有恐怖的禁闭室。任何对英国当时各郡精神病院稍有了解的人都不会仓促指责德国精神病院异乎寻常的残暴与不人道。

在30年代的其他地方，职业疗法增加了新的躯体休克治疗。精神病治疗杂志赞扬新疗法的神奇疗效，其中包括胰岛素昏迷疗法、戊四氮抽搐疗法和电休克疗法。在许多精神病专家看来，当批评者指责治疗的巨额费用和令人失望的治疗记录时，这些疗法既相对廉价，又具有可实证的科学性。正如伊勒瑙的汉斯·勒墨尔指出的：“根据最新统计数据，截至1935年12月31日，在约25万家公立和私营精神病院中约有16万病人；根据作者慎重估计，有目的地普遍采用这一疗法将节省开支10%，即按照1.6万名接受治疗的精神病人人均每天消费2马克计算，就将节约1000~1200万马克。”专业杂志上大量刊载描述奇迹般疗效的文章，这些文章通常从病人的观点出发叙述。不论这些新疗法疗效多好，某些病人身上呈现了负面结果：新疗法对这些病人毫无效果。选择性地有目的地对急性病例加以治疗，常需要大量护理人员介入，这就导致慢性、无法治愈的后区病房中的病人因疏于照管而饱受痛苦，某些精神病专家显然已在谋划杀死这些病人，以免提起自己所从事学科的发展局限。1935年，卡尔·克纳布发表文章称：“我们面对的精神病人中除最低水平的白痴外，还有数不清的精神废物，不论我们如何尽力治疗都毫无起色。这些病人原料应当被人道毁灭，以无痛的方式被清除，这对一个为谋求自身生存斗争，在不动摇其文化价值观的文化基础的情况下追寻自我保存的财经政策的民族而言，是完全合理的。”除使用“病人原料”等词语外，此处对屠杀与文化价值相互兼容的强调也值得注意。四年后，赫尔曼·普凡米勒注意到这种思想正从学术设想向实际考量过渡：“几乎所有的这类病人都利用公共开支入住精神病院。究竟是将这些病人材料维持于最原始的条件下，还是将他们清除，再次变成一个需要严肃讨论的课题。”这是个不祥之兆。

医学化大规模谋杀

尽管开支与人种改良适应性问题在此处的讨论中居于重要地位，但我们也不可忽视另一个相对独立的话题——安乐死：人们因无法容忍的痛苦而要求最后的解脱。这种人在纳粹德国与其他社会同样不容置疑的存在为实施仁爱致死术和对受苦的个人关怀稍有擦边的政策提供了机会。

如前所述，20 年代中叶，埃瓦尔德·梅尔策记录了某些受心智缺陷子女困扰的父母的情况，他们大多从情感和经济上都疲于应付这类子女。在纳粹德国，平民寻求评论某个法律问题或解决个人痛苦的一种方式就是致信元首的总理府。有一名因癌症而垂死的妇女，以及一个名叫克瑙尔的畸形婴儿的父母寻求获准“安乐死”，当然我们不应想象想死的德国人都会致信总理府。

1929 年希特勒在纳粹党纽伦堡集会上发表的一篇演说触及了人种改良杀婴问题：

> 假如德国每年新生 100 万婴儿，那么清除其中最弱的 70 万～80 万，最终结果还是实力增强。最危险的事莫过于我们切断自然选择的过程，从而失去获得健全人的可能。第一胎未必总是最聪明和最强壮的。斯巴达——历史上最清晰的种族国家个案，就系统化实施这些种族法律。现在情绪化人道主义造成的后果，就是我们让健康者付出代价去试图维护弱者。

掌权之后，普鲁士内政部长汉斯·科尔就策划让一个刑法修订委员会批准“安乐死”。信奉天主教的司法部长居特纳是反对被他称作“尼采思想现实化”事物的人之一。帝国医生领袖格哈德·瓦格纳及其继任者莱昂纳多·康蒂也持同样观点。实际上所有纳粹评论家都在通过绝育防止未来产生“不值得生存的生命”，和通过“安乐死”毁灭现存生命的做法之间画出一条界线。后者在和平年代争议太大，难以尝试。这种明显的一致意见倾向于凸显希特勒发挥的独特作用。希特勒至少在入侵波兰之前四年，就将战争与“安乐死”相联系，对古斯塔夫·瓦格纳说：“如果爆发战争，他将重启安乐死问题，并实施安乐死。”1939 年夏，据说他向莱昂纳多、马丁·鲍曼和汉斯·拉莫斯这样说：

> 他认为将无价值的严重心理疾病患者清除的做法是正确的。他举出了几种精神疾病的例子，患病者必须被安置在沙子和锯末上躺卧，因为他们大小便失禁，他们还会将粪便放入口中当作食物，凡此种种。从这点出发，他说他认为将此类人的无价值生命加以终结是正确的，认为这会为医院、医生和护理人员带来某些节约。

希特勒授权元首总理府负责人菲利普·布勒及其随员中的紧急外科医生卡尔·布兰特教授，再由他们授权指定医生实施“安乐死”。可以推定此次授权由谋杀项目医疗组成员策划，他们对任何司法回应都倍感焦虑，尽管有必要注意该授权文件并不具备法律效力，而且“安乐死”计划从未获得法律批准。即使按照第三帝国法律，这种行为也同属谋杀。

元首总理府常以令人怀疑的迅捷，详细制定对“畸形婴儿”实施“安乐死”行动的官僚与医务人员构成，借口是来自克瑙尔家族焦虑的父母的那类请求。1939 年 8 月，医生和助产士被迫将严重遗传疾病和先天性唐氏综合征、小头畸形或脑积水、残肢症和痉挛性麻痹等病例上报某个帝国委员会以进行科学登记。两名非专业人士——汉斯·黑费尔曼和里夏德·冯·黑格纳接下来为“安乐死”挑选了病例，然后三名医学仲裁人——维尔纳·卡特尔教授、汉斯·海因策教授和恩斯特·文茨勒教授进行评审，他们三人在表格上标注相应符号，就应采取的行动过程提出建议。如病例在“安乐死”上被加注“+”，那么该婴儿就被转送到约 30 家特别儿科诊所当中的一家，常用的借口是这些诊所能为儿童提供专家诊疗。

我们应当注意到某些个案中是父母要求将儿童杀死，他们大多数无法应对残疾儿童。女婴尤塔因早产患有严重发育障碍，朗根霍恩精神病院两次拒绝接收这个孩子。她父亲解释说：“由于我在一家兵工厂任电气工程师，有着极度重要的职责，因此我有权享受一名健康妻子的照顾。我们的愿望是尽快再要一个健康的孩子。令我们极为沮丧的是假如我们被迫再次接纳这个不可救药的孩子的话，我们的愿望就会破灭。”后来杀死尤塔的医生谈道：“她［那位母亲］已不再来看望那孩子，要做到眼不见心不烦。那位父亲同意进行成功的处理。”换言之，纳粹开始了其“安乐死”运动，切入点是他们可能遭遇最少抵抗之处，早在 20 年代他们就该问题进行讨论时，这一点就已了然于胸。

一旦进入这些特别诊所，孩子们就要经受广泛的测试，某些还会经历痛苦的实验。一日剂量的巴比妥酸盐，如鲁米诺镇静剂被掺入他们的饮食中以抑制呼吸，以使他们患上肺部疾病，或使用过量的吗啡-东莨菪碱将他们致死。关注孩子们的父母被用谎言加以安抚或在确认儿童死亡前禁止探视。多达 6000 名婴儿直至 16 岁的少年，在这个儿童“安乐死”计划中遭到杀害，遇害者年龄上限被悄悄地从三岁提高到八岁，然后提高至 12 岁，最终被改成 16 岁。一支扩大的医疗和精神病专家团队被建立，以应付将成年精神病院住院者杀光的更为庞大的计划。该行动总部位于柏林动物园大街（Tiergartenstrasse）4 号，因此得名“T-4”行动。这些人 1939 年 7 月底聚集在柏林，然后布勒通知他们说为了给将来的战斗伤员提供床位，有必要杀死一部分正在接受治疗的精神病人，尽管无法取得公共法律批准，但他们得到保证，不会依据现行刑法典第 211 条对他们的行动进行起诉。

有预谋的杀人犯必须考虑谁、哪里、如何进行？在否决了大客车或火车“事故”后，该问题被移交给阿图尔·内贝的帝国刑警局的法医药剂师。其中之一，阿尔贝特·威德曼医生回忆起一个吸入毒气致死的病例，决定采用的毒气为一氧化碳。显然布勒想到了使用淋浴喷头接入毒气的做法。毒气由法本公司位于路德维希港的工厂生产，然后被供应给“延内维恩”和“布伦纳”（元首总理府的维克托·布拉克和其主要助手维尔纳·布兰肯贝格的假名），仿佛这是一家工厂，而不是“T-4”行动。“谁”的问题涉及受害者和作恶者双方。在 1939 年 10 月 9 日的会议上，内政部负责精神病院的官员赫伯特·林登报告说，用于识别潜在受害者的表格已被发往各精神病院。布拉克说，借助数学比例，整体目标人数已经算出：

> 按照 1000：10：5：1 的比例计算，该数字已经算出。其意义为 1000 人中就有 10 人需要精神病治疗，其中有 5 人住院。这 5 人中，有 1 人要被纳入该项目。如将这一比例用于整个大德意志帝国全部人口，那么就必须估算有 6.5 万~7.5 万个病例。经此陈述，“谁”的问题可以认为已经被解决。

然而，事实并非如此，因为还有由谁来杀死这些病人的问题。广泛而言，“安乐死”计划的组织者主要为卡尔·布兰特、维尔纳·卡特尔和卡尔·施奈德等教授，他们确信其在优生学和哲学上的必要性。这也并不排除其他动机，比如行走于权力走廊的愿望，这些人显然被海德所称的因与元首接近而辐射的“权力”所吸引。德·克里尼斯和海德分别参加过保安处和党卫军。德·克里尼斯似乎热衷于扮成间谍；海德是秘密同性恋，他的研究使他与党卫军多有接触。假如雄心和意识形态信念能够解释主要阴谋家的动机，那么我们就不必考察海德和赫伯特·林登之外的人物——他们有时得到党卫军帝国医师罗贝特·格拉维茨的协助——就发现下级医生如何经过拣选执行杀人任务。少数人表示了异议。格拉维茨的一个招募对象维尔纳·基尔谢特拒不接受双倍工资、额外的美酒、书籍和一部收音机，由此也证明那些介入者无法对这些诱惑免疫。他认为黑费尔曼提出的大型事故的想法没有说服力。另一位拒绝者是来自埃格尔芬哈尔的弗雷德里希·赫尔策尔医生，赫尔曼·普凡米勒曾准备任命他为该精神病院实施儿童“安乐死”项目负责人。在一个被频繁降雨搅乱的假期，在对这些问题反复思索后，赫尔策尔拒绝了普凡米勒的提名。在日期为 1940 年 8 月 28 日的一封信中，赫尔策尔坦言：

> 新的措施如此令人信服，我认为我可以完全忽略个人观点。但完全赞同国家的措施与亲自参与其中，实现其最终结果是两回事，这让我想起法官与刽子手之间的差别。因此，尽管我也有知识分子的洞见和良好愿望，却无法逃避一个现实：按照我个人的本性，我不适于执行此项任务，尽管在许多加速事物自然进程的事例中，我的意愿也十分活跃。但要在冷血的讨论之后，根据客观科学规则、对病人不带任何感情地去将之当作系统化政策来实施，对我而言同样难以接受。

然而，却有足够多的医生参与其中。赫伯特·林登找到区域卫生监督人瓦尔特·舒尔茨和路德维希·施普劳尔，二人又推荐了普凡米勒和施雷克等医生，他们都对杀人毫无顾忌。施雷克将审阅“安乐死”仲裁表格上升到运动高度，有时能在一夜之内处理 1500 份表格，此间偶尔还能到酒馆小酌两杯。海德提名了某些维尔茨堡的学生，如克劳斯·安德鲁魏特医生或阿奎林·乌尔里希医生，维尔茨堡大学学生领袖显然告知乌尔里希说海德想召见他。他们的见面地点是海德的办公室，在此教授概括了“安乐死”项目的性质，并询问乌尔里希是否愿意参加。经过数日深思后，乌尔里希表示同意，并被立即免除了去波兰服兵役的义务。入职程序逐渐增加。他被召到柏林元首总理府领受任务，当天下午又乘车前往勃兰登堡检查设施和进程。他于两周后返回，在 1940 年 3—8 月执行用毒气杀害 5000 人的任务期间，一直使用“施密特医生”的假名。虽然乌尔里希承认他因政治原因于 1939 年夏脱离罗马天主教，但他在 1965 年的第一次受审中声称来自“T-4 行动”招募者的情报说新教已同意实施“安乐死”，罗马天主教此时正在就为受害者举行圣礼等细节进行谈判，这些都使他克服了对自己参与其中的所谓的保留。

我们也可追踪 32 岁的博多·高尔加斯的入职和审查程序，威斯巴登的弗里茨·贝尔诺塔特将他送到柏林，在柏林，布拉克告诉他他是被拣选去杀死精神病人的“特别受信任”的医生之一。成为“帝国最重要的一名建设者”当然会对他产生某种影响。他被派到奥地利的哈特海姆，这里的一位同事告诉他杀死这些人得到了他所在领域某些大人物的许可——谈到了海德、尼切和施奈德，其中尼切本人亲自前来并强调了在杀人的程序中必须小心谨慎。高尔加斯在哈特海姆的同事、会吹长笛的格奥尔格·伦纳医生同样承认："我无法想象国家可能会通过一部并不合法的法律，尤其因为社会名流都已接受安乐死。"大人物和宏大场景伴随着某一些学术界的专业人士，他们的小资产阶级不安全感与一种基于"权威"认可的科学文化发生了融合。这些人年轻，有野心，在此前的正常情况下或凭借他们的个人天分，无法获取这样相对较高的位置。很快，博多内心残存的道德感只剩在他要用毒气杀死一名孕妇时闪现的一阵纠结，他安排不用毒气而用致命注射剂将她杀死。

因为这些人是医生，其天职为救死扶伤，一种过度的假设认为某种同样崇高的思索让他们拉开毒气钢瓶的阀门，就连受过训练的猴子都能做到这一动作，而不需要拥有学位的人们去完成。基于这一虚假前提，怀着矛盾中的学术欣喜，我们可以判断单凭野心和机会主义不足以解释医生杀人的原因。事实上，以各种理由从医的人们不一定就有做善事的愿望。他们并不比那些成为商人、技师、工程师、史学家、记者和律师的人们多一点或少一点"善念"。如果这些人希望社会经济发展进步，魏玛时期的大萧条和卫生制度的变革就导致了他们接受极端政治观点并对共和国怀有本能的厌恶。大约45%的医生是纳粹党员，与其他的专业人士相比，更多的医生加入了党卫军。他们接受的医学教育倾向于将道德作为义务的旁线，与他们受训中更为重要的科学方面脱节。布兰特受审时也表达了这个意思："人们可能会在办公室挂上一幅'希波克拉底誓言'，但没有人会去注意它。"不管怎样，即使是"希波克拉底誓言"也可以被肆意诠释：医学史家重新定义道德，用生物学集体的福祉取代对个人的关注。人们仍能勉强认同希波克拉底。最后，连续的革新精神病疗法的浪潮持续遗留一批无法治愈的慢性患者，他们构成了对精神病治疗行业治愈率的一个永久挑战。这些因素的任意组合都可以让医生杀人。还有一个事实是许多医生认为心理和身体残疾者对自己和他人——如法尔特霍伊泽和高尔加斯二人——造成负担，或在自己的家庭中也经历同样的问题。

并非只有医生要为大规模谋杀负责。要负责的还有被选任职于"T-4 行动"精神病院的护士和卫生员或是所谓的"柏林人"，即由中央直选以派驻六所精神病院的人员，或是旧员工中的其余人员或从附近精神病院调来的其他人员。第一组人员中有一个名叫保利娜，她的虚张声势和对谋杀一本正经的态度令人恐惧。她于 1900 年生于乌克兰，后随家人移居威斯特法伦。保利娜曾任精神病护士 15 年，于是在 1939 年 12 月被召至柏林并被告知她已成为参与"安乐死"计划人选。经过一段时间的考虑，她选择去，因为"我们都没有道德疑虑"。正如她后来所说："聚集在这里的人是绝对自愿参与的。"她确实参与其中，在四年内，在格拉夫内克、哈达马尔、贝恩堡和考夫博伊伦等地系统地杀人，每当她休年假时，图表都显示死亡率下降。

第二类可被称作保留人员，他们更为复杂。伊姆贾德·胡贝尔 1901 年出生于一个有 10 个孩子的家庭。小学毕业后，她当上家庭女佣，然后从事精神病人护理工作。1932 年她成为哈达马尔精神病院职员。数年后，她开始了一场凄苦地对一名精神病院管理者的单恋。1940 年，她作为哈达马尔精神病院保留人员展开“安乐死”谋杀。她仅仅作为护士长参加晨会，接受并传达杀害病人的命令。她相信这类谋杀有错，也承受心理痛苦，而且据记载她对单个病人相当友善，但这些都未能阻止她参与这类谋杀。第三类人员中包括保罗·罗伊特，一名特别单纯的黑森农民。罗伊特早年加入纳粹党，经常参加纽伦堡纳粹党集会。他是失业农场工人，但他的冲锋队员身份使他在魏尔明斯特精神病院谋得一份工作。在波兰服过短期兵役后，他被挑选参加哈达马尔精神病院“T-4 行动”。他在那里被告知这些病人是“不值得生存的生命”，用于供养他们的资金可以用于为“多子”家庭建造房屋。

柏林“T-4”行动官僚机构中的职员和“社区病人运输部”人员，以及那些伤害病人的精神病院管理者们都通过口口相传，通过私人交往的方式招募。因此，“T-4 行动”首席宣传制片人赫尔曼·施韦宁格自 16 岁起就认识布拉克；迪特里希·阿勒斯认识维尔纳·布兰肯贝格；阿道夫·考夫曼与其兄长罗贝特一道工作；一名话务员得以入职的原因是她姐姐是“T-4 行动”管理者赖因哈特·蒂尔曼的秘书，等等。正如迪特里希·阿勒斯所说：“我总是认为多数人都是通过关系进来的。”在哈特海姆，许多被任命的秘书似乎都与检察官斯特凡·沙赫尔迈相熟。他们对之前从事的工作心生厌倦，渴望更高工资和社会地位，或被未来从事的“秘密”工作吸引。中央及各精神病院办公室造就了普遍的办公室政治与恋情，仿佛他们正在经营一家航运公司，而不是一家杀人中心。虽然某些精神病院办公室职员坚持一种分隔的做法，让自己的实际义务与这些义务产生的最终结果隔离开来，但情况并非永远如此，对恐怖的好奇心驱动着办公室职员走向地下室，窥视玻璃缝和监视孔，观看病人进行最后的痛苦挣扎。

在令人毛骨悚然的另一端，也招募了像保罗·罗伊特这样处理尸体的工人，因为他们的党内履历表明他们在意识形态上无可挑剔，或因为他们认识某位人物。文岑茨·诺赫尔在变为哈特海姆精神病院的拖尸、烧尸专家后，就从一个收入菲薄的机械工，变为能赚双份工资的地下城堡精英。他是经由他哥哥、一名冲锋队旅长，与“T-4 行动”搭上关系的。党卫军人员，如库尔特·弗朗茨和约瑟夫·奥伯豪泽尔，也获得集中营的协助，允许他们审视烧尸的恐怖场面。参与“安乐死”项目，是他们从原屠夫、厨师、警察、电车售票员等身份飞升至灭绝营内对波兰犹太人、阿姆斯特丹、巴黎或萨洛尼卡的犹太资产阶级进行生死仲裁者的中途站点。这些残暴的酗酒者只对自身经受的痛苦敏感，他们借助每天定量供应的 1/4 升烈酒和营房里的黑色幽默来使自己忘记偶然的噩梦，眯着黏湿的眼睛，彼此嘀咕着他们负责的“肮脏工作”。

解决了“谁”和“如何”的问题，唯一遗留的问题就是“在哪”。赫伯特·林登在斯图加特约见了埃贡·施塔尔。施塔尔推荐格拉夫内克的萨玛利亚残疾人之家，这是高踞于士瓦本山上的一座中世纪城堡。施塔尔和林登乘机来此参观，确认这里既容易到达，又非常偏僻，因此特别有用。随后，隐瞒身份的参观者也接踵而至，其中包括布拉克（又名“延内维恩”）、维尔纳·海德和莱茵哈德·福尔贝格（又名“欣特塔尔”）。后来整卡车的党卫军士兵身着便装而来，他们和当地工匠一道，将这座古堡改造成灭绝中心。毒气室设于鸡舍和装农业机械的房屋内。贝尔诺塔特想必也到过林堡附近的哈达马尔。他亲身参与其中，不仅反映在他选择博多·高尔加斯担任“安乐死”医生，而且他的妹夫从事的工作也对此有所反映，他是将毒气管道装入假淋浴室的工人。共计有六个这样的灭绝中心：贝恩堡、勃兰登堡、格拉夫内克、哈达马尔、哈特海姆和松嫩施泰因。

柏林的“T-4”行动与全国境内数百家公立、私营和教会精神病院的初次正式接触就是“登记表一”的到来，该表要求填写病人的详细信息。该表格——貌似推进“高效计划”——需要登记患有特定生理、心理疾病，仅从事简单机械劳动的病人；住院五年以上的病人；以及有关心智不正常的刑事犯或外国人以及“种族外来者”的信息。收到这类表格使谨慎者陷入两难境地。许多精神病院管理者并未见到任何不幸事件，他们认为这类表格的目的仅仅是区分急性和慢性病人，慢性病人将被分配到成本低廉的机构，并停止实施治疗，这是与 20 年代末 30 年代初精神病治疗整体思想相一致的。还有人认为这些表格是战时的一种劳动征用。为了给精神病院保留有价值的工人，他们为此做出了致命的决策：极大低估了病人的劳动能力。汉诺威地区精神病院管理员格奥尔格·安德烈埃医生和他的上司路德维希·格雷斯纳医生等心存疑虑的少数人，从更加模糊的角度说，莱茵兰地区瓦尔特·格勒伊茨和海因茨·哈克也可算在内，他们在各自地区试图改变“安乐死”计划，可一旦异议被驳回，他们也无可奈何地选择了合作。

精神病院院长们有 3～10 周时间完成表格登记。这就为拖延、有意低效和过度卖弄学识提供了一定的回旋时间。有人散布流言说被转走的人都会被杀死，于是数家精神病院院长开始想尽办法保护自己的病人。他们的行为值得称颂。因此格平根私营克里斯托弗斯巴德精神病院帮病人在附近农场找了工作，让“T-4”行动人员难以追踪他们。宗教机构也试图将公费病人重新归为自费病人。某些精神病院还努力让病人重返家人照管之下。因为政治劝说有时会对个人行为产生反作用，贝塔尔的纳粹“老兵”卡斯滕·雅斯佩森有意伪造了病历，以使病人无法满足“T-4”行动的初级标准。他将精神分裂症改为反应性精神病，将狂躁抑郁症改为循环性情感症。

填写这些表格时的拖延和不配合并不能带来解脱，因为“T-4”行动会直接派遣巡回评估分队在原地以例行公事的方式做这项工作。料想到在精神病院中会出现令人不快的场面，“T-4”行动还在他们的算计中增加了某种程度的恳求与协商，这就让精神病的管理者和医生能够拯救一定数量的病人。许多精神病院人员试图以对单个病人的准确了解来取代“T-4”行动中粗糙的选择标准。这就难免会凸显医生对某些病人的情感因素，或有利于那些已证明对精神病院在经济上有用的病人，这也与 20 年代以来精神病治疗改革一致。因此马克格勒宁根精神病院管理人曾强调说一个病人“能为精神病院省下雇用园丁的钱”，另一个病人“能长年累月、孜孜不倦地从事农业劳动”。等到“T-4”行动病人运输组车队队长在精神病院前逗留并成为唯一谈判对象时，这种拯救个人的尝试就已面临绝境了。

对此，还有病人以异乎寻常的冷静和深沉思考自己的命运。1940 年 10 月，一名女性癫痫患者写信给她父亲——一位退休医生，她父亲早已就目前形势对她提出警示。这位父亲曾找到斯图加特卫生当局，并被告知假如这些改革得以实施的话，癫痫病将被排除在外。精神病院建议他联系“T-4”行动，让他们从转移名单中画去他女儿的名字。她生前的最后一封信写道：

> 最最亲爱的父亲！
>
> 真不幸，事已至此，无可挽回。今天，当我离开尘世往生永恒之家时，我必须写下这些告别话语。这将会让您和你们倍感心痛。但我认为我必须像一位烈士那样死去，这也是上帝的旨意，我渴望去往他身旁已有多年。父亲，好父亲，在我离您而去之前，我要再次请求您和我亲爱的弟兄姊妹们宽恕，因为我此生一直令你们失望。愿慈爱的上帝能承受我的痛苦，让这种牺牲作为对此的忏悔。
>
> 最好的父亲，请别对您的孩子心存芥蒂，我深爱您，要永远想着我已去天堂，在天堂我将与上帝和已去世的亲人同在。亲爱的父亲，我将继续坚信上帝，毫不怀疑他用来考验我们的善举，但我不可理解的是我们何时沦落至此。在末日审判时，我们将会收到回报。上帝亲典的审判！请将此告知我亲爱的弟兄姊妹们。我不会哀伤，我将会高兴。我将这张小照片送您留念，您的孩子也将以这种方式遇见圣者。
>
> 我以无尽的爱意和坚强的承诺和您相拥，与您诀别，我心坚定不移。
>
> 您的孩子海伦妮
>
> 1940 年 10 月 2 日。请为我心灵的安宁祈祷。再见，好父亲，在天堂里。

她父亲确实让人从名单中画去她的名字，但已经太迟，他在收到一封来自勃兰登堡告知“她已死于呼吸系统疾病”的信之后不久，才收到她已被豁免的通知。

这些被挑出来面临灭绝的人们同相识多年的员工和朋友们凄惨道别后，就落入了毫无怜悯之心的陌生人手中，这些人的唯一目的就是加速他们的死亡。公共汽车和火车将他们直接送往其中一个灭绝中心，或送到减缓令人作呕的通往火葬场的流量的收容所网络中。他们下车之后，被驱赶着进行精细的程序，他们存在的高潮就是被锁进伪装成浴室的密闭毒气室内。某些受害者拿着面巾、肥皂和洗澡刷走进去。守候在隔壁的医生打开毒气罐阀门，这些职责是为了维持大规模谋杀的医学面目。死亡悄然而至，惊恐的受害者觉察到他们的真正遭遇后翻滚下条凳，或在地板上轰然倒下，或用手猛击铁门。通风扇抽走了残存毒烟，让“烧尸人”和“消毒工”进来挪动尸首，取出金牙和为研究目的而进行解剖后，尸体就被扔进小火车厢，或被拖过湿滑的地板丢进炉中。他们的骨灰被撒入河中，或被随意装入坛内。

每当这一程序被重复，精神病院上空就弥漫着一团团黑烟，毒气的恶臭在周围地区挥之不去。一位住在上奥地利哈特海姆的男子回忆道：“有时这种恶臭特别令人作呕，我们在田里劳动一天回家之后，一口饭都咽不下。人们不敢开窗，夜间还必须将窗子封严，以防气味侵入卧室。”一绺绺人发随风盘旋。尽管商店和酒馆似乎能对“T-4”人员中令人胆寒的顾客表示欢迎，但灭绝中心附近地区的居民偶尔会因抗议活动而遭到逮捕。在哈特海姆，流言的散播使当局在特拉纳酒馆召集了一次会议，会上，城堡的“T-4”首脑——公牛般的前侦探克里斯蒂安·维尔特首先声称，这里在焚烧皮鞋、圣像和衣物。这种说法无人相信，于是他补充说石油和石油制品在这里被再加工成用于潜艇的一种透明液体。最后，他威胁说，假如任何人散布关于焚烧人体的谣言，将被处死或关进集中营。

在发达社会，人们失踪时往往都会留下片纸只字，因此“T-4”登记簿就开始系统伪造死因和死亡地点，专门编写了 60 多种死因对照表，以利于完成死亡证明，每种死因都附有一段话说明其适用于何种年龄与性别：

> 肺炎是我们行动中的理想死因，因为广大民众一直视之为重症，这就表明其具有威胁生命的特征。
>
> 中风。这种死因尤其适用于年纪老迈的病例，至少 50 岁以上。至于年轻人，极少出现这种情况，就不应选择这种死因。

精神病院管理者们不再对死去的病人收取治疗费用，于是就向他们的亲属发出标准化的吊唁信。更有创意的管理者还会在信中就单个病人进行慰问，同时宣称死者已被火化以防传染病扩散。如果在小地方展开大规模谋杀，地图和彩色图钉可以令这种令人生疑的大量死亡事件有所改观，死于哈达马尔的人可以被登记为死于贝恩堡或松嫩施泰因。一个使用卢布林882信箱海乌姆精神病院这个虚假地址的特别登记部，被用于登记勃兰登堡被毒气致死的精神病人，或被枪杀于德国占领下的波兰犹太精神病人。

尽管就犯下这一大规模谋杀的阴谋已经进行过最为详细的调查，但相关公众仍不可避免地提出了质疑。有时，这种关注的表达方式极其模糊。1941年末，一名男子就“清除精神病人”问题致信军事当局。他写道：“任何左右我国政府采取这一行动的原因——无人知晓。有人说这些机构必须首先清空，因为许多空军军官都患有精神疾病，还有人从养活我国人口的角度出发谈论经济措施。但这些说法却并不中肯。为什么数百万犹太人仍旧生活于国内？为什么这些社会渣滓可以活着，而我们的病人却被谋杀？”

从在高尔诺伊基兴的新教机构迪亚科尼埃维克修复过程中发现的大量信件中可以看出普通民众日益强烈的不安，这些信件自1941年以来就无人拆看过。1941年1月，64名2~77岁的残疾人被迫踏上一段47公里的死亡之旅。一切均已发生之后，病人亲属最早收到转移的通知，据说要转往约100公里之外的松嫩施泰因，这种非正常程序让人心中警钟长鸣。1941年1月20日，韦尔斯的一位药剂师致信高尔诺伊基兴的一位护工、一位名叫安娜的姊妹：

> 今天我得知V已被转往皮尔纳附近的松嫩施泰因精神病院，其他事不得而知。甚至无人询问过我们。松嫩施泰因在哪？他们为何将V带去那里？高尔诺伊基兴是否会全部或部分关闭？你为什么不写信给我，安娜姊妹？那里发生了什么事？松嫩施泰因精神病院有什么好处？亲爱的姊妹，我悲伤沮丧，想弄清楚V的处境，这可怜的孩子令我们如此心痛！

高尔诺伊基兴当局在复信中详细描述了韦尔斯到皮尔纳之间的铁路交通。一周后这名男孩的母亲写信说她已收到通知，V已经在松嫩施泰因死于“唇瘤所致血液中毒”。孩子的死“在她心中扎进一根钢针……我要向天哭诉我有多痛苦！”她一得知转移的消息，就一直寝不安席，眼前总是浮现身着病员服的孩子的身影，“因为母亲可以感知一切”。接下来她写到了她对存在的怀疑及这些政策给普通人造成的痛苦：

> 亲爱的姊妹，命运如此多舛，完全让我崩溃，因为我曾一直希望只有上帝是仁慈的。我的小虫儿从未伤害过任何人，但仍不被允许活在世上。我丈夫也已离去，我们想在周二去拜访您，结果周三他就死了。上帝赐我力量，让我不疑他的大能，因为世界之光已变成黑暗，上帝听见我们的祷告……亲爱的姊妹，请原谅

我写了这样一封信，我的手在颤抖，我写不下去了……我的痛苦深重，无法从泪水中寻求安慰。

亲属们注意到了惊人的巧合。1941 年 1 月 28 日一位妇女致信高尔诺伊基兴当局，向他们表示感谢，因为他们发来了“我们的汉西”死于五天前的消息，“实际上他父亲也是在转移到这里三周之后死于同一家精神病院。在汉西的个案中，情况的进展更为迅速，因为他的这里生活未满 10 天”。

其他人以直截了当的方式谴责了这一惊天骗局。在埋葬了女儿特鲁迪的骨灰之后，罗莎致信高尔诺伊基兴的护理人员，说她将去拜访他们：

也许你们可以更详细地解释目前进行的恐怖事件。我甚至无法想象整个事件究竟是如何发生的，是否只有格特鲁德独自一人被带走，谁组织了这些事，孩子是通过何种方式被转移的。松嫩施泰因精神病院来信中尽是谎言，我不会相信。他们接着寄来了特鲁迪的衣物清单，我已收到。他们对这些无关紧要的事情如此拘泥真是可笑。

还有人在地方报纸上刊登隐晦的死亡通知，通过使用“突然、出人意料的死亡”等说法表明他们不信官方的论调。少数勇敢者辗转来到精神病院亲自表达自己的怀疑。

较之社会底层成员，思路清晰的中产阶级职业人士和交游广泛的人们更能激起轩然大波，即使前者也会采取保护行动。战争期间，一名退休语文学家反复就其子汉斯——一个精神分裂症患者的症状质询埃希堡精神病院的瓦尔特·施密特医生。这位父亲后来突然接到通知说汉斯已“因不可治愈疾病”而死。这句话引发了怀疑，因为该精神病院从未说过其子“不可治愈”。该语文学家在信中提出了许多尴尬的问题。随着这些信件指控程度日益提升，对此的复信也从遮遮掩掩过渡到露骨的威胁。倒数第二封复信写道：

一年之中我们反复发现遗传心理疾病患者亲属忘恩负义……我们明确反对你们的诋毁，情况似乎“出乎你们的意料”。然而，鉴于您儿子疾病的遗传特征，我们将不对您怀有此心；然而，我们必须急切奉劝您将来以更周全的态度面对权威。

当这无法阻止该语文学家继续写信时，他们发出了直接威胁：

贵函的本质与基调令我要从精神病治疗角度看待您。我必须通知您，假如您还要来信给我们增添负担，我将被迫请公共卫生医师对您进行检查。到最后您要清楚，您是在同公共权威交流，不可以随意对其展开攻击。

这就是极权主义的社会本质，懦弱的小官僚混混狐假虎威，折磨持不同政见的不合作者使之就范。

沮丧的亲属们不可避免地求助于牧师和律师，后者常因职业与精神病院住院者或无危险的医院发生联系。律师必须就令人生疑的场面提起诉讼，处理涉及遣送与住院、为心理评估而实施的监禁，及恶意散布流言引发的迫害等问题。1940 年 7 月，勃兰登堡的一位地方法官洛塔尔・克赖西希在执业中向司法部长弗朗茨・居特纳提起抗议，说他所负责的到庭病人已被秘密转移出勃兰登堡，即将被杀害。这是逐步将法治保护下的人们转移出去的趋势。继集中营之后，精神病院也变为法治之外的监狱。

由于克赖西希是这个职业中少数佼佼者之一，有必要对他的性格和动机进行详细讨论。克赖西希曾与格雷戈尔·施特拉塞尔就解决失业政策通信，也曾投票给纳粹党，是一名认信教会基督徒，他曾因“反动”姿态和对纳粹政府显而易见的仇视而遭到纳粹的注意。正如他曾说的：“政府来来去去，而圣经话语永存。”与此类似的评论被同事和告密者不知疲倦地向上报告。他的个人背景无疑使他采取一种有原则的立场。他曾要求从开姆尼茨调至勃兰登堡，以靠近他从经济巨人亚尔马·沙赫特处购得的农场，目的为在泥土旁养大自己的孩子们。迁到这个偏僻的所在，表明他对前程并不在意，这是与当局打交道时拥有的一个巨大优势。克赖西希拒绝接受纳粹人民法庭公诉人罗兰・弗赖斯勒和弗朗茨・居特纳就精神病院发生的事进行的闪烁其词的辩解和搪塞。这个独立思想者威胁说他将对各色人等提起谋杀诉讼，亲自警告精神病院院长说假如他们再将更多病人转移出去，他将对他们提起公诉。他也曾试图对“安乐死”计划负责官员发出谋杀指控。甚至当居特纳亲自向他展示一份希特勒授权布勒和布兰特的信的传真件时，克赖西希仍质疑其是否合法，这种做法导致希特勒批准他被强制从司法行业提前退休。

牧师或从受害者亲属处得知“安乐死”计划，或因与教会福利机构接触，或因为给其他类型精神病院提供精神安慰而得知该计划。如果惊恐万分的病人在精神病院小教堂举行宗教仪式时横冲直撞的话，牧师们就难免有所耳闻。有些牧师会提出尴尬的问题，例如，罗特曼的新教教区牧师就曾于 1941 年 1 月 27 日致信高尔诺伊基兴院长：

高尔诺伊基兴住院病人约翰的父母非常出乎意料地收到了来自位于皮尔纳的松嫩施泰因精神病院的消息，说他们的儿子已死于丹毒引发的血中毒。为预防传染，他已被火化。骨灰可以被埋葬于故乡。请允许我提出下列问题：为什么将他们的儿子转出高尔诺伊基兴未征询父母同意？假如父母，或母亲事先知情，将理所当然地将孩子领回家。他可以由他哥哥供养，他哥哥收入颇丰，能够让他衣食无虞。约翰在松嫩施泰因是否受到某种伤害以使他死于丹毒引发的血中毒？或更直接地说，他是否在到达皮尔纳之后就死于这一伤害？这种罕见情况是否经常发生，即病人被转出，一离开高尔诺伊基兴就死去，然后为预防传染而被立即火化？

复信提到，精神病院当局收到许多此类信件，并被指示：不许提供更多的详细情况。

在罗伯塔尔正面遭遇这些政策后，牧师格哈尔德·布劳恩就在写给希特勒的一份异乎寻常的备忘录中详尽列举了“安乐死”计划中的兽行，系统驳斥了其在经济和后勤上的理由。利用寄送亲属的骨灰坛上的浮雕数字，布劳恩得出了可耻的事实，在43天内，在只有100张床位的格拉夫内克，却有多达2019名病人死亡。两周后，布劳恩被告知希特勒已见到他的备忘录，但也无法阻止情况继续，只是保证让事情开展得更加有序。不久后，布劳恩被捕，被判处三个月“保护性监禁”。

高级牧师受到纳粹严密监控，同时还被公开嘲笑，他们常常因过度谨慎而犯错，在任何情况下，他们的年龄、背景和职责都让他们倾向于这种姿态。有时他们对纳粹当选领袖道德觉悟的诉求令人尴尬。1940年7月19日，主教特奥菲尔·武尔姆致信弗里克，赞颂了近期对法国取得的胜利，并对人们如何能得出这一观点，即“这类存在”应该被结束，表示了谅解，同时又对近期杀戮的范围提出抗议。以后见之明看来，这种诉求也许比当时发生之时更为糟糕。

向大谋杀犯讲述神学细节甚至更加无益。柏林的海因里希·温肯主教受富尔达主教会议委托，向当局力陈罗马天主教会的观点，此刻意味着“T-4”行动的赫伯特·林登和汉斯·黑尔夫曼，都接到了变节天主教神学家迈尔撰写的备忘录，该文件似乎已批准“安乐死”。我们只能看到黑尔夫曼战后对这些会议的各种描述，但似乎温肯已过分参与其中，以致红衣主教米夏埃尔·福尔哈贝尔坚决地与其断绝往来。特别是温肯愿意在经修正的范围内“容忍”此类政策，让其仅适用于“完全白痴”，他们会被赐以圣礼，而患心理疾病的天主教牧师则被排除在外。希特勒拒绝将这些保证诉诸文字。1940年12月2日，教皇庇护12世单方谴责杀戮“不值得生存的生命”时，谈判无疾而终。温肯随后代表所谓的“非雅利安”基督徒，与埃希曼进行了错误的谈判。

有一名高级神职人员勇于公开对抗。与洛塔尔·克赖西希一样，此处个人和原则的融合也相当惊人。明斯特主教克莱门斯·奥古斯特·格拉夫·冯·盖伦是威斯特法伦丁克拉格的一个天主教贵族后裔。他是曾受耶稣会培养的、势利的极端保守者，所持态度会让当代自由派作呕，还曾与帕彭周围的集团亲密接触。他认为纳粹是外来者、暴发户，不需要从“里加、塔林和开罗甚至智利”来的人们就如何成为德国爱国者进行传授，他此言意指罗森堡、赫斯和达雷。和克赖西希一样，他也是真正良心自安者。在新异教头目罗森堡的记录中，盖伦曾前往明斯特表达异议和反抗，还曾反对解散天主教世俗组织。通过盖世太保、警察和保安处有关他的明斯特主教区的系列报告，我们已可看出他日渐升级的愤怒。1941 年 7 月 11 日起，盟军对明斯特和亚琛发动大规模空袭，当局强征教会房产用于收容无家可归者。在盖世太保命令神职人员卷起包裹离开时，出现了群众抗议。受到影响的包括明斯特的耶稣会机构。

盖伦在兰博蒂教堂所做的布道迅速引发了喧哗。盖伦泪流满面地发问：“你们当中谁能说耶稣会士和传教姊妹曾犯错？”虔诚的教徒高喊：“没有！”盖伦呼吁大家为被关押于集中营的牧师祷告，说：“人们无法阻止盖世太保的行动，因此我预感到某一天我也终将被捕。”虽然卡斯滕·雅斯佩森大约一年前就向他透露过“安乐死”计划的情报，但似乎仅当这些措施触碰到他所在教区内的玛丽亚塔尔精神病院时，他才决定要将事情公开。8 月 3 日，他将对“安乐死”计划的重大指控和对这些强征的抗议相结合。在令人瞩目的布道中，结合了事实、激情和旧约里天上怒吼的上帝，他列举了他所知的“T-4”行动惯技。然后他揭露说按刑法典第 139 条规定，人们应将重大犯罪企图报告当局，他已根据第 211 条提起谋杀起诉。这就相当于发起了复仇的挑战。他列举了“安乐死”计划的实用主义理据，谴责了其中蕴含的对人性的伪科学的商品化和对象化：

> 我们不是在应对机械、牛马，这些东西的唯一功用就是服务人类，为人制造产品。一旦它们不再发挥该功用，人们可以将其粉碎、屠宰。不，我们应对的是人类，我们的同类，我们的兄弟姊妹。应对的是穷人、病人，或说是丧失劳动力者。但他们是否已放弃生存权利？你我是否只在能够产出时，只有别人认为我们有生产能力时才有权生存下去？

遵循这一论断的逻辑，盖伦警告说这些政策的结果将是由国家谋杀任何“无生产能力”的生命，不管这些生命是丧失劳动能力、年迈，甚或是受重伤的士兵。上述最后一点触及了听众的一个大忌。法律不会提供保护，人们将会回避自己的医生。盖世太保和警察提交的报告表明盖伦做这场布道时表现的愤慨程度。有时他大叫，让在俄作战的人们的母亲们胆战。纳粹党员“气呼呼”地愤怒退席，向当局报告他们无处发泄的怒火。一名女性听众中途匆忙返家照看年迈的母亲，以防盖世太保将她带走杀死。其他人拒绝接受 X 光检查，唯恐这与盖伦布道的主题内容有任何不祥的联系。此次布道让盖伦声名远播。BBC 播出了相关节目，英国皇家空军在德国境内空投了布道文本，还登上了《每日快报》头版。在拉普兰一个孤单的前哨，有一位担任陆军上尉的纳粹官员认为“安乐死”是绝育的逻辑推论。他在家书中写道：“我们喋喋不休的主教的布道已传入这里。我手下士卒中不少人已收到家中寄来的文稿。这样，尽管战争仍在继续，但教会已在士兵中引发了某种骚动。”普通德国人若被抓住私藏胶版印刷的布告文稿，就会被捕并关进集中营。虽然纳粹领袖考虑过对盖伦采取激烈行动，但更趋压倒性的观点认为可以推迟一段时间和他清算。结果盖伦比这些人都更长命。

达到预定的 7 万名受害者的目标后，“T-4”行动作恶者们接到希特勒命令暂时停止屠杀精神病人。至此，病人会被饿死，或在数家精神病院内的众多灭绝中心被注射致命制剂而死，这要比许多人突然转移和同时消失容易掩盖，民众不满也对这一政策的实施发挥了一定作用。1941 年，大量资源被投入一部有相当欺骗性的故事片《我控诉》中，这部电影的目的就是混淆视听，将个人的自决权和国家为人种改良而杀害身体、精神残疾者的问题混为一谈。数百万人观看了这部剪辑精当、试图通过一场三角恋爱的法庭剧来影射这些事件的影片，众多知名演员和影星参演，导演为沃尔夫冈·利伯奈纳。该片就其中涉及的问题引发了广泛的辩论，许多人错误地以为这是对盖伦提出的指控的直接回应，而未能认识到这是引入批准“安乐死”的法律的手段。但这一阶段的“安乐死”计划为何被终止，然后转向却未被废除，其中有更深层的原因。

1941 年初，希姆莱找到布勒，谈起使用毒气设施在集中营内谋杀“累赘存在”的问题。这些集中营缺乏大规模——而不是对个人——的屠杀设施，在代号为“14f13”的行动安排下，患病囚犯经党卫军营地医生挑选，被“T-4”行动医生草草检查，然后被送往贝恩堡、哈特海姆和松嫩施泰因的“安息之家”，并被谋杀。前囚犯所提供的证据让我们对这一程序了解甚多，他们从近处观察这些罪行，还有弗雷德里希·门内克医生每天从达豪或布痕瓦尔德附近寓所写给妻子爱娃的信中也对此多有提及。医生们稳坐桌边，斜视着被驱赶经过他们身边的“认命者”和“懦夫”，还出现了丧尽天良的对每个周期内取得的统计数据的竞争性关注。有假肢、戴眼镜或有令医生不悦的生活史的病人都被迅速选出以被灭绝。“诊断”被涂写于病人档案上，其中有这样的奇谈：“菲利查·萨拉，无家可归的犹太妓女，常于作战部队附近游荡”，“艾米莉·萨拉，普通混种。在营内：傲慢得令人难以置信。”在“T-4”行动的这三所精神病院内，共有 1.5 万～2 万人被以这种方式谋杀。“T-4”行动精神病院内的员工甚至似乎并未注意到他们杀害的是身着蓝条囚服的犯人，而不是精神病人。

具备大规模谋杀专业技能的希姆莱在进入集中营帝国轨道后，采取同样的方式大规模谋杀波兰犹太人就符合逻辑了。根据布拉克所说，1941 年秋希姆莱“告诉我希特勒不久前向他下达了灭绝犹太人的命令。他说已经做好准备，我认为他说过因需要伪装，我们必须尽快行事”。布勒指示布拉克让近 100 名行动人员随时待命，听候卢布林党卫军和警察头目奥迪洛·格罗博克尼克调遣。1941 年 11 月底，第一梯队的行动人员抵达贝乌热茨。伪医学的杀戮最终成为某种大谋杀的核心，其中身着党卫军制服的医生守候在奥斯威辛的筛选坡道上，同时党卫军的刽子手们身穿白大褂，戴着听诊器忙碌着。在地狱般的场景中，当人们走入要在数分钟后将他们致死的“除垢”或“吸入”室时，被命令深呼吸。烟雾、烈火和毒气迅速吞没欧洲其余地方，仿佛某种丑陋的重工业正在丑化一个不发达国家，这个国家所做的是将人商品化并将其摧毁的勾当——尽管人们不应将大屠杀过度工业化和医学化，因为其中还有原始的直接暴力。

“安乐死”计划的预期收益已经达到，即使我们不再知晓遇难者随身物品和贵重物品流落何方。当然，金牙和婚戒并非首要问题。他们代表着国民经济承受的“重压”和“负担”，是强加于集体未来之上的“负担”。杀戮变为成本节约的一种方式。1941 年“T-4”行动统计人员详列了被定为 B、C、D、E 的四个精神病院每月的致死率，并计算出总数。图表显示此时取得的杀死 70273 人的成绩预计会在 1951 年前节省 885439800 马克，另有独立图表显示这将会节省多少奶油、鸡蛋、果酱、肉和土豆，并换算出了它们的等值货币。在华盛顿的美国大屠杀纪念馆中可以见到一份同样的记录，其脱落的纸页和冰冷的精确程度使人难以将之与巨大的人类苦难相联系。但在将“安乐死”和“最终解决”相联系时，我们有必要追随纳粹进入被占波兰，这里的精神病人和该国精英人士都遭到了屠戮，然后我们再走进前苏联的杀场。

6 “丹麦人不是波兰人，而是条顿人”：欧洲的被占与通敌，1939—1943年

隐形人

希特勒利用了虚张声势、外交和颠覆手段，对付奥地利和捷克斯洛伐克，使两国或完全或部分地被德意志帝国吞并，但 1939 年 9 月后，他却对波兰采取了大规模军事行动。1939 年 8 月“苏德互不侵犯条约”的签订，使他确信英法两国不会为援救波兰而打一场全面战争，这还表明纳粹入侵波兰可保持局部战争性质。西方努力使波兰坐到谈判桌前也让他相信同他较量的英法领袖都不是对手。希特勒未能理解波兰并非首要争议问题。英法在春季向波兰保证，它们将不会支持德国挑战两国作为欧洲列强任何权利、地位的进一步单边行动，这形同在沙地上划下一条界线。希特勒决定冒险跨越这条界线，尽管随后发生的战争是一场全面战争，而非局部战争。显然，宣战之时他非常震惊。

德国间谍早已开始在波兰造成动荡，采取的恐怖行径有 1938 年的轰炸塔尔努夫火车站。入侵前夕，留着波兰式胡须的党卫军部队分别发起了三场袭击，其中包含对紧邻前线的格莱维茨德语电台的袭击。一支党卫军分队中止了从布雷斯劳电台转播的晚间节目，连上麦克风，让一名翻译在嘈杂与枪声中用波兰语播出爱国口号。波兰民族主义者弗朗茨·霍尼奥克在 8 月 30 日遭党卫军逮捕，立刻被灌了毒药，并被射杀于入口。然后，他的尸体被移往播音室支起，以让警方摄影师拍照。因为一具尸体不具备预期的戏剧效果，又将另一具移到同一室内，这具尸体或许来自“罐头”存货，这是党卫军对为此目的从集中营中带出囚犯的特别称呼。虽然这类闹剧般的“袭击”并未指望让英法放弃对波兰的义务，但也确实表明纳粹想要将其在国内所犯的罪行扩展到国际行动中去。9 月 1 日，德军 5 个师从三面突入波兰。波兰军队以绝对劣势顽强抵抗，但因英法盟友怠惰，以及被苏联从背后捅一刀而失败。苏联于 9 月 17 日从东面进攻波兰，这场冲突中有 66 万名波兰士兵丧生，70 万被德军俘获，30 万落入苏

军手中。除苏联占领的东部，也有大片波兰领土被并入东西普鲁士、西里西亚和在波森外围建立的“瓦尔特高”地区，其余地区也成立了一个由德国人管理的“中央政府”。1940 年 11 月，希特勒对其同伙说：“他们都可能把垃圾倾泻到中央政府中去，犹太人、病人、怠工者，等等。”

入侵波兰之后，德国与英法进行了数月“假战”。英法未能影响东欧局势，于是诉诸经济封锁，计划切断德国来自瑞典的铁矿石供给，来自高加索和罗马尼亚的石油，如有必要就轰炸罗马尼亚并煽动苏联南部穆斯林的不满以实现上述第二个目标。最初战争有某种不真实的节制。沿莱茵河发射水雷，从法国轰炸萨尔区，将黑森林付之一炬和炸毁埃森的克虏伯工厂等提议都被西方盟国拒绝，否决最后一条的原因是因为弹药厂是“私人产业”。双方也对使用空中力量进行差别打击格外在意。1940 年 4 月初，当希特勒北上入侵挪威时，炮战开始。侵入丹麦和挪威后，又经由比利时、荷兰和卢森堡对法国发动了致命攻击。法国强大而受人尊敬的军队被知难而进、有着高超作战指挥艺术、结合了飞机和坦克的战术运用的敌军击溃，这些征服行动使希特勒及其意大利盟友成了欧洲霸主，英国能否坚守孤岛也成了问题。尽管有 4.3 万人因德军轰炸遇难，8.6 万人受伤，伦敦连续 66 个夜晚受到德军轰炸，但由于参与不列颠空战的英国皇家空军、联邦自治领、自由捷克、自由法国和波兰飞行员的英勇奋战，英国得以幸存。

纳粹占领下的欧洲的政治安排多种多样。捷克斯洛伐克仅有 8%工业化程度最高的区域被划归波希米亚-摩拉维亚保护国，或直接并入德国，德裔人成为帝国公民，而捷克人只能取得德国殖民地公民身份，其“自治”政府完全由连续不断的帝国护国主掌握。斯洛伐克在约瑟夫·季索的教会政权统治下退出，仿佛德国人已将其当作一个更加蒙昧的巴伐利亚。德军占领下的丹麦联合政府持续运转到 1943 年，受控于在哥本哈根大使馆发号施令的柏林外交部特命全权大使。直接军管在战略要地比利时持续，而荷兰和挪威却受制于帝国非军方代表，分别为阿图尔·赛斯-英夸特和约瑟夫·特博文。法国西、北部及整个大西洋沿岸地带被置于军管之下，而更加贫困、人口稀疏的中、南部地区被留给了新成立的维希政权。与完全占领相比，这种安排为德国节省了人力和财力。一条分界线隔绝了两个地区之间的接触与交通。工业化的北部和加来海峡通过比利时进行统治，这是德国当局指定的又一个“禁区”，1870 年丢失的阿尔萨斯-洛林又被并入帝国。1941 年，意军的困难使德军将其统治延伸至南斯拉夫和希腊，这种复杂情况使入侵苏联的行动被迫推迟。在塞尔维亚，德军批准了由内迪奇领导的国民救国军组成的联合政府，而在克罗地亚，墨索里尼和希特勒承认了安特·帕韦利奇的克罗地亚乌斯塔莎独立国。1941 年 6 月 22 日，纳粹帝国达到巅峰，拿破仑在 129 年前的这一天冲入俄国。这场针对犹太人和吉卜赛人的浩劫，导致纳粹遭到天谴。

德军占领是对受影响的人群生命的粗暴入侵，将他们置于异族统治之下，还有人面临驱逐、恐怖和大屠杀。这种占领扭曲了国民经济，降低了生活水平，并给个人自由强加了限制。因此，流亡英伦的自由法国政府电台发出微弱的声音："这里是伦敦"，就尤显重要，人们听到其中的音乐片段也会心潮澎湃。当然，并非所有的战争回忆都如此高尚。在某些国家，德军占领与野蛮内战相伴，南斯拉夫超长的死亡名单中有10%~15%因内战丧生。今天的冲突仍使人想起那段痛苦的回忆，仿佛事情就发生在昨天。与此相反，许多德国老兵自己的战争回忆却散发着玫瑰的芬芳。海因里希·伯尔 1947 年的小说《遗产》描述了在诺曼底海岸服役的场面：

> 徒劳无功令人沮丧。士兵们每天清晨带着机枪和迫击炮站着操练，操练，在沙丘中，训练着他们因训练过久已经陌生的动作。他们已熟悉每一粒沙。早上如此，晚上如此，永远只有一个敌人：大海。他们的周遭是雷场和空楼。

那些驻扎于海峡群岛、法国和希腊的德军仿佛在享受悠长假期，可以享受沙滩和日光浴；更理性的人们可以参与巴黎沙龙，游览雅典卫城，"目前，这简直就是一次快乐活力旅行"，一位入侵法国的参与者写道。他们的对手也对此有所留意。古斯塔夫·福尔谢是朗格多克的一个农民，1940 年 6 月 15 日他于马恩河负伤被俘。福尔谢在纵队囚犯中蹒跚前行时，看到一长队摩托化德军部队呼啸而过：

> 我们被拍照的德国兵淹没，他们几乎每人都有相机，都想把望不到头的囚犯队伍尽收眼底。德军神态高傲，士兵们离我们还远，丝毫未显倦怠。他们舒服地深坐于沙发椅内，仿佛是发动战争的游客，而我们始终步行，已经穿越了北部和东部数千英里的路程。

在巴黎的德国人中，气氛同样轻松。瓦尔特·巴加茨基回忆搜集彩色鸟。巴黎雄伟酒店的德军当局形成了某种绅士俱乐部的氛围，而毫无绅士风度的党卫军在福煦大街 72 号开起了商店。来自德国偏远地区的年轻人在雄伟酒店的附近活动，该酒店不久前还住着国际富翁，他们吸收着周围环境中的豪华、富有和世俗。人们甚至可以在里窝利路的英文书店内遇到穿着便装的卡尔·海因里希·冯·施蒂尔普纳格尔将军在翻书。恩斯特·荣格上尉似乎能够轻易融入崇尚空谈的巴黎文学沙龙，在普诺尼用餐，并独自探索墓地和教堂。1941 年 12 月 7 日与小说家医生路易·斐迪南·塞林的偶遇显然令他震动：

> 他［塞林］说我们士兵没有枪击、绞死、灭绝犹太人，让他目瞪口呆——他惊讶于能够使用刺刀的人却不去无限制地使用它。"假如布尔什维克到了巴黎，他们会告诉你怎么办，他们会告诉你如何净化一个民族。街区挨街区、房子挨房子，如果我拿刺刀，我会知道我必须怎么做。"

另一位日记作者，乌尔里希·冯·哈塞尔 1941 年冬到访巴黎，注意到地铁中法国人和身着制服的士兵混杂一处，还在奥兰奇的罗丹和莫奈画展上看到年轻士兵急切的脸——他们大多是匆匆套上军装的学生。他们长存于数不清的照片中，在龙骧和欧特伊湖观赛，在布瓦湖泛舟，或在红磨坊欣赏柔身舞。

驻扎海峡群岛的德军感受到较为保守的魅力，充满鲜花、棕榈树和俯首听命的英国警察，"仿佛是在度假"。其他幸运的职位还包括波希米亚-摩拉维亚保护国，此地有丰富的消费品，醉人的啤酒和精美的水晶，德国人称之为"微笑之国"。驻波兰的德军也在个人日记中记下了旅行见闻。沃尔夫冈·里肖克，18 岁，来自柏林新克尔恩，完成帝国劳役后于 1939 年初应征入伍，9 月 2 日上午 6 时移驻波兰，他在日记中记载："与村民大谈非常有趣"，"我们先去采购，东西都很便宜：一条巨型白面包（重约 5 磅），只需要 30 芬尼！半磅香肠 25 芬尼；一串带骨肉 25 芬尼，一升牛奶 5 芬尼！！！……当然我和人们谈了很多，感到事事都特别有趣。"德军无视周遭的怒火，与当地游击队头目讨价还价达成交易，坐在偏僻的木堡中跷起二郎腿。当然这些德军对战争的观察只是视角问题。

因为这些人不仅是（武装）游客，欧洲占领区内大多数人也不对他们作如是观，对这些人而言，他们的存在是生命中的一个道德挑战，一件不受欢迎的事。最初的好奇，有时是对德国人的彬彬有礼与健美体型的倾慕，或亲见令人生畏的传奇人物走上前来的愿望，逐渐让位于接纳和低落的对抗情绪。虽然对单个德国士兵的反应有所不同，有的在居民家中遭到冷遇，有的受热情招待，但对德军整体的反应却是极大的冷淡，仿佛他们根本不存在，这种反应如此微妙，也许未将占领者放在眼内，让-保罗·萨特回忆道："对我们而言，他们仿佛是摆设而非人类。"甚至当近距离接触不可避免时，人们也避免目光接触和辨认：

> 当你在地铁上，我们挤作一团给你腾出地方。你是不可接触者。我低头，让你看不出我目光在看哪，让你无法获得眼神交流的欢愉。你在我们当中如同一件物体，被沉默与冰霜围绕。

地下报纸上的一幅卡通画扭转了两极，描绘的是一个肥胖的德国兵站在公交车站，周围是看不见五官的平民轮廓，仿佛他们对他而言是隐形人。

不论单个德国人取得多大成功，人们仍被提醒要记住这些人是大型恶毒机械上的一个小齿轮。粗暴对待德国人成为爱国责任。在提倡欧洲各国人和睦相处，结束各国陈腐旧套的时代，这是一种难以复制的情结。纳粹占领者被普遍认作认真而缺乏幽默感的人，他们成了笑话揶揄的对象。在华沙，写着“仅供德国人”的牌子遍布墓地大门和灯柱，而虚构的广告“消灭害虫最佳途径——霜”，也暗指东线令德军战栗的严酷气候。人们可以想象对话交流中他们被数十种他们无法真正理解的双关语从背后捅了一刀。消极抵抗以全然不屑开始，布拉格居民对每句德语做出的答复都是“我听不懂”。但当火车站上的德国兵帮人开门，帮人提箱子，和发出“战争不好”等和平话语以疏远他们所代表的事物时，人们又作何回应？人们是否要说谢谢或赞许地点头？

仿佛要加剧纳粹占领带来的道德困境，欧洲范围内的抵抗部队也发出了道德禁令，普世情绪被狭隘的爱国需要取代。最初的手册，如法国社会主义者让·特西耶发表于 1940 年 6 月的《被占理事会》聚焦于与占领者维持有尊严的距离，表明需要提醒某些人在可能的道德困境中如何行事。法国人被提醒用不懂应对德语问题，避开军乐队举行的公众音乐会，而要青睐更为纯洁的鸟鸣的旋律。这种观点遍布欧洲。1940 年 5 月，两份波兰地下布告发表了“十诫”，包括如下禁令：

> 波兰语是你的母语。你不要在绞索下学敌人的语言。即使你会说他的语言，也不要使用。不要让侵略者在祖国不受欢迎的逗留变得更加容易。用波兰语“我不懂”回答一切问题。你不应为敌人提供地址或带路（除非是错路）。节制你与生俱来的好客礼节，对你而言，占领军、敌方官员和占领者的庆典不应存在。在街道和公共场所要节制、严肃，不要大笑、大声说话。你可能会因敌方的宣传片而走上不归路……你既不应接触、也不应挑衅侵略者。你应保持冷静沉着。不要笑，你片刻也不应忘记是谁摧毁了你的家园。是谁劫掠谋害了你的同胞，是谁践踏蹂躏了你的弟兄姊妹。

这些禁令，加上任何逾矩者都可能会大难临头，似乎发生了效果，因为与敌人暗通款曲的学生都已表明，除“蓝色警察”和微小的法西斯势力，他们已明显不再和任何敌军接触。在波兰缺少实际合作，可能反映出纳粹并不认为波兰人是合适的对话伙伴，这些并不排除占领者与被占领者之间有部分合作领域，如有人认为纳粹对犹太人的政策是解决棘手问题的“令人不快但必要的途径”。随着占领的继续，道德准则也从提倡保持距离扩展到就如何疏远德国人与通敌者做出的具体指导，并号召进行破坏和颠覆行动。因此，1941 年 8 月，法国《解放》号召联合抵制德国宣传电影和杂志，如《信号》和《格兰瓜尔》，还抵制对侵略者谄媚的咖啡厅、酒吧和餐馆；呼吁在与德国人交易或替德国人工作的企业外涂抹污字；并强调利用战争相关工业内的雇员以了解如何进行破坏。

德国人在所有被占国家享有特权，意味着建立在道德基础上的距离感，因为他们占据最好的旅馆房间和从不排队时引发的嫉妒和憎恶而加强。对女性的征服牵动了敏感神经，因为这反映了本国男性保护者的无能。她们要付出的代价是在解放后被野蛮地剃光头发。丈夫被俘或逃避强制劳役，或为德国人做厨师、洗衣工、女仆和秘书的年轻女性永久生活在耻辱中。1940—1943 年，德国兵和法国女性生下了 5 万～7 万私生子。虽然卖淫作为常规职业被宽容，但“可敬”的女性与德国人之间的“横向合作”——基于外在吸引、物质需要或因 200 万法国男性被关进战俘营——就被痛斥，因为这以最恶劣的方式颠覆了从情感与物质方面孤立占领者的尝试。这一困境影响了从香奈儿到女仆的广大女性。在性关系外，人们与德国朋友和同行继续交往时，在新情况下关系也变得令人紧张不快。人们是否将他们邀至家中？是否应坚持让他们穿便服？是否应在餐馆或咖啡厅等公共场所会面？应该避免哪些讨论话题？在国际生物学领域，丹麦人尼尔斯·玻尔被老朋友维尔纳·海森堡有关战争的不近人情的言论激怒——后者显然认为这也是睦邻之道，而且科技成果在战争中的运用十分明显。不过，玻尔不顾妻子反对在家中接待了海森堡。

德国占领下个人的抉择为他们未来的名誉画下了一个问号。例如，1944 年后，莫里斯·舍瓦利耶、埃迪特·比亚夫和夏尔·特雷内等通俗娱乐明星都被迫为自己不久前的行动寻找理由。舍瓦利耶因歌词感伤城市道德败坏而受到维希政权审查官员的攻击。于是他以《我们的希望》等歌曲改变了风格：“假如你想知道/我今夜心有何想/就和我一起唱/唰啦啦啦啦/让我们心怀希望……/希望天再蓝/为我们亲爱的古老法兰西歌唱。”虽然为这类丑恶垃圾负责的人都应受罚，但战后审问者更感兴趣的是这些歌曲是在哪些场合演唱的：

> 如下签字者本人莫里斯·舍瓦利耶证言：1941 年 12 月，当政府请我为身处德国的法国战俘歌唱时，我就马上意识到他们在让我陷入危险。我并未为这次演出索取费用，反而要求为此释放十名囚犯，并得到承诺……四年来，我拒绝参演任何电影。在德占期间，我只在巴黎演唱了 12 个星期，自 1942 年底我就再也没在巴黎舞台上出现过。1943 年 4 月我彻底退出舞台，并隐居于戛纳的别墅内。

约 9000 法国人未能得到为自己开脱的机会就在“整肃”中被草率处决。这一过程在被占欧洲反复上演。纳粹不仅强迫被占国，还强迫瑞典、瑞士等中立国做出令人迷惑的抉择。

比利时、捷克斯洛伐克、法国、丹麦、荷兰、挪威等国最初被免于实施在波兰推行的致命政策，在波兰被占期间，每天平均有 3000 波兰人丧生，其中半数为波兰基督徒，半数为犹太人。不过值得记住的是，在捷克斯洛伐克有 25 万人在战争期间遇害。纳粹主义代表着对欧洲和全球势力均衡以及对各地文明价值的挑战，摧残了全欧境内数千万条生命。对个人自由进行了重大限制，各国均因强征劳役和长期饥饿动荡不安。在被占期间，因德军劫掠食物及骚扰正常市场机制共导致约 30 万希腊人饿死。在巴黎，多达 27 万人依赖获得补贴的公众食堂果腹。对那些不属于光鲜的德国合作者集团中的人们而言，代用食品，在花坛和窗台种菜，前往乡下及去黑市的道德危险均已变为常态。在多数国家，生活水平下降，伴随着宵禁、灯火管制、空袭、延长工时和燃料短缺或受限或交通无法满足需要。粮价飞涨，1940—1943 年巴黎的粮价上涨了六倍，1939—1943 年被占华沙的粮价上涨了 70 倍。在布鲁塞尔，每天清晨德军总司令注意到穷人翻遍垃圾箱搜寻食物残渣。猫狗都已不见，食谱上充斥着用马肉、土豆、鹿皮或萝卜做菜的新奇方式。吸烟者沿人行道寻找烟头，这让他们毁掉了健康，却比不吸烟者更有效抗饿。

画家乔治·巴拉克在《火炉》等作品中，以独特而有节制的方式描绘了战时巴黎家庭生活的艰苦与枯燥，作品中煤桶十分突出，却已空空如也。1940 年的冬季因燃料短缺尤为难熬，许多人久久躺在床上，起来就如同跳入冰窖。营养不良导致结核、痢疾、肝炎流行，同样，在一个会随时有可能因忘带身份证或收留未登记人员而被枪杀的社会中，抑郁、皮肤病、胃溃疡和月经不调等焦虑引发的症状也屡见不鲜。营养不良的一个后果是法国 1935—1944 年间长大的男孩和女孩身高分别降低了 7 厘米和 11 厘米。矛盾的是，德国的许多战时盟友，如克罗地亚、意大利、罗马尼亚和斯洛伐克，配给的面包比许多被占国家还少。

尽管在每个被占国家都存在不同程度的恐怖氛围，但各处有反抗嫌疑的人都被拖进盖世太保的酷刑室中，唯一的出路就是立即处决或被投入集中营。每个恐怖地带都有特定的暴力仪式，其中的人们都心惊胆战，在巴黎、布拉格和的里雅斯特牢房的墙上刻着他们的遗迹。在许多国家，抵抗者和占领者被紧扣于恐怖与反恐的上升漩涡中，不少无辜者在交火中遇难。除丹麦外，各国犹太人都被查出、驱逐、运走、谋害。

在被占国家人们艰难地逐渐认同德国征服的事实，只有各政治、宗教派别中的少数派试图通敌或抵抗。在各地，公私部门中的人们必须维持民事管理、食品供应、法律和秩序、生产和公共交通，这无疑有利于占领者，但无此则被占领者的文明生活也将崩溃。个人面临的困境及他们的抉择，绝非易事，如今那些未被占领的国家的空想道德家事后的牢骚尤其令人厌烦。

根据相关国家法律，通敌包括中立合作、机会主义和类似叛国行为的一系列行为。其中挪威的维德昆·吉斯林最为恶贯满盈。各种不同的通敌行为之间的差别十分微妙。甚至在政治通敌最黑暗的地带，也如同伦布朗的自画像般有着黑棕色调。在许多国家，政治上被边缘化的少数利用德军占领创造的条件，实行蓄谋已久或机会主义的议程，而国人，不论保守派、自由派还是社会主义者，都一贯反对这类议程。某些法国史学家创造了“通敌主义”一词，以区分无能的法国法西斯分子的意识形态狂热和强大的精英集团进行的“通敌”活动，他们利用德国占领所赐予的有限独立来报复国内的敌人，并发动一场专制的“国民革命”。

愤怒的异议人士和光鲜的社会精英之间当然存在巨大差异，精英们选择与德国人合作而不去流亡。而前者当中多数都曾长期被边缘化，这可以解释他们应对降临到自己头上的社会排斥的方式。尽管各种法西斯团体的意识形态和仇恨都源于本土，但他们长久以来在衣着和谈吐上都模仿外来者，身着黑衫或褐衫，领导人被称作“元首”或“领袖”，挪威的准军事组织叫“特别纵队”（缩写形式也同于冲锋队的SA）。在荷兰叫“分队”。在法国，这类人多数为前共产党人，例如蒙特勒伊、皮埃尔菲特和圣丹尼等工人阶级地区长官都加入了前共产党官员雅克·多里奥组建的法兰西人民党。战时通敌使得法西斯分子更为孤立。1941 年 11 月，挪威的法西斯政党——国民大会党被迫在奥斯陆开办一家特别餐馆，“以便找到令他们感觉轻松自在的地方”，在大家庭般联系紧密的社会上他们已被唾弃。像沉默寡言的路德派前国防部长吉斯林和年轻天主教徒莱昂·德格雷尔这样不同的人都经历了唾弃、自我放逐，最终接受激进语言发表的无稽观点的发展轨迹，结果前者被处以叛国罪，后者被迫前往东线参战。英国法西斯联盟领袖奥斯瓦尔德·英斯利也重蹈了上述覆辙，他因与保守党和工党交恶而逐渐淡出了受人尊敬的集团。

不论他们来自何处，这些法西斯领袖都一致相信他们所处的社会道德如此堕落——德格雷尔的战前旗帜上是一把扫帚——自由衰落，这样他们要利用非道德、外来的极权专制寻求拯救。整个欧洲境内的大多数极端左翼都经历过这一特殊情结。这些问题上，法西斯分子与多数民意一致，他们已对自由经济和议会民主产生敌意，更不必说发自内心地反布尔什维克了。维希政权有着连贯或稳定的计划，要在纳粹的庇佑下清洗腐朽的法兰西第三共和国，尽管某些旧派的人物以及维希反犹法律的首席执行官格扎维尔·瓦拉都疯狂反德。

荷兰的问题更加复杂，它更像维希法国，而不那么像它致力于打造的斯堪的纳维亚形象。荷兰当局，如警察，在 30 年代中期就开始与盖世太保密切合作，主要为监督流亡左派。1937 年在朱莉安娜公主和伯恩哈德·祖尔·利佩·比斯特菲尔德王子的婚礼上，德国纳粹代表占据突出地位，王子本身就是党卫军骑兵队荣誉成员。荷兰政府还找到了不光彩的理由拒绝德国犹太难民入境。被占之后，许多保守资产阶级加入了前首相亨德里克·科莱恩的尼德兰联盟，因为他们厌倦了导致分裂的民主政党内战，相信未来取决于纳粹德国这个他们无法忽视的庞大帝国的胜利。但加入了联盟就意味着承认"奥兰奇王朝"，否认安东·米塞特建立的"非荷兰的"法西斯"纳粹运动"。法西斯阵营结构也错综复杂。米塞特不赞成德国吞并荷兰，因此，党卫军支持"纳粹运动"中的一个"德意志"派别，领导人是更为激进的罗斯特·范·通宁根。驻挪威的德国当局同样试图用更为恭顺的警察头目乔纳斯·利取代尾大不掉的吉斯林。不仅通敌有程度大小之别，德国当局还经常支持对如何最好地维护德国统治有很大差异的各种观点，使自己的对手转化为当地法西斯分子集团中相互竞争的追随者。

东欧、西欧和巴尔干

假如纳粹的欧洲话语在本质上是势利的，那么他们出于何种考虑以这种方式对待所占国家？至关重要的问题有：某个民族在纳粹的种族阶梯上所占地位；某国是被视作落后还是发达；通过最小威胁或干预实现经济、战略目标的程度；以及纳粹扶植傀儡政权的机构源头。这尤其为北欧带来了各类模范占领机构之间的竞争，它们竞相展开血斗向柏林邀宠。奥斯陆的特博文等强硬党人做法与哥本哈根外交部的软弱路线形成鲜明对照。成功的标志包括经济利益、民众的服从（反映在控制他们所需要的德国人员规模），或其对纳粹德国表现出的总体态度。社会阶层有时发挥作用，波希米亚-摩拉维亚和波兰具有民族意识的中上层在纳粹占领下境遇要比普通工人群众更为凄惨，他们常被谋杀。在该保护地，海德里希偏爱工业工人阶级，给他们发额外配给，向他们敞开卡罗维发利酒店大门，并在他的走狗编的小说《穿工装的男孩们》中赞扬他们。在波兰，纳粹和苏联人都对牧师、知识分子和上层展开绑架和捕杀，以否定波兰独立国家地位。

文化因素和社会阶级一样，也决定了纳粹占领的总体进程。尽管在被占法国，许多德国人表现出某种自卑情结，特别是假如他们来自边远省份，从未到过巴黎这样的国际都市。但在被占东欧，许多德国人都心存偏见，怀有文化优越感，仿佛在殖民地执行任务。这是摆脱文明的资产阶级束缚的更普遍的解脱感的一部分。

某些德军将领注意到，粗野的流氓习气迅速盛行，这与德军在西、北欧的表现形成反差。波兰人无法想象海峡群岛情况，那里士官们在花坛前列队，冲着德军部队高叫："你们可以看花，闻花，但决不能采花。"然而，这种引人入胜的轶事仅限于此，因为在奥尔德尼岛上就有格奥尔基·伊万诺维奇·孔达科夫描述的那类劳动营。在帝国内部的任何地方都存在恐怖。

然而，巴尔干的战争经历表明，野蛮暴行不仅限于波兰和苏联被占领土，尽管这些地区的遭遇在文学作品中尤显突出。每当德军遭遇武装抵抗，就出现报复行动，有时抵抗者希望德军有报复行为，这样可以散布不满情绪。各方均有复杂的道德算计。不论单个德国人对古希腊遗迹怀有多大兴趣，他们仍会野蛮对待攻击他们的"匪徒"，而这类兴趣在南斯拉夫根本不存在，在此德军为开展报复而在 1941 年 9 月—1942 年 2 月间毫不犹豫地击毙 2 万名塞族人。这里特别适合展开游击战，希特勒知道该怎样对付他们："猪猡已在屋中森严壁垒，其中也有妇孺，你们该怎样做？士兵是否应该将该屋付之一炬？如果这样做，那么无辜者也将被焚。对此不应存有疑问！他必须将之烧毁。"

在被占法国，报复问题显然令某些高级官员焦头烂额。大规模击毙人质的决策令德军方管理当局离心离德，导致巴黎司令奥托·冯·施蒂尔普纳格尔请辞，他写道："我的良心无法认同大规模屠戮，也无法在历史上对其负责。"在致凯特尔的一封信中，施蒂尔普纳格尔建议将共产党人和犹太人遣送到东方作为更有效的威慑方式以开脱自己。尽管文雅对待非犹太人的传统标准最初流行于西、北欧，并未遭遇反常战争的破坏，但随着纳粹暴行的阵发，向心倾向逐步出现——正如格拉讷河畔奥拉杜尔村屠杀等恐怖行为所体现的。此前仅限于东欧的场面，即在阳台和电报杆上将人吊起，也在向西蔓延。与此相对，从一开始，东欧存在一个独立的道德圈，这实际反映在将德国海关边境延伸至被占波兰外围的决策中，这样人们就需要特别通行证才可进入不受法律约束的地区。恐怖暴行在此每天发生。在这个小人物都可以扮演上帝的地方出现了对东方的复杂文化态度，对非法行为的高容忍，以及在酒精和病态嗜血症的作用下中产阶级文明制约的崩溃。最后，希腊和巴尔干各国代表了一个中间地带，这里 1941 年春天就为入侵苏联详细阐明了宽容的行为准则，这又与游击战或种族间仇恨发生交互，为极端野蛮暴行制造了条件。

当西方不再提出任何条件时，希特勒决定摒弃在波兰建立卫星国以增加"假战"期间筹码的想法，而是选择了吞并、利用与德国化。大片波兰领土，还有波兰人为主的人民，都被直接并入帝国。波兰损失了约 1000 万人，还有最肥沃的耕地和大部分工业经济，不过波兰人很快发现德国人要的是工业不是人口。约 1100 万人留在"中央政府"管辖下的波兰领土，包括卢布林省和克拉科夫与华沙的一部分。政府所在地被从华沙迁至克拉科夫，以进一步消除波兰的独立地位，慕尼黑纳粹党律师汉斯·弗兰克搬进王宫居住。轴心国战地记者库尔齐奥·马拉帕尔泰对弗兰克宫廷的不道德与粗鄙有生动的叙述，餐后对犹太人和德国与波兰的国民性格进行无休止的探讨：

> 我面前坐着弗兰克，他坐在克拉科夫瓦维尔旧王宫内的硬背高椅上，如同坐在雅吉龙和索别斯基的宝座上。他真心相信波兰皇家风范与骑士气度在他体内复苏了。他脸上浮现出天真的骄傲，苍白、滚圆的脸颊和鹰钩鼻显出虚无而迷茫的意志。他乌黑发亮的头发向后梳去，露出高高的象牙般雪白的额头。他身上的某种东西既显幼稚，又显老气：他撅起嘴唇，仿佛是个生气的孩子；他双眼前凸，眼皮厚重，似乎相对眼睛而言，眼皮过大，他还习惯眼皮低垂，两条直而深的皱纹横过太阳穴。他脸上有一层薄汗，在映射到波希米亚酒杯和萨克森瓷器上的大荷叶吊灯和沿着桌子排开的银色烛台反光下，他脸上仿佛蒙着一层玻璃纸。“我的一个抱负，”弗兰克用手扶着桌边猛地坐回椅中，“就是提携波兰人民，让他们沐浴在欧洲文明的荣耀中。”

实际上这位掌握生死大权的主子——人们戏称“中央政府”应改名为“弗兰克帝国”——只是虚张声势，尴尬地摇摆于试图超越党卫军的残暴与和解之间，但实际上从未完全控制过这个所谓的“帝国属国”。1941 年夏天攻击苏联之后，“中央政府”呈现最终形态，由五个地区构成：克拉科夫、华沙、卢布林、拉多姆和加利西亚。

德军波兰管理当局在一个月内被撤销，取而代之的是文职统治。随后希特勒告知凯特尔：“军方应欢迎这一机会来免除波兰的行政问题。”此说表明希特勒不打算利用军队实现他在波兰的种族-政治目标，军方有关波兰的最初宣言对他而言毫无用处：“武装部队不与民众为敌。一切国际法规定都将得到尊重。”阿图尔·格赖泽尔和阿尔贝特·福斯特等铁杆纳粹分子被任命为新吞并的领土的长官。10 月 7 日，海因里希·希姆莱获得“加强德意志民族性”帝国专员头衔，负责通过排斥和遣送手段重组波兰种族构成，此时局势走向日渐清晰。高级党卫军和警察头目作为他伸向各地的爪牙，被派到被吞并或被占领土，这种做法迅速在被占欧洲的其余地区得到推广。这和中央移民部与劳动营、集中营和灭绝营一道，形成了这些疯狂纳粹机构的巨大准领土权力基地。

军方并非希特勒可怕行动的可靠工具。军方将领对五支党卫军特遣队犯下的暴行提出了严正抗议，自德奥合并及占领捷克斯洛伐克以来这类暴行从未间断过。这些特遣队最初接受的命令是压制德军后方的抵抗组织和波兰沙文主义组织，这些组织的成员名单已在事先分发。有 3 万名波兰人名列特别通缉黑名单。随着波兰人将境内德裔视作第五纵队，德裔人口通过被称为“自卫队”的治安维持会进行报复，整个气氛每况愈下。最恶劣的事件发生在比得哥什——1939 年 9 月 3 日的血腥星期日——后撤的波兰军队遭到火力袭击，狙击手隐身于德裔群众中，结果导致数百名德裔遭到报复性处决。上述五个特遣队之一，D 特遣队进而在城内谋杀了数百名波兰人。希特勒将战前并不存在的对德裔的暴行和战时发生的事件相结合，愤怒声讨波兰人。1939 年 10 月 6 日他说：

> 我有义务谈及数十万德国人的命运……自 3 月起他们一直经受着骇人的恐怖。即使到今天，他们当中有多少人被送往何方，我们仍不得而知。过去数百万德国人聚集之地，如今杳无人迹，他们都已被杀害。在其他地方，妇女遭到强暴，少女和孩子们被玷污后遇害。

1940 年初，德国当局登记的德裔死亡人数为 5000 人。2 月，希特勒命令弃用该数字，为官方目的使用 5.8 万，其中 1.3 万人已“确认被害”，4.5 万人据报失踪。这就让德国的暴行有更合法的理由。纳粹出版家如埃德温·德温格尔和史学家库尔德·吕克都就“九月屠杀”做过耸人听闻的描述，旨在为德国的“报复”正名：“如果一个民族这样对待手无寸铁的人，那么他们将罪有应得。”

入侵数周后，纳粹明确了其长期与短期目标。知识分子将被“无害化”，下层阶级要被重新安置以用作流动劳力，犹太人将被集中于犹太贫民窟，以加速将他们转运往尚未明确目的地的进程。这些决策造成的混乱现实让许多军方将领惴惴不安。党卫军的残酷行动缺少最根本的逻辑，也使德国控制薄弱的区域岌岌可危，在比得哥什，第二党卫军“勃兰登堡”骷髅头师逮捕了所有犹太男子，此举意在报复犹太人在两座犹太教堂被焚烧后烧毁两幢房屋的行为。一名陆军军官质疑说监狱无法容纳 1 万人时，党卫军军官回答说他们将把无法关入监狱者击毙。对于犹太人被迫趴在教堂地板上唱歌，或将粪便涂抹在同伴脸上的这类事件，某些陆军军官极为不齿。1939 年 11 月 21 日，身材矮小的赫尔穆特·施蒂夫中校在致妻子的信中描述了被占华沙非常恐怖的局面：“人们不像是战胜者，而像是一群罪人到处活动。”最杰出的恐怖宣传也无法超越正在发生的事。他继续写道：

> 灭绝包括妇孺在内的整个种族，这种行为只能由不配拥有德国人名号的下等人做出。我为是德国人而感到耻辱！这一小撮人，他们用纵火、谋杀和劫掠玷污了德国人的名声，他们在毁灭整个德意志民族，除非我们能尽快中止他们的游戏。有消息灵通人士已向我证实并描述这些事件，这注定会招来报应。否则，这些乌合之众终有一天也会对我们这些体面人做同样的事，用他们病态的激情让自己的

国家陷于恐怖之中。

军方对党卫军的憎恶既反映了对他们在道德上的不屑，又反映了对党卫军正变为“国中之国”的职业关注，党卫军本应只是从属性的警察机构。屈希勒将军下令在他的辖区内将应为反犹暴行负责的党卫军解散并绳之以法，称这些部队为“军队中的污点”。希特勒的回应是宣布对 1939 年 10 月 4 日之前犯下的暴行实行特赦，这明显是为比得哥什的“血腥星期日”开脱。军方未提出任何异议，希特勒就于 10 月 17 日直接让党卫军和警察免受军法审判。

然而仍有某些将领继续抗争，他们的事迹不容遗忘。驻波兰高级指挥官布拉斯科维茨中将，是东普鲁士职业军人及虔诚的基督徒。这两个因素让当局疏远他，尽管他对军方超政治角色的信奉让他没有参与军事抵抗。他向布劳希奇元帅发了两份备忘录，其中说“治安与执法部队”正在平民中制造恐慌，被军方视作刽子手。他不知道党卫军上层如何看待“血液已中毒”的士兵，但这些身着野战灰制服的人给军方带来了无法容忍的负担。1940 年 2 月 6 日，布拉斯科维茨在第二份备忘录中指出枪杀“数百万波兰人和犹太人”是错误和毫无意义的，随后附上西线军官中流传的党卫军在波兰的暴行清单。这类行动为盟军宣传造就了天赐良机，不仅使得反犹波兰人产生了“深刻的厌恶，而且造成了对犹太人的极大同情，因为并非所有波兰和德国反犹主义者都是淘汰主义者”。然而，更恶劣的是“暴行与道德堕落在短时间内，在高贵的德国人当中如同瘟疫般蔓延”。布拉斯科维茨继续写道：“很快，我们将面对恶棍的统治。臭味相投和性情乖张者将汇聚一处，和现在的波兰一样，他们将会充分表现自己的兽性和病态本能。人们将无法再限制他们，因为他们相信自己有官方授权，可做出任何残暴行为。”

并非只有保守将领才关注堕落的残暴行动。前文提到过 18 岁的新兵沃尔夫冈·里肖克，他有着奉行和平主义的社民党背景。他在日记中写到了自己队伍中的波美拉尼亚农民对波兰人表现出的“优等种族”心态，写了军官和士兵们的暴行。他写到一个名叫里夏克的中士：“他以施虐狂的方式使用他的士官权力。像下层军官瓦格纳一样的小人物常常都是这样，他们手中有权就会无所不用其极。”当一个人用坚定或颤抖的手握枪站在一个瑟瑟发抖的人身后或上方，他就会兴奋异常；许多人将这种拥有生杀予夺的绝对权力的时刻记录在照片中。此类事件如同传染病一样迅速蔓延，大量饮酒使情况愈演愈烈。布拉斯科维茨仍赞赏有限制的正常的军事暴力，他写道，每个士兵都对实际发生在他们的保护外衣下的行动感到“厌恶和反感”。他要求对责任者进行军法审判，又说：“那种认为可以用恐怖恫吓波兰人民，在他们鼻子上抹上粪便的想法终将被证明是错误的。”他的同僚乌莱克斯将军呼吁从波兰召回所有高级和下级治安警察。

布拉斯科维茨的第一份备忘录辗转来到希特勒桌前，元首带着满腔怒火读了这份备忘录，评论说，“人们不可能以救世军的方式打一场战争”，并说他从不看好布拉斯科维茨。事件的解决方式对军方不妙。博克中将致信所有集团军群和独立军司令，对治安部队不幸的“错误干预”表示遗憾，但认可因“需要保障德国‘生存空间’和元首关于解决种族间政治问题的命令”“对被占地区的波兰人民采取异常严厉的手段”。随后希姆莱受邀向高级将领发表讲话，由此“给了他们从他自己的角度审视事物的机会”。希姆莱确信军方并不反对“严厉”，而只是反对“暴行的危险”，1940 年 3 月 13 日他向一群将领发表了演说。他评论说从未亲见任何暴行，然后与众人分享了旨在排斥一切异议的信念：“我从不做元首不了解的任何事。”将领们并未公开抗议。

布拉斯科维茨则于 5 月初被轮换至西线，6 月 3 日在进攻行动中被解除指挥权。他是唯一一位未获陆军元帅权杖的中将，随后的军事生涯起起落落，仿佛已被认定为不可靠，最终受到了不公正的战争罪行指控，在纽伦堡监狱纵身跃下一个楼梯井。他的继任者一到波兰就签发了一道命令，称：“在我国东部边境已持续数百年的这场种族斗争的最终解决，需要采取特别强硬的措施。”我们也会看到，军方和党卫军的分歧并不像布拉斯科维茨及其同类想象的那么大，因为不仅是党卫军有对波兰采取极端行动的计划。

纳粹在波兰的大政方针由希特勒于 1939 年 10 月中旬为凯特尔草拟，不带传统普鲁士对波政策的包袱，这一事实在 1934 年的互不侵犯条约中就有所反映，希特勒似乎已将 200 年来压制波兰民族主义后德国普遍的反波偏见迅速内化。在一次罕见的自我批评中，希特勒说：“我过去的波兰政策有悖于全国舆论。”他对凯特尔说的一番话反映了普鲁士恐波症的某些核心成分。“波兰管理不善”一语道破了部分内容，这是圣哲发出的贬辞，使人想起无序的贵族和摇摇欲坠的乡野茅舍。许多德国人认为他们在文化上高于波兰人，有着开化他们的历史使命。事实上，某些人争论说既然条顿人曾是定义不明确的“东方”的原住民，那么斯拉夫人就是历史的非法占地者。文化决定的高傲并非为德国人所垄断。这种高傲与对人口泛滥或将波兰人包括在更具威胁性的、延伸到俄国最深处的斯拉夫民族整体中的恐惧相伴而行。许多此类主题都在希特勒的最初安排中有所反映。德国人要抵制想去拨乱反正的诱惑：“该国的生活要维持在低水平；仅将其用作劳力库对我们有益。”成立一个独立于柏林各部的管理机构将使波兰各派势力无视法律细节。不要试图稳定波兰局势：“波兰管理不善”应该继续。这种安排也使他能将“犹太人和波兰佬”清出帝国。

纳粹对波兰的政策目标——随外部限制而改变——是摧毁其社会或知识精英及

其领土完整；实现大规模种族清洗，包括遣送波兰人和犹太人，这一政策将最终消耗前者，并大规模屠杀后者；最后，使波兰文化生活野蛮化，目的为将波兰人变为为德国劳动的半文盲农奴。1943 年 8 月弗兰克在回顾这一阶段时说，许多人都说波兰是一座“粪堆”，出产面包、谷物和“工人、工人、工人”。然而，将整个波兰人口全部遣送或屠杀的想法也闪过某些纳粹领袖的脑海，其中某些人怪异地想到将波兰人迁往巴西或西伯利亚。纳粹的此类政策并非仅限于波兰，种族清洗也发生于阿尔萨斯-洛林，在布列塔尼打出了地区分裂牌，在其他被占国家，大中学校被临时或永久关闭。纳粹对波政策虽与普鲁士或德国在波霸权最极端时期有表面上的共同特征，但它极具种族主义暴力特征，构成了一种完全不同的现象。

波兰的大部分精英阶层——公务员、牧师、教授和贵族——在德苏分界线两侧都被视为不需要的民族意识的承载者，他们或被草率枪决，或被关集中营。克拉科夫古老的雅盖龙大学全体教员于 1939 年 11 月被召集起来与盖世太保开会，随后就被送往萨克森豪森。约 1700 名牧师被送至达豪，其中半数凄惨地死去。在世界舆论“探照灯”聚焦于法国的 1940 年夏，在希特勒直接命令下，弗兰克和警察头目威廉·克吕格、布鲁诺·施特雷肯巴赫组织的“非常平息计划”将 3500 名波兰知识分子（另加 3000 名职业罪犯）召至一处，并在华沙郊外的森林中将其处决。因为，正如弗兰克所说，将他们遣送到德国集中营费时费力，得不偿失。弗兰克最关注牵涉其中的党卫军人员承受的心理负担，说：“我们不是杀人犯”，并颁给他们特别令状以掩饰他们的行径。这显然是恐怖的工作，施特雷肯巴赫在谈及时热泪盈眶，说他的手下必须痛饮烈酒来执行命令。1938 年通缉的 28 万名职业人士中，4.8 万在战争期间遇害，其中 57%为法官和律师，29%为牧师。瓦尔特高德国少女团官员梅利塔·马施曼回忆说：“人们从未遇到波兰的上流人士，这使我产生错觉，认为波兰人都是无产者、农民和穷人。难怪，我自语，在其历史上它总是经受长期的外族统治，显然，它无法形成一个有能力持久执政的统治阶级。”

这恰恰是谋杀波兰社会、知识精英要达到的效果。正如希特勒 1940 年 10 月 2 日所说：“波兰人只有一个主宰，那就是德国人。不可能，也不应该有两个主宰比肩而立，因此，波兰知识阶层的一切代表都应被杀死。这听上去很残酷，但它是唯一的生存法则。”一个月前，希姆莱在梅斯回顾说在波兰“我们必须足够强硬——你要记住这一点，然后忘记它——以射杀上千名杰出的波兰人。”并非只有波兰人遭受到纳粹的暴行。在德国本国早已被认作可消耗掉的“多余的存在”，即精神病人，都被党卫军部队冷酷地谋杀，以便为德军腾出紧急营房。

谋杀波兰精英是蓄意消弭国家地位的策略；另一策略是利用其缺乏种族统一性，以强调《凡尔赛和约》造成的现状虚伪又无意义。在整个魏玛时期，德国学者一直坚持波兰是被压制的少数派的监狱，学者们积极将此观点呈献政治领袖。希姆莱 1940 年 5 月 15 日在其东拉西扯的“关于处理东方异族的思考”开头写道：

> 在我们处理东方外来族群时，必须尽可能地认识和培养尽可能多的单个族群，在波兰人和犹太人之外，还有乌克兰人、鲁塞尼亚白人、高拉尔人、莱姆克人和卡舒比人，如果还有其他分支族群，也应被包括在内。

正如布里多尼人的例子显示的，试图将区域主义煽动成分裂主义并不仅限于波兰，尽管这些政策在该国得到最突出的执行。

扎科帕内附近塔特拉山区的高拉尔牧人是引起德国人兴趣的一个波兰族群，这群人在战前已形成微妙的文化和语言区域身份。汉斯·弗兰克和希姆莱开始对高拉尔人产生兴趣，声称他们在种族上不是波兰人。1939 年冬，希姆莱和他的密友，真正可恶的写手汉斯·约斯特骑马造访了扎科帕内及其邻近地区。扎科帕内是山间温泉胜地，是波兰的上西里西亚或瑞士。约斯特抱怨旅游业将“丰满”的女孩变成了女服务员，将“壮实”的小伙子变为“见钱眼开的侍者”。雪橇让希姆莱和约斯特迅速来到高拉尔人当中，仿佛卡通童话中的邪恶女巫飞跃冰雪。在约斯特的旅行记中穿插着民族学的长篇大论，因为这些人可以就此话题无休止地谈论下去：

> 高拉尔人……“高拉”来自斯拉夫语，意思是山。因此这是个山区民族。他们是日耳曼后裔，在塔特拉山重重峡谷中保持了纯洁，完全与世隔绝，他们山墙上的木檩都被刻上了卐字，说本族语，憎恨一切波兰或犹太事物。

两位游客到高拉尔人家中造访，吃了扁圆面包和羊奶酪，欣赏了雕刻和家具，包括“古老而原始的，仿佛荷马史诗描绘的”大锁，它引起了党卫军帝国领袖的注意。他们观赏了高拉尔民间舞蹈，这样约斯特有机会就“舞蹈的历史是肢体运动的历史，是身体意识的历史”发表即兴演说，然后又到民族艺术品中心采购。他们对高拉尔人的民族学热情成果甚微——成立了一个高拉尔人委员会来分发标有“G”而不是“P”的身份证，旨在使人们选择独立身份。委员会对推动民族方言、民族舞蹈和服饰也做了一定努力，这是伪民族主义的普遍做法。由于只有 2.7 万人选择了“G”身份证，而且塔特拉山区成了主要的抵抗源头，可以说只凭希姆莱的数名丑角和与他们合影的身着民族服装的农民不足以撼动高拉尔人的波兰人身份认同。

乌克兰人似乎有着更多期望，整个 30 年代，波兰政府歧视数目可观的乌克兰少数族裔，而乌克兰民族主义者的武装派别则报以一系列政治暗杀。1939—1941 年间，西乌克兰的大部分地区被苏联控制，但有 50 万乌克兰人被包含在德国占领区。有意与对波兰人的态度形成对比，汉斯・弗兰克批准了以克拉科夫为基地的乌克兰中央委员会社会福利机构，批准成立乌克兰警察、学校，认可他们自由信仰东正教和东仪天主教。在明显的分而治之政策下，乌克兰进入了绝大多数人口为波兰人的地区的底层职位。德国决策者内部发生了分歧，有人主张利用乌克兰人，有人鄙视他们。因此乌克兰民族主义者组织在安德里・梅尔尼克和施特潘・班德拉的领导下分裂为温和派和革命派。各种不同议程于 1940 年 6 月 30 日达到高峰。当日班德拉在利沃夫宣布成立独立乌克兰，这个既成事实导致班德拉被捕，并被监禁于萨克森豪森。换言之，尽管纳粹有意赐乌克兰人以特权以孤立波兰人，但绝不允许刚从苏联统治下解放出来的地区成立一个独立乌克兰。1941 年，党卫军和盖世太保逮捕并处决了乌克兰民族主义组织两派成员。为强调“乌克兰并不存在……它只是地理概念”，加利西亚被并入“中央政府”，特兰斯尼斯特里亚被移交给罗马尼亚，其余乌克兰领土被置于德国残暴的管辖之下。

与谋害波兰精英和利用其民族裂痕相伴的是以种族原因为借口驱逐数十万波兰人。在吞并的领土上进行种族清洗与（再）德国化的责任由希姆莱承担，帝国中央保安局和学界专家担任行动背后的智囊，而德裔、军队、常规与治安警察担任其地方的刽子手。御用学人，包括赫尔曼・奥宾、维尔纳・康策、瓦尔特・库恩或特奥尔多・库尔德等最优秀的史学家，都主动利用自己的学识献计献策。某种博学的无意识与对其他民族的冷漠发生了融合。首先，在这个被纳粹的巫术经济学家看作人口过剩，又亟待整合的国家需要创造必要的空间，尽管政策与经济学家的计划之间鲜有直接联系。与此同时进行的驱逐，使数万波兰人被从西普鲁士和瓦尔特高驱赶到“中央政府”，人们半夜受到惊扰，被给予几分钟时间打包裹，随后被赶至火车站。载着 1000 余人的火车在近乎 0℃的温度下经过长途行驶驶向“中央政府”，到站后，目瞪口呆的人“货”被卸下，与他们同时下车的还有途中死者的尸体。幸存者也无处可去，因为“中央政府”并未做出任何安排来接待这些人。为减少混乱，过渡营地被搭建起来，党卫军可以筛选出能为德国工作的劳动力。遣送对象包括《凡尔赛和约》后西迁以将这些地域“波兰化”的人们、政治活动家、地主或城市富人、知识分子、教授和职业人士。德裔也通过将他们讨厌的或早已觊觎其财产的波兰人列入名单以清算旧账。

尽管弗兰克显然已经无法应对 1939—1940 年间被赶入“中央政府”的 34 万波兰人，但柏林的海德里希及其谋划者仍在安排 1941 年再驱赶 56.3 万人，还不包括军方试图单独驱赶的 25.7 万人，军方希望将这些人的居住地圈作训练场或老兵定居点。

因为虽然某些军方高级将领抗议党卫军在波兰的暴行，但另一些将领在同希姆莱合作，计划派遣 50 万波兰东部犹太人沿德苏边界挖掘一条巨型反坦克壕。至于海德里希考虑的庞大的遣送人数，因“巴巴罗萨”行动的后勤需求，最后只有 3600 人被遣送至“中央政府”。这并未阻止波兰人在被占领土上被强制集中。数十万波兰人被赶出内城，去往遥远的郊区，从阳光公寓区迁到阴暗的地下室，或进入土壤贫瘠的卡利什或米克斯塔特等特别“保留地”。在“中央政府”境内，波兰人也不安全。他们被迫搬出被军队征用的大区，1941 年 11 月卢布林的党卫军和警察头目奥迪洛·格罗博克尼克开始试验性地驱逐扎莫希奇地区的八个村庄，这是为拟议中的东方总发展计划中的大规模遣送进行的区域可行性研究。

将居民清出这些区域后，纳粹开始重新安置及规划波兰乡村。1939 年 10 月 24 日，希姆莱在波森的军官食堂就重新定居波兰向党卫军军官发表了演说。他的演说纵贯千古，横跨五洲。他首先声称德国人早在 3000 年前就在这些土地上定居，与一切粗鄙者一样，希姆莱也执迷于起源。他谈到了穿越南非的布尔人，然后将话题拉回现实世界。他沉迷于战士-殖民者。他们会成为反对“斯拉夫民族”的前哨。这将是一种艰苦的生活，“只有最强者才能生存”，但结果将会是“强大、多子”的民族。

确认“德国人必须成为一切事务的领袖，波兰人做其助手”后，希姆莱描绘了一幅虚伪的中世纪天堂，庄园领地出产天然物品。在每个村庄，来自老帝国——巴伐利亚、士瓦本、东弗里斯等地——的德国人构成核心，被来自更远处的德裔人环绕，他们要向前者学习 20 世纪的农业技术。希姆莱不满足于描绘村庄，花了大量时间讲述汗流浃背的农民从田里回家时所进的沐浴室：较之混凝土，他更偏爱砖，他还在室内装潢方面反感“矫饰与杂乱”。五年之后，看到“金发少女和男孩”在附近蹦蹦跳跳，这些定居点外表就具备了德国特征。假如有 1000 万居民，每人生养 8～10 个孩子的话，再过 50～80 年，就会有 2000 万德国定居者。达到停滞状态后，对更多土地的需求必将引发新的战争，正如希姆莱所说：“更多的土地必须用剑来赢得。”是年冬，希姆莱乘帝国领袖的宝马车游历波兰。车子渐渐被土坑损坏，这实地诠释了“波兰管理不善”。约斯特挥笔真诚地捕捉到了优越感和使命感：

> 波兰人不是建设国家的民族。他们缺乏建国最基本的前提。我与党卫军帝国领袖驱车游历该国，一个对系统定居如此冷漠的国家，甚至不会去处理村庄格局，它无权在欧洲声称任何形式的独立政治地位。它是天生的殖民地国家。

两人偶尔下车，跨过沟渠，大步穿越弹痕遍地的田野。希姆莱拾起土块，吸入它湿润的芬芳，将土在指尖揉碎，然后望着“空旷的远方，到处都是这种肥沃的土壤。

我们仿佛史前农人一样站在那里，眨眼相视而笑……这里再次成为德国的土地！德国的犁锄将迅速改变这里。树木会很快在这里种植。藩篱会长起，黄鼬和刺猬、鹫和鹰会防止老鼠和害虫破坏庄稼”。甚至天空也被包括在帝国领袖的雄心之内：他在设想果园和屋舍俨然的村庄时，想到藩篱和森林将会让雨云东移，浇灌这片干涸的土地。不久，学界人士就要来调研如何改造这片平地，使之更能吸引德国定居者，如何人为制造一种不同的气候。

要让德国人放弃帝国来到酷寒的东方居住并非易事，尽管已将住户都粗暴地赶出了临时家园，还会为新来者支付特别补贴。在“返回帝国家园”计划中，数十万德裔从波罗的海沿岸城市、比萨拉比亚、布科维纳和沃伦被送往新吞并的领土定居。纳粹的谈判团队前往爱沙尼亚、拉脱维亚政府讨价还价，还与苏联内务人民委员会角逐，谈判的问题包括出让技术工人或安排偿债、税收及财产清算。1939—1941 年 50 万德裔的安置与将种族混乱以和平手段合理化的宣传相伴。其中牵涉大量后勤工作，以及在血液相容、心心相通时对那些脱离 20 世纪德国的人们讲的煽情废话。1 月的一个寒冷的清晨，当一队归家者乘坐马车风尘仆仆地通过桑河上的普热梅西尔铁路桥时，希姆莱和约斯特与他们不期而遇。这位来自沃伦的手胼足胝的农民说“我们到这里了”，说着泪水涌出眼眶。约斯特借此机会列举了他的朋友——这次现代部族迁徙组织者的美德：“人们必须有海因里希·希姆莱那样的信念；必须贴近元首的心，忘掉‘不可能’，才能在面对如此艰巨的任务时临危不乱。”

移居者面对的现实绝无约斯特描述的融洽场景。他们常被迫辗转于 1500 个收容营之间，为再定居接受纳粹机构繁琐的检查。复杂、主观的种族评估，眼睛和头发颜色检查和头型测量，令 3 万名移居者被判定为不宜再定居，这些人只得在难民营受苦。被安置于波兰乡村的人们有时难以从过去在苏联进行的粗放农业作出转型，他们会剪除芦笋，因为从未见到过，也不知道它拥有巨大的商业价值。甚至当这 50 万名移居者被加入到原 60 万居住于战前波兰的德裔人口中时，显然，“前”波兰人被德国化的途径不止再定居一种，甚至设想当需要公路、铁路运兵时，战时后勤将能运送更多人口。

因此，纳粹采取了一种不同的方式，将 200 万名波兰人重新界定为德裔。和利用种族与区域分歧一样，创造特权族群也是让人们彼此对抗的一种方式，每群人都被下发了颜色不同的身份证。这也是招募炮灰的方式，因为这些新发现的德国人中，约 20 万有服兵役的义务。正如 1935 年纽伦堡法律规定的，在种族隔离社会中各类人群的区别是：有的拥有某些权利，有的根本没有权利。

“德裔登记”的想法最初是想以围栏护卫拥有特权的少数德裔人群，开始于瓦尔特高。希姆莱执着于“从［波兰］烂摊子中钓出种族上有用的人群”，他设计了更多的族群，允许波兰人被重新界定为德国人。前两组人群享有帝国公民身份，尽管只有第一类能够加入纳粹党。第三类是所谓的国家成员，由曾经“本土化”的德裔或通过婚姻被“德国化”的波兰人组成。这一类还包括拥有中间民族身份的人，如卡舒比人、马祖里人、西里西亚人和“水上波兰人”。虽然这些人与前两个等级享有相同的职业权利和配给，但被禁止担任公务员，结婚时需获许可。第四类人包括“变节者”，即那些尚未意识到自己的外貌特征与生活方式使其在种族上成为德意志人的波兰人。由于这类人当中有许多明显表露波兰身份，警方的遣送机关就被用于激励他们转变为德国人。他们的国家成员身份取决于 10 年预备期。和更高等级一样，第四类人也豁免了对普通波兰人征收的15%的人头税，按德国人标准领取工资，但被禁止从事公职。这四类人要在相当一段时间内相互融合，特别是因为第三、第四类人要在老帝国接受“集训”。约 200 万名波兰人据此被算作德裔人口（究竟在多大程度上受到胁迫或自愿加入，尚待波兰史学家考证）。

归化名单的彻底程度因被吞并领土的不同而有差别，因为希姆莱对严格种族检查的坚持未必适用于希特勒的所有东方总督——特别是地方长官阿尔贝特·福斯特，他们或采取比较的方式将他们的封地德意志化，或认为整个过程带来不安，令人生厌。未笼罩在这一光环之下的人群——被占领土上的600 万波兰人——只是“受德意志帝国保护的成员”，权利受限，并遭到歧视。也许可以说波兰人的地位开始接近于犹太人。1940 年 9 月 17 日特别法令颁布后，在被占领土上的波兰人和犹太人的财产可被征缴，常用理由是“公共福利……或加强德意志民族的需要”。1941 年 12 月 4 日起，波兰人和犹太人都要受制于极端严厉的法典。成人儿童都可能因对德国人做出负面评论或撕毁官方公告而被处决，同时这两类人在德国法庭上也都被剥夺了基本法律权利。

这些正式安排标志着波兰人在纳粹占领下经受的种族等级制度、歧视和隔离的开端。等级制度中，最高层是德国人、德裔人、乌克兰人等有特权的少数族群，然后是波兰人、吉卜赛人和犹太人。波兰人在应对说德语的官僚时不准使用母语，无法做到的人被建议带一名翻译。他们只能拿到少得可怜的工资，并被迫缴纳占总收入 20%~30%的附加税，他们无权加入德国劳工阵线，却被迫为其缴纳会费。自 1942 年开始，波兰人不再被允许过节。他们被禁止看电影、听音乐、参加展览会、进图书馆、博物馆和歌剧院。波兰人受制于宵禁，乘公交车、电车和火车旅行需要特别通行证。他们不得拥有自行车、相机、收音机、皮靴、皮箱、乐器、留声机和电话。作为虔诚的天主教徒，波兰人眼睁睁地看着路边的圣所被摧毁，大量教堂遭破坏，幸存的牧师只能靠教众供养。在格赖泽尔令人毛骨悚然的反教会政府所在地波森，1941 年 10 月，原来的 30 座教堂已被减至四座，13 座被关闭，10 座用为仓库，其余都被改造成音乐学校或骑术学校以及一个书籍存放处和一个风景画工作室。波兰人偶遇优等种族时，必须表现出应有的恭敬，要踏到人行道之外，脱帽，向人或符号行礼。由此 1941 年 9 月 15 日，图雷克地方议会发出如下公告：

> 我规定所有波兰人都应向军车和带有三角旗的车辆行礼，原因有二：
>
> 1. 因为波兰人已变得厚颜无耻、自以为是；
>
> 2. 因为德意志帝国的名誉与立场要求波兰人通过敬礼时刻认可德国在这片土地上的统治。

波兰人被允许进入商店——许多带有“德国商业”字样——购物，但当德国人走到他们前面优先接受服务时，他们只能忍气吞声。波兰人丧失了最基本的礼遇与权利，任何粗野的官僚都对他们用“你”相称，这在一个礼仪之邦是令人恼恨的。希特勒的总督们颁布条规提醒德国人不要与波兰人过从甚密，违反者将受到保护性监禁的处罚。对现实的彻底颠覆——波兰属于德国，其中的波兰人是不受欢迎的“外来者”——随着取消波兰地名、街名而被矫饰地加以推动：罗兹变为“利茨曼市”，克拉科夫中央广场成了“阿道夫·希特勒广场”。

并非所有德国人都选择扮演“小上帝”的角色，而这恰是当局对他们在东方的期望。换言之，在这恐怖的环境下，体面至少也是一种选择，是大规模暴行的主题中勉强能听见的反调。亚历山大·霍亨施泰因是一名中年地方政府官员，四年多来一直与地方纳粹党对抗，被从下劳济茨的一个小城调至瓦尔特高地区波尼亚托维克任市长。霍亨施泰因几乎只是名义上加入了纳粹，他 1941—1942 年的日记揭示了一名在举世皆浊时仍尽力维持人类体面的德国民族主义者的形象。从一开始，霍亨施泰因就表明他因公出行时，不希望定居波尼亚托维克的 3000 名波兰人和犹太人远离人行道避让，视这种做法为“对备受宣传的德意志种族优越论的可笑夸大”：

> 不，先生们，我不要这样做。如果你愿意你可以这样做，但你不能期望我如此严重地违背我的人类尊严意识。这与我接受的良好教育不符。如果有人向我表示尊敬，我也应向他表示尊敬。显然，当人们向我致敬时，我认可他们。没有任何权威可以阻止我遵守最基本的礼仪。

他将同样的想法推及犹太人，因为“首先，我是人，我将针对任何反对者捍卫我的道德准则”。

霍亨施泰因是个低调反犹者，而不是“淘汰主义者”，但他仍竭力使被从黑伦西茨遣送至“他的”犹太区的 1000 人的艰难旅程变得更为轻松，并反复安排派送额外的土豆和木柴。他为向家中运送洗澡水的犹太人付出工钱，并利用公款维护犹太人墓地，这些行为令纳粹不满，他请犹太区的医生坐下，并称之为“尊敬的科尔特先生”，而不用惯常贬义的“病人处理者”，令这位医生倍感震惊。他继续与犹太老人戈尔德博恩的牙医妻子探讨德国与波兰文学，并互换礼物。对她而言，霍亨施泰因是与文明世界的最后联系：“是的，她是纯种犹太人。但她有一颗金子般的心，与心灵相比，种族、血统和肤色差异算什么？人的价值只取决于心灵。”鲁莽的种族主义和人类本能的体面也许在当时许多德国人的内心交战。波兰人和犹太人的命运令霍亨施泰因良心不安。1941 年 4 月 19 日，星期天，是个寒冷的日子，大雨把街道变为溪流。另 50 个犹太家庭正从黑伦西茨赶往波尼亚托维克的犹太区。霍亨施泰因回忆：

> 它像债务一样给我施压。它不是个人所欠，而是我们德国人在东方，特别是对犹太人欠下的血债。它不会带来好结果！我心随着这队凄惨的人们而去，我能想象出他们的样子。2 月 18 日在我一生中将被永远铭记。

与有组织犯罪的直接对抗开始于 1942 年 3 月。党卫军通知霍亨施泰因他们将在市场上绞死 5 名来自波尼亚托维克的罪犯，要他从犹太人区选出第六名受害人。当党卫军人员喋喋不休地对他讲述绞架的技术细节时，他感到阵阵哽咽。当他说在波尼亚托维克的犹太人中找不出死刑犯时，党卫军人员回应说：

> 你为何总是讨论罪犯？你在这堆垃圾上面生活怎么会有这种观点？……所有犹太人都是罪犯，无一例外，是人类的渣滓。他们都应从地球表面消失。

一周后，五名犹太人被绞死（他们的亲属亲手将绳套绕在他们颈上）。找不到第六个人引发地区长官和霍亨施泰因之间的公开对抗。

1942 年 4 月，霍亨施泰因返回帝国度假。当他 5 月回到波尼亚托维克时，发现犹太人群已被在教堂拘禁了 10 天，随后被送往海乌姆诺。5 月 12 日他从一名回来收集犹太人衣物的青年党卫军军官口中得知事件真相：“所有犹太人都要走上这条路，还要继续沿同一条路走下去。首先我们从这些寄生虫手中解放乡村和小城，现在我们正在让主要的犹太人聚居区倾覆。根据我们毒气设施的功率，欧洲没有犹太人的那一天将指日可待。”这名年轻瘦弱的党卫军军官描述了毒气设施的运转原理，“仿佛他是在介绍糖厂的工作情况”。甚至在纳粹于波兰制造的无序世界内，也还有像霍亨施泰因这样决意坚持文明行事的人们，但他们在面对意识形态狂人时倍感孤立无助。

后者还对汉斯·弗兰克本人构成了日益严重的威胁。希姆莱在被占波兰广大的能力几乎使警察头目威廉·克吕格与弗兰克之间的冲突每周发生。弗兰克政府的腐败和低效使希姆莱与鲍曼和拉默斯结成反弗兰克联盟。1942 年 3 月 5 日，弗兰克被召至拉默斯的专列与其指控者会面。希姆莱作为起诉人，列举了弗兰克夫人以夜市般的低价购买 10 件裘皮大衣，以及成车皮的食物——20 万个鸡蛋、150 磅牛肉、20 只鹅、25 磅意大利腊肠和干果，还有弗兰克夫人运往其别墅的床单、天使像和雕塑。纳粹上下全都奉行“致富”政策。弗兰克后来还赴德国数所大学宣讲政治，这让他所受的腐败指控更加扑朔迷离。在地方面对驻波党卫军的困难让他说：“我将继续用我手中的职权断言，假如警察国家被看作纳粹的理想，那么后果将是恶劣的。当前许多人说人性是过时的观念，与艰难时世格格不入。这不是我的观点。”

希特勒褫夺了弗兰克的党内职务。弗兰克和党卫军的矛盾交织着人力与物资浪费带来的更广泛的报复。1943 年 2 月，戈培尔示意要在所谓的殖民地和再定居之间划一条界线，并将斯拉夫人描绘为低贱的“野兽、野蛮人等”。这使弗兰克考虑对波兰人做出有限的文化与教育让步，以促成合作。听闻这一异变的希特勒指示拉默斯对其强烈谴责，命令弗兰克取消任何已采取的措施。拉默斯对这一任务饶有兴味，因为他正与鲍曼和希姆莱密谋驱逐弗兰克及其亲信，代之以执行强硬路线的格赖泽尔。

弗兰克给希特勒写了两份备忘录作为报复，第一份质疑希姆莱在“生存斗争”当中寻求大规模的再定居计划是否明智。这里，弗兰克手中有现成的例子。他提到格罗博克尼克曾就扎莫希奇再定居事宜向他咨询，他详述了这造成的混乱。格罗博克尼克的属下将农民赶出家园，引发了恐慌浪潮，还有许多人投奔了游击队。为报复对德国村庄的攻击，治安警察向妇孺开枪，2～80 岁都无法幸免。他们并未做出任何安排以供养和帮助在新定居点刚刚起步的 1 万名德裔人。弗兰克质问希姆莱的代表们是否认为自己已从现政府中“解放”出来，他们似乎要没收一切——入他们眼的农场、修道院、疗养院——犹太人财产。波兰的一个微型法西斯组织“剑与犁”使弗兰克得以加强自我辩护。这些人曾致信希特勒，提出愿意参加抗击布尔什维克的战争，希特勒将此信转给弗兰克，征求他的意见。援引戈培尔的“真正革命声明”，弗兰克向希特勒提议拒绝这一请求，同时指责别人以抵御对其波兰政府的新一轮控诉。这就为重大政策转变设置了舞台。

着眼于希特勒的偏见，弗兰克总结说，他只是在澄清短期需要与长期目标之间存在的混淆，他认为短期需要应优先着手，而长期目标仍存在分歧。为确保不被认作资产阶级软弱派，他补充道：“然而，请相信，我并非想大张旗鼓展开我提议的措施，也不会被诠释为让波兰民族弱化德国的领导。”不谈有关欧洲的胡言乱语，弗兰克在这一危机时刻所说的是对波兰高效的经济剥削应优先于长期的德国化目标，与后者相伴的是无差别的恐怖。在弗兰克备忘录的字里行间提到希姆莱，又提到戈培尔对其手下宣传家最初所作的训示。因弗兰克已声名狼藉，而且希姆莱也不愿偏离既定轨道，弗兰克改变局面的希望遇到了障碍。希姆莱只是牺牲了格罗博克尼克，将其召回并派往的里雅斯特以屠杀复仇的游击队员，并于 1943 年 11 月用更有外交手腕的威廉·科佩取代了克吕格，而仍承诺进行未来合作以敷衍弗兰克。

他们之间有一份协议，其中每条都证实希姆莱是赢家。希姆莱承诺不会去扰乱这片土地的平静和地方经济，取笑弗兰克说“我们”不应对再定居的后果过度紧张。希姆莱列举了将卢布林德国化的详细计划，并总结说：“所有这些措施的前提是政府与警察之间的完全合作，以及实现我们共同目标的彻底非官僚的途径。”弗兰克在自己的问题解决之前曾 14 次请辞，他继续提倡基于当前实用主义的令人难以置信的路线，继之以恐怖手段。1943 年 1 月 14 日，他在对党的政治领导人演说中表示，战后“我们可以将波兰人、乌克兰人和所有在此处徘徊的异族人绞成碎肉”，但目前“政治高于武力。武力如同 ABC 一样简单得可笑……终止暴力方显政治家风范……如果我给波兰人食物，如果留下他们的教堂，给他们建学校，我并非作为波兰人的朋友做这些事，而是作为负责这一地域的政治家，我强烈反感任何染指其中的人。不承担责任的人可以轻易地将他们灭口。”1944 年 7 月，布拉克仍在向卡尔滕布伦纳提议重开波兰大中学校和神学院，希望这能“推动并加速德国胜利”。此时，弗兰克无助地摇摆于不断升级的恐怖与反恐之间，而红军已遥遥在望。

与东欧的混乱形成鲜明对照的是，西欧和斯堪的纳维亚的资产阶级却保持了克制，这些地方有相似的种族和相通的文化，存在类似的社会经济发展水平。在丹麦，法尔肯霍斯特将军告诫他的部队不要说任何冒犯丹麦民族荣誉的话，要多说友善、幽默的话，避免普鲁士的冷漠生硬，这会使亲英的丹麦人想起 1864 年石勒苏益格-荷尔斯泰因的割让。一名空军将军在与同事的对话中一针见血地指出：“丹麦人不是波兰人，而是条顿人。”尽管丹麦被占领，但四党联合政府和人民议会继续运转，只是边缘的共产党和丹麦纳粹党被排除在外。该政府与代表外交部的德国全权代表打交道——先是外交官塞西尔·伦特-芬克，1942 年 11 月起为维尔纳·贝斯特——尽管贝斯特也有其他上司。因此，丹麦就是从属于德国外交部的被占领国，也是极权专制统治下的议会民主国家。然而，它却是外交与军事都受极大限制的民主国家，军力减少了 50%，占领方可就政府官员的去留指手画脚。保守党领袖、贸易部长约翰·克里斯马斯-米勒因强烈的亲英倾向而被排挤；司法部长哈拉尔德·彼得森被迫辞职，原因是他在一场演变为丹麦球迷与德国兵斗殴的足球赛后处理不力。

这些独特的占领安排使德国大规模驻军不必存在，同时还可以使对船坞的干扰降到最小，同时重要的乳品和水泥从丹麦不受干扰地流入德国。1939 年丹麦 23%的农业出口输入德国。到 1941 年，该数字增至 75%，丹麦为德国提供 10%～15%的食物。每年还有约 3 万人在德国北方工作。除用作掩人耳目的伪民主外，这种微妙的占领形式也反映了在这个新颖、有民主思想和容忍度的国家内对弗里茨·克劳森的丹麦纳粹党有限潜力的冷静欣赏。尽管丹麦政府的行动也不免遭到批评，但更多批评指向社民党和工会，目的是确保丹麦民主的存续，而不是像维希法国那样激进地重组丹麦社会。1940 年法国战败，让丹麦放弃了中立的关注，而青睐外长埃里克·斯卡维纽斯将丹麦货币与德国货币挂钩的尝试，1941 年丹麦坚持反共产国际协定，这一步骤加剧了国内的不安，并向德国施加压力使之放弃将丹麦作为被占领国家榜样的做法。

促成德国对丹麦政策改变的事件看似微不足道，但它标志着争取让丹麦精英和群众对德国产生正面观点的尝试失利。1942 年 9 月，国王克里斯蒂安傲慢地回复了希特勒对他 72 岁生日的祝福。不惯遭受冷遇的希特勒召回了总司令吕特克，代之以汉内肯将军，他是一个尽力对治下民众展现隐藏的军事素质的斗士。同时，伦特-芬克也被党卫军中将维尔纳·贝斯特取代，错误地以为这个党卫军狂人还会继续强硬路线。社民党首相布尔下野，埃里克·斯卡维纽斯上台，组建了一个在观念上更亲德的联合政府，但仍依赖各民主政党。克劳森的纳粹党失利。这些安排使丹麦免遭战争中最严重动荡的危害，尽管这会招致危险，让盟国以为丹麦是德国附庸。这些措施使德国能够利用 200 名人员高效剥削 400 万丹麦人，而控制 200 万挪威人则需要 5000 德国人。德国人十分确信这些政策切实可行，1943 年 3 月，他们允许进行议会选举，结果 92%的选票投给了现任联盟政党，只有 2%的选票投给了克劳森的丹麦纳粹党，他们斩获的多数选票来自德裔。心灰意冷的克劳森加入了武装党卫军，做了一名军医。他在明斯克战地医院借酒骚扰护士后，被希姆莱软禁于维尔茨堡的一家精神病院。

然而丹麦的稳定仍形同镜花水月。英国人担心丹麦将给其他被占国家树立坏榜样，于是派特别行动执行组赴丹麦调查破坏情况。他们在捷克斯洛伐克采取同样措施，海德里希的暗杀行动带来了疯狂报复。此类事件被德军理解为英军登陆的信号。破坏事件以每周 20 起的频率发生，同时在奥登塞和日德兰北部进行的罢工使事件日益升级。汉内肯将这些动荡的消息转呈希特勒。贝斯特被召至希特勒设于东普鲁士拉斯滕堡的大本营狼穴，被告知现行政府安排业已终结。德国人向丹麦政府发出最后通牒，要求其镇压国内动乱，却被丹麦人于 1943 年 8 月 29 日驳回。随后出现军事紧急状态。在“游猎”行动中，汉内肯解散并囚禁了丹麦军队——其中丹麦海军进行了英勇抵抗。宵禁被引入，五人以上的罢工和集会都遭到禁止。

由于汉内肯未曾想到何种政府将继之而起，贝斯特恢复了他的部分权威，尽管值得注意的是，现任高级党卫军和警察头目京特·潘克并不受他控制。一个由高级文职公务员组成的政府取代了当选政客。由特别警察法庭审判破坏者，但要稳定局势为时已晚。持续的破坏，包括暗杀告密者，促使希姆莱和希特勒做出司法外的反恐选择。希特勒曾亲自指示贝斯特在丹麦执行这类政策。和军事法庭不同，这不会产生烈士。奥托·斯科尔策尼借用的党卫军反恐专家奥托·施韦尔特及其他杀手与阿尔弗雷德·瑙约克斯——1939 年袭击不设防的哥本哈根格莱维茨电台的英雄——一道行事。这些人被称为“彼得组”，在影院和酒店内埋设炸弹，并在每次抵抗后枪击反对派的记者、律师和教授。理论上贝斯特要审查袭击目标，但他很快发现党卫军杀手已将“哥本哈根变为欧洲芝加哥”。

在罢工风潮当中，贝斯特被希特勒再次召见，他对反恐行动提出了强烈抗议。希特勒说：“我不想听！”贝斯特返回丹麦时就意识到不仅幽灵般的党卫军部队，而且在丹麦的党卫军机构头目都独立于他而行事。治安警察司令博芬西彭未向贝斯特通报就命人在罗斯基勒处死了 11 名破坏者。潘克煽动罢工，后来于 1944 年 9 月解除了丹麦警察部队武装，2000 多名警察被送往布痕瓦尔德。此事发生时贝斯特不在城内。他返回时发现寓所已被拉上警戒线，电话已被切断。这些人已经失控。但此时贝斯特的另一选择方案只是警察法庭中模糊的司法权。“模范占领国”已被自我简化，人们或被身着制服的党卫军谋害，或被穿便装的党卫军杀死。甚至在这个最为例外的被占国家，纳粹统治也按其自身逻辑到达残酷的终点。

1920—1934 年间，挪威经历了过长的萧条期，失业率居高不下，劳工暴力反抗不绝。虽然工党放弃了口头上的革命主义，但某些中产阶级集团仍视工党为一大威胁，呼吁组建新的国民政府，其基础是挪威 1905 年历史性地脱离瑞典的精神。许多人完全淡出民主政治圈。后备陆军军官维德昆·吉斯林尝试采用多种左翼身份后，带着对苏联布尔什维克的仇恨强化了他的北欧种族主义，于 30 年代在农民党政府中作为极左翼国防部长崛起。吉斯林性格孤僻，沉默寡言，缺乏判断力，被迫于 1933 年辞职，组建自己的政党：国民联盟。该党吸引了无选举权的大学生、商人、农民、律师和士兵。吉斯林开始见证自身和国家的角色是在为英德进行调解的时候。最终，他于 1939 年 12 月在柏林见到海军上将雷德，雷德对挪威曲折的海岸线颇感兴趣，建议他发动政变，同时德国出兵。在随后与希特勒的会晤中，吉斯林编造了挪威保守党党魁卡尔·汉布罗和英国陆军大臣莱斯利·霍尔-贝利沙之间的交往——理由是二人都是犹太人，以促成希特勒在挪威采取行动。

4 月，吉斯林在哥本哈根会见德国情报官员，泄露了挪威机场、海岸防卫的详细资料及军队备战状态。最后，1940 年 4 月 9 日的“威悉河演习”行动，只是让吉斯林在他的权力之路上向前挪了一步，因流亡国王哈康七世和希特勒都不愿承认他仓促组建的政府，该政府没有丝毫合法性。挪威当局在最高法院大法官策动下，严厉反对吉斯林的政权并赢得德国支持在被占区另行组建管理委员会。挪威与英国持续的军事行动使希特勒任命埃森纳粹地方长官约瑟夫·特博文为帝国专员，要切开溃烂的政治局面。特博文通过专员委员会行使职权，除国民联盟外禁止一切政党。虽然特博文讨厌吉斯林，积极免去其党魁职位，但他勉强承认国民联盟是使挪威社会"纳粹化"的唯一工具。

吉斯林试图求助于包括雷德、罗森堡甚至希特勒在内的柏林保护人以排挤特博文，同时又向外扩党以期组建可行的未来政府。因此国民联盟也培植了一系列劳工、体育、青年、福利和妇女组织，还尽力进入并颠覆现存的农民联盟、工会和大学。形式上的提升并不代表取得道德权威，国民联盟还邪恶地试图控制行政、司法机关和警察部队的任命和晋升。此次挪威社会的"纳粹化"企图并不十分成功，在整个被占期间只有 2%的挪威人，即约 6 万人加入该党。抵抗的爆发——如 1941 年 9 月的"牛奶罢工"——导致宣布紧急状态，处死两名工会领袖，并监禁数人。由于特博文受命来到挪威是要将挪威人转化为元首的朋友，这一重大挫败使希特勒倾向于许可吉斯林组阁。2 月 1 日，专员委员会全体辞职，同时 54 岁的吉斯林在阿克斯城堡宣誓就任挪威国民政府首脑。阴险的特博文试图使该事件的影响降至最小，而吉斯林却竭力将这一时刻夸大，急促地长谈"全新、自由、伟大的民族觉醒的挪威"，尽管他最初是用德语说的这番话。在一个崇尚简朴的国家，吉斯林显得奢靡无度。他住在奥斯陆郊区一个名叫吉姆勒的别墅内，其中充满仿制的北欧家具，有 8000 瓶酒，还有从皇室和共济会劫掠来的各种文物，只是上面的装饰文字已被磨去。国帑被挪用以为该别墅支付资金，还有一处乡村小屋被乐观地称作"鹰巢"。掌权后，吉斯林抓紧将挪威社会纳粹化，试图隔绝一切民意，而不去分而治之。如，他选出教师，迫使他们加入挪威教师联盟。不仅教师拒绝向这个国民联盟组织宣誓效忠，而且连家长组织也发起抗议，随后抗议蔓延到路德派教会，教会反对国民联盟青年组织的垄断式矫饰，反对让国民联盟在特隆赫姆做法西斯分子追思礼拜。吉斯林试图强硬到底以解决此次冲突，结果全体主教与国家脱离关系，并被开除教职。事实上所有牧师都辞去了公职，失去了薪水却赢得了牧众的强大支持。国民联盟任命代理世俗牧师带来了并列的两种教会：一种爆满，一种空空如也。这一时代并非所有基督徒都助纣为虐。

同时，特博文打击教师。1942 年 3 月他逮捕了 1300 名教师，并将他们关进集中营，令他们在里面受尽各种羞辱，强迫他们加入教师联盟。500 人被用小轮船"谢斯塔"号遣送到挪威北极地区。教育部长和吉斯林本人都亲临学校审讯，让教师向其表忠。吉斯林激起的反抗使德国决定让其收敛。吉斯林被告知此后所有与希特勒的沟通都必须经由特博文，而吉斯林常与他的柏林保护人密谋反对特博文。这个无人艳羡的职位的唯一退路似乎还在于与德国更密切的合作。吉斯林投身于招募挪威军团的工作，承诺向德国提供 3 万士兵，但仅输送了这一数字的 1/3。另 6000 挪威人参加了党卫军各类组织，如北欧团、日耳曼“挪威”党卫军和警察及水上营。吉斯林在“国民工作计划”中也有突出地位，这个德国计划旨在动员并将劳动力向战争相关企业转移。吉斯林有关挪威在纳粹化欧洲地位的言辞越宏大，他对挪威社会的控制程度越小。勇敢的抵抗运动炸毁了存放“国民工作计划”登记卡的办公室，次年又在光天化日下劫持了一辆装有 7.5 万张配给卡的卡车，破坏了要注册为劳工才被发放配给卡的企图。

德国直接控制法国北部工业化和人口稠密地区，而将盛产水果和葡萄的南部留给维希政府。希特勒以精心策划的温和姿态抚慰或麻痹他从前的对手，批准法国保留一小支军队和一个转为预备役的舰队，并避免干涉法国的殖民地安排。德国扣留了约 100 万法国战俘作为劳工和对维希的筹码，将占领开支强加于这个傀儡政权上，费用按令人难以接受的汇率算出。尽管除对犹太人外，德国并未像在波兰那样狂热地在法国推行种族政策，但仍认真调查了法国境内地方主义的各种表现，因为起初德国人曾想过将法国分裂为多个区块。

最为系统地提出这些思想的是维尔纳·贝斯特，他在丹麦逗留前曾由帝国中央保安局调到巴黎，艰难拼凑出怪异的民族学备忘录，以供雄伟酒店的军事精英们开怀一笑。贝斯特认为民族国家是欧洲民族学基础上的上层建筑。与卡尔·施密特不同，贝斯特及其追随者致力于“新秩序”，基础是从民族国家人造藩篱中将个人解放出来，以巩固整体的德国控制。因为虽然别处都会分解为民族区块，但在德国并没有沿弗里斯和士瓦本画出自由界线的对应说辞。在 1941 年 11 月起草的范围广泛的最大化计划中，贝斯特提出将荷兰、弗兰德斯和法国北部并入帝国，并建立布列塔尼保护地；合并北爱尔兰与爱尔兰，建立新的不列颠联邦，其中苏格兰、威尔士和康沃尔自治；并让巴斯克人、加拉泰人和加利西亚人独立。毕竟，无人能否定要让这些区域享有已经赋予克罗地亚人或斯洛伐克人的权利。

由于经济与政治的短期目标为重中之重，这些远景永远停在了远方。这并非因为在各区块缺乏合作者。以法国为例，基于文化、语言身份，以及对革命和日益世俗化的第三共和国的忠诚或虔诚反对，地方主义代表着一股重要力量。虽然勃艮第或西方“身份”很大程度上是狂热学究和诗人的杜撰，但在阿尔萨斯-洛林和布列塔尼，这类身份就植根于对文化和语言差异的广泛情绪，后者因对布列塔尼落后的憎恶而更加复杂。1918 年后法国的强硬政策导致了阿尔萨斯自治运动的出现，该运动孕育了更为极端的阿尔萨斯-洛林党，该党相当于阿尔萨斯的纳粹。“假战”中从阿尔萨斯撤到后方的难民处境艰难，他们出去时法国兵经常损坏他们的家。

在 30 年代，某些布里多尼人也走过从温和地方主义到极端自治主义的轨迹，其中“黑与白”恐怖分子接洽德国情报机关，后者利用一艘渔船向其供应武器，掌舵的是爱尔兰共和军的恐怖分子。各方通过一种疯狂的、基于种族的黑话交流，“凯尔特人”将自己梳理为西欧地区的纳粹民族：“布里多尼人是优等种族。”纳粹德国对“凯尔特人”的期望意味着对其他小国采取一种惊人的态度，正如 1938 年的一份布里多尼国民党海报所写：“布里多尼人不会为捷克人流一滴血！”这些人对世界怀有狭隘的负面观点，他们奉行法西斯主义，憎恨遍布全国的民族主义，无视他们的纳粹保护人已对他们置之不理。

无论德国人在雷恩如何调情，如果他们在维希冒犯普通女孩的话，他们就会被人痛恨。凯尔特人（涉及康沃尔、威尔士、苏格兰和爱尔兰）的潜能喜忧参半，因为“种族”的引力能将布里多尼人引入德方，也同样能将他们吸入英国阵营。希姆莱看重的是德国人，而不是凯尔特人，外交部也是从传统国际关系角度思考的。抚慰维希政府，以将对法国经济资源的剥削最大化，抵消了任何粉碎法国国家的计划。维希政府采取了一点文化姿态就将布列塔尼搪塞过去。《布里多尼时报》声称坚定支持德国反抗“英国资本主义……和犹太马克思主义”，但“布里多尼时刻”钟声从未敲响。

将阿尔萨斯-洛林并入邻近的萨尔-巴拉丁和巴登，更严重地影响了法国领土完整。当地的 2.2 万名犹太人被遣送到法国，同去的还有 6500 名德国犹太人，地方长官比克尔和瓦格纳把他们从自己扩张的领地内驱赶出去。比克尔还从洛林驱赶了 10 万说法语的农民，而瓦格纳遣送 10.5 万名阿尔萨斯人至法国，或阻止他们从法国返回，其中多数都是说法语的资产阶级，尽管这些驱逐行动被用极权方式描绘成清除酗酒者、罪犯、皮条客和同性恋者。党卫军强烈反对使用表面的语言和政治标准来决定遣送与否，因向法国输送德国血液将使腐朽的法国受惠者力量增强。

纳粹在被占波兰忙于恢复已被遗忘的德国存在，在阿尔萨斯-洛林也是如此，他们开始消除所谓的“法国化嘴脸”。很快就开始出现捣毁法国人建起的所谓摇摇欲坠的大厦的计划，让德国的木构建筑得以孤芳自赏。阵亡老兵不再是“死于大战”，反而变成“为德意志献身”。在无处不在的希特勒广场上，圣女贞德、克莱贝尔和拉普的塑像从基座上消失。鄙夷的目光扫过写着法文“冷”“热”的水龙头和“盐”“胡椒”的调料罐。纳粹还制造了荒唐的二分法，帝国内的许多胡格诺派子孙需要保留他们的法语姓名，而阿尔萨斯人则被迫将自己的姓名德化。本国物件——杯、盘、证章和海报——都要从家中移走；“三色旗”被撕成碎片，做成墩布。1941 年 6 月 1 日起，私藏法国旗可被判处入集中营一年。恐法的瓦格纳无法利用希姆莱在茨维勒的集中营，就在斯希尔梅附近为阿尔萨斯“笨蛋们”建立了集中营。他还发起了一场官方的运动，逼迫阿尔萨斯人摘掉贝雷帽，因为贝雷帽是显示法国属性的老套模式。洋葱贩子显然逃过了一劫。没人再教授法语，甚至也不把它作为外语来教。尽管在帝国其他地区法语是备受青睐的外语，但在阿尔萨斯，孩子们学习英语、意大利语或西班牙语。75%的阿尔萨斯人是天主教徒，这给纳粹带来了特殊的挑战。斯特拉斯堡和梅斯的主教或被驱逐，或被禁止返回，教会的一切世俗活动——如童军——都被禁，人们被高额的教会税吓阻不敢参加宗教仪式，另外，他们还在举行宗教仪式的同时发放配给卡。虽然许多阿尔萨斯人并不看好“德国佬”，但他们现都已变成这一身份：“不论你是否想要，不论你是否知道，不论你是否相信，这完全无关紧要。”

德国在法国的野心涉及如何为德国利益将对法国经济的剥削最大化，而维希政府则借此机会开展对法国社会的彻底清洗，并按照自己的形象重塑法国。维希首席历史学家罗贝尔·帕克斯顿以简短的断言开始了他的叙述：“一定程度上法国在西欧被占国家中独一无二，不仅是被占领时期进行机构和价值观的国内革命的政府。”在早已对第三共和国不满的法国，战败带来突然的情感震惊，而且战略防守不力，武装部队在法国本土、科西嘉、阿尔及利亚和印度支那拉伸过度，都让人们开始追根溯源。牧师们对发自内心地重新发现宗教虔诚的人们大谈罪孽。维希法国找到的原因与该政权的构成密切相关。由于该政权较之前政府有更多分派，更不稳定（1940 年 7 月—1942 年 4 月间组阁多达七次），应谨慎总结其构成和路线。希特勒找出了根本问题，他说，“显然仅在维希政府就存在一大堆倾向——反犹民族主义、宗教亲犹主义、保皇主义、革命精神等”，即使他所说的最后一种倾向并未得到充分代表。

维希代表着精英达人、技术官僚和左派分子对他们所见的政治褊狭的筹划者和巧舌如簧的南部律师的胜利，他们认为这些人实际掌管着第三共和国。处在顶峰的是菲利普·贝当，与德国停火的设计者。他已 84 岁，宽待哗变者和病人，誓死捍卫一战中的凡尔登战役。他在政治谱系上属于右派，但精明过人，毫不显山露水，使许多左派分子将他同民主派或保皇派将领区分开来。他天生沉默寡言，这助长了他斯芬克斯式狡猾的形象，让人感到从职业政治家喋喋不休中得到一种解脱。在充斥着能言善辩者的国度中，沉默是一种美德。尽管 1920 年他和一位离婚者举办了世俗婚礼，而且他为人狡诈，还有他做出的即兴评论表明他对宗教态度随意，但是愿以渎神方式用他的名义模仿祈祷文的牧师推动了贝当崇拜：“我们的父，他/在我们头顶/您的名应得荣耀/……引导我们走出苦海/噢，元帅。”希特勒将他看作一个过气人物，无法再指点江山：“比较一下，我会说这仿佛就是将歌剧中的主角让某位化着浓妆的著名老歌手演，然后面对可叹的结局时，他还可以自我安慰说，不管怎样，二三十年前，他曾有副金嗓子。”

虽然当时的国会投票授予贝当全权，废止了 1875 年宪法，但职业政客还是被更广泛代表法国社会各类精英的要人取代。这一规则的一个特例，皮埃尔·拉瓦尔证明了这一点，因为他既操纵议会政客，又公开蔑视他们，才得以在维希政府里崭露头角。这种负面姿态无法为希特勒留下印象，他曾向墨索里尼和齐亚诺把拉瓦尔描述为“不相信自己的话的肮脏廉价民主政客”，另外还说他“只是议会的仆从”。虽然维希领导层描述他们与德国做出的安排时爱用“荣耀”一词，但他们的现实处境从费尔南·德·布里农被任驻德大使一事中清晰可见。

虽然好战法西斯分子逐渐把持了与反犹、安全和宣传相关的维希机构，但他们在教育、金融、外交和宗教事务中的存在微乎其微，这些领域由传统精英把持。出自大学的牧师、军人、资深公务员和技术官僚专家构成了维希政权的核心，反映了反民主极权主义浸透这些纯洁领域的程度。一有机会，这些人就得寸进尺。在中央，资深公务员僭夺了当选政治家的功能，而在各省市，被政府任命者取代了民主选举的市长和议员。地方权利得到巩固和延伸。荣军团成为在广泛民众中推行统治的有用工具，因为一战老兵人数超过当前冲突的人数。这是一个小集团式的福利组织，一条传送带，而不是政党。高级牧师在爱国集会上变成显眼的固定存在，随时为每个场合发表爱国布道。

维希的“国民革命”意图改革其领袖认定的腐败丛生的社会，其腐朽导致了 1940 年夏的灾难，某些人视之为对那些带法国子孙走上歧途的人们的天谴。维希在此援引反犹主义、反社会主义和天主教道德主义，而不用法国狂热法西斯分子的社会极端主义，后者常蔑视维希政府的资产阶级老人统治。道德说教掩盖了对军事失败的谈论，这对充满众多败军之将的政府而言是令人愉快的场面。

“国民革命”的主要推动力是集体义务超越个人权利。工作、家庭和国家应取代自由、平等、博爱。与维希对真正和假想的敌人怀有的复仇心理相比，“国民革命”似乎并非全心全意，毫无德国那种救世主般的狂热，这些人羡慕德国的尚武精神，即使他们怀有恐德偏见。他们存在狭隘的保守道德主义，攻击堕胎、离婚、爵士乐、卖淫、短裙和“沉醉法国”，尽管餐前酒只占法国酒类消费的 1.8%。把军事失利归咎于烈酒在法国毫不新奇，70 年前左右两派禁酒者都将色当战败归咎于苦艾酒成瘾者。维希的反酒保健游说者盛赞有机饮料——啤酒、苹果酒、白兰地、罗姆和红酒——却试图限制工业合成茴香子替代物的消费，如贝尔热酒、绿茴香酒、茴香调味开胃酒或苏士酒，尽管不难判定是葡萄种植者一手破坏了竞争。

在从图书馆中清除的图书中，维希的道德至上主义显而易见。富于异域风情的《埃及艳后》和《新加坡舞女》等都与列宁、勃鲁姆和考茨基等人枯燥的传记一同消失。在公共服务部门也同样存在道德至上主义。人们因酗酒问题或妻子们的轻浮行为，或可疑的政治倾向而找不到工作或被解雇。可以预见，在这个仍恐惧同性恋的文化中，道德清教主义受到一个事实的损害，即维希众多教育部长之一的阿贝尔·伯纳尔是不可知论同性恋者，被诋毁者称作“盖世太保蛆”。维希对腐朽追根溯源，将其归咎于法国下降的出生率，这一指标最初被 19 世纪保守社会学家弗雷德里克·勒·普莱系统地研究，后来被天主教家庭运动重拾。

人口危机与城市腐朽相互交织，原因似乎在于推进大而稳固的农村家庭。这种说法被达拉第通过 1939 年 7 月《家庭法》激进地转化为政府政策。该法规定堕胎者可被判处十年监禁，婚后头两年生小孩的夫妇可获现金奖励，取消分割遗产，为年轻农民提供结婚贷款从而逆转从乡村到城市的移民潮。维希将这些政策永久化，无休止地大谈“家庭是社会的细胞”。离婚法律执行得更为严厉，根据 1941 年 4 月的一部法律，婚姻头三年禁止离婚。依照法国生育传统中对父亲身份的重视，多产的父亲获得的回报是能在各种委员会中获得代表资格，而无子的单身汉则受人歧视。女性被排挤出某些职业，并被提供烹饪和持家教育课程。做母亲不仅被看作对国家的责任，得到庆祝，而且被说成对女性身心健康至关重要，“如果有什么比无花的花园更可悲的……那就是没有孩子的女人”。

对身心健康的关注在一定程度上助长了该政权崇拜农民的乡村主义，在体育方面，前温布尔登冠军和戴维斯杯得主让·博罗特拉推动了奥林匹克风格的业余爱好，使其超越金钱推动的职业化。由于对堕落的旧法国无能为力，年轻一代的未来被投入了大量关注。左翼、和平主义的教师因其所谓对造成失败发挥独特作用而受指责，他们或被清洗，或受更多监督。他们并非全部无可指责，因为在 30 年代他们曾致力于修正德国的沙文主义历史记录，推动国际主义和绥靖主义，这种姿态让许多人为纳粹德国寻找借口。尽管维希从未组建垄断的青年组织，但青年都在青年营内动员起来，所有 20 岁者都要参加由体力劳动、天主教道德主义和某种偏颇的国民历史教育构成的伪国民兵役。当时，法国东南邻国似乎都难民涌动，又出现了更为狭隘的民族性定义。“真正法国”首先应清除“反法者”，主要包括共济会人员和犹太人，特别是激进化的东欧移民构成的“外来者”，因为新教已不再构成威胁。维希还没受到德国的事先推动就已开始歧视这些群体。

共济会为右翼法国教会忌惮，被视为和英国与犹太人有国际联系的极端教派——罗斯柴尔德之名在此有着多重用途，还是连结激进商人、医生、律师、教师，还有莱昂·勃鲁姆的人民阵线政府 35 名成员中 25 人的腐朽纽带。现实中的共济会成员更为谦逊：既有自由派反神职主义与一定程度的理性的繁文缛节，又有欢宴、慈善以及老友网络。国家图书馆馆长贝尔纳·法伊被任命为“法国政府清算共济会财产代表”，将法国的 5 万名共济会成员打入另册，专门派一支部队看管他们。1940 年 10 月，一场共济会展览在小宫召开，吸引了巴黎的 100 多万观众。到各省巡展时，观众直视着围裙和三角形，还有披露的真正主事者的姓名。

刚刚摆脱一战中曾有过的人口过少的焦虑，战后法国鼓励移民，这只是在 30 年代的严酷的经济条件下决定的，尽管它不介意移民到来，但并不欢迎来自纳粹德国和波兰的难民。在法国早已存在的反犹话语此前一直聚焦本地富有犹太人所谓的权力，这也在左派中得到回响，现转变为对来自德国和波兰的贫困化的、无产阶级化的难民的攻击。无人谴责这些问题的源头，即这些政府的政策，因为法国和荷兰一样害怕希特勒的德国，也不想损害波兰盟友。事实上，1937 年殖民部长马里于斯·穆泰接受了一次判断不佳的访问，他在其中表示法国可能会为来自东欧的犹太殖民者开放包括圭亚那、新喀里多尼亚和马达加斯加在内的殖民地。

将犹太人隔离于马达加斯加的想法在国际反犹圈子中由来已久。最初由保罗·拉加德于 1885 年提出，在 30 年代这种观点甚嚣尘上，倡导者是英国法西斯分子亨利·汉密尔顿·比米什和阿诺德·利斯，及其纳粹德国的仰慕者。1923 年比米什开始在慕尼黑和希特勒并肩演讲，1926 年起他就在《人民观察家》上撰文指出解决“犹太人问题”的三种途径：灭绝、同化或强制隔离。波兰政府试图去海外殖民地耀武扬威，同时将其作为安置无法同化的大批犹太人的地点，就迫不及待地接受了这一提议。尽管波兰犹太人考察小组已经登岛，但岛上现有殖民群体对犹太人的憎恶，加上法国担忧波兰可能利用犹太人声称对该殖民地拥有主权，就像纳粹利用苏台德区德裔那样，使得这些计划当时无法进行。

在智力上有天分的极右翼势力发出的背景噪音下，法国行政机构及其政治主人们，对他们中的绝望难民采取了一种日益冷血的态度。他们代表了对稀缺工作的竞争，而随时可能引发针对已归化的犹太人群的反犹主义，当时英国首相内维尔·张伯伦在和达拉第与邦内特的谈话中就本国在对待犹太难民的问题上取得了一致意见。1938 年德国外交官拉特在巴黎遇刺，刺客是波兰犹太难民，这就引发了“犹太人”可能将法国拖入对德战争的忧虑。奉行绥靖主义的左派如此思考，右派也是一样。1939 年初《矫正》杂志质问：“当然我们不会为 10 万波兰犹太人而打仗吧？”流落法国的波兰难民受到了各种可以想象的歧视，1939 年 9 月后许多人都被监禁，最近逃脱佛朗哥魔掌的流亡西班牙共和派披露了关押他们的集中营。其中被关押囚犯的苦难堪比达豪。画家菲利克斯·努斯鲍姆留下了描绘其中日常生活的令人揪心的画面。换言之，维希 1940 年秋采取的反犹措施只是 30 年代末已准备就绪的政策的延续。

当时德国正在集中精力对英作战，然后又入侵苏联，法国人借此机会解决了他们“自己的”犹太人问题。1940 年 8 月，维希政府取消了《马尔尚多法》，该法限制在报刊上公开发表反犹言论。这意味着法国人数众多的拥有智力天分的反犹者现在可以为所欲为。10 月初，《犹太人法规》界定了谁是犹太人，并批准将犹太人驱逐出政府机关、军队、体面职业、娱乐、艺术以及媒体行业。在阿尔及利亚殖民者的坚持下，1870 年授予阿尔及利亚犹太人法国公民身份的法律被废止，阿尔及利亚穆斯林表示了强烈反对，他们感到下一个遭到此类歧视的将是他们自己。事实上，这些问题彼此相关，因为法国殖民者觉察到都市犹太人想要给一定数量的阿拉伯人公民身份。

值得强调的是，这些都是纯粹的本土措施，并非对德国的施压做出的回应，司法过程由法国法庭和警察执行，其非正式方面——如查禁犹太学术人士、律师和医生——则由法国机构和职业团体实施。同样，为将被德国分裂的国家在行政名义上统一起来，法国官员让新的秘书长处理犹太人事务，在建立全国性犹太人机构中和德国人发挥了对等作用，该机构为法国以色列人总会，其微妙用词让人想到德国的帝国联合会。独眼、独腿、恐德的退伍老兵格扎维埃·瓦莱气愤地对无力的年轻保安处犹太人专家特奥多尔·丹内克尔说："我反犹的历史比你们长得多！而且，我的年龄足以做你的父亲！"——此类爆发在这些个人龃龉之外也时有发生。但法国与德国的反犹主义者毕竟不可同日而语。维希的反犹主义旨在迫使外国犹太人离开法国，让本地犹太人同化到消失的程度，不带独特的身份或社会经济轮廓。这与纳粹 1933—1941 年间的所为并不完全一致，纳粹是将全部犹太人赶出德国领土，特别是那些被高度同化者，因此极为危险。

占领带来的道德模糊可通过两个突出的社会群体窥见一斑：商人和罗马天主教会。商人在解放后因从未满足工资成本让股东获利而受到日益上升的左派的强烈谴责。事实上对任何不对资本主义怀有敌意的人而言，商人和其他职业人士相比未必更易通敌，当然学术人士、知识分子和新闻记者也是一样，而他们在通敌文献中却占有不成比例的突出位置。与此相反，铁路工人从未延误或破坏装有被遣送犹太人的列车，这和军事交通形成了鲜明对照。

商人曾被人民阵线重商的工会主义文化撼动，但由于这种情况已被达拉第和雷诺两届政府逆转，维希没有带来任何额外价值。商人以多种方式应对德国占领带来的各种挑战。路易·雷诺或安德烈·迪博内等工业巨头每三周就赴里兹大饭店与拉瓦尔追随者和德国工业家共进午餐，但这是否是工业巨头们寻找信仰天主教的午餐伙伴仍不得而知。

浏览一下米其林轮胎的家族简史可以让我们看清事实的另一面。米其林家族族长安德烈·米其林的次子马塞尔，在多姆河畔皮伊和康塔尔组织抗德游击队，1945 年 1 月死于奥尔德鲁夫营地，安德烈之孙让-吕克·米其林在试图将保密的宝马蓝图从慕尼黑偷运至伦敦时被抓获，并被监禁于达豪。马塞尔之子让-皮埃尔作为科西嘉第一支自由法国军队一员战死。他的异母弟弟是盟军飞行员，据传曾于 1944 年 3 月参加皇家空军对米其林工厂的轰炸，而让·米其林夫人则因藏匿抵抗分子而被遣送德国。

希斯巴诺-苏莎豪华汽车厂由瑞士发明家马克·比尔基克特经营，大股东都是西班牙和比利时人。一战期间希思巴诺-苏莎转型制造飞机引擎和能用螺旋桨发射的枪炮，在战后的豪车生产中还借鉴了飞机款式。30 年代，希斯巴诺-苏莎再次转型为生产军用飞机引擎的法国企业。法国战败后，比尔基克特将他的最新设计送给了英国，并退休来到巴塞罗那。塔布斯工厂不为德国生产引擎，反而转向电动机和铝制炊具的生产。不同于罗恩-格诺姆或施耐德-克勒索等公司，希斯巴诺-苏莎工厂领导曾拒绝与奔驰公司合作，这一姿态的起因是德国草率监禁了其法国总监。1943 年德国对该公司失去耐心，解散了工厂，将包括 2215 台车床在内的 19 车皮物资运往德国。

通敌的另一面涉及与德国人进行的合作的不同程度。经济现代化与合理化的提倡者们偶尔会站到组委会前台，该委员会成立于 1940 年 8 月以处理当务之急。整体想法是按部门将工业分组，这使此类委员会与德国人发生接触，后者有兴趣指导法国人注意稀缺经济中的有效收益，以及思维方式标准化。从阿尔贝特·施佩尔对他 1943 年 9 月与法国生产部长、巴黎大学教授让 · 比舍洛纳会晤的描述中可以看出专家与专家对谈的缺陷：

> 我们都很年轻，我们相信未来属于我们，因此我们二人都向自己做出承诺，总有一天我们将避免重蹈一战那一代影响至今的覆辙，这就是比舍洛纳和我片刻沉浸其中的乌托邦理想——我们在其中行动的梦幻世界的标记。

当戈林开始将非核心工业转移至被占国家，德国工业集中于生产军事硬件时，在另一领域也开始出现合作。这就让光学和精加工企业得以索回刚被德国掠走的机械。某些法国商人加入了与德国公司开展的行业整合：为获取原材料而进行市场联营。越来越多的法国公司开始接受德国的订单，1941 年有 7000 家，到 1944 年就达到 1.4 万家。在钢筋混凝土工业领域出现了明显的妥协，许多公司都参与修造德国庞大的大西洋壁垒。将积极争取与被动接受德国订单之间进行简单区分用处不大。虽然某些商人谋求拓展业务获得利润，无情抛弃现有的法国客户，或与德国伙伴达成长期合作，这都反映了对德国胜利的信心，但仍有许多人表现出“桂河大桥综合征”，视线变短，只注重行业或技术需要，而无视更广阔的前景。还有的企业继续为纯粹的地区经济服务，尽管相对于非常明显地与占领方交易的部门，它们较少得到学界关注。

天主教会同样有着晦暗的模糊特征。尽管法国有强大的新教飞地，但 80%的法国人是受洗的天主教徒，其中约有 1/3 是虔诚的信教者。天主教对于城市底层阶级影响微小，而且因乡村去人口化，也在失去对乡村的控制。尽管存在强大的社会天主教运动，还有红色“牧师”和民主派多米尼加人等异端，但教会偏向右倾，将人民阵线与共济会和物质主义画上等号。然而达古尔公爵和马里坦许多天主教知识分子都反对反犹主义和种族主义。同时天主教会也对纳粹主义怀有敌意，视之为某种新异教主义，但因希望从在纳粹保护伞下实施统治的维希政府那里捞到好处而做出妥协。因为维希提出重建法国基督教神学，驳斥好战共和国的世俗主义。年老的教会上层中有许多退伍老兵，他们一般都对贝当本人忠心耿耿，但他们绝没有作为一个团体集体通敌。

教会的官方策略是“忠诚而不痴迷”。教会与维希在某些领域存在共识：如对共济会的排斥，偶尔还会撞上纳粹德国的兴趣点，但很少有人像年迈的红衣主教博德里亚那样出格：“作为牧师，作为法国人，我怎能拒绝参与德国人一马当先的神圣共同事业？”维希将上帝重新引入其公立学校体系，允许宗教团体成员在公立学校任教，同时还为教会学校以及教堂的兴建和修复提供补贴。为该政权服务的信仰天主教的杰出世俗人士包括贝尔纳·费伊、拉法尔·阿利贝尔和格扎维埃·瓦莱，他们在对共济会和犹太人的迫害中难辞其咎。他们顽固迷恋过去的战斗，而无视现实的挑战。但天主教会最高层缺乏有原则的领导，这使天主教徒在复杂的局面中无人引导，这种情况直到高层考虑到德国可能战败而调整其姿态时也没得到纠正。这枚硬币的另一面就是那些积极抵抗的基督徒，他们大多数来自传统右派、资产阶级和中产阶级。法国新教徒和左翼天主教徒都曾参与救援犹太人的行动。某些功勋卓著的抵抗网络组织者是基督徒，最主要的是围绕“自由、解放、狙击手”等作战的“战斗抵抗组”。

在欧洲被占各国，通敌计划大都以失败告终，除了显然缺乏国内支持外，还因为希特勒征服欧洲的目的并不是要讨价还价，让这些单个国家能够终有一天在他的“新秩序”下重新独立。这将会限制他的行动空间，损害他对德国永远控制权的追求。奥托·阿贝茨等德国政权中层精英代表所采用的说法，被高层加以粗暴摒弃。1942 年 8 月戈林指出：“只有阿贝茨先生热衷于合作，我不合作，我只从一个角度看待法国绅士们的合作：假如他们能送来他们手中的任何东西，直到他们一无所有，而且假如他们心甘情愿，那么我就说我在合作。”所有的地域政治的安排都从属于为德国战争机器的利益剥削被占欧洲这个目的。

每个被占国家都要承担高昂的占领费，在法国，这笔费用固定为每天 2000 万马克，而此时法郎汇率已被贬低为 20 法郎兑换 1 马克。如果 1940 年一名法军战士消费 22 法郎，那么德军强征的占领费可以维持一支多达 1800 万人的占领军。事实上驻法德军只有 30 万，法国支付的费用是实际开支的 50 倍。这些负担还因下列因素变得雪上加霜：法国经济中减少了战俘和强制劳力；与德国及其他国家进行不平等贸易；粮食、原料和工厂设备直接输往德国；德国人在法国额外法郎的帮助下取得了海外商业利益，如南斯拉夫铜矿。尽管曾对东方被占各国经济寄予厚望，但事实上法国是德国 42%的战时经济海外来源，而此时德军正在后撤苏军留下的工厂废墟上深思。

地域通敌者的地位受到进一步损害，原因是纳粹决定征召外国人以解决劳工短缺问题，其中很多都是年轻女性。有些人是志愿者，希望得到更高工资，但这并不典型。在东欧，纳粹毫不迟疑地恢复使用强制措施，突袭影院和学校以聚拢情非得已的劳动力。一直对生物学涵义颇为敏感的党卫军帝国中央保安局，立即详细制定了一系列羞辱性的规章以将这些种族方面不理想者与普通德国人隔离。对西欧的征服带回约 120 万名法军战俘，其中多数被迫从事农业与建筑，加上 12 万比利时平民和 11 万南斯拉夫战俘，还有从盟国意大利来的 27 万工人。比利时、荷兰和挪威战俘都被遣返。充满胜利的喜悦，德国使用外国劳工的支持者和反对者达成一致：1940 年的 300 万外国劳工是可以容忍的数字，但他们应依照种族界线加以归类，而且要分散于各种不同的经济部门。关于德国是否应该实施技术种族隔离存在争议。德国当局最初希望在苏联速战速决，未表现出利用苏联战俘的兴趣，这也间接导致了 300 多万苏联战俘的死亡。长期的劳力短缺使希特勒和戈林更正早期对调遣东方劳工的反对观点。戈林认为，德国人适合于军工企业，“苏联人”可以背负岩石，以猫肉马肉过活。100 多万苏联战俘中只有 40 万适宜劳动，于是纳粹就将目光转向苏联平民填补供求缺口。

1942 年 3 月建立了以前航海商人弗里茨·绍克尔为头目的中央集权的劳工获取机构，该机构将东西欧都梳理了一遍，以搜寻劳动大军。曾用于波兰的残酷战术又在苏联被占地区重演，假如村长交不出为德国劳动的人选，那么整个村庄都要烧掉。1940 年 4—12 月，每周约有 4 万人被送往德国，这些人平均年龄为 20 岁，其中也有 15 岁的未成年人。到 1942 年底，在德国工作的苏联战俘和平民有 1700 万。西欧也难逃绍克尔的注意，但他会同合作政府进行某种虚伪的谈判。1942 年春，拉瓦尔对绍克尔提出的 350 万额外工人，包括 150 万熟练技术工人的要求做出回应，意在送志愿工人去德国，以交换法国战俘。拉瓦尔想直接进行一对一交换。绍克尔拍板决定三个工人换一名战俘。1942 年 6 月 22 日，拉瓦尔公布了这一可鄙的交易，并错误地说：“我渴望德国胜利，否则布尔什维主义将遍地开花。德国正在付出巨大牺牲建造我们可在其中就位的欧洲，对此法国不能无动于衷。”这番话让他在战后被枪决。

由于外国劳工劳动条件极端艰苦，自愿劳工的实际数量与既定目标存在巨大差额。到 1942 年 9 月，需要 15 万熟练技术工人，但仅招募了 1.7 万人。这一缺陷经围捕及关闭北方工厂得以改观。面对德国进一步的需求，拉瓦尔 1943 年 2 月 16 日引入了强制劳役作为回应，以征召 1920—1922 年出生的人群。应当注意，该措施并未提及工人换战俘，只是有 25 万战俘被给予平民身份，以将看守他们的德军解放出来。征召劳工使许多年轻人参加游击队，法国警察也无法打起精神阻止他们。

拉瓦尔试图通过在可消耗的劳工与“国民劳工”间划出似是而非的界限来将他对绍克尔需求的纵容合理化，而他的同僚比舍洛纳却要采用让纳粹领导互斗的战术。上述他和施佩尔的那段对话的后果就是成立了非中央集权的施佩尔工厂。被占领土上免于招募的工厂围起工人，让他们生产的产品的 80%直接输往德国。纳粹帝国的本质决定，即使那些在意识形态上最忠实的追随者，也是被玩弄甚至随意丢弃的工具。并不存在重塑法西斯各国间关系的“新秩序”，这只是纳粹帝国“霸权”的一种婉辞，用来隐瞒向一个毫无法制、到处充满剥削的世界的倒退。这是否披上了现代技术官僚统治的伪装也许有些学术趣味，但也纯属偶然。纳粹向地方合作者，或代表特定民族作出的任何让步，都是基于对如何防止被盟军打败的精心计算。

如何从更加长期的角度看待这个昙花一现的现代帝国，才能将之与古代和现代的其他帝国加以区分？纳粹帝国，其兴也暴力，存也暴力，毁也暴力。其他帝国留下了光辉灿烂的文学艺术，或欧洲内外各国仍遵守的行政、习俗、语言和法典；华而不实的纳粹反文明帝国并未留下任何有价值的事物，除了可用作“人类邪恶”的世俗同义语。纳粹的物质遗存包括几幢三流建筑，因为阿尔贝特·施佩尔并非贝尔尼尼、雷恩或勒琴斯；密实得无法炸毁的海岸工事；还有小木屋、经风吹雨打的阅兵场、瞭望塔和集中营外的铁丝网，这些都未被任由腐烂锈蚀，反而得到修缮。纳粹主义事实上就是“从无到无”，其充满想象力的来生，怪异地在其可怜的成就中消逝。很少有哪个帝国存在过后就完全乏善可陈，尽管有我们前文提到的战时旅游的美好回忆。甚至在它自己有限的美学政治中，纳粹的“新秩序”也只不过是泛化了丑陋。

7 战线过长的闪击战？德国对苏联的入侵和占领，1941—1943 年

“到西伯利亚再见”

在极为正常的景象中爆发了现代史上最大的军事冲突。1941 年 6 月 21 日德军装甲部队司令海因茨·古德里安视察了前线阵地，这里位于布格河与穆哈维茨河交汇处，俯瞰沙俄修造的布列斯特-立陶夫斯克要塞。他通过战地望远镜观察到苏军疏于防范。在要塞内，红军士兵——多为车臣人——在军乐伴奏下操练。该城通常有 8000 士兵驻扎，但这个周末因请假或外出公干，实际仅有 3500 人。午夜，柏林至莫斯科的快车穿过布格河开往布列斯特。稍后，一列苏联运粮火车朝相反方向轰鸣驶过边境。

数月以来，一直有即将发生意外事件的警报流入苏联政府。2 月苏联驻柏林大使杰卡诺夫就向外长莫洛托夫汇报说德国似乎在进行战争准备。由于参与签署 1939 年互不侵犯条约，该条约的附件许可苏联与德国瓜分波兰和波罗的海三国，莫洛托夫没有重视这一威胁。苏联体制内普遍的明哲保身、等级制度意味着杰卡诺夫不能向斯大林直陈他的隐忧。苏联国外情报人员提供的重要信息被置之不理。在东京，苏联间谍佐尔格在 30 年代成功建立了一个高效情报网。佐尔格的掩护身份是个嗜酒却消息灵通的德国记者，他曾参战并负伤五次，这让他与德国使馆人员和来自柏林的官员都能顺利交往。许多孤寂的来访军人从佐尔格对东京夜生活的深入了解及他醉醺醺地想把每晚都变为狂欢的愿望中获益良多。佐尔格还对日本内阁和军方进行的有关外交政策的辩论了如指掌。讽刺的是，佐尔格怀疑假如他在 30 年代末返回莫斯科将被枪毙，这也是他的多数上司的命运。1941 年 5 月底，佐尔格得知入侵定于 6 月 20 日左右，并把消息发送莫斯科。这份情报被批为“可疑。要被列为蓄意挑衅的电报”。这种无动于衷让佐尔格更加沉溺于自我毁灭式的饮酒作乐，并连续遭遇摩托

车祸。

在莫斯科，人民内务委员会为将德国外交官的一个公文包内的文件拍照，就把德国外交公使锁在电梯和厕所内，而得到的信息杂乱无章。亲俄的保守派大使舒伦堡在写给外长里宾特洛甫的信中，充满信心地预计将解决所有冲突，同时还报告说因德国外交官准备撤离驻莫斯科使馆，他的使馆人数已减至最少。一名苏联间谍参加了德国使馆酒会以确定哪里适合放置窃听器，他注意到许多饰物和绘画已被打包运走。

据斯大林最新传记作家称，斯大林特别看重德国羊肉和羊毛的相对价格，因为他估算假如没有羊皮大衣过冬，德国人将无法发动攻击。来自英国情报人员及其内部苏联间谍的消息，都染上了一层引诱斯大林参加一场帝国主义间战争的色彩。毕竟，英国人预测德军5月会进攻苏联时，德国人反而攻击了克里特岛上的英军。

1941年5月舒伦堡将希特勒进攻苏联的计划告知杰卡诺夫，杰卡诺夫又将消息转给莫洛托夫，莫洛托夫上报斯大林。后者评论道："我们应考虑目前假消息已传到大使一级了。"6月中旬纳粹空军中的一名苏联间谍报告说入侵的最后准备已经完成。斯大林草草写下回应："梅尔库洛夫同志，您可将'情报'从德国空军人员那里送交他该死的母亲。这不是'情报'而是假消息。"攻击前两日，外贸部书记米高扬收到来自里加官员的情报说在港停泊的所有25艘商船都将于21日起锚，不论装货与否。他告诉斯大林说这种异常举动可能是战争准备。斯大林回复说，若扣留船只，就会被希特勒认作挑衅，因此应允许这些船入海。大规模军队集结及纳粹空军飞机频繁飞越都被认为不过是希特勒虚张声势，迫使斯大林向德军盟友做出更大让步。有时德军170个师中的叛逃者来到边界，不仅无人相信，还会被击毙。

6月21日，杰卡诺夫找到内务人民委员会头目贝利亚，告诉他攻击将于次日发起。贝利亚告诉斯大林说应召回大使，请他解释为何要不断传递假消息。同日，贝利亚否决了一份来自军事情报机关关于德军在边界大量集结的准确情报，他在边上留下批语："我的人民和我坚决牢记您的预言，希特勒绝不会在1941年攻击我们。"凌晨2时，已不再可能从德国逃兵处获得情报，因为德军特种部队已切断电话线。3时起，警钟长鸣，莫斯科睡眼蒙眬的各部部长都匆忙赶回办公桌前。刚参加完政治局会议不久的斯大林被苏总参谋长朱可夫元帅的电话唤醒，告诉他德国已经入侵。起初斯大林以为这是德军中个别将领所为。这是犯了玩忽职守罪。奇怪的是，那些倾向于怪罪苏联将领的人们——如英国陆军元帅黑格——却不愿将同样的逻辑用于斯大林。

"巴巴罗萨"行动，现代战争史上规模最大的地面进攻开始时德军万炮齐发，俯冲轰炸机呼啸着划过黎明的天空。上午晚些时候，德空军已摧毁890架苏军飞机，多数都被出其不意地击毁于地面。7 月 12 日，约 6857 架苏联飞机已无法使用，而德军损失 550 架飞机。德国空军飞越道路上空，轰炸并用机枪扫射四散奔逃的士兵和平民。虽然研究纳粹空军的史学家倾向于强调其大胆歼灭静止飞机，但值得注意的还有它对城镇的轰炸，一位在明斯克空袭中幸存下来的苏联史学家回忆：

> 1941 年 6 月 24 日，星期二早晨，我亲眼看见 96 架飞机组成的飞行中队飞临明斯克上空。它们向明斯克发起了一整天空袭，整个市中心被毁。只有零星的大楼仍然矗立。市中心别的地方都成了一片废墟。早上空袭开始时，我们都在教育学院上班。轰炸期间，我们爬进地下室，后来当我们出来时，我们看到了什么！燃烧的房屋、灰烬、废墟。街上到处是尸体，人们想在空袭时逃离该城，但他们走不快，因为街道已被挤得水泄不通。即使是那些逃出去的，也被德军低飞的飞机射倒。

这就是美国人说的“射火鸡”。古德里安观察苏军在布列斯特操练数小时后，其 18 装甲军的两栖坦克开始穿越布格河 13 英尺的水域，坦克上备有原为袭击英国研发的防水装置。布列斯特突遭每分钟 5000 枚炮弹与炸弹袭击。德军从三面进攻该要塞，预计在 8 小时内将其占领，最终包括大量车臣士兵在内的驻军坚守了一个月，此时德军绕过这道难关直奔斯摩棱斯克。布列斯特的 3500 名守军中只有 17 人幸存。德军在其他地方进展迅速，一个原因是斯大林决定将防御工事从 1939 年的旧边界向西移动。因为人民内务委员会无法提供充足的劳工，新的工事尚未建成，而旧的工事已被摧毁。

现代的斯大林传记作者们就斯大林是否出现恐慌还是完全气定神闲观点不一。德米特里·伏尔科戈诺夫称“斯大林一生中从未有过如此震撼”。而拉津斯基详述了一轮轮会议，其中许多都是要找出可以谴责的替罪羊。此前他曾下令勿对任性的德国将领的挑衅行为反应过激，斯大林此时留在他的昆采沃别墅休养，并评论说：“我们失去了列宁创造的一切。”当政治局找到他时，斯大林还以为是要将他罢免。当卑躬屈膝的莫洛托夫请他返回工作岗位时，他开始释然。而且就是莫洛托夫组织了这次朝圣。

多国军人组成的轴心国入侵部队被编成三个集团军群。75%的德国陆军共 300 万人，加上 60 万克罗地亚人、芬兰人、罗马尼亚人、匈牙利人、意大利人、斯洛伐克人和西班牙人，浩浩荡荡穿越边界朝列宁格勒、莫斯科和乌克兰方向进发。希特勒的每个盟友都带着相互交织的扩张和复仇动机入侵苏联。芬兰人想要继续冬季战争，收复 1940 年 3 月 12 日因“莫斯科和约”丧失的领土。这是一场按照传统规则进行的战中战，也有可能单独媾和。敏锐观察到希特勒对芬兰的承诺后，安东内斯库的罗马尼亚也寻求收复比萨拉比亚和布科维纳，及直抵苏联统治下摩尔多瓦的领土。

匈牙利也因害怕希特勒会取消对特兰西瓦尼亚的控制以回报其忠实盟友罗马尼亚而参战，该地区于 1940 年割让给匈牙利。布达佩斯先前决策迟缓，希特勒于是轰炸了科希策并称这是苏联空军所为，以助其下定决心。希特勒认为 6.2 万名在俄意军好坏参半，希特勒对墨索里尼派遣这些部队大张旗鼓地参加这场反布尔什维主义十字军东征的原因不抱任何幻想，他们是来瓜分掠夺被占领土的。

无形的支持来自德国教会，教会的祷告伴着挺进的军队，他们的对敌观点显然毫无基督教特征。罗马天主教牧师，包括纳粹政权的某些著名反对者都口口声声说“因对上帝有敌意，对基督有仇恨，已堕落为兽类的人们的温床”，或说“布尔什维克巨人，这个凶残的，摧毁人心、摧毁国家的怪兽”，或说“将虔诚信教的俄国人民从 24 年的布尔什维克污染和毁灭中解救出来”。

“巴巴罗萨”行动开始前数月，德国搜索地图，探寻记忆，想要形成对敌的既定看法。科兰古、塞居尔和克劳塞维茨都被从遥远的过去挖掘出来作为前驱。不久前的自由军团战士如埃尔温·德温格尔和曾研究苏联 20 年代空战、毒气战和坦克战的国防军军官都被请来讲述经验。和入侵波兰之前一样，一群学术“专家”——经济学家、地理学家、历史学家、语言学家和种族科学家——突然公开露面，贡献出他们对俄或对苏了解的详细知识。

不可避免，所有这些知识既反映又结合了长期以来对东方特别是对俄国的成见。19 世纪德国人生活于对沙皇的半开化哥萨克骑兵的绞索与短刀的恐惧之中。20 世纪德国保守派尤其难忘一战期间俄国野蛮占领东普鲁士和乡村腹地，当时“俄军如同迁徙的鼠类，在大破坏的时代将西伯利亚苔原上的藏身之所抛下，将新占领的土地吃个精光”。

在策划阶段，自大和一战前波罗的海沿岸恐俄的德国人生造的贬义隐喻显然达到了最高的程度。约德尔对瓦尔利蒙特说：“苏联巨人将被证明就像猪膀胱一样，只消一戳就会爆开”，据报希特勒曾说“苏联军队像个无头的泥足巨人”。戈培尔相信：“布尔什维主义将像纸牌屋一样坍塌。”多数德军将领都执迷于速战速决，在 8~10 周内打败这个据说指挥官都思维僵化，士兵都是毫无斗志的心智不全的农民的对手。苏联在芬兰和波兰的灾难性记录似乎证实了这种观点。而远东战役或因气候条件、后勤和距离等因素较少有人关注，苏军在这里的诺门罕战役中打败了日本关东军。德军将领写了大量回忆录，试图将连续的失败归因于希特勒一人。少数有着悲观预言的德军指挥官将自己局限于模棱两可的尴尬境地，1941 年 5 月 4 日，伦德施泰特向里特·冯·莱布告别时就曾说：“到西伯利亚再见！”

德军相信红军能被迅速粉碎，还得知苏联正在动员部署，利用被动员起来的大量人员和物资，这让德军进攻的时间选择更为紧迫。1941 年 1 月 15 日的一份德军对苏军的研究警告说苏联军工企业既现代，又能制造先进武器。自 20 年代起苏联就在将其军工企业向乌拉尔山以东迁移。尽管对军官集团进行了大量清洗，但仍有誓死效忠的数百万士兵。此类研究也推动了这一观点的形成：1941 年是不可多得的最佳进攻时机。军事观点与对苏维埃帝国原材料的迫切需求，以及要在美国参战前让英国失去一个盟友，都促成了对苏联发起进攻。在希特勒看来，战胜这个明显软弱的对手收益颇多，而假如这个对手迅速复元，那么也将损失惨重。就在入侵开始前，希特勒说，他站在一道关闭的门前，门后全是未知的世界。如果这场战斗失败，那么一切都将终结。换言之，这场战争最初就被以启示录的方式加以构想。

入侵的初期胜利似乎证实了陆军至上的观点。轴心国部队推进神速，早在 7 月 3 日参谋总长弗朗茨·哈尔德就在日记中提到"苏联战役将在两周内胜利结束"。他的内心早已向前飞驰，过早地否定苏联凭借其经济资源复苏的能力，忘记了英国这个心头之痛。想不到苏军可以穿过高加索突袭伊朗。这种过度自信也在希特勒 7 月 14 日的决策中体现出来，他决定将武器装备优先权从陆军向海、空军倾斜。1941 年 7 月达到生产巅峰，到 12 月为陆军制造的武器减少了 29%。生产的战舰数量反而翻番，据记载此时 500 万人免服兵役。此时，德军正从莫斯科败退，战舰并非急需。船坞内的巨型涡轮机是希特勒愚昧的见证。

地面上的情况逐渐证明最初的乐观估算是错误的。报告上战果惊人。9 月前的四次围歼战中，德军缴获了 3800 辆坦克、6000 门大炮，俘虏了 87.2 万苏军。然而，8 月底前，德军也有 409998 人伤亡，而后备补充人员仅有 23.2 万。地面情况正在恶化。负重前行的士兵沿状况极差的道路和小径艰难跋涉，汗流浃背，沾满尘土，还被蚊虫叮咬，前方的目的地只表明这个国家有多么巨大。德国的地区概念形成的心理地平线必须无限延伸。夏季行军的酷热逐渐被秋雨带来的泥泞取代，人、车辆、马都陷入其中。泥十分黏稠，有时士兵想要将脚拔出，只能把军靴留在身后。德军最南线司令曼施泰因描述了这种具有迷惑性的风景的本质：

> 现在我身处广袤的草原，几乎完全没有天然屏障，甚至也没有任何遮蔽……唯一的变化就是那些小河，河流都已在夏季干涸，形成了深而陡的河岸缝隙。草原上的单调也赋予了它某种奇异的魅力。每人都曾在某个时刻着迷于这无限的风景，可以在这里一直不停驱车数小时——经常要靠罗盘导航——也不会遇到隆起的地面，或发现一个人或一幢房屋。远方的地平线看似某条山脊，在它的背面也许天堂正在召唤。唯有数年前西门子公司修建的英国-伊朗电报杆似乎能打破这永远一成不变的景色。但在落日时分，草原的色彩却变得炫目、耀眼。

到 10 月 6 日，泥泞问题又因降了一场小雪而变得更为棘手。轮式车辆必须由履带车辆拖曳前行，连链条和拖索都必须空投，这显示德军未能为前方的苦难进行充分准备。11 月初气温降至零下 8℃，机枪卡壳，望远镜瞄准器毫无用处，引擎下方必须生火除冰，没有防滑履带的坦克到处打滑，而严寒却能侵入薄薄的粗棉布军服和穿烂的皮靴。每个士兵都必须考虑如何保暖防潮，防止雨雪从领口、靴口或抬手扶正枪带时从袖口灌入。着装混乱随处可见，许多德军士兵都穿戴缴获的俄军皮帽、大衣和毡靴，因为到 12 月初气温已降至零下 32℃。他们看上去很像衣衫臃肿、体格健硕的流浪汉。当然这种严酷天气也考验着俄军，但对这些德军士兵而言，他们似乎被莫名其妙地招来，发给了武器和伏特加，然后如同波浪一样投入自杀式进攻当中。随着他们深入荒凉的俄罗斯之冬，他们还逐渐失去对苏联人残存的人类好奇和同情——苏联的物质文明相当于一个落后国家——而代之以对异族的顽固的不可理喻的仇恨。对家园的动情回想，也无法让他们对这些近在眼前的家园产生任何感情。

战略失误，未预见到恐怖的气候条件，此时又遇到协调一致的苏军抵抗，还有苏联本土防线上的殊死战斗。希特勒将装甲部队分散于沿一条宽 1500 英里纵深 1000 英里战线延伸的三个军，将莫斯科战线的侧翼装甲部队或向南部署，以夺取顿涅茨盆地和克里米亚，或向北部署以压制列宁格勒。对于只想主攻苏联首都的将领们做出的规劝，希特勒评论说："我的将领们对战争的经济方面一无所知。" 主要胜利都是在南方取得，包括在基辅俘获 50 万苏军，列宁格勒被投入巨大兵力。但装备不佳而又筋疲力尽的德军又恰在条件最为不利，能参战坦克损失 50%的情况下陷入与莫斯科的长期拉锯战。他们将面临以绝对的意志力战胜极少的物资。

向莫斯科进军因天气和苏军顽强抵抗受阻，但希特勒仍一心坚守占领的每一寸土地，粗暴地拒绝了战略撤退的提议。隔绝于远离前方的拉斯滕堡的狼穴，身边围绕着毫无责任感的密友，希特勒接待高级将领时仿佛"初级法庭上的治安官"。提出战术收缩的将领都受到挖苦和驳斥："您究竟为什么要提议后撤？您想撤多远？……您想后撤 50 公里吗，您以为那里就不冷吗？" 1941 年 12 月 30 日，古德里安飞赴拉斯滕堡面呈同样的提议。随后的对话典型地表现了希特勒以自学成才、自以为是的伪民众方式提及他在早期冲突中的经验。正如曼施泰因指出的，"虽然希特勒总是大谈他的'士兵'外表，喜欢回忆他作为前线士兵积累的军事经验，但他的性格与士兵的情感与思维并不相通，与他喜爱唤起的普鲁士品德格格不入"。

几乎在古德里安开始说话前，他就感受到会议室昏暗的光线中有某种不友善的气氛：

希特勒：假如情况如此 [需要撤退]，他们必须就地挖坑以守住每寸土地。

古德里安：在多数地方挖地已不可能，因为冻土已达五英尺深，我们破烂的挖掘工具难以挖穿……

希特勒：那样的话他们必须用榴弹炮炸出弹坑。一战时我们在弗兰德斯就曾被迫这样做。

古德里安向他指出弗兰德斯情况不同，炮弹数量有限，而且这种办法在苏联冻土上只能炸出几个澡盆大小的弹坑，希特勒都不予理睬。探讨随后过渡到这些目标是否值得付出人员牺牲的问题上。当古德里安说不值，并列出伤亡和差劲的装备时，希特勒回应说：

我知道您没有放过自己，知道您和军队一直同甘共苦。我向您保证我知道。您太过关注士兵的苦难。您太过同情他们。您看事物的距离太过靠前，应该更往后站。相信我，从更远的距离看，事物将显得更加清晰。

曼施泰因也入木三分地将希特勒描绘为一个未来霸主：

他是以最残酷的方式看待战争的人。他的思维方式更像是一大群人在我军防线前流血而死的心理意象，而不是一个灵活的击剑手如何偶尔利用巧妙的退步，以便猛地上前发起致命一击。他以暴力取代了战争艺术，这种暴力由背后的意识形态提供最有效的保证……尽管希特勒大费周折地强调他从前的前线士兵身份，但我不认为他的心会属于作战部队。对他而言，伤亡仅仅是减少战斗力的数字。这些数字不可能作为人类搅得他心神不宁。

当希特勒正在考虑从拉斯滕堡的有利地点“拉长战线”时，斯大林却在全国防御委员会内实现最终由文职人员控制战局（委员会中唯一的军人是伏罗希洛夫）和最高司令部中的军权收归中央。

和希特勒一样，他也对军事部署进行灾难性干预，经常命令展开准备不充分的反攻。然而斯大林最终听从了职业军人的建议，日益能在各种选择方案中做出裁定，他的将领们明智地将此归功于他的战略天才，而他的柏林对手们却往往要听天由命。人们都可以清晰地想象希特勒疯狂的独白和冗长的演说，这与斯大林充满威慑力的沉默寡言正好相反，他面无表情地吸一支烟斗，啜饮一杯柠檬茶。

将苏联的战争努力过度个人化也不正确。全能的政党大佬们用以鼓吹战役、行动和大型突袭的政治文化迅速为战争急需而作出调整。

矛盾的是，苏联也许需要被迫“停战”，以使斗争精神、主动性和必要的临时安排投入到战争行动中去。撤离委员会监督了具有重要战略意义的工厂和 2500 万工人向东迁移。这是一场大规模行动，要在军民铁路运输需求间做出平衡。当西部医院和工厂，以及东部崛起的新工业中心都需要供电设备时，也需要做出评估。

此事也成了当务之急，因为德军占领区包括苏联人口的 40%，武器工业的 60%，牛的 30%，猪的 60%，煤炭的 63%，铁矿石的 71%，轧钢的 50%等。负责生产苏联弹药的 2/3 的工厂或被捣毁，或落入德军手中，后撤并不是可以令人扬眉吐气的胜利故事。64 座钢铁厂中，只有 17 座迁出了顿涅茨盆地，而仅在乌克兰的一家仓库内，德军就发现了 20 万吨加工金属。但也有不少的胜利。例如 1941 年 12 月底，乌克兰的扎波罗日钢铁厂迁至乌拉尔山脉中的车里雅宾斯克，尽管需要烘烤地面、铺设地基，尽管水泥会结冰，但这项工作仍于六周内完成。到 1941 年底，约有 1500 家大型企业已经撤离，使用了约 100 万节火车车厢。与这种大规模工厂与劳动力迁移相伴的还有消费品生产企业的转型。自行车厂开始制造火焰喷射器，打字机厂转型生产自动手枪。大型企业，如车里雅宾斯克的战车城，利用大规模生产技术制造复杂程度不高的 T-34 坦克，这种标准化武器将对击溃希特勒复杂而种类繁多的装甲先锋发挥重要作用。1941 年，苏联武器的 1/5 在东部生产，一年后该比例上升至 3/4。

为安全原因，十月革命 24 周年庆典于 11 月 6 日夜间在莫斯科马雅可夫斯基地铁站深处举行，而不在大剧院。人们只是为新闻拍摄目的，在站内复制了该剧院内景。一列静止列车分发了三明治和软饮料，斯大林及其政治局委员搭乘另一列地铁前来。在对内务人民委员会发表的演说中，他说：

> 就是这些无耻、无良的人们，这些道德标准如同动物的人们，是他们恬不知耻地声言要灭绝伟大的俄罗斯民族——普列汉诺夫和列宁的民族，别林斯基和车尔尼雪夫斯基的民族，普希金和托尔斯泰的民族，高尔基和契诃夫的民族，格林卡和柴可夫斯基的民族，谢切诺夫和巴甫洛夫的民族，苏沃罗夫和库图佐夫的民族。

次日清晨，斯大林在红场阅兵，他面对昂首挺进、走向战场的军队发表了演说。当时德军就在 30 英里外，大雪使德军轰炸机无法起飞。内务人民委员会的无线电话务员正在列宁墓上方保持与防守莫斯科的军队的联络，一个战地医院已在古姆百货商店建立。斯大林向矗立雪中的士兵提起了俄国过去的英雄们：

> 你们打的这场战争是一场解放之战、正义之战。希望你们在战争中被我们伟

大先辈中的英雄人物所鼓舞：亚历山大·涅夫斯基、迪米特里·东斯科伊、米宁和波扎尔斯基、亚历山大·苏沃罗夫、米哈伊尔·库图佐夫。

德国因苏军抵抗和恶劣路况受阻，最后对莫斯科的总攻于 11 月中旬发起，德军先头部队已进入该市郊区，克里姆林宫的塔尖已清晰可辨。内务人民委员会忙于阻止大规模恐慌和叛逃。在城市民兵帮助下，朱可夫的守军伤亡高出德军 20 倍，但国防军无法再前进一步。斯大林命令发起反攻以防德军掘地过冬，就像他们曾在列宁格勒做的那样。58 个增援朱可夫的师包括从东线战场换防而来的部队。

这在很大程度上由东京的理查德·佐尔格促成，他证实为补给陷入华北的关东军，贫油的日本将入侵法属印度支那和荷属东印度，而不是东西伯利亚。除探听日本内阁和军方讨论的见解外，佐尔格的团队还有专人监视日军发放的被装，如发皮毛大衣就预示对苏不利，发热带军装则对“被遗弃的”欧洲东南亚殖民地不祥。尽管德国使馆竭力劝说日本参战，但佐尔格逐渐确信日本在德国解决苏联问题前绝不会冒险进入东西伯利亚。他们要用最小代价收获胜利果实。装备精良的苏军部队，包括习惯西伯利亚恶劣天气的人们开始猛攻驻扎城外的德军，惨烈的战斗持续了一个多月。德国人后撤了，但仍非溃退。当斯大林命令发起一系列准备不佳的反攻以将德军从西伯利亚赶走时，此次胜利带来的任何优势都已丧失：惨痛的后果是另有 50 万人丧生，而德军仅损失 8000 人。

兵临莫斯科城下的“台风”行动失败后，希特勒大本营在策划与实施 1942 年夏季攻势中出现了几场争吵的场面。当哈尔德声色俱厉地回应相当于说他懦弱的指控时，希特勒暴跳如雷：“哈尔德中将，您怎么能够这样对我说话？您认为您可以教导我前线士兵在想什么吗？您知道前线局面吗？第一次世界大战发生时您在哪？您还说我不懂前线局势。我对此无法容忍。太令人气愤了。”局势迫使德军高级指挥官出现大变动。陆军元帅伦德施泰特被解职，而希特勒最忠实的信徒之一赖歇瑙将军在执掌第六军后不久心脏病发作，然后在返回德国途中因飞机失事而丧生。

避开苏军强大的冬季反攻后，希特勒缩小了他的 1942 年夏季作战计划。这也表明自 1941 年兵分三路大举进攻以来，局势发生了巨大变化。他选择向南部的高加索油田大举推进，同时向东重拳出击，包围顿河沿岸的苏军。此后，他可以将该军向南派遣至阿斯特拉罕，或命它直指北方再临莫斯科外围。后者是斯大林想象中德军会采取的行动，即使不久前一场可疑的空难使德军计划落入苏联人手中。他拒绝相信德国人都是天才。

最初，开始于 1942 年 6 月底的“蓝色”行动按计划展开。但一个月后，希特勒决定改变行动范围，要将占领斯大林格勒、黑海东岸和整个高加索地区包括在内，而不仅仅是夺取那里的油田。希特勒与斯大林共同将斗争转化为对带有后者名字并且与其早年生活紧密相联的城市的争夺，这场战争注定要成为真正护身符式的意志力之战。刚发誓要将列宁格勒和莫斯科夷为平地的希特勒声称他要杀光斯大林格勒城内所有男人，遣送所有妇女儿童，因为“其彻底共产主义化的居民尤为危险”。这注定不会是一场普通的战斗。

希特勒将赖歇瑙的第六军交弗雷德里希·保卢斯指挥时，斯大林召见了朱可夫元帅，保卢斯是资产阶级军事官僚，缺乏实战经验，而朱可夫的军事生涯可追溯到一战，包括俄国与西班牙内战，蒙古境内的哈尔金河战役，以及最近的列宁格勒保卫战及将国防军赶出莫斯科的战斗。这并非势均力敌的斗争。善于发现敌军弱点的朱可夫策划在坚守斯大林格勒的同时发起大规模钳形攻势防止保卢斯的第六军与可能的援军会合。这是一系列精心策划的苏军行动中的第一个，规模之大无与伦比。坚守斯大林格勒的责任落到瓦西里·崔可夫身上，他是一个身材敦实的快乐的苏联人，镶着满口金牙，于 30 年代的指挥真空中沿红军的权力阶梯迅速爬升。芬兰战役的失败似乎中止了他前进的脚步。他被作为使馆武官派往中国。

第六军曾在前一年残酷对待乌克兰平民（全城的人被饿死，还有所谓游击队员被绞死），还秘密谋害乌克兰犹太人，此刻又妄图将红军从斯大林格勒赶至伏尔加。一年前他们享用了乌克兰丰饶的物产，故意不给饥饿的基辅和哈尔科夫居民一粒粮食，如同身着军装的蝗虫般驻扎在居民旁边，现在他们又穿越了不毛的荒原，身后跟着牛群，因为他们接到指示要就地解决粮食问题。铁路枢纽反复被苏联破坏者切断。

在这一条线的尽头屹立着一座背靠亚洲的荒凉而饱经风霜的苏联城市。8 月 23 日这座城市遭到德军 600 架飞机的狂轰滥炸，4 万平民丧生。轰炸在废墟上制造了无法穿越的屠场。事实表明坦克在这里用处不大，这个城市具有狭长的轮廓，巨大的工厂、谷物升降机和火车站使德军难发致命一击，但即使在被损毁、变为废墟后也可为守军提供充足的掩体。坦克手花费数小时不停地将炮弹射入大楼，因仰角的限制无法击中高层目标，也无法对穿梭于地窖和下水道的敌人造成多大冲击。每个街角都潜伏着苏军坦克或大炮。手榴弹和德国空军自己的炸弹还从头顶倾泻而下。苏军可以从河对岸获得补给，他们在德军能听见的地方坚守，以将德军制空权优势最小化，同时还能无限发挥利用冲锋枪、手榴弹和刺刀的近战技术。苏军狙击手极其灵活，德军被迫召来措森狙击手训练学校校长——超级狙击手海因茨·托瓦尔德。几个日夜内，托瓦尔德击毙了数名苏军，他在一块铁片后短暂现身时被苏联狙击手击毙。苏军从伏尔加河东岸向位于市中心的德军发射炮弹和喀秋莎火箭弹。夜晚他们用渡船运送援兵，包括年轻的卫兵，“他们都很年轻，身材高大，身体健康，多数身着伞兵服，腰带上别着腰刀和匕首。他们上前与敌人拼刺刀，会将纳粹像一捆稻草般挑到身后。激烈的巷战无可比拟。他们会以小组发起袭击，破门而入，举刀便砍”。夏季的酷热逐渐被初秋的阵阵寒风取代。

第六军在城市废墟上发起的无数次大小进攻中已筋疲力尽，却无法沿河推进去切断苏军穿越伏尔加河进行的“蚁冢”活动。回到莫斯科，第六军的命运也已注定。11月13日晨，朱可夫向斯大林列出了他制定的大规模反攻精密计划，会见进展顺利，斯大林一言不发地吸着烟斗，捋着髭须表示赞同。会面结束时，斯大林说：“明早返回斯大林格勒，检查部队和指挥所是否做好了作战准备。”他们花费大量精力让德军对苏军意图作出误判，同时缴获的文件与对战俘的审讯都披露德国与罗马尼亚军队士气低落。20日早6时，斯大林格勒苏联守军听到沉闷的炮响穿越了迷雾重重的黎明。朱可夫已发起一场大规模钳形攻势，代号“天王星”，目的是包围保卢斯的军队，切断敌军外援，并推动正在部署的俄军救援行动。斯大林悄然放弃了战争早期漫无目的的进攻，而采取了此前一直被视为异端的深度作战。

保卢斯提出希望尽快撤离该城，希特勒不仅不对此做出鼓励，反命他原地不动。被困斯大林格勒的30万德军只能依赖空投补给，尽管纳粹空军并无能力满足每日至少500吨燃料、食物、药品和弹药之需。戈林轻率而不负责任地夸大了空军运输能力。曼施泰因被召回，并被任命为新的顿河集团军群司令。他也坚持让保卢斯滞留斯大林格勒，直到“冬季风暴”行动的援军到来，援兵将由赫尔曼·霍特的第四装甲军主力构成。希特勒拒绝保卢斯后撤，保卢斯又不愿同时突围，结果霍特的装甲推进在代号为“小土星”的苏军先发制人的打击下瓦解。

这些作战行动的后果是使25万人获得救援的希望彻底破灭，这些人给养不济，外受强敌包围。他们的指挥官常犯痢疾，他的强项不是在危机中发挥主动性。随着气候条件恶化，苏军占领了机场，投入“大锅”内的补给降至每天100吨，返程伤员的人数也相应减少。随着古姆拉克机场被占，给养被迫装在散弹筒内空投。士兵们可怜地排成“十”字队形，以求使空投尽量准确。虽然第六军在斯大林格勒战役前的记录显示他们早已是无情而无能的指挥官的牺牲品，但此时普通士兵显然经历了时间过长的痛苦折磨。腹部受伤的士兵被过度劳累的战地医生晾在一旁等死，因为耗时的手术已变为一种奢侈，而他们的担架会在救援飞机上占太大位置。被冻伤的手指、脚趾和耳朵都被简单切除，使用极少麻醉剂，没有术后处理。第六军士兵的衣服里爬满了虱、蚤，晚上老鼠还会爬过他们的脸，有时咬掉冻坏的脚趾，此外，他们还要忍受饥饿的煎熬。他们在写给家人的信中提到，刚适应吃马肉，却又要煮猫肉充饥：“前天我们杀了一只猫。我告诉你，虽然我从未想过有这种可能，但吃起来味道美极了。”当他们的思维集中于一小块面包时，这些人也开起了蹩脚的玩笑：瘦得简直可以用一根扫把挡着换衣服。食物成了一种执着的念想。一个士兵1942年12月8日写信给母亲说：

因补给出问题，我们的配给已经减半。某些天只配给50克面包，就是早上咬一口，晚上再吃一口。昨天起，每日面包配给增至250克。一切都取决于天气，因为我方运输机雾天无法起飞，还有被冻住的危险。在一年当中的这个时候，午餐不应是这样的。稀得如同清水。我们坐下吃饭时就已经在想着下一餐了……过去被从桌上扫掉的每粒面包屑，现在都变得异常珍贵。近几周内我才逐渐认识到面包的价值。土豆，是的土豆，对我而言似乎只能出现在梦中！这里的土壤什么可吃的也不产，只有茫茫草原。

1943年1月15日，一个名叫赫尔曼的年轻士兵写道：

饥寒能将最优秀的士兵折磨倒。和去年一样，被冻伤手脚的人数在增多。苏联人空投了大量宣传单，每天呼唤我们投降，因为我们已处于绝境。但我们并非完全没有希望，即使我们知道没有肉吃。我们仍有两匹马，仅此而已。我们甚至还亲自煮了肺子，只是想充饥。我每天只在正午吃一餐。我用勺子喝下清澈如水的汤后，就着香肠和黄油快速吞下我那块面包，然后又焦急地盼望着明天的午餐。

在光线晦暗的地堡和冰封的洞穴内度过圣诞节和新年，聆听俄军通过大喇叭播放的圣诞颂歌时，他们内心的负担可想而知。一位士兵在一封日期为1942年12月30日的信中描述了他们感到的乡愁与寂寞：

今年我们过了一个可怜的圣诞节，没有信件，没有圣诞树，没有蜡烛，事实上没有圣诞节的任何标志。在平安夜，我不记得听人们说过多少次“德国”与“家乡”，人们总是不停地说。我和一个22岁的战友躺在一个地堡内。圣诞前夜这个小伙子像孩子一样哭泣，我告诉你当听说没有信时，我们都已泪流满面。尽管我也只有21岁，但我却咬紧牙关说，“也许明天就会到”，其实我自己也不信。

当纳粹领导层讲述第六军如同温泉关上的斯巴达人一样顽强作战最终穷途末路的神话时，现实是众多士兵在临时掩体内被饿死。从前的先锋部队现已堕落为一群饥饿的乞丐。1943年1月19日，保卢斯在劝告一名纳粹空军军官时说：“作为一军统帅，当一名士兵走到我面前乞求说：‘中将先生，给我一块面包吧！’我还能说什么？士兵们已经挨饿四天了……我们再也无法夺回阵地，因为士兵们已力竭倒地……最后一匹马也已被吃掉……你能否想象，士兵们扑在马尸上，割下马头，生吃马脑子？”

1月31日，苏军将保卢斯指挥部所在的百货商店团团围住。一名德军军官呼喊一名年轻苏军中尉："我们头儿想和你们头儿谈谈。"经较长时间的讨价还价，叶尔琴科中尉被带进大楼，他在楼内见到了保卢斯，他带着病容躺在铁床上，胡子拉碴。叶尔琴科说："好吧，就这样结束吧。"憔悴的陆军元帅点头同意。9万名德军士兵及其罗马尼亚同伴猛眨着眼睛走出地堡，面对的是他们的逮捕者的奇想。那些未被当场击毙的人们开始了俘虏的长征，经过在苏联劳动营的十年监禁后，最终有6000人活着回来。

苏军更大范围的冬季反攻加上3月中旬德军成功向哈尔科夫推进，造成的结果是双方均已疲惫不堪，战线犬牙交错，最不寻常的特征是在库尔斯克外围形成了苏军突出部。随着春季冰雪消融，战斗重新打响，这个突出部问题一直萦绕在两方军事策划者心头。德军一方存在后手与前手战略的分歧。在前一种设想中，德军应等待苏军从该突出部出击，以逸待劳发起有限进攻。而受到希特勒支持的前手战略，是要在苏军仍处于冬季过后的休整期间集中德国业已减少的资源用以发动一场有限反攻。类似的辩论也出现在苏联一方。虽然斯大林支持发起全面进攻，但他的众多将领却迫切要求在大规模反攻前采取一种消耗战的防御姿态。最终，这些军官的意见占了上风。

希特勒将"堡垒"行动的时机一误再误，因为他担心盟军马上会在地中海沿岸登陆，他的将领们意见也有分歧。研究过对苏军防御阵地拍摄的侦察片后，莫德尔将军需要更多坦克。新任装甲部队总监海因茨·古德里安认为1943年在东线开展进攻毫无意义，他说"虎"式与"豹"式等新型坦克刚刚投产，需进一步评估才能参加如此重要的作战。这些为时过长的辩论及随后的指示都处于布莱切利园的英国密码破译员们的严密监视下，希特勒的"堡垒"行动的最终决策先到达斯大林案头，然后才传到德国将领手中。

这类拖延使苏军能够制定谨慎应对的措施。苏联空军善于发动炮兵式袭击。在库尔斯克部署了近3000架飞机，包括装有反坦克炸弹以及能炸穿多数装甲的大炮的令人生畏的伊尔Il2M3型空地攻击机。有40多个假机场，停满了假飞机，还有控制塔，让德国空军不知道苏联空军力量藏于何处。在地面，库尔斯克突出部已变成一座堡垒。苏军埋下约100万颗地雷，约一英尺一颗，建起500英里长的铁丝网，其中某些部分带电。复杂的战壕、炮位和宽阔的反坦克壕在30万民工的帮助下完工，将突出部转化为一系列致命的障碍，其余防御梯队延伸至后方100多英里。在预计德军会发起进攻的地点，苏军每英里设置了多达150门重炮。100多万军人主要是在夜晚完全灯火管制，远离车站等袭击目标的情况下完成了这项工程。通信联络仅靠10秒钟无线电脉冲信号，这种信号无法拦截。放任游击队袭击德军铁路运输，每次攻击都会造成运输瓶颈，成为苏军易于轰炸的目标。约1000公里铁路被毁，使德军每天需要的1000吨给养的运输量锐减。

经过细致权衡，希特勒最终决定7月4日在大小相当于威尔士的战场上发起“堡垒”行动。他采取了各种措施隐瞒进攻时间，包括故意派曼施泰因到布加勒斯特为安东内斯库授勋，然后又让他默默径直飞回库尔斯克前线。英国情报人员和德军逃兵都将进攻的准确日期和时间告诉了苏联人，使朱可夫能够在德军发起攻击前10分钟，凌晨2时20分对德军发起弹幕射击。德军最终的进攻在发起时就暴露了花数月时间等待最新型坦克下线的失误。许多新型“豹”式坦克在排气管喷出烈焰后发动机烧毁抛锚。一群装甲厚重的“虎”式坦克虽然可以远距离击毁更轻的T-34坦克，但更易被机动超越、包围，而且在近距离平射范围内也容易被击伤。同样令人忧心的是，德军无线电拦截人员注意到苏军指挥官也不像1941年那样惊慌失措地向上级报告：“我遭到攻击，我该怎么办？”

这场大战中最具决定性的交火发生于库尔斯克突出部南侧弯曲地带的普罗霍罗夫卡小镇的果园与麦田中。霍特将军率领的德军装甲部队，其中包括恐怖的骷髅头师、帝国师和阿道夫希特勒师，突入苏军防线，后因疲劳和苏军的抵抗而被迫止步。双方均暂停进攻，此刻苏军利用后备军建立了一支全新的坦克部队以应对霍特的攻击。两军7月12日清晨正面近距离交战，似乎忘记了头顶倾泻而下的暴雨。在不大的战场上（约3平方英里），坦克数量非常密集，双方指挥官很快失去了对编队的控制，坦克在麦田里横冲直撞，搅起漫天尘土，和废气与爆炸烟雾混在一处。德军坦克享有的重量和火力优势，在近距离平射范围内与永不言弃的敌军作战中丧失殆尽，苏军坦克手，包括女性，按照脚搭在他们肩上的坦克指挥官的命令操纵坦克。仅在那一天就有300多辆德军坦克被击毁。德军老兵承认在这场毫不留情的战斗中几乎抓不到俘虏。到晚上9时，战斗结束。随着苏军进攻变得更为大胆，并在很大程度上决定了事件进程，任何战略主动性应被置于何地的疑虑也随之终结。

战争外的罪行

德国入侵苏联的战史并未表现为长期笼罩苏维埃帝国的噩梦，也无法解释使双方冲突变得更为邪恶的仇恨。许多战争都包含残暴与不人道的个案，但这很少系统化或有预谋地进行。但德国对苏联的入侵却两者全占。作为针对布尔什维克、犹太人、吉卜赛人和斯拉夫下等人的生物学主义的战斗，东线战争的内容与西线根本不同。常规战与意识形态战之间的界限在战斗开始前就已被擦除，后又被地面情况弄得错综复杂。这也适用于对待被俘敌军战斗人员和敌方平民的方式上。

一些阴暗的事实和比较也许能说明苏军战俘的命运。一战中，约1434500名俄军被德军俘虏，其中5.4%死于监禁期间。自1941入侵苏联至1945年间，约570万红军士兵被德军及其盟友俘虏，其中的93万于1945年1月被从德国战俘营解救时仍幸存。还有100万俘虏在战争期间获得自由，他们或多或少自愿为德军从事作战或辅助工作。另有 50 万成功逃脱或由红军解救。其余约 330 万人（占总数的 57.5%）死于囚禁当中。落入苏联人手中的战俘也同样命运凄惨。在被俘的 315.5 万人中，118.5 万（占总数的 37.5%）死于囚禁中。与此相反，在 23.2 万被德军俘虏的英美士兵中，只有 8348 人（占总数的 3.5%）死于 1945 年前。

德国与苏联间司法关系不明朗，这也许使德军暴行合法化。由于普通法被视为资本主义时代的错误，苏联未批准 1929 年的日内瓦战俘公约，亦未公开承认 1895/1907 年的海牙陆战公约。斯大林还谢绝了红十字会的善行。虽然这意味着德国政府对苏联不受任何国际义务约束，但在严格司法意义上这并不正确，因为双方都早已进入现代阶段，都应受完备的作战规则制约。这些规则包括战俘有权享受人道待遇，要为其提供大体相当于本国后备部队标准的衣物、食物和住所。因此情况就不像德方坚持说的那样难以认定。而且苏联确已认可 1929 年关于俘虏负伤敌军的日内瓦公约。人们还应注意 1941 年 7 月苏联曾试图通过瑞典斡旋正式同意海牙公约，但遭到纳粹领袖的蓄意阻挠。

相关人员已给出或多或少有力的理由来解释苏军战俘过高的死亡率。在斯大林命令坚壁清野的地方，苏军的抵抗程度不高，因此突然给德军体系内增加了大量战俘。各类迁徙和传染病夺去了一些战俘的生命。所有这些在一定程度上是事实，但也难免以偏概全。在这个所谓以偶然情况来开脱的迷雾内，未提及的是人的动因和蓄意所为。

在希望数周内取胜的战争中，战俘待遇问题不会被优先考虑。军事策划者们知道，大规模包围战会相应带来大量俘虏。因此，战俘死亡人数众多首先是因为要将大多数战俘留在苏联，要让他们留在已清除所有可供德军使用的资源之处，留在食宿交通都最为不便，以不致影响德军实力之处。纳粹思维的另一突出特征，即所有民族都被赋予了不同的种族价值，使该问题变得更加复杂。这种看法也被用于对待战俘以及日益增多的外国劳工。英美战俘待遇相对较好，不仅因为英美会对德军战俘实施报复，佛兰芒人的待遇要高于瓦龙人，法国人高于波兰人，等等。在这个等级体系中，苏联人居阶梯最末，被视为无足轻重。1941 年 6 月 16 日颁发的关于对待苏军战俘的指示，充满了纳粹意识形态，还禁止战俘与看守和德国平民出现最细微的人际关系。任何“抵抗”迹象都将被无情消灭。这与德国境内英美战俘经历的相对体面的条件有着天渊之别。

由于残酷掠夺苏联资源为希特勒战争的既定目标，还能保持军民士气，蓄意饿死敌国人民，包括战俘，就是入侵与占领的题中应有之义。假如像赫伯特·巴克这样的德国文职策划者都可以平静面对“饿死数百万人”的计划，那么军方策划者就能决定红军战俘所得口粮远远低于维持生命所需。红军战俘穿越白俄罗斯的艰难跋涉中，每天仅能吃 20 克小米或面包。1941 年 8 月，这种专门安排被固定配给取代，劳动的战俘每天吃相当于 2100 卡路里的食物，不劳动者所吃食物相当于 2040 卡路里。除在军队官僚的宣传文件中外，这些标准很少达到。9 月，戈林主持的一个委员会规定，为稳定和提高德国平民的战时配给，必须减少“布尔什维克俘虏”的口粮。戈林丝毫不因自己肥硕的身躯而觉得尴尬，随后还建议食用马肉和猫肉。不久后，军需官瓦格纳将军把不劳动战俘的配给降为每天 1500 卡路里，只相当于维持生命所需的 2/3。甚至有集中营指挥官抱怨说 5%~10%的苏联人被送来时就只剩半条命，或已经死亡，这样就剥夺了集中营谋杀他们的使命。在西里西亚的一个战俘营，人们吃的是草、花、生土豆和同伴。一队饥饿而疲惫的人们途经一片因苏军炸毁制糖厂而烂在地里的甜菜时倍感幸运。一位到访乌克兰以组织一家钢铁厂接管工作的德国工业家记录道：

> 望不到头的囚犯队伍经过。一次，有 12500 名囚犯仅由 13 名德军看守。那些走不动的就被击毙。因为道路泥泞，我们就在一座小山村过夜。村里有一个临时战俘营，我们看到囚犯们煮食他们同伴的肉，那些人是因不守纪律而被士兵击毙的。战俘们的食物就是村民提供的土豆。每人每天最多有两个土豆。

苏军战俘们步行前往监禁地点，部分原因是苏联铁路已被大量拆毁，还因为返程卡车与火车负责人坚决不让空车被肮脏的满身虱子的囚犯占据，这意味着他们由荷枪实弹的看守驱赶着行走 500 多公里，走不动时就被枪杀于道旁。有时这类事件在众目睽睽下发生。1941 年 10 月，有 120 名苏联战俘在斯摩棱斯克市中心被扫射击毙。轴心国战地记者库尔齐奥·马拉帕尔泰在乌克兰期间完成了其著作《毁坏》的大部分，他给我们留下了对苏联战俘命运令人不寒而栗的描写。一次他目睹了在涅米罗夫附近乡村的一座集体农庄进行的所谓“露天课程”。一群苏联战俘在场院中排队站好，瓢泼大雨已将他们浇透。其中有身材魁梧、留着短发的农场少年，也有瘦小、表情严肃的工匠和工程师。一个矮胖的德军下士用小学校长般的慈爱腔调，宣布了要开始的阅读竞赛的规则。通过竞赛者可以做文书工作，通不过者将到码头或农场劳动。他们被分为五人一组，旧《消息报》和《真理报》被发下去，然后战俘开始朗读湿漉漉的报纸。大多数都未能流利朗读，随即被要求站到左侧，能够阅读的少数人被要求站在右侧。这场竞赛持续了约一小时。最后有 87 人站到左边，37 人站到右边。接下来后一组人被驱赶到一堵墙边，被待命的党卫军枪杀。负责的上校解释说：“必须将苏联这类博学的暴民清除干净。识文断字的工人和农民太危险了。他们都是共党分子。”

某些德军指挥官，如特陶将军，就下令终止这种做法，而像赖歇瑙这样的将领却对此正面鼓励。冬季到来，步行已不再可能，于是德军用敞篷铁路货车运送囚犯。囚犯列车排在优先级末尾，而且被占领土上的文职与军事官僚要就适当形式与许可互发电报、备忘录，打电话，导致列车运行异常缓慢。假如列车途经乡村和城镇时暂停，他们有可能有幸争先恐后地抢夺有同情心的平民扔上来的土豆和面包。许多人被直接冻死。一次在从博布鲁伊斯克至明斯克的 200 公里铁路旅程中，就有 1000 人死在列车上。使用遮盖式车厢也无济于事，因为车内并不供暖。据报道，1941 年 12 月初有"25%～70%"的战俘死于转运途中。

战俘营体系分多种层级。在前线地区，战俘们被囚于战俘集中点；后方则被囚于临时战俘营（杜拉格）；在文职或国防军管理的领土上被分别关入士兵战俘营和军官战俘营。这些战俘营内条件十分恶劣。被关以后，战俘们就领取一些工具（包括饭锅）在地上挖洞，然后用可以找到的任何材料盖在上面。在酷暑和严寒中他们聚集在一处，容易染上虱子或肺炎、伤寒和其他疾病。红十字会提出为战俘提供防疫药品，但被希特勒明确拒绝。党卫军更简单的解决方式是击毙囚犯。虐待战俘得到了军方高层的容忍与鼓励。雷内克将军就曾直白地说："布尔什维主义是纳粹的死敌。"每名士兵都要与战俘保持距离，对之采取"正确的"冷静态度。任何异议都立即以刺刀、枪托或子弹解决。对越狱者直接击毙，没有鸣枪示警。战俘营内的秩序由一组挑选出的苏联战俘来维持，他们手持棍棒、皮鞭。为在军事暴力与暴行之间做出怪异的区分，雷内克规定德军部队禁用军事暴力及暴行。

这些指令相对较迟地汇入较早前复杂的犯罪命令中，这些命令旨在将入侵苏联从常规军事冲突转化为针对"犹太人和布尔什维主义"的意识形态战争。这些命令彻底取消了法律制约，这就意味着唯一的体面源头就是人性良知。我们有必要回到数月前，去探明各方责任。虽然战争的道德界限由希特勒划定，但是由国防军高级军官，主要是哈尔德，授权、分工及合法化。当然，德军的政治化是一个渐进过程，而不是入侵苏联背景下突然发生的。1934 年，资深德国军人就在党卫军的协助和唆使下谋害了罗姆及其同伙；1938 年，高级将领曾命令苏台德区宪兵队"清剿"共产党及政治流亡人士。某些将领默认了别动队在波兰的暴行，约德尔、凯特尔和雷内克等人都积极传播纳粹意识形态，并极力向军队灌输。军官集团从 1935 年的 3800 人膨胀到 1943 年的 3.5 万人，可能已弱化并颠覆了其核心价值观，因为新加入者只需发挥职能作用，而缺乏外部道德参照系，同时人数增多与交往减少使通过亲密接触来实施非正式行为准则也更为困难。国防军到苏联时早已被"政治化"，还带有不清白的记录。

虽然"巴巴罗萨"行动的策划启动于 1940 年 6 月，但关于战争行为的指令却直到 1941 年 3 月后才开始发布，仿佛希特勒想知道他最初决策的接受程度，然后再显露他要在意识形态目标上走多远。与一群信奉传统主义的人打交道要慎之又慎，他选择逐步、渐进地引入自己的价值观。1940年12月—1941年3月间，他和高级将领反复交换简要初级指令，其间约德尔提出了在使布尔什维克干部和书记“无害化”方面与党卫军合作，由此让这些人免受军法审判。1941年3月17日和30日，在由军方领导人参加的两次会议上，希特勒有关这场战争中军方行为的赤裸观点已被哈尔德记录并内化：

> 斯大林任命的知识分子必须被消灭。苏维埃帝国的领导机器必须被摧毁。意识形态纽带并不能使苏联人民紧密团结起来。假如我们铲除了官员，它将轰然倒塌。

3月30日，在帝国总理府对250名高级军官的演说中，希特勒故意将他的评论限于政治而非种族问题，他逐渐揭开了底牌，他亢奋的腔调吸引着彻底反共的听众：

> 共产主义对未来构成了巨大威胁。我们必须摆脱同志般友谊的立场。共产党人始终都不是同志。这是一场灭绝战。如果我们不这样看，我们也可能打败敌人，但30年后，我们将再次面对这个共产党敌人。我们并非为保存敌人而战……打苏联，消灭布尔什维克政委和共产党知识分子……这不是军法问题。部队长官必须清楚个中的厉害。他们必须身先士卒。军队必须以彼之道，还施彼身。政委们和格别乌人员是应受此待遇的罪犯。这不是说部队可以放任自流。首长必须根据部队情绪起草命令。这场斗争将与西线战事完全不同。在东线，当前的严厉就意味着未来的温和。将领们必须做出牺牲，克服疑虑。

虽然某些与会者后来说，这场两个半小时的谈话令他们极度恼恨（希特勒一离开会场，他们就开始窃窃私语），但实际上只要他们尚未独立启动类似措施，就都迫不及待地将希特勒的话语变为法律形式。与波兰战役不同，从“巴巴罗萨”行动初期开始，军方和安全部队就进行了密切合作。3月26日，即希特勒发表演说的会议开始前四天，军需官瓦格纳将军就分配给集结于普雷奇警校基地的四个党卫军别动队的作战空间问题，与治安警察和保安处头目莱因哈德·海德里希达成协议，一个月后，该协议得到陆军元帅布劳希奇首肯，并被作为命令签发。根据该协议条款，“关于目前东线战争中的治安警察和保安处合作事宜”，后者有权在集团军群地域针对卷入“反德与反国家行动”的敌方平民实施“处决”。换言之，在波兰曾令某些德军军官恐慌的行动都会在很大程度上得到容忍，只要这些行动不会对军方作战造成干扰，这也许是让国防军制服不受玷污的一种途径，但其效果仍使之不堪入目。这不是军方与党卫军人唯一的合作。

党卫军的作用得到清晰界定，以避免就各方职能产生任何争议，陆军指挥官们接下来着手军事司法问题，后者仅适用于德国陆军内部纪律问题。换言之，恶意平民，包括分发传单者或拒绝服从德军命令者在内，都被剥夺一切权利，德军士兵不需任何法律程序，仅需一名军官批准就可以将他们击毙并免于处罚。随着该指令的传播，哈尔德坚持对无法快速核实单个狙击手或破坏者身份的地点实施集体报复。这反映了普鲁士的一个长期传统，即对敌方非正规可疑人员采取极端措施。最高司令部认识到这些命令可能释放的黑暗力量，于是通过禁止个人恣肆妄为，以图重建某种程度的控制，以防出现混乱及所有人道德麻木的倾向。这就进入了一种两难境地。1941 年 5 月 13 日，这条指令经修正后的最终版本由凯特尔批准。

错综复杂的犯罪命令中的最终元素，是 1941 年 6 月 6 日的所谓“政委命令”。现代德国研究已证实，又是包括哈尔德在内的高级将领们草拟了这一恶名昭彰的指令，共产党文员和军官（通过领章上的金星和镰刀、锤头可以辨别）都要被当场或运至后方由军方杀害。这样军方就承担起此前别动队发挥的功能：纯粹因某群人所属的组织而不经审判就将其杀害。总目标就是摧毁被认定为该国民族意识承载者的统治精英。不可避免的是，还有人恶意企图为此行径正名，说这些干部将以野蛮的方式对待德国战俘。还说消灭这些政治狂人后，红军将立即土崩瓦解。所谓敌人的残暴让国防军为不加区分、系统而整体进行大屠杀找到了理由。这些措施也迅速殃及所谓的“政治委员”。

由于下级军官对“政委命令”绝不会视而不见，因此为处理重回战俘营体系中的“政委”，1941 年 7 月召开了一次会议讨论相关问题。与会者包括雷内克将军和帝国中央保安局党卫军中将米勒。虽然纳粹情报机关代表拉胡森中校提到了击毙“政委”对军队士气造成的恶劣影响，以及对愿意投诚的苏军造成的不利后果，但雷内克争辩说军官集团必须摒弃“冰河时代”的道德准则，而要崇尚纳粹主义价值观。米勒主动提出由保安处承担搜罗受害者，并将他们在远离部队之处杀死的任务。根据 9 月 8 日签发的指令，战俘营指挥官与情报官要与党卫军机构合作。嫌犯将在告密者协助下被查出，并在适当距离外被处决。纳粹情报机关国外支部提出了异议：这类做法与国际法相抵触，并将影响军纪和士气，还将使苏联在宣传战中轻易胜出。还意味着他人杀害的人员也应由国防军正式负责。批准并刻意隐瞒这些措施的凯特尔明确拒绝了情报机关对过时的“骑士战法”的渴望。这些协议与指令必然涉及，也实际规定了与保安处的密切合作。然而，现实并不总是一帆风顺。

颁发于 1941 年 5 月的“驻俄部队行动指南”概括了官方批准的不断扩大的犯罪倾向：

> 这场战争要求对布尔什维克煽动家、游击队、破坏者和犹太人采取无情而有力的打击，要彻底消灭一切积极或消极抵抗。红军人员——包括战俘——都必须被以极度保留和慎重的态度加以对待，因为人们必须以迂回的方式展开清算。红军中的亚洲士兵尤为狡诈、无情。

将这些命令沿指挥链条向下传达的高级将领中，有数人不假思索地将犹太人等同于布尔什维主义。1941 年 5 月 2 日，后因涉“炸弹阴谋”于 1944 年被用琴弦绞死的埃里希·赫普纳将军写道：

> 对俄战争是德意志民族生存斗争中的重要一章，是日耳曼民族抵御斯拉夫民族的古老战争，是捍卫欧洲文明免遭莫斯科-亚洲洪水吞没的战争，是驱逐犹太布尔什维主义的战争。此战的目标必须是摧毁当前的苏联，因此，必须前所未有地严格执行。每次军事行动都必须以钢铁意志来策划与执行，要无情而彻底地消灭敌人。特别是当前苏联布尔什维克体制的追随者都将无一幸免。

陆军元帅赖歇瑙将其指令染上一层直白死硬的反犹色彩：

> 针对犹太布尔什维主义体制斗争的主要目标是彻底摧毁其力量，并终结欧洲文化圈中的亚洲影响。因此军队必须执行传统军事行动之外的任务。在东方，士兵不仅是遵守作战规则的战士，还是无情的种族意识形态的支持者，以及对那些被施加于德意志民族及其他相关民族身上的暴行的复仇者。为此，士兵必须充分理解要求犹太下等人做出的严厉而正义的补偿。

曼施泰因元帅也是如此，他将赖歇瑙的指令传达给他的集团军群所属各军，还有霍特将军，他于 1941 年 11 月指示部队：

> 任何积极或消极抵抗迹象，以及犹太布尔什维克煽动家们的任何阴谋都应立即被无情剿灭……这些圈子都为布尔什维主义提供智力支持，是这个残暴组织的承载者，是游击队的帮凶。和犹太阶层一样，这些人曾以其反文明的行径给我们自己的祖国造成巨大损失，他们在全世界推进反德趋势，他们还将成为复仇的先锋。他们的灭亡是我们自身生存的要求。

据估计，有 14～58 万名政委惨遭杀戮。毋庸置疑，“政委命令”确已被广泛实施，甚至那些有意强调大规模军队中少许特例的人们也无法否认。这条命令的一个所谓的特大例外，即第 17 装甲师的汉斯-于尔根・阿尼姆将军显然与该师的记录相矛盾。有时道义愤慨与公开反犹相结合，这反映在另一位装甲军官莱文森将军对击毙战俘、叛逃者和罪犯的评论中：

> 这是谋杀！德国国防军是针对布尔什维主义发动的战争，而不是针对团结一致的俄罗斯人民。我们想给这个饱受犹太人和犯罪群体多年折磨的国度带来和平、宁静和秩序……一个曾顽强抵抗，身着军装被俘的俄军士兵有权享受体面待遇……

在下层，有证据显示个别军官对党卫军战俘中挑选政治与种族上“不理想者”的做法颇有微词。1941 年 11 月，莫吉廖夫临时战俘营指挥官维特默少校拒绝将犹太人移交给别动队队长，这使其司令向党卫军上将埃里希・冯・巴赫-蔡鲁斯基发出投诉。少校说他未接到移交犹太人的命令，而且就他而言此事已结束。他还不服这名党卫军军官的另一项地方动议：立即解决那些无法解释自己为何出现在道路上的所有年轻人，因为他们可能是“反社会”者或游击队。这名党卫军军官在报告中承认维特默毫不犹豫地将哗变的苏联战俘就地正法，但说他应表现出更强的意识形态决心来解决“犹太人问题”。国防军与党卫军活动出现龃龉的另一个例子来自巴伐利亚。威廉・H 上尉在 1939—1944 年 3 月间在莫斯堡士兵战俘营担任情报官，1941 年 9 月他接到指示要与一队来自慕尼黑的盖世太保人员合作，他们要从该营的 1500～2000 名囚犯中挑出受害者。当威廉问及他们都不会说俄语，还对苏联政治制度一无所知，该如何开展这项工作时，盖世太保头目说这不干上尉的事。要的是人数，满足定额、百分比和目标。不久，200 多名苏联人走上通往达豪之路。这名盖世太保首领后来向另一名陆军军官抱怨说他的手下因执行枪决而心理崩溃，因此在达豪苏联人命运问题上露了马脚。

我们比较准确地了解苏联战俘来到布痕瓦尔德、弗洛森比格、大罗森、毛特豪森、萨克森豪森和奥斯威辛集中营后的命运。在萨克森豪森，集中营检察官特奥多尔・埃克对营内人员说，希特勒命令为报复苏联射杀德国战俘，我们要击毙 1.8 万名苏联政委。结果这些人在充满伪装和道德沦丧的环境下走向死亡。营房中的一间淋浴室被装上测量身高的装置，其滑动头内开有小口，隐藏在墙后木箱中的士兵就从这个小口射击，击中战俘后颈。在布痕瓦尔德，俄军战俘被带到改装过的马厩，被脱去衣服，并依次走入体检室。留声机中爆发出的喧闹音乐淹没了下一组受害者发出的惨叫。“99 别动队”成员身着白大褂，将受害者诱骗至一台测量仪处，在此藏身的刽子手以 7.65 毫米手枪将他们杀害。然后其他国家的战俘有 3 分钟的精确时间来移走尸体、冲刷墙面和下水道。每名枪手连续射杀八人（恰好清空弹匣），每杀 35～40 名受害者后，行动暂停以清理停尸处。在毛特豪森，苏联人被分配了毛巾和肥皂，然后在假淋浴室内被用毒气熏死。在奥斯威辛或大罗森，他们被由医生和卫生员注射苯酚和氢氰酸致死。苏军战俘还有其他用途，1941 年 8 月在日托米尔，一群苏联战俘成了缴获的苏联达姆弹的试验靶，这样德国军医就能准确观察并写出这些弹药对人体造成的伤害。

虽然严肃的学者都毫不怀疑对俄战争中存在有预谋而系统化的罪行，但认为这些罪行无孔不入也显得不尽公平。900 万～1000 万德军在东线作战时间相对较长。他们的经历十分复杂：更换坦克履带和保养引擎；或多或少消极、平淡的占领职责；在丛林沼泽奋力追击游击队员；在猛烈的炮火中自己或令敌人死亡或重伤；被俘或潜逃；以及政治和种族为动机的大规模谋杀。著名学者奥默·巴尔托弗所做的现代表述强调了下列因素：东线上普遍的反现代化作战；大规模伤亡摧毁了微观的主要群体，使士兵们除种族与民族的宏观群体外无可认同；极端严格的军纪和批准对平民和战俘使用暴力相互交织；最后，还有“希特勒军”已极大内化了独裁者的种族主义观点这一事实。其他记述试图矫枉过正，避免过度强调将意识形态狂热转化为行动，却因着力描绘毫无军威或目的的“拖鞋士兵”端坐炉旁和游击队领导人共饮伏特加的轶事，而歪曲了真相。也许不能仅通过对这些不同情态的区分捕捉东线战场上的现实。

着重于意识形态狂热的观点强调现代运动战堕落为类似一战西线反现代化的消耗战。伤亡极其惨重。在战争头六个月内，东线损失了 75 万人，到 1942 年 3 月，就已升至 100 万，其中 1/4 战死或失踪。精锐“大德意志团”参战时有 6000 多人，到 1941 年底，伤亡已达 4070 人。到 1942 年 2 月，仅剩三名军官和 30 名士兵。到 1941 年 12 月，第六、第七装甲师分别仅剩 180 人和 200 人，而第 18 装甲师仅剩四个步兵营。如此巨大的伤亡意味着军队日益由仓促裹挟的陌生人组成，缺乏能将士兵团结在一起的区域或社交纽带。面对敌军更高超的指挥、丰富的物资和强大的火力，德军部队被以残酷的军纪维系在一起，哪怕偶发的小错也难逃行刑队的惩处，更不必说叛逃、恐慌和自残了。在东线共有约 1500 名士兵被军事法庭处死，还有数十万人被关进惩戒营或判处其他刑罚。这应与英国和法国在二战中分别处死的 40 名和 100 名士兵形成对照。将这些总体因素与种族暴行联系在一起的问题在于后者是蓄谋已久的，且在德国军警跨过边界就已发生，因此不能归咎于德军随后的堕落和反现代化。

作为对严厉的军纪的补偿，事实上士兵被许可对他人为所欲为。德军通过偷窃食物、牲畜、车辆、衣物和战靴实现自助，不管这会给平民带来多大灾难。甚至还用从农民屋顶上拆下来的草喂养役畜。士兵们还会有选择地掠夺各家屋内的物品，1941 年

10 月，第 582 后方区报告说："被偷物品包括头巾、垫子套、桌布、手巾、男裤、窗帘料、男夹克、各种衣料、男大衣、床罩、俄式茶壶、手表、儿童内衣和外衣、丧服、童鞋和女鞋、女装、女式内衣，等等。"某些地方的失窃规模表明是团伙作案。这样1941 年底在维捷布斯克就有 188 头奶牛被偷，还有 15 吨盐、100 万张胶合板。在其他地区，军队破坏了工厂和机械，或用手榴弹炸鱼。最微弱的反抗也会遭遇极端暴力。

军队暴行也受到这些士兵在纳粹德国的成长环境及其在军队服役期间接受的意识形态教育的影响。令人惊奇的是这样一大群来自不同背景、时代、政治和宗教派别的人们当中有相当多人对"人民"、帝国和元首并没有深刻信念，并不认为德国拥有至高无上的征服权及统治权，也不相信其他民族是劣等种族。对当时的人们而言，这类情绪相当普遍，认为德国人根本不会这样想就犯了时代错误，也是一种逆向种族主义。也并非只有德国人对敌人怀有刻骨仇恨。1942 年苏联战地记者伊利亚·爱伦堡在《仇恨的理由》一文中将敌人加以非人化定型：

> 这场战争与从前的战争不同。我国人民首次面对的不是人，而是残酷、邪恶的怪兽，装备先进武器的野人，根据规定行动并援引科学的渣滓，他们已将屠戮婴儿变为国家智慧的遗言。我们不易产生仇恨……我们仇恨纳粹，因为我们热爱祖国、人民和人性。我们仇恨的力量的理由也正在于此。当我们遇到法西斯分子时，我们意识到盲目的仇恨已使德国心灵荒芜。这种仇恨不属于我们。我们仇恨每一个纳粹，因为他代表着憎恨人类的准则。我们为嫠妇的眼泪而恨他；为孤儿残缺的童年而恨他；为可怜的逃难者而恨他；为惨遭蹂躏的田地，为牺牲的数百万生命而恨他。我们打的不是人，而是人形机器。我们对他们的仇恨更加强烈，因为他们外表像人，因为他们能笑，能拍打一条狗、一匹马，因为他们在日记中也会自我剖析，因为他们伪装成人，伪装成文明的欧洲人。

不难发现普通德国军人中存在"优等种族"心态的证据，尤其是纳粹编辑的准官方舆论证据。然而，这类宣传作品却旨在表明军方坚定支持元首的世界观。因此为宣传目的编辑的士兵信件合集，假如真的是士兵所写，其中也浸透着种族情绪，正如1941 年 8 月一名列兵在家信中所写：

> 假如草原的子孙毒害并让这些被煽动的低等人饮鸩止渴，并入侵我们美丽的德国，那么文明的欧洲终将怎样？我们以爱和忠诚向我们的元首、救星和历史巨人表达我们无尽的感激。

这些信件中纳粹粗糙的种族仇恨，还有他们一致的无情世界观都应让我们驻足思索，或应让我们至少去查阅出版者档案以了解这些信件究竟是真是伪。最近在莫斯科发现了一批信件，它们来自被查封的德军邮局、战俘和死者，这些信件叙述对家人的思念或想到在昏暗地堡中横死的景象时用的却是截然不同的更加人性化的语言。这些信件中的绝大多数都是由不通文法、拼写和不惯表达感情的人们费尽心力所写，很多都写到了家乡。这些人并未提及犹太人或苏联平民，他们想知道父母、妻子、女友、兄弟姐妹和孩子们的消息。当他们谈到战争时，所谈的也无非是体力过度耗费和物资匮乏，如被迫行军、没有粮食、无处安身，还有个人卫生问题，实际上他们的世界已缩小为他们发痒的腿部和辘辘的饥肠。在这些描述中敌人并不突出，除非是在他们无尽的寻求温饱过程中偶尔出现的不受欢迎的闯入者。在一封日期为 1941 年 11 月 18 日的信中，一个名叫恩斯特的士兵生动叙述了斯大林格勒郊外一间小屋内的生活：

亲爱的路德维希！

苏联冬季的幽灵尚未来到——也许它正从遥远的吉尔吉斯赶来？我们仍然能够忍受零下 16℃的低温。前天下了第一场雪，而今夜寒风又将大雨冻成冰。我今天试着出去——太精彩了——就像是溜冰。不缺什么，一辆车陷入沟中。

感谢上帝，冷天的到来终于让我们送走了成群的苍蝇。还有些苍蝇在冬天仍嗡嗡叫，这些苍蝇不受季节影响，那些布尔什维克当然不会。

我们已在争夺激烈的斯大林格勒郊外暂住。我们希望能在我们建立的坚固小屋里过冬。首先，我们已将小屋彻底打扫干净，污秽在这个天堂中被认为是一种社会公德。我们已开始敲敲钉钉、锯木头，并挥舞油漆刷，让室内更加迷人。炉火散发出一种温馨。我们傍晚在角落里围坐，这让我们可以忍受待在这里。我们一搬进小屋就开始了针对虱、蚤的游击战。敌人发起攻击时使人发痒，又咬又在皮肤上爬来爬去，使皮肤有灼烧感。每天早晨都开始于一场灭绝战，然后一整天后要将衬衣扯下来以便更好地搜捕它们。尽管洗过，也无法清除这些可恶的害虫。

谈过天气和跳蚤后，恩斯特转而谈起苏联人。他对“苏联佬”的评价中不无羡慕：

斯大林格勒仍未攻下。你也可能很想了解。我们久攻不下因为我们只是外表强硬。苏军在每寸土地上都疯狂奋战。自然，斯大林已调遣精锐部队到此，几乎全是政委和军官。他们每个人都必须被杀死。而苏军掌握了如何在城市废墟上伪装、掩护自己。这场战斗流了很多血。但到今年年底，西岸将肃清残敌。

随着战事推进，占主导地位的情绪就是要活着回到家乡。正如另一位士兵赫伯特在1943年1月致父母的信中所写：

> 我宁愿再也看不到这该死的苏联，因为长久以来它足以让任何人丧命。和其他战友一样，我只有一个愿望：离开这个工人天堂，再不要听到、看到它。我们都有一个渴望：和平、宁静和充足的食物，那样我们就都心满意足了。

还有人在相当于战前遗嘱的信中反思了生、死和救赎。1942年1月，一个名叫西姆的士兵致信他的姐姐，提到他不想让怀孕的妻子洛特知道某些事情，以防对她的健康造成危害。这名刚转入战斗部队的笃信宗教的人写道：

> 我写这封信给你的原因是万一上帝饮我以死亡之杯而不许我回转，那么你收到消息，就请将此信作为我的遗言首先转交给洛特，也转给其他所有人……
>
> 要信仰耶稣基督——没有任何人能够去除死亡的苦痛。上帝知道我与洛特和克劳斯多亲近。想到你们大家，想到也许无法再和你们相见，想到洛特和你们会受到怎样的痛苦和悲哀，我就心如刀割……但我知道如果我们今生不能再相见，那主耶稣基督进行末日审判时，我们将仍能见到彼此。我要向你们大家说这番话，是要提醒并警告人们不要忘记这福音，不要背叛上主，要按主宰生死的上帝在圣经中揭示的方式生活。如不这样的话，我们将真正永诀，然后死亡就显露其丑恶嘴脸，而且人的全部生命将成为毫无意义的自我本位斗争。

其他人的战争

战争不仅有战役和武器，还要用其他方式推行政治。入侵苏联的超军事目标就是实现领土扩张，并在战后保障长久的经济安全及永恒的种族存续。战争不仅是为了孤立英国和获取石油。这一远景中存在多个不同的重点，事实上还有与此不同的对苏联情况更为有用而敏感的远景。对手施加的政治影响以及战争进程等变量也使德国内部对东线被占领土的未来产生争论。某些史学家注重将各色中层技术官僚的破坏畅想“现代化”，但有必要记住其他德国人，包括军方，都对苏维埃帝国的政治现实有着微妙的掌握，并支持另外的政策。

希特勒对苏联的观点向来并不微妙。他每晚都有一番桌边谈话，对史前犬类，或“雅利安人”耶稣，以及“喜爱馅饼的偷猎者”等偶发话题进行深入探讨，一群人坐在一处全神贯注地倾听。根据这些谈话，他对“东方”这片位于德国边界以东的广袤土地充满向往，同时又有所排斥。他的建设性的幻想包括建起宽阔的高架路，以便车辆经过死者阴暗的纪念碑时让寒风吹走积雪；让双层火车载着欢快的德国劳工阵线度假者前往黑海海滨胜地。“空间”将由来自德国的老兵-农民定居并定型，另通过“特别安排”将丹麦、荷兰、挪威和瑞典定居者安置在北部。定居者将拥有大农场，官员享有豪华办公区，地区长官住进“宫殿”。德国殖民社会事实上将成为“堡垒”，外来者禁入，“因为我们年轻人中最差的也要比当地人优越”。这一远景的负面特征突出，即粗鲁又无情。虽然希特勒反复明确地把英国对印度的统治当作他的样板——“我们在苏联的使命和英国在印度的一样……苏联土地就是我们的印度。和英国人一样，我们也要用少数人统治苏联帝国”，但他所知的殖民统治就如同他读过的一本花哨的书一样——这本书牵涉英国（或德国）非洲殖民地更为肮脏的一面——而并不了解英国数百年来对南亚次大陆的经营，留下了从烹调到板球等一切印记。苏联人是“一群天生的奴隶，他们需要被主宰”。外来者（即德国人）已将组织社会原则带给了习惯于用反社会“群兔”方式行事的民族。反文明将被鼓励：“不对苏联人进行防疫接种，没有肥皂洗去他们的污秽……但让他们有一切想要的烈酒和烟草。”

几乎希特勒对苏联发表的一切言论都有无情和粗暴剥削的特征。1941 年 10 月 17 日他说：

> 我们不需要玩小孩治病的游戏，就这些人而言，我们绝无任何义务。翻修房屋、赶走跳蚤、提供德文教师、引入报纸——我们不做这些！……让其他人只是能看懂我们的高速公路标志，免得他们葬身于我们的车轮下。

经济交往要仅限于最基本的类型，包括为当地人提供头巾和玻璃弹珠：

> 收获季节我们将在所有重要地点建起市场。我们将在市场上买走所有的谷物和水果，卖出我们生产的残次品……我们的农机厂、运输公司、家用产品生产商等等，将在那里为他们的产品找到巨大市场。那里也将是廉价棉制品的绝佳市场，颜色越鲜亮越好。我们为什么要阻挠这些人对鲜亮颜色的渴望呢？

未来的叛乱将通过“在他们城市投下几枚炸弹”被加以镇压。同时，经必要休整，每年一支吉尔吉斯军队将来柏林接受检阅，“以让他们对我们雄伟的纪念碑留下想象”。尽管此处只有破坏、剥削和恫吓的欲望，但这种敌托邦式的远景却为被占苏联的政策确立了参数。

1941 年 7 月 16 日召开了一次重要会议，与会者有希特勒、戈林、鲍曼、拉默斯、凯特尔和罗森堡，此次会议表明了希特勒在大政方针问题上的决定性声音。会议从下午 3 时开始，持续到晚 8 时，中途有一次咖啡小憩。希特勒说没有必要明确表达德国的目标，“重要的是，我们自己要清楚我们想要什么”。不要有自我限制的公开政策声明，“尽管如此，我们能做的一切必要措施——枪杀、再安置等——仍将继续”。不可有摇摆不定的政策（绍克尔政策），只要无情推行一个目标，建立永恒的德国霸权，并在乌拉尔山以西清除所有军事大国。他从英国人那里学来了执着，英国人在印度也从不把全部赌注压在某一特定本土统治者身上。不许任何斯拉夫人、车臣人、哥萨克人和乌克兰人带枪。轰炸机将压制“伊甸园”中的任何叛乱，甚至胆敢斜视的斯拉夫人都要被击毙。凯特尔和戈林附和了这场强硬的谈话。戈林不理会罗森堡将文化和基辅的大学作为最基本的觅食之上的点缀的插话。凯特尔谈起对消极怠工和无法防止的破坏活动实施单独或集体报复。在更强有力的对手对罗森堡名义上担当的东方被占领土部长一职分内的人员安排计划横插一脚时，他显然也无法继续控制局面。戈林提议，希特勒最终拍板，堕落马克思主义者埃里希·科赫将替代绍克尔前往执掌乌克兰。

许多德国历史学家承认德国丧失了一个将斯大林和苏联人民隔离的“难得机会”，其他的选择不仅是进行右翼随心所欲的思考，即使这些思考因所受政治影响大都不切实际。某些德国人对这个广袤帝国多处深深的民族与宗教裂痕了如指掌。其中还有外交考量，如芬兰人同情高加索人，土耳其人关注高加索的（穆斯林）民族，这些都在德国政策的外围营造出一种缓和的影响。某些德国决策者想利用“解放而非征服”的口号在克里姆林宫和苏联人民之间钉进楔子。还有人和希特勒一样恐苏，但又对苏联的民族多样性充满兴趣。罗森堡设想在立陶宛、拉脱维亚、爱沙尼亚和白俄罗斯建立一个保护地；要让乌克兰扩张，并在名义上独立；成立某种形式的高加索联邦；用他的“防疫警戒线”划出一个复兴并削弱的“莫斯科公国”，其扩张动力将指向亚洲，还要成为“不理想者”的投放地。

在西方各国乌克兰名声不佳，该国似乎与集中营看守和党卫军“加利西亚”师同义，而 1943 年该师成立时，许多乌克兰民族主义者持反对态度。还有人估计在迫在眉睫的混乱中重要的是要有一支乌克兰军队。前苏联将全体乌克兰离散犹太人判为有罪，其中许多人都曾在美国和加拿大武装部队战斗，主要因直到 1953 年前他们一直不得不与乌克兰游击队争胜。还有 200 万乌克兰人曾加入苏联红军作战。这些基本事实都应牢记。假如人们对其他民族稍感好奇，而不是热衷于转述有害的成见的话，就很容易做出公正的判断。

二战期间乌克兰的整体命运很骇人，因为这里是一个主战场。约 700 个城镇和 2.8 万个村庄被毁，近 700 万人丧生，其中包括几乎所有犹太人。乌克兰人与德国人合作有明显的实际原因，不只是反犹主义者为纳粹入侵者献上的面包和盐。

苏联人 1941 年撤走时，第聂伯河水电站、高炉和矿井基本变为废墟。由于乌克兰苏维埃政府迁至乌拉尔山区巴什科尔共和国的乌法，于是出现了领导真空。乌克兰移居者分属乌克兰民族主义组织的两个派别，分别由温和的安德烈·梅尔尼克和毫不妥协的斯捷潘·班德拉领导。这两派就是梅尔尼克派和班德拉派。班德拉的支持者们紧随德国入侵宣布乌克兰在利沃夫独立建国，该国仅持续一个星期，班德拉本人被捕，并被遣送德国。加利西亚并未成为乌克兰国家中心，反而变为德国人统治的波兰“中央政府”的一个省。在纳粹的阴影下，波兰和乌克兰都无法享有国家地位。为通过宣扬种族仇恨消除波兰的国家地位，德国人在加利西亚鼓励乌克兰人文化自治，而矛盾的是在乌克兰其他地区，这却被无情压制。乌克兰南部部分地区被移交罗马尼亚，并更名为“特兰斯尼斯特里亚”，而埃里希·科赫却在里夫尼小镇上而不是基辅开办商店，就是要强调消除乌克兰国家地位，正如其同伙汉斯·弗兰克将波兰首都定在克拉科夫而弃用华沙一样。

1941 年秋，党卫军疯狂镇压了乌克兰民族主义者两派，将基辅市长和一名杰出女诗人处死。民族主义者转入地下，成立乌克兰起义军，与德国人、苏联和波兰游击队进行了复杂的三角战争，西欧解放八年后，这场战争仍在继续。在乌克兰西部，乌克兰起义军和波兰地下的国民军打了一场惨烈的战争，数千平民惨死。既然乌克兰和许多其他国家已经独立，它们在二战中的特殊经历也不应再囊括于苏联二战史中。

政治上不活跃的大多数乌克兰人必须竭尽所能生存下去。乌克兰人通敌不会像西欧那样被指为叛国，因为多数乌克兰人对先前的波兰和苏联政府都谈不上忠诚。通敌让他们有机会重树国家地位，此前在一战期间他们曾在德国人利诱下短暂拥有过国家地位。城市民众也无从选择，只能为德国人工作，因为德国人控制了粮食，另一种选择就是饿死。至于农民，尽管他们自产粮食，他们还要面对德国人不停地追索粮食。拒绝的后果首先是警告，然后是鞭刑，接下来就是将他们和家人一并射杀，同时烧毁他们的家园。

追溯反历史的中世纪商会和条顿骑士团，纳粹想到将当地人群中的“种族适合者”“德国化”，并建立广泛的德国殖民地，遣送“不理想者”。1941 年 6 月 24 日，德军坦克在夜色中到来时，维尔纽斯的立陶宛民族主义者建立起市民委员会期待国家独立。一名被激怒的德军军官立即让前立陶宛外长于尔古提斯教授独立的梦想破灭，并鲜明地提醒他谁是主宰。随着德军在东线伤亡攀升，波罗的海三国加强自治和未来独立的问题就与波罗的海党卫军部队的建立纠缠不清，其中拉脱维亚和爱沙尼亚提出合作以换取政治让步，但毫无结果。

德国对苏联被占领土的统治包括军方和文职人员控制的大片区域。在前线之后 15～20 公里范围内，有宽达 50 公里左右的“军队后方区”，再经过 100 多公里为“集团军群后方区”。军事占领政策取决于主管官员、平民的态度和构成，以及德国利益的长期性或短期性、广泛或有限。因此在中央集团军群后方区，沙拉布伦多夫、格尔多夫和特雷斯科等官员实际上重建了小学和专业学校，而在高加索，希特勒仅对石油感兴趣，陆军最高司令部的施陶芬贝格安插的军官恢复了佛教徒、穆斯林和东正教基督徒的宗教自由，同时加速将集体农庄人员转化为合作者。为了免除人们对军事统治存在的过度乐观的印象，有必要记住对少数族群做出的让步并未惠及吉卜赛人、犹太人或精神病人——他们被系统地杀害，也未惠及外围的主要人群，他们和那些非俄裔少数族群一道遭受以他们产品为生的德军敲骨吸髓的剥削。

在这些不稳定的军管表层背后，还有文职人员控制的两大帝国专员公署，名义上隶属于罗森堡在柏林的东方部，该部诨名“混乱部”，反映了其草创的仓促。罗森堡只在名义上控制着里夫尼的科赫（实际上科赫更喜欢住在柯尼斯堡）和里加的欣里希·洛泽，这两个党内恶棍可以直接和希特勒对话。戈林的多国经济机构、邵克尔的强制劳工获取机关、施佩尔的军火机关和希姆莱的残酷种族斗士、直接听命于柏林的党卫军和警察头目都进一步侵蚀了罗森堡虚构的帝国。

德国人的实地管理水平不高，来自纳粹党民粹派的强人和失败者纷纷涌入，他们被恰如其分地称作“东方小人物”。告知他们如何行事的指南发人深思，德国缺乏将年轻人转变为“元首子民”的英国那样悠久的帝国传统。德国人要“彼此平等，对上负责，对下专制”。人们一定不要将自己的心里话讲给苏联人听，“因为他天生就懂辩证法，承袭了哲学心态，因此会比你能言善辩”，而且德国人应当隐瞒自己的错误。苏联人有女子气，多愁善感，会迫不及待地恳求每个外来征服者“来统治我们”！德国人不能示弱，不能流泪，也不能沉溺于愉快友好的气氛，要能完全克服“魅力”“腐败、谴责或拜占庭风格”。苏联人几乎能忍受一切，“因为他们心肠善变，绝无虚伪怜悯”。向上级哀诉“自助者天助”没有用。

占领区官员与这些禁令和个人威严相去甚远。收入菲薄的德国官僚手执皮鞭在科赫所称的“当地人”“黑鬼”之间横行。各国臃肿的行政首都内的秘书们拿的工资是陆军中尉们的三倍。腐败盛行，乌克兰已变成帝国“旧货市场”，德国官员及其家人用国内亲戚寄来的盐、廉价珠宝、过季鞋子和俗丽女装和乌克兰人交换蛋、油、熏肉和火腿，然后再通过邮政和铁路非法运回德国。

德国在同一个最具种族和信仰多样性的社会作战。这个事实可能令人振奋。虽然苏联人口一半为俄罗斯人，3/4 为斯拉夫人，但其余 1/4 人口由 100 多个民族构成。在这点上，通敌才能成为一种活跃的可能。

希特勒最初坚决反对使用当地武装，但被用作非战斗性补给部队的辅助志愿军除外。但德军在俄的持续减员逐渐使当地战斗部队的政策发生了转变，这也来自国防军最高司令部的莱因哈德·格伦、亚历克西斯·冯·仑内、维尔弗里德·施特里克菲尔德和申克·施陶芬贝格等人的推动，这些人认识到对俄战争也应有其政治维度。当地指挥官们也草创了“东线部队”分遣队。随着 1941 年 12 月 17 日的一道指令，逐步成立了六个民族兵团，即亚美尼亚人、阿塞拜疆人、格鲁吉亚人、北高加索人、土库曼人和伏尔加鞑靼人兵团，1942 年底有 15 个营，1943 年初又新增 21 个营，还有一支 3000 多人的卡尔梅克骑兵部队，这主要得益于个别德军将领的投入，如 44 岁的前建筑师多尔博士，他的卐字袖章让他所辖的卡尔梅克士兵想起了佛教的卍字符，他还鼓励富有的卡尔梅克人周济困难同胞。在卡尔梅克人聚居区还举行了市长选举，集体化被废止，而且个人想拥有多少牲口都可以。这些部队的军事效能仅限于情报侦察和破坏活动探查。根据对其日常活动的报告判断，卡尔梅克人擅长检查铁路线上出现的松动或脱节，以及隐藏的爆炸装置，再通知附近的德国当局，从而避免重大军事伤亡。

1944 年 7 月多尔死后，卡尔梅克人被编入武装党卫军高加索支队，这支党卫军部队成了当地武装的主要支持者，其成员由拉脱维亚人、爱沙尼亚人及（1943 年后）乌克兰人补充。党卫军还控制了两大帝国专员公署的当地辅助警察和反游击部队，而从战俘营中获释的波罗的海各国人和乌克兰人则在 1941 年 10 月建立的臭名远扬的特拉夫尼基基地接受意识形态灌输和党卫军培训，他们从这里出发到各地的犹太人死亡营作恶。

从 1941 年夏开始，德国人偶尔将哥萨克军队部署在东线战场。德第 14 装甲军困惑地发现，他们正在攻击的苏第九军正同时遭受驻扎其后的一股神秘力量的袭扰。结果这就是尼古拉·纳扎连科的顿河哥萨克人。德国人想解散他的军队，但纳扎连科愤怒地告诉他们说 1918 年起他就在和布尔什维克斗争。另一名哥萨克人伊万·科诺夫少校劝降了整个苏军第 436 团。德国人和哥萨克人保持距离，任命一名自己人统帅所有哥萨克军队，以防他们寻求更大的政治变革。赫尔穆特·冯·潘维茨成长于德波俄三国交界处，曾亲见沙皇的哥萨克部队。作为职业骑兵军官和自由军团老兵，潘维茨在东线战场屡立奇功，被赋予组织哥萨克部队的任务。除获得克莱斯勒和蔡茨勒支持外，潘维茨还在党卫军中找到了难得的盟友，党卫军种族专家此时称哥萨克人不是斯拉夫人，而是被误置的“雅利安”哥特人。潘维茨的基地位于东普鲁士的米劳，他组建的哥萨克师里有尼古拉·库拉科夫这样怪异的哥萨克首领，他在 1920 年的内战中双腿尽失，于是在木雕假腿支撑下蜗居了 20 年。随后哥萨克师就登上开往南斯拉夫的列车以应对布尔什维克对巴尔干的威胁。

但通敌者远不止哥萨克人这类非俄罗斯人和边缘化的斯拉夫民族。约 1 万名苏联人也不同程度地介入了德军部队，大多数为不带武器的辅助人员，但仍有多达 25 万人的战斗部队，前文中已有叙述。假如没有那些内奸和通敌村长，那么在被占领土搜寻犹太人的各类党卫军和警察部队的行动不可能如此高效。最显著的通敌个案涉及弗拉索夫将军和苏联人民解放委员会。

安德烈耶维奇·弗拉索夫 1900 年出身于农民家庭，共有 12 个兄弟姐妹。正如他在 1943 年 3 月的“公开信”中所写，他是苏维埃制度的典型产物，尽管他本人并未受到该制度的伤害。内战期间参加红军，迅速升任连长。1930 年入党，1938 年被派往中国推行苏联的双重战略：支持蒋介石抗日，同时支持中共打击自己的盟友蒋介石。他英勇指挥苏军基辅突围，后又指挥莫斯科保卫战。1942 年 1 月 24 日他被授予中将军衔并获红旗勋章。1942 年春，他被派往沃伦前线指挥第二突击集团军，以减轻列宁格勒的压力。高层就该谁在前线负责的问题产生了分歧，导致弗拉索夫部被围，给养不济，又被禁止撤退。他命令部队解散，各自逃命，本人在丛林中徘徊了数周时间。

1942 年 7 月 12 日，德军在一处木棚将他逮捕。此前他心中也许反复权衡了促使他投敌的因素。

囚禁于乌克兰维尼察的高级战俘营中的弗拉索夫与德国高层官员进行了一系列严肃会谈。虽然德军宣传家主要想利用弗拉索夫之名鼓励红军叛逃，但仍有深表同情的德国人，主要是施特里克菲尔德，通过组织传播其“斯摩棱斯克宣言”及在被占区域巡回演说纵容弗拉索夫膨胀的政治野心。“斯摩棱斯克宣言”是反斯大林主义、自由改革建议和纳粹政策的美化歪曲的怪异组合。指导思想是带着荣耀与德国保持永久友谊与和平，以及苏联人民的福祉。不仅布尔什维主义和斯大林主义被指为近期军事灾难的肇因，而且，从倒置马克思主义理论出发，法西斯分子被看作大企业的代理人，是致力于对俄掠夺的英美资本家的工具。

就希特勒而言，弗拉索夫或达本多夫营中西亚的红军军官的唯一价值就是策反敌军，事实上这些红军军官在“堡垒”行动前数周就依据“彩云”行动，被派到前线用扩音器向其同胞广播，声闻数英里。希特勒深知如允许弗拉索夫领兵，那么他就能以此要挟纳粹作出与对俄战争目标不符的让步。

东线战场每况愈下的局势至少改变了希姆莱的想法。他 1944 年 9 月会见了弗拉索夫，对这个高大而不谙世事的人物印象颇佳，于是授权他组建一个苏联师，并发表一份宣言。仪式在德国人手中的最后一座斯拉夫城市布拉格公开举行，尽管纳粹政要并未出席。1945 年 1 月弗拉索夫受命指挥两个伤亡惨重的师，他在试图逃往美军占领区时被红军抓获，被作为叛徒绞死于战后的莫斯科。广泛而言，尽管纳粹愿意投机利用“当地武装”弥补自身减员，但这从未表明德国对被占苏联领土的政策改变，同时也无法减轻弗拉索夫及其支持者的个人悲剧。

如前文所述，希特勒对于未来德俄经济关系的构想以殖民剥削为基础。现实的考量决定对集体农庄的改革将有名无实，而国营农场和拖拉机都会被德国人据为己有。

事实上，去集体化及其一切措施都让粮食更难获取，这也是布尔什维克当初引入集体化的原因之一。正如改革的反对者国务秘书巴克所说，假如苏联人没有建立集体农庄，那么德国人也会代他们建立。

并非所有人都持这一观点。一个由外交官、经济学家和情报军官组成的松散、异质而又信奉实用主义的群体认识到疏远农业人群推进改革的危险。这些改革最终都成为一纸空文。1942 年 2 月颁发的《农业法》是针锋相对的观点之间令人不满的妥协。它只是将“集体农庄”更名为“共有经济体”。对农民做出的微小让步包括：允许家庭小片土地私有并免税，但只有收益权，没有所有权，允许拥有不限定数量的牲畜。因希特勒手下东方领主的强硬态度，这些改革也无法进行。1942 年 8 月底埃里希·科赫在乌克兰洛夫诺说：

> 没有被解放的乌克兰，我们的目标是每个乌克兰人都要为德国劳动，而不是让这里的人受益。乌克兰必须转运德国之所需。如果这些人每天工作 10 小时，那么其中 8 小时都要为我们干活。不应该感情用事。这个民族必须用铁拳统治，以让其助我们赢得战争。我们解放它的目的不是要让它受益，而是要获取德国需要的生存空间和粮食基地。

入侵前，德国对被占苏联的工业战略包括关闭除煤炭和石油等采掘工业外的一切工业，或将其转移至德国。最原始的殖民剥削决定了随后出现德国以工业制成品交换苏联原材料。无法快速取胜意味着这些简单的想法要被更为变通的途径取代，要激活苏联相当部分的工业生产能力。为满足德国战争机器的需要，大小苏联企业都被重新开启或重建。这一过程相当缓慢。在战前的明斯克有 332 家工厂，工人总数约为 4 万。到 1941 年 10 月，仅有 39 家工厂和 3378 名工人重新开工。在纳粹占领的欧洲其他地区初具规模的多国控制形式也被引入苏联被占领土。由戈林及其国务秘书保罗·科尔纳通过东方经济指挥部实现总体控制，其中还包括来自陆军最高司令部的巴克和托马斯，以及来自经济部的西普罗。经济政策的基本目标在 1941 年 11 月 8 日的一份备忘录中提出：

> 将通过廉价生产和维持当地人较低生活水平实现最高可能的生产剩余以供养帝国及其余欧洲国家。这样不仅可能充分满足欧洲对粮食和原料的需求，同时也能为德国提供一个收入来源，使其能够在数十年内的大部分时间偿付战争债务，从而为德国纳税人节省大量开支。

他们曾采用各种机制使苏联被占地区工业经济为德国利益服务，包括直接国有；核心商品以大洲为范围垄断；国有私有混合制；国家和私人信托，其中公司代表国家经营特定工厂，所有问题被无限期搁置；最后，直接私营控制。同样具有纳粹整体经济特征的是在名义上由国家控制的公司或机构中存在来自德国私人部门的实体。后者被引入以成为苏联公司的“养父”，1942 年 8 月法本公司工业家保罗·普赖泽证实，克虏伯公司将控股马里乌波尔的亚速钢铁厂和克拉玛托斯克的一家工程公司。一张反映截至 1943 年 3 月煤和钢铁企业被控程度的德国“养父”名单包括雷克林豪森的比绍夫公司、多特蒙德联合冶金公司、克虏伯公司、曼内斯曼公司、西门子-舒克特公司和好时捷公司。

总体而言，生产水平令人失望。尽管战前苏联顿涅茨盆地的煤炭产量已达 9000 万吨，但在整个德国占领期间仅开采 410 万吨。同样，克里沃罗格铁矿也仅生产了苏联统治时期的 12%。苏联被占地区为德国提供的物资相当于从法国搜刮的 7%。具有讽刺意味的是，1940 年德国依据常规贸易协议从苏联进口了 70 万吨大麦，但在 1942 年仅获取了 120468 吨。德国在和平时代从斯大林手中获取的原材料多于其从被占领土上掠夺的总量。根据财政部长什未林·冯·克罗西克等消息灵通的观察家所说，恢复生产受到过度官僚化的严重阻碍，因为“各类组织、协会和建筑如雨后春笋般迅速萌芽、成长、壮大”，而且还有一小群毫无天分的德国白领工人涌入东线，给自己支付巨额工资，工作却由当地下属来做。苏联被占地区不但无法产生盈余以疏解帝国高筑的债台，反而需要获得补贴。这篇备忘录并未深入探讨苏联生产率低下的原因。尽管德国占领方至少考虑对农民施行某种连贯的政策，但工业劳动力无法享受照顾，而被迫将产品输往德国。苏联矿工生产率仅相当于德国工人的 50%~60%，不仅因为他们只能拿到后者 1/8 的工资。

虽然德国当局和军方某些边缘人士支持对苏实行更为实用的政策，但整体计划和作法都是基于残酷的剥削和谋杀。和占领波兰时一样，一小撮学术“专家”主动提出了他们对前苏联最终命运的设想。这些傲慢的人们在权力走廊来往穿梭，可笑而又骇人地阐释了“一点知识，万分危险”的道理。党卫军上将康拉德·迈尔教授是一位年轻农学家，他受命将希姆莱千奇百怪的想法转变为种族清洗的冷静的技术官僚计划。希姆莱接连数日管理欧洲警察帝国后，感到和这类人谈论农舍墙壁厚度或殖民地村庄形制是一种放松。

从新并入领土上驱逐波兰人和犹太人从而出名之后，迈尔又受命制定一个将“巴巴罗萨”行动后新占领土囊括在内的计划。即使在党卫军内部，计划也层出不穷。1941 年 10 月在对布拉格占领当局高级官员发表的就职讲话中，新任护国总督莱茵哈德·海德里希列出他所设想的东欧定居计划。一个德军精英集团将统治斯拉夫“农奴”，然后将有两个道义世界，组成人员为与德国同宗的民族，他们会受到相对体面的待遇。在其外围的东方，人工造田将随后出现，其外围由士兵-农民守卫，防止“亚洲洪水猛兽”侵入，保护身后不断扩张的德国殖民前锋。

党卫军帝国中央保安局也于1941年底制定了整体东方计划，其内容根据埃哈德·韦策尔博士——罗森堡的东方部研究种族政策的军官的批评经过了修改。该计划将在战后利用30年时间实施。它覆盖了波兰、波罗的海三国、白俄罗斯、乌克兰部分地区、列宁格勒地区和克里米亚半岛。在不杀人的日子里，D特遣队人员显然都在搜寻古代哥特人的洞穴遗物。党卫军计划人员预计让1000万德国人东移，4500万当地居民中的3100万将被迁往西西伯利亚。这里韦策尔慎重更正了党卫军的算数，因为他们的4500万数字似乎太低，同时又包括要在安置前清除的500~600万犹太人。实际人口数字将是6000~6500万，其中4600~5100万将被迁移。遣送要按民族决定百分比。由此将有80.85%的波兰人（2000~2500万）要走。在考虑他们的归宿时，韦策尔将西伯利亚排除在外（这里可用作对抗苏联残余势力的堡垒），并说明不应像对待犹太人那样清除波兰人，然后选择将波兰知识分子运往巴西，以交换德裔人口，并将其下层运往西伯利亚，他们与将被“注入”这里的各民族一道，构成一种非人性的“美国化”的不同于德国人的大杂烩。就如何限制苏联生育率，韦策尔提出了详细建议。除大规模生产避孕药具外，他还建议保留产婆做流产医师，对儿科医生提供不充分的培训；自愿绝育；终止所有旨在减少婴儿死亡率的公共卫生措施。

中央保安局计划中明显的数据错误和逻辑上的不可行性让希姆莱转向更为实际的迈尔。1942年5月，迈尔发表了题为“东方总计划：东方开发的法律、经济和空间基础”的备忘录。这项计划现仅存概要，预想了三大“边疆居民定居点”（列宁格勒地区、维默尔-纳雷夫和克里米亚半岛），其人口中的50%将为德国人，距这些地方100英里外另有34个“定居重点”，其人口的1/4将为德国人。该计划将用25年实施，牵涉500万德国定居者，将耗资660亿马克。希姆莱喜欢有意将“东方部”排除在“边疆居民”之外，但希望将时间表缩短五年，还要将阿尔萨斯-洛林和波希米亚-摩拉维亚涵盖于计划内，并加速波兰“中央政府”和波罗的海部分地区的德国化。迈尔领命制定了一个包含这些修正的总体殖民计划。

如果这些长期计划揭示了纳粹对东方本质上不人道的企图，那么日常对待平民的手段就无疑导致了沉闷的不合作和刻骨仇恨。有三个方面值得特别关注：有意饿死大量平民，暴力获取劳工及在反游击战中不加区分的残暴。

征服苏联不仅是意识形态上与“犹太布尔什维主义的摊牌”，也不仅是规模空前的种族清洗，而且是获取长期经济基地的斗争，它将从这里角逐世界霸权。由于希特勒想象的闪着小麦金光的田野并不真实，德国经济学家，主要是国务秘书赫伯特·巴克就取捷径，将粮食下发军方和德国国内前线，从而饿死数百万苏联人。这被认作摆脱发展危机的唯一途径，这一危机的最初症状就是减少了德国国内的肉类配给，但其解决恰如“东方总计划”中详列的后果。换言之，人们可以通过多种不同公式，得出最终理想的“答案”。不论表面被涂上多么理想化的光彩，都难以掩盖其潜藏的本质的残忍病理。

巴克从沙俄曾出口余粮的事实出发，将近期的减产归咎于布尔什维克的无能和不断增加的城市化人群的需要。只有限制消费，余粮才能供德国使用，这一政策因北方林区（工业城市列宁格勒和莫斯科）的需求量远少于南方生产粮食的黑土带的事实而变得更易实施。这些城市人口必须挨饿，“结果，如果我们从这片土地上夺走我们所需之物，那么无疑将有数百万人饿死”。

这些计划和希特勒更为原始的破坏畅想吻合，1941 年 7 月 8 日，哈尔德在日记中提到：“莫斯科和列宁格勒都要被夷为平地，这样我们就不必在冬季供养那里的残余人口，这是元首坚定的决心。城市必须由空军摧毁。不可为此目的调遣坦克。全国范围的灾难不仅要肃清布尔什维主义，而且要将莫斯科从其中心抹去。”1941 年 9 月初，列宁格勒被围，只有一条穿越拉多加湖的危险路径可通苏联余部。300 万人被困城内，围城长达 900 天。斯大林怀疑被谋害的共产党大佬基洛夫在列宁格勒仍有残余势力，于是解散了三人防务委员会，故意说其与列宁格勒前指挥部功能重叠。苏联当局优先考虑仓促打造阻止德军前进的壕沟和炮位，却忽略了大规模转移无辜群众——主要是儿童，以及储备粮食以应对万一出现的围城。事实上，粮食已被转运出城供给其他未被占地区。后来过迟且低效地引入了配给制，还有搀着纤维素的面粉或大量羊肠冻等代用粮，羊肠冻被用丁香去除臭味。冬季来临，温度骤降至零下 40℃，停电停暖，人们只得揭下墙纸，熬煮糨糊当粥充饥。有些人将自己的猫、狗宰掉吃尽，用芥末和醋遮盖味道，用毛皮缝制手套。

德军切断了通往列宁格勒的铁路干线，同时纳粹空军骚扰穿越湖面的冰上交通。环绕德军北面仓促建成的 200 公里道路因过窄不敷使用，而且深雪会让车辆陷入其中。由于希特勒坚持拒绝投降，德军将领不知如何应对这座围城。1941 年 9 月底考虑的可能包括占领（因需要养活 200 万人而被否决）；用大型电网和机枪封锁该城（因继之而起的传染病可能会蔓延至德军，还因德军不太可能一直枪杀逃离的妇孺而被否决）；打开缺口让妇女儿童被送往东部或农村，而饿死其余人口（认为可行）；最后，毁灭该城并将废墟移交给盟友芬兰。最终决定加紧围困和轰炸。炸弹和炮弹雨点般落入城内，随机炸死一群人或某个路人。一名目击者报告说：

> 当一枚炮弹在旁边着地时，我正在涅夫斯基酒店。离我 10 码远有一个男人的

头被弹片整个切下。真是恐怖。我看到他头被切下后又走了两步，倒下时已成鲜血淋漓的一团。那时我吐了，一整天都很难受——虽然我此前也看过不少恐怖场面。我永远无法忘记一所儿童医院遭到一枚油弹轰炸的那个夜晚，很多孩子遇难，整栋建筑燃起熊熊大火，还有人葬身火海。看到这种事情发生对人的精神不利，我们的救护人员指示炮弹落地后要尽快清洗人行道上的血迹。

11 月 1.1 万人遇难，12 月 5.2 万人遇难，1942 年 1 月每天有 3500～4000 人死亡。令人忧心的迹象首先是男人不再剃须，女人不再注重外表和停经。年龄混乱，孩子们过早成熟，而中年人的身材看上去像儿童一样瘦小。甚至最普通的运动如爬楼梯或上床都要付出极大努力，而濒死者就在身旁蜷缩、沉睡。尸体被集中推入用炸药在冻土上炸出的弹坑。葬礼上人们面无表情。沉闷取代了眼泪。但这些都未对住在灯火通明的斯莫尔尼学院的领导们构成任何影响，他们有自己的面包师、糕点师制作蛋糕和酒心巧克力供他们独享。

民众面临的压力最终因撤走老弱妇孺和在冰湖上开辟补给线而得到缓解。春季在湖底铺设了管线和电缆，市内的燃料和电力供应得以恢复。在整个列宁格勒围城期间共有 60 万人遇难，这也是对哈尔科夫、基辅等城市实行绝粮政策的后果。列宁格勒的英勇和悲壮被通过肖斯塔科维奇的“列宁格勒第七交响曲”等无形媒介向更广泛的苏联大众传扬。

和德国占领的其他欧洲地区一样，强征劳工也引发了恐惧和怨恨。苏联平民和战俘都被迫为德国占领当局劳动，前者依据的是罗森堡 1941 年 12 月 19 日签发的劳工服务通令。虽然希特勒最初不愿让德国和外国劳动者接触被“布尔什维主义污染”的苏联工人，但由于战争对国内劳动力提出的巨大要求及拒绝征用德国妇女，希特勒改变了态度。戈林制定了大规模征用苏联劳动力的基本原则，此刻又充满讽刺地称颂在布尔什维克统治下“苏联工业的惊人成就”。德国人不再从事修建公路、铁路等重体力劳动，“德国人中的熟练工人属于军工企业，铲煤、砸石不再是他们的工作，因此就让苏联人来”。将苏联人调往帝国可使当局遣返那些食量大、产出少的外国工人，同时也减少对德国女性劳动力的依赖。苏联战俘（如前所述，他们死亡率极高）注定要到铁路、兵工厂、建筑工地、农田和矿山劳动。他们被安置在劳动营中分组工作，除减少配给口粮和死刑外，没有纪律制裁措施。鞋子是木头的，“但内衣是多余的，因为苏联人几乎都不用它”。

对待俄罗斯平民也无甚差别，只是发给他们“少许零用钱”替代工资。过迟地发现大量苏联战俘已经死亡，于是劳动力专家再次将注意力投向平民。和阿尔贝特·施佩尔一起，劳动力获取全权代表弗里茨·绍克尔将目光转向俄国和乌克兰。志愿途径迅速失灵，无法产生多大效果。当然，对许多产业工人而言，在是否去德国的问题上他们毫无自愿可言，因为德国占领者关闭了苏联人曾摧毁的工厂，而且有意推行旨在让城市人民饿死的政策。情况也迅速得到反馈——通过战俘和被遣返以省下照顾他们的开支的孕妇和病人的证言——证明了东欧工人在帝国内的恐怖境遇。强迫逐渐占了上风。一名乌克兰妇女描述了如下情况：

> 1942年2月，一个名叫格拉夫·施普雷奇的德国人来强征劳工。德国人在电影院召集了一次大会。一群人过去一探究竟。施普雷奇说："我要让你们这些乌曼的市民都自愿前往德国协助德国武装部队。"他向我们承诺了天堂般的待遇。但我们已知这些承诺意味着什么，于是问道："假如我们不想去会怎样？"施普雷奇回答道："那样的话，我们仍将友善地要求你们前往。"那是2月10日。两天后，他们挨户搜查，带走了所有年轻人。他把我们带到一所很大的学校，早上5时又去了车站。我们被推上火车车厢，然后我们被锁在里面。这次旅行是持续数周的噩梦。

负责拦截、翻译俄国和乌克兰平民信件的德国机构注意到强征劳动力导致了相当于"极度恐慌"的恶劣情绪。一位写信者描述了1942年10月1日一个村子里发生的事。值得注意的不仅是所用的暴力，也有村庄长老起的作用及对所征人员身体条件能否适应工作的漠然：

> 你无法想象出现了怎样的破坏。有命令要求集中25名工人，被劳动部指定的人员都收到了登记卡，但他们均未出现，全跑了。德国警察来了，开始点火烧那些逃跑的人的房子。火很猛，因为已有两个月没下雨，还有干草堆在院内。你可以想象发生的事。他们不准人们跑去救火，殴打、逮捕救火者。这样有六处农庄被焚。警察还把别人的房子点着，人们双膝跪倒，亲吻他们的手，但警察用棍子打他们并威胁要烧掉整个村庄。我不知道假如萨普卡尼不介入其中的话，事件该怎样收场。烈焰冲天时，民兵冲击了邻村，监禁了工人。在找不到工人的地方，他们就将父母们锁起来，直到他们的孩子再次出现……他们像屠夫追踪流浪狗一样抓人。他们已抓了一周，但仍未抓够。他们抓到的工人都被关进一所学校，甚至不允许他们去上厕所，而要像猪一样在室内解决。各村都有许多人同日前往波查埃夫的修道院朝拜。他们全部被抓，被关押并被送去劳动。他们当中老弱病残均有，还有女人。在我们的年度市场上，罗曼诺夫出现了。村长老走上去和他说他应该来，但他不愿。于是他们将他反绑，赤条条带到警察面前。当有人让他下马车时，他拒绝，说首先应给他松绑。两名警察猛打他一顿，他的皮肤三处破损。他

母亲和妹妹因惊叫也被痛打。

1942 年 8 月 12 日，绍克尔在基辅参加了一次会议，以鼓励机构间合作并强调劳动力获取活动的迫切性。而他必须倾听地方长官所做的一系列令人灰心的口头报告。他们人数过少，无法进入游击队活跃区域。甚至有大胆的游击队员对德国官员及其侍从展开暗杀行动，有时还绑架其家人，这令人寝食不安。而且，人们刚集合起一群工人，他们便逃之夭夭。装上火车的 2600 人中，有 1000 人在中途跳车逃走。每次运输，都有 1/4 在中途逃亡。人们不可依赖乌克兰卫兵看管被运往德国的同胞。令某些官员困惑的是，他们如何能在运走当地所有劳动力的情况下保证向军方供应粮食和木材。究竟什么优先？

甚至不知疲倦的党卫军也被召来开展工作，结果仍令人失望。根据日期为 1942 年 7 月 20 日的保安处和基辅警察头目的一份报告，他们在某个星期日的黎明挨户搜查，共集合了 1645 人，这些人的文件次序混乱。虽然抓到了三名通缉（政治）犯，但并未达到原定目标。被监押者中仅有 225 人可被送往德国，其余人员或因病无法工作，或已加入新成立的党卫军部队。甚至连党卫军也抱怨说劳动部征召了完全不合适的人员。1942 年 12 月 9 日，一位党卫军突击队长向上级报告说，最近一列从普热梅希尔始发的火车载着 319 名乌克兰工人抵达基辅。他们全都患有重病，81 人感染沙眼，54 人有肺结核，5 人失明。令这位党卫军军官愤怒的是竟有人宣称这些人适合工作，浪费了行政时间和稀缺的交通资源，由此他们被立即送回。这名党卫军军官数日后提交的一份报告提到，劳工招募官员只是将全村人集合一处，每三人中挑出一个。除“东方工人”在德国的处境外，他们被运送的方式也是德国被俄国和乌克兰平民极大地疏远的主要原因。

德国占领政策是导致游击活动增多的一个因素。最初的游击队总人数约 30 万，分散于广大地区，并未取得重大成功。他们缺粮、缺装备，主要缺无线电。1941—1942 年极度严寒的天气同样令游击队举步维艰。粮食难觅，从农民手中夺取粮食就使本来富于同情的外部环境恶化。缺乏树叶遮蔽和深深的积雪使他们易于被敌空军侦察机发现，随后就会被锁定击溃。德国政策也同样促成了 1942 年春季游击队运动的复兴。德军对待苏联战俘的方式使投降的利益丧失殆尽，而德国的占领政策疏远了民众。如我们所见，武断的劳工获取方式也使大批民众投奔游击队。罗森堡 1942 年 12 月 21 日致信绍克尔，向他抱怨道：

我收到的报告使我认清东部占领区匪党增加的主要原因，是在相关地区劳工获取手段被看作某种形式的大规模遣送，以致自以为受到这些措施威胁的人们铤而走险，逃往山林，或直接加入匪党。

最后，冬季战役打破了德军不可战胜的神话，出现了重回苏联怀抱的前景。

1942 年 5 月，白俄罗斯共产党第一书记、斯大林密友潘捷列门·潘诺马连科中将领导的红军游击战中央参谋部接管了地方共产党对游击队的指导。被占“小区域”内的游击队员与其在国内的控制者通过配发的无线电台及政委和内务人民委员会内部途径联系日益增多。经改组的游击队实力在 350~2000 人之间不等，有军事指挥结构，其专业人员包括医生及爆破和反情报专家。内务人民委员会特务局提供破坏和职业暗杀方面的培训。库兹涅佐夫是一位自信而英俊的俄罗斯青年，成长于流亡西伯利亚的德国人中间，内务人民委员会让他渗透到莫斯科外交圈中。1942 年，他伞降进入西乌克兰，扮作负伤的德后勤部队军官，专门狙击暗杀德国官员。库兹涅佐夫被班德拉的乌克兰游击队抓获后，没等盖世太保展开审讯，就用手榴弹自杀身亡。

地形在很大程度上决定了游击队的行动区。草原上几乎毫无遮蔽。高加索和克里米亚的游击队也会受到经验丰富的山地部队攻击。这样就仅剩下普利皮亚特河支流附近茂密的丛林和沼泽带，还有更加偏北的在明斯克和斯摩棱斯克之间的林地，以及列宁格勒东南瓦尔代高地的森林地带。换言之，游击队被严格局限于相当于苏联被占领土 1/3 的地域之内。在这些地区，游击队专门破坏交通线和补给线，炸毁铁路、电报网和桥梁。在库尔斯克战役前，游击队已破坏 1000 公里铁路线，严重妨碍了德军每日所需 10 万吨物资的运输。较大的游击队伏击德军纵队，利用树木做掩护斜射将其击倒，甚至还会让两支德军纵队相互开火。游击队的其他任务包括暗杀纳粹关键人员，恫吓通敌者，或绑架德军士兵，再用飞机将他们押往莫斯科审问以了解敌军部署。

德军对游击队活动的最初回应属于零敲碎打，因为没有一个权威机构负责整个占领区的治安。这一情况反映了文职管理机构、军方和党卫军相互交叠而有时对立的职能，也反映了对治安的不同理解。问题规模庞大。占领区面积达 100 万平方英里，德国人选择重点保护交通线、大城市、给养仓库和重要经济资源。如奥廖尔城外距市中心 20 公里处竖起了铁丝网，对进出人员严格排查，陆军调遣了 9 个安保师，并有 7 个摩托化警察营，人员为年长的预备部队和退休警官。党卫军派遣了 4 个机动特遣队，主要职能就是以种族为由杀害平民，还有治安检查团、各种武装党卫军部队和迪勒文格别动队和卡明斯基旅等形形色色武装组织。即使他们都致力于一项任务，这些部队中有许多在进行种族生物学战争，但这 11 万人面临的维护多达 100 万平方英里敌对领土治安的任务也十分艰巨。战后对特遣队进行审判的文档中充斥着被上帝遗忘的克拉斯诺达尔地窖中数百起耸人听闻的酒后强奸和刑讯记录，还记载着沉睡村庄中的数百名男女儿童被活埋于井下。

和战略轰炸一样，游击队的军事效果也备受争议，难以评估。声称苏联游击队未对德军造成重大影响的人们一定未曾想到游击队造成了广泛的经济破坏，牵制了大批可派往其他地区的人力，而且通过引发震怒来挑起极端对抗措施，在占领者和被占领者之间钉入楔子。德国经济机构报告中提到不断发现德国治安部队无法阻止的破坏。一份 1942 年 2 月的长篇报告记录了针对底层合作者，如村长，开展的暗杀行动，并指出 236 个乳品库、乳品厂和磨坊，及 17%的锯木厂都被捣毁。牛奶被下毒，爆炸装置被塞入准备粉碎的谷物中，甚至到剧场看戏也要冒险，因为演员们在密谋炸死观众。大道已被地雷炸毁，小路根本无法通行。这些官员还报告了一件轶事：

> 7 月 7 日，护林员马拉申科来到经济指挥部交还公务步枪，说这永远对他的生命构成威胁。他还要求发给他一张盖章的收据，这样游击队发动下一轮攻击时就可证明他已交枪。为保护这位护林员，就给他发放了证明。一个德国机构却要代表游击队利益发放许可，最能证明当前局势。

这些活动事实上已使经济陷入停顿，干扰了向前线部队补给重要物资。正规军被隐藏的敌人和全民反抗搞得焦头烂额。首先，他们使用去政治化的语言描述游击队，称之为“匪帮”“匪党”，以揭示游击队在苏联较长的历史；第二，他们还加强铁路、公路沿线的治安戒备，同时禁止未经授权的平民出行。每户都要提交常住人口名单，夜间未经许可出行者可被击毙。随后，铁路、公路交通线的防守与破坏之间出现殊死竞赛，起初游击队只是弄弯或弄松铁轨（最好在下坡处），然后布下磁性压力地雷和集束炸药，引信装在木匣中或少量 TNT 内，使用、探测都有难度。他们习惯使机车脱轨，杀死所有卫兵和乘务员。德国人对此做出强烈反应，除用嗅探犬和追踪犬外，他们还清除了路基旁丛生的植物；挖掘壕沟，布满铁丝网；建立连续警卫室加快反应速度；使用满载岩石的列车以提前引爆；而最重要的是调遣维修人员，勤于改变计划以减少破坏造成的损失。第三，还尝试将反游击战的整体指导合理化，这一企图在统一的指挥体系下缺乏党卫军和军队的协调。党卫军反游击队作战自 1942 年 7 月起由帝国领袖司令部参谋部的克诺布劳尔上将指挥，1943 年春起由武装党卫军恩斯特·罗德少将接管。同军方联络及整体政策由上将埃里希·冯·巴赫-蔡鲁斯基负责，他最初担任特命全权代表，自 1943 年初起担任“反匪帮部队长官”。希姆莱仍旧以其对游击队老生常谈的分析进行干预，不时建议“有必要时显然要以最残忍的方式进行审讯”，还说：“对这些顽固的斯拉夫人而言，死亡根本不算什么。相反，他更怕打、他最害怕对其部族采取报复措施。”

占领者对不幸生活在游击队活跃地区的平民采取劫持人质和随机报复措施。戈林

1942年10月16日签发的一份关于保护铁路运输安全的命令显示上述保安措施已转变为谋杀平民。铁路沿线1公里范围内发现任何未获授权的苏联人都可当场击毙。实施破坏活动的任何苏联人“如被活捉都要被吊死在最近的电报杆上”。距离被破坏交通线最近的村庄都要被烧光，而村中“所有男子都要被击毙，妇女和儿童送往集中营”。10天后戈林又下令将粮食和牲畜转移出游击队活跃地区，还要将所有强壮成年劳力遣送到这些区域之外。无人关注粮食生产等问题，而孩子们都被送往后方营地。空军频繁轰炸游击队根据地和邻近村庄。

活跃的反游击战把战争引入敌后，也迅速堕落为对平民不加区分的残酷的恐怖活动。1941年12月7日，第六军司令部过早地宣布其战区内的游击队活动已被彻底“剿灭”。报告写道：

> 此次行动中我军所在地区共公开绞死或击毙数千人。经验表明绞刑尤其具有震慑效果。在哈尔科夫，数百名游击队员和嫌疑分子被绞死于城中。破坏活动至此结束。经验表明，只有那些比游击队恐怖主义更能使平民恐惧的措施才能奏效。

连续不断的指令、命令和作战指南都无疑证明对平民的恐怖措施同样得到了纳粹领袖和高级将领的许可和督促。第11军1941年11月15日发出的指示明确指出：“我们的报复必须要比游击队更让平民害怕。”凯特尔转述了希特勒对此的看法：“在这场战争中军队有权力、有义务采取一切手段，甚至针对妇女和儿童也一样，只要这些手段有利于胜利。任何怀疑都是对德国人民、对前线士兵的背叛……参与针对匪党及其同伙的行动的任何德军士兵都不会受到军纪制裁和军法审判。”向部队下发的关于如何审问嫌犯的指示开宗明义地说：“这里的人从一开始就要猛打。”这样往往用牛尾和橡胶棍殴打嫌犯75下，等受害者讲出所需情报后，一颗子弹就会贯穿他（她）的后颈。

士兵和警察在不受外部纪律制约的情况下，在复杂地形中，与野蛮、神出鬼没的敌人作战，常常惯用残忍暴力。平民被绞死、强奸、枪毙和拷打，他们的家园被烂醉如泥的士兵摧毁。证据不仅存在于书面和口头，因为廉价照相机造就了业余摄影师的战争。苏军从战死或被俘的德军身上搜出数千张照片，这些照片记录了被当作游击队员的人被大规模处死的场面。这些人像口袋一样悬挂在城市阳台和电报杆上，或被当作打死的猎物排在杀死他们的人面前。这些照片反映了一种记录并非日常所见景象的怪异欲望，也捕捉了东线作战带来的对其他民族绝对权威的瞬间。这些照片比记述更能讲述真相，更有效地抓住了当时的震颤。它们可被修饰，但仍是通向现实的一扇窗，能够超越禁忌。

和随后（失利的）不规则战争一样，“胜利”根据“尸体统计”来判断，而这经不起细致推敲，士兵们针对踪迹难寻的敌人，取得了毫无意义的杀伤率。换言之，他们为尽快离开丛林沼泽地带，于是屠杀平民受害者充数，而不愿到丛林、芦苇、沼泽地带同游击队火拼。1943 年 7 月，党卫军军官赫夫致信党卫军人事局头目，请他注意所谓“6000/480”问题，即在最近的“科特布斯”行动中打死的 6000 名游击队员中，仅找到 480 支枪。此次行动的指挥官党卫军上将库尔特・冯・哥特堡“解决”了另外 3709 人，并把 2000 名当地居民赶入雷区杀死。得知“匪党”经常毁掉自己的武器伪装无辜，赫夫评论说：“当这些游击队毁掉自己的武器时，镇压他们多么轻松。”在进行反游击战的同时推行与平民和解的政策最终无果。战争更加虚幻，越来越难以对敌人造成影响，安全部队四处乱撞，而游击队总能避其锋芒。

反游击战也是一个得来容易的借口，可以开展种族生物学灭绝行动。1942 年 6 月 23 日第 281 安保师的布鲁诺・舒尔特兹少将在给上级的报告中巧妙地对秘密战地警察射杀 128 名吉卜赛人的事件作出合理解释。在 5 月后半月，他的辖区内游击队活动频繁，但他提到的唯一事件就是一辆卡车遇袭，导致一名中尉负伤。同时，吉卜赛人也在该地区出现。他们居无定所，靠乞讨过活，“在任何方面都成为一种负担”。为防止被说成枪杀无家可归者，舒尔特兹转变了话题。“一般经验”再次教导我们吉卜赛人经常担任间谍。从一般转到当地经验，舒尔特兹列举了某些详细情况：那些（被杀的）吉卜赛人中有许多已到参军年龄的男子；一名吉卜赛人在审讯中说年长的吉卜赛人夜间谈论过游击队活动；吉卜赛人曾宿营于某次袭击发生地旁。然后又回到一般经验，舒尔特兹评论说：“审讯中，所有吉卜赛人都不友善，心怀诡诈，前言不搭后语。”当然，没有绝对证据表明吉卜赛人是游击队的帮凶，但他们有高度嫌疑，能对军方造成巨大潜在威胁，“因此消灭他们似乎是必要的”。接着舒尔特兹指出了屠杀吉卜赛人命令的详细来源以包庇手下士兵，并总结说自这些人被击毙后，这一地区就再未发生过游击队袭击事件。就因为他们的“种族”注定要遭到毁灭，就因为他们与敌人轮廓大致相符，就因为几位老人在夜间谈论战争，就导致 128 人被枪决。

反游击战被用于开展种族屠杀可以得到多方证明。正如希特勒 1941 年 7 月 16 日对其密友所说：“它给了我们机会以消灭一切反对我们的人。”巴赫-蔡鲁斯基在纽伦堡回顾这些行动时指出事实的确如此，有时还有蓄意制造的混乱：

> 高层领袖清楚自己职责所在，不能让个别指挥官恣意妄为地实施报复行动。这样在责任区内缺乏指导就相当于怯懦地把责任推给下层梯队。但人们清楚，缺乏指导会导致混乱，而且还没有明确命令，那么唯一可能的结论就是这种混乱是高层领袖希望看到的。国防军、党卫队和警察部队在报复中规模过大的屠杀也毫无问题。在申肯多夫召集的与将领们的会议上多次证实了这一事实。而且，打击游

击队的战争也逐渐演变为展开其他措施的借口，如灭绝犹太人和吉卜赛人，系统地将斯拉夫人减少 3000 万（以使德意志民族占绝对统治地位），以及通过枪杀和掳掠恐吓平民。我接触及合作过的总司令们（如陆军元帅魏克斯、屈希勒、博克和克鲁格，中将莱因哈特和基青格将军）都和我一样清楚反游击战的目的与战法。

巴赫-蔡鲁斯基所处职位使之可以了解到纳粹随意将犹太人等同于游击队员，1941 年 7 月 30 日，他在巴拉诺维奇与希姆莱和党卫军骑兵团旗队长赫尔曼·费格莱恩会面，并一致同意："所有犹太人都要被击毙。要把犹太妇女赶到沼泽中。"费格莱恩将这一命令转告党卫军二级突击队长赫尔特斯，赫尔特斯又于 8 月 2 日或 3 日对党卫军骑兵团的另一名二级突击队长弗朗茨·马吉尔说："犹太人是游击队的渊薮，他们支持游击队。"然后将此命令下达给第一、第二骑兵中队，并用无线电通知在远处作战的第三、第四中队。

马吉尔出生于 1900 年，是科沙林克莱斯特的一名短工之子。一战末期曾参战，后于波美拉尼亚的施托尔普加入一个轻骑兵团。1930 年作为中士和技术导师从国防军退役。在柏林骑术学校任教三年后，又来到布劳恩施韦格的党卫军骑术学校执教。1939 年他被派往柏林组建一个党卫军骑兵中队作为党卫军骷髅头骑兵师一部。然后又被派往卢布林组建党卫军第二骑兵团，由巴赫-蔡鲁斯基指挥。该团被认定未做好前线作战准备，于是最初领受的任务是扫清斯卢茨克附近的沼泽地带的苏联骑兵队残余。他们于 7 月底抵达苏联，一周后，使命就扩大为更广泛的政治肃清，包括枪杀政委、官员和所有游击队支持者。

7 月 30 日—8 月 1 日之间，希姆莱或巴赫-蔡鲁斯基告知赫尔特斯要杀死犹太人。赫尔特斯大肆宣扬其部队指挥官表现了"坚定不移的强硬"及"一切小我、人性弱点和个人差异性格都必须用领袖集团的整体意志加以清除"。据说马吉尔曾因将所有 14 岁以上犹太男子杀死，其余人赶入沼泽的命令而震惊，他曾向团部查证，以此度过了短暂的良心危机。8—11 月，各旅接到的命令已由"在犹太民众支持下的游击队匪帮"（8 月 13 日）转为"如果一支部队驻扎某地较久，假如犹太人无法彻底灭绝的话就要建立犹太人聚居区"（11 月 28 日）。马吉尔率部赶往平斯克，保安处和当地民兵在此监督犹太人口的聚集。2000 名男子穿越一片土豆田行进一小时来到一座集体农庄，当地人已在农庄里挖出壕沟，他们在此列队站立数小时，哭泣、祈祷、尖叫，排在前面的人后颈遭到枪击。留下 100 人将尸首填入沟中，然后他们也被枪杀。数日后，又有 1000 名犹太人遇害。

由于费格莱恩在华沙，巴赫-蔡鲁斯基亲自视察部队，乘坐其菲泽勒"鹳式"飞机抵达，途中手握半自动步枪击杀俄军飞行员。他给击毙犹太人的"英雄"颁发了勋章。

他就在这里用到了那个脆弱的公式："有游击队的地方就有犹太人，有犹太人的地方就有游击队。"游击队袭击一名民兵，就导致了4500名犹太人的死亡。"反游击战"的恐怖现实被原原本本详细记录于相关党卫军部队的战争日志内。如在一篇1941年8月3日正午至8月6日正午的记录中，党卫军第一摩托化步兵旅的战果如下：

击毙的犹太人	奥斯特罗格	赫里科夫	库尼诺夫-拉德赫什
男	732	268	109
女	225	—	50
前俄士兵（游击队）	—	—	—
总计：1385			

如日期为1941年8月8—9日的详细报告令人心寒地平静记述了对犹太人的处决："232名犹太人曾援助匪帮，乌尔-戈罗什基有9名布尔什维克犹太人"；"59名犹太人被击毙，8名俄罗斯人被抓，搜查武器未果"；"36名布尔什维克犹太人被击毙于村中"等等。一篇有关1941年7月27日—8月11日之间在普利皮亚特沼泽地进行的所谓反游击战报告开头为"战斗印象：无"。报告作者马吉尔对乌克兰农村民众做出了热情的描述。这些人曾箪食壶浆，夹道欢迎他的党卫军骑兵团。还有村庄唱诗班向他们高唱颂歌。马吉尔仿佛置身异族部落中的人类学家，敦实的村民给他留下了良好印象，大群的儿童也反映了他们的繁殖力。他们住木屋，用茅草做屋顶，学校建得很好。地面上有大片沙地，沼泽、运河、水道星罗棋布，偶见一丛丛的桦树和松树。在农村，集体化正在被引入过程中。马吉尔将一些牛归还了一贫如洗的农民。城市工匠被组织进入互助组。犹太人似乎偏爱当医生。

这样该团继续策马前行，途中全无抵抗，由于陆上泥沼不断，装备落在后面；几匹马跛了，其他的马必须休息较长时间才能继续赶路；有些车辆抛锚；少数武器丢失。马吉尔的报告逐渐转入主题，此次任务的目的取代了中途观光。"肃清"行动涉及就游击队活动问询村长。某些村长趋之若鹜。游击队员，或者说嫌疑犯都被找出、审问并枪毙。马吉尔轻描淡写地评论说"犹太劫掠者"也被击毙。他和其骑兵团的所作所为在下面一段中得到概括：

> 将妇女、儿童赶入沼泽不像预想的那么成功，因为沼泽深度不足以让他们陷入。因为深度只有1米，许多人都踩到了实地［可能是砂子］所以根本淹不死。

所有这些都不幸牵涉游击队，他们并未与共产党遭遇，只是遇到被怀疑从事共产党活动的人们。武器搜查实际上毫无必要，一位波兰牧师因在整体为乌克兰人的地域内宣扬波兰民族复兴而遭枪杀。马吉尔再次围绕他和部下的所作所为，指出乌克兰人对犹太人评价甚高，不过还是帮他将他们驱赶到一处。一支部队射杀的“劫掠者”总数就多达 6526 人，估计其中包括未被溺死于泥沼中的妇女和儿童。在战后的审讯中，一名枪杀男子与女子，却不愿杀死儿童的士兵回忆道：“犹太人真是做出了有表率作用的行动，没有人试图逃命，我对他们感到惊叹。”他和同伙都认为他们所做的事恐怖而疯狂：“我被教导要遵守‘十诫’当中的第五和第七条，而突然之间我要被迫犯杀人罪。我只是扣动扳机，因为假如拒绝的话我自己的脑袋也要开花。”据悉整个行动取得了“成功”。

现在讲述这些片断恰逢其时，尽管其中涉及对数千人的恫吓与谋杀，还有更大规模的犯罪在整个轴心国范围和被占欧洲上演，其中对苏维埃帝国的种族战争代表着至关重要的催化剂，最终将被人类视为可能的事件降到了最低的门槛。我们分别了解了人种改良和安乐死、波兰的遣送和定居以及德国的种族之战等侧面的进展，它们共同汇入了邪恶的“最终解决”工程。这发端于其早期的残暴，但又有过之而无不及。

8 “铁血时代的铁扫帚”：对犹太人发动的种族战争

纳粹作战有着双重特征和目的，就此赫尔曼·戈林做了非常清晰的表达：“这并不是第二次世界大战。这是一场种族大战。最终它事关究竟德意志雅利安人能够胜出，还是犹太人统治世界，这就是我们在外作战的目的。”在常规作战——如不列颠之战、斯大林格勒和库尔斯克战役——之外，一种魔鬼般的残酷计划也正在展开，其局部难以捉摸的表现就包括马吉尔的党卫军骑兵试图让妇女儿童身陷乌克兰泥沼。被纳粹改头换面的战争是实现欧洲种族“纯洁”的途径，涉及驱赶整批民众，及屠杀每个犹太男人、女人和儿童。“最终解决”范围之广使之有别于对共产党人、波兰保守派天主教徒和同性恋者的暴虐，对这些人的迫害未必一贯赶尽杀绝。纳粹猛攻犹太人既是更广阔的生物学框架的核心要素，而且在纳粹将犹太人视作生存威胁上，及在行动展开的残忍程度上都是独一无二的。经过变通，致死 10 余万人的纳粹“安乐死”计划却援引了反犹主义之外的话语。但这并非一场竞争，对受害者——主要是 600 万犹太人——而言，这种说法尤为不妥。

在短暂密集的战事告一段落之后，暴力种族重组开始于波兰。与其称这些政策是“战争罪”，不如称之为“谋杀”更为适当。波兰精英全部惨遭屠戮，群众（不论基督徒还是犹太人）都被逐出德国新近吞并的领土。在德国入侵苏联期间，种族战争的残酷程度更上一层，然后又被扩展为庞大、横跨包括各轴心国领土在内的整个德国势力范围的灭绝计划——这个计划也对生活于敌国和中立国的犹太人构成了同样的威胁。

大规模屠杀犹太人不仅以简单直线的方式进行，而且是许多次阻塞与阻止的结果，涉及被拒绝的选择和被捕捉的机会，正如致命病毒绕过人体免疫系统，让整个的大洲都亲见其恶性的存在。整个行动巨大而浩繁，受害者遍布城市社区，还有隐藏在干草棚中的婴儿，其恐怖规模难以描述，更不用提其地理范围之广了。因篇幅所限，本书无法就此详尽叙述，仅选数种思考研究此次遍及欧洲的灾难，尽管其中援引了来自多国的对制定决策缘由与时间的广泛而细致的探讨。

鉴于犹太人遭遇灾难之深重，有时难以理解1939年9月—1941年6月间他们并非总是纳粹的首要目标，在此期间，德国主导的政策也并非将他们逐出欧洲，尽管已将死亡作为等式的一方加以精心计算，将犹太人逐出大德意志是重组涉及波兰人、德裔的种族关系的大战略的一部分。一旦通过消灭其精英阶层使波兰“去国家化”，等待波兰民众的命运不是死亡，而是变身为奴。只有犹太人迁至德帝国外围，或远去海外，或进入行刑坑及毒气室，才能彻底从欧洲消失。

我们的波兰话题戛然而止，转而读到欧洲，这不利于将大屠杀与“种族清洗”等量齐观的当代视点。纳粹不仅试图将犹太人逐出他们所称的原属德国领土，而以谋杀作为达成该目的的预期副产品。大屠杀超越了敌意列邦制造的邪恶的总和。欧洲犹太人同纳粹的关系有别于阿尔巴尼亚人和克罗地亚人与塞族人的关系。纳粹疯狂地在与其毫无瓜葛的国家，或无殖民欲望的国家内搜寻犹太人，将其运往数百至数千英里之外的波兰灭绝营。在部分波兰被占领土上所见之事，无法推广用于解释纳粹为何要杀死来自阿姆斯特丹、巴黎或科孚岛的犹太人。

虽然纳粹对犹太人的凶残有独特与唯一性，但其对待其他民族仍有未知领域。战争爆发后要被杀害的头两个群体是奥地利、德国和波兰的精神病人，以及波兰的知识分子和社会精英。如此说来，纳粹的残暴不光是独特的德国反犹主义蔓延的结果，因为精神病受害者本身就是德国人或奥地利人，而遇害波兰人中包含反犹主义者。精神病人占据空间和资源；波兰人使波兰拥有国家地位，而纳粹却致力于消除这种地位。这些政策常常被延伸至苏联境内，区别是“知识分子”被德国人用来指布尔什维克和犹太人，这些概念神秘交织于许多纳粹的脑海中，却想不到犹太人中有保守派、自由派、社会民主派和无政见人士。那么，我们首要的任务就是建起纳粹种族政策更广阔的背景，了解针对其他种族的残酷如何以不可调和的巨大规模转向犹太人。

驱逐和遣送

1939年9月纳粹德国征服波兰，标志着德、奥犹太人从半强制性移民他国到被大规模遣送至纳粹势力范围的过渡。1939年5月，德国境内剩余犹太人总数为330892，他们在人为导致的贫困中在死亡线上挣扎。这些人当中的2/3没有获取收益的职业，许多已步入老年；半数集中于柏林或维也纳。贫困的犹太人和纳粹宣扬的“犹太寄生虫”观念不谋而合。手执计算尺的官僚已开始计算需杀死多少德、奥精神病人以腾出床位，并净化种族，这些目标围绕着所谓不可救药的病人。

1939年9月，受制于德国强权的犹太人口又猛然增加了近200万波兰犹太人。

1941 年夏，征服波罗的海、白俄罗斯、加利西亚、乌克兰和克里米亚又进一步使该数字骤增。战争使合法逃亡的选择落空。实际的人数影响了德国的政策，因为华沙的犹太人口就相当于大德意志帝国境内残存的犹太人的总和。这些“东方犹太人”中穷人甚多，因为战前的恩德克党影响了波兰政府政策，对犹太人采取歧视态度，已致使他们当中的 1/3 变为赤贫。纳粹宣传将“东方犹太人”妖魔化为布尔什维主义和贪婪资本主义的肇始者；并以非人化手段摧残他们，使他们生活于令人发指的环境中，并让他们挨饿。他们逐步丧失了个人身份，成为贫困的代名词，他们脸薄如纸，用呆滞的目光盯着那些缺乏人性的人们。能引发怜悯或冷漠的景象，只能唤起纳粹更大的仇恨，因为他们自以为在东线找到了“世界犹太问题”的根源。他们说即使在战时，旅行也能开阔视野。但显然并非永远如此。纳粹领袖东游时，再次证实了他们最黑暗的想象。参观罗兹犹太人区后，戈培尔写道：“无法形容。这些人不再是人类，而是动物。因此不存在人道主义，而只有外科手术的任务。我们必须在此动手术，而且是彻底的手术。”他恰如其分地用到宗教屠杀景象，以激起喜爱动物、憎恨犹太人的素食主义者希特勒自以为是的愤恨。

除无数波兰犹太人遭受侵略军各部或波兰基督徒虐待羞辱外，据估计有 7000 波兰犹太人在 1939 年结束前惨遭杀害。虽然德国占领波兰后公开的暴力甚于 1938 年 11 月德国与奥地利犹太人的遭遇——因为纳粹对波兰人的敏感毫不在意，或恶劣地假定波兰人全是反犹分子，但对波兰人的残酷与恶毒酷似之前犹太人遭受的折磨。1939 年 11 月 10 日——“水晶之夜”周年纪念，罗兹四大犹太教堂被焚以示庆祝。德国警察和士兵，许多人都已喝醉，以羞辱伤害他人取乐。甚至已死的犹太人也难逃极大的屈辱。1940 年 3 月，波森市长想将两具来自格沃夫诺集中营的犹太人尸体放到毗邻的施文宁根犹太公墓。他们被搁置不葬，相关书面请求被转给施文宁根犹太人社区。施文宁根市长愤怒地向波森市长指出，该城已无“犹太人”，犹太公墓已被废弃。他竟然还写道：“假如市长先生认为死于其城中的犹太人无法就地埋葬，那么施文宁根早已不再是可供选择的替代地点。”

在 1939 年 9 月 21 日颁发的别动队指南中，海德里希部署了党卫军对波兰犹太人采取的政策。海德里希将秘密的“最终目标”与其客观步骤进行了区分，他命令将犹太人集中于大城市，为的是靠近铁路沿线及枢纽，这些城市要选在德国不准备吞并的领土上。海德里希考虑将所有犹太人的最终归宿限定于克拉科夫东南的一块“保留地”内，特意使该地区免除了相应措施。

为以最少人力掌控犹太民众，海德里希命令组建犹太长老会，“为立即准确实施已颁发及待颁发指令负责”。在他看来，长老会是将纳粹对犹太人的控制最大化的工具。长老会发挥了战前的犹太人共同会的功能，并代地方和中央政府完成某些任务。

这些功能和任务包括住房，劳动分工，征税，组织法庭和维持治安，筹建医院、孤儿院、监狱和学校，及监督供电、排水等基础设施。长老会只是代理政府，与主权相关的一切都属于他们的迫害者。对犹太聚居区的贫民而言，长老会有形的权力常令他们义愤填膺，他们憎恨这些人的高傲、专制和腐败；但这些人最终不过是纳粹政策涡流中身不由己、载浮载沉的软木。

长老会成员与纳粹分子的关系绝不平等，因为后者无法容忍争论，可以挥拳或举枪解决任何分歧，他们存在着本质上的不对称关系：纳粹发号施令；犹太长老会乞求、推理、恳请。1939 年 11 月 11 日，盖世太保和查伊姆·罗姆科夫斯基选出的罗兹长老会成员初次见面，次日，这 30 人中只有三人未被击毙，罗姆科夫斯基代表他们出面干预时也惨遭毒打。纳粹官员的阴暗与恶毒给日常交往蒙上阴影。1943 年 1 月 6 日，两名考那斯犹太区长老会成员被代市长凯夫勒召见。他要想办法接管畅通的犹太区内部交通系统。他要让犹太人，而不是马匹来拉车。开始的闲谈，逐步过渡到噩耗。匹茨堡大学毕业的立陶宛律师亚伯拉罕·托利详细记录了这个犹太区的状况，包括他本人对这次会面的回顾：

> 假如有陌生人偷听这场谈话，会以为我们面对的是一位儒雅男子，正与久别重逢的老友互道珍重。事实上，凯夫勒提出的问题正确而中肯。但假如上述假想的陌生人透过门上的锁孔窥视谈话伙伴的话，他将看到一幅怪异的场景：凯夫勒斜靠在扶手椅上，抽着雪茄，吞云吐雾，时时以充满厌恶和蔑视的目光看看加尔辛克和我。而且自始至终他都看着我们站在那里，焦急地追踪着他的语调、他的表情和他令人胆寒的目光，而不是他一个又一个问题。那个陌生人会意识到这并非友人之间的谈话，认识到我们在扮作人类的猛兽面前，站在随时会发动攻击、给人痛苦的咬人动物面前，竭尽所能地自卫，正确回答每个问题来规避风险。因为提问者的所有话语都不真实，才会发生这场猫鼠游戏，我们与凯夫勒及其同伙的谈话正是如此。他们总是发动进攻，或直接，或通过看似无害的问题，而我们必须以适当而合乎逻辑的方式答复动向清晰的提问。最终，凯夫勒讲到了这次谈话的主旨：马厩未能保持清洁，数匹马已经病倒，因此交通运输将由市长接管……凯夫勒说这番话时平静而镇定，仿佛他的决定对我们毫无影响，他没有询问，也不想知道这种安排将如何在犹太区展开，以及会对其中居民造成何种影响。

纳粹有意对自身决策的后果视而不见，还蓄意实行一种不确定原则。亚伯拉罕·托利准确地捕捉到了这一点：

> 我们必须理解，在他们看来，我们的处境必须永远不明朗，我们不被许可理解任何事，即使我们已遇到生命危险。我们遭遇到的任何事都必须如同晴天霹雳，我们要永远处于期待当中，要对周围发生的事件毫不知情。

由于许多犹太精英已逃脱德国的追击，于是纳粹分子退而求其次，利用手中可以控制的任何人。在一些地方，长老会由拉比抓阄选择。富有争议的罗兹长老会长罗姆科夫斯基之所以当选，显然因为其后颈的白发使其看似精英。在华沙，市长指定已归化的工程师亚当·切尔尼亚科夫为犹太宗教团体领袖。社区领袖有时也获准经选举产生。在考那斯，最杰出的长老候选人埃尔克斯博士，以公共管理经验不足为由谢绝参选。一位拉比使他改变初衷：

> 埃尔克斯博士，谁想把您当作高级犹太人我们不管，但对我们而言，您就是我们的社区领袖。我们都知道您面前的道路充满坎坷与荆棘，但我们将与您一路同行。愿上帝保佑我们。

波兰犹太人被迫与操纵他们的手合作。有时他们发现手中未抓到好牌。正如切尔尼亚科夫在罗姆科夫斯基来访后写到的："此人自大、高傲而愚昧。因为他使当局相信他一切都能应付自如。"这些人有永久的压力，但面对纳粹却不能丝毫透露，因为纳粹善于察言观色，蓄意造成误解、流言和恐慌。这些人都要喜怒不形于色，而且每天都要绞尽脑汁，因为他们无力控制的事件会成为集体敲诈和报复的借口。每次"违规"都会引发临时的摊派和勒索。如果不交钱，就要人头落地。1941 年 6 月切尔尼亚科夫在日记中写道："下雨了。幸运的是下雨不会给社区带来额外的摊派。"

随着犹太人逐步受制于这些控制措施，1939 年 10 月起，时任帝国种族专员的希姆莱与苏联当局协商将波罗的海地区、加利西亚和沃伦的德裔人口遣返，名义上是要与滞留波兰的路德派和乌克兰人进行交换。对希特勒而言，解决犹太人问题是解决全盘种族混乱的更大计划的一个要素，即巩固德裔族群；而分散于东欧各处的德裔对此观念较为淡薄。

纳粹高层不仅严重低估了此类迁移涉及的后勤问题，还只顾经济利益无视种族逻辑。因此，波兰第二大城市、纺织工业中心罗兹就被并入瓦尔特高——德国指定的要被并入帝国的波兰领土，即使这同时也让另外 20 万人加入海德里希要遣送至波兰"中央政府"辖区的人群，这一决定显然使种族纯粹主义者戈培尔十分困惑，他写道："这片垃圾场为何一定要变成德国城镇！想要将罗兹德国化徒劳无益。”更有甚者，戈林对工业中心的贪婪让另外三座有大量犹太人的城镇并入上西里西亚，使原本要清除犹太人的地区又凭空增加了 55 万犹太人。新并入领土要驱逐犹太人，加上希姆莱突然决定要将蒂罗尔德裔安置于克拉科夫附近，都让问题渐趋复杂。换言之，尽管海德里希发布的指南言简意赅，但犹太人问题因德国人与波兰人种族间的关系而迅速复杂化，而拟议中的犹太人归宿地问题已无人问津。

此外，仍有其他障碍影响德裔人群的顺利安置。乘轮船和飞驰的火车穿越东部平原赶往格丁尼亚的人数过多，城镇无法尽快收容，也无法让他们全做农民，因为现存农民的利益要优先考虑，财产所有权相当复杂。希姆莱细化的再定居方案只能安置涌入的白领工人的零头。而且并非每个年轻男子都满足党卫军的招募条件。这也并非是德裔人群和波兰、犹太被遣送者之间的简单交换。由于既定目标是提高前者的生活水准，因此被遣送者人数必须比后者加倍，这又是一个人为的局限。再定居计划也从另一方面对波兰人和犹太人造成影响。从理论上讲，帝国财政部为补偿德裔人群丢弃的财产，应从进口苏联石油和粮食的收益中拨款。但实际上，由于这些款项已被挪用于战争开支，德裔人群得到了从犹太人和波兰人处掠夺的财富作为补偿，而这些财富相当有限；这也意味着迟早这些德裔人群也将成为帝国的负担。有劳动能力的波兰人要被运往帝国，余者留在“中央政府”辖境之内，恰是纳粹自己的政策导致了帝国内犹太人的贫困，那么纳粹究竟能容忍这类贫困化犹太人多久？

波兰发生的事件无法脱离外界局势的进展，弗兰克“中央政府”的成立，为投放犹太人和波兰人提供了一个外围场地，这也推进了纳粹权贵的行动，他们都致力于使自己的辖区内不存在犹太人。对于此事的热情来自底层，也来自高层。地方纳粹党员对于那些据认为应对战争负责的维也纳犹太人为何竟能安居广厦、养尊处优迷惑不解。为什么不把他们送往维斯瓦河的东岸或使其居住在摩天大楼顶层，以使其首当其冲面对盟军空袭？在整个大德意志帝国境内，驱逐犹太人被视作解决住房短缺问题的奇迹方案，尽管犹太人不足总人数的 1%。向“中央政府”遣送犹太人的同时，中央政府内部也在进行再定居和遣送。大规模人口迁徙已经启动，但并未清醒地考虑到其中涉及的问题，而且因短期目标发生的冲突将生成更加大胆、激进的解决方案。纳粹为纠正自己先前的决策总是错上加错。

而且，这些政策的人性目标也难以构成支持其现状的论据。1939—1941 年被遣返的 50 多万德裔人群中，约有 43.6 万在各类接待和观察营中受苦，等待遥遥无期的重新安置。他们开始发泄不满，而官方对他们最初的热情也逐渐被难以管理的无奈取代。犹太人的处境更加难料。他们拥有的任何资源都在国家批准的抢劫和即刻进行的“雅利安化”进程中被有意排斥在一切经济部门之外而丧失殆尽。犹太人承受的其他负担还有那些被遣送至早已拥挤不堪的贫民窟的大量人群，还要供养被运往卢布林地区奴隶劳动营的贫困犹太家庭。因为犹太人被剥夺了领取福利的资格，这就引发了万一犹太人无法自给，将出现何种情况的问题。这种依赖强化了纳粹视犹太人为“寄生虫”的成见，他们将犹太人等同于害虫，正如影片《永远的犹太人》所展示的。这些问题完全是由纳粹政权引发，他们对任何政策的实施都毫不顾忌完全可以预料的骇人后果。将这些问题称为结构性问题并不适当，因为这里的结构是选择、预谋和环境共同造成的后果。人们选择对因自身行为造成的人类灾难视而不见。

同时，另一个绝对依存的领域也通过谋杀加以解决。仅与德国、奥地利“T-4”安乐死计划微弱相关的纳粹杀害病人行动也悄然进入德国东部各州和被占波兰领土。西普鲁士和波美拉尼亚的精神病人遭到系统屠杀，以给新组建的武装党卫军空出营房。党卫军要求的某些空间被用于临时容纳德裔人群，尽管这并不是屠杀精神病人的首要动机。近距离枪杀精神病人任务的实施者是“埃伊曼”集中营警备队、地方自卫部队和党卫军别动队。受害者常以为自己是要去郊游，还和即将把他们打得脑浆迸裂的人们闲聊。负责执行这些枪杀任务的人们对此有一个简单的理解：加入了党卫军，就要“一不做，二不休”。

这些政策也蔓延至瓦尔特高。1939 年 11—12 月间，病人被谋杀于波森的毒气室，以及被改装为运输一氧化碳罐的箱式货车内，操作者是被称为“朗格别动队”的特遣队，因其指挥官党卫军大尉赫伯特·朗格而得名。1940 年 5 月，朗格别动队在贾沃多夫杀害 1500 多名病人，他们以 3 小时为间隔，分批驱赶一群群犹太人进入标着“皇室咖啡”的箱式货车内，结果这些人一去不返。从朗格的上级威廉·克佩与普鲁士高级党卫军与警察局长威廉·雷迪埃斯之间的通信可以看出，朗格的专利技术曾被有偿使用，杀害其他行政辖区内的人们，这些人的失踪被委婉地描述为后撤。纳粹的这一残忍暴行与犹太民众的命运并无必然联系，不过，纳粹的残暴仍未接近极限，身处其中者——以及发号施令者——都日益对暗中屠杀大批群众习以为常，这一过程甚至催生了特有的婉辞体系。

随着谋杀精神病人的行动蔓延至波兰境内，党卫军还在这里系统杀害该国知识分子和社会精英，还有人迫切着手将纳粹驱逐犹太人的整体意图转变为现实。1939 年 9 月 10 日，年轻的移民专家阿道弗·埃希曼和弗朗茨·瓦尔特·施塔勒克谈论了遣送生活于摩拉瓦特热博瓦和布拉格的波兰犹太人的计划，摩拉瓦特热博瓦位于保护国捷克境内，施塔勒克在布拉格掌管这里的治安警察，而埃希曼曾为解决犹太人问题在维也纳小试牛刀。该计划上报给海德里希后，被盖世太保头目海因里希·米勒作为命令下发给埃希曼，只是命令中以卡托维茨取代了维也纳。不过埃希曼仍告知维也纳犹太社区领袖挑选贫穷而身强力壮的男子以供再安置。此类话语开始四处传播，结果帝国刑警厅头目询问是否能将柏林的吉卜赛人也考虑在内。他提议在遣送维也纳犹太人的火车尾部再挂上几节运送吉卜赛人的车厢，送至波兰东部卢布林地区以南的桑河畔尼斯科；10 月 12—15 日，他曾与施塔勒克和一位苏联政委到此考察。运送的第一批配备有木工设备的犹太人分别于 1939 年 10 月 18 日、20 日从摩拉瓦特热博瓦、卡托维茨和维也纳启程。党卫军看守在途中以远低于官方汇率的价格将犹太人的德国马克兑换成波兰兹罗提。然而，到达尼斯科后，只有少数犹太人得以开始安营，余者都遭到抢劫并在枪口威逼下被绑至与苏联的分界线。这种慌乱引发了地方当局、军方及苏联人的不满。

为什么尼斯科计划被仓促放弃？首先，军方需要戈林也要求铁路系统将土豆和甜菜运往德国。其次，埃希曼似乎已越级行事，在高层想要整体完全的解决方案时，却推进杂乱而零碎的行动。第三，从摩拉瓦特热博瓦、卡托维茨和维也纳遣送已经城市化的犹太人无法解决无处安置从加利西亚、沃伦涌入新并入帝国的波兰领土的德裔农民的问题。虽然已经证明大规模遣送在技术上的可行性，但此次被遣送者的地缘和职业与当前棘手的问题关系不大。维也纳的比克尔和下西里西亚的瓦格纳必须等待希姆莱和海德里希在新并入帝国的波兰领土上为德裔人群创造空间，弗兰克此时已答应接纳来自两地的波兰人和犹太人。

虽然尼斯科被排除在框架之外，当地幸存的犹太人又被遣返，但将卢布林区建成犹太人保护地的兴趣却与日俱增。该地区还曾被用于与苏联交换立陶宛，其某些特征值得强调。首先，当弗兰克的副手阿图尔·赛斯-英夸特于 1939 年 11 月考察这片涝区时，他就指出这里适于安置被剥夺财产的犹太人。当时这些人还对大灭绝望而却步，认为暴力与消耗过程要优于彻底谋杀。第二，卢布林所处的前哨位置意味着已有大规模基建项目动工，陆军、空军，文职和党卫军都大量使用强制劳力建造机场、反坦克壕和排水工程。也许反坦克壕和排水工程可以合二为一？

犹太人前往罗布林的旅程异常凄惨。1940 年 3 月，一份匿名提交希姆莱的报告描述了冬季 160 名德国犹太人从皮瓦撤至卢布林的经过。他们被禁止携带任何物品。没有床褥、食物、提包、钱和炊具，他们被脱得只剩内衣和途中遮体的外衣。他们被分散于距卢布林 30 公里的村庄，孩子和 80 岁的老人都要冒着零下 22℃的严寒在积雪中一天跋涉 14 个小时。路上随处可见先前从什切青运来的犹太人的尸体。幸存者冻伤的脚趾和手指必须要切除。到 1940 年夏，已有 5—7 万名犹太人居住于卢布林地区的 76 个独立营地，在极其恶劣的条件下从事多项工程建设。波兰医生兹格蒙特·克卢科夫斯基描述了这些营地：

> 劳动营内的条件令人望而生畏……这里的工作是挖深壕。这些深壕是为现存沼泽排水及未来的耕种体系的一部分。工人们整天站在水中。食物极少，居住的营房肮脏不堪。这里营房距离工作地有数公里远，所以除长时间劳动外，他们还要多走两小时往返营地。上下工途中德国人用拳头和棍棒对他们肆意殴打。

1939 年 11 月 1 日之后，有斯洛文尼亚血统的奥地利警察奥迪洛·格罗博克尼克任卢布林地区党卫军和警察头目，充沛精力和无情残忍让他有别于其他党卫军同伙。在卢布林，格罗博克尼克招募了私人卫队，称作自卫军，多数为 20—30 岁的德裔农场劳工和工匠。他还主管某些纳粹反人道分支，如虐待狂奥斯卡·迪勒文格率领的有条件释放的 80 多名偷猎者团队，这些人在布格河畔的吉科夫犹太人灭绝营内任看守。

迪勒文格发出的一系列命令要求这些恶棍在所在区域内强力维持治安，这也间接反映了不幸生活于此的犹太人遭遇的重大混乱。醉酒的军人砸烂门窗，狂饮欢跳直到次日黎明，将垃圾丢弃在庭院和花园。每晚 10 时，灯泡被迫拧下，因为有人喜欢随机枪击这些目标。迪勒文格外表消瘦，被其手下称作“我们的甘地”，他曾试图中止他所称的“吉卜赛人暴政”。迪勒文格也受到格罗博克尼克的调查，罪名包括雇用一名党卫军医生毒死 57 个犹太人，还说这种做法要比枪击更有利于保全他们的衣物和牙齿。他感到卢布林的道德秩序令人困惑：“卢布林很有趣，一方面我和一个犹太女人相恋，还和犹太人共饮杜松子酒；另一方面我却十分无情地毒杀犹太男女。”这些力量支持格罗博克尼克垄断卢布林地区犹太人的意图，事实上也使他们及其劳动力脱离文职当局的控制。他以建立一系列工厂开始，让犹太长老会支付监管工厂的费用，然后将犹太劳工出租给军方或民营建设工程。一座座原始营地，包括贝尔赛克灭绝营，沿苏联边境拔地而起。虽然格罗博克尼克的两大野心——训练一支非帝国的德裔私人卫队，及完全由党卫军控制犹太人建设粗制滥造的工程项目，最终都如纸牌屋一样轰然倒塌，但他已经积累了经验，可以在更为有利的条件下加以推广。

在荒谬的优先次序中，被送往卢布林的犹太人的悲惨命运相对于被遣返的德裔人群呈现的问题而言，仍属次要。有流言说希姆莱已经鞭长莫及，戈培尔在日记中写道：“目前希姆莱正在置换民族。可惜功亏一篑。”德裔人群应是未来的定居者，他们的现实却如同集中营囚犯，这就相当于承认了失败。他们成了慈善、演说和被忽视的对象。一种难民营精神病开始出现。除最终归宿毫无着落外，种族科学的一丝不苟以及害怕苏联内务委员会以次充好运来非德意志人，都意味着更进一步的拖延。德裔人群还要经历汇报环节，以确定其政治信念，还要接受繁琐的种族核查，其间他们的体格数据被记录在卡片上。而且还有更加资深的再定居专家及其学党大张旗鼓地将人员、技能和地区相匹配。核查波兰人也同样采取了耗时的程序，要找出看似德国人的波兰人，或隶属于“天主教运动”和“西进联盟”等沙文主义组织的波兰人优先遣送至“中央政府”。想要抓住能作为强制劳工或遣至“中央政府”的波兰人并不容易，因为他们一见德国官员立即就逃走。为解决纳粹自身政策造成的这些问题，希姆莱命令1940年2月前将新吞并的领土上的全部犹太人和各色波兰人（共约100万）遣送完毕。他的直接下属就将此任务缩小为从瓦尔特高遣送走 80 多万波兰人和犹太人，以为来自波罗的海的德裔腾出空间。这一惨败被包裹为“首个短期计划”。

克拉科夫的弗兰克当局对其既定作用——人类种族垃圾场——倍加抵制。戈林对此表示支持，他反对货车满载被遣送人群干扰粮食运输。弗兰克试图使他的领地物产丰富；他的计划不利于其他同僚将所谓不愿工作的下等人输入本地。而且，军方正在缩减可供遣送至“中央政府”的人员使用的空间，坚持只有德裔人群才能定居波兰东部不断扩张的城区的50公里半径范围内。如1940年夏军方决定在科宁县南部建立一个炮弹发射场。最高司令部和党卫军中将科佩联络，认定8万波兰人和4万犹太人必须迁走。首先，近2000名德裔被迁至该县北部，每个家庭接管2—3个波兰农场。这不出所料阻碍了将来自沃伦的德裔人群安置在同一地点的计划。从北部驱逐的1万名犹太人再与南部的6万会合，共同被遣送至“中央政府”营建该发射场。详细的记录并未提及安土重迁的波兰人和来自沃伦的德裔声称自己从波兰那里“借”来的产业又被来自南部的同种夺去，但此类事件并不罕见。人类迁移绝非易事。

但正当纳粹高层无效地为众多的遣送者和移民角逐时，波兰犹太人遭遇了怎样的命运？纳粹对待犹太人的政策最初为集中、控制和剥削，多少带有某种程度的霸道和恐怖，目的为将其驱逐出去。这些犹太人被迫挤进环境恶劣的地区，不仅现金和贵重物品遭到查封，他们的鸟笼、门环和热水瓶都被夺走，结果身无长物，只能凭虚弱的体力维持最低限度的生存需要。他们被用作强制劳工，犹太长老会的职员确保他们遵章守纪；佩戴侮辱性袖标；夜晚忍受宵禁；行动受限，来自小城镇的被遣送者要被限制于大城市的犹太区。早在犹太人被圈禁于犹太区之前，纳粹高层就希望过度拥挤使疾病流行，人们营养不良，从而使他们消亡。正如弗兰克11月25日所说：“死的人越多越好。”希姆莱也说：“将这些暴民赶入犹太区的时候已到，然后瘟疫悄悄流行，让他们丧命。”这些话并非隐喻，我们有理由相信话语反映意图。

虽然地方当局设立犹太区的理由难以尽述，但这些聚居地和犹太聚居区相比严重缩水，或被有意设立于环境恶劣之地。来自周围地区的犹太人被迫加入城市犹太人群，如在计划设立的第一个犹太区彼得库夫，8000名犹太难民——或被遣送者——就被迫挤进同样数目的人群当中。在华沙，城市人口的 30%被挤入占该城面积 2.4%的区域内，该区域有73条街道，而全城道路多达1800条。这种拥挤已经难以承受，但还要从整个华沙地区的城市和乡村驱赶来更多人口，使这个原来容纳 28 万人的犹太区人口猛增至 40 万。这不仅使家庭内部格外拥挤，平均每个房间要住 9 人以上，而且使狭窄街道上的路况更像游牧部落穿行于繁华商业购物街。

除对犹太人的控制欲外，还有何种因素使犹太人都被集中于犹太区？从经济上说，犹太区要比集中营节约经费。没有必要建造营房、卫兵室和瞭望台，也不必安装电、气和卫生设施，反而将犹太人挤入低级住宅区。虽然根据逻辑规则，集中营倾向于变为不断扩张的常设机构，但使用犹太区背后的逻辑就是要让集中营逐渐消失。这也反映出纳粹对将犹太人用作生产性劳工的漠然态度。甚至当罗兹的犹太区管理当局想要将犹太劳工用于生产劳动时，他们对劳动力本身也毫不关注。生产彻底与对生产者的关注脱节。

其他动机也在发生作用。首先，犹太区的设立推进了敲诈。正如格赖泽尔 1940 年 1 月对一群纳粹党官员所说："犹太人将留在那里直到他们聚敛的财富被坐吃山空，那时我们要把他们铲过边境。然后空旷的犹太区将被一把火烧光。"贪婪并不是唯一的动机，在大城市，犹太区的设立为德国人和波兰人提供了更多生存空间，残暴地划清了种族地理分界。其中还有殖民主义进步的使命，因为纳粹自认为是欠发达的东方的"文化传承者"。罗兹或华沙这样的城市简直是对他们美学秩序和品位的侮辱。建筑师和城市规划人员试图为古老城市罩上德国的外观：一份报纸的大标题写道："兰茨曼市［罗兹新名］一定要变得更美丽！"1940 年 2 月的一份标题为"华沙-德国新城"的技术图纸上标着这样的口号："摧毁波兰城，建设德国城，重新安置犹太人。"在罗兹，1940 年 1 月有 16 万犹太人被逐出家园，集中迁至巴卢提、老城和犹太公墓附近的马丽森区，为德国官僚、1.5 万波罗的海德裔人让出空间。他们被塞进 3.2 万套一室木构公寓内，其中 725 套有自来水，95%缺少厕所和下水道，大多数未通电。

华沙犹太区形成的漫长过程表明，万一重大遣送计划失败，这也算一条退路。华沙纳粹地方当局曾于 1939 年 11 月策划设立犹太区，但犹太长老会和军方指挥官的战术联盟使该计划流产，后当局又于 1940 年初重新开展此项计划。马达加斯加计划——我们稍后详述——使当前的计划毫无必要，到 10 月，犹太人又被突然迁至犹太区，一个月后，该犹太区被封闭。瓦尔德马·舍恩 1941 年追述了该犹太区的前世今生，大体解释了这些转变的缘由。一方面，只要卢布林等地正用于遣送犹太人，就没有必要建立封闭的犹太区。另一方面，驻华沙的德国医疗专家坚持对所谓的伤寒携带者实施紧急隔离，防止所谓的流行病蔓延至德国官僚和士兵当中。

当时，德国伤寒研究领先世界，但这些医生若非愚蠢至极，都应了解这种疾病并不具有种族特殊性，而且对抗该病的最佳途径就是改善饮食、居住条件和卫生状况。这对被圈禁在该区域内的科学家路德维克·希茨菲尔德教授而言显而易见："这就是当局想要隔离致命病菌携带者的途径。自称医生的人们支持该论调。但科学早已取消了中世纪的隔离期，因为这样既过于残忍，又毫无效果。”由于该犹太区设立之前伤寒的发病率已有所下降，这就使恐惧疫情暴发失去了理由，而且砖墙也无法阻止这种疾病向周围人群传播，那么人们只能说这种自私的理由是在推动对警告标志中展示的身份的认同，“犹太人—虱子—伤寒”。换言之，所谓犹太人是伤寒传播者的身份，只是一种意识形态观念，其目的是在排除处置犹太人的另一计划之后，为所采取的政策寻找理由。从坐大车旅行的士兵们将犹太区“当作动物园”游览这一事实也可看出，假托医生论断具有欺骗性。同时，专家意见也支持将犹太人排挤出经济生活之外，以利于犹太经济烂摊子的复苏。“犹太经济部门”的收缩将为波兰部门的扩张创造空间。一切思路都聚焦于犹太人，驱逐他们成了解决建筑、经济、医疗、安居和安全问题的万灵药，从而使别有用心的偏见具备了理性。

正当医生、城市规划者和经济学家不遗余力地孤立犹太人时，最高层也在四处寻觅可以安置他们的地点。自 19 世纪 80 年代以来，欧洲各国反犹分子一直都有将犹太人遣送至法属马达加斯加的想法。1937 年波兰政府曾与英法协商将 100 万犹太人送至马达加斯加和英属南非。尽管英方对此毫无兴趣，但在 5 月法国总理莱昂·勃鲁姆和殖民部长蒙泰仍准许波兰派团赴马达加斯加考察，以确定其是否适于安置波兰犹太人。考察团中两名犹太成员宣称该岛仅能容纳 500 个家庭，而团内其他成员则提议在此安置 5000—7000 个家庭。1938 年德国外长博内向里宾特洛甫提议向该岛运送 1 万名犹太难民，1939 年张伯伦和罗斯福询问墨索里尼是否能让埃塞俄比亚接纳犹太人。不论将犹太人送往英属圭亚那、埃塞俄比亚或马达加斯加的想法看似多么荒唐，但当时各国政治家都对此进行过严肃讨论。纳粹认为从这一点也可看出许多国家都达成了反犹共识。1938 年 3 月，海德里希曾告知埃希曼调查解决“犹太人问题”的国际途径，“法国与波兰已就该途径进行了探讨”。

1940 年中，鉴于当时的局势，马达加斯加方案就作为一种长期措施取代或补充了卢布林犹太保留地。希姆莱 5 月 15 日写道：“我希望通过将所有犹太人迁移至非洲或某个殖民地从而让‘犹太’一词完全销声匿迹。”这一思想预谋对英国皇家海军造成削弱，其更广阔的背景是要建立横跨中非的德意志帝国，最终由德国外交部三局犹太处头目弗朗茨·拉德马赫促成讨论。稳坐于原属犹太人的公寓内，面前堆着仓促收集的犹太人问题资料，拉德马赫自认为找到了解决该问题的途径。和他的政治主宰一样，他也知道这场战争目的有二：“当前的战争有两面性，一个是帝国主义属性，为获取德国成为世界强国所需的政治、军事和经济空间；一个是超国家属性，将全世界从犹太人和共济会的锁链中解放出来。”

虽然巴勒斯坦被排除在目标之外（“有成为第二个罗马的危险！”），但答案似乎就是大规模遣送别处。人们可以保留卢布林解决方案，以应对生物学上“再生”的和政治激进的东方犹太人，将这些人用作人质以牵制其美洲犹太教信仰者的假想行动，与此同时将更为被动的西方犹太人运往马达加斯加。根据拉德马赫 1940 年 7 月 3 日所写备忘录，该岛将以命令形式移交德国，其中不建机场和海军基地的区域由党卫军警察署长控制。当前的 4 万名欧洲殖民者将被迁至别处，而当地土著人的命运则悬而未决。犹太人将被剥夺各自国家的公民身份，但按规定允许实行有限自治，这也体现了德国对其的“宽宏大量”。一家欧洲内部银行将清算犹太人的资产，并为党卫军提供资金以支付运输和重新安置费用。“T-4”安乐死计划人员维克托·布拉克将负责运输工作。这也显示了其邪恶本质。拉德马赫将该岛描述为一个“大犹太区”，党卫军在此可以凭借广泛的经验巧妙控制犹太人，公开威胁用这些被俘犹太人对美国犹太人加以限制。

是年夏，拉德马赫要求取得欧洲犹太人口的数据和关于马达加斯加的信息。统计学家弗雷德里希·伯格德费尔在计算该岛的人口密度时，并不坦诚地说该岛上的人口密度将小于帝国，因为马达加斯加岛上大片地区干旱炎热、疾疫横行，并不适合安居。而波兰考察团早些时候曾声称可以安置 5000—7000 家庭。因为地质学家报告说，该地不产贵重矿物或化石燃料，只产石墨，并非安置欧洲犹太人的理想之所。不难想象，许多人将在前往该岛途中死去，或因岛上恶劣条件而死。1942 年 5 月，希特勒在回顾这一废弃计划时也如是说，他偏爱热带气候令人衰弱的生物学效果。

拉德马赫的方案也代表着外交部对“最终解决”方案控制权的竞争。海德里希曾对拉德马赫做出适当的提醒，说他自 1939 年 1 月起就在主管犹太移民，成效并不明显。1940 年 8 月，他向“亲爱的拉德马赫同志”提出了反驳，由野心勃勃的保安处军官特奥多尔·丹内克尔代笔，该军官自 1938 年起一直在为这样一个解决方案游说。反驳中提出的计划事实上绕过了外交部，而要在四年时间内每天运送 1500 名犹太人离开欧洲。各级都对这一大胆计划展开讨论。希特勒曾向墨索里尼提及此事，格赖泽尔曾就此与弗兰克探讨。埃希曼从柏林、布拉格和维也纳召来犹太人代表以确定他们的意见。1940 年 7 月 1 日，华沙盖世太保犹太部头目格哈德·蒙德告知犹太长老会主席切尔尼亚科夫战争将于一个月后结束，犹太人将动身前往马达加斯加。巴登和萨尔地区的纳粹长官都认为此事宜早不宜迟，他们经希特勒准许已将 60 万德国犹太人经由阿尔萨斯-洛林送至维希法国。这种难以解释的遣送说明马达加斯加计划并非戏言。

纳粹反犹主义的另一面，尽管无人经常论及，但也同样被严肃看待。由于 1940 年德国在军事上取得了许多重大胜利，许多人暂时不再认为犹太人狡诈而强大，反而觉得犹太人可能很愚蠢。甚至希特勒也对此表现了轻微的共鸣。犹太人永远是人们用来开玩笑的对象，弗兰克曾在克拉科夫对一群聚集的党员提及马达加斯加：

> 一旦海路交通能够运送犹太人（听众中有人大笑），他们就会被送走，一块接一块，一个男人接一个男人，一个女人接一个女人，一个孩子接一个孩子。先生们，我希望你们不会因此而抱怨（会场一片欢腾）。因此，我相信我们已经走出困境。

反犹卡通片描绘了茫然的东方犹太人乘船来到棕榈树和高更笔下的土人中间。但幸灾乐祸的时刻已经结束，咎由自取的混乱雪上加霜。

实施马达加斯加计划的先决条件是打败英国，不列颠之战失利和大西洋航行的风险让该计划失去了可行性。1941 年 2 月初，希特勒在一次会议上提及此事。当鲍曼问及要如何将犹太人运往海外时，希特勒提到莱伊的“快乐力量”班轮舰队，随后又担心德国船员在英国潜艇遍布的大海中的命运。随着主体战争东移，相应带来了对在领土内解决“犹太人问题”重新定位的思考。到 1942 年 2 月，足智多谋的拉德马赫被迫承认该计划已经流产，因为东方已经有了新的可行方案。随后，希特勒在与外国领导人的交谈中讨论了“马达加斯加”方案，但此时它已成为更激进措施的幌子。

虽然马达加斯加计划已随风而去，但仍有滞留于波兰犹太区受苦的犹太人带来的问题。纯粹的生存以及纳粹政策上的模棱两可都使人相信假如犹太人能够自给自足，或能给纳粹产生价值，那么不杀害他们就能带来物质利益。如果纳粹拥有经济学理性的话，就应知道这是合理的计算方式。1940 年 9 月，罗兹犹太长老会收到一笔德国贷款（出自被没收的犹太资产）开始了犹太区的产业化。1943 年，罗兹犹太长老会已建起十几家工厂、仓库和分检室，有 85%的成年人参加工作。在考那斯也出现了类似的工作坊，有洗衣房、修鞋店、绷带厂、毛刷厂、蜡烛厂、香皂厂和玩具厂，犹太人还在此为德国人修建了机场。

罗兹的地理位置相当于波兰的曼彻斯特，这里的犹太区示范了“通过工作实现拯救”的战略，成了显而易见的血汗工厂，在经常停电、条件恶劣的临时厂房内，饥肠辘辘的人们产出了各类商品，提供了多种服务。德国公司热衷于在这里外包工作，不仅因为罗兹远离盟军轰炸，而且因为劳动力成本异常低廉。这里的产品和服务包括销往柏林的牛骨梳、紧身衣和胸罩，弹壳、烟盒、毛皮大衣、摩托车雨披、纸袋、服装修改和清洗，还有在军装上刺绣卐字和军衔标记。原技术工匠此时在成百上千家工厂内流水线上进行着最基础的工作。劳动令人丧失士气，因为工资能买到的口粮不足。尽管罗兹所在的瓦尔特高地区纳粹当局是犹太区劳动的主要受益者，但在分配燃料和粮食的优先顺序中，犹太人却排在末尾，因为当局通过德国公司已将支付的工资转入自己的保险箱中。生产性犹太区所面临的更广阔背景是一场通过疾病和蓄意的饥饿而害死 50 万犹太人的消耗过程。

实施这种“通过工作拯救”战略还有其他原因。它使人们在心理上感到是在雇用人，而不是在强制的懒惰中任其思索自己恐怖的灾难。由于反犹主义观念的一种极坏典型就是将犹太人当作经济“寄生虫”，因而犹太人决定通过证明其勤奋工作而进行反击。正如维尔纽斯的雅各布·根斯所说：“在工业的维护，以及在我们每个单位的工作中，我们都必须证明，与人们普遍认定的我们不胜任任何工作的说法相反，我们干得很出色。”首先，长老会领袖们估计经济理性将会持续，而且他们所应对的人群能够晓之以理，并非那种不可理喻的意识形态狂人。由于地方犹太区的纳粹管理者们也莫衷一是，都在等待各自政治高层的最终决策，所以他们也采取这一态度就不无道理了。长老会领袖们想要在这笼罩一切的精神错乱中寻找出路，在此过程中他们有时会在这个道德迷宫中走失。

生产本身成了目标，在与世隔绝的犹太区，这一动向不足为奇。长老会领袖们兴起了对劳动的迷信，用展示在墙上的标语“劳动是我们的指南”，劝勉疲惫不堪、毫无动力的人们付出更多的劳动。常去影院的人们可能了解“桂河大桥综合征”，即迟钝地确信一人可以挽救所有人，从而忘记周围的一切。当年轻的大卫·谢拉科夫斯基写到罗兹犹太区长老罗姆科夫斯基时就捕捉到这一点：“他只关心增加生产率，而饥饿一如既往。”各类犹太区精英和犹太区贫民之间的巨大分歧加剧了社会紧张。

对生产的执着不仅是将他们的迫害者的某些目标和价值观内化的问题，按照逻辑，对工作的执着就意味着对低效者的不容忍，他们阻碍了有限资源的有效利用。罗兹犹太区年鉴写道：“该犹太区不仅已变成一个劳动营，不工作者在其中无法立足，而且是某种尼采主义的实验室，只有‘强者’才能完好无损地从中走出。”这在遣送时代呈现出更加恐怖的面目，因为犹太长老会采取某种形式的社会发酵，在满足纳粹需要的同时将对其社区的破坏减至最小。

马达加斯加计划构成了由纳粹自身决策造就的许多自生问题的背景。1940年8月，德国同意从罗马尼亚割让给匈牙利的特兰西瓦尼亚地区召回数万德裔，而在9月，德国和苏联达成协议再从比萨拉比亚和布科维纳遣返137077名德裔人，这些地区自6月起为苏联占领。这些新来者将使在收容营中受苦的德裔人数激增，他们仍不知要去往何方。这场灾难使希姆莱设想要在1941年将被占领土上的70多万波兰人遣送出去。同时纳粹高层将本土犹太人清除出去的决心也丝毫未减。不仅是格赖泽尔，还有维也纳的席拉赫、但泽的福斯特和柯尼斯堡的科赫都积极催促弗兰克接纳“他们的”犹太人，而希特勒却要缩小他们的预期以顾及弗兰克对收容这些人表现出的勉强。希特勒再次使其下手达成共识，据戈培尔所说，“他们全都可以将垃圾卸到‘中央政府’，犹太人、病人、懒惰者等。而弗兰克却极力抵制，这也并非完全无理。他想将波兰建成典范国家。这太过分了，他不能也不应这样做”。虽然某些犹太人正被遣出西普鲁士，但希特勒为解决“雅利安人”住房短缺问题，决定优先清除6万名维也纳犹太人。

在波兰“中央政府”内，弗兰克的官僚们也敦促他采取措施应对他们自己集中起来的犹太人，这些人已经被系统化劫掠以偿付其食物和燃料，现在对德国当局而言已成负担。而军方自12月18日起受命要在1941年5月15日前结束“巴巴罗萨”行动准备，随着300万人为侵苏集结，其炮弹发射场、列车编组场和训练区域不断扩张，也迫使50万波兰人要从被占领土向“中央政府”辖区内迁移。要在1941年遣送约100万人，而对他们如何获得支持，及如何应对军方使用交通工具的竞争都未曾考虑。到3月15日，按计划应运送完成25万人，但实际只驱逐了该数字的1/10；牢记用波兰人置换德裔人群的公式，这样只为25万多预期到来者空出5000个名额。优先筹备“巴巴罗萨”行动意味着有更多人流离失所。

针对苏联犹太人展开的幻象

“巴巴罗萨”行动开启的远景使纳粹能够寄希望于摆脱他们引发的全部问题，得以将其暂时搁置，并意图将“最终领土内解决方案”迁移至德军战场的后方。

计划得以延续，但其牵涉的主要对象并非犹太人。自1941年夏和1942年初起，相互竞争的党卫军策划者团队——分属希姆莱的帝国专员公署和海德里希的中央保安局——开始设想将波兰和苏联被占领土上的犹太人重新安置到东方。这些策划者在其同僚对犹太人展开屠杀后，仍将犹太人分解以代入公式。他们是在老调重弹，或级别不够无法获知犹太人遭遇的信息。犹太人的命运被决定很久以后出现的证据可能掩盖了当时人们谈论的内容。在1942年1月20日的万塞会议上，海德里希宣布欧洲犹太人将在东方劳累至死，余者将被以更直接的方式杀死。但在两周后发表于布拉格的一篇秘密演说中，他谈到将1100万犹太人遣送到苏联的北极集中营，该营将由一支被认定不适合德国化的捷克先遣队建立。当时估计苏联集中营能够容纳1500—2000万人。西伯利亚似乎是合理的选择，但这被希特勒否决，理由是西伯利亚的严酷气候将在不经意间造就超级强悍的犹太人。涉及杀戮数千万斯拉夫人的新意图的实施计划仍在继续制定，这些意图告诉人们所谓“遣送”“撤离”和“重新安置”的真正含义。但这仅是“可能”的世界，现实中还推行了其他政策。重要的是，纳粹高层借入侵苏联以实现其意识形态使命；其下属在西、北欧的行动完全不受外在条件制约。尼采笔下的“猛兽”正在横冲直撞，尽管尼采想象不到这些人多么平庸而卑劣。在西欧只能在夜间悄然进行的事件，现在就发生在大庭广众当中，经常能让德国管理当局和军方一览无余。

特殊使命使“巴巴罗萨”行动变为种族灭绝之战。前文中我们看到党卫军和军队司法权被清晰界定，军方依据一系列模棱两可的意识形态方针作战，士兵们有时还协助党卫军完成非军事任务。准备工作包括组建四支特遣队：A、B、C、D，它们以一系列小规模别动队的形式扩大覆盖面积，如同正在复制的癌细胞遍布全身。它们的主要功能是杀人或唆使别人杀人，其他任务包括获取敌方档案、反游击战和探查克里米亚洞穴，搜寻哥特时期考古遗迹。这就仿佛为帝国中央保安局装上了车轮，因为每支特遣队都复制了中央保安局的任务分工。这些机动部队自 1941 年 5 月起集结于普雷奇和萨克森及另外两座城镇的前线警校，这些机构连同富尔达的无线电学校和夏洛滕堡治安警察领袖学校，都由以布鲁诺·施特雷肯巴赫为首的中央保安局人事处控制。此时重心已移至普雷奇，他们筹备对英国发起“海狮”行动，届时他们将抓捕或杀害数千个黑名单上的人物。能说英语的人被代以懂俄语的人。另从刑警、盖世太保、保安处和武装党卫军以及后备警察第九营招募了 3000—4000 人，分散于四支特遣队中。另有一群人已被选定为称作“高级部门”的快速治安警察干部，或做其教员，他们因具备政治可靠性和发展前途将接受五期培训，其中包括来自柏林大学的三个人。特遣队的许多指挥官都是中央保安局的文职军官。史学家已经证实其中多数人是律师或经济学家，2/3 受过高等教育，1/3 拥有博士学位。讽刺的是，德国大学恰是培养某种精英形式的反犹主义之处，其激进性被掩盖在对待“犹太人问题”的“科学客观性”外壳之内。此刻，这些过去的大学生中的激进分子终于有机会得偿所愿。

而且，这些警察也乐于参与其中，希望获取战功和迅速晋升。战争仍在继续，这些身强力壮者将在其最激烈的时刻参与其中。如果能向他们透露进攻的机密，他们求之不得，因为这些人不仅自认为是政权的禁卫队，而且是其先知引路人。将那些杀死妇孺者想象为人格懦弱，将他们边缘化到传统战士行列之外也许能让人得到些许安慰。但急于作战的迫切心态在高层也显而易见。海德里希曾驾驶战斗机执行对俄作战任务。刑警头目阿图尔·内贝急于获取勋章和党卫军将军头衔，刚开始执掌 B 特遣队就被冠以该衔。队伍中随处可见立功心切者，如 1942 年 8 月参加 D 特遣队的库尔特·克里斯特曼。他的“隐痛”让他写了一首打油诗：

> 基督背负的是木十字架
> 克里斯特曼佩铁十字章
> 基督背它得不偿失
> 克里斯特曼受之有愧

特遣队军官的任命涉及对个人的详细审查，海德里希和施特雷肯巴赫会对任命名单进行修改，被认为超编的机构通常有员额限制。我们对特遣队的了解大多来自他们自己的报告。横穿某一区域的各类分队向别动队参谋提交报告，参谋再通过信使或无线电向相对稳固的特遣队参谋本部报告。有严格的规定要求信使被捕时要烧毁一切，不许照相。每 1—2 周经编辑的汇报要点要通过信使、无线电或电报交换机提交柏林的中央保安局第四处 A1 组，在此经海因里希·米勒加工，在会议上讨论后浓缩为“作战情况报告”，并提交给希特勒和希姆莱。最熟悉这些报告的学者充满讽刺地总结说，这些报告除提供信息外别无他用。地方部队有时制作地图，以棺材图标显示自己的杀伤力，犹太人群旁的标注为“仍然存在”。换言之，除相对稀少的当代文献及其报告摘要外，我们必须在很大程度上依赖海量的战争审判资料来看清这些部队在执行“最终解决”方案中扮演的角色。四支特遣队迅速发展为五支。1941 年 6 月初，海德里希批准波兰“中央政府”的埃伯哈德·舍恩加特组建第五支特遣队，这支特遣队自 1941 年 7 月起在乌克兰和白俄罗斯活动于 B 特遣队后方。

对这些行刑队进行的首次重要研究依据的是在纽伦堡受审的惟一一位特遣队司令官奥托·奥伦多夫的说法。他说在从普雷奇启程前数日，布鲁诺·施特雷肯巴赫——1945 年奥伦多夫以为此人已死——传达了希特勒的命令：杀死他们在苏联遇到的犹太人。奥伦多夫多数的共同被告也都持这一观点。有一个人与他观点相左，坚称 1941 年 8 月其所在特遣队长官才传达这一命令。但在 1955 年仍然健在的施特雷肯巴赫遇到大赦，免去了在苏联服 25 年苦役的刑罚，此刻他严词否认曾下达这样的命令。又进行了更多的审判，以前的证词都被修订，还增加了新证。越来越多的人证实在行动中接到屠杀犹太人的命令，而坚称先期收到命令的人们又着重强调是海德里希，而不是施特雷肯巴赫传达的命令。

人们将注意力再度聚焦于海德里希对军官和士兵发表演讲的两次告别聚会，第一次于 1941 年 6 月 17 日在柏林中央保安局举行，第二次数日后在普雷奇举行。在战后审判中，某些以前的军官声称海德里希下达了杀死犹太人的命令；其他人则对此予以否认，声称两场聚会上他只是与大家话别，并例行地强调要不畏艰难和严守军纪；至于普雷奇那次聚会，海德里希对一大群人讲话时没有用麦克风，有些人作证说无法听清他说的话。尽管我们无法排除其他指令会在正式会议上被下达给军官，但海德里希向希姆莱在苏联的四个高级党卫军和警察头目所做的通报中，并不包括一般性的杀死犹太人的命令：

> 所有下列人员都应被处死：
>
> 共产国际官员……中央委员会地区和分区委员会中党的中高级官员和激进下层官员
>
> 人民政委

受雇于党和国家的犹太人和其他激进分子
（破坏者、宣传家、狙击手、刺客、煽动家等）

换言之，这将比其在波兰的行为更为激进，更针对特定种族，主要目的是摧毁纳粹认定的苏维埃政权的支持者。杀死这些人将加速苏联的军事崩溃，确保德国的霸权地位。这种命令不可避免地有其开放性。特遣队究竟如何才能确定受害者身份？共产党和犹太人不可能手执党证，别着徽章四处游荡。当地的内奸能够认出受害者，但通常的假定就是所有“知识分子”都是共产党人，所有达到参军年龄的男子都是破坏者和颠覆分子。那他们如何识别犹太人呢？这并非易事。1941 年 10 月巡视战俘营的秘密警察和保安处部队被学究式的人物告知：苏联犹太人为掩盖种族身份，自 1920 年或 1921 年起就不再进行割礼，所以根据他们是否受过割礼来决定谁该被枪杀并不可靠。换言之，这些命令有着巨大的内在弹性。

和这些不精确的指令相比，那些不许阻碍当地反共和反犹力量“自我净化”措施的命令更显宽泛。6 月 17、29 两日，海德里希命令在政治上更为敏锐的司令们去秘密煽动和加强对当地共产党人和犹太人的集体迫害。被枪杀者仅限男性也有其他原因。这些行刑队以不稳定的局势作为杀人的幌子和借口，蒙蔽了陆军。他们可以最大限度地利用战区中的模糊地带，并声称这只是在维护治安。光靠自身的力量这些特遣队无法杀死超过 275—290 万被困于德占领土上的犹太人，于是他们开始将妇孺赶进临时犹太区。换言之，命令要求他们视情况尽量多杀犹太人。如果人们不做此假设，那么说他们按照海德里希的指示杀人，警告拒绝东迁的犹太人，并恐吓那些未被征服的反对者，让他们望风而逃，就不具备可信性了。还需要使杀人者逐渐对杀人不再敏感，然后再让他们开始更高级别的屠杀。鉴于这些人都经过精心挑选，不太可能未考虑到他们面对“严酷”的命令做出的反应。

有的人拒绝参与，还有人一旦亲身经历仅曾抽象思考的事就立即退出，这也说明种族成见并不能一贯名副其实。在有些部队中人们装病、试图调往总部机关或要求调换任务。这都不会导致严重的军纪惩罚，党卫军军官无权将下属就地正法，希姆莱连党卫军人员超速的处罚都要亲自处理；凡是党卫军被判处极刑的案件也都要由他审核。变节的天主教牧师阿尔贝特·哈特尔和做过医生的托马斯可能惯于回顾那些轻易杀人的各色人群，因为医生和牧师有时会对此类事件特别关注。有些人受制于虐待狂似的冲动，乐于享受每次处决和拍照，以从中获取怪异的快感；其他人痛洒热泪，过度酗酒或精神彻底崩溃；一名刽子手在营房中陷入癫狂状态，举枪击毙了多名同僚。许多人经常出现阳痿症状。到 1941 年 11 月，至少已有一家精神病院专门收治“因杀死妇孺而精神崩溃”的党卫军士兵。

除患上精神病或有虐待狂倾向的少数人外，这些人当中的大多数都要被迫确信他们所做的事十分必要，因为反犹主义不足以成为唯一的驱动因素。但他们也以与杀害犹太人同样恐怖的决心杀害拉脱维亚精神错乱者、吉卜赛人、波兰教授和苏联战俘。但差别也逐渐显现出来，包括预期抵抗的程度。1942 年圣诞节，一个党卫军小分队试图击毙两卡车苏联战俘，这些人或缺臂或断腿。无腿者不能构成任何威胁，但可以走动的伤者却能压倒这些刽子手，刽子手们厚重的大衣限制他们灵活用枪，也不便于迅速拉开保险栓。结果两名党卫军被打死，战俘成功逃脱。一名党卫军命令同伴保持枪上膛、刀出鞘，"因为我们在此对付的不是犹太人"。有的军官自称并不特别反犹，将经济、政治上"可行的"排犹和大规模灭绝进行了区分。这一分歧被宣传者强化的一种信念消除，这种信念就是犹太人是布尔什维主义的承载者，整个布尔什维克领导层均由犹太人占据。和不断强调处死抢劫者、破坏者和游击队一样，军方和党卫军可以一心一意，甚至卡尔-海因里希·施蒂尔普纳格尔等反对希特勒的军方将领都与特遣队和谐共事，"对抗布尔什维主义……首先是对抗为其目的而奋斗的犹太人"。

这一错误信念不仅因纳粹宣传而巩固，还因周围的环境而加强。纳粹热衷于夸大反犹主义在东欧和苏联的渗透，这使他们的暴虐看似不同寻常。这恰恰是特遣队允许对涉及非德国人员的特定事件进行拍摄的原因。该话题须慎重对待。新一代德国史学家异于前人，他们并不否认和规避德国人的罪行，他们自然而然地尽量避免提及其他有罪方，以防这将德国的主体罪责相对化。对局外人而言，这看似一种勇于包揽罪责的态度，就像犹太人和殉道一样，一方眼中的勇于面对就意味着另一方眼中的严厉自责，一方眼中的永不忘记，就成为另一方眼中集体自恋的借口。

在某些国家，脆弱的独立之火因苏联占领而熄灭，于是人们就将犹太人和共产主义联系起来，不论这有多么荒诞不经。现实恰恰相反。在立陶宛，犹太人曾支持国民独立运动，曾为保卫立陶宛而抗击波兰人和苏联。然而在 30 年代末，保障少数民族权益的法律被废除，于是犹太人和立陶宛人之间的关系开始恶化。1940 年 6 月苏联占领立陶宛，对犹太人造成剧烈影响，还使立陶宛人强烈地认为犹太人应为此负全责。在被苏联国有化的所有商业企业中，犹太人拥有 57%的工厂和 83%的商号。传统的犹太社区生活遭到干扰。然而当地民族主义狂热分子却对另一事实更为关注，即某些实施遣送者本身就是犹太人，还有立陶宛共产党中犹太人占 15.2%。在高等院校犹太人不再受歧视，许多人走上国有企业的管理岗位，这些都使人确信犹太人应为苏联统治时期的罪恶受到谴责。

纳粹入侵期间，包括遇赦囚犯在内的各色志愿者在屠杀犹太人方面和特遣队相比有过之而无不及。在考那斯，一名德军上校被掌声和喝彩声吸引至一座加油站。拥挤的人群中甚至有妇女将孩子抱高让他看得更真切。在加油区，一个孔武有力的立陶宛人正在用棍棒把人往死里打。目击者中有一名德国摄影师，他提到这个年轻人暂时放下铁棍，登上死人堆，用口琴兴高采烈地吹奏起立陶宛国歌。随后，这名上校的上司告诉他这纯属立陶宛内政，与德国人无干。

也不尽然，因为A特遣队正在附近盘桓，将集体迫害变为系统作战，将性质各异的立陶宛军队组织成高效的辅助部队。根据特遣队内部报告，其在立陶宛取得了最大成功，拉脱维亚次之，在爱沙尼亚毫无成效，因为这里极少的犹太人口不足以煽动起当地民族主义者的仇恨。立陶宛95%的犹太人遇害，即约14万人，他们当中有一半至2/3是被当地立陶宛军队屠杀的。

在拉脱维亚，1922年宪法保障了少数民族权益，左翼犹太人支持独立后的社民党政府，保守派犹太人效忠1934年政变上台的卡尔利斯·乌尔马尼斯专制政权。乌尔马尼斯效法墨索里尼，查禁了反犹刊物和反犹组织，其中包括反德而又疯狂反犹的“雷十字”，同时继续接纳来自纳粹德国的犹太难民，而此时多数民主国家早已不再接收。与犹太人在拉脱维亚或苏联共产党内举足轻重的普遍看法不同，更可能的情况是外来的苏联人有意在拉脱维亚和犹太人之间煽起仇恨以便分而治之。前决斗兄弟会学生、兼职警察维克托·阿拉伊斯，投机退出共产党加入反苏游击队，在纳粹入侵后，他迅速和A特遣队开展了接触。物以类聚，激进分子寻找激进分子。施塔勒克责成他组建一支队伍“肃清该国有害分子”。阿拉伊斯在里加的瓦尔德马大街开了一家商店，登报招募“肃清国内有害分子”的人员，100人响应，其中包括许多兄弟会学生和运动员。1941年7月初，阿拉伊斯的队伍帮助纳粹屠杀被囚禁的犹太人。他们乘坐一辆蓝色大巴巡游全国，一发现犹太人就立即击毙。1941年12月5日，他们在罗姆布拉森林协助屠杀来自里加犹太区的犹太人。到1942年阿拉伊斯别动队的实力已达到一个营的规模，被重新部署进行反游击战，随后改编为武装党卫军拉脱维亚团。

民众暴动和乌克兰警察暴行都不足以说明普通乌克兰人的典型态度。除向乌克兰人灌输反犹宣传外，德国人还对民众发出警告：“假如任何人为犹太人提供住所或收留犹太人过夜，那么他与其家人都将立即被枪决。”对德军占领表现出的热情迅速消散。许多乌克兰人清醒地认识到一首民谣中呈现的前景：“德军——来了好，犹太人——被打倒；吉卜赛人——一样难逃；乌克兰人——暂时轮不到。”原曾对犹太人怀有模糊态度的人们，如东仪天主教会大主教安德烈·舍普提茨基也哀叹纳粹占领对乌克兰年轻人造成了野蛮化影响。他在致希姆莱和教皇庇护12世的信中提到了这些问题，同时还在写给教区内信徒的信中谴责“嗜杀成性的人们”。他还亲自收容了150名犹太儿童和15名犹太教拉比。乌克兰神职人员纷纷效法他的英勇行为；利沃夫科学院图书馆馆长在家中藏了8人，同时在图书馆收容了200人。

假如没有借口，那么犹太人将不会被射杀。A特遣队司令，很有政治头脑的施塔勒克提交的一份报告显示，他意识到将犹太人认定为共产党太过笼统。9 月 17 日，C 特遣队报告说，他们接受的任务使他们良心不安，并说即使杀光犹太人，也无法清除布尔什维克的威胁。报告接着写道："布尔什维克的活动依赖犹太人、俄罗斯人、格鲁吉亚人、亚美尼亚人、波兰人、拉脱维亚人、乌克兰人；布尔什维克机器绝不能与犹太人群混为一谈。"换言之，这些人清楚他们的主要依据是谎言。而且，杀害犹太工匠、商人和工人将使地方经济陷于瘫痪。唯一的办法就是将犹太人用作强制劳工，这也同样将使他们消亡。12 月，反犹的学术人士、乌克兰后勤专家彼得-海因茨·泽拉菲姆也采纳了同样的思想。他发现犹太人群都急于逆来顺受，但偏偏有人声称他们都热衷于参加游击队和破坏行动。犹太人有理由焦急，因为此时纳粹已经屠杀了 15—20 万犹太人。

乌克兰以南，贫瘠的罗马尼亚有着本地原生的疯狂反犹传统。这种传统因突然吞吐种族成分复杂的五倍于罗马尼亚旧王国的领土而急剧恶化，其中罗马尼亚族人只占总人口的 70%。极右翼代表为"大天使米迦勒联盟"，该联盟 1930 年孳生出一个名为"铁卫队"的青年派别，因此罗马尼亚法西斯分子有时亦称"卫士"。1940 年布科维纳、比萨拉比亚和北特兰西瓦尼亚落入苏联之手，被视为国耻，人们在布加勒斯特街头痛哭，从这些地区撤回的士兵见到犹太人就大打出手。国王卡罗尔二世退位，前国防部长安东内斯库将军自封为领袖，并让激进反犹的铁卫队领导人霍利亚·西马进入其政府任职。军事强人安东内斯库和西马纠集的一伙人和救世主式的基督教狂热分子之间的关系开始紧张。然而，双方均指责激进化的犹太人应为大片国土沦丧负责。正如安东内斯库所说："甚至在苏军来到之前，比萨拉比亚的犹太人就朝我们的军官吐痰，撕毁他们的军装，一有机会这些懦夫就用棍棒把我们的士兵打死。"这些犹太人将和乌克兰少数民族一道被驱赶到东方，乌克兰的情况为我们提供了压迫者如何随局势转换而变为受害者的典型例证。德国有效接管了罗马尼亚经济，成立了约 700 家德国人控股的公司。约 33 万德军作为"顾问"进入罗马尼亚看守油田。

得到希特勒支持的安东内斯库和有希姆莱撑腰的西马之间的关系开始恶化。由于西马提醒希特勒他 1934 年干掉的罗姆周围的革命者一直在苟延残喘，于是 1941 年 1 月 14 日希特勒许可安东内斯库在时机到来时发动类似袭击。希特勒对他说："您必须除掉他们，每时每刻总有狂热好战分子，他们自以为破坏就是尽责。一定不要让这些人展开行动。"数日后，一场未遂的军团政变令机会降临。这是一场怪异的政变，因为安东内斯库允许反对派在布加勒斯特犹太人聚居区大开三天杀戒，然后再让军队将其镇压下去。有两点值得强调。首先，安东内斯库和西马一致认定是犹太人挑起了他们之间的权力斗争：西马称安东内斯库为"犹太共济会代理人"，而安东内斯库指责他从前的"孩子们"已经投入共产党。第二，受害者人数——120 人横死于布加勒斯特街头——超过了1938年11月“水晶之夜”中遇难的人数。保安处将部分军团兵转往德国，但有2000人被捕，随后获释并加入罗马尼亚军队。这支复仇队伍和德军一道准备列队进击苏联。

在别处，党卫军中层人员开始关注被赶入波兰犹太区的犹太人所带来的所谓经济负担和健康威胁。也许是受到他们在波兰处置数百万不再需要的犹太人的经历影响，他们做出枪杀另外数百万苏联犹太人的决定，反过来，这一过程也影响了被占波兰的局面，即需要寻找一种不甚公开的、令人心理负担不致过重的杀人方式。1941年7月16日，波森的党卫军突击队长罗尔夫·海因茨·赫普纳致信其上司埃希曼，谈起处置瓦尔特高犹太人的问题。一个选择是在煤田附近为30万犹太人建一座集中营。这将使犹太人与周围民众隔离，将传染病的风险降至最低。他补充道：“今年冬天可能无法养活所有犹太人。应严肃考虑是否要以应急手段处理掉其中不适合工作的犹太人，无论如何，这都要胜过让他们饿死。”

为育龄犹太妇女绝育也将有效解决“这一代犹太人问题”。不过，纳粹地方长官格赖泽尔并未表达过对杀害犹太人的偏好，而且，罗兹政府主席于贝尔赫尔正在因犹太人的苦役而大发横财，也不愿将他们杀害。在写给埃希曼的一张私人便条中，赫普纳补充道，“这些做法听上去有些不可思议，但在我看来，它们都完全可行”——虽然可行，但仍有其他策略可供选择，如计划中的大规模集中营，和罗兹犹太区管理当局进行的唯生产力论游说。

如果我们假定政策由柏林的中央制定，而不是仅由中央批准一系列各地动议，那么最初对苏联共产党员和少数类别犹太人的捕杀运动是何时升级为杀死所有犹太人的呢？有人声称这是在1941年夏，他们援引的是1941年7月16日在拉斯滕堡大本营召开的高级别会议上希特勒的嚣张气焰。他说“伊甸园”唾手可得，苏联人动用游击战给了“我们消灭任何敌对者的机会”。希特勒感到胜利在望。在这兴奋的时刻，“胆敢睥睨我们”的人都只有死路一条。此次会议记录存在的问题是并未提及犹太人，因此无法用以指明此次会议是全面屠杀犹太人的起点。学者们对此并未过多关注，他们认定最终决策应是在1941年秋冬之际做出的。

这些解释有时设想，当原本要速战速决的俄罗斯战役变为消耗战时，阴暗的复仇就已开始。全球联盟开始集体针对德国。希特勒早已将这一场景包括在他对犹太人的恐怖预言之内。他开始老调重弹。此次入侵是赌注甚高的大规模赌博。对英国、甚至对美国发动战争所依赖的资源都取决于此次入侵的成败。最初过度乐观的速胜预期被迫降低。苏联人似乎一下子就不知从何处变出了千军万马，利用了比情报机构预测的丰富得多的资源，而他们探听的消息只到马格尼托哥尔斯克和鄂木斯克为止。苏联人勇敢顽强地作战；他们是纳粹德国的“第一劲敌”。到8月中旬，当希特勒与戈培尔详谈时，他并无必胜的把握，只是高声畅谈斯大林和丘吉尔当中有一人可能会垮台。他担心如何阻止德军流血；他重述了 1939 年 1 月 31 日所做的预言，警告说："在东方，犹太人正被迫为损害负责，在德国，他们已经付出了一部分，而将来他们还要付出更多。"

虽然希特勒的心里变得充满末日景象和复仇杀机，但希姆莱已经着手展开更加强硬的活动。他在卢布林召见了奥迪洛·格罗博克尼克，然后返回东部会见两名高级党卫军和警察头目普吕茨曼和巴赫-蔡鲁斯基。海德里希和埃希曼共同处理遣送全部中欧犹太人的问题。因对苏联犹太人的屠杀已经腾出可以驱赶欧洲犹太人的空间。在东线后方，希姆莱将致力于杀害犹太人的部队增加了三倍。自 1941 年 5 月起，各类党卫军部队的附属卫队开始听命于党卫军帝国领袖司令部参谋霍尔特·克诺布劳赫。这些队伍由 2.5 万党卫军组成，被编为步兵及摩托化旅，另有弗朗茨·马吉尔统帅的骑兵部队。他们分别由高级党卫军和警察头目巴赫-蔡鲁斯基、耶克尔恩和普吕茨曼掌管，或直接或打着反击游击队的幌子对犹太人发起进攻。马吉尔的骑兵队就是这样将妇女儿童驱赶进沼泽溺死的。但参与灭绝苏联犹太人的部队构成远不止于此。由库尔特·达鲁埃格统一掌控的大量治安警察，及身着警服的职业警员，都被置于驻俄高级党卫军和警察头目的指挥下，而当地的反犹者也被扩编为数以万计的辅助防御部队。这样的实力足以消灭"苏维埃"犹太人。显然特遣队加速了对犹太人的屠杀。到 1941 年 8 月，他们已杀害了 63 万犹太人，而在随后的四个月中，他们又杀死了 50 万犹太人。

投入此类延伸作战行动中的部队增多且更加多样化，同时其行动也被合理化。因为所谓的威胁不再来自犹太成年男子——他们当中许多已经遇害，而是来自妇女和儿童，妇女会生出复仇者，儿童长大成人后会亲自报仇。这是从相当长远的观点看问题。9 月，希姆莱仍在宣扬报复，但此时已经做出重大修正：

> 9 月 1 日，六名党卫军军官被发现于维尼察森林时，状况惨不忍睹。他们的衣服被剥光，倒挂在树上，内脏已被掏空。对于如此的暴行我们必须复仇，既然这是犹太人的作为，我们将要把他们彻底消灭。甚至摇篮中的崽子也必须像鼓起的蟾蜍那样被炸死。我们生活于铁血时代，必须用铁扫帚打扫。因此人人都要尽职尽责，而不是要先去问良心。

由于这显然难以自圆其说，开脱的手段逐渐从为屠杀犹太人寻找理由变为让作恶者克服心理压力。他们不出所料地成为自身行为的受害者，为自己的行动承受了巨大的情感伤害。道德相对主义跌入低谷，某些党卫军杀手似乎崇信了某种伪哲学观点以为其行为辩解，正如一名特遣队员回忆的：

> 我们那时认为我们已实现了更高层次的价值观。这是针对个人的物质主义和自我中心的斗争。这使人的价值观颠倒错位，让人背离人道主义越退越远，而我当时根本无法清醒认识到这一点。

但这种观点过于清晰而且目的明确，无法成为当时普遍的共识。现实可能正如汉斯·克吕格做出的拟人化描述。1941 年 10 月他在斯坦尼斯拉夫郊外一座公墓监督 1 万名犹太人遇害的过程，他愤怒地开枪，同时大步走上走下乱葬墓，随时从备好的桌面上抓过一根香肠和一瓶伏特加。然后他向犹太长老会索要 2000 兹罗提以支付消耗的弹药。克吕格数日前的行为更像发生于中世纪前的欧洲，而不是 20 世纪中叶。他杀死纳多纳的犹太人简直就是为斯坦尼斯拉夫屠杀进行演练，他对天主教徒受害者高叫："你们的天主在哪？你们的耶和华在哪？"但这些都是极端个案，从中无法知晓普通杀人者的情况。

下令大开杀戒的人们显然都关注一个重要问题，即不应过度远离人道正派，更不能因长期酗酒和精神变态而永远迷失于人类社会当中。目标为进行选择性道德脱离，而不是唤醒内心的兽性，然而这恰恰经常成为前者的后果。他们要做的是反常之事，且要被要求保持正常。由此希姆莱反复强调要将艰苦与体面合而为一，并坚持说杀戮结束后应举行有节制的"同志聚会"共进晚餐，讨论德国庄严崇高的智慧和情感生活。由此也引发了更为间接的屠杀手段，如用烈性炸药炸毁德国精神病院，引入移动和静止的毒气技术设施，这些创新的主旨在于减少刽子手们的心理压力而并非是要减少受害者们的恐惧。直接杀戮也得到系统的简化以提高效率，并有流程图指示具体操作方法。

然而，刽子手们的人性现实无法对应希姆莱理想中的"新人"。此处有必要慎下结论，因为现有的多数证据都来自战后审讯，人们展开研究的主要刽子手范围中包含某些治安警察部队人员。这些人与特遣队和其他党卫军部队不同，他们并非受意识形态驱动，已经人到中年，成长于纳粹未发迹时，他们的社会经济背景使他们能够冷静看待纳粹主义。虽然结构主义史学家已经充分叙述了 1933 年德国精英在将希特勒推上权力宝座时发挥的作用，但他们还倾向于将在内战时推行纳粹政策的人们边缘化为"辅助刽子手"。

由于影响此类警察营的事件进程并非典范，难以用其指认德国民众的集体灵魂。但我们仍将以现有的例证展开讨论，因为克里斯托弗·布朗宁对第 101 后备警察营的研究能使我们对大屠杀的特征了解得更加入木三分。作为军事单位，第 101 营似乎极不寻常：营长威廉·特拉普少校允许下属就是否参加其首次重大屠杀行动做出抉择。

也许特拉普亲自下达的命令也使自己备受煎熬，但他还是向手下人解释说 1933 年美国犹太人挑起抵制德货运动；还说德国城市上空弹如雨下，说某些犹太村民参加了游击战。这些显然都是要为屠杀男人、妇女和儿童寻找理由。其他治安警营成员，如第 309 和 332 营都未被允许做出选择，尽管其中某些人偶尔要请病假，但他们必须服从命令。

由于有了特拉普少校，他的手下可以公开面对两难困境，而其他部队人员则必须私下解决。由于特拉普提供了选择机会，500 人当中有十余人当即选择不参与，而且冒险决定杀人者也很快找到借口脱身，其他参与者开始有意“消极怠工”。在约瑟夫乌击毙 1500 名犹太人的刽子手们以各种方式为其行为辩护。假如他们不去做，其他人也会去做。还有人说他们不希望在战友面前丢脸；更诚实地说，他们过于怯懦无法选择退出。有一人称他只射杀儿童，因为他旁边的人已杀害他们的母亲：“我告诉自己，没有了母亲孩子们同样活不下去。”接下来，这些人喝得大醉，“一种羞耻和恐惧”弥漫整个营房。那些在大屠杀之初就选择退出的人们当中，有一人说他们的年龄、经济独立和缺乏野心使他们能够比那些一心向上的同僚们更容易做出抉择。

换言之，参与者虽怀有各异的杀人动机，只是他们显然均不承认自己信奉反犹主义，因为根据战后德国法律，这将构成一种“卑劣”动机，既然这些人也同样会对波兰基督徒痛下杀手，那么反犹主义似乎并不像后来所认定的那么重要。他们的长官曾想依赖其他代理人展开杀戮，但这些人对此做出了相当负面的反应，他们对找到的代理人——酗酒的苏联战俘——摆出一副高傲的姿态，还在他们被集合驱入指定的灭绝营时安排人员监督。德国人高踞临床医学专业前沿，将野蛮行动交由乌克兰人执行。灭绝营中的一切都不关他们自己的事。月复一月，他们偶尔会去搜寻大清洗中的漏网之鱼，当中的许多人已对自己的所作所为日渐麻木。他们已成为训练有素的杀手。

由于该营人员被赋予了选择权，使其处于非典型地位，那么在对其讨论中选择的问题占据突出地位就不足为奇了。这一 500 人群体中的独特动态是否能充分解释普通人为何参与大规模屠杀？来自数以万计的警察部队中的一支非典型部队、被党卫军称作人力枪杆铁屑的、已届中年并勉为其难的杀人者能否告诉我们这场大屠杀背后更多的动机？团体在其中运行的更广阔气候是否一定同样或更为重要？而且，假如大量援引关于人人都可能犯下暴行的历史文献的米尔格拉姆实验并非超越价值观的一次科学演习，而只反映了斯坦利·米尔格拉姆的个人偏见，即美国黑人无产者和意大利天主教徒更可能服从对人施暴的命令，而友善的北欧白人新教徒却无此倾向，显然纳粹德国不在此列，那又当作何解释？

这些恐怖罪行都是在其他德国部队当中犯下。数千件事例中的一件很能说明问题，它将军队荣誉准则、残存的人道主义、意识形态狂热和多数官僚共有的道德怯懦集于一处。这是能够自控、拥有残存道德立场的人们如何为杀死儿童寻找理由的经过，他们不是反犹的机器，阴郁的人类渣滓或不需任何理由的传教狂热分子。随军牧师的作用值得注意。

1941年8月中旬，4a别动队和武装党卫军一个连的人员在乌克兰基辅附近的城镇比耶拉亚-热尔库夫杀害了600—800名成年犹太人。随后虽然多数犹太儿童均被枪杀，但有约90名从数月到5、6岁的孤儿被困于德军兵营附近的一座建筑顶楼。他们已被困24小时，天气极端炎热，但这些孩子们无处饮水，身上爬满苍蝇，只能吃从砖缝中抠下来的泥灰，他们整夜啼哭、尖叫。士兵们无法入睡，也有人确实担忧这些孩子们的困境，于是叫来了两名随军牧师，他们巡视了这座建筑，并向师级随军牧师表达了对这些孩子的不安。于是后者找到了第295步兵师参谋长，一位名叫赫尔穆特·格罗斯库特的42岁职业军人，请他处理这些孩子们的事情；他的父亲是一名路德派牧师。

格罗斯库特探访了这些孤儿。期间他遇到保安处二级突击队长雅格，雅格宣布这些孩子们“也必须被除掉”。格罗斯库特拜访了驻地陆军司令，结果被引荐给野战司令，即里德尔中校，后者告诉他他清楚这些命令，对这些儿童爱莫能助，无论如何这些命令均为合法。格罗斯库特设法阻止手下士兵前往该建筑，要求别动队推迟清除这些孩子的行动，直到他从南方集团军群本部获得明确指令。集团军群本部将该请求转至第六军。陆军元帅赖歇瑙推迟了行动，此后战地司令为孩子们送去了水和食物。最终格罗斯库特、卢莱上尉、党卫军旗队长保罗·布洛贝尔、党卫军突击大队长奥古斯特·哈夫纳和战地指挥官里德尔于8月21日举行会谈。很快，道德问题就被礼节、谴责和向技术细节的退步取代。面对多人的责难和威胁，格罗斯库特只得解释说，哭闹的孩子们被他的士兵置之不理令他不满。卢莱和里德尔对两名牧师参与其中不屑一顾：“牧师们能更多关注如何给予士兵们精神抚慰就足够了。”那两名保安处人员不理会军方人士如何就自讨苦吃的牧师进行争论，他们想到“技术缺陷”已经弥补，那就剩下“找到一种迅速解决方案”。将道德问题狭隘化为技术问题是他们的惯用手段。里德尔为此前24小时的空隙责备格罗斯库特，说他认为不管采取何种方式，灭绝犹太妇女儿童都刻不容缓。哈夫纳恶毒地提议，在造成此次拖延的军官指导下，由侦察兵对这些儿童实施枪决。格罗斯库特迅速被压服，布洛贝尔补充说屠杀儿童已由赖歇瑙批准，这一点已由一名来自集团军群本部的参谋官证实。其他人继续详谈杀死这90名儿童的实施细节时，格罗斯库特离席而去。

格罗斯库特在他对此次会谈的记录中写道，针对手无寸铁的平民使用暴力与野蛮手段有悖于军事准则。军队希望军官采取措施。将来，此类屠杀将与军队驻地隔开一段距离，是否有人设想过，如果不将父母击毙，这些孩子们，尤其是婴儿终将如何？他又写道：“这应该在除去他们父母之后立即执行，以避免非人道伤害。”赖歇瑙在对格罗斯库特报告的评语中，认为该报告不应四处传播，最终写道："假如该报告未曾出现过，对大家要好得多。"这还不是牵涉杀害90名儿童的推脱的终结，哈夫纳不愿让年轻武装党卫军人员杀死这些儿童，因为他们自己也许有同龄的孩子。布洛贝尔提出动用哈夫纳的别动队，但哈夫纳却抗议说这些人也有小孩子。10分钟后，他们决定派出乌克兰民兵，结果这些人就在当天下午用颤抖的手端起枪，将孩子们杀死于林中，没有人在意他们是否有自己的子女，格罗斯库特的士兵负责挖掘墓穴。所有的参与者都跨过了杀害成人及儿童的门槛；有些人深感不安，如格罗斯库特、哈夫纳和乌克兰民兵，但在跨过门槛后他们的做法就完全一致。

这些事件令人忧心的另一方面，就是这些奥地利人、德裔人群和帝国德意志人（德裔人群是波罗的海、匈牙利、罗马尼亚和苏联文化的产物）并非孤军作战。正如索尔仁尼琴就其自身经历所写："我逐渐认识到善恶之别不能通过国家、阶级或政党传递，而是通过人心，通过所有的人心传递。"种族间的仇恨如同通电的缆线一般穿越中东欧大片土地，从波罗的海蜿蜒直下巴尔干，穿越了来自错综复杂的国家背景下的每个人的内心。由于缺乏人力并需要统一口径，德军在各地都找到了当地行刑队，亦称防御部队，其中很多人员都是苏联战俘。

由于现有研究重点在于波罗的海，那我们就向南探究，追踪最小建制的奥托·奥伦多夫手下的D特遣队，看他们能够将我们引向何方，并着重探讨罗马尼亚——此行仅出于对这些地方的好奇，而不是要分散责任或谴责某个特定国家。最初分配给D特遣队的屠场包括比萨拉比亚、南乌克兰、克里米亚和高加索，其600余人隶属南方集团军群朔贝特的第十一军，和罗马尼亚第三、第四军并肩作战。他们迅速发现D特遣队已全面展开一场种族屠杀。

1942年7月8日的内阁会议上，罗马尼亚"领袖"抛开"甜腻而乏味的人道主义"；和德国元首一样，他感到民族命运的钟声已经敲响：

> 你们必须残酷无情……我不知何时，要经历几百年，罗马尼亚才能再次享有这样的行动自由，可以进行种族净化和民族复兴。此时此刻，我们都成了我们领土的主人。让我们行动起来！我不在意历史是否将我们判定为野蛮人，罗马帝国对邻邦实施了一系列野蛮行径，但它仍建成了史上最伟大的政治制度。历史上如此的天赐良机绝无仅有。如有必要，就用机枪扫射，我保证绝不依法制裁。

这些话语释放的暴力首先袭击了摩尔多瓦边境城镇雅西，该城是一座仅有10万人的大学城，也是反犹主义的温床。雅西是罗马尼亚反犹主义教父库扎的故乡，是被国王卡罗尔谋害的军团"队长"库尔内留·科德雷亚努的第二故乡，被称作"军团之城”。人口半数为犹太人。情报机构部队——罗马尼亚特遣队——开进这一动荡边城，迅速张贴指责犹太人应为战争负责的海报，暗指有苏联飞机藏匿于犹太人家的烟囱里。基督徒在自家门上标上“十”字以防误认。6月23—30日间，这些部队和罗马尼亚正规军、当地居民、党卫军一起对雅西犹太人发起了进攻，导致1万人死亡。这不是疯狂的大迫害，而是由包括警察和军队在内的国家机器在国家宣布无法律的情况下发动的大屠杀。正如安东内斯库所说：“我让暴民肆意屠杀。我退回自己的城堡，大屠杀之后我再恢复秩序。”情报机构挑起了“迫害”，安东内斯库确保它能得以延长。6月30日的一封军事电报写道：“安东内斯库将军下令将雅西所有的共产党人和携带红旗、武器的人员一律今晚处决。”

这里我们不看特遣队非人的大屠杀，不看幸存者痛苦的述说，单从第三方也可感受到事态进展。轴心国战地记者库尔齐奥·马拉帕尔泰当时正在雅西为《晚邮报》撰稿，在“巴巴罗萨”行动开始前的数日里阅读哈罗德·尼科尔森的《海伦之塔》消磨时光。集体迫害触手可及：

> 一种怪异的剧痛正降临该城。一场庞大的、巨大的、恐怖的灾难，被浸满油脂，被抛光，经校正的钢铁机械要将房屋、树木和居民——儿童除外——化为齑粉。

神秘的枪声——罗马尼亚特种部队放了几声空枪——加上有关苏联伞兵的谣言，就注定了一群犹太人的命运，其中还包括曾监禁马拉帕尔泰的一座监狱的典狱长，恳求他施以援手。但此刻为时已晚，正如他所说：“我已失去行动能力……我是意大利人。”然后这些人难逃厄运：

> 士兵和手持刀棍的暴怒平民追逐着一群跑过大街的犹太人；一队队警察用枪托砸门而入；窗户猛然洞开，头发蓬乱、身着睡衣的女人们双手举过头顶尖叫着走出来；某些女人从窗口跳下，脸部撞到沥青地面发出钝响，一组士兵从小窗向地窖投掷手榴弹，许多人徒劳地在此藏身；一些士兵跪下查看地窖内爆炸造成的效果，然后笑对同伴。屠杀最惨烈之处，双脚要过血池，处处都是歇斯底里的残忍暴行，屋内和街上枪声不断，到处都有悲啼、惨叫和残忍的狂笑。

数日后，马拉帕尔泰与法西斯记者利诺·佩莱格里尼协同意大利驻雅西领事追踪佩莱格里尼的房东，罗马尼亚人不顾任何外事礼仪将这名犹太律师从领事馆揪出。在罗马尼亚寻找一具尸体如同大海捞针。雅西警察局长基里洛维奇粗暴地接待了这些人，他发起的大迫害还碰巧毁了佩莱格里尼的蜜月。最终，有人指示他们前往该局长建立的距雅西 20 英里的一座集中营。据说雅西幸存的犹太人正在乘包车前往该地的途中。这几名意大利人赶上了这列火车，它在炎热的天气中三天行驶了 20 英里。意大利领事命令打开这列火车 10 节车厢中的一节，结果被埋在倾泻而出的尸体之下，到下午，他们从排列在铁路旁的尸体中认出了那位律师，当地吉卜赛人已将这些犹太人的衣物和贵重物品扯掉，从远处看他们仿佛块块腐肉。6 月 30 日共有两列死亡列车开出雅西。第一列上约有 1500 人死去，第二列上死者超过 1000 人。

将苏联人赶出比萨拉比亚和布科维纳之后，安东内斯库做出了在国内备受争议的决策：越过德涅斯特河。通过支持德国继续东进，安东内斯库算计希特勒应会将北特兰西瓦尼亚从盟友匈牙利手中转让给他。虽然打败苏联是巩固比萨拉比亚和布科维纳的先决条件，但罗马尼亚军队宁愿攻打匈牙利人，也不愿攻打苏联人。由此，不识字的罗马尼亚农民军——他们从未见过拖拉机，更不用说坦克了——就朝着防守严密的黑海港口敖德萨猛攻。苏联人利用一切内部优势，可从克里米亚和高加索获得补给，运送海员和卡秋莎火箭炮，还从靠港的“共产国际”号巡洋舰向罗马尼亚人发射炮弹，即使按这场战争的标准，这也是恐怖的围城。饥肠辘辘的罗马尼亚士兵到乡村搜刮粮食，将领们尖叫着辱骂士兵，让他们不要发生集体恐慌。当安东内斯库处于投降的边缘时，希特勒重新部署了因占领基辅而解放出来的德军。红军终于弃守敖德萨以救援克里米亚。他们在罗马尼亚人不知不觉的情况下撤出。“胜利者”共有 17729 人战死，超过 7.4 万人负伤或失踪。斯大林称敖德萨为“英雄城”。在布加勒斯特举行的胜利游行期间，某些德国游客看到罗马尼亚坦克上刻着“此刻向布达佩斯进军！”时心绪不宁。罗马尼亚军队进入敖德萨时心情郁闷，该城已被洪水冲过，马匹被击毙，军用物资散落在街道上或丢弃在港口中。

此刻 D 特遣队所处环境犹如一张只有旗帜、路线和数据的地图，这场面如同地狱。D 特遣队各分队距离新作战区甚远，都要穿越奥地利和匈牙利进入罗马尼亚。从同类部队拍摄的照片可以看出，他们身着整洁的制服，提着旅行箱，还有卡车、打字机、步枪和机枪，仿佛外出狩猎的殖民地警长。赶到雅西的 10a别动队发现罗马尼亚人已代他们完成了任务。他们来到贝尔奇时，也看到了同样的场景，他们在这里杀死了 15 名被罗马尼亚人任其等死的犹太人，还捣毁了罗马尼亚人尚未夷平的两座犹太大教堂。在佩尚卡，一支分队转而开往科德马镇，他们在这里协助德军袭击犹太聚居区，扣押并审问了 400~500 名犹太男子，其中 97 人被由 10a别动队和德国正规军组成的行刑队枪杀。

同时，10b 别动队抵达北布科维纳的切尔诺夫策，他们失望地发现一座罗马尼亚监狱中囚禁的只有贫困犹太人，而没有犹太知识分子。由于罗马尼亚人对打击当地乌克兰民族主义者更感兴趣，而德国人却有意对这股力量加以培植。换言之，德国人认为罗马尼亚人杀的是不该杀的犹太人。德国人和罗马尼亚人共同杀害了该城5万犹太人当中的2000人。该特遣队兵分两路，分别开进霍京和卡缅涅茨-波多利斯克，在霍京他们利用荷兰告密者找出犹太布尔什维克党干部、律师和拉比，将这些人枪杀，只留下犹太医生。

党卫军上校保罗·察普的11a别动队于1941年7月17日到达基希讷乌。他们建立犹太区，为调查而纵火袭击救护车，干扰红军空军飞行信号。为对这些事件进行“报复”，60名犹太人惨遭杀害。8月，察普的手下在尼古拉耶夫杀害了230名犹太人；9月，在犹太区杀死400—500名犹太人。这些数字是由公诉人计算得出的：每组十人，共有四组，每隔十分钟击毙一人，每天六小时——午休二小时，持续三天。令奥伦多夫懊恼的是德军坚持派他的士兵去监视农民（和犹太人）收割，以防罗马尼亚士兵私吞粮食。当地乌克兰人和俄罗斯人将罗马尼亚人蔑称为“吉卜赛人”并非无缘无故，他们还被利用来阻止罗马尼亚人将犹太人赶过德涅斯特河上的桥梁进入名为特兰斯尼斯特里亚的地区，这片位于德涅斯特河和布格河之间的狭长地带自1941年8月起归罗马尼亚人管辖，但尚未被正式吞并。来自10b、11a和12别动队的人员将600名犹太人驱赶过莫吉廖夫-波多利斯克通道，罗马尼亚人随后炸毁桥梁，以防另1.1万人重返家园，这些犹太人后来被赶至更南边扬波尔的通道，数百名筋疲力尽的“落后者”被枪杀于道旁。罗马尼亚人共驱逐约3.5万名犹太人通过德涅斯特河，D特遣队又成功赶回2.75万人。约1200名犹太人被枪杀。在别处，犹太人也被赶过河流，后来罗马尼亚人厌倦了这种游戏，将未被溺死者全部枪杀。在赫尔松，D特遣队在苏军强大的炮火下东逃西窜，建起一个犹太区和奴工组织，杀死了400名犹太男子和11名妇女，另抓获罕见的人物，如该城的格别乌头目，说罕见是因为许多报告说苏联人早已潜逃。17名犹太人因不愿佩戴“大卫之星”而被枪杀。被枪杀的犹太人的所有财富都被交给当地孤儿寡妇；利用犹太人资本建起一项基金以偿付教师薪资，所以说这些人既作恶，又行善，以犹太人生命为代价，慷他人之慨。

在秋季，D特遣队四处扩散的别动队使正在入侵克里米亚的德军相形见绌，11b别动队在罗马尼亚第四军占领敖德萨前一直徘徊，根据该特遣队自己的统计数据，到1941年9月16日，他们共杀死13315人。接下来的半个月中，他们又杀害了22467人。10月他们进驻数个与世隔绝的德裔村庄，这里的村民极度贫困——集体化之后他们甚至连床都没有。结果犹太人不再需要床了，就把犹太人的床分给他们。1941年10月的头两周，D特遣队又杀死了4891名犹太人。

在比萨拉比亚和北布科维纳，共有15—16万犹太人遇害，其中绝大多数是由罗马尼亚第四军和情报机关部队所为。偶尔，D特遣队汇报说罗马尼亚人无法或未能掩埋死者。1941年8月，海德里希召回了派驻布加勒斯特使馆的犹太人专家，据说目的是抗议罗马尼亚军队有时表现出对犹太人的友善态度。罗马尼亚驻柏林大使愤怒地反驳这项指控，指出在他的同胞中“自古就有对犹太人的刻骨仇恨”。这些初期反击下的犹太漏网之鱼都被集中于营内或犹太区，然后被驱赶通过德涅斯特河进入特兰斯尼斯特里亚。在整个进程中的每个阶段，他们都任由罗马尼亚军队和文职当局勒索，结果他们赶到目的地时已经一无所有。1941 年 10 月 11 日，罗马尼亚犹太教众联盟主席威廉·菲德尔曼代表这些被遣送者致信安东内斯库进行调解，对这些犹太人而言，特兰斯尼斯特里亚代表着“未犯任何罪行，只是具有犹太人身份的人们的死亡、死亡、死亡”。在罗马尼亚，犹太精英和执政当局的联系从未切断。在 10 月 19 日的复信中，安东内斯库对菲尔德曼的恳求置若罔闻：

> 在去年撤离比萨拉比亚期间，您心中做何感想，您对我们每日、每时、每刻都在流血，流与您信奉同种宗教的人们的血，做何感想？我们撤离比萨拉比亚时，遭受的就是这样的对待。我们返回时，当我们渡过德涅斯特河进入敖德萨和亚速海地区时，他们又是怎样对待我们？在布尔什维克占领期间，你们现在为之悲哀的人们出卖了善良的罗马尼亚人，让他们惨遭苏联人毒手，使无数罗马尼亚家庭悲痛万分……如果您真有心，那么不要怜悯不值得怜悯的人们，只能同情那些值得同情者。

后面有怪异的附言：

> 在皮亚特拉-尼亚姆茨，一名伤兵在犹太人政委的命令和目睹下被活埋，尽管他恳求为了他的四个孩子别这样做。

罗马尼亚军队在抵达敖德萨数日后，发生了一起事件。苏联所有城市中，敖德萨犹太人口最多。该城有约 2 公里长的地下墓穴，切割下来的多孔岩石被用于城市建设。10 月 22 日下午 6 时，苏联别动队在马拉兹利大街内务人民委员会大楼地下室埋设的延时地雷被引爆，而该楼此刻已被用作罗马尼亚第四军本部。被炸死的 41 人中包括格洛戈热亚努将军和五名德海军军官，另有 39 人被炸伤。1.5 小时之后，特雷斯蒂奥雷亚努将军发起了最初的报复行动，将 5000 多名犹太人和共产党人绞死于各广场灯柱、电报杆及电车站牌上，死者颈上都挂着威慑性告示牌。一名幸存者将敖德萨描绘为“绞刑之城”。然而这只是“报复”的开始。根据德国情报机关报告，次晨 1.9 万名犹太人被驱赶至码头，他们被击毙，并用汽油焚尸。正午时分，安东内斯库正式下令，为每名被炸死的德国和罗马尼亚军官复仇，要杀死 200 名共产党人；为每个被炸死的其他人员，还要再杀 100 人复仇。要从每个犹太人家庭中抽选一名受害者。这些杀戮恰巧与被炸死者的丧礼同时进行。后来被称作第 563 号命令的一张手写便条，尽管有指示要将其销毁，但该文件仍在罗马尼亚军事档案馆留存下来：

> 马契奇将军启。为进行报复，安东内斯库发出命令：1. 处死所有逃离敖德萨的比萨拉比亚犹太人。2.1941 年 10 月 23 日的 302858/3161 号命令涉及的仍未被处决的犹太人及其他后来者，都要被赶入事先埋设炸弹的大楼并被炸死，此事应该开展于我方受害者葬礼之日。3. 此令阅后即毁。达维德斯库上校，军事内阁首脑。第 563 号，1941 年 10 月 24 日。

罗马尼亚人将数千名犹太人驱赶至达尔尼克的集体农庄。在途中未被击毙的人们此时遭到扫射，然后被扔进沟中。由于这种方法速度太慢，罗马尼亚人就将他们塞入仓库，用炮将仓库轰塌，或从墙缝向里面投掷手榴弹。在敖德萨幸存下来的 2 万名犹太人于次年春被遣送至特兰斯尼斯特里亚后被杀害。纳粹分子呢？他们无人可杀，11b 别动队最终在一座监狱里找到了 500 名犹太人，并在前内务人民委员会疗养院后面枪杀了他们。

11 月初，奥伦多夫的移动司令部从尼古拉耶夫迁至克里米亚的辛菲罗波尔，两支别动队已在此展开行动，而另两支部队穿过北高加索，他们春季提交的报告值得学界人士研究。与苏联其他地区相比，克里米亚半岛相对繁荣，在南海岸遍布疗养院和酒店，党内领导在此享受阳光，或暂避酒局。这里的人口种族多样，受过良好教育，并对游客司空见惯。鞑靼穆斯林和俄罗斯人之间、操突厥语的卡莱门人和鞑靼克利姆沙克人之间都存在矛盾，卡莱门人信仰某种异端形式的犹太教，而鞑靼克利姆沙克人在种族上被视作犹太人。前者摒弃了犹太法典，在内战期间支持白匪军，后者坚信犹太教，曾对布尔什维克逆来顺受。结果这就成了重罪，卡莱门人被弃置一旁，而有 6000 名克利姆沙克人被枪杀。在克里米亚南部的耶拉山区，D 特遣队和军队一道追踪并杀害大量的游击队组织：这类真正的战斗在他们报告中占据较大篇幅。当地鞑靼人感激德国人的不杀之恩，于是拖出犹太人以供杀害，或要求许可由他们自己展开屠杀。严酷的天气条件成为 12 月进度相对缓慢的借口，尽管 11 月 16 日—12 月 15 日，D 特遣队又杀死 17645 名犹太人和 824 名吉卜赛人。圣诞、新年期间，他们集中于小地方大杀犹太人，共杀死 3176 人。至 1 月底，另有 4000 名犹太人遇害。到 1942 年 2 月中旬，他们都在擦拭枪杆，因为他们必须追踪利用身份文件的犹太人中的漏网之鱼。3 月初，被描述为“反社会者、吉卜赛人和精神病人”的受害者人数已超过犹太死者。针对每一受害者群体采取的暴行别无二致，下面便是一例。

这个月，D特遣队领到了三辆毒气车，都是6吨重货车，车上有假窗，绘有窗帘，并印上“红桃 10”。当地苏联人称这些毒气车为“灵魂杀手”。1942 年，他们抵达亚速海沿岸，在北高加索搜寻可供屠杀的人们。6月，10a别动队抵达耶伊斯克。他们占据了一所收容院，其中住有270名身心残障的4—17岁儿童。指挥官库尔特·特林博恩命令将毒气车开来，并告诉收容院工作人员说孩子们要出去“郊游”。他认为这些孩子都“只能张口吃白饭”。能够行动的住院者被拳打脚踢赶上车。经多次往返，该部队于傍晚返回拉上卧床者。这种杀戮也让那些连续一年每天杀人的人们颇为诧异。1943年初苏军的反攻标志着撤退时刻已到，D特遣队又被部署参与普利皮亚特沼泽的反游击战。苏军从耶伊斯克城南的一座花园的坟地里将这些儿童的尸骸挖出。

根据这些人自己的说法，他们杀人时先让受害者自己爬进坟墓再爬出，以确定是否够宽。一名犹太人将保安处人员称作“德国佬、杀人犯”，结果被用枪托打死。只搜罗残暴个案并不能说明多少问题。战后的证言使人们想起生动的事例，金发或怀孕的受害者、婴儿、千奇百怪而又徒劳的乞求，有着鲜明人道轮廓的时刻，整个都被笼罩在模糊的被摧毁的人性当中。某些幸存者表达了曾被重复无数次的受害者的恐惧。安娜·古特金娜是一名年轻犹太女性，住在马里乌波尔。1941年10月18日，D特遣队人员命令所有犹太人到一处庭院报到，带上一天的粮食、贵重物品和家门钥匙。古特金娜和亲人，包括父母、三个姐妹、姐妹的两个婴儿及其他 12 人一同前往。被转到一座废弃的苏军营房后，500 名犹太男子纵队，和载有老弱妇孺的卡车就开至马克西姆-高尔基集体农庄。她听到远处传来枪声。这些人在一条小溪边暂停，她和父亲与妹妹范尼在这里再相见时，就已知道他们都要被枪杀。每组100人被驱赶至一条反坦克壕边，被命令脱去衣服，坐在壕边。她父亲和妹妹范尼坐在旁边。一颗子弹击中了她的头部右侧，她倒在父亲怀中，此时她父亲也已仰卧于沟边。皮靴将古特金娜踢入沟中。她半夜时分恢复了意识并爬出尸堆。而她的家人全部罹难。另一名幸存者，伊万·科托夫，是一名熟练工人，但经常患病，他于1942年8月22日前往克拉斯诺达尔取回医疗证明，他到达时，党卫军正将病人装上毒气车。科托夫被人发现后也被扔上毒气车，看见车上人们神情沮丧。随着车辆的移动，他开始窒息，因曾接受过防空训练，于是他扯下衬衫，用尿浸湿系在脸上。他失去知觉，醒来时已在大坑内。到D特遣队从苏联撤回时，已经屠杀9万多人，在各特遣队中杀人最少（该特遣队规模最小），而在纳粹占领下的苏联，各类部队共屠杀260—290万犹太人。幸存者寥寥无几。

幻象尽显：全欧范围的“大屠杀”

在前苏联境内的屠杀达到高峰的数月时间内，纳粹还对屠杀欧洲境内的犹太人作出了决策，该决策始于将犹太人逼入现存的东方屠场，终于波兰境内工业化的灭绝营。如果说杀死被占苏联领土上生活的所有犹太人的决策是 1941 年 6—10 月间事态升级的后果，那么 7 月 31 日海德里希恳请戈林许可“为拟议中的最终解决先期组织、实施和财政措施进行整体计划”就标志着更庞大的、更具政治敏感性的驱逐欧洲犹太人程序的启动。许多历史学家在许多模糊的术语和未被记录的谈话中寻找落脚点时，就将这份文件当作“确凿证据”。如“大屠杀”这类重大事件一定会在关键文档中有所反映。但这份自我授权的文件也可被视作现存的遣送和屠杀相结合政策的延续，而非另辟蹊径。纳粹借用“最终解决”“撤离”“再定居”等作为大规模谋杀的婉辞，无助于对问题的理解。

然而，有必要强调一点常识。只有希特勒拥有全景视角，只有他能在安东内斯库、霍尔蒂、拉瓦尔、墨索里尼、贝当、吉斯林的层次上发挥作用。鉴于消除身为他国公民的犹太人问题在政治上极为敏感，开启“最终解决”的授权极有可能由他本人发出。“安乐死”计划引发的负面反应，也许让他面对这一充满更多政治复杂性的问题时格外谨慎，不留有关此类授权的片纸只字。尽管当时对地方主动性作用的强调无可厚非，但有必要记住埃希曼、格罗博克尼克都无法在高级外交层面活动，格赖泽尔、希姆莱和海德里希同样如此。大政方针并非这些人的本职。希特勒大笔一挥，细节留给手下，这些人的癫狂导致完全是自己引发的问题解决方案的逆流。

波兰咎由自取的本地问题与自己造成的外部压力不无关系。1941 年 8 月中旬与戈培尔的商谈中，希特勒许可他的部长引入佩戴“大卫之星”的方法进一步隔离犹太人，使其确信，一旦东方战役告终，犹太人将被驱往东方，使柏林“不存在犹太人”。7.8 万名犹太人，其中多数为“寄生虫”，继续使该城丑陋不堪，损害公共士气，这是“丑闻”：“我们必须无情地对待这一问题。人们只要想象一下，假如他们掌权，他们会对我们所做的事，就应知道我们掌权时该怎样做。”这类谈话是波兰和波罗的海各国当局万分苦恼的“压力”的最终源头。

对人造成的后果是自 1941 年 10 月中旬起，德国犹太人开始收到传票，要他们赶到指定集结地点准备“撤往”未知目的地。他们被告知其财产已被没收，包括已转交和出售给第三方的部分，交易已被追溯性地撤销。需慎重确保“向东方”撤离根据纳粹法律并未构成“出国”，因为自当年秋起，犹太人移民已被禁止。“撤离”的方方面面都有详细规定：行李和口粮数量，要结算房租和用具费，钥匙需交给盖世太保。公寓要保持“整洁”。每份与被遣送者相关的正式文件，包括其残余财产细目，都归置于一份盖世太保文件内，盖上“已遣送”的大印。相关人群已丧失公民身份；此刻他们尽可被遣送甚至谋杀。他们的财产可以低价售出，甚至他们的西装和皮毛大衣都会辗转回到大德意志帝国穿到它们新主人身上。

这些政策的实施背景是德国在经济和军事上都处于困境。此时德国正经历重要战争经济部门严重的劳动力短缺，而犹太熟练工人被谋杀，或将他们的劳动浪费于无意义的项目上，这有时会令某些纳粹官员觉得荒唐。到 1941 年 9 月，出现 260 万个空缺岗位，德国通过放弃早前的对苏联战俘的挥霍态度，及从被占东方领土取得平民工人的方式来弥补这个缺口。这些决策被党卫军各部以两种方式加以解读，二者都将对欧洲犹太人产生毁灭性打击。帝国中央保安局争论说多数犹太人可以立即处理掉，且不遗余力地推行其灭绝政策。与此相对，奥斯瓦尔德·波尔的党卫军中央经济管理局更加注重战争经济中的节俭，因此开始推行一种通过劳动来灭绝的政策，该局已于 1942 年将集中营监察团收入麾下。由于中央保安局不愿将犹太人部署于其无法掌控的条件之下，这就为在工厂旁建集中营敞开了大门，有时也会将工厂引入集中营内。少量犹太人被留下，在主集中营附近的卫星营网中劳动到死。一种杀人经济已经建立。

暂时保留犹太劳动力，并未给广大犹太人的命运带来多大的影响。1941 年秋，各种不同的杀人方式都得到了施展，其中某些无果。有结果的那些方式并不排除大规模枪杀和工业化屠杀中心，反而与之并行不悖。1941 年 8 月，一名驻巴黎使馆的党卫军军官提议，涉及利用犹太劳力重建从普热梅希尔，经利沃夫和塔恩诺波罗直通东南的第四中继路线，以接收重型军车。路面被铺上碎石，这些碎石来自犹太人墓碑和犹太教堂。随后约 2 万人死去，或因在路边营地内每天劳动 15 小时而累死，或在他们无法劳动后被枪杀，这准确预示了海德里希将在万塞会议上提出的处理方案。另一方案于 10 月进行了调研，它涉及利用第聂伯河和布格河内陆水道将犹太人运往莫吉廖夫的集中营，为此还修建了巨型火化场，这些人最终将被送至奥斯威辛。虽然这避开了使战略铁路负载过重的问题，但并未考虑到苏联内河航运系统的缺陷。也可以发布命令使击毙在某一特定区域外被发现的闲散犹太人合法化，波兰“中央政府”就于 1941 年 10 月 15 日颁发了这样一部法令。起初特别法庭还会进行名义上的审判。很快，在犹太区外发现的任何犹太人——及为其提供住所的波兰人——都被就地枪杀。最终，他们以现存犹太区的治安为名发起袭击，正如加利西亚城镇和乡村所出现的情况。

正如我们所见，在对待犹太人的政策整体上不断变得更为强硬的过程中，某些地区显得尤为突出。由于希特勒坚持逐步将犹太人从帝国清除出去，从柏林、布拉格和维也纳等大城市开始，这样人们就将目光聚焦于德国利茨曼市的罗兹犹太区。格赖泽尔和赫普纳等人提出的将无法从事生产的犹太人杀光的超前思想，使埃希曼更为大胆地展开遣送行动，牵涉 6 万名西方犹太人和 5000 名奥地利吉卜赛人。每一次有意施压都会产生推动作用，正如石块激起水波。驻该犹太区的盖世太保已做出让步，即将犹太区内的人口一分为二：劳动的和“维持生命”的犹太人。前者将获得食物，后者所得口粮极少。更进一步向犹太区遣送人员造成了“极端困境”，激起罗兹犹太区管理方对埃希曼的“吉卜赛人交易”发出阵阵抗议。1941 年 10 月 4 日，罗兹政府主席于贝尔赫尔致信希姆莱，强调该政策会导致严重经济混乱，并说吉卜赛人可能会将军方加工的原料烧掉，同时指出了过度拥挤会导致的问题，“我们认为”，每平方公里3000 人的密度必定成为“共产主义的渊薮”。在复信中，希姆莱一一反驳了这些论断，指出假如吉卜赛人纵火，那么就应立即绞死他们当中的 10 人，不管他们有罪与否：“这样你就在犹太区里的吉卜赛人当中有了最好的消防队，他们会表现出你从未见过的热情。”随后在和密友格赖泽尔的通信中，希姆莱提到了难以应付的于贝尔赫尔，说既然他已认清“帝国大厦要高于罗兹教堂的尖塔”，就应让他外出度假。

埃希曼的目标过于庞大，于是他前往罗兹以实现让步，即指遣送 2 万犹太人而不是 6 万，外加 5000 名吉卜赛人。谈判中，外交部的拉德马赫移交了另一“问题”：塞尔维亚外交和军事当局急需从贝尔格莱德沿多瑙河向罗马尼亚运送 8000 名犹太人，或将这些人运往波兰“中央政府”或苏联。被拉德马赫激怒的埃希曼“粗暴地说军方负责塞尔维亚治安，必须将反叛犹太人全部击毙。我询问之后，他还是反复说到‘击毙’和‘吊起’”。埃希曼负责的不只是铁路运输，他将内心与最终的恐怖截然分开，成了通过电话决定人们生死的魔鬼。拉德马赫和埃希曼的两个小组赶往贝尔格莱德，发现军方已根据凯特尔关于报复的指令将大部分成年犹太男子杀死。埃希曼无法抽身前往贝尔格莱德，因为他要在格赖泽尔和希姆莱之间耍手腕，以解决让军方拥挤不堪的罗兹犹太区接纳德国犹太人和奥地利吉卜赛人的问题。尽管于贝尔赫尔试图提前避免此类遣送，但狡猾的格赖泽尔求助希姆莱以解决“他们的”问题。假如希姆莱愿意将任何被视为超出需求的人们处理掉的话，他同意接纳这些被遣送者。有人认为挑选受害者的权利应下放给罗兹犹太长老会的长老，这也是其他犹太区通行的做法。10 月和 11 月初，德国、捷克犹太人和吉卜赛人到达罗兹犹太区，犹太人来自埃姆登、杜伊斯堡、克雷费尔德、门兴格拉德巴赫、奥伯豪森、赖特和特里尔。显然，数月之内，警察和盖世太保又在两个地方进行了大规模枪杀和毒气杀人试验。12 月 20 日，罗兹德国当局要求将 2 万人重新安置，由罗姆科夫斯基建立的包括警察和监狱头目的六人委员会挑选“不利于犹太区公共利益的不理想分子”。换言之，他们必须实行某种极端的社会治疗类选法，或根据个人所谓的价值进行筛选。首批要离去的是囚犯、娼妓、“不理想分子”和从事强制劳动的人们的家人。1942 年 2 月，其他“对社会有害者”个人也已消失，包括 300 名下水道工人，这一工作是对罢工者、窃贼和抵制犹太长老会的人们的惩罚。到 3 月，又轮到领取福利者，及任何在法院留有案底的人们。在 1942 年1 月 16 日—9 月 12 日间四次连续大潮中，共有 70849 人在暗无天日的火车中被运走，20 节客车车厢中，每节容纳 50 多人。1942 年 7 月 9 日，罗兹盖世太保宣布又可以接纳“约 5.5 万犹太人”。

纳粹大费周折欺骗受害者，做出各种保证，问询在各机构之间往复进行。犹太长老会领导人自以为和经常碰面的纳粹官员有私交。在华沙，亚当·切尔尼亚科夫被告知有关遣送的谣言纯属无稽之谈；他的对话伙伴，犹太区长官海因茨·奥尔斯瓦尔德甚至将因偷窃入狱的孩子们释放，这一姿态和灭绝并不相融。两天后，切尔尼亚科夫被告知每天要聚集 6000 名犹太人以供遣送。如果无法完成限额，就要枪毙他妻子。1942 年 7 月 23 日，切尔尼亚科夫关好办公室门，仰药自尽，因为这不同于大学生辩论的学术问题，如应将谁推下救生艇。有后见之明的人们可以提出多种更为合理的选择，但考虑不到当时繁杂的情绪和压力。这样许多犹太长老会求助于智者，让拉比们整夜静坐，在圣经中寻求指引；但再有智慧的人们所做的也不过如此。例如自杀也许看似某种英勇的选择，但这样就无法对个人豁免进行磋商；医生也无法对囚犯做出负面选择；而且也无法保证继任者更有能力或更加正直。对邻近遍布游击队的丛林的犹太区（如维尔纳）的人们而言，逃亡是一种选择，但正如亚伯拉罕·托利所写："不是每个人都可以在这种条件下冒险。不是每个人都有自卫的铁拳。不是每个人都可当英雄。"纳粹的行动方式预留了狭小空间，可以让长老会长老们自欺欺人地认为他们可以发挥作用，而掩盖了纳粹得寸进尺、欲壑难填的事实。甚至表面恭顺的犹太长老，如根斯或罗姆科夫斯基，都要长久而痛苦地思索他们的所作所为，绝望地恳求那些毫无怜悯的人们，这些人至多将犹太长老当作枝节问题。由于后者无法知晓犹太人被遣送后的命运，他们茫然不知所措，不知该送走老弱者，还是该送走身强力壮更有希望在强制劳动中幸存下来的人们。纳粹并未见到道德困境；甚至最桀骜不驯的犹太长老也无法做出其他选择。1942 年 9 月 4 日，罗姆科夫斯基将心头的苦恼告知听众：

> 昨天我接到命令，再从本犹太区送走 2 万人，如果我无法做到——"我们会自己动手"。问题是："我们应接受命运自己实施还是假手他人？"但是指引我们的并不是"要损失多少人"，而是"要挽救多少人"的想法，我们——我身边工作人员和我本人——总结说，不论困难多大，我们都必须亲自实施这一法令，我必须展开这个艰难而血腥的行动，我必须自断其臂以存其身！常识要我们知道哪些人必须要拯救，谁能被拯救，谁有机会被拯救，谁绝无半点被拯救的可能。

罗兹的被遣送者被运至瓦尔特布吕肯（亦名科洛）地区海乌姆诺西郊 60 公里外的毒气车车库。这里是位于内尔河支流瓦尔特河畔的一个 250 人的村庄。等候他们的是已由 100 名正规警察人员扩充后的"朗格"别动队，他们已占据一幢破败的大楼，还在约四英里外的一片松林内建起一座营地。犹太人被扶入大楼，在院中听了有关他们可用技能的安慰性讲话，被剥去衣服，并被赶入地下室，这里的唯一出口通向一条斜坡进入里层镀锌的毒气车。有人身着白大褂，戴听诊器来往穿梭，使此次行动看似与医疗相关；一块肥皂和一条面巾让受害者幻想他们正要去沐浴。车门闭紧，引擎旋转，十分钟后，车厢内的人们就全部遇难，此时，这些车辆就载着“货物”朝松林营地开去。1941 年 9 月—1943 年 3 月间，共有 14.5 万人被用这种方式在海乌姆诺惨遭杀害。

我们对这种方式有所了解，是因为海乌姆诺行动的第一阶段有一位幸存者。还有德国关键人物战后所做供述。很快，地下室墙上就写满了涂鸦：“来到这里的人们都无法活着出去。”在空空如也的返程火车车厢中也出现了警示性纸条。在林中，成群的犹太人、乌克兰人和波兰人翻遍尸体，搜寻金牙、戒指和隐藏的贵重物品。米夏尔·波德希勒布尼克，一位来自瓦尔特布吕肯的马具商，曾在林间劳动，他在当天早上运来的第三车尸体中发现了他的妻子、七岁的儿子和五岁的女儿。他倒在妻子身旁请求被枪毙，但人们大叫“这家伙还能干活”，并将他打得跳起。尽管这些行为触目惊心，但海乌姆诺的这支由面包师、屠夫、司机、车工和出租车司机组成的队伍每天都安然度日。从看守与当地村民交换的香烟的产地，就可判明受害者身份。杀戮变为一种常规化工作，变为与运转不良的机器和经常执拗的“产品”之间的斗争。工余大量的社交活动弥补了每日经受的恐怖，残存的触觉已经消磨殆尽。其中某些人将这样的噩梦看作不错的职位：“他［黑费勒］在灭绝营内感觉良好，工资不少，还有假期，不论男女都一样，最终都如同用脚踩死一只甲虫。”1962 年，黑费勒说过这番话后，用鞋在地上蹭了一下。1944 年 2 月，格赖泽尔重新启用了海乌姆诺屠场，6 月 23 日—7 月 14 日间，又用毒气杀死了 7000 名犹太人。8 月，罗兹仅存的 6 万名犹太人被送至奥斯威辛。这批人当中包括一贯谨慎的罗姆科夫斯基，他命人将犹太区内所有电灯熄灭，以防吸引盟军轰炸机。2000 人被登记关入集中营，余者立即被尽数杀死。

在整个遣送过程中，盖世太保一直告诉罗兹犹太人说，被遣送者居住于科洛县的一座由沃伦德裔人腾出来的营院内，他们要在这里从事农业或筑路劳动。

由于罗兹当局不愿接纳排除在埃希曼妥协条件之外的 4 万犹太人，埃希曼就转而求助他的两位老熟人：里加的施塔勒克和明斯克的阿图尔·内贝。后者将在拉脱维亚尚未建成的集中营，如萨拉斯皮尔斯接纳这些犹太人。1941 年 11 月 7 日，德国人在明斯克犹太区屠杀了 1.2 万名犹太人，这样就解决了让德国犹太人何去何从的问题，这个问题曾令德国文职管理当局和军方都颇感棘手。然后，数千名犹太人就被安置于明斯克的“德国犹太区”，这一做法令帝国白俄罗斯专员威廉·库贝大为不悦，看到“来自我方文化环境，有别于当地粗野人群的人们”令他吃惊不小。这些人中有屡立战功的老兵、技术工匠，有一半及 1/4 犹太血统的人。虽然库贝想要尽快杀光苏联犹太人，但他为德国犹太人画出了一道界限。有关他的一长串错误被报告给海德里希：

他与妻子使用犹太人理发师和家仆，经常赠送他们水果和蔬菜。库贝曾给儿童分发糖果，还曾向一个将他的豪车从烈焰升腾的车库中抢救出来的犹太人表示过感谢。他经常为犹太人遭受酷刑而指责德国官员，还曾暗示德国犹太人会享受他的保护。杀害为德国战争经济劳动的犹太人产生的经济混乱令库贝的上司欣里希·洛泽饱受折磨。他的批评者，主要是施塔勒克抱怨说，洛泽仍生活在过去的“中央政府”，当时犹太区和劳动曾是解决方案。洛泽的柏林上司都对此表示赞同，提醒他说：“原则上解决该问题时，不应将经济原因考虑在内。”

希姆莱做出某些巧妙的人事变动，要让波罗的海地区的杀戮赶上更南边的行动。由于施塔勒克到 10 月“仅”杀死拉脱维亚 6.6 万犹太人当中的一半，他就被调往东部。毫无特色的高级党卫军和警察头目汉斯·普吕茨曼被从北方乌克兰调来的弗雷德里希·耶克尔恩取代。他是不亚于格罗博克尼克的大杀人犯，他身材瘦削，严守使命，年近五旬。1941 年 4 月在致友人的一封信中，他写道：“正如我秘密获知的，我将受命干一番大事，我对此充满期待。”耶克尔恩在柏林和希姆莱会面，希姆莱对他说，“告诉洛泽，这是我的命令，也是元首本人的意愿”，并让他打消洛泽可能引发的疑虑。

耶克尔恩 11 月抵达里加，马不停蹄地巡视城市各处，搜寻适合用作屠场的地点。由于屠杀就是他的本职，任何心态正常的人难以面对的技术细节对他而言都十分重要。卢姆巴拉森林包括一些台地，众人皆知这里视野开阔，但同时也抵消了这片沙土地上水道纵横交错带来的问题。死者必须滞留原地，而不能随水位的升高而抬升。他们挖出了带三层台阶的葬坑，宛如倒置的金字塔。由于白天工作 7 小时，一切都被迫从简，这也是将手头工作视作技术任务而对其残忍地熟视无睹的另一借口。11 月 27 日，该犹太区人口被分为劳动者和非劳动者两部分，后者包括 4500—5000 人。11 月 29 日，耶克尔恩在清空该犹太区前，就杀死了火车运来的德国犹太人。30 日，搜查队扫荡了犹太区中的非劳动人群，敲开犹太人家房门。当天下了小雪，气温已降至零下 7℃。包括卧病者在内的 600—1000 人在家或街头被枪杀。1000 人的犹太人队伍被驱赶出里加城，最早的从早上 4 时出发，每批走三个小时到达森林，最后一批正午时分离开里加。途中未被杀死的人们被驱赶着从 1700 名德国和拉脱维亚警察当中穿过；在一片草地上脱去衣服，然后一名使用俄制半自动步枪的枪手用装满 50 发子弹的弹匣将他们一一击毙，然后把尸体像沙丁鱼罐头般塞在一起。这样可以确定下一名枪手何时接班。夜幕降临时，已杀死 1.2 万人。暂停一周后，又有 1.2 万人惨遭杀害。耶克尔恩的士兵们已在火车上或犹太区内杀掉另 2000 人，此时又消耗掉 2.6 万发子弹，又新添了 2.6 万个冤魂。

法国电影制片人克洛德·兰兹曼曾经荒唐地声称灭绝营位于波兰的原因是那里反

犹主义盛行。实际上，许多证据表明曾拟议在苏维埃帝国境内，如莫吉廖夫、萨拉斯皮尔斯等地建立灭绝营；曾计划于利沃夫建起类似海乌姆诺的设施以屠杀加利西亚犹太人。11 月，利沃夫的一名地区医生与内政部的赫伯特·林登——“安乐死”计划的幕后操纵者——碰面，询问借用“T-4”人员杀死利沃夫-库尔帕科夫精神病院的 1200 名病人的事宜。因埃希曼曾到访卢布林，三个地点也许已被考虑在内，其中就包含明斯克和利沃夫，这名利沃夫地区医生询问了成本和技术细节。在答复中，林登评论说他无法在纸上做出解答——成本不会带来任何问题，但他无法面对面解释技术细节。由于苏联铁路系统几乎连军队运输都无法应付，因此在利沃夫、莫吉廖夫和萨拉斯皮尔斯并未建成灭绝营。

德国采取的行动是将卢布林地区最大规模的屠杀行动加以集中。加利西亚犹太人仍在第四中继线上死去，这诡异地回应了万塞会议记录上写到的半真半假的信息，但卢布林地区被指为“最终解决”的中心。希姆莱转向格罗博克尼克，他有建集中营和培训工作人员的经验，更不必说他毫无底线地憎恨犹太人了。希姆莱频频与格罗博克尼克会面，这尤为令人警觉，仅 1941 年 10 月他们就会面五次。这个月他命令在卢布林以南的特拉夫尼基建立训练营，可以接纳 1000 名德裔农民——其中多数从未到过德国，并将他们转变为野蛮的刽子手。最初，格罗博克尼克接受的可能是相对受限的任务，涉及利用贝乌热茨的早期设备屠杀一部分“中央政府”犹太人。他的移动营建工程师里夏德·托马斯 1939—1940 年曾在已废弃的集中营址上建起一座小营，内有数幢大楼，外围双层栅栏，临近废弃的铁道支线。乌克兰人提供看守，而元首总理府的菲利普·布勒给格罗博克尼克带来了 400 多“T-4”人员当中的近 90 人，为首的是残忍的克里斯蒂安·维尔特——绰号“野人克里斯蒂安”，屡立战功的一战老兵。贝乌热茨、索比堡和特雷布林卡这三座集中营的前身都有 20—30 名熟练刽子手居于核心地位，近来“T-4”人员要求集中营内党卫军在没有大规模屠杀设备的情况下，就利用“安乐死”设施毒杀“患病”囚犯。1941 年秋，完成最初使命后，“安乐死”组织者们发现另一项更为重大的任务正在等着他们。已连续两年屠杀精神病人的人们，又来到波兰针对人数更多的波兰男子、妇女和儿童展开大屠杀。参与这一全新任务的消息是由柏林的布勒告诉他们还是卢布林的格罗博克尼克转达的无从知晓，因为对任何熟知事实的人而言，唯一的叙述——弗朗茨·施坦格尔所做的证言荒诞不经。这些人并非不愿做杀手。格罗博克尼克对“规模庞大的新工作”表示欢迎，并希望能勒石记功，但对报应的恐惧使他重新找回了一点残存的人性。

不需要多少人就能让整车皮的人们在数小时内消失。从“安乐死”计划中重新部署来的人员实验了多种毒死犹太人的方法，为此也运来了大量犹太人。在贝乌热茨，他们用一个卸掉的坦克发动机来制造一氧化碳，就省去了费时地从德国工厂运送瓶装一氧化碳的麻烦。帝国中央保安局同时与交通部和克拉科夫铁道部联络。有关处理安置这么多犹太人的问题得到的答复是让他们分散于乡村。似乎无人想知道为何数百万人已被遣送到的地点竟然没有较大的城镇。

从逻辑上说，既然贝乌热茨横跨卢布林和加利西亚二区，这些人就属于首批出发的人群。为当局劳动的犹太人被从中分出，并收到了身份文件；犹太区内的犹太警力得到加强，各类德国警察和特拉夫尼基受训者组成的搜寻队将犹太人聚拢在集合点，将他们赶上开往贝乌热茨的货车。这些猎人多数都已大醉，随时将试图逃逸和反抗的人们击毙。战后对罗兹盖世太保官员的审判罪名有：将被抛出医院窗口的孩子们在空中击毙；击毙一名冒失地用不连贯的德语和他们讲话的妇女；抓住儿童用他们的头撞墙；从稍大的儿童的藏身之处将他们拖出并大叫："我们德国没有面包喂养这些垃圾。"到第二波遣送潮降临罗兹犹太区时，鉴于不工作和遣送之间存在关联，某些犹太人就为了显得健康在脸上涂上腮红，并在衣服内衬上软垫。

贝乌热茨之旅的每个阶段都仿佛梦魇，开始登程之前犹太人首先集合并被驱赶到围栏内。从负责铁路运输的警官所做的详细报告中，我们可以追踪火车旅途中的恐怖。1942 年 9 月 10 日，耶克莱恩报告了从保加利亚的科洛尼亚运至贝乌热茨的 8200 名犹太人的情况。火车车厢共有 51 节，在头尾处各安插五名看守，也无法阻止人们从窗口或地板逃出。距斯坦尼斯劳 5 站时，耶克莱恩给前方打电话索要钉子和木板以阻断逃亡路径（和通气孔）。由于犹太人为其再安置携带了工具，上述过程在每站都被迫重演。在利沃夫，约 1000 名犹太人转乘标有"L"的车厢被转往劳动营，同时另有 1000 名当地犹太人上了火车。更换的火车引擎老旧不堪，这样犹太人就得以跳车逃生。用尽他们自己的弹药及军方捐赠的 200 发子弹后，看守们只得用石块和枪托砸死逃走的犹太人。车内情况如同炼狱，有些车厢内容纳 220 人。温度极高，尸臭令人作呕。次日晚 10 时，火车抵达贝乌热茨时，已有 2000 多犹太人死亡。尽管这次输送极为混乱，但每次旅程中究竟有多少犹太人死亡仍不得而知。

活着到达贝乌热茨的人们被命令进入一间"沐浴吸氧室"，为进一步"重新安置"做好准备。有各种措施让受害者反应瘫痪：瞬间的残暴、速度和有关熟练工匠的声明相结合。党卫军争先恐后地采取最具安抚性的策略，唯一的目的就是加速杀戮，使受害者人数最大化。在特雷布林卡，受害者有时会被告知他们即将被送到马达加斯加，这正和纳粹久已废弃的政策遥相呼应。这些人的死亡绝不是洁净的过程。正如党卫军卫生专家库尔特·格施泰因亲见，毒气使用过程中可能会出现严重问题，如柴油机运转不灵时，人们要被锁在毒气室内数小时之久。任何抵抗都会遭到无情镇压。一位抵达索比堡的拉比拒绝相信那番安抚的话，抓起一把沙子，义正词严地说："你们看到我这样一粒一粒缓慢撒落这把沙子，它是否已被微风吹散？你们的命运也将如此，你们的整个帝国将如飞沙和云烟一样消失。”看守想要对他痛下毒手时，奥地利指挥官弗朗茨·赖希莱特纳出手阻止。片刻之后，他将这位拉比带到一旁击毙。

一丝不挂的受害者们被从收容营驱赶到一条“管道”内，枞树的枝叶遮蔽了其铁丝网，他们最终被毒气毒死于改装营房内。索比堡营 1942 年 4 月开始运营；从贝乌热茨和索比堡获取的经验反过来又被用于营建特雷布林卡，这座灭绝营于 6 月中旬开始运营，专门屠杀华沙犹太人。这三座集中营的人员相互竞争，这也是“最终解决”的实质。被索比堡营内囚犯称作“毒气之王”的埃里希·鲍尔回忆道：“我曾在索比堡营食堂听到弗伦策尔、施坦格尔和瓦格纳的一次谈话。他们谈到了贝乌热茨、特雷布林卡和索比堡三座集中营的受害者人数，因为各营间有竞争，他们对索比堡受害者数排在最后表达了遗憾。”别动队司令官们也都怀有大致相同的心态。事实上这些人都受到“数字忌妒”的困扰。

贝乌热茨和索比堡都经重建而提升了竞争力。1942 年夏，贝乌热茨的三个毒气室变为六个。这些毒气室都有实体结构，门外摆放着盆栽，天花板上悬挂大卫之星，还有一条横幅上写着“哈肯霍尔特基金会”，这是以柴油机手洛伦茨·哈肯霍尔特之名开的一个恐怖玩笑。特雷布林卡除了继续运转的 3 个毒气室，又新增 10 个，可一次处理掉 4000 人。还建成一个假火车站，画上了大钟，时针永不移动。施坦格尔回忆起这个地方时说道：“我现在无法对其充分地加以形容，它的确变得很美。”他指的是为其营内人员建起的虚假世界。其中包括花坛、食堂和拥有珍禽的动物园。在过渡时期，也许是 1942 年 5 月，在营建贝乌热茨之后特雷布林卡启用之前，杀戮行动延伸至波兰“中央政府”及被占欧洲的其余地区。三座“莱茵哈德行动”灭绝营将杀害波兰“中央政府”犹太人，而位于西里西亚的前奥匈帝国军营内的奥斯威辛，将有更大的面积。

奥斯威辛是一家党卫军工业联合企业，在该地区投资的公司可享受税收减免优惠，同时这里还是关押苏联和波兰战俘与政治犯的监狱。在奥斯威辛首次使用“齐克隆 B”进行的大规模屠杀是在 1941 年 9 月，当时有 850 名苏联战俘和“患病”犯人被杀害于营内火葬场。选用这种方式是因为这种商业化的无臭无味熏剂已经近在手边，曾被用于减少疾病传播。现代学者指出奥斯威辛指挥官鲁道夫·赫斯所做的记录反映他对日期有某种飘忽不定的态度，想要为子孙后代梳理某种自身形象，即他是人类中被误解的一分子。他声称 1941 年夏希姆莱责成他实施“最终解决”。他所记录的会见日期并不正确；将此次会面和 1942 年 7 月 16 日的拉斯滕堡会议联系起来同样有误，我们知道，希特勒在拉斯滕堡会议上并未提及犹太人。

埃希曼于 1942 年春来到奥斯威辛，就运送包括来自苏联和波兰“中央政府”之外犹太人在内的受害者的方式作出解释，因为他对这两个地区都无权管辖。1942 年初至年中，在于比克瑙的一所农舍内建了一座更大的毒气室，这里距基地营数英里远，自7月起开始吞噬犹太人。党卫军医生在装运斜坡上草草挑选后，就将受害者引入魔窟。每次运来的人中多达90%要在与家人分别数小时后消逝，他们的家人很快就能从永远的焦煳味和火葬场上升腾的烟雾了解到他们的命运。毒气室日益增多，到1943年中，奥斯威辛-比克瑙的杀戮行动规模庞大得简直等同于工业上的生产能力过剩，随后8个月中，多于前两年的犹太人遇害后，这种情况才得到纠正。共有约110万人死于奥斯威辛，其中只有12.2万不是犹太人。

1942年7月，希姆莱同意了格罗博克尼克在新年到来前杀光“中央政府”辖区内的犹太人的想法，只要他们对党卫军自身经济行动而言并非必不可少。戈培尔的话语中反映了格罗博克尼克的恶名：

> 当前犹太人被迫从波兰“中央政府”向东移动，起点是卢布林地区。这里使用了一种不必详述的相对野蛮的方式，然后并没有多少犹太人留下……前维也纳地方长官［格罗博克尼克］负责此事，他极为审慎，并不惹眼。一场司法审判正针对犹太人展开，这当然野蛮，但他们完全罪有应得。如果我们不打击他们以求自卫，那么犹太人将会把我们消灭。这是雅利安种族和犹太病菌之间的一场殊死搏斗。任何其他政府、政权都无法积聚一举解决该问题的力量。对此，元首仍不知疲倦地支持和捍卫这一激烈解决方案，时局所需，势在必行。感谢上帝让战争带给我们千载难逢的机遇。我们必须充分利用这些机遇。波兰中央政府城镇中空出的犹太区现在可以安置从帝国驱逐出去的犹太人，一段时间后，这一过程可以重复进行。

将杀戮延伸至整个欧洲范围内的犹太人的决策又当作何解释？警钟于1941年秋敲响，当时西欧犹太人也开始人心惶惶。开始探讨之前，就非常有必要记住随后发生的事实与经济合理化和再安置计划毫无关系，反而牵涉与安全问题相互交织的反犹主义。自1941年夏，法国对德国武装部队成员的反抗显著增多。共产党人受到指责。还抓了人质，其中多人经审判后被处决。希特勒认为这类回应过于软弱，于是命令每有1名德国士兵被杀，就就地枪决100名人质。虽然驻巴黎德军当局希望保持灵活性并预留某种升级空间，但希特勒将对德军部队发起的攻击视作欧洲共产党阴谋的组成部分。军方谨慎避免将波兰方式引入法国，也避免冤冤相报。必须提出其他解决途径。

在被占法国，军方并非唯一竞争者。1941年10月2日，神秘的爆炸震荡了巴黎的七座犹太教堂。海德里希手下的治安警察头目赫尔穆特·克诺亨谴责欧仁·德隆克勒手下的反犹分子，不过因一名保安处军官酒后失言，人们很快得知正是克诺亨本人为他们提供了 30 克炸药。当军方司令施蒂尔普纳格尔致信柏林要求撤换克诺亨时，海德里希反而写信给军方最高司令部解释说是他授权在巴黎进行爆炸以对早前造成拉瓦尔和维希部长马塞尔·德亚受伤的抵抗行动做出报复，他还补充说，“只是在最高层已经确定，犹太人被认定为欧洲的煽动者，必须绝对从欧洲消失”时，他才付诸行动的。巴黎恐怖爆炸目的在于逼迫巴黎军政府结束对法国犹太人采取的报复性逮捕措施和遣送行动，以使法国人质免遭报复性杀害。事实上这恰是施蒂尔普纳格尔独自设想的解决框架，以期在不以个别报复行动触怒法国人的情况下，为死去的德国士兵复仇。战俘们仍将被处死，但每死 1 名德国人，就要将 500 名共产党人和犹太人遣送至东方。党卫军和法国警察代替德军做了肮脏的工作，遣送外国犹太人和共产党员会令希特勒满意，同时也不会触动军方的敏感神经和合作（通敌）政策。由于士兵们在东西欧之间往返穿梭，巴黎是他们的度假天堂，那么令人不解的是雄伟酒店的住客竟对遣送至东欧的犹太人的命运一无所知。这些政策将由中央调控。

1941 年 11 月 29 日，海德里希邀请几位军政要人参加一场将于 12 月 9 日下午召开的会议。表面上的议题是从被运至东方的一战老兵、“半犹太人”和“雅利安人”的犹太配偶当中判定谁应被视作犹太人。缺乏严谨会为两方面都带来问题。在德国一方，有匿名信抗议这些政策，像赫尔穆特·詹姆斯-毛奇这样的勇者为捍卫个人利益而举起短棍。如前所述，在东欧，某些纳粹官员未获高层授权时不愿杀害已归化的犹太人。随后出现了一团乱麻般的局面，某些被遣送者甫一抵达就遭杀戮，另一些人被饿死，还有人被送进犹太区，为了给这些新来者空出地方，原来的居民早已被杀害。这反映了我们一直在描绘的更广阔的图景：在东欧各国和波罗的海沿岸杀害犹太人的程度不同，这给当代德国学术研究造成了难度，而纳粹帝国的其他地区都想要成为“无犹太人区”。这些人不习惯矛盾、前后不一和零碎的解决方案。他们有远大的空想，需划出清晰界限，他们希望有一个人来接纳脱离自己之手的犹太人的责任。这个人已经降临。

在请柬中，埃希曼弄混了位于小万塞的国际刑警本部和大万塞风景如画的湖畔别墅。海德里希的诺德哈夫基金从一位名叫弗雷德里希·米诺克斯的右翼商人手中购得这所别墅，这名商人曾因舞弊而被监禁。名义上这里是党卫军人员休闲之家网络的一部分，该网络还包括费马恩岛，海德里希在岛上也购置了一处房产，也许要用作未来高升之后的豪宅。别墅内的设施还包括一间台球厅，以让到首都出差的人员缓解压力，这些人还享受柏林城铁车站接送服务。这里远离城市喧嚣，适合用作会议中心，窗外冰冷的湖水拍打着防波堤。人们曾一度过于轻视此次会议的意义，认为它只是一次协调会议，但近来学者开始更强调其重要性，以追踪这些政策的最终决策时间。

12 月 11 日，德国向美国宣战，使会期延至 1942 年 1 月 20 日。会议持续了 1—2

小时，会场也许就是餐厅。埃希曼的低微军衔透露了他的地位，他盯紧速记打字员，确保会议记录不会泄露会议的实质内容：杀戮、清除和破坏。万塞会议召开时，主题并不是要解决谁是犹太人以加速将他们遣送出德国的问题。美国参战带来了希特勒曾在 1939 年 1 月 30 日“预言”的局面，其中包括为犹太人设计好的恐怖结局，他认为犹太人在幕后操纵罗斯福做出决策，会议的主题也做出了相应的改变。

1941 年 12 月 12 日，希特勒在帝国总理府内的私人寓所向 50 名帝国和地方长官发表了演说。有人记录了演说的核心内容。为解决“犹太人问题”，现已到了“无情”地“准备战斗”的时刻。那些曾引发让许多德国人丧生的冲突的人现在应该偿命。这是一次全面屠杀的煽动，虽然这并未告诉我们希特勒心中何时决定要杀死全欧洲的犹太人，因为他可能一直将这种想法隐藏于内心，但这也许是我们拥有的最确凿的证据，证明他当时已决定要向久经考验、最受信赖的追随者们透露这个决定，这些人心领神会，因为他们此时都谈到情况已十分明了，或在对下属的谈话中模仿希特勒的言辞和腔调。1941 年 12 月 18 日，在与希特勒进行了一下午的商谈后，希姆莱在随身记录本上写下“犹太人/当游击队消灭”。

希特勒演说开启的幻景也许能说明为何万塞会议要推迟六星期，及其议程中为何要包含谁应被认作犹太人的问题。万塞会议并未启动“最终解决方案”，因为与会者多为其所在机构中的三流人员，而非最资深决策者。和多数会议一样，提出了数种议程和议题，在各层次上耍起了把戏。原定的确定谁是犹太人的主题已经让位于疯狂拟制的杀尽欧洲犹太人的计划。这已变成大谋杀犯和高级公务员之间的正式座谈。一位与会者，北威斯特法伦地方长官迈尔曾参加过 1941 年 12 月 12 日与希特勒的会面。至少有一位出席者，鲁道夫·朗格医生曾协助施塔勒克和耶克尔恩谋杀拉脱维亚犹太人。其他党卫军与会者包括朗格的“东方”同事埃伯哈德·肖恩加特、“盖世太保”米勒和来自种族与再安置局的奥托·霍夫曼，而代表被占东欧的与会者为国务秘书约瑟夫·比勒和东欧占区联络官莱布兰特博士。因此，这些人或与屠杀犹太人有着无法摆脱的干系，或代表着屠杀的发生地点，或要在将来展开屠杀。目标是要除去或提前预防文职和安全机构之间可能出现的冲突，这类冲突曾发生于波罗的海地区。

其他与会者包括外交、内政、司法各部代表，四年计划机构人员和党及帝国总理府代表。他们对正在实施的计划都有了解，因为其中某些人——如外交部的路德——带来了自己的议程。来自财政、交通二部的代表纯属多余，因为牵涉被遣送犹太人的财务问题已妥善处理，而帝国中央保安局直接负责与铁路当局接洽；毕竟这些都是技术细节。临时豁免在兵工厂劳动的犹太人及有关利用身强力壮者劳动力价值的说法只是用来安抚“四年计划”机构代表埃里希·诺伊曼的。此次会议也要考察部门机构官僚的反应，这些部门也要不可避免地被卷入这场拟议中的行动。最终，尽管内政部的施图卡尔特尽力维护所在部门在判定谁是犹太人过程中的利益，但他坚定的话语让埃希曼诧异。

海德里希承担了整体上解决所有人的“犹太人问题”的责任。他揭示了毫无疑义的信息：犹太人要被处死，而且要以更极端的手段清除掉生物学上康复的奴隶劳工。与会官僚无人提出异议。最后，海德里希重申了他对“最终解决”的控制“不受地理疆域限制”。无人再去费心理会肮脏的地方屠杀中心，这些都只是为解决“本地犹太人问题”而随机建立的，并不适于屠杀外来犹太人。支持使各自地区没有犹太人的人们自己并不需要负责任。海德里希和党卫军已承担起所有人的问题，并列出了实施纲领。海德里希因这一庞大计划未遇阻力感到欣慰，又因聚集的权力而兴奋，他在侧室内举着庆功烈酒，与埃希曼和米勒进行了简短的交谈，消除了紧张情绪，他们在计划屠杀 110 万犹太人的方式时，并未遇到原来预想的问题。当天下午他授权为在东线枪杀及毒杀多人的数名老兵授勋。全面的计划已经浮出水面，其依据是由希特勒批准由党卫军主导的，全面解决所有人的“当地犹太人问题”的决策。

我们已追踪的每条道路都通往“最终解决”，人类痛苦的支流汇入死亡之海。奥斯威辛已变为其同义词，但奥斯威辛只是众多屠杀中心中最大的一个。约 50 万人死于波兰被占地区，在门口咽气时仅剩皮包骨，然后被随意丢弃在乱葬坑中。在前苏联被占地区，多达 200 万人被枪杀或用毒气致死。行刑者为当地的各种机动部队和各色通敌者。扫清犹太人聚居中心后，行刑队又折返，在大小行动中杀死农村犹太人。如前所述，14.5 万人被屠杀于海乌姆诺，仅有 2 人幸存。到 1943 年，三座“莱因哈德”死亡营共夺去近 200 万人的生命，仅特雷布林卡就有 90 万人。在奥斯威辛，通过劳动灭绝对死亡营做了补充，只有迈丹尼克营效法这种特殊组合，据估计，奥斯威辛的死亡人数至少为 110 万。多达 20 万人被屠杀于迈丹尼克。

在整个欧洲范围内实行这些政策不仅需要无数德国官员的激进主义。在整个被占欧洲，纳粹缺少展开攻击、守卫集中营关押者或将他们送上死亡列车的人员，因此高度依赖地方当局的合作。法国的情况特别耐人寻味，它是介于比利时或荷兰与匈牙利或罗马尼亚这样的国家之间的一种情况。前者处于纳粹德国的直接控制下，后者是希特勒的盟友，都有各自的专制政府。法国 1/4 的犹太人在大屠杀中遇难，但与荷兰相比仍有优势，荷兰 3/4 的犹太人丧生；但与霍尔蒂或安东内斯库的政权相比，则表现不佳，至少在对待匈牙利或罗马尼亚犹太人方面，正如前文所述，安东内斯库要为罗马尼亚境内的大屠杀负责。1942 年中期，在被占法国约有 2500—3000 名德国警察，他们因对当地情况不熟，无法聚集起大量犹太人。11 月之后，随着德军进入被占地区，这种力量变得更加分散。拉瓦尔的第二届政府发出了维希关于遣送外国犹太人的许可。这一政策与先前的无国籍或外国犹太人可以被消灭的观点浑然一体，区别在于此项遣送许可和试图让希特勒将维希地位正常化的企图密切相关，目的是为维希赢得更广泛的国内信任。纳粹无意限定他们将要杀死哪类犹太人，但却让拉瓦尔及其同僚产生了从楔子的尖头开始钉起的幻想，那就是从对付外国犹太人开始。

这年夏，又出现了若干重大人事变动。希姆莱派卡尔·奥贝格从拉多姆赶往巴黎担任高级党卫军和警察头目，这几乎标志着将在波兰着手的政策向西欧延伸。保守派民族主义反犹分子瓦拉的犹太事务总专员之职被路易·达尔基耶·佩尔波瓦接任，他是最激进的职业反犹分子，30 年代末就为纳粹效力。党卫军对他怀有敬意，这从他和同僚提供自己是“雅利安人”后裔的证据中可见一斑。党卫军也同样对瓦拉怀有敬意。1942 年 3 月 4 日，驻法国的保安处犹太人专家特奥多尔·丹内克尔被召回柏林与埃希曼一同参加一场会议，会上他和来自比利时和荷兰的同僚接到指令为将犹太人遣送至东欧做好准备。这些犹太人当中就有 10 万法国犹太人。假如丹内克尔当时还无从知晓这些人的命运，那他稍晚必定对此有所了解，因为月底他就亲自监督了一场试遣送，陪伴 1000 名犹太人乘旅客列车前往奥斯威辛。他从此次经验得知火车只需更少的看守人员。5 月初，海德里希到访巴黎一周，这是一次有创意的侦察之旅，其外在动机似乎是要取代巴黎军政府，从这一制高点上他可以监视维希的一举一动。海德里希会见了奥贝格、赫尔穆特·克诺亨和勒内·布斯凯——维希内政部警察署长。海德里希在被占法国领土上是否恢复法国人控制警察问题上摇摆不定，这足以确保让布斯凯参与搜罗外国犹太人。值得注意的是，他参与的密谋行动尚未获得他所在政府的授权。

1942 年 7 月初，内阁制订决议后，9000 名法国警察在巴黎地区展开行动，搜罗犹太人。“春风”行动共抓获近 1.3 万犹太人，只占限额半数，因为某些法国警察已向潜在受害者报信，让这些人逃脱魔掌。被抓获者最初被关押于一座室内自行车训练场，后来被移往城外 8 公里处的德朗西的一幢半建成的大楼内，还有人被运往别处。“冬季自行车场”和德朗西的条件非常恶劣，这些地方最初由法国人掌管，1943 年 7 月后，落入埃希曼的遣送队中首屈一指的奥地利人阿洛伊斯·布伦纳手中。随后这些措施被延及维希统治区的外籍犹太人，法国警察负责集中他们，并押运货车前往德朗西，然后再到法德边境的诺维昂，从这里还需三天抵达奥斯威辛。到 1942 年底，共有 4.2 万人踏上旅程。他们乘坐每周日、周二和周四运载 1000 人的火车离去，还有更多囚犯乘坐每周一、周三和周六的火车前来取代他们的位置。

将男女老幼进行高度公开的转运震撼了天主教高层，他们在私下和公开场合都表达了忧虑。这些年迈的牧师多数曾忠于维希，从未对先前歧视犹太人的措施表示过异议，这也增强了他们话语的分量：“犹太人也是真正的男人和女人。他们不可以被无限虐待……他们都是人类的一部分。和许多其他人一样，他们也是我们的弟兄。”进一步的抗议被平息，因为这些牧师害怕因先前的言论而遭到抵抗组织和盟军的报复，另外还因为政府为天主教和新教学校和神职机构提供了大额补贴。1943—1944 年展开了更进一步的遣送，共导致约 2.7 万法国犹太人被法国人交到他们的刽子手手中。但战局已对德国不利，对已归化的法国犹太人实施的政策不得人心，而且当时纳粹对有参与抵抗活动嫌疑的法国人施加了无差别的暴力。拉瓦尔顶住了取消法国犹太人国籍的压力，纳粹机构日益依赖激进的法国反犹分子和法西斯主义者实施他们的政策。

这些政策已在全欧范围内实行。希腊北部的塞萨洛尼基曾被称作“巴尔干的耶路撒冷”。一股来自北方的寒流吹散了一些复杂而脆弱的东西，仿佛一把大锤砸向一座精巧的雕像。尽管塞萨洛尼基自公元前起就有犹太人居住，但这里的社区却打上了后来涌入的讲西班牙语的塞波迪犹太人的印记，他们逃离了最虔诚的天主教君主费迪南德和伊莎贝拉的统治。上一代人讲拉第诺语，一种从六种语言中借用词汇的旧斯卡蒂利亚语，这反映了他们经过漫长的迁徙才来到希腊。独裁者扬尼斯·梅塔克萨斯（1936—1941 年在位）推行的希腊化运动意味着许多年轻人可以与周围的基督徒用大众方言交流。和希腊其他犹太社区一样，塞萨洛尼基犹太人也固步自封，与王室和梅塔萨克斯保持密切联系，以求在反犹主义并不盛行的社会中自保，只有年轻失业的安纳托利亚希腊难民支持反犹。4000 名塞萨洛尼基犹太人和希腊军队一道抵御了意大利最初的入侵。

虽然意大利攫取了包括雅典在内的被占希腊大部分领土，但纳粹夺取了马其顿和色雷斯，这片占领区中包括希腊犹太人中的绝大多数；同时保加利亚侵占了该国东北部分地区。4 月 9 日德国占领时塞萨洛尼基生活着 5.6 万犹太人，约占全城人口的 1/4，占全希腊犹太人的 4/5。这个地区有辉煌的过去，但已渐趋衰落。1917 年一场大火席卷该城，令犹太人和安纳托利亚希腊难民关系紧张。许多犹太人从事商业、印染、印刷、纺织和码头搬运工作，塞萨洛尼基是欧洲唯一为安息日闭港的港口。除罗森堡派遣的职业窃贼在著名图书馆中系统窃书外，塞萨洛尼基犹太人在 1942 年 7 月之前没有遭到过比他们的基督教同胞更悲惨的命运。和普通希腊人一样，犹太人在被占之后的第一个严冬痛苦万分。首相措拉科格罗发表声明说他珍视犹太人在近期战争期间表现的爱国情怀，并保证他们将继续享有此前享有的权利。

1942 年 7 月 11 日，德军当局强迫犹太男子进行强制劳动。为此建立了一个协调德国人与犹太人的委员会。共有 1.8 万犹太人参与了强制劳动。由于这对相关人员不利，结果犹太社区于 10 月提出支付 20 亿德拉克马以改变这一做法。当他们无法拿出这笔钱的零头时，旧犹太公墓就开放为任何希腊人都可以随意取用的大理石采石场。埃希曼的同僚罗尔夫·亨特 1943 年 1 月到达雅典，协商从希腊的德国占领区遣送犹太人事宜。可以想见，他们也一直想从意大利占领区驱逐犹太人，但他们知道这在外交上并不可行。军方领导人知道塞尔维亚犹太人的命运——此时已被杀尽，他们默许了对塞萨洛尼基犹太人的遣送，因为他们认为万一盟军登陆，这些犹太人会带来潜在威胁。1943 年 2 月初，一支加强的保安处小组抵达塞萨洛尼基，其中包括阿洛伊斯·布伦纳和迪特尔·维斯里塞尼。波兰出生的拉比，科雷茨博士被任命为犹太长老会主席。纳粹在圣帕拉斯凯维区将犹太人赶入犹太区，并开始登记及偷窃犹太人的财物，这样在维里萨罗大街上的本部仿佛变成了阿里巴巴的山洞。注定被遣送的犹太人被移送至名为“希尔施男爵”的较小犹太区，该区位于火车站附近更为贫困的地带，得名于一位犹太慈善家。3 月中旬，这些犹太人被告知他们将被重新安置到克拉科夫，各家家长领到了支票以兑换成兹罗提。犹太人大量储备包裹、工具和防寒衣物。首列火车运送的 2400 名犹太人当中，有 3/4 在到达奥斯威辛-比克瑙数小时后就被用毒气杀害。约 45324 人离开塞萨洛尼基前往奥斯威辛，其中约 1.1 万人在经过斜坡上的筛选后得以暂时幸存。由于有人忘记帝国列车只接受德国马克，而不收德拉克马，帝国列车曾一度慷慨地免除费用。科雷茨曾在东正教主教的帮助下徒劳地恳请首相向纳粹求情，后因伤寒死于贝尔根-贝尔森。次年约有 9000 名希腊犹太人被遣送，来自科孚岛、克里特岛和罗得岛上的一些封闭的小型社区的人们被用船运至雅典附近的查达利集中营，然后再用火车运至奥斯威辛。阳光灿烂、鸟语花香的岛屿和奥斯威辛 3 月的泥泞粪坑之间的对比尤其令人沮丧。尽管德国战局每况愈下，但其核心运输却是横跨欧洲辗转 1600 公里运送少量犹太人。完全无法适应东欧严酷的气候，加上几乎无法与狱友交流，只有 358 名希腊犹太人在集中营内幸存。不幸死去的还包括 1200 名儿童。在希腊还有一线希望。不同于唯命是从的克雷茨，雅典拉比以利亚胡·巴尔齐莱拒绝了维斯里塞尼索取雅典犹太人名单的要求，弄乱了档案，并向东正教大主教求助。后者在教堂和修道院中为犹太人提供了藏身之所。希腊抵抗运动为回报社区为他们提供资金，就在山寨中让犹太人安身。雅典犹太人得以幸存。

工业化死亡营是扩散到数千座其他集中营的行事方式的具体体现，那里的人们劳动到死，或受到各种虐待，还有在行刑队穿梭于乡村和小镇之间搜索最初次突击中漏网的犹太人时，在东欧乡村展开大规模枪杀，在中欧，向灭绝营进行的遣送一波波到来，但受制于收割粮食对人员和运输的需求，最近在苏联前线发动的进攻，以及铁路维修及重建毒气室以增加其吞吐能力及其他变数。封闭犹太区内的人们最易遭到遣送。生活于不通铁路的小地方及逃入丛林中的人们受到包括治安警营在内的行刑队的追踪。警察飞行中队迅速进入与世隔绝的农庄杀死其中的犹太工人。其他人随波兰领路人走入丛林，寻找暴露地下居所的烟囱，他们向里投掷手榴弹以炸死躲藏在其中的人们。唯一被缓刑的犹太人就是那些被选中从事奴隶劳动的人们，包括 1943 年 6 月仍滞留格罗博克尼克的卢布林区劳动营内的 4.5 万人。

1943 年 4 月华沙犹太区起义让灭绝犹太人的问题更显迫在眉睫，希特勒敦促希姆莱，后者又向下属转达。犹太人被再次描绘为“安全威胁”，这就抵消了有关他们暂时有经济用途的论断。5 月，希姆莱宣布“中央政府”兵工厂不应再雇用犹太人。由于东欧大片地区落入半自治的游击队手中，反游击战就包括了对逃逸犹太人的搜索。犹太游击队员的存在成为加速清除被俘犹太人群的借口。因此，1942 年 9 月 8 日，驻明斯克的白俄罗斯总专员提出清洗犹太人和将残存的犹太熟练技工数量减至最低。在波罗的海地区，党卫军开始搜罗有关犹太游击队活动的专门资料，来为他们牵强地将游击队活动认定为残存犹太人所为提供佐证。因元首的视力正在不断下降，11 月 29 日希姆莱用带有特殊字体的大型打字机向希特勒打报告。报告中说，在乌克兰，1942 年 9 月 1 日—12 月 1 日，共击毙约 1 万名游击队员（约 1000 名在战斗中丧生），另杀死 1.4 万名私通游击队的人员和嫌犯，然后又漫不经心地提到在此期间“处死”363211 名犹太人。

索比堡和特雷布林卡爆发了囚犯起义，当灭绝营的安全受到挑战时，继格罗博克尼克任卢布林地区党卫军和警察头目的雅各布·施波伦内格接到命令，要清除卢布林地区所有残存的劳动营。1943 年 11 月初的“收获节”行动导致 4.5 万犹太人被杀于蜿蜒的防空洞内。当施波伦内格乘“鹳”式侦察机在上空盘旋时，广播中传出震耳欲聋的音乐声将枪声淹没。迈丹尼克、特拉夫尼基和波尼亚托瓦等集中营内的犹太犯人都遭杀害，这样卢布林地区变为“无犹太人区”。“收获节”行动的规模只有罗马尼亚人在敖德萨展开的大屠杀能够超越。灭绝营被捣毁很久之后，对犹太人的枪杀仍在继续，受害者不只是从收缩的前线经历了死亡行军被带回帝国集中营的犹太人，我们将在最后一章就这些人和 1944 年对匈牙利犹太人的灭绝一并探讨。

纳粹并非实行残酷集中营制度的唯一一股轴心国势力。在没有毒气室的地方，在德国人并不掌权的地方，整个犹太族群也因残暴与冷漠而被杀害。根据 1941 年 8 月 30 日的“宾杰里协定”，特兰斯尼斯特里亚由罗马尼亚人管理，总督是格奥尔基·阿列克夏努。罗马尼亚政府不确定除将之用作对抗匈牙利的筹码外还有何用，但某些“大罗马尼亚”狂热分子积极推行“罗马尼亚化”政策，而其他人则视之为丢弃种族不理想者的垃圾场。

当地约有 21 万犹太人，包括敖德萨屠杀中幸存下来的 3.5 万~4 万人。这些人当中 80%都在被占的头半年内被罗马尼亚宪兵和情报机关部队、D 特遣队和乌克兰民兵杀害。这些摩尔多瓦和乌克兰犹太人被聚集到阿克米塞特、博格达诺夫卡和杜马诺夫卡的集中营内，或移交奥伦多夫的 D 特遣队。1941 年 12 月 21 日在博格达诺夫卡，罗马尼亚大杀人犯莫德斯特·伊索佩斯库、阿里斯蒂德·珀杜雷和瓦西里·曼内斯库组织了用火和手榴弹杀害 4.8 万犹太人的行动。在杜马诺夫卡，他们屠杀了 1.8 万人，在阿克米塞特他们饿死了 4000 人。罗马尼亚人在特兰斯尼斯特里亚共杀死约 9 万犹太人，纳粹又屠杀了约 4 万人。

在比萨拉比亚和北布科维纳首次屠杀中幸存的约 6.4 万人被关押于埃迪内提、劳特尔、维尔图叶尼等地的收容营中，并被于 1941 年 10 月—1942 年 1 月间转往特兰斯尼斯特里亚，与之同行的还有来自南布科维纳和罗马尼亚中部省份多罗霍伊的同样大小的人群。此后在 1942 年进行了更多的遣送，包括某些来自罗马尼亚本土的犹太人，这样被遣送到特兰斯尼斯特里亚的犹太人总数就达到约 16 万人。特兰斯尼斯特里亚之旅的每个阶段都受到罗马尼亚当局的敲诈，他们在历尽磨难抵达噩梦般的目的地时，经常已经衣不蔽体。罗马尼亚银行对被遣送者实行惩罚性强制汇率；看守经常为击毙犹太人从当地农民手中收取少量费用，农民可以取走他们的皮靴和衣物。

特兰斯尼斯特里亚曾被战火毁灭。被遣送而来的人们最初被分散于城镇和乡村，住洞穴、泥屋、废墟和马厩，虱蚤横行，毫无卫生可言。在前犹太人聚居区，房屋有时被人涂鸦："在这里［姓名］和全家人都被杀害。"1941 年冬，约 30%—50%的被遣送者死于伤寒。虽然这些犹太人最初未被关入犹太区，但他们必须从事强制劳动，他们菲薄的工资也被当局侵吞。自 1942 年 6 月起，约有 117 座犹太区和集中营被建于特兰斯尼斯特里亚，其内部条件取决于罗马尼亚当局的热情和特征，距离 D 特遣队的远近，犹太社区收买腐败的罗马尼亚官员和在绝望条件下组织起近似文明生活的能力。莫吉廖夫和萨尔戈洛的犹太社区在这方面十分突出。当国际红十字会代表查尔斯·科尔布 1943 年 12 月巡视该地时，他发现只有 5.4 万名活着的犹太人，他不知道其余 24.1 万被遣送者身在何方。他透过心满意足的犹太人的波将金式门面和为欢迎他燃起的篝火看出，现实中的疾病、饥饿和卧具与衣物的不足让被灭绝的社区内的残存者饱受折磨。

但仍生活于罗马尼亚本土的犹太人又该何去何从？矛盾的是，在这个紧随德国屠杀犹太人的国家，幸存的犹太人要比被占欧洲其他地区都多。这里的犹太人虽然受制于歧视、巨额敲诈和强迫劳动，但避免了被关入犹太区和认定身份的厄运。在纳粹看来，自从罗马尼亚政府拣选本国犹太长老会——名为犹太人中心，而拒不接受纳粹任命人员时，腐败就已开始。这意味着犹太人在罗马尼亚高官中有朋友和商业伙伴帮他们与当局交涉。纳多尔·金克尔德博士是反犹分子奥克塔维安·戈加遗孀的好友；斯特罗明格是总理米哈伊·安东内斯库的校友。德国官员开始向罗马尼亚政府施压，让其聚集供遣送的犹太人。1942 年 7 月埃希曼的一名代表抵达布加勒斯特，开始策划将罗马尼亚犹太人送往贝乌热茨。8 月外交部向帝国中央保安局报告称扬和米哈伊·安东内斯库已同意遣送阿拉德、蒂米什瓦拉和图尔达等省的犹太人，罗马尼亚犹太人社区首脑，前记者拉杜·莱卡将前往柏林商讨细节。此行的进展并不顺利，莱卡遭到外交部官员的粗暴对待，他们认为只是在和市井无赖商谈细节，而不是在和舰队军官制定决策。安东内斯库被激怒，他又怀有侥幸心理，于是禁止从罗马尼亚本土遣送犹太人，并命令善待在特兰斯尼斯特里亚集中营中幸存的罗马尼亚犹太人，然后还将他们当中的一部分遣返回国。高层罗马尼亚人在对特兰斯尼斯特里亚犹太人的探讨中欢快地遗忘了他们最初是为何来到此地；安东内斯库警告德国人不许杀害这些幸存者时推卸掉了一切责任。

除德国人对莱卡态度横暴外，还有哪些原因令这些大杀人犯改变主张？首先，安东内斯库接受了使徒农西奥和王太后埃莉娜的强力游说，还有瑞士驻罗马尼亚大使勒内·韦克的劝说。准备先期遣送的巴纳特和特兰西瓦尼亚的犹太人向安东内斯库修建的一座豪华医院“捐赠”了1亿列伊。其次，安东内斯库始终倾听罗马尼亚犹太人机构，主要是费尔德曼和拉比沙法兰发出的呼声，这种对话在德国是不可想象的。最后，安东内斯库敏锐地觉察到战争的走向。随着罗马尼亚准备抛弃轴心国和纳粹为抗击苏联而坚守特兰斯尼斯特里亚，寄人篱下的独立逐渐让位于公然挑衅。在苏联大军压境之时，有关特兰斯尼斯特里亚犹太人的命运——他们最终被遣返回国或被许可前往巴勒斯坦——开始带上了准备为战后做无罪辩护的特征。

正当罗马尼亚人怀着侥幸心理改变其对犹太人的政策时，另一种无罪辩论——或自我辩解——开始系统地现形。许多历史上的杀人狂魔都要占领道德高地，以爱国、爱教和社会平等的名义杀戮。希姆莱也不例外。1943年10月，他在波森向一群高级党卫军军官发表演说。演说大篇幅地讲述了在他自己担任国家执政官期间，武装党卫军取得的赫赫战功，并列举了党卫军的其他优秀品德。希姆莱的演说持续了三个多小时，根据他自己所做的演说记录，这个不需要雄辩的人始终以沉闷的腔调在讲话。在同僚中，他可以做到实事求是：

> 其他民族究竟能繁荣地生存还是因饥饿而毁灭我并不关心，我关心的只是我们能将他们用作为我们文明而劳动的奴隶。是否有1万名俄罗斯妇女在挖反坦克壕时因筋疲力尽而颓然倒地我并不关心，我关心的只是这反坦克壕是为德国挖掘的。显然，不必残暴无情之处，我们决不残暴无情。我们德国人是世界上唯一一个对动物采取体面态度的民族，我们也将对这些人性动物采取体面态度，但关心他们，赋予他们理想，就是对我们自己血脉的犯罪，这样我们的子孙将面对更艰难的局面。如果有人走到我身旁说：“我不能用妇女儿童挖反坦克壕。这不人道，因为他们将为此而死。”——我的答复是：“您谋杀了自己的血脉，因为假如反坦克壕无法建成，那么德国士兵将会牺牲，这些人都是德国母亲的孩子，和我们流着相同的血液。”

他用“我们的关注、我们的责任只留给我们的人民和我们的血脉”的心态，为党卫军打了一剂预防针，其他一切都是“浮云”。演说开始约两小时后，希姆莱谈起“并未尽人皆知”的“真正严峻的一章”：“我这里指的是犹太人的撤离，整个犹太民族的灭绝。”正式承认其中牵涉的婉辞之后，希姆莱嘲笑了那些说大灭绝并未增益个人经历的德国人。每个人都有自己的“高等犹太人”应受豁免。然而，这群听众却更加冷酷：

> 你们当中多数人都见过100具、500具或1000具尸体并排摆放的情形。能坚定面对这一景象——人类软弱的情况除外，能对此有体面的态度让我们变得坚强。这是我们历史中没有书写，也永不书写的光辉一页，因为我们知道，假如现在在每座城市还有犹太人充当秘密破坏者和煽动者的话，那么——在空袭、轰炸和战争导致的贫困之下——将对我们产生多么不利的影响。假如犹太人仍寄居于德意志民族的机体之内，那么此刻我们将倒退到1916—1917年的局面。

在希姆莱情绪发泄的独角戏中，他愤怒地驳斥了所谓金钱利益方面的指控。“我们夺走了他们拥有的财产……但我们个人分文不取。”任何违纪者都“已被处死”，即使他只偷了一根香烟。他仁慈地不限制受害者吸烟。他矢口否认“最终解决”中无处不在的贪婪——人们翻遍受害者的口袋、银行洗劫受害者账户，成车皮货物和成箱的数百种货币被运往帝国。这位最平庸的道德家总结道：

> 我们拥有道义权利，我们对我们的人民负有义务，要摧毁这个想要摧毁我们的民族。但是我们无权自肥，借此添置一件裘衣、一块手表、一马克和一支香烟。我们已消灭了一种病菌，因为我们不想最终因感染这种病菌而死。我不会看到这里有一小片脓毒病出现或开始流行。只要出现，我们就将之消灭。总之，我们可以说我们是因对人民的热爱才展开这场最为艰巨的任务。而且，这对我们内心，我们的灵魂和性格均无损害。

为杀戮手无寸铁的人进行辩解已达巅峰，屠杀被描绘为爱国的副产品，这种并不微妙的神学谬论过去曾为十字军屠杀穆斯林、犹太人和异教徒辩解，此时又混合了排外的民族主义和19—20世纪初基于血统的种族主义。这种排外的、对自己同类的情绪化的爱，要比希姆莱对乱翻死者口袋，或对众多人——包括他自己灵魂造成的伤害的无意识，更令人忧心。这些话语本身就是古怪的道德退化。

这篇演说发表前数月，考纳斯犹太区幸存者亚伯拉罕·托利在日记中写道：

> 尽管犹太人——作为个人和集体——都九死一生，但我们的精神未被摧毁。我们睁开双目，接受周遭发生的一切。我们片刻不曾遗忘我们民族的神圣目标。我们所做的一切，我们经历的一切，对我们而言似乎都是必经的罪恶，某种暂时的苦难，这样我们就能达到我们的目标，使我们不断前行，不断以金线编织以色列永恒荣光的义务，以便向全世界证明我们在任何条件和局面下生存的意志。这些目标让我们充满道德力量以保存我们的生命和确保我们民族的未来。

道德力量与道德“权利”抗衡，任他人残酷剥夺生命，但生命仍被强调。托利所说的“金线”和“永恒荣光”是一首人性诗篇，这在希姆莱令人毛骨悚然，充满尸体、病菌和脓毒的演说中踪迹全无，因为在他的字斟句酌之间，仅剩下死亡与毁灭，而制止死亡和毁灭是完全符合人性的。

9 “只要上帝愿意，扫把也可当枪使”：德国境内的抵抗，1933—1945 年

左翼复苏，重新结盟

对纳粹主义最早的有组织的抵抗来自左派。数千名德国共产党人因政治信仰，或因解决宿怨而被纳粹监禁。警方的镇压使左派统一的抵抗无法进行；阶级和历史仇恨、从业者和失业者、熟练工人和非熟练工人、年轻者和年长者之间的分化，大萧条以及日益个人主义的消费社会发展的世俗趋势加强了这种分化，使教条的宗派主义更加复杂。由此看来，德国正处于过去的部落主义和当前更为分化的现实之间的交叉口。左派本质上容易发生裂变，它的数个裂变实体或介于共产党和社民党之间，或在二者内部隐蔽活动。某些这类有自我意识的精英集团，有着混淆了左右两派特立独行的意识形态，他们更适合从事隐蔽工作，也不像先前的大众劳工政党那样容易出现叛徒和告密者。各工会都分别隶属于四大覆盖性组织：社民党的德国总工联、德共的工会联合会、天主教的德国工会联盟和希尔施-东克尔工会组织。

在柏林和其他地区再次逐渐形成局部化的秘密组织，包括乌里希-勒默尔组织和萨伊夫科-雅各布组织，他们在印发宣传品和破坏兵工厂方面相互协调。乌里希组织得名于柏林工具制造商罗贝特·乌里希，网络遍及数个城市，仅在柏林一家兵工厂就有 80 名活跃分子。1940—1941 年，乌里希加强了与约瑟夫·勒默尔领导的另一抵抗网络的联系。后者通过“抵抗的道路与断头台相连”，提醒我们人们的政治信仰并非像刻在石碑上的字迹一样无可改变；人们改变信仰或是因为他们自己发生了变化，或是因为他们曾仇视的政党逐渐对他们产生了吸引力。

一战期间，勒默尔在东西两线作战。曾任“奥伯兰”自由军团队长，在战后慕尼黑镇压过左翼政权，并将上西里西亚的安娜贝格从波兰民族主义叛乱分子手中解放出来。他因为在被占鲁尔区参与恐怖活动而被法国当局缺席判处死刑，此间德共通过所谓的施拉格特路线首次与民族主义右派进行战术接洽。勒默尔抱有反资产阶级和民族

主义理念，对苏联怀有同等同情，逐渐通过“国家布尔什维主义”转向纳粹党，直到德共提出民族与社会解放的理想才脱离纳粹。其催化剂似乎是国防军军官里夏德·舍林格尔，他因忠于纳粹而遭监禁后，1931 年高调宣称投身共产主义事业。勒默尔编辑了一份反法西斯报纸《起义》，拒不承认他早前在自由军团的经历：他们都是守护商业利益的看门狗。纳粹“夺权”之后，叛徒勒默尔被捕，并受到长期关押，在达豪受到“保护性监禁”。为他进行的上诉被希特勒亲自否决。

被关押五年后，勒默尔于 1939 年 7 月获释。他立即在慕尼黑和柏林建起小规模左翼抵抗组织，在军政各界反对派中联络势力。成员包括演员、电工、家具商、舞台木工和油漆工。在此期间，勒默尔写出了强调资源短缺的小册子——主要是某些金属和石油，而这些物资会让德国将战争进行到底。到 1941 年 9 月，他的组织已与罗贝特·乌里希组织的抵抗者和“红色乐章”，以及莱茵-鲁尔区内的威廉·克诺亨的代表展开合作。勒默尔宣扬要培训武装干部及在工厂内展开破坏。他和乌里希一道出版了一份名为《信息服务》的双月刊，分析当前政局，制定目标及就适当破坏目标提出建议：“汽油供应是希特勒的软肋。每次破坏石油供应的行动都会削弱他发动战争的潜能。”勒默尔于 1942 年 2 月再次被捕，部分原因是参与乌里希组织的活动；两年之后受到审判，1944 年 9 月在勃兰登堡-高登被处死。“模范”士兵和自由军团英雄已经变了一个人，“为共产主义事业献出生命”。他再也不是“1914—1932 年间的那个人了”。

被盖世太保称作“红色乐章”的另一个抵抗网络，曾被错误认作苏联军事情报机关在德国境内外的活动，但事实上该组织共有约 150 人，由数个相互独立的组织构成；这些组织在签署互不侵犯条约后，在德国入侵苏联前相互联合。选择进行间谍活动的少数派铩羽而归。舒尔茨-博伊森和阿尔维德·哈纳克向苏联大使馆人员传递了有关入侵的情报，被斯大林置之不理；1941 年试图通过无线电与莫斯科建立联系带来了绝对的灾难，因为苏联人提供的电台设备有质量问题。该组织散发传单的行动引起了纳粹的注意，为被占欧洲招致了更残酷的暴行。唯一活跃于德国的中央委员会的成员威廉·克诺亨，曾在莱茵-鲁尔地区短暂组织了抵抗网络，还出版了一份地下月报，直到他被叛徒出卖，并于 1943 年初被捕。在战争行将结束的数年间，盖世太保对被捕人数的统计与对德共抵抗行动的过高估计不符。因扰乱治安和破坏生产被捕的人员中绝大多数都是外国强制劳工，而不是德国人或德共党员。被监禁于多特蒙德和杜塞尔多夫的那些被盖世太保定为“反动对抗者”的人数已超过被监禁的“德共/斯大林主义者”。德共的抵抗已被粉碎。

社民党领袖最初和德共与保守派一样，都低估了纳粹“夺权”的与众不同之处。年迈的领袖们想要在俾斯麦的社会主义法保障下在逆境中坚持斗争，直到最终取得胜利。领导层中出现了分裂，有的主张在国内采取战术妥协，有的主张根据国际指示决不让步，而尤利乌斯·莱贝尔和卡洛·米伦多夫提出要在德国境内展开地下活动。以布拉格为基地的社民党流亡组织新的领导层通过设在边界的 16 个秘书处与德国境内的活跃分子取得联系。驻边境的特工潜入德国，将文件藏在自行车、童车和背包内带回去。有关纳粹德国情况的准确情报从这里流出，主要有特工收集整理的轶闻和可靠信息基础上编成的“绿色”系列报告。虽然某些社民党人建立了抵抗组织，但该党多数前党员和支持者都退出了政治活动，将自己伪装为无害的社会和体育联盟，维持着松散的联系。这些人平静地维持着自己的士气和价值观，不去做吸引或值得盖世太保关注的事，这种姿态很难被称作抵抗，除非从高度被动的意义上来看，就像两大教派中许多成员一样。他们就像处于冬眠中的动物，在酒馆或家中与家人、朋友端着啤酒纵论时局，难以确定这类活动是否具有颠覆性。

社民党在工作场所维持组织团结的能力因事而异。受雇于不来梅威悉河公司的码头工人以小组为单位，分散于庞大场所内开展劳动，这非常不利于监管，恼羞成怒的盖世太保扬言要在整片工作地带拉上铁丝网。在这个遍布社民党的环境中，也没有工人敢冒失地行“希特勒礼”或佩戴纳粹徽章。与此相对，经培训后在纳粹“模范企业”福克-沃尔夫公司工作的人们，对公司提供的文化和休闲方案做出了回应，在日益钻研航空产品的前沿问题的同时，工人的团结围绕技术问题发生了转变。

在某些方面，工会代表着左派中最具现实主义的战略家，尽管并非所有工会主义者都是社会主义者。主要的非共产党颠覆性组织，约有 200 家工会附属于它，就在纳粹“夺权”之前开始联合。然而，它们于 1933 年 4 月向希特勒作出一项历史性妥协，放弃了阶级斗争、国际主义和与政党的联系，以换取统一的工会运动。希特勒拒绝了这一合作要求，打击了工会领袖，夺取了其财产，以安抚德国劳工阵线中的工人阶级，该阵线缺乏工会的显著特征。劳动委员会的选举结果表明，这一政策并未赢得工人的支持，因为 1935 年后再未举行过选举。根据未来的柏林市长和西德总理维利·布兰特的说法，在许多工厂中对劳工阵线官员只做了口惠而实不至的承诺，实际关系也许受到久经考验，最受信赖的工会代表的调节。

工会运动逐渐在国外再度成型，明智地选择为德国境内活动分子的利益服务，而不去发号施令。在德国南部，某些部门的工人，如冶金、伐木工人、铁路工人和海员都维持了庞大的地下网络，在发生军事政变时可以发起大规模罢工。两位前工会领袖——社民党的威廉·洛伊施纳和天主教徒雅各布·凯泽，和保守派与军方的抵抗分子取得了联系，其中前者以他的工厂主身份为掩护，他的工厂中有生产镀铬啤酒泵和不锈钢螺丝的专利，这一角色使他可以合法旅行。重新恢复发端于施莱歇将军时代的工会与军方的接触，洛伊施纳向来自贝克和格德勒身旁的对话伙伴表明工人阶级任何行动都应发生于军事政变之后，这样就可避免 1918 年那些不幸事件重演，那些事件曾使左派背上叛国的恶名。不论一场政变能够引发多大的民众抵抗潜能——这在战后的“反法西斯”委员会中得到即刻展现，但对纳粹独裁统治构成的直接威胁必须来自距离权力中心最近的人们，来自初期与纳粹有着模糊关系的人们，由于多位重要社会主义者被吸纳入这些阶层当中，部分目的是要打破集团组织，他们将在这个发生变化的新背景下被加以讨论，这里意料之外的联盟已经形成。

“充满原始活力”的激励和右派

功成名就的精英合谋让希特勒上台，但这仅仅是保守派与纳粹复杂关系中的部分内容。左派的分裂严重削弱了其应对纳粹的能力，同样，德国保守派也因不可调和的传统而发生分化，使任何统一应对纳粹主义挑战的行动都前功尽弃。尽管右翼势力都对魏玛共和国的终结表示了欢迎，但某些人对 1930 年后的专制总理制深感满意，而对保守派与纳粹之间进行的政权合作显示了极大恐惧。虔诚派基督徒、波美拉尼亚贵族、“保守派革命者”埃瓦尔德·克莱斯特-舒曼森（1890—1944 年）将 30 年代初在他的庄园上劳动的“纳粹化”工人认作十年前他曾与拥有土地的同事一道破解的激进劳工问题，而且他对“驯服”希特勒的战略持相当怀疑的态度：

> 你认为当你登上一列快车，发现司机是个疯子，你就可以代他控制机车吗？你可以开得飞快，但当列车抵达时，它将突然脱轨。根本的错误就是自命拥有全权；这是魔鬼的事业。只有上帝才能声称拥有全权。如果有人声称拥有全权，那么这种权力必遭颠覆。

早在慕尼黑暴动之前他就曾指出希特勒是个危险的“小丑”，此时克莱斯特又在一本名为《纳粹主义：一个威胁》的小册子中说出他认定的纳粹主义和保守主义之间的关键差异。有必要对此加以援引，因为它证实克莱斯特等人的动机不仅是推定的阶级利益，还有被日益世俗化的历史文献不可避免地忽略的关键宗教关怀：

> 对宗教的态度将保守派思想和纳粹主义区分开来，而且必将使二者永远区分。保守派政治的基础是服从上帝、信仰上帝，也必决定整个公众生活。希特勒和纳粹主义采取了一种根本不同的姿态，事实上……希特勒只承认种族和种族需求是制约国家行动的最高法则。这是与基督教信仰水火不容的物质主义。根据希特勒的说法，国家的使命不是培养人才而是培育种族特征！

这种毫不容情的指控导致他和纳粹当局发生多次口角，随后他前往英国以使张伯伦政府对纳粹入侵做出更强烈的反应；他要向瑞典人泄露纳粹军事情报，最后他还准许其长子暗杀希特勒的请求，因为未能端起这只有毒圣杯的人们将会放弃幸福的权利。但他将拭目以待。

准许和推动希特勒上台之后，某些保守派精英成员要迅速致力于将他排挤出去，他们过迟地意识到在“他们的”内阁中“驯服”希特勒策略的破产。一些人感到：“我们对‘这家伙’上台负有责任，我们必须将他除掉。”副总理帕彭试图建立一个保守派阵营以抗衡纳粹，让年轻保守派和多为天主教徒的贵族成员充任幕僚，其中包括赫伯特·冯·博泽、汉斯·莱茵哈德·冯·卡格内克伯爵、威廉·冯·凯特勒男爵、弗雷德里希·卡尔·冯·萨维尼和弗里茨-京特·冯·奇尔施基。这里成了对掌权的纳粹的非法行为和压迫抱怨诉苦的清算所。其动人的灵魂是加尔文派教徒、年轻保守派律师埃德加-尤利乌斯·荣格。由于荣格的思想及其动员更广泛的纳粹选民的尝试都和十年后政治群体的思想与行动不谋而合，因此，有必要对他进行更加详细的探讨。

荣格负责连续为民族主义报业大亨胡根贝格和帕彭提供连贯的保守派政治哲学，对他造成重大智力影响的有天主教社团主义者奥特马·施潘、维尔弗雷多·帕累托和名为莱昂纳德·齐格勒的一名尼采主义宗教哲学家。荣格在 1924 年刺杀莱茵兰分裂分子弗朗茨-约瑟夫·海因茨的行动中发挥了重要作用，并与工业和准军事右翼集团进行过联系。对“充满原始活力”的纳粹为捣毁魏玛共和国做出的贡献表示欢迎（他曾在专著《平庸的统治》中指出魏玛共和国的缺失）之后，荣格认为纳粹主义的反知识、不稳定的群众基础应立即解散，为像他这样拥有“革命保守派”思想的人让路。这对于在精英俱乐部和智囊团中游刃有余的聪明的年轻人而言极端自大，也难以适应希特勒代表的蛊惑人心的、救世主式的、平民解决途径的实现。然而，这却因荣格的基督教信仰得到弥补，他因此弃绝希特勒将生活的方方面面完全政治化的企图，并争论说既然欧洲拥有共同的基督教遗产，并因经济全球化而共同面对外部威胁，因此欧洲应该摒弃希特勒的民族自我中心倾向，而要相互合作，实现联邦制。这使他在德国保守派中显得与众不同，他的许多思想都预见到了战时克莱稍集团的思想。他甚至预想到了沿着中世纪神圣罗马帝国的边界跨国选出某种形式的君主。加尔文主义和过去的实践表明，他对将暗杀作为一种政治武器并无宗教疑虑。

犹豫不决的将军们

希特勒和冲锋队，冲锋队和军方，及希特勒和因宗教协约而倍感失落的天主教世俗组织——如埃里希·克劳泽纳的天主教行动——之间的紧张关系，也许让荣格和博泽挑选这一时机对希特勒发起一场保守派投石党运动。荣格认定暗杀希特勒会使自己有担任未来德国任何政治角色的资格，他想到让帕彭发表一篇重要讲话，催动军方、各色天主教和保守派力量奋起抗击冲锋队和纳粹主义。荣格草拟了这篇讲话，1934 年 6 月 17 日，帕彭在马尔堡大学做了演说，受到热烈欢呼；马尔堡是前保守派人民党的一个据点。为防止帕彭对演讲稿进行修改，荣格慎重地在将其寄给帕彭前不久将其发表。尽管帕彭对希特勒和纳粹运动在克服魏玛共和国分裂倾向方面取得的“积极成就”予以了谨慎的好评，但他尽量避免提及罪魁祸首，还暗示纳粹统治只是个过渡期。讲话用较大篇幅谈论现政府统治下的知识分子生活，荣格对此有着切身感受。帕彭批评了以政府情报和宣传机构取代新闻媒介的企图，因为“只有软弱者才无法容忍批评”。假如纳粹对民主的利用在战术上要比“革命保守派”鼓吹的自上而下的革命高明的话，那么就没有理由用半马克思主义的术语“反动分子”对后者进行鞭笞。如果纳粹活跃分子反知识还有任何理由，那么这也不应成为对整个心灵或灵魂发起不断进攻的借口，更不能因此让拥有党员证的庸人使世界知名的科学家流离失所。

帕彭更具概括性的批评直指有关单一阶级或唯一政党的声明，直指永久革命的危险。承认纳粹党代表的“直接民主”后，帕彭指出，已经到了用基于财产的有机社会取代其垄断地位的时刻。一个被区分为斯巴达人和农奴的社会只会导致前者无所事事，只能压迫后者。这一过程终将削弱斯巴达的对外实力。将“自由”作为德国固有的价值观加以捍卫，帕彭为“私生活的安全和自由的不容置疑”进行了辩护。最终，帕彭警告那些鼓吹革命必将接二连三地发生的人们，说为恶者必将走上断头台。他提醒希特勒“政治家”唯一关注的事物只有“民族与国家”——国家是公民“铁的正义”的最终捍卫者——而不应永远追求“国家”与“党”的二元性。

最终，军队未能付诸行动，而且帕彭也不明就里，两次向希特勒递交辞呈，为自己的过失赎罪。盖世太保压制了这篇讲话稿的公开发表。但约 6 万名天主教徒参加了在柏林的霍佩加尔滕举行的盛大集会，克劳泽纳在此发表了演说。此事又让希特勒对这些组织恨之入骨。次日，荣格被捕，借口是和奥地利政府进行叛国交易。他被带到一片郊外林地，数日后被枪杀于“长刀之夜”进行之时。同时，赫伯特·冯·博泽试图让兴登堡和弗里奇参与一场政变的企图也不幸被忠于希特勒的勃洛姆堡觉察。党卫军杀手在副总理府内将博泽击毙，而“天主教运动”的埃里希·克劳泽纳死于他在交通部的办公室内。

帕彭的其他幕僚开始逃亡，随后在帕彭担任驻奥地利特命全权大使时，他们又重新以顾问身份回到他身旁。他们在此和与奥特马·施潘有交往的教会反法西斯组织取得联系。威廉·冯·凯特勒男爵不染尘垢的尸体于 1938 年 4 月 25 日被从多瑙河捞出，他在德军进入奥地利的次日，即 3 月 13 日失踪。此间，希姆莱、海德里希和卡尔滕布伦纳都假惺惺地支持沮丧的帕彭，尽管他们劝告帕彭不要悬赏寻找这位失踪随员以防他逃亡国外。希姆莱命令警方全力搜索男爵。凯特勒的朋友们动用了校友关系网，在奥地利纳粹治安警察的联系人当中发出问询。他们最终被告知，“不关凯特勒的事，他去游泳了”，并且，“浴缸也能淹死人”。这恰是凯特勒遭遇到的事，他落入海德里希的保安处特工手中——这些人是特遣队的前身，而且就是他们将他的尸体投入多瑙河。帕彭又被任命为驻土耳其大使。

如果说 1934 年 6 月 30 日的“血洗冲锋队”消除了保守反对派的一个源头，那么它也挑起了其他纷争。毕竟，瓦尔特·冯·赖歇瑙将军在事件发生前显然曾与希姆莱或戈林进行过面谈，在黑名单过目时点头或摇头。作为希特勒清洗冲锋队的受益者和推动者，军方高层默许了谋杀两位将军，回味着所谓的施莱歇曾与外国势力联系，或在拒捕时被击毙的谎言，却不去探究党卫军冲入施莱歇在纳伊尔巴贝尔斯堡的家中时为何连他的妻子也一并击毙。无人认真对待调查。然而，一些军人却因希特勒采取“匪帮”的做法而倍感忧心。亨宁·冯·特雷斯科上尉所在的步兵团某营在这些事件发生期间处于戒备状态，他原本支持的领袖表现出的残忍令他万分震惊。在军队情报机关，汉斯·奥斯特（1887—1945 年）随时从盖世太保汉斯·贝恩德·吉泽菲乌斯处获取此次血腥清洗的详情。因两位将军被杀而惊异之余，奥斯特也能既见树木，又见森林，即此次清洗将使党卫军在政治上凌驾于军方之上，此后党卫军也开始发展武装部队。克莱斯特-舒曼森和舒伦堡也对此次清洗保持高度警觉，因为假如他们当时仍在国内，也将难逃厄运。

军方对当局采取的手段怀有厌恶，又对单方不再为希特勒的暴政提供军事基础感到忧心忡忡，这令问题变得更加复杂。事实上，几乎所有出现于抵抗希特勒行动中的军人都曾对魏玛共和国怀有强烈的仇恨，都对其分化的政党和国际主义、绥靖主义倾向不满，都曾对希特勒的独裁表示过积极欢迎。他们认为希特勒取得了大众支持，将在为强化再武装所必需的经济努力的背后使国家团结一心，而他的外交政策将为军方提供千载难逢的机遇以做到最优部署。更多的枪炮战胜了道德上的疑虑。虽然错过了拥立新主的机会，但军方得到了新兵和更多更优良的装备。在军方高层内部对一党制国家和军队的关系有着不同解读。在维尔纳·冯·弗里奇和路德维希·贝克之下的最高司令部，希望保持传统的普鲁士军队价值观，以军队的标准对全国提出要求，即使这样就不再有“那些创新，汽车、坦克等物”。以勃洛姆堡和其政治顾问赖歇瑙为首的武装部队最高司令部则更倾向于除旧布新，使军队和纳粹更加接近。而且，赖歇瑙的野心是要领导一个巩固的武装部队总参谋部。在高层发生严重分歧和个人冲突的同时，大量的新面孔也进入了军官集团，到战争爆发时，其总人数已达 9 万，几乎和魏玛时代国防军总人数相当。当这些年轻人向“元首和帝国总理”宣誓效忠时，将领们必然想到他们是否真有此意。由于将军人数也有了相应增加——从 1938 年的 261 人到 1943 年的 1000 多人，这一阶层内部的观点分歧也成倍增长。

到 1938 年，希特勒感到他可以大胆打破与保守派精英达成的条件。他不愿继续等待；这些人的慎重无法满足他此刻的需要。1937 年 11 月 5 日，当希特勒对一群高层人物揭示他未来的政策动向时，外长诺伊拉特与弗里奇和勃洛姆堡两位将军之间出现过“非常激烈的交锋”。两位将军拂袖而去，在军方内部造成了广泛的愤怒，原因不仅是道貌岸然地以将军们的私生活为掩护发动政变。1938 年 1 月 12 日，勃洛姆堡和帝国鸡蛋营销委员会的打字员路易丝·玛格丽特·格鲁恩结婚，戈林和希特勒都来证婚。戈林在得知她曾兼任情色模特的情况下仍鼓励勃洛姆堡娶这位“来自人民当中的纯朴少女”。数周后，希特勒向军事副官霍斯巴赫上校透露了一条惊人消息：维尔纳·冯·弗里奇男爵是有劣迹的同性恋，“证据”出自一个敲诈犯，奥托·施密特，他于 1936 年错误认定“某个”弗里奇将军参加了他在万塞车站目睹的同性恋聚会，而且此人已给施密特封口费。当时，希特勒看到了相关的盖世太保案卷，并下令消除“这个败类”。不过，两年之后，当希特勒在帝国总理府图书室和弗里奇相遇时，这份案卷和施密特都成了重要物证和人证。施密特积极指证了这位将军，弗里奇辞职，主动让盖世太保对自己展开调查，并未做出强有力的自我辩护。

驱除勃洛姆堡和弗里奇的肮脏背景的详情由吉泽菲乌斯和阿图尔·内贝传给奥斯特；内贝是党卫军帝国刑警头目，此人在道德上有问题，他事实上曾抹去抵抗运动的大量记录。内贝也许曾暗示这是张冠李戴，牵涉某位名为冯·弗里奇的上尉，希姆莱和海德里希正忙于掩盖真相。奥斯特试图说服两位将军辞职以示抗议。在此，他得到了前莱比锡市长卡尔·格德勒的帮助。

格德勒是一位自由派保皇分子；他曾在莱比锡与纳粹密切合作，这种安排使他能发挥全局性作用以改组当地政府，改革经济措施。1943 年，他升任帝国物价专员。1934 年 8 月，他在一份提交给希特勒的备忘录中写道：“假如在德国人民中发现的最清醒的判断，最有益的经验，最优秀的性格都不能被征集起来，为刚刚出现的国家最大优势所用的话，那将是真正的悲哀。”然而，他鼓吹的国际经济合作和市场自我调节与希特勒的专制理念——加强国家控制和优先加速再武装——发生了冲突。戈林宣布格德勒 1936 年写成的一份报告“不可用”，并对其出版加以限制。虽然格德勒 1934 年并不反对将门德尔松的音乐边缘化，只要此举目的不是要推动官方“种族政策”，但当莱比锡纳粹分子在他缺席期间毁掉莱比锡音乐厅外这位作曲家的雕像时，他感到应到国外暂避一时了。反对派工业家罗贝特·博施为此慷慨解囊，戈林也批准了这次出访，以此通过私人途径了解外国政府观点。

弗里奇事件也成了柏林警察署副署长弗里茨·格拉夫·冯·德·舒伦堡平步青云的催化剂，舒伦堡在抵抗运动中发挥的作用有时与其宗旨背道而驰。舒伦堡对魏玛共和国深恶痛绝，1932 年 2 月加入纳粹党。他认为纳粹“夺权”击败了“犹太人、资本家和天主教会的权力”。最初他追随其他保守派，以为可以通过自己选择的方式重塑混乱的联合纳粹政权；他要建起一个 17—18 世纪的普鲁士的当代化身：基于军队、文职机构和纳粹党体现的民众“意志”三位一体的国家。他坚信只有专制国家才能保护底层免遭富豪剥削，这让他获得了“红色伯爵”的称号，反映了他对工人阶级而不是其政治代表的同情。在担任埃里希·科赫的顾问时，舒伦堡有了第一个将其崇高的“普鲁士社会主义”理想化为现实的机会，他对科赫被任命为东普鲁士州长也起了一定作用。但他很快醒悟了。实现东普鲁士经济结构性改革的计划让科赫及其支持者们作出激烈回应，而有资格的公务员们却更加青睐纳粹那帮傻瓜。舒伦堡认定这重蹈了魏玛时代公共服务政治化的覆辙。如果说他认为罗姆得到了应有的惩罚，那么，他就因格雷戈尔·施特拉塞尔的遇害大受震动。退居萨姆兰乡村一处僻静所在之后，他又因出色的行政能力和激进的改革思想而被重新任命到柏林，出乎众人意料的是，他和上司沃尔夫·冯·赫尔多夫相处融洽。他还加深了与彼得·瓦尔滕堡和尼古劳斯·于克斯屈尔-吉伦班德的交往。正当弗里奇事件处于风口浪尖时——这也挑战了他对军队根本作用的认识，他向柏林军区司令维茨莱本将军发出通电称，假如军方要向盖世太保动武的话，柏林警察将作壁上观。

弗里奇的朋友们徒劳地想打动将领们对他的遭遇发起抗议。结果最后一块绊脚石是总参谋长路德维希·贝克，他不顾一切反面证据，认定是盖世太保而不是希特勒构陷了他的同僚。而且，当弗里茨·冯·哈尔德提议对盖世太保本部发起攻击时，贝克厉声将他打断：“哗变、革命，一名德国军官的字典里没有这些字眼。”他鼓励弗里奇和希姆莱进行决斗来解决争端。最终，弗里奇经军事法庭审判，被予以免罪。当上武装部队实际而非名义上的最高统帅后，希特勒对蒙羞的弗里奇表现了一种宽大的姿态——任命他为第 12 炮兵团司令。弗里奇没有感激涕零地接受这一姿态，在他入侵波兰期间以身殉职。希姆莱命人将他的主要证人奥托·施密特击毙。将领们结局如何？有人指出威廉·凯特尔是“军方管理者”，希特勒答，“这就是我所需要的人”，于是任命他为新成立的武装部队最高司令部头目。陆军交由瓦尔特·冯·布劳希奇掌管，此人的婚姻和蒙羞的勃洛姆堡大同小异。经济困难意味着他无法与妻子离婚去娶已和他相恋多年的寡妇。希特勒出钱帮他安排了离婚事宜。奥斯特、舒伦堡和格德勒在随后的几乎每次针对希特勒的密谋中都发挥了关键作用，甚至那位情报机关军官都要比这位前物价专员更善密谋。路德维希·贝克也短暂加入其中。

在弗里奇事件背后还有一种倾向，即希特勒的支持者逐渐转变为忠诚的批评者，这似乎与自命全知全能的领袖并不相符。他们试图从内部批判整个体制；发觉这样做无效时，某些人得出了显而易见的结论。精英集团的资深成员逐渐意识到他们不再是大政方针问题上天生的顾问，而是唯希特勒之命是听的职业官僚，对那些以国家最高利益为己任，自以为代表最高民族利益的人们而言，这是令人难以容忍的职位。这种情况对贝克而言更为明显，1938 年 4—9 月，有关苏台德区的外交政策危机当中，他的忠诚已一去不返——具体说来，事关正当英法干预可能过早使德国失去重大国际地位机会之时，使用武力是否适宜。尽管希特勒准备孤注一掷，但贝克需要确信能够打赢接踵而至的全面战争。正常的议事规程也岌岌可危，即将领们在国家大政上有共同的决策功能，更狭隘地说，在任何专业考量之外，据信他们要为国家的终极命运负上共同的责任。由于 1938 年 3 月之后希特勒拒绝召见贝克，总参谋长仅能通过布劳希奇表达他的疑虑。7 月 16 日，贝克告诉他：

> 国防军最资深的指挥官都被召来，并为这一使命而被赋予比其他人更高的地位，因为国防军是国家领袖发动战争的执行工具。此处事关国家持续生存的最终决策危如累卵；如果这些将领不按他们的职业和政治常识与良知行事，那么历史将判处他们杀人罪。他们作为军人的服从有一个限度，超过这一限度，他们的常识和职责就要禁止他们执行命令。在此情况下如果他们的建议和警告不被聆听，那他们在民族和历史面前有权利和义务辞职。如果他们以统一意志如此行事，那么战争将无法发动。由此，他们就会从厄运，从毁灭中拯救祖国。如果一个军人在这种情况下只看到他局限于作战任务中的义务和使命，而看不到他在全民族面前拥有的最高职责的话，那么这名军人就不够伟大，而且对他的义务缺乏了解。

在一系列相当原始的，旨在与将领们任何集体方针并行的口号中，贝克仍知其不可而为之，妄图让希特勒本人与此相适应：

> 为了元首——反战——反对党内大佬暴政——和教会和解——言论自由——排除契卡的方式——使帝国重回法制——使各种摊派减半——不再建宫殿——为人民提供住房——普鲁士的诚实与简朴。

换言之，这场冲突也许可以从顺从、礼仪和战术方面进行狭隘的解释，可以从强大的精英集团与纳粹分子的关系方面加以解释。希特勒统治中的根本问题吸引了对该政权性质的更为分散的批评。其中包括纳粹对基督教会的迫害、干涉新闻和内心生活，以及贝克所谓的“盖世太保梦魇”。这些人都不赞同希特勒的战争在生物学上有益的扭曲观点，而且他们对外交政策目标的看法也大相径庭。如克莱斯特-舒曼森和魏茨泽克都坚决反对德奥合并，因为这会增加罗马天主教徒人数，而且奥地利人和德国人被一种语言分隔。包括布劳希奇在内的许多人面对希特勒的决定时举棋不定，这让贝克倍感受挫，于是他被迫于 8 月出走，并成为随后针对元首的多次密谋中的核心人物。

1938 年秋，对希特勒一意孤行发动战争的强烈反对采取了两种相互关联的形式，二者相互依赖在一定程度上招致失败：首先，对巴黎和伦敦进行非正式访问——如克莱斯特-舒曼森和格德勒进行的访问——以使西方政治家对希特勒的入侵采取更强硬的态度；第二，策动一场政变，贝克的继任者弗朗茨·哈尔德批准了汉斯·奥斯特的无益之举。和吉泽菲乌斯与亚马尔——他将发挥领导作用——一道，奥斯特试探了多名将军的口风，并通过赫尔多夫和舒伦堡确保柏林警方保持友好中立。由于此次政变要以党卫军叛乱后军方恢复秩序为名展开，阿图尔·内贝被指派揭示全德境内所有党卫军部队的地点。如何处置希特勒的问题使密谋中又生密谋。贝克等人倾向于将其活捉，并对其进行审判；奥斯特希望成立一个以邦赫费尔为首的精神病专家小组，以宣布他精神失常；哈尔德建议制造一场致命事故；前自由军团指挥官威廉·海因茨决定要在随后的大混乱中将希特勒击毙。

1938 年，反对派将触角伸入英国，但因其特使悬而未决的地位，及他们的对话伙伴认定他们的外交政策目标有时似乎超越了纳粹——克莱斯特坚称对波兰部分领土拥有主权——而受挫。尽管他们被集中推定为希特勒政府内的“温和派”和“极端派”，但英国人对于一向懒散的集团大胆谈论的政变持怀疑态度，尽管他们对这些人的亲近程度要高于首相张伯伦，他说这些人使他想起“国王威廉时代身居法国王廷的二世党人”。而且，这些密谋者认定英国人将以和希特勒一样的鲁莽冒险滑向战争边缘，还将向未曾针对纳粹发起反抗的人们作出保证，而且他们的目标与英国领导人记忆犹新的过去颇为相似——此刻也许希特勒仍旧理性地对此做出回应。换言之，这就如同在没有希特勒的情况下追求希特勒的目标。太多不可想象的因素在此处发生作用。政变取决于英国保证不做出惩罚性回应，以防希特勒之死被解释为又一次“背后的一刀”。下层密谋者寄希望于哈尔德坚持不懈，而他却担忧下级军官中纳粹作祟，而且希特勒是一张外卡，曾因不战而屈人之兵大受赞誉。正如哈尔德所说：“我们此时应该如何是好？他在一切方面都取得了成功。”

军方领袖在入侵波兰期间恢复了本职，他们对波兰毫无同情可言。“苏德条约”似乎降低了成功闪击波兰的几率，当时英法两国正在边线上虎视眈眈。然而，在波兰犯下的暴行却让许多将领——主要是布拉斯科维茨——异常震惊，而希特勒将战火烧到西方的决策令密谋者们重新振奋起来，他们认为在西线采取纯粹的守势将使战争在爆发之前就进入休眠状态。发布命令和部队行动之间缩小间隔，以使突袭效果最大化，这使军事政变的协调难上加难，这与一再推迟的入侵时间如出一辙。但这是高层犹豫不决的一个借口，希特勒曾声色俱厉地指责“措森幽灵”让他们心怀恐惧。虽然哈尔德与希特勒会面时经常随身带枪，但他不认为将领们都是天生的刺客，因此未能开枪。将这一使命委托给海军上将威廉·卡纳里斯和军队情报机关的尝试遭人憎恶，因为他们也不是刺客，还因为卡纳里斯认为军事政变是对希特勒采取行动的必要前提。换言之，推诿扯皮造成了恶性循环。事实上，有愿意采取行动的刺客，那就是能和希特勒接近的外交官埃里希·科尔特，但正如奥斯特所证实的，科尔特首先要参加反间谍机关的炸药课程，而且为避免引起怀疑，炸弹还要另外单独购买；在格奥尔格·埃尔泽1939 年 11 月 9 日在慕尼黑芦云堡餐厅孤胆炸死希特勒的图谋破灭后，上述最后一项要求事实上已无法做到。讽刺的是，阿图尔·内贝领导司法小组检查了瓦砾，由此找出了炸弹制造人。同时，策划密谋的将领们又已投身于无休止的战争，其中哈尔德认为让德国人成为英国人的“农奴民族”难以容忍。

当政变最终无果时，个别军官就通过向敌方泄露军事情报使希特勒的目标落空。“纳粹”将军赖歇瑙徒劳地与希特勒理论，然后又向比利时和荷兰情报机关中的联系人透露某次进攻发起的时间。也许还有这种可能，即这位并不吸引人的将领因在勃洛姆堡、弗里奇事件中未捞到好处而心怀不满。奥斯特将德国迫在眉睫的进攻详情传递给比利时和荷兰情报机关的朋友；他在 1936 年柏林奥运会期间与荷兰武官吉斯贝图斯·沙什建立了友谊。1939 年 10 月他告知沙什德国正在策划对比利时的入侵，但他要等荷兰陷入困境时才将情报和盘托出。沙什将情报转交比利时。1940 年春，奥斯特将针对丹麦和挪威的“威悉河演习”的时间告诉了沙什，这条情报辗转进入英国，1940 年 5 月 9 日夜间还告诉他次日黎明将在西线发起进攻。荷兰情报机构对他们自己武官的可靠性持怀疑态度，这就不是奥斯特的问题了。

奥斯特相当温和的外表，及其有女人缘的名声都掩盖了他冷酷的算计，他的行动要导致大规模伤亡，以阻止入侵进一步发动。他还冒着被屈辱地绞死的风险，因为要谋害国家元首，泄露国家军事机密，已超越了叛国罪。正如奥斯特向沙什做出的解释：“人们可能会说我是个叛徒，但事实上我不是；我认为和那些追随希特勒的人相比，我是更优秀的德国人。将德国，同时将世界从这场灾难中解放出来，这是我的计划，也是我的职责。”由于纳粹已使民族主义堕落得面目全非，奥斯特就可以合法地声称已将叛国转变为爱国的职责。

未捷身死的上校们

克莱稍集团的计划仍以政变为前提，上校们对此次政变日益关注，将军们却敬而远之。1941年6月入侵苏联，使抵抗势力的重心向在东线服役的年轻军官转移。多数将军都是帝国时代的产物，或视希特勒为无冕之王，或被其无所畏惧的粗野震慑，但上校、上尉和中尉们却成长于魏玛共和国，年龄差距显然带来了更新的战斗姿态和精力。对纳粹的诱惑做出积极回应后，面对犯罪和无能而产生的幻灭之感异常强烈。和将军们不同，中下级军官以亲身经历见证了纳粹的暴行以及战略误判造成的人员消耗。有些人的经历简直相当于存在论危机，近乎被最亲密的人出卖；另一些人则与暴行有着模糊的关系。

位于苏联前线的中央集团军群参谋本部成了一系列暗杀希特勒密谋的策源地，其中一次差点成功，但每次都被不可预知因素破坏——这些因素不仅包括神经质般多疑的独裁者日益加强的防范措施。以为刺杀希特勒易如反掌的人们可以回顾一下萨达姆·侯赛因扈从中众多伊拉克将军的面孔。为首的密谋者是中校亨宁·冯·特雷斯科(1901—1944年)，1939—1940年间在发起西线进攻前的间隙内，他曾试图说服将军们展开行动。特雷斯科利用自己的高级作战官职位及其舅舅陆军元帅费多尔·冯·博克提供的掩护，将希特勒的反对者安插进中央集团军群，其中费比安·施拉布伦多夫为军械官，而鲁道夫·冯·格斯多夫男爵负责情报和无线电拦截。为对其上司做工作，及巩固文职人员和军方抵抗派的联络，特雷斯克曾秘送格德勒与中央集团军群总司令克鲁格会晤。

中央集团军群暗杀图谋的技术细节已尽人皆知，这里只需简要回顾，因为本书毕竟不是炸弹制作手册。1943年3月13日，他们成功地将一枚炸弹安放于希特勒乘坐的从位于克拉斯尼博尔的集团军群本部返回位于乌克兰境内的大本营的飞机货舱内。炸弹未能爆炸。数周后，格斯多夫将自己武装为自杀式袭击者，在柏林军械库大楼内观看缴获苏军武器展览时，徒劳地想要跟上希特勒。最后，特雷斯科和伙伴们在1943年底和1944年初又展开行动，上尉冯·德姆·布舍男爵和埃瓦尔德·海因里希·克莱斯特-舒曼森在希特勒查看新式军装时，及在埃伯哈德·冯·布赖滕巴赫试图在伯格霍夫别墅击毙希特勒的计划中，付出了幕后的努力。是什么驱使这些军官刺杀希特勒？毕竟这对那些视忠诚和服从为天职的人们而言是一步巨大跨越。

首先，我们需要对他们的职业和社会背景有所了解，“希特勒军”中存在各不相联的“缝隙”，这里尽管有把军人转变为政治士兵的企图，但传统价值观依旧存在。1926年，特雷斯科放弃股票经纪的职业，进入第九步兵团，而他早在1918年就作为下级军官获得铁十字勋章。国防军中，该团的前身是第一皇家步兵卫队，被称作“格拉夫第九”，因为其军官集团中有多名普鲁士贵族。该团驻波茨坦，其营房与圣马丁驻军教堂近在咫尺，教堂大钟奏出的乐曲“基于忠诚与正直”清晰可闻。在该团举行晚宴时，地处偏僻的多伦的年长老兵仍向德皇祝酒。军官与士兵之间的关系轻松而又有家长制遗风；军官食堂许可在壁炉旁表达异端观点。第九步兵团的 19 名现役或后备成员名列抵抗者名单。另一贵族团是第 17 骑兵团，该团吸收了皇家巴伐利亚重骑兵，其中包括施陶芬贝格——其叔父曾任该团司令。路德维希·冯·莱昂罗德男爵和阿尔布雷希特·默茨·冯·奎恩海姆等贵族除是朋友和生活于同时代外，彼此之间还有密切联系，这也促进了其密谋进程，并使奸细无法打入内部。

所谓“批评史学家”有时会令人大跌眼镜地将 7 月 20 日密谋看作“一次典型的贵族轻骑兵冲锋”，却发自内心地赞颂“被剥夺权利的德共党人做出的自我牺牲”。对这些人而言，贵族地位蕴含着责任，在只认权利的文化中，这是一种令人费解的观念。正如人们对毛奇和约克做出的评论：“他们确信，作为贵族要与降临在他们祖先领导过的国家头上的罪孽作斗争。”除“连载漫画”上的独裁者外，他们还能从格奈泽瑙、毛奇或约克等家族内的神秘人物处找到心灵独立，历史的纽带也给他们带来一定程度的保护，让盖世太保的铁拳在砸到他们脸上前犹豫片刻。他们经营着战时家族，此时常意味着要监督大型农业企业，有时还要参加秘密会议，推进密谋进展。他们的家庭成员被关入监狱或集中营时，他们所冒的风险就更加明显。首先，许多抵抗者都有强烈的宗教信仰；正如毛奇 1940 年 3 月 17 日在致弗雷亚的信中写道：

> 今天过得漫长而沉寂；或至少我自己这样认为，因为此刻仍是早晨。你的丈夫慢慢起床，洗漱，吃了可口的早餐，然后听了 B 小调组曲。我已经迷上了它。然后我又读了一点圣经，我从这一活动中得到的乐趣远多于从前。以前它对我而言完全是故事——至少旧约如此，但现在它就发生在我身边。我发现它比从前更有吸引力了。

良心、罪行和抵抗之间相互交织，错综复杂，值得平静而公正地加以对待。然而，死者的记忆未必总能符合他们用行动划出的历史轨迹，而且，个人对暴行做出的回应不能归纳于整个军方抵抗势力，更不能用作文职——军方抵抗力量的分野。特雷斯科在“巴巴罗萨”行动发起前仍驻扎波森时，猛烈抨击战前颁行的“犯罪命令”。他对格斯多夫说罪孽将重压在德国人身上一百年，“不仅压在希特勒一人身上，还要压在你、我、你妻子、我妻子，你的孩子和我的孩子，还有那个正在过马路的女人，和在那边玩球的孩子身上”。他徒劳地劝说“博克”舅舅和莱布与伦德施泰特一道，由陆军元帅们发布行动方针，反对这些命令。假如这没有错，那随后发生的事情就难以与此相容。

入侵发起后，中央集团军群本部迁至别列津河畔鲍里索夫。这里，特雷斯科及其情报官格斯多夫直接目睹了纳粹犯下的罪行，当时 B 特遣队奉党卫军少将阿图尔·内贝之命活动于中央集团军群后方，直至1941年10月底，如前所述，内贝自1938年起就介入了反希特勒密谋。在内贝10月底被召回柏林前，在他指挥下已屠杀45467人。来自B特遣队的报告总要抄送一份给其军方联络官格斯多夫，有时也会转交特雷斯科、博克和克鲁格；当然，知情并不表明认可。

由于内贝在军方抵抗势力中代表一种尴尬，他的经历被迫被边缘化或被错误表述。某些幸存的抵抗人士声称，他在情报机关内的联系人强令他接受这一命令以便居于党卫军中心；这样神秘的拉脱维亚军队就因党卫军对他的表现有所谓的不满而被强加于他所指派的领土上。这种倾向由奥地利保守派集中营幸存者欧根·科贡传播至第二个党卫军国家，他感到有必要对内贝做出的评价，从“一个最不为人所知，但又是一个无情的党卫军机构的残忍帮凶”，变为“不无某种悲剧色彩的人物”。没有迹象表明假如内贝辞去职务的话，他就会脱离党卫军的中心。他自愿受命，最仁慈的解释就是他认为这会带来战功和晋升——这对享受被尊称“将军”的人非常重要。他也未在后面添“0”来改动统计数字；反而劝告手下人要超过其他部队所杀人数，并利用在明斯克毒杀精神病人的实验改进杀人方法，有关这一肮脏场面的胶片被发现于他的柏林宅邸内。最后，没有证据显示任何拉脱维亚人被强压在他头上，这并非对待高级党卫军官的方式。内贝喝了大量凯歌香槟，并因病使自己被召回，他还被提升为党卫军上将，并被授予“战时服役十字勋章”。这是否能让他成为“悲剧人物”似乎值得商榷。

“悲剧”一词似乎更适于饱受折磨的人物库尔特·格施泰因，矛盾而又更为明确地显示了“模糊的善”和从内部反对极权政权遭遇的陷阱。作为一名虔诚的、宁折不弯的法官之子，格施泰因学过采矿工程。他活跃于福音青年运动，于1933年5月加入纳粹党，10月加入冲锋队，希望他强烈的宗教感情与同样强烈的民族主义政治观念相融合。作为认信教会追随者，他反对“德国基督教”，反对希特勒青年团接管新教青年组织的企图，1935年初，他因在纳粹反宗教剧目表演过程中展开单人抗议而被严重骚扰。一年后，他又因试图向数百名帝国法官和官员邮寄认信教会传单而遭到逮捕。他被纳粹党开除，失去了在国有企业工作的权利，于是学医以求摆脱困境。一笔私人收入使他能够写出更多宗教论著，被盖世太保查获后，又在韦尔茨海姆集中营被关押了6个星期。

接下来数年中，他的就业前景暗淡，还试图将他的案子上诉给纳粹高等法院。1941年初，他的弟妹死于“安乐死”计划；3月，他志愿参加武装党卫军。两件事之间是否存在关联人们不得而知；但无疑的是格施泰因决定“从内部看清事物”。由于有过工程和医疗从业经历，他被分配至武装党卫军卫生部，负责营内的消毒设施和净水系统。1942年6月他已是武装党卫军消毒部门的头目；此时他被命令从布拉格附近一家工厂运送大量氢氰酸到波兰卢布林地区。运到后，奥迪洛·格罗博克尼克告诉他，他未来的工作将包括为大量衣物消毒，用反应更快的氢氰酸为三个“莱因哈德行动”灭绝营更新柴油驱动的毒气设备。在贝乌热茨，格施泰因目睹了维尔特及手下人员因引擎故障花了近四小时用毒气杀害从利沃夫一次运来的 6000 人中的一部分。他用秒表记录了延误的时间，因为他当时的职责仍是工程师，他后来回忆道：“我和他们一起祈祷。我缩在墙角，向我和他们共同的上帝哭诉。如果我能走进毒气室该有多好！如果我能像他们那样死去该有多好！……但我此时还不能那样做，我感到我必须克制和他们一起死去的诱惑。”

此后，格施泰因承担起向所有人通报他亲见事实的责任。在过夜火车上他拉住瑞典外交官巴龙·冯·奥特详谈；还有新闻官员霍赫施拉塞尔、柏林新教会主教迪贝柳斯、一名荷兰工程师，还有柏林天主教会大主教康拉德·冯·普莱辛的助理，因为使徒农西奥在门口见到他就转身而去。他已陷入绝望，永远处于神经崩溃的边缘；还对完全陌生的人说个不停，非法的 BBC 广播声从他的住宅嘹亮传出。负责为党卫军订购齐克隆 B 毒气丸时，格施泰因似乎对两批货物进行了破坏，坚持说货物极不稳定，必须马上用作熏剂。格施泰因在法国监狱自杀五年后，一个去纳粹化的法庭对他做出了褒贬参半的评判。他在向人们通报大屠杀的事实时无疑曾冒巨大风险，因此也确实做出了抵抗行动，但在亲见贝乌热茨当时的情形后，他应选择退出，而不是去破坏“微量”毒剂。

阿图尔·内贝并非唯一活跃于国外的中央集团军群后方的杀人犯。入侵发动前数小时，特雷斯科会见了党卫军少将库尔特·克诺布劳赫，就中央集团军群和党卫军骑兵及包括马吉尔的骑兵在内的党卫军帝国领袖别动队之间的关系做出安排。这些部队在约二周内杀害了 1.4 万人。他们报告称与中央集团军群关系绝佳。军方抵抗派中的三名成员，包括格斯多夫在内，也应邀参加了 1941 年 9 月在莫吉廖夫举行的反游击战研讨会，会上的致词者有巴赫-蔡鲁斯基、内贝和党卫军骑兵司令费格莱恩。研讨会的高潮是在黎明时分向村庄发起攻击，期间就游击队动向审问了居民，并杀害了 30 名“嫌犯，非本地犹太人”。不过格斯多夫在中央集团军群作战日志上写到军官们不赞成射杀犹太人、囚犯和政委们。杀害战俘尤其令他们哀叹，其中有自私的一面，因为“这尤其能令敌人更加顽强地抵抗”。这些罪行一起为德军的荣誉抹上了一个污点。

这一点难以和他们与内贝及党卫军帝国领袖别动队的关系和杀害大量苏联平民的事实相容。格斯多夫本人要正式对秘密阵地警察负责，这支部队于 1942 年 10 月在中央集团军群战区屠杀了 1000 人，其中包括 133 名犹太人，而且，在该集团军群后方大规模反游击联合作战导致 25 万苏联平民丧生：某些特定区域首先被包围，随后被“肃清”，即让居民排好队，然后将其击毙。1944 年 6 月，特雷斯科亲自签署一道命令，将在反游击战行动中抓获的 4500 多名 10—13 岁孤儿运往德国从事强制劳动。

军方抵抗派成员对东线战场暴行及德国战绩浮沉反应不一。由此自 1938 年起就开始反对希特勒的埃里希·赫普纳中将于 1941 年 5 月向其第四装甲集团军发出战斗指令，论及“德国人”针对斯拉夫人展开的古老斗争；防范犹太布尔什维主义，以及需要“以前所未有的残酷”和“无情而彻底地灭绝敌人”，尤其是那些“当前苏联布尔什维克制度的承载者们”。

弗里茨·冯·德尔·舒伦堡于 1940 年夏志愿参军，进入著名的第九步兵团。舒伦堡的批评本能似乎已被近乎神圣的战争观所弱化——“上帝使我心充实”，他还有年轻人对身处“数百年，乃至数千年来罕见”的最完善的战争机器中时怀有的敬畏。在苏联，他反对非系统性射杀战俘，因为这将导致普通士兵不受限制，会释放出难以控制的“动力”。但由于他认为布尔什维克敌人罪不容恕，最好让他们作战而死或由像他这样的军官发布命令处死。屠杀战俘是据认为只反映普通士兵道德层次的纪律问题。虽然舒伦堡在日记中记录了党卫军屠杀犹太人的暴行，但这些都只是纳粹脱离其合法基础的症状而不是其标志。推动他们奋起抵抗的似乎不是对犹太人和俄罗斯非犹太人的大屠杀，也不像许多人可能会总结的那样，屠杀对格斯多夫和特雷斯科发起行动并没有起到决定作用。

但这并非事件全貌。第九步兵团另一成员，屡立战功的上尉阿克塞尔·冯·德姆·布舍男爵，于 1942 年夏被派遣至乌克兰，10 月他在此见证了党卫军将 1000 多犹太人屠杀于杜布诺空军基地。起初布舍想到援引针对非法袭击的普通法条款，经过反思，他认为对基督徒而言，唯一的回应就是脱去衣物，躺下等着被射杀，以证明共通的人性。1992 年在他去世前不久，布舍说：“这里的某种传统和谐已被破坏。我们曾亲见，但无法用言语形容。那里的某种东西已被毁灭。我仍未死去，这是我的责任，我的罪孽。”

如果对战争暴行的道德义愤似乎能从布舍这样的个人推广至更有和平理念的人们，那么还有什么促使他们去行刺希特勒呢？是否是今天对他们所谓的以及被报道的对暴行的回应使他们心无旁骛，一心想要除去希特勒并以为在没有他的情况下也能打赢战争？我们应该充分发挥想象力以把握对他们而言什么才最重要，而不是将半个世纪后人们关注的重点强加给他们。人道主义考量也许与更实用的思索相融合，因为即使是最优秀的人也有道德上混乱的动机。

令人诧异的是，许多军方抵抗派相信对苏战争一开始就已失败，这种观点在傲慢的德军上层相当不同寻常。在这方面，他们近似迪特里希·邦赫费尔，他也知道透过表面的胜利看问题多么重要。1941 年 9 月，他的话令威廉·菲塞·霍夫特非常惊讶，他说：“现在全完了，不是吗？”又补充说，“我是说我们已处于终结的开端。希特勒将无法自拔。”埃里希·赫普纳曾将此次入侵称作“切腹自尽”。施拉布伦多夫将入侵苏联比作一头大象妄图踏平蚁巢。它确实可以踩死上千只蚂蚁，但最终将被蚂蚁啃得只剩骨架。特雷斯科预计惨败如同“教堂中的‘阿门’那样确定”；中将奥尔布里希特说：“我军只是苏联广袤草原上拂过的一阵微风。”“犯罪命令”引发的纪律问题及人道危机因对被采取战略的惊异而变得更加复杂。沿漫长前线向三个目标发起进攻造成了巨大人员消耗，反不如当初就全力以赴攻打莫斯科；还有从一开始就伴随战略决策存在的高层争吵和听天由命，自 1942 年底开始，元首的巴伐利亚伯格霍夫大本营和东普鲁士毛尔瓦尔德的参谋本部渐行渐远。施陶芬贝格自 1941 年起在战争学院指挥体系进行常规讲座时，在黑板上用杂乱的线条联系起组织机构的黑箱，并问听众战争是否能使这样的“体系”运转。

克劳斯·申克·施陶芬贝格对希特勒的幻灭要晚于其他许多军方抵抗者，但这种幻灭之感十分强烈。来自德国南部班贝格的施陶芬贝格信奉天主教，他身材魁梧，仪表堂堂，自 1943 年中奥斯特被捕后，又为抵抗集团再添锐气。他擅长大提琴和骑术，和兄弟贝特霍尔德同属活跃于被象征主义诗人斯特凡·乔治称作“秘密德国”一带的神秘社团。这是个精英组织，类似古典的学院，从中走出了德国未来的领导人。施陶芬贝格是严格意义上的大人物，他的政治中容不得简单分类，和我们已接触的许多人一样，抵抗就需要不顾对传统政党与部落的效忠，不要为试探他人而摆出政治姿态。正如他的遗孀在采访中回顾的：

> 我丈夫不是可以被装入某个写着“这是某某人，他会这样做出回应”的箱子中的人。他让事物朝他袭来，然后下定决心。我们所有人都曾历经转变。而且他的一个特征就是他真正喜欢同魔鬼的追随者周旋。保守派确信他是疯狂的纳粹，而疯狂的纳粹认定他是温和保守派。但他二者都不是。

劝说将军们采取行动无果，施陶芬贝格决定上校们要单独采取行动。1944 年 6 月 7 日，在一次有戈林、希姆莱、凯特尔和施佩尔参加的短会上，他首次和希特勒正面接触。戈林似乎化了妆，而施佩尔是这群狂魔中唯一心智正常的人。希特勒眼皮浮肿，双手颤抖。气氛恶臭而陈腐，令人无法呼吸。施陶芬贝格感到无法融入其中。

彼得·霍夫曼已多次全面讲述了 1944 年 7 月 20 日的事件，这里就不再详述。按照施陶芬贝格和特雷斯科制定的“瓦尔基里二级预案”，暗杀将与动员反党卫军和纳粹党的本土军相结合，而希特勒之死将被归咎于纳粹党。刺客的角色落到施陶芬贝格身上，他刚从在北非作战的第 10 装甲师负伤回国，任本土军参谋长。人们还希望施陶芬贝格在暗杀成功后回到柏林策动政变。然而，他需要更高级军官的合作，尤其是本德勒大街陆军本部内的弗洛姆将军的支持，因为多疑和摇摆不定的部队指挥官们在面对来自电传打字机的伴有怪异宣言的怪异命令时难免要寻求口头确认。政变开始后，弗洛姆将军拒绝合作，并建议施陶芬贝格自杀，尽管后者尽力维持强劲势头，但到午夜时分，一切都已结束。巴黎、布拉格和维也纳的抵抗力量成功将党卫军圈禁，而在首都，拥有部队的陆军本部却被这里忠于希特勒的部队封锁了。在这幢大楼内，弗洛姆将军逐渐控制了局面，命人将施陶芬贝格及另外三名密谋者在照明灯光下杀死于院内，以隐藏他自己在这个阴谋中的可疑角色。路德维希·贝克将军被迫自杀。在巴黎，施蒂尔普纳格尔将军被迫释放先前逮捕的两名党卫军，并为二人在拉斐尔酒店举行压惊酒会，绝望地想要拯救自己和手下的参谋人员。翌晨，在赶往柏林途中，他在凡尔登的一条运河畔驻足——一战中他曾在此作战，想开枪自杀，但未能成功。后来他受到审判，并被蒙着双眼上了绞架。在波兰东部，亨宁·冯·特雷斯科少将拉响手榴弹自杀身亡。

“人民法庭”分批审判了约 200 人，并将他们缓慢勒死，他们当中几乎包括已讨论过的牵涉其中的所有人。尽管备受折磨、恫吓和羞辱，但他们的根本体面仍能透过这些而显现出来。他们四顾茫然，内心沮丧，听天由命，对希特勒的“维辛斯基”——罗兰·弗赖斯勒——充满鄙视，仿佛他是一只令人厌恶的布偶。毛奇自 1944 年 1 月起就遭监禁，结果他与暗杀密谋并无确凿相关。他仍认为应让纳粹主义自行消亡，让德国可以在新的基础上重新开始，对他不利的证据牵涉他与耶稣会士的交往，罪名就是独立思考。毛奇谈到了他身为基督教科学家的父母会作何反应：“我竟要为圣伊纳爵而死以成烈士……这真是滑稽，想到父亲会愤怒，我就颤抖，因为他总是这样反天主教，他会同意其余问题，但在这一点上绝不。甚至母亲也不会完全同意。”毛奇和弗赖斯勒之间发生了口角，弗勒斯勒说：“我们和基督徒只有一个相同点；我们要的是完完整整的人……你接受的命令出自何人？出自另一个世界还是阿道夫·希特勒？谁主宰着你的忠诚和你的信仰？”因怀有错误思想，毛奇被依司法程序谋杀。我们开始这段叙述时就提到的埃瓦尔德·冯·克莱斯特-舒曼森因 1938 年与英国人密谋而受审，他的名字引出了一系列未来的地方管理者。他在路上拦住弗赖斯勒对他说：“是的，自 1933 年 1 月 30 日起，我就在叛国。我对反抗希特勒和纳粹主义的斗争毫不遗憾。我认为这场斗争是上帝的旨意。只有上帝能对我进行审判。”审判进程被空袭打断。美军炸弹炸毁了法庭墙壁，弗赖斯勒被坠落的石料砸死。克莱斯特的审判于 1945 年 2 月继续，他于 4 月初被绞死。此次密谋有一个诡异的注脚。阿图尔·内贝在无法抑制的狂躁中想到游戏已经结束，他先伪装自杀，而后逃亡，他所在刑警局的侦探对他四处追踪。他藏匿于柏林郊外的一处农场，每天讲述苏格兰场的传说以取悦房东，直到他的行踪被一个心怀嫉妒的前女友泄露。从前的密友，如海因里希·米勒突然对他改用正式的“您”相称。内贝受到了阿尔布雷希特亲王大街上的原同僚的审讯，后被囚于布痕瓦尔德，被处死于 1945 年 3 月。

此次失败的密谋还有两点值得关注，因为有时这被看作在最后时刻发起的行动，或被认为注定要失败。7 月 20 日密谋之后的九个月内，近 500 万德国平民和士兵丧生，更不必说盟军和苏联的伤亡，或整个犹太社区在最后的疯狂中被杀尽。通过提前搞垮西线以减少或避免伤亡，正如许多密谋者所希望的那样，当然是一种理想的结局。多数密谋者都认识到他们成功的希望渺茫。他们依照简单的荣誉和牺牲的准则生活，他们事实上也选择了为之而死，同时认识到，正如施陶芬贝格所说："比失败更恶劣的是屈服于耻辱和压制而不去斗争。"不论出于何种动机，这些密谋者将疑虑弃置一旁，在黑暗中纵身一跃。特雷斯科在和施陶芬贝格的谈话中对此做出了简洁的概括："必须不惜任何牺牲完成此次暗杀行动。即使失败，我们也必须在柏林采取行动；因为现实的目的已经无关紧要；重要的是德国抵抗运动必须在世界和历史目光的注视下冒险尝试。与此相比，其他一切都如浮云。"

10 “在电影中饰演角色”：战争与和平，1943—1948 年

美国世纪

1941 年 12 月，对苏联的入侵已失去强劲势头，希特勒决定对美国宣战也许标志着狂妄招致的报应将要到来。战斗异常艰苦，盟军胜利的前景远未明朗，但从此开始，胜利已不再眷顾纳粹德国。似乎没有必要修正这一被普遍接受的观点，狂妄也许构成了希特勒整个政治生涯的特征。对美国宣战使罗斯福总统原来模糊的公开援助英国和苏联的“无战”政策明朗起来，把美国变为“民主武库”。希特勒误以为美国首先要致力于太平洋作战，不会将其努力和资源过于稀薄地平分于欧洲和太平洋战场。事实上，美国采取的战略是“先解决德国”。战争也让希特勒理清了对美国矛盾的个人观点，其中包括对美国的经济动力、优生政策和严格的移民法律的敬重，还有对罗斯福新政的仰慕，加上欧洲人对美国所谓的脆弱而物质主义的文化的轻蔑。希特勒在欧洲的褊狭之地自学成才，他不了解美国的艺术成就和自由哲学传统，但当时许多欧洲核心地带的知识分子对此也同样无知，相对于美国的实用主义，他们更偏爱海德格尔的抽象理论。

随着与美国关系的逐渐恶化，希特勒将他原先把美国视为流离失所的“雅利安”种族美德化身的观点，变为美国的盎格鲁-萨格逊统治精英是“国际犹太阴谋的操纵工具”。他的头脑陷于这一套中不能自拔，这是他普适地解释一切人类历史的钥匙。他声称美国是“腐朽国家”，充斥着种族矛盾和社会不公，其社会“一半已被犹太化，另一半已被黑人化”。戈林对此表示赞同，设想美国的力量微乎其微：“究竟美国算得上什么？”1942 年 4 月，齐亚诺陪同墨索里尼在萨尔茨堡谒见希特勒，他捕捉到了这个圈子中自大而武断的思考：此刻他们刚刚隐晦地意识到苏联并非泥足巨人，而且他们的地缘政治和种族理论在现实的疾风骤雨下一蹶不振。在单向的对话中，存在着一丝明显的恐惧，和不断推进的英美对话相比，它本身就显露了轴心国的缺陷：

美国过于虚张声势。人人都重复这句口号，不论是大人物还是小人物，不论在会议室还是在大厅。在我看来，想到美国人能做什么、要做什么令他们忧心，而德国人却对此视而不见。但这不能阻止更英明、更真诚的人们思考美国究竟能做什么，他们感到阵阵战栗。希特勒讲话、讲话、讲话。墨索里尼感到痛苦——他只顾自说自话，而他却几乎保持沉默。次日，午餐之后，当一切都被说尽时，希特勒不停地讲了 1 小时 40 分钟。他绝对没有遗漏任何论点：战争与和平、宗教与哲学、艺术和历史；墨索里尼不自觉地看表。

希特勒逐渐认清了他搅动起来的针对自己的创造性的、经济、智力和军事潜力，仿佛惊讶于捅马蜂窝后果的人。1942 年 2 月初，他从现代比较战争经济史学家们片面支持的角度评论了美国经济：

美国人取得的巨大成功，其核心在于能够以仅占我国 1/3 的劳动力生产和我们同样多的物品。我们总是被“德国工人的做工”迷惑。我们试图劝慰自己说我们由此能够达成不可逾越的结果。这只是虚张声势，受害者还是我们自己。一台巨大的现代印刷机的精确性能大大超越手工劳动……在美国，一切都是机械制造，所以他们才能在他们的工厂里雇用最纯粹的白痴。他们的工人不需要特别培训，因此可以到处互换。我们必须努力推进机床的生产。

在美国发起的动员不仅包括改装机械以让不熟练的“白痴”也能对其进行操作。他们需弥补的领域大得惊人。美军有 18.8 万人，位居保加利亚和葡萄牙之间。8000 人持新型加仑枪；余者使用可上溯到一战时期的斯普林菲尔德步枪。仅有 20 辆中程坦克和 19 架 B-17 轰炸机。1940 年在肯塔基演习中，租来的卡车被贴上“坦克”字样，标有“. 50 口径”的馅饼盘被贴到步枪上以代表机枪。纪律松弛，人浮于事，军官集团的晋升靠的是论资排辈，有天分的年轻人要等上数十年才能取代无能的上级。

来自该国大企业、法律界和劳工组织的最能干的头脑被认为具有为美国及其盟友必须打的任何战争发起全国动员的经济实力。他们任职于临时成立的超级机构，因为并非只有纳粹才会利用人格魅力和特设机构以规避僵化的官僚。珍珠港事件爆发前很久，有的商人不愿冒险将生产能力用于制造武器，或害怕被诬蔑为“死亡贩子”，于是他们被说服在有时被称作“非自愿志愿主义”的框架下而为之。政府和他们签订合同，并承担部分突然恢复和平时出现的风险。来之不易的工会权益得到保障，工会领袖的声音有时可以被当局高层倾听，尽管罢工仍是偶尔需要用武力解决的问题。

依据“选择性训练和服役法”，1940 年 9 月起美国招募了约 90 万新兵，服役一年。1941 年 8 月，国会以一票的微弱优势通过了该法案延期，表明美国反军国主义力量和中立主义情绪仍然强大。这些新兵的士气得以维持，即使战争看似遥远。路易斯安那、田纳西和南北卡罗来纳都举行了大规模演习。这也有助于找出那些无能的指挥官，然后让他们退役。正如麦克奈尔将军所说：“我们将自上而下重新开始。我们有不少废物将军——也许我就是其中之一，但我们要把他们清除出去。”这就扫清了布拉德利、德夫斯、艾森豪威尔和巴顿的进取之路，这些名字都被参谋长乔治·马歇尔记录于他的天才“小黑本”内。

巴顿通过到处庄严巡视及生动的话语鼓舞了士气。他说“失误无法杀死人，射入胸膛的子弹和扎进内脏的刺刀才可以”。有时他在对部队的训示中引用一首小诗：

> 我们尚未放手让军团厮杀——
> 我们还未抽出利刃。
> 耶和华雷霆万钧，
> 助我，战神！

1942 年 3 月，巴顿开始负责指挥加利福尼亚沙漠中的一个庞大训练营，训练旨在模拟北非的战斗环境，代号“小利比亚”。正如巴顿所说：“如果你们能在这里，在本国顺利过关，那么你们将能毫无困难地在任何其他国家杀死各种狗杂种。”这是一位打得赢的勇士。在战争性质发生重大转变的时刻国家实现了经济动员，这种重大转变对需要集结的军兵种和库存造成了巨大的不确定性。纳粹闪击战术证明了空军与装甲先头部队的联合优势，为大规模步兵跟进扫清道路，这种战法暴露了美国当前军队在装备方面潜在的重大缺陷。不仅相关负责人要重新设计从头盔、步枪到轰炸机、战斗机、野战炮和坦克的一切，而且研发部门也要在大规模生产、大企业的规模经济效益和小企业的社会利益等方面达成平衡。

经济动员中简单统计的数据值得称道。工厂每周运转 90 小时，而不是 40 小时，生产力提升约 25%。政府援助造成新的巨大关注以补偿制铝或合成橡胶业的赤字。所有这些都伴随着有关集中的优势和垄断的风险的复杂辩论，还有与生俱来的驾车权利和保存稀缺的橡胶资源之间的平衡。生产线和预制技术得到改进以制造总价值为 1810 亿美元的飞机、舰船和弹药。建造一艘焊接自由轮的记录——“大刀阔斧地进行”——为 14 天。每 108 分钟就有一架轰炸机从底特律附近占地 67 英亩的福特公司威洛伦工厂下线。到 1942 年底，美国武器产量相当于德国、意大利和日本的总和；到 1944 年，已经超出一倍。同年，美国生产的武器占交战各方获得武器的 40%，这极大加强了美国在盟国当中的影响力。这些武器中有许多注定要支援美国主要盟友。

美国对英国的援助开始于珍珠港事件之前，英国用 50 艘废弃驱逐舰换取了海军基地，加上当时美国一半的飞机产量。1941 年 3 月，英国美元储备告罄，结果代之以“租借”政策下的“现金购物自行运送”。在美国干预主义和孤立主义的藩篱两侧出现了大量浅明的隐喻。罗斯福说不会为扑灭火灾需要的花园水管向邻居收钱；参议员罗伯特·塔夫脱将租借比做借出一条口香糖：“一旦它被用过，你就不再想索回。”有一个人在国会作证反对租借法案，他就是乔·肯尼迪，成事不足的爱尔兰裔美国人，前任驻英大使，他的恐英影响力因埃德·默罗在强大的 CBS 广播中述说英国人遭受的暗无天日的折磨而受到削弱。接下来，美军部队在冰岛和英军换防，使美军舰得以主动保护补给船队在此穿越大西洋。尽管破解了德军密码，与德军潜艇的冲突仍日趋频繁。德驻美使馆被以“颠覆”为由关闭。到 1941 年 9 月，美海军事实上已在大西洋和纳粹德国作战。自 1941 年 11 月，租借政策又惠及苏联。

价值 420~500 亿美元的物资，有 1/3 被横跨大西洋运往苏联。运往苏联的物资要经由波斯，并从斯卡帕湾运抵阿尔汉格尔斯克和摩尔曼斯克。空中航路的危险性略小于海上船队运输。约 74%用于运输租借物资的飞机都飞越加拿大抵达阿拉斯加，然后苏联飞行员再继续下一段漫长而寒冷的跨过无明显标志的西伯利亚苔原的旅程。这种接力以及苏联拒绝向美国人提供有关其经济和战争投入的信息，与英美之间汇集情报、共用军事设施、联合指挥和共同作战的关系有着本质区别。约 9000 名英国外交和军事人员在波托马克河畔度过了战时岁月。罗斯福 1943 年过迟地提议让苏联观察员参加参谋长联席会议的讨论，结果被英国首相制止，他说这些人只是斯大林的翻译，而且莫斯科的统帅部不会做出相应安排。

当然，英美之间也存在矛盾，这种关系可以被恰当地描述为“竞争性合作”，偶尔最高层之间也会出现矛盾。丘吉尔反复无常的计划会惹恼罗斯福，丘吉尔也不愿在美苏战后关系的更宏大场景中被边缘化，因为罗斯福向苏联人展示了国际主义者的宽容。在美国方面，有人怀疑美国武器被用于挽救英帝国主义的利益，或用于支持反动政权，而对英国想要推行传统的欧洲势力均衡政治而不是侵略性的民主国际主义的意愿不加欣赏。二位伟人在评估他们更加势单力薄的盟友方面也有所不同。罗斯福没有时间接见流亡波兰人——他质疑这些人的权威；还对戴高乐将军不屑一顾，将他看作无名小卒和讨厌的人。英国人因波兰问题而卷入战争，相信强大的法国符合其长期利益，他们在这些问题上有着欧洲视角。到战争末期，英国的影响力大幅削弱，这从罗斯福和杜鲁门在德黑兰和雅尔塔与斯大林会面之前拒绝与丘吉尔先期结伙的事实也可以清晰看出。

虽然前苏联极力缩小租借条约对苏联人民战争所做贡献，声称它相当于苏联军品产量的4%，但后意识形态时代的一位俄罗斯学者已经开始承认其至关重要的价值。没有美国输送的高辛烷值航空燃油——为苏联产量的1.5倍，苏联就无法维持大规模空战，更不必说到1943年底，约80%的纳粹飞机都在对英美作战，还有大量高平两用炮被撤离东线用于德国城市防御。这一论断反过来也成立，因为1941年冬苏联战局阻止德国将部署于西西里保护北非补给线的飞机数量最大化，派往西西里的多数飞机被转移至巴尔干，以补充派往苏联参加1942年夏季攻势的飞机。1942年11月，当盟军对北非发起进攻时，被派来救援斯大林格勒的飞机和部队被牵制于当地，无法派往别处。这些战场之间的关联非常重要，不应因苏联伟大卫国战争的高涨情绪而从视野中消失。

假如没有西方盟国运来的328100吨铝，就不会有如此之多的苏军飞机和T-34坦克发动机。苏联生产的铝仅占德国的一半，制造的飞机却比德国多出1.5倍，这是难以解释的，除非苏联官方统计中将租借条约做出的贡献忽略不计。除堆积如山的肉罐头和皮靴，西方还对苏联的作战努力做出了另一项重大贡献。如果没有美国运来的40万辆汽车以充实苏军销蚀殆尽的车场，那么在战争后半段就无法想象苏军地面部队仍能机动作战，更不必说那些铁轨和站台，近2000台火车机车和1.1万多节铁路货车了。如果没有租借，苏联的国内经济活动将如一盘散沙，而红军要被迫步行，其飞机和坦克之间也无法进行无线电通讯。如果没有租借，战后苏联严重受挫的经济基地也无法集中生产武器，而不是消费品、食品和机床。

美国援助对维持英国的战时生命线也至关重要，支援与其语言相通，骨肉相连，政治文化相近的民族也符合美国国家利益。从更世俗的观点看，美国之外最大的工业强国不容落入希特勒之手。虽然对盎格鲁-萨克逊人身份和使命的强调有其邪恶根源，不过两国精英通过商业、教育和婚姻彼此紧密缠绕，甚至威尔士亲王为与一名美国女人共结连理放弃了王位；还有一系列“大西洋主义”机构，如查塔姆研究所、对外关系协会及朝圣者与罗德信托基金使这种同情经久不息。同情并非自动产生，必须针对那些对英国人无特别好感的人积极倡导，剑桥肄业的昆西·豪在其1937年的畅销书《英格兰希望人人恪尽职守》中对这一点有所表现。在大西洋彼岸还有“英国小人物”，他们认可张伯伦的看法：“上帝知道我不想让美国人为我们而战；如果他们在我们的和平中拥有任何权利，那我们将为此付出极其高昂的代价。”幸运的是，这种观点并未盛行。

英美最初的联合作战牵涉争夺大西洋控制权的战役。很大程度上这是一场技术和吨位的较量。起初德国潜艇曾成功击沉盟军舰船，但美国船坞加快了生产，从1941年的116万吨增加到1943年的1350万吨。远程飞机、厘米辐射雷达和船队系统等技术革新开始削弱德国U艇战的优势。到1942年底，德国潜艇共击沉70多万吨海运货物，但 1943 年夏之后，降至不足 10 万吨，德国投降前一月内，击沉的最大吨位数为 7.3 万吨。德国自己的海面舰队也被迫逐步龟缩于沿岸地带执行任务或转移至峡湾。

战争的好运已背离了希特勒，不仅在苏联，斯大林格勒成了绝望的灾难，对国内士气造成了恶劣影响；而且在北非，蒙哥马利在阿拉曼取得的胜利打破了第八集团军对阵隆美尔的非洲军团战绩不佳的作战记录。盟军破解了轴心国无线电通信，使英国人能预知隆美尔的调遣，可以根据船上装载货物炸沉补给船。美国人向英国提供了相当于他们现有总数的坦克，提供的机动车使英国的车辆数增加了两倍。燃油不继，且无空中掩护的隆美尔接到命令留在原地奋战，随后被盟军在沙漠中驱赶了 1500 英里。希特勒坚持让指挥官采取违背他们自己作战方式的战术，这不是第一次，也不是最后一次。

1942 年 11 月，英美联军登陆法属摩洛哥和阿尔及利亚。依据心照不宣的对法双轨政策，美军倾向于将变节的维希将领们——除戴高乐的“自由法国”部队——排除在打击对象之外。这是因为罗斯福对戴高乐将军有着强烈敌意，还认为“自由法国”的存在将挑起法军的抵抗。应对海军上将达朗（维希在北非的代表）引发的尴尬，终因他于 1942 年平安夜遇刺得到解决。艾森豪威尔称这是“天意”。德军在苏联战场迫切需要的资源被迫挪至北非，同时还被运入未被占领的维希法国都会区。虽然德国援军涌入了突尼斯桥头堡，但德意之间缺乏协调，加上隆美尔和其装甲部队指挥官阿尼姆不和，结果轴心国部队在突尼斯城附近被围，补给线被盟军飞机和海军封锁切断。德军士兵开始向家中寄遗书和个人物品，这对国内战线的士气造成了影响。隆美尔因健康原因奉命撤离，27.5 万轴心国士兵被俘，这是至此抓获俘虏最多的一次作战。德军称此次灾难为“突尼斯格勒”。

北非的“火炬”行动是盟军一系列复杂交易的结果。它证明联合指挥实力强大，证明大规模渡海进攻切实可行。与此相对，虽然德军南方总司令凯塞林与意军司令卡瓦莱罗关系非常融洽，但隆美尔可以避开他们直接和希特勒对话。在卡塞林山口进行的激烈战斗就为美军提供了比英军所受的三年艰苦训练难度更大的作战，而巴顿和布拉德利等天才的指挥官进一步脱颖而出。北非战役在其他方面也有重大意义。英美应对达朗和吉罗将军的方式间接推动了 1943 年 1 月在卡萨布兰卡发布敦促德国无条件投降的宣言，让国内公众和斯大林都放心，英美不会与轴心国政府，或德国精英中的任何派别——包括对希特勒逐渐失望的人们——单独媾和。罗斯福在最后一次卡萨布兰卡记者会前不久突然将这一想法告诉丘吉尔。丘吉尔回忆说既然尚未胜券在握，那么“对抗就是基调”。他补充说：“说它会延长战争是错的。和希特勒谈判已不可能。他是有最高权威的狂人，不到最后誓不罢休。他就是这样做的，我们亦然。”

历时过久的北非战役说明 1943 年将不会发起对北欧的进攻。美国人怀疑英国制定了帝国主义议程，于是取消了 1944 年 5 月进攻法国的承诺，坚持让英军部队从地中海撤回，并拒绝为英国在意大利东部设想不充分的冒险损兵折将。丘吉尔的计划开始激怒罗斯福。不论多么符合英国传统的在大陆对手外围收缩海军实力的做法，还是受到对一战的血洗再次重演的恐惧的影响，假如登陆陷入僵局，罗斯福认为当最短的路线就是穿越法国和德国西部时，投机性分兵进入多德卡尼斯群岛或巴尔干半岛毫无意义，没有必要将“人力、物力浪费于巴尔干山区”，这里的希腊和南斯拉夫似乎更愿意相互厮杀，而不是去杀德军。总参谋长马歇尔将军不愿看到一名美军士兵“为罗得岛而死”。在这个关头丘吉尔和罗斯福都没有去想预先阻止红军征服东欧，因为他们主要关注的是要让红军继续和纳粹德国奋战。

1943 年 7 月，英美军队发起“赫斯基”行动，登陆西西里。双方更为暴躁的指挥官在岛上争吵不断。墨索里尼被迫下野，同年秋巴多利奥政府宣布停止敌对活动，这是半岛北部惨烈内战和南部意大利人干涉盟军行动的序幕。按照制定已久的计划，德军被重新派往意大利，他们在这里解除了前盟友的武装，这些盟友一直以来就对犹太人“处理不力”。德国人郁积已久的仇恨向这些“叛徒”发泄出来。约 1 万名意大利士兵被就地处决，“罪名”是将武器转交给了叛乱者和游击队。复仇的德国士兵还趁机洗劫了佛罗伦萨珠宝店或抢劫了罗马街头行人的钱包和手表。在某些共有被占领土和德军被迫重新征服的地区，他们的前盟友惨遭屠杀。最恶劣的事件发生于凯法利尼亚岛，岛上 500 名意军士兵在投降后被德军杀害。希特勒无法容忍和他一样的伟人蒙羞，于是派滑翔机部队将墨索里尼从监禁中救出，并将他安置为加尔达湖畔傀儡“萨洛共和国”首脑。数量庞大的闲置武器装备，包括坦克和飞机都被拖往阿尔卑斯山以北，机床和整座军工厂也都搬迁至此。如饥似渴地寻求劳动力的德国战时经济将贪婪的目光投向南方。这年秋天，50 万意军士兵被关入火车车厢，运往北方，他们不是战俘，而是“被拘留军人”，随后就被用作强制劳工。后文还会再次谈到他们。

尽管出自纳粹空军，但陆军元帅、“微笑的阿尔贝特”凯塞林仍成功组织了 8000 名德军撤出西西里，可以说是德国的敦刻尔克撤退，还组织了一场进攻性后撤，以古斯塔夫防线和哥特防线为基地，让盟军被迫苦战 20 个月才得以控制波河以南的意大利。在萨莱诺、安齐奥和卡西诺山发生的激烈战斗都让这名不露声色的德军将领的天赋不言自明，尽管他有以极端残酷手段处置意大利游击队的污点，和别处一样，这里的游击队和平民难以区分。

盟军攻占意大利使其部队来到和此前无法触及的德国南部和东欧目标近在咫尺的距离之内。具体而言，盟军轰炸机——85%出自美陆军第 15 航空队——对布加勒斯特、布达佩斯和索非亚等城市发起空袭，旨在让罗马尼亚、匈牙利和保加利亚重新思考它们的政治立场。一个无意的后果就是使这些国家的居民更愿接受共产党的说法，即至少苏联人不会去轰炸妇孺。最后，虽然驻意德军要依赖大量不可靠的“东欧部队”开展后勤运输，要被迫重新部署来自法国或苏联的士兵，但盟军仍能抽调部队准备登陆日（D-Day）进攻。意大利战役也迫使希特勒保留驻巴尔干各师，以防盟军实施丘吉尔的“维也纳方案”，突破卢布尔雅那山口进入奥地利、希腊和南斯拉夫，这一战略此时正受到诱导苏军“放手希腊和南斯拉夫”的思想左右。

1942—1943 年间，英国人在登陆北欧的时间选择上所持的谨慎态度要求对斯大林进行安抚，他怀疑两大盟友有意让他手下的部队流血牺牲。安抚斯大林是英国皇家空军和美国陆军航空队发起战略轰炸行动的唯一目的，丘吉尔就曾试图以炸弹如雨点般在德国上空坠落的想法让斯大林沸腾的血液平静下来，使斯大林脑海中出现空军元帅亚瑟·哈里斯的《蓝皮书》中以照片呈现的毁灭场景。1942 年 8 月，当二位领袖在莫斯科会晤时，斯大林听到“火炬”行动后继续开展战略轰炸后，对丘吉尔的冷漠就已散去。

人们相信战略轰炸能对敌工业心脏地带造成致命打击，原因错综复杂。轰炸能避免一战战壕中的杀戮，其成本效益已经得到证明。不论人力、物力方面的损失，在民主国家都非同小可，人民害怕大规模军事伤亡。轰炸是通俗战法，能使民众对德军实施报复性打击的要求得到满足：纳粹飞机从格尔尼卡起飞，经由华沙和鹿特丹，对伦敦和考文垂进行了无差别空中打击。英国政府内存疑的科学家称之为“朱庇特情结”，即希望报复性的天雷降到敌人身上的想法。而且，轰炸反映出看待战争的民主视角。支持者设想平民士气在每种政治制度下都以大同小异的方式发挥作用，而忽略了士气在民主国家的运作方式可能完全不同于极权专制政体的事实。为数不多的对此质疑的人有空军元帅亚瑟·哈里斯，他意识到在警察国家“集中营随处可见”，他承袭而并非开创了对德实施区域轰炸的决策。然而，在某些方面哈里斯自己也是纳粹视角的囚徒，因为纳粹就曾认为平民士气的崩溃对德国在前一场冲突中的失利起了推波助澜的作用。

人们几乎将哈里斯描绘成恶棍。他极端残忍地展开对德轰炸，一次他工作之余驾车超速行驶被警察逼停，警察说这样超速可能致命，结果哈里斯说：“年轻人，我每晚都要杀死数千人。”他因道德考量而困扰，却对年轻空乘人员的安危漠不关心，哈里斯相信，“轰炸是比较人道的方式”，至少不亚于一战中曾缓慢无声地饿死老人、年轻人和疯狂者的海军封锁。一种形式的杀戮直接、可见，另一种间接、不可见。将二者区分开来伪善而又做作。

双方在一定程度上都密切注意着美国，发起第二次世界大战时都试图避免承担首先发动全力以赴的空战的罪名。然而，不精确的轰炸技术和要在夜晚发起攻击以减少损失的决定，意味着由精确打击军事和工业目标转向无差别的城市空袭。考文垂和南安普顿遭到纳粹空军轰炸，曼海姆受到英国皇家空军空袭。历史对于德军初期对西班牙、华沙和荷兰进行空袭的战术运用和合法性问题的后见之明无关紧要，假如没有不列颠空战中遇难的 4.5 万人，那么英国几乎不会知道或关注德军空中力量。英美电影观众看到火蛇蹿上圣保罗教堂墙壁的场景时都惊恐万状，如果德军派出跨大西洋轰炸机，罗斯福就要将此场面切换至曼哈顿城市峡谷。哈里斯站在空军司令部顶楼俯瞰燃烧的伦敦，他说："此刻，就在此刻，我心中充满复仇的火焰，但只是此刻而已。"

1943 年 1 月的卡萨布兰卡会议后，英美联合实施了"近距平射"行动，对德国城市发起了战略轰炸。美军青睐的重型轰炸机进行昼夜精准打击，可以压制德军战斗机。这也能让他们占据道德高地，在共和国作战中这点尤为重要，即使他们从高空穿越厚厚的云层将炸弹无差别地雨点般投下。英军坚持进行夜间区域轰炸，通过"炸毁房屋"摧毁平民士气，在盟军作战行动日益由美苏两国主导时，他们对此独立做出了特别贡献。英国皇家空军还保障了大量资源的安全。

区域轰炸是对巴特和辛格尔顿等人在 30 年代所做的研究报告的回应，他们已证明精确轰炸敌方工厂在技术上无法实现。这使轰炸机司令部重新聚焦于对整座城市的一般性"毁屋"轰炸，轰炸机要用中心标志（有时选择码头或工厂）作为瞄准点以展开"铺回"居民区的"地毯式轰炸"。丘吉尔的科学顾问林德曼教授为这一观点的胜出发挥了重大作用。1943 年 7 月，这一战术和干扰德军雷达的技术设备结合，对汉堡造成了恐怖的后果，根据英国首席专家的说法，"在预定轰炸地域并无相当规模的工业设施。英军原本并未计划袭击易北河以南的地带，而这里恰恰是 U 艇船坞及其他重要战争工业所在地。这是纯粹的区域轰炸"。4 万人死于这座人间炼狱，另有 100 万人无家可归。英国报纸用平民智慧欢呼"汉堡已被汉堡化"，毫无必要地回应了先前德国人说的将城镇"考文垂化"。

轰炸曾是，也仍是有极大争议的战法。尽管使用高精度炸弹，但也会带来不可预料的"附带损害"。轰炸特别依赖天气，而西北欧的天气条件允许每月发起八天飞行作战。自二战后，人们已不再对轰炸机寄予重大战略预期，尽管其支持者仍声称优先打击目标在不断变化并扩张，因此其潜能尚未充分挖掘。轰炸继续带来道德问题。当时，不仅平凡人和心高气傲者十分焦虑，甚至白金汉郡轰炸机司令部本部也很焦虑。爱卖弄的斯坦弗德·克利普斯以"上帝是我的副驾驶"为题发表了一番说教，这让哈里斯颇为震惊——这也让丘吉尔对哈里斯一顿训斥，哈里斯于是以"轰炸中的道德"对其进行反驳。司令部牧师在演说结束时站起指出这场谈话应被称作"对道德的轰炸"，这一场面在纳粹空军司令部难以看到，更不必说那些设计奥斯威辛集中营的人们了。但正如索尔兹伯里侯爵 1943 年在空军司令部所说："我们不以恶魔为榜样。"

轰炸的辩护者因无差别杀害妇女儿童的恐怖现实而心生愧疚，于是他们经常强调其中牵涉的军事风险。乘坐寒冷刺骨的飞机，轰隆着缓慢朝德国飞去，还要受战斗机和高射炮的袭扰，这是可以从那些为完成 30 次飞行任务的机组人员寻求好运或圣经帮助以战胜遇难概率带来的心理压力的故事中看出的恐怖经历。不论还可以被看作什么，轰炸都不会是懦弱者的最爱。约 14 万盟军机组人员遇难，当时的情况造成了间隙性思索，并未留下进行道义限制的空间。将之按道德相对主义者的观点等同于纳粹肆意的种族屠杀是不正确的。

轰炸的辩护者根据盟军战后进行的轰炸调查，强调了战略轰炸行动造成的间接影响。德国的战时经济被赶入地下或被分散于各个城市。经济逐渐分裂为各地各自为政的单元，这反过来又让延长的交通线易于受到空袭影响。1944 年 3 月，据估计需要 200 万人修复截断的交通枢纽，而可用的铁路工人和战俘仅有 18 万和 10 万。德国战时经济的负责人一致同意，铁路货运遭到的破坏直接影响了德国作战能力："空袭对生产造成的后果清晰地表明，虽然直接轰炸造成的破坏仍在增加（尽管 1944 年头几个月遭受了大规模空袭），但和交通问题带来的广泛后果相比，其在造成减产方面的严重性正在逐步减弱。"

敌方将作战前线所需的大量装备和原材料投入国内防御。本可以多造 4.4 万架战斗机的铝，却被用于制造防空炮弹的引信。而且，若没有轰炸，德国陆军将投入多一倍的野战炮用于战斗。80 多万人被迫操作防空武器。另外，盟军重装轰炸机在装有副油箱的远程"野马"战斗机的护航下，除掉了纳粹空军拥有的少之又少的重装轰炸机，严重扰乱了偏重战斗机的飞机制造业。

轰炸还能造成直接的政治后果，它使纳粹领导人遭人嘲笑，因为他们无力保护治下子民免受入侵，而这是检验任何政府的最低标准。有关戈林的恶意评论开始传到希特勒耳中。人们要求对英国实施报复，这让希特勒浪费了相当于 2.4 万架战斗机（或一个发挥功能的地空导弹系统）的造价用于研制 V1 飞弹和 V2 弹道导弹，二者最终不过是做出报复的表面文章。虽然能随机摧毁伦敦郊区零星的街道，不论这对不幸的居民有多么恐怖，都无法与盟军对整个城区的毁灭相提并论。

苏联人来了

如果轰炸代表低成本西线战法，用以适应对近期陆战重大伤亡念念不忘的人们，那么在东线却不存在此类禁忌。1943 年底—1944 年初苏军一系列反攻迫使德军后撤，这一大趋势中偶然伴有德军零星的胜利。到这一阶段末期，德军及其轴心国盟友已被赶出克里米亚、高加索和乌克兰大部，匈牙利和罗马尼亚军队在克里米亚遭到毁灭性打击，两国都在寻找战争中的退路。

希特勒拒绝接受有组织的后撤，在一定程度上是乌克兰对德国战时经济的极端重要性决定的。用后撤换空间和时间不再是选择方案。这也反映了他对坚守指定战略要塞的偏执，直到他的最佳纳粹“救火”将军们，如莫德尔和舍尔纳，能千里驰援；而这一政策却在红军次年的夏季攻势中带来灾难。与此相反，红军仔细分析了过去的失误，并从中吸取教训，虽然相关内容直到最近才解密。结果 1943—1944 年他们在某些战区将德军赶出 600 英里。穿越如此之远的距离牵扯的人力在一长段未经剪辑的新闻片中得到最佳反映：片中俄军士兵趟着没膝的咸水穿过锡瓦什湖口，安德烈·塔尔科夫斯基将这个片段收入其自传体电影《镜子》中。新闻片摄影师在拍下这些镜头的当天遇难。付出了艰苦卓绝的努力后，红军终于在 1944 年初从北挺进芬兰，从南直插匈牙利和罗马尼亚；只有中央集团军群据守白俄罗斯境内的一个突出部。

1944 年夏，当德军过迟地奔袭以阻止盟军登陆诺曼底时，苏军发起了“巴格拉季昂”行动，这是旨在消灭整个德军集团军群的一系列多正面战略进攻。中央集团军群受到了虚假无线电信号和为不存在的苏军集结进行的空中巡逻的迷惑，以为苏军会在其南侧或北侧发起攻击。炮火齐射后，又被换成假炮；大喇叭中播放着密集的拖拉机发出的轰隆声。夜间或天气恶劣空中侦察无法展开时，整个苏军悄然重新部署。德军情报人员分析了苏军表象：“苏军主要动向为继续前往巴尔干，他们将利用那里德军盟友明显的动摇，在东南欧建立其渴求已久的霸权。东区情报分析预测普利皮亚特沼泽以北将保持平静。”

“巴格拉季昂”行动恰逢“巴巴罗萨”三周年，进攻发起前，游击队扰乱了德军通讯和铁路交通。红军也以其人之道还治其人之身，将灵活机动和大规模空袭相结合，而德军仅有的 40 架可用飞机根本于事无补。一支 125 万人的苏军部队在奥斯特罗夫和科韦利之间的德军前线冲开了一条 200 英里宽的缺口。由于中央集团军群许多部队都驻扎在明斯克等城市，苏军先暂时放过他们，然后将德军曾对自己使用的合围战术运用得炉火纯青。35 万德军被俘，超过了在斯大林格勒和突尼斯投降的人数。不愿战死，也表明了普通士兵层面的士气低落，基层军官无法从希特勒用以维持战斗精神的巨额贿赂中分一杯羹。令人担忧的是，留在“德属东欧”的希特勒的总督们注意到溃退士兵已无斗志，有时竟不去销毁遗弃的装备。部队不得不被赶入陆军训练基地，这样“他们将恢复德国人民期待他们的武装部队应有的秩序”。

希特勒不准北方集团军群和莫德尔的中央集团军群残部汇合，使整个部队滞留波罗的海地区。德军成功阻止了苏军进攻华沙和东普鲁士的势头，但在南部，红军挺进罗马尼亚。国王米哈伊一世批准了安东内斯库卸任，并宣布停火。希特勒轰炸了布加勒斯特，妄图以铁卫队领导人霍利亚·西马取代康斯坦丁·瑟讷泰斯库政府，西马此时仍被囚于德国集中营。红军占据了普洛耶什蒂油田，并于 9 月和铁托的部队在南斯拉夫会师。罗马尼亚倒戈后数月，芬兰领导人曼纳海姆提出和苏军实现停火，希特勒被迫接受德军撤出芬兰。他同时又想继续控制佩萨莫镍矿和萨里岛。芬兰被迫对德宣战以防被苏军占领。它获得了成功。

接着，在苏联对保加利亚宣战并不顾一切将其占领后，保加利亚也决定反戈一击。德军开始从希腊长途后撤，退至其盟友克罗地亚境内，而残余部队被截断于希腊各岛。虽然德军阻止了苏联和罗马尼亚军队攻入匈牙利，但执政的霍尔蒂已经忍无可忍，单方宣布了停火。希特勒的奇兵、墨索里尼的救星奥托·斯科尔策尼奉命逮捕霍尔蒂。以箭十字党领袖弗伦茨·绍洛希为首的新政府继续充当纳粹德国的傀儡而战斗。两支俄军在布达佩斯汇合。孤立无援的北方集团军群仍在坚守波罗的海地区大为收缩的阵地，同时苏军对东普鲁士的进攻在贡宾嫩被击退，红军接下来的主攻方向将直指德国本土。

“巴格拉季昂”行动的最后两个方面值得强调，从中可看出纳粹政权的罪恶和斯大林寻找政治机遇的目光。首先，苏军穿越白俄罗斯时，遭遇一片“荒漠地带”，100万幢房屋被烧毁，庄稼被故意犁倒，牲畜踪迹全无。人们或已加入游击队，或被绑至德国从事强制劳动。在未被摧毁的明斯克等城镇，红军工兵被迫拆解多达 4000 枚延时炸弹、地雷和饵雷。当然，犹太人也不见踪影，虽然这不是苏军关注的重点。

自 1942 年中期起，1005 别动队在 C 特遣队 4α别动队前指挥官保罗·布洛贝尔率领下掘开了各处浅埋的万人坑。这一恶行的最初目的是制造环境问题，污染空气和水源，但最终是要抢在苏联人发现之前毁灭罪证。他们将枕木浇上汽油，再将尸体堆在上面焚毁，人骨粉碎机将最后的有形痕迹清除干净。连被迫处理这些事务的苏联和犹太战俘也不能幸免。令人难以置信的是，我们还能看到正当这支部队尽力清除过去的罪证时，党卫军及其地方同伙同时又对至今幸存的犹太人发起了灭绝性屠杀。

1943 年 7 月，卢布林地区的苏军部队进入迈丹尼克灭绝营，其中的物资副产品——衣物、钢笔、鞋、玩具都被堆进卢布林肖邦街上的仓库内。苏军望着 80 万双鞋子思绪万千。苏军报纸并未提到受害者多为犹太人的事实，而是说他们均为“苏联公民”。次年夏，苏军踏遍了贝乌热茨、索比堡和特雷布林卡集中营原址。这些地方都仅存遗址，因为所有的灭绝营设施都已拆解，在原址上用毒气室的砖建起了农舍，还种上了羽扇豆和松树。这些农舍由原集中营看守及其家人居住，主要目的就是防止当地农民在灰烬、砂石和碎骨之间寻找闪烁的宝物，破坏遗址的伪装。

在华沙，塔德乌斯·伯尔-科莫罗夫斯基在 1944 年 8 月初毅然决定发起“风暴”行动，由地下的本土军发动起义。

希特勒的“救火队员”、陆军元帅瓦尔特·莫德尔火速驰援，以阻挡俄军朝维斯瓦河进发，间接导致了起义的爆发。

第二次世界大战中最重大的暴行之一针对华沙人展开。希姆莱认识到彻底"消除"波兰问题的时机已到。他的反游击战行动司令埃里希·冯·德姆·巴赫-蔡鲁斯基为此任务接受了人员和工具。除党卫军和警察部队外，阿塞拜疆人、变节的卡明斯基旅和惯于酗酒并无大用的乌克兰人、恶名昭彰的迪勒文格营都抵达波兰首都。刚执行完将白俄罗斯村民烧死于牛棚、将老妇和儿童赶入雷区和对阵侵袭中央集团军群的红军等任务，这群卑劣者又对华沙发起袭击。

该军核心原为偷猎者，后又招募了来自党卫军但泽监押中心和安克拉姆、布鲁斯萨尔、格拉茨和托尔高等的军事监狱的人员。已定罪的党卫军同性恋者、恋童癖、强奸犯、施虐狂、小偷和杀人犯——他们曾将罪恶之手伸向自己的德国同胞，而党卫军对弱小民族却可以逍遥自在地犯这些罪——又汇合了大批来自奥斯威辛、布痕瓦尔德、达豪、诺因加姆和萨克森豪森的囚犯和政治犯。一名德国黑人、八名被绝育者及少数吉卜赛人随后又被送回，以防他们的加入会违背种族基调。某些政治犯立刻向苏军投诚，尽管迪勒文格在第一天就公开处决一名逃兵，而此后随机的鞭打、绞刑和枪决都迫使部队加强了团结。

死硬的党卫军部队，他们都曾驱赶妇女儿童阻挡迎面开来的坦克或例行地屠杀俘虏，此后却眼睁睁地看着迪勒文格的部队冲入防守严密的公寓楼，将被俘者直接扔下五六层楼的窗户。地下医院内卧病在床的平民被用机枪扫射，医生护士也都难逃厄运。任何走动的人都被击毙，妇女则先遭强暴和劫掠，作恶者的手指和手臂上满是夺来的珠宝。迪勒文格营伤亡率大得惊人，原有 860 人，后补充 2500 人，但战斗结束后仅有 648 人幸存。某些人醉酒后愤而相互开火。除使用毒气、火焰喷射器、洪水和用以向大楼内运送炸药的名为"歌利亚"的遥控履带机器人外，还调动了大量围城迫击炮，如 150 吨的"卡尔"迫击炮。这种迫击炮可以高弧线射出重型炮弹，射程 4 英里，射弹钻入建筑物地基，用从底部爆炸的力量将其摧毁。

最初五天就有 4 万平民被处死。重新夺取城市过程中又有 25 万人丧生。起义军残部投降后，剩余的平民或被驱逐或被撤走。随后德军工兵摧毁了华沙 80%的面积，逐街将其夷为平地。整座城市被从地图上擦除，仿佛它是现代的迦太基或波斯波利斯。纳粹政权在道德上的败坏无人能及，由官僚和律师操纵执行恐怖事件的国家，依靠其内部阵营的渣滓和监狱展开大规模屠杀，而杰出的国防军将领们随后恭贺他们取得的骄人战绩。

正当红军大举攻入德国东部时，西方盟国也登陆诺曼底，采取了复杂的欺骗行动，让德军预测盟军将于挪威或跨越加来海峡发起攻击。而且，德军预计盟军要首先攻下一个主要港口，以转运给养和援军，却想不到盟军会携带特制港口设施，或通过跨海峡输油管线输油。由托特公司沿法国海岸建造的大型钢筋混凝土炮位也表明难以预计将在哪里发起进攻。就是否应将敌军击退于海滩，或沿过长海岸线部署己方部队，还是将他们集结于内陆用作最能有效发挥作用之处的机动后备部队，德军将领们仍举棋不定。攻击发起位置否定了上述最后一项战略，也使这些部队的移动更易遭受盟军空中打击。后者包括 1 万架战斗机，对阵德军后援的 300 架飞机。盟军飞机炸毁了桥梁、列车编组场和法国抵抗者尚未摧毁的铁路，使德军几乎无力阻止盟军日益增多的人员和物资登岸。天气允许时，一波波配备火炮、火箭的战术飞机投下烈性炸药和凝固汽油弹，歼灭了曾横行一时却已风光不再的装甲部队。

另一方面，天气也至关重要。盟军气象站遍布各地，可预报低气压何时出现中断，而德军已尽失其气象台，只能从海峡汹涌的波涛和灰暗的天空得出错误结论。经过恼人的延误和混乱的渡海后，盟军来了，展开了征服行动——5000 艘船只，载着来自 12 个国家的 17.5 万人，6000 架飞机提供空中掩护。局部的德军抵抗让盟军在灌木树篱间奋战数周，直到大规模空中打击击败这些德军，到 8 月底，法国和美军部队已进入巴黎。维希领导人和形形色色的法西斯通敌者潜逃至德国南部的锡格玛林根。

1944 年 12 月中旬，希特勒孤注一掷，在阿登森林中的浓雾和大雪中发起了最后一次进攻。目标为越过默兹河，随后会师安特卫普，包围美军部队，并使盟军损失一个重要补给港。腓特烈大帝的榜样似乎让他采取了这样的政治策略：摧毁西方盟国士气，以使其接受未能全胜的事实，使希特勒自己得以聚集残部打击东线苏军。当然，正如他的将领们在地下会议室内——每人背后都站着怒目而视的党卫军卫士——探讨这些问题时预计的，成功的希望渺茫，原因不仅是地形，那些山丘、丛林、运河和村落在本质上不适合机动作战。德军最初因就己方战略目的欺骗盟军或恶劣飞行条件而获得的优势，已因美军在四天内使摩托化步兵增加了一倍，或使其装甲部队增加了两倍而受到了削弱。笨重的德军坦克因缺乏燃料动弹不得，他们缺乏储备，只能依赖缴获的敌军汽油桶。

炸弹之下

纳粹领导人诡异和自觉的命运终点也为数百万普通人，包括普通德国人带来了衍生后果。如果希特勒无法继续控制局势，这些人将完全被局势左右。避而不谈那些在集中营和监狱中受折磨的德国人，或为他们从未支持过的政权的终结而默默祈祷的德国人，更不必说那些被炸弹炸死或烧死，被投入取胜无望的战争中的那些少年，或遭入侵士兵强暴的妇女，忽略他们就是在讽刺这场冲突中的人类灾难。当时在心理上或有必要将这些人从对纳粹侵略者发起攻击的人们的意识中滤除，但 50 年后，当宽宏大量已取代永恒的复仇，就没有原因再这样做了。当然，将所有德国平民都简单描绘为“受害者”也不对，因为我们将看到，他们有时自己也在制造“受害者”，其中的错综复杂使人想到对三位一体的受害者、作恶者和旁观者能否做出更进一步的细分。

下面叙述的是决心玉石俱焚的纳粹领导层与日渐分化的平民和日益追求自保的军事集团逐步隔绝的过程。军方事实上已失去信念，被迫面对恐怖的内心空虚。统治者与被统治者分道扬镳是一个渐进的发展过程。

美国参战令许多德国人忧心忡忡，他们意识到美国庞大的未开发资源和他们自己的战时经济相比占尽优势，而德国战时经济已达极限。在斯大林格勒意外的惨败及战争拖延到第三个令人精疲力竭的冬季，都开始损耗希特勒的个人威望。脱下不得人心、沾着铜臭的纳粹党棕色制服，换上国防军灰色陆军军装后，他就犯了煽动家的致命错误——藏身于遥远的指挥中心。他很少发表全国讲话，也不前往被摧毁的城市鼓动士气，这让他最亲近的支持者都要拿他和丘吉尔进行负面比较：人们常看到丘吉尔威严地在瓦砾间穿行。至少对他们自己而言，独裁者永远不会变为笑柄。而且，希特勒对军事战略的过度关注变为一种个人责任。当灾难降临时，罪责就非他莫属。在斯大林格勒的胜利有迫不及待的宣传机构替他歌颂，结果新任命陆军元帅以下的 9 万人被苏军俘虏的阴暗现实却无以抚平。乌尔里希·冯·哈塞尔提到希特勒过度干涉这场战役的后果：

> 希特勒第一次无法从责任的重压下自拔；批评性的流言第一次径直朝他扑来。所有人都已看出“有史以来最杰出的战略家”，即我们自大狂的下士，缺乏军事能力。这至今仍由某些直觉的妙招所掩盖；风险和敌军缺陷造成的侥幸成功无法自圆其说。显然，仅为取得威望而愚昧甚至错误地洒下了宝贵的鲜血。由于此时涉及的是严格意义上的军事行动，将军们也睁大了双眼盯着……希特勒不敢在 1 月 31 日发表演说能说明大问题！不久之前谁会相信？

保安处的民意报告更加委婉，但也能从字里行间读出深意。人们已对广播、报纸中反复出现的“英雄主义”“牺牲”等词语倍感厌倦。他们质疑是否这样的牺牲一定不可避免，开始在传播流言的话务员和在休假时变为全局战略家的军需官们的协助和挑唆下争论战略决策。军队的消沉士气开始漫延至平民，正好和 1918 年的情况一致。为何空中侦察未能发现如此大规模包抄的苏军部队？谁如此严重地低估了苏军的适应能力？身处高加索的军队是否会遭遇同样的命运？某些人将此视为战争的转折点，还有人则将之看作战争结束的开端。这再也不是胜利的问题，而是要使战争或多或少令人满意地结束。证据显示政府“反布尔什维克”的恐怖宣言和堆砌到西方“空中匪徒”身上的谩骂并未取得预期效果。工人们斗胆表达对马克思主义者的同情，说苏联人统治下的情形也不至于比他们目前经历的事物更糟，因为苏联人至多只会“清除”一些资本家。还有工人感到如果让美国人“主导”和平，局面也不会如此恶劣，“因为他们只是想做生意，他们的资本家需要德国人”。在德国西、南部，天主教徒和保皇派开始期待成为近在眼前的“英美势力范围”中的一员。人们不再互敬“希特勒礼”，转而恢复以“你好”或“早上好”互致问候，并开始疏远领袖和纳粹党。

从希特勒推迟一周发表于 3 月 21 日的“英雄纪念日”演说所获的回应，可看出他的雄辩技巧已变得迟钝。听众因希特勒并未受伤或健康不佳——保安处秘密传言说他已发疯——而感到松一口气，但当他以平淡而乏味的腔调含混地念完演讲稿时，大家都深感失望。某些人恶意地将他敏捷的思绪和盟军空袭联系起来。希特勒声称截至此时，仅有 54.2 万名德军士兵丧生，引发了极大质疑，正如他的东线战场已经稳定的观点也同样如此。

如果东线和南线战场只带来了愁云惨雾，那么盟军发起的战略轰炸行动对德国士气和生产造成的影响就更加模糊。虽然正如索尔兹伯里侯爵当时指出的，人们不应将希特勒用作采取任何行动的借口，但有必要记住，元首 1940 年 9 月公开承诺：“如果英国空军投下 2000、3000、4000 千克炸弹，那么我们要一晚投下 100 万千克炸弹。如果他们宣布将对我国城市展开大规模袭击——我们要将他们的城市夷为平地。我们将要把这些夜间的强盗消灭干净，上帝助我！你死我活的时刻终将来到，失败不会属于纳粹德国。”施佩尔当年曾参加过一次晚宴，席间希特勒谈到了伦敦大火：

> 你有没有看过伦敦地图？那座城市里的建筑物修得太过紧密，一处火源就足以烧掉整座城市，以前就曾经出现过这样的事，那是在 200 年（原文如此）前。戈林想用无数的新式燃烧弹把伦敦的各个地方都点上火。到处都是。成千上万处火源。然后它们连起来就变成了一个巨大的火场。戈林的主意不错。炸弹没用，我们就用燃烧弹——把伦敦彻底毁掉。一旦火着起来，他们的消防队都没用了！

从 1942 年 3 月对吕贝克的空袭开始，盟军轰炸机在天气允许时不间断地对德国北部和西北部目标展开行动，偶尔也会打击奥格斯堡、慕尼黑和纽伦堡等更偏南的目标。这些袭击共造成 30.5 万人丧生，近 80 万人受伤。摧毁房屋 180 万幢，2000 万人失去了基本生活设施，近 500 万人被转移。紧急住房计划漏洞不断，人们拥挤在卫生条件日渐恶劣的地窖或活动板房内。盟军对德空袭强度持续不减不仅对平民士气造成了伤害。毋庸讳言，德国平民死难者是不列颠之战中英国死亡人数的 10 倍。空袭有时可能使局部团结加强，包括在吕贝克商人中形成照常营业的心态，但在汉堡等地，这种心态并不明显，盟军 1943 年 7—8 月间在此造成了重大灾难；同时也没有用“奇迹武器”发起补偿性报复打击。

而这正是受害者们想要的——他们要“以牙还牙”。正如治安警察报告表明的，这些人想要让德国抛弃目前为止实施的“人道”战争行为！对他们的敌人而言幸运的是，能摧毁英国城市的压缩空气火箭推动超级炮、神经和呼吸系统毒气弹或原子弹都还处于他们的痴心妄想当中，更不必说 U 艇会运来 1000 名日本“神风”飞行员袭击英国的谣传了。纳粹政权应民众要求而大谈报复，1944 年 1—3 月间既未对伦敦发起“微型闪击”，V1 飞弹和 V2 弹道导弹的使用又未取得预期的战果时，这种谈论又销声匿迹了。其他的宣传伎俩也无济于事。当盟军轰炸造成意料之外的团结时，知识分子和罗马天主教徒为科隆大教堂的毁灭而震惊，将之过度强调为对德国文化遗产的破坏，激起了工人和更担忧妇女儿童之死的人们的愤怒：“德国没有了科隆大教堂还可以存在，但没有了人民，它将覆亡。”

盟军不停地轰炸不仅暴露了希特勒无力发起实质性报复，而且让德国的防空漏洞显现无遗。责难日益归咎于戈林，他成了不少笑话中的笑柄——虽然也应将希特勒包括在内，此时希特勒越发对空战战略指手画脚。他不但不去制造更多标准化战斗机，而且认为空战最好交由地面高射炮手进行，而空军应对英国展开报复性空中打击，其中机械的质量将击败纯粹的数量。训练不佳的纳粹空军飞行员使用机械故障频发的重型轰炸机对英军防空火力展开的中程作战土崩瓦解。根据希特勒指示，包括 Me262 喷气式在内的新型战斗机被无谓地损耗于击退盟军诺曼底登陆的行动中，使德国在战争的后半段几乎无防空可言。这对德国平民造成了恐怖的后果。

大规模空袭造成了毁灭性打击，幸存者因冲击而目眩、咳嗽、呕吐，而死者因高温而缩水，尸体可以用手提箱运走。对汉堡实施“蛾摩拉”行动的四个夜晚造成的死亡人数就相当于英国在整个战争期间死于轰炸的人数的 2/3。受到过 100 多次小规模空袭的汉堡暂时躲过了科隆的命运，因为 1942 年 5 月，德国北部的暴风骤雨将首次“千机轰炸”目标改为莱茵兰城市，而不是那座汉萨同盟港口。1943 年 7 月底，哈里斯命令近 800 架飞机对汉堡展开持续大轰炸，仅英国皇家空军就在其北部居民区投下 8344 吨高爆炸药和燃烧弹，这些袭击对瓦解士气起到了重大作用。

夏季 30℃的高温和较低湿度意味着炸弹在锯木场和木材场燃起大火后，又和别处的大火连成一片。根据英国皇家空军飞行员的说法，这就“像在熔炉中再添一铲煤”。反常气流可使火焰风暴漫延至方圆四英里的地域。街上的人们被卷入火舌，而挤在防空洞内的人则因新鲜空气被致命烟气取代而在睡梦中死去。到空袭中止时，共有 4.5 万人遇难，另有 3.7 万人受伤，90 万人无家可归。期待这样的空袭会使民众士气崩溃，或使街头发生混乱并无依据，但在空袭期间，多达 2/3 的汉堡人口逃离城市，将沮丧和恐慌传播到了乡村。1943 年 3 月—1944 年 3 月间，约 1/4 的柏林人离开首都，而维尔茨堡人口在战争期间减少了一半。

轰炸对工业生产和士气造成的影响众说纷纭。这在很大程度上是因为盟国战后轰炸调查以可疑的信息和观念看待德国战时经济的运行方式，这些信息和观念部分来自如阿尔贝特·施佩尔这类自私者；另一个原因是人们有时会想方设法去证实自己的假设。如果轰炸对战时生产造成的打击就像人们通常说的那样微不足道，那么为什么这么多人员和弹药被从国外战场调来防卫德国城市？至少，区域轰炸对施佩尔所说的战时生产优化的关键特征制造了上限。生产分散随后出现，又使交通运输易受进一步空袭的打击。

轰炸对平民士气造成的冲击更难确定。英国轰炸调查组认定“没有证据显示其士气因空袭而临近溃点……甚至不断上升的伤亡数字也未能打破纳粹党对德国民众的控制。正如施佩尔所说：‘人民的观念常很糟糕，但他们的行为却异常可嘉。’”他们无法评估失去家园、夜不能寐和神经紧张对工作效益的影响。事实上他们志不在此，而是要寻找传染性群众恐慌及其政治后果的迹象。美国进行的轰炸调查以更系统的方式研究了民意，发现有 1/3 的德国人声称对其士气造成最严重影响的因素是美军的轰炸。但这些调查的关注焦点也都是为何未能引发德国政治危机，由此都未能了解警察专制国家的生活现实。

当时德国人士给出的证据更加模糊，公务员和地方政府官员不愿返回被摧毁城市中的工作岗位。在克雷费尔德遭受空袭四天后，2000 名市政雇员中仅有 78 人返岗报到。另一方面，柏林 13 家大型企业 1943 年 12 月报告说在大规模空袭发生后，他们绝大部分的劳工（85%—99%）都返回工作岗位，包括外国雇员。战后，卡尔-奥托·绍尔作证说：“工人及其家人，不论德国人还是外国人，都以近乎令人难以置信的坚忍，克服重重困难，像往常一样返回工作岗位。”位于科隆的福特汽车公司和位于慕尼黑的宝马公司则出现了完全不同的情景：工人的缺勤率分别为 1/4 和 1/5。但从这些零星例证中无法得出确凿结论。

地方政府的崩溃不经意间造成的一个后果是纳粹党及其军事组织在一定程度上再次时来运转。长期以来纳粹都被广泛认作腐败和特权的代名词，但此刻希特勒青年团和人民福利等组织却在扑火、组织清扫瓦砾、识别与埋葬死者及帮助空袭受害者恢复生活等方面脱颖而出。到 1942 年底，所有纳粹 42 名地方长官都已变为帝国防务专员，负有民防责任，某些人，如汉堡的卡尔·考夫曼虽在其他方面令人憎恶，但在 1943 年夏城市遭遇空袭后出色地完成了新的使命。和以往一样，党卫军帝国领袖又添了一份疯狂。1944 年 2 月，希姆莱告知聚集在一起的一群德国民事机构领导人，轰炸应被看作一次机遇，使他们能将名字镌刻在所在城市的历史上，这就要用真正的纳粹主义大厦取代名誉不佳的“自由区”土地上已变为废墟的建筑。

不论轰炸能够造成怎样的局部团结，它都造成了无法弥合的经历范畴，这与“国民全体”在逆境中团结一致的说法背道而驰。在这个有强烈地域倾向的国度，北部和西部不成比例地遭到集中轰炸使人抱怨受害者已被遥远的柏林当局“注销”。生活于杜塞尔多夫的矿工们反复吟唱：“亲爱的汤米，请再飞远点；今天饶过我们这些可怜的矿工吧。飞去炸柏林那些人吧，是他们把希特勒选上台。”城市间的团结不复存在，如维尔茨堡居民拒绝施韦因富特的工业企业搬迁过来，以防工厂引来轰炸机。人们在公共防空洞内挤作一团，特别反感被管理人员呼来喝去，他们的神经已濒临崩溃，彼此争吵厮打。还有不少人完全发疯。有流言说党的大佬和其他要人都拥有他们自己的个性化的防空洞。

战争对家庭生活造成的负面影响也复杂多样。此刻仍无人参军的家庭也被迫骨肉分离，因为父亲要去迁往新址的工厂上班，学龄儿童要转移至某一个农村地区，而母亲和婴儿则被转移至另一地区。这种人群向更小的“命运社区”分化的现象直到战争结束后仍在继续，一如持续的家庭内角色再定义：妻子和羽翼渐丰的孩子们再也不愿附属于返回的父亲们。

轰炸还使许多人受到间接影响。轰炸的受害者自认为身属异类，需要迄今未受苦难者特别的照顾。有人遭受过轰炸，有人没有。似乎无人能够理解前者受到的伤害。一次大空袭后，公共交通停运，工厂车间积满灰尘和瓦砾，没有洗浴和剃须的水，也没有炊爨所需的电和燃气，没有温暖和光明，甚至连盘、勺等寻常之物都变得异常珍贵。如果他们胆敢出屋，也找不到影剧院、报刊亭和商店，却要冒上延时炸弹和坠落石料的风险。被从大城市转移来的人员和难民四处散播经夸大的伤亡消息，并向其震惊不已的乡村房东讲述妇女溺死亲生婴儿或党卫军在街头枪击人体火炬等恐怖故事。

城市轰炸的幸存者也试图在道德上彻底制约那些尚未受到影响的农村人群，他们和这些人毫无共同点。抱怨的问题包括被迫早起，以及吃的是“猪食”——指阿尔卑斯山区的“樱桃饺子”或波美拉尼亚的“奶酪烤土豆”等各地美食。某些转移人群被用作廉价劳力，受到极大剥削，不过他们当中的许多人跟农民学会了以食物为诱饵向新到的一波波难民敲诈贵重物品的伎俩。农民家庭反过来也憎恨那些拥有上百间卧室，却拒绝向被转移者提供房屋的大厦所有者。而且，在农民都以少言寡语著称的地区，他们还看不惯那些滔滔不绝的城市难民。更微妙的是，自汉堡转移至德国南部的难民发现，慈善和福利机构的纳粹官僚化意味着对那些有时被他们称作“吉卜赛人”的人而言，个人不再负有任何社会责任感。

当然，轰炸的冲击绝不仅限于国内前线，而已开始影响军队士气。因为如果从东线战场休假归来的部队散布了对红军状况的沮丧情绪，那么当他们发现自己的家园已成废墟时，就会思索自己究竟在为什么而战。当搜寻亲属数周未果的士兵要求广播寻找亲人下落时，就会有丑陋的遭遇，因为德军也难免士气低落。和一战一样，在被占领区和后方部队，或从前线后备营开始，魔鬼要为闲人制造麻烦。人们经常抱怨淫乱的情况在法国持续，那里“没有团结，没有共同意志，没有牺牲的意愿，只有嫖娼、狂饮、放纵和盛宴，不惜一切代价取胜的理想已一去不返”。人满为患的后方基地和本部腐败不绝，而德国兵营中的士兵则意志消沉。不得不对军官们做出提醒：他们的势利和倦怠可能会对士气造成负面影响，而有人转而思考要组建纳粹政治委员团队。休假士兵试图将全部真相告知亲友，但似乎常常大脑一片空白。

维持国内“战斗前线”士气的任务被交由戈培尔执行，协助者是无情对待异议人士的司法体系和警察国家。死刑判例由“人民法庭”传递给那些质疑领袖的战争行动的人士。1943 年 2 月 18 日，戈培尔利用对布尔什维主义的恐惧准备煽动全国继续加倍努力，试图间接推动希特勒批准比 1918 年更彻底的经济和社会动员。欧洲文明受到了威胁，只有加强对德国各阶层民众的动员才有望转危为安。要对那些衣着笔挺者和永远染发并留着波浪式发型的“时髦女郎”宣战。换言之，纯战术上的欧洲主义与诉诸恐惧与仇恨的激进主义结合了起来。

戈培尔在柏林体育宫对一群由他亲自挑选但据说有代表性的听众发表了演说。前两排坐的是盲人和瘸子，包括 50 位佩戴着饰有橡叶的铁十字勋章者及红十字会为他们派来的护士。其中还有所谓的工人代表、知识分子和科学家，以及一群妇女。戈培尔将这群听众误认为来自“各行各业”的德国人民，这表明他已经脱离现实。驳斥了在苏联人统治下的生活不至于过分糟糕的过度乐观观点后，他声称：“在猛冲的苏军部队后面，我们可以看到犹太人行刑队——其后凸显恐怖，欧洲将出现饿殍遍野和无人制约的混乱景象。”说此话时他还着眼于西方盟国和中立国，徒劳地期望它们能够共同选择阻止苏军挺进。在他离题用较长时间大谈犹太人时，差一点就将见不得人的勾当脱口说出：“德国绝不对威胁低头，而是要随时应对，并最全面而彻底地灭绝——［自我更正］清除犹太人。”此次演说在晚 8 时之后对全国人民进行了直播，其中充满“犹太人滚出去”的喊叫。接下来又呼吁德国人民要承受重压在他们孤独的领袖肩上的某些负担，而恰是这位领袖的误判给他们带来了灾难。戈培尔又恢复常态，迎合民众的怨忿，编造出俱乐部和餐厅内或在动物园内驱车行驶的锦衣玉食者。

在演说达到了高潮时，戈培尔提出一系列挑衅，听众热烈呼应。“你们想要全面战争吗？”（大声呼喊“是！”热烈鼓掌。）“你们想要吗，有必要的话，比我们今天能想象的更全面更激烈的战争吗？（大声呼喊“是！”掌声。）”演说结束 20 分钟后，喊叫和跺脚声仍在继续。根据保安处报告，此次演说反应良好，尽管有人不解为何不早些发起全面动员，甚至这些疑虑的表现也令戈培尔大为光火，他在日记中批评了保安处的监督人员过于认可柏林公务人员的沮丧情绪。但面对持续不断的军事惨败和战时不公的顽固表现，这种复苏的情绪转瞬即逝。施佩尔发现，当晚晚些时候在戈培尔寓所，他刚听过的激情四射的演说是一名演员在利用一群精心选择的和排练过的听众的心理，令人忧虑的是这名演员将这群不典型的听众和全国的情绪混为一谈。人们逐渐避开沾有“意识形态”色彩的一切，反而到教堂中寻求安慰，因为沉重的悲哀和惨痛的损失并非是纳粹领导人充满仇恨的说教能够减轻的。

神话的诞生

正当英美和苏军部队分头朝德国挺进时，盟军飞机在头顶盘旋，不会遇到任何惩罚，在空中划过银色的弧线，身后拖着白色汽尾，有时在夜空轰鸣驶过。1943 年最后三个月投下的炸弹比 1942 年全年还多。1945 年头三个月，英美投下的炸弹吨数占整个战争的 1/5。争议最久的空袭是英美战机 1943 年 2 月 13、14 日夜间对萨克森州首府德累斯顿的打击。维克托·克伦佩雷尔在日记中留下了关于此次空袭的最详细记录。燃烧的城市把黑夜照如白昼。一次他妻子埃娃想点支烟，发现没带火柴，于是转身看向地上燃烧的某个东西，那是一具尸体。3.5 万多人遇难，不过实际数字可能更高，因为烧掉尸体要比清查数目更为重要。党卫军的介入及其所用方式——将尸体堆在浸过燃油的层叠起来的枕木上焚化——引发了不少问题。

和对日本进行的常规打击与核打击一样，德累斯顿轰炸发起的原因在一定程度上是害怕盟军征服德国过程拖延过久会持续造成过量伤亡。盟军的指挥官们没有理由不信纳粹所做的宣传，即堡垒城市将抵抗到仅剩最后一颗子弹，然后再进行游击战式的抗击。实际上确已下达为战后阶段组建“狼人”战队的命令。前东德提出的论断——所谓轰炸德累斯顿和原子弹一样都是为威慑苏联，是不可信的。劝说斯大林提早发起西线进攻后，丘吉尔提供的协助是摧毁德国东部交通枢纽，以防德军调往东线。三个目标尤为明显：莱比锡、开姆尼茨和德累斯顿。1945 年 2 月 8 日，美军通知苏军德累斯顿空袭将于 5 日后发起。苏军并未将其否决。英国皇家空军轰炸简报写道：

> 正值隆冬时节，难民涌向西方，部队需要休整，此时屋顶至关重要，不仅为工人、难民和军队提供遮蔽，而且还要容纳从其他地区迁来的行政机关。德累斯顿曾因其瓷器知名，现已发展成首屈一指的工业城市，而且和任何其他大城市一样，也有大量电话和轨道交通设施，对于控制此刻正受科涅夫元帅突进威胁的这块前线地区的守卫者有着重大意义。

其中许多内容都十分牵强，掩盖了至今仍备受质疑的一种进攻心态。不论德累斯顿算什么，它都绝不是“首屈一指的工业城市”。当时就开始有争议，一名皇家空军军官在盟国远征军最高统帅部进行了披露性的汇报后，美联社就发出一篇通讯，声称政策正朝着“蓄意对德国人口中心开展恐怖轰炸”转变。事实上，这一政策已经推行了两年。丘吉尔开始和哈里斯意见不合，尽管他仍让一份批评“纯粹的恐怖和肆意破坏行为”的备忘录被改得语气温和，倾向于采取更具安慰性的模式，以防战后英国无法参与德国的建筑材料贸易。“伯特”哈里斯却对此全然不顾。他厌恶被他误认为感伤癖的事物，写道：“任何心理医生都能轻易解释对德累斯顿的这种感情。它与德国乐队和德累斯顿牧羊女有关。”哈里斯坚称德累斯顿是合法目标，其毁灭缩短了战争进程。哈里斯仍使用他那惯常的粗野腔调——此时他的政治长官已认为不妥——回应着俾斯麦就巴尔干半岛说过的狂言，充满敌意地补充说：“我个人认为德国所有剩余城市都不值一名英国掷弹兵的骸骨。”

地面战争已接近尾声。1944 年冬，苏军跨德奥东侧边境发起了连续进攻，1945 年 1 月底占领西里西亚工业区。1945 年 1—3 月间，希特勒命令“泽普”迪特里希重新整备的党卫军第六装甲军从阿登山地在匈牙利发起最后的局部反攻——“春醒”行动，意图确保德国最后的石油供给。苏军粉碎了此次行动。德国东部区域，即东普鲁士、波美拉尼亚和西里西亚的防御被委托给更为疯狂的将领，及纳粹地方长官科赫和汉克。希姆莱被任命为新的维斯瓦集团军群司令，实现了他指挥野战军的抱负。他对军官们发表的开场演说就是离题吼叫：“老弗里茨”的子孙受到警告，假如他们无法击退进犯的“布尔什维克群兽”、一切人类秩序的破坏者的话，他们将被就地枪决以正视听。结果，一名高级党卫军军官就因比得哥什失守而被处决。希特勒也遗憾地承认，希姆莱任战地指挥官带来了十足的灾难。戈培尔准确地评论说党卫军帝国领袖“只会大惊小怪，根本做不了统帅”。东线上的每座堡垒，包括布雷斯劳和柯尼斯堡，在经过惨烈战斗后都受到严重削弱，计划中平民撤离被安排在最末。

在西线，英美军队渡过莱茵河，其战略意图是分割并摧毁在德国北部和西部的敌军部队。30 多万德军在鲁尔区内被围，他们的指挥官莫德尔宁愿自杀也不投降。德国人又丢掉了一座工业大都市。在鲁尔区波鸿、多特蒙德、埃森和盖尔森基兴等城市，更多暴行仍在发生，盖世太保杀害了德国在押犯及数千名苏联外来劳工囚犯，多数人遭拘禁的罪名是抢劫。在哈茨山森林地带摧毁抵抗力量后，布拉德利和巴顿进至易北河畔，4 月底，美军部队和红军会师于此地的托尔高，彼此交换勋章和军帽共同庆祝。英国和加拿大军队征服了德国西北部。在为获取一块独立占领区而发动的战役中，拉特率领的法国部队攻入德国西南部，而美第 11 军进入奥地利，并在布伦纳和穿越意大利北部挺进的盟军部队会合。这些进攻令德军无暇休整，并使希特勒失去了可据以让纳粹发起奇迹反攻的图林根和阿尔卑斯山要塞。这和他随后的自杀有直接的关系。

随着领导者和被领导者渐行渐远，纳粹德国的覆亡从方方面面都可以感知到。许多士兵和多数平民都希望战争尽快结束。没有理由怀疑这些人当中有许多都曾对纳粹怀有同情，他们所经历的事件必定近似信仰的迷失。当时心理上的混乱大得令人难以承受："1945 年他因发自内心的悲哀而死，因为他曾大错特错。他还说：'那个恶棍希特勒。他怎能这样？……'他也知道随后发生的事件并不正确。他死于 1945 年底。人们看到……他的内心日渐萎缩。他无法将其克服。他只是缓慢凋零。"一个妇女这样回忆他的公公——一名曾支持纳粹的铁路官员。

其他人，不论军人、盖世太保还是平民都猛打触手可及的任何人——逃兵、少年犯和脱离营地的外国劳工——他们认定这些人对战败和公共秩序的崩溃负有责任。因为在战争的最后几个月内，抢劫和强奸在某些地区日渐猖獗，其组织形式牵涉德国罪犯及其外国工友同伙的"混合"帮派。后者几乎别无选择，因为一旦他们逃离集中营或集中营遭到轰炸，他们就毫无生路。被抓获后，这些帮派的成员有时会被当众绞死，如 1944 年 10 月科隆的情况，或被盛怒的德国平民以私刑处死。

镇压机关继续以致命的效率行使职能，在营地发起最后的复仇杀戮，在死亡行军中无法再走的人就被射杀于道旁，在大城市的弹坑内填满了被处死的犯人和外国劳工。死亡行军牵涉将集中营内剩下的 75 万囚犯转移至德国内地。至少有 25 万死于途中，其中半数为犹太人，由此看来反犹主义未必是这种野蛮行径的唯一动因。人们赤着脚，被驱赶着走在积雪中，看守们再也收不到命令，他们肆意射杀力竭者。他们还用枪将囚犯赶入大海，或将数千人烧死于牛棚内，有时还选择最险峻的道路以让他们的俘虏累死。许多看守受到趁有时间多杀囚犯的复仇欲望驱动，其他人抓紧他们最熟知的事——杀戮——不放。

在腐朽的政权核心，失败被转变为一种世界与历史景观。在最高层，主演们出演了一场俗丽的末日活剧，他们着眼于子孙后代而演出，别人（首先包括德国人民）只是众多可被牺牲的临时演员。过去就德意志民族和种族的煽情表演已被对未能经受住伟大考验的民族的蔑视取代。重要的是不要使这些破败的场景显示出不必要的富丽堂皇，因为戏剧性的时刻是用人命换来的。

1944 年末，德军部队仍有 1000 万人，是其 1939 年 9 月挑起战争时的两倍。尽管这些部队一缩再缩，但希特勒仍拒绝将帝国前哨的 200 万军队从奥地利、匈牙利、意大利、挪威、巴尔干和波罗的海区域撤回保卫德国。假如西方盟国和苏联发生争吵，那么这些部队就足以造成压倒对方的优势，这是希特勒掌握的唯一重大战略。历史上最声名狼藉的赌徒已接近血本无归。希特勒妄图依靠敌方同盟的瓦解，可是还缺少捍卫德国本土的令人信服的策略，只有一种虚无主义的渴望，要在祸不单行时将身后的一切全部毁灭。

想以最佳方式推迟败局的人们因缺乏资源而受挫。如 1944 年 3 月，坦克总监古德里安提议组建一支进攻性后备装甲部队，但就算还能勉强招募人员，但机器已无法凑足。按生产预期，5 月就应有 1100 辆坦克和自行火炮下线，可是最终被运往分散于各地的部队的坦克数量为 100 辆。曾以有传奇色彩的机动性著称的军队日益靠双脚和自行车移动，只求能躲过低飞的战斗轰炸机的机枪扫射。希特勒已沦落至指挥单个坦克的地步。希特勒政权拒不承认盟军火力的绝对优势，反而本能地认为国内颠覆活动是德国灾难的根源。相应的解决方式就是加强胁迫。正规军的士气日益依赖巡回军事法庭维持，该法庭将逃兵和幻灭者射杀或绞死于路旁。他们尸体上挂着的牌子写着："我是逃兵。"1945 年 3 月起，希特勒将被俘后未受重伤的军人家庭排斥在政府财政支持之外。这些措施对提升军人士气毫无作用。根据里特·冯·亨格尔提交的一份报告，许多老兵和新兵英勇战斗时，不少士兵身心俱疲，或当懦夫和逃兵主动被俘。向西方盟国投降的人数从 1945 年一季度的 100 万已跃升至一个月后的 460 万。这些人在英美战俘营中就不必那么害怕己方施加的随机暴力惩罚。甚至连国防军严酷的军纪也无法再发挥威慑作用。戈培尔带着特有的玩世不恭，表示后悔德国未曾退出日内瓦公约。

正规军沦为盟军阶下囚后，防御的职责就落到普通公民身上，以填补由原本冗余的空军和海军组成的临时部队留下的空白。希特勒青年团被拼凑成军队，并被赋予"克劳塞维茨""沙恩霍斯特"等响亮的名称——但这也无助于他们对阵久经沙场、装备精良的盟军部队。他们还招募女性操作探照灯或执行非战斗任务。甚至连这条意识形态禁忌都被搁置一旁。自 1944 年 9 月起，德军招募平民以加固前线工事。起初这还不失为一种成功的"职业疗法"，但在看到党卫军官员坐在温暖的公寓里向身处没膝的冰冷淤泥中的人们吼叫着发号施令时，先前的正面意义都受到了削弱。

民众冲锋队随即承担了防御的任务，他们是纳粹党控制的城市民兵，由身强力壮的 16—60 岁的男子组成。年老力衰无法战斗的成员被赋予被动看守的职责。这些部队缺少制服，配备的常是短枪和猎枪，每人仅装 10 发子弹。唯一的例外是装备相对充足的"简易坦克铁拳"，一种可以使民兵发挥致命效力的反坦克火箭筒。一直等到 1944 年 10 月 18 日，莱比锡战役纪念日，纳粹才宣布这支冲锋队的存在，其意图和电影《科尔贝格》一样，是要激发起抗击拿破仑的解放战争精神。民众冲锋队一方面是一种阻挠潜在煽动叛乱苗头的尝试，一方面还反映了一种反人类哲学，认为平民的死亡要强于他们因盟军占领而受到的磨难。这些部队在东部边境表现颇佳，但在西部经常丢弃武器，躲进取代公民社会的混乱中。某些人还参与了杀害被控以种种罪名的外国劳工的行动。

另外德军还试图通过强调红军在德国东部的谋杀、强暴和抢劫的宣传来激起民愤。这一方式也并非总能取得预期效果，因为有人知道以德国的名义犯下的罪孽，为此他们声称要宽恕苏军的暴行："我们难道没有谋害数千名犹太人吗？士兵们难道没有反复报告说波兰犹太人被迫自掘坟墓吗？我们在阿尔萨斯集中营是怎样对待犹太人的？犹太人也是人类。我们做过这些事，就是在向敌人显示如果他们取胜，他们可以怎样对我们。"

军纪相对严明的美军鼓励平民投降。纳粹以他们掌握的唯一方式加以阻止。他们采取了严厉措施以抵制"失败主义"漫延。军方、纳粹党和警察一致同意，如果哪家亮出白旗，就射杀这家男子。在黑森因格尔海姆，"失败主义"的市长在地方官施普伦格的煽动下被处以绞刑。由纳粹党、军方和武装党卫军人员担任法官的特别法庭每月做出多达500起死刑宣判。此刻德国人民已成为政权的敌人，不管这个政权当初对人民做过多大承诺，显示过多大热情。

如果说多数德国人都想要尽量活下去，那么纳粹党领导人及其残余狂热党羽则屈服于其最黑暗的思想。此处，意志据说可以胜出。没有所谓的失败，在"庄严的"末日到来之际，只存在牺牲和自杀。将领们久已沦为功能上的精英，他们当中的许多人试图将自己从希特勒曾公开对他们表示的蔑视和怀疑中拯救出来，不假思索地愿意做出最后的牺牲。词藻取代了思考。在希特勒遇刺四天后，约德尔对其参谋人员说："我确信我们可以战胜当前的局面，但即使命运不眷顾我们，我们仍必须集齐武器围绕着元首战斗到最后一人，由此我们才能向子孙后代做出交代。"希特勒仍然信任的将领集团缩小至莫德尔和舍尔纳这样的狂热分子，最后变为留在柏林誓死保卫他的极少数人——"保卫他"而不是保卫柏林或柏林人成了首要的考虑。

纳粹领导层显然也关注子孙后代，他们的最后数周如同一场活剧的排演，旨在将他们邪恶的存在传承给无尽的子孙后代。根据他们在新千年之初无孔不入的存在判断，他们的这一努力已取得巨大成功。1945年4月17日在对宣传部职员发表的演说中，戈培尔将《科尔贝格》——斥巨资拍摄的讲述1807年波美拉尼亚人民抵抗拿破仑大军的彩色古装戏，曾用到18.7万从前线撤回的临时演员——和他将主演的一部电影进行了类比：

> 先生们，100年后的人们还要再放映一部彩色影片讲述我们经历的恐怖日子。难道你们不想在这部电影中饰演一个角色，在100年后复活？此刻人人都有机会选择他要在100年后的这部电影中饰演的角色。我可以向你们保证，这将是一部昂扬向上的影片。而为了这样的前景，我们必须坚定立场。坚持住，这样100年后，当你们出现在银幕上时，观众将不会嘘声一片。

历史上最不朽的烂片中的恶棍却自觉地为自己分配了久映不衰的佳片中的角色，

日益成为劣质纪录片、肥皂剧和已失去耸动效应的花哨书籍杂志的主角，直至最终销蚀殆尽。纳粹像操纵同代人一样，势利地操纵了子孙后代；为求连续性，他们反过来又被“希特勒产业”操纵，这一“产业”看似有一个永不饱和的市场。依赖偶像生存的政权也因偶像消亡，当最大的舞台恶棍从历史舞台隐去，在幕外留下一条邪恶的印迹时，形式最后一次战胜了内容。

到战争最后阶段，纳粹首脑也无法将自己出演的活剧和《科尔贝格》中的臆想区分开来。1945 年 3 月 28 日，希特勒生动地将国防军的失败主义和地方长官卡尔·汉克在守卫布雷斯劳中发挥的作用进行了比较，称其为“这场战争中的内特贝克”，并借此支持法伊特·哈兰电影中海因里希·格奥尔格的强悍市长形象，认为其勇气与克劳塞维茨现实主义中的普鲁士将领们不相上下。所有出演最后一幕丑剧的人员都是在上个世纪最强大的媒体中饰演角色，开启的过程令纳粹分子成为未来数十年内媒体场景中的固定人物。至于科尔贝格发生的情况——1945 年 3 月 19 日，戈培尔决定隐瞒该城已落入苏军之手的消息——和纳粹通过最现代化的媒介在其覆灭后险恶地进入现代意识当中相比，简直不值一提。现存的大多数影片都是在他们的授意下拍摄的，而且不出意料地都是在他们认为自己处于最佳状态时对自己进行描绘，这就加倍的邪恶了。

3 月，德军终于建立三道防线阻止红军渡过奥得河向柏林进军。1945 年 4 月 16 日，希特勒签发的通令写道：

> 犹太-布尔什维克死敌使用大量兵力发动了最后的进攻。敌人企图灭亡德国，灭绝我们的人民。你们，东线的官兵们，绝大部分已意识到，何种命运首先威胁着德国的妇女、少女和儿童。老年男子和儿童将惨遭杀戮，妇女和少女将被掳入兵营充当妓女，余者将被放逐到西伯利亚。

如果说这一恐怖场景尤为可怕，这就是因为希特勒感到敌人也会采取他曾下令对敌人的国家采取的行动。此刻他想要在其人民已经证明自己“弱”于东方各族的德国境内导演一场末日灾难，这场灾难只有一种生物学主义的解释。在他生命的最后数周，希特勒自我装点的唯美主义已经远去，他显露了固有的粗俗，抑或充满有关末日和毁灭的病态青年幻想。按照“尼禄”命令，一切都要被摧毁。矿山要被炸平，运河要用凿沉的驳船堵塞，电话局和线路都要被毁掉，殉葬的还有民族文化遗产。

当希特勒不用屠杀和地狱的惨景刺激自己不振的食欲时，就以敌方联盟瓦解的希望逃避内心的恐惧，逃避被俘和被处死的前景，程式化地对英雄末路进行想象，其典范就是列奥尼达的斯巴达 300 勇士和尼伯龙根人。戈培尔开始为希特勒朗读卡莱尔撰写的腓特烈大帝生平。形成鲜明对照的现实是一个苍白而绝望的人，当他触碰希特勒青年团孩子们的焦躁面孔，与他们握手时，他肿胀的脸上露出痴呆的笑意，他对这些人面临的死亡无动于衷。这位曾轻易激发信念的领袖此刻被迫请求他即将离去的朋友相信反面的现实："假如你们相信这场战争仍能取胜，假如你们至少能对此充满信心，那么一切都将好起来……人必须相信一切都将转好……你们是否仍希望战争得以继续，抑或你们的信念已动摇？"

历史和希特勒青年团都未能改变失败的命运。仓促巩固的防御阵地，如首都东面的希娄高地，都被红军大举践踏，到 4 月 25 日，柏林已被团团围困。希特勒仍希望分散于首都西、北部的军队前来救援。希特勒最亲密的部属戈林、希姆莱和施佩尔都不辞而别，去往数个尚未落入盟军之手的区域，陆、海军领导人（空军已不复存在）紧随其后。不久，希特勒得知戈林正在谋划取代他，而希姆莱一直在通过瑞典中间人探听英国人的口风。希姆莱驻希特勒大本营的联络官被带至地面，并被杀于帝国总理府内院中。叛国为早已使自己适应游戏已经结束这一事实的人们又注射了一针兴奋剂。

希特勒召集的最后一次形势会议，诡异地混合了地缘政治反思和相互指责，当中穿插着令人忧心的局部战略部署。他希望盟军会在旧金山解散，这样英美两国终将认识到只有他才是那个唯一可以阻挡"布尔什维克巨人"的人物，这个"巨人"正在攫取东欧大部，尽管英国人曾就波兰部分领土的沦丧发出抗议。希特勒反复强调他不愿逃到上萨尔茨堡，也不愿作为"不光彩"的难民离开"世界舞台"，"与其背负耻辱和恶名苟活数月乃至数年，不如光荣地战斗到底"。戈培尔完全赞同，他提醒这位已油尽灯枯的废人注意其在世界和历史中的意义："如果元首在柏林慷慨赴死，让欧洲落入布尔什维克之手，那么最多五年之后，元首将变成传奇人物和纳粹主义的神话，因为他将因这一最后的壮举而被神圣化，今天人们为他所有的人类弱点而对他进行的批评终将一笔勾销。"希特勒同意，说："就这样决定。挽救此处的一切，只有此处，并调遣最后一名士兵，这是我们的职责。"这种英勇的说辞——人们会问"对谁的职责？"——与戈培尔带着反人类的沾沾自喜安排德国民族的未来形成对照：

> 德意志民族应该承受等待他们的命运……他冷笑着评论说德国人民毕竟亲手选择了这一命运。"在退出国联的全民公决中，他们以自由投票的方式选择拒绝一种附属的政策，反而要进行一场大胆的赌博。唉，赌场失意呀……是的，这会令包括我的同僚在内的某些人诧异。但别抱幻想。我们没有强迫德国人民，也从未强迫任何人为我工作。是他们自己给了我们这份工作。你为什么同我一道工作？现在，你们将要被割断喉管。"他大步迈向门口，再次转过头高叫，"但世界将因

我们的退场而震颤。”

在最后的日子与时刻，舞台与场景都被反复提及。希特勒已无处可逃，又不甘愿被敌人活捉，于是决定以史上最血腥的“防守性失败”对付苏军，这是一种特有的对现实的末日式的逆转的分析。不是由他在距离地面 16 米的地堡内，而是由经历惨烈战斗的普通德国公民付出了代价。3 月 19 日，他曾发布“尼禄”命令毁灭整个经济，受阻后他又命令毁掉柏林残存的桥梁，并冲毁曾容纳德军伤兵的铁路隧道。苏军逐街展开激战时，守卫“内城”政府区的职责就交给了 4.5 万德军部队，包括法国和拉脱维亚武装党卫军人员，还有 4 万民众冲锋队成员，以及来自希特勒青年团的 3000 个孩子。

在 4 月 27 日召开的最后一次形势会议上，希特勒声称他将守在原地，以自己获得的道德权利继续战胜脆弱。“船长也随他的船一起沉没。”他回顾说他当初掌权的时机并不成熟。假如他再等上一段时间，等兴登堡死去他本可以承袭总统之职，这就可使他免去对旧精英代价高昂的“妥协”。经济工作和军事重建令他分神，“否则当时就能除掉数千人”。事实上，“反思过去人们会为自己的强大而悔恨”。

4 月 28 日，希特勒和爱娃·布劳恩结婚，这是对习俗的象征性致意，次日午后，他吞下毒药后饮弹自尽，实现了其逃避被俘的渴望。他的尸体被焚烧于帝国总理府场地内；遗骸被苏联人运走，随后的“谜”又激起了后来的许多毛骨悚然的低俗作品，持续数十年之久。5 月 1 日，新任帝国总理戈培尔也和全家人一起服毒自尽。权力过渡到新任帝国总统、身处石勒苏益格-荷尔斯泰因的海军元帅邓尼茨手中。

亲手结束自己的生命之前，希特勒口授了他的“政治遗嘱”。一个犯罪狂人将自己化为一位殉道的英雄。回顾过去的 30 年，他声称始终推动他的“只有我全部思想、行动和生命中对德国人民的挚爱与忠诚”。这使他为“普通人面对的最艰难的抉择”做好了心理准备。他反复将 1939 年战争爆发的责任推到犹太人身上。依据他最恐怖的“预言”，他说：“接着我不会让任何人怀疑此时数百万欧洲雅利安各族儿童将不再饿死，数百万成年男子将不再痛苦死去，数十万城市妇女儿童也将不再被焚烧和炸死，而真凶不必赎罪，哪怕以更为人道的方式赎罪。”

这些末日场景不可阻挡地缩小为在柏林上演的活剧。他准备“与数百万毅然决然做出同样选择的人们同赴命运”。事实上，他在计划自杀，而后来的事实证明，那“数百万”人并不愿随他而去。他以自己宣传中的陈腐腔调讲话，谈到“纳粹运动光芒四射的复兴”，谈到“必须作为闪光的榜样前进”的“领导人”，“忠诚履行自己的职责，死而后已”。在遗嘱的第二部分，希特勒将戈林和希姆莱开除出党，任命了由“光荣人士”组成的新一届政府，包括巴克、鲍曼、赛斯-英夸特和蒂拉克等罪魁。“死亡”

和“毁灭”在他对未来的描述中反复出现。他最终以无可挽回的基调作结：“首要的是，我恳求国家领袖和人民谨守种族法律，无情反击各民族的全面毒害者——国际犹太人。”这声最后的呼喊犹如深远太空中的哭泣一样无助。

缔造和平

邓尼茨“政府”在弗伦斯堡继续运转了三个星期，虽然事实上已无政可执。其少数值得称道的行动之一就是褫夺了希姆莱的职权。维持政权延续性及通过在西线达成片面停火以提出谈判条件的企图均告落空。意大利、丹麦、荷兰和德国西北部的德军部队已经分别投降。经数日推诿，约德尔奉命在艾森豪威尔设于兰斯的司令部签署全面投降书，1945 年 5 月 8 日起生效；签字仪式又在红军位于卡尔斯霍斯特的司令部重演，凯特尔为德方主要签字者。尽管丘吉尔曾想以邓尼茨“政府”充任德国未来中央行政机构，但盟军再三思索后逮捕了该“政府”全体成员。两天前，希姆莱在做出与西方单独谈判的努力后，伪装成士兵潜逃时被认出，后在英军战俘营中服毒自尽。

停战时，大片德国城市已成废墟。主要工业的破坏程度在 10%—20%之间，但有一半城市住宅已被摧毁。这就意味 1400 万家庭只有 800 万套房屋可供居住。大量人口悲痛欲绝，流离失所，亲人殒命、失踪或被盟军俘虏。孩子们缺少食物，身高、体重都低于标准水平，甚至到 1946 年底，汉堡仍有 10 万人明显营养不良。来自各种社会背景的数百万人生活于为流离失所者、被驱逐者和难民开设的营地内。

盟国四方依据 1945 年 6 月 5 日的柏林宣言正式行使权力。军方总司令变为各自占领区的总督。占领区与每支盟国军队征服的地域大致相符，但有别于德国旧的州（state），旧的州后来被纳入西德各州（Länder），及 1952 年之后东德各区（Bezirke）之内。此时跨四个占领区的最大一州普鲁士在 1947 年被正式废除。苏联军方管理机构驻柏林卡尔斯霍斯特，美军驻前法本公司美因河畔法兰克福本部，法军驻巴登，英军则分散于德国西北部数个区域。最高权力被授予驻柏林——已划分为四片——的四国控制理事会，并由附属的控制委员会执行。

在政治上无可指摘的德国人——通常为魏玛时期民主派政治家，在纳粹统治下遭流放、监禁或保持沉默的人们——被赋予了行政职位。在取消党禁，举行选举之后，这些职位逐渐变为选举出的部门。魏玛时期的民主党派各自改组，形成了社民党、保守派的基民盟/基社盟和自由派的自民党；在东部，社民党被迫与德共合并为统一社会党。美国人和英国人在斯图加特和汉堡建立了区域内协调机构，这些机构成了新联邦政府机构前身的缩影。在东部，苏联军管当局建立了中央行政部门，如农业、能源、燃料与邮电通信部门，几乎所有部门都由德共控制。虽宣称要将德国作为统一体来应对，但从最初，两大政治实体就开始合流，其差异直到冷战到来才逐渐深化。为此我们有必要简要回顾一下高层外交。

盟军优先摧毁了希特勒德国，一定程度上是要推迟盟国之间不可避免的政策分歧，自希特勒政权覆亡之后，这些分歧变得更为严重。激进计划，不论是丘吉尔的多瑙河联邦——要将巴伐利亚分离，并将其划入奥地利和匈牙利，还是要荒废德国经济的摩根索计划，都成为实用主义考量的牺牲品。虽然 1944 年 9 月罗斯福和丘吉尔就在魁北克会议上签署了这项计划，但其内容被泄露给媒体，强化了陆军部长亨利·史汀生策划的对摩根索计划的抵制，史汀生主张宽宏大量，并加速重建。根据史汀生所说，美军对德国人民并未欠下累累血债，“有趣的是，军官要比平民更加尊重这方面的法律。平民们在谈论他们，还要不经审判或听证就剁掉他们的头。”

盟军各方同意纳粹主义必须被彻底根除，同意德国发动侵略战争的能力——在短期内发动两次，长期内则为五次——必须受到永久性的限制。要进行战争罪审判和长期军事占领，要让德国人认清自己先前的倒行逆施，认清自己已被彻底战败。人们意识到必须要对德国社会进行重建以肃清所谓的纳粹主义社会经济根源，这种观点在东部和西部都相当普遍，并得到了许多德国人的支持，但仍有四个一致的目标，即去军事化、去纳粹化、去卡特尔化和民主化。对这些出现过各种差异巨大的解读，尤其在西方盟国就这“四个 D”中的最后一项，亦即最重要一项的理解上。

西方盟国和苏联互不信任原因甚多，也许已超越 1941—1945 年战时盟国的裂隙，达到 1917 年的程度。其中某些问题前文已叙，如开辟第二战场，及苏军在华沙起义中的行动。苏联人感到被排斥在意大利德军与盟军统帅达成的协议之外；盟国憎恶苏军利用占领柏林的优势将美国人驱出梅克伦堡、萨克森和图林根。某些美国将领从未对苏联人有任何好感，战争结束当天早晨，巴顿对一群美国记者说：“他们［‘华盛顿的锡兵政治家’］已经许可我们把一个杂种打得屁滚尿流，同时还迫使我们证实第二个杂种和第一个一样邪恶，或者更甚。我们赢得了一系列战斗，而不是以和平为目的的战争。”数日后，他说朱可夫就像“滑稽戏人物，挂满了勋章”，还说，“我们能把他们打得落花流水”。

斯大林的势力范围和东欧政治自觉之间的矛盾已经逐步显现，保加利亚、波兰和罗马尼亚建立了共产党政权，从善意的角度说，这是斯大林预防德国未来入侵的缓冲地带。1945 年 5 月，丘吉尔用“铁幕”描述斯大林躲在幕后破坏之前的保证。同月，杜鲁门总统突然中止了向盟友进行的租借物资运送，理由是这类协议不能延至战后重建时期。虽然此项决策随即出现反复，以激励苏军对日作战，但这仍对美苏关系造成重大破坏。

由于此前几次三巨头会议都曾照顾到斯大林的方便，参加最后一次战时会议时，斯大林被说服在新近的统治权延期后冒险进入西方势力范围的边缘。此次会议代号“终点”，在波茨坦的塞琪琳霍夫宫举行，与会者居住在巴贝尔斯堡的一片别墅群，这个穷人的好莱坞。

13 次全体会议都在下午举行，晚上是令人尴尬的相互宴请，文雅的弦乐四重奏和皇家空军乐队交替出演。斯大林反复写下同一个词“赔款”或心不在焉地在红色背景上信手画下狼群来打发时间。在全体会议上，丘吉尔和斯大林就德国舰队的未来部署，或他们曾同意既不奴役也不灭绝的德国是否意味着重回 1937 年的德国，或他们曾在被炸毁的都市看到的废墟等问题含沙射影地互相攻讦。斯大林纠正了对东普鲁士的误解，并扬言“猎杀”任何胆敢染指柯尼斯堡的德国政权，该城随即更名为加里宁格勒。

波兰问题牵扯了较多精力。在雅尔塔，各方曾就补偿波兰东部与德国西部领土交界地带的损失达成一致，但尚未确定采取何种措施，另有波兰西部边界的精确位置等问题。流亡波兰人拒绝放弃寇松线以东领土，还将因为西扩招致德国永久的报复，都让问题变得更加复杂。他们还觉察到会永久成为苏联的附庸。但流亡波兰人迅速变得无关紧要。1944 年 7 月，斯大林与其卢布林共产党代理人达成秘密边界协定，该协定用苏联的保护交换了奥德-尼斯河一线的国界。在雅尔塔，罗斯福和丘吉尔默许了这些安排，不过他们将西部边界问题留待未来和平解决。1945 年 3 月，波兰临时政府——伦敦和华盛顿均未予以认可——开始在原德国东部各州创设新“省”（Viovodships）。在波茨坦，激怒西方盟国的与其说是苏联人和波兰人的所作所为，不如说是他们的行为方式。杜鲁门拒绝接受波兰未经盟国各方事先同意就被提升为第五大占领国。斯大林答道，由于德国东部此时已十室九空，波兰人别无选择，只能在此建政。杜鲁门暗示假如德国部分领土由无占领资格的国家占领，从而导致赔偿安排被迫延后，这将令人遗憾。丘吉尔提醒斯大林注意失去有大片耕地的西部和德国人西迁正在为盟国占领区带来巨大负担。

盟军对德占领政策也要限制其发动未来战争的潜力，并从已被作为整体对待的经济当中获取赔偿。在西部各区，恶名昭彰的大托拉斯和垄断企业被分解，巨型化工联合企业法本公司被分解成各个子公司：阿克发、巴斯夫、拜尔和赫斯特等 10 家公司。英国人在鲁尔区拆解了矿业联合企业。不少大型工业机构被剥夺了机器并被解散，其中最主要的是萨尔茨吉特的赫尔曼戈林汽车厂。但该计划让美国尝到苦果后，对 1200 多家企业采取的意图就被搁置，不仅是因此而失业的德国人觉得它不得人心。

苏联人估计纳粹在苏联共造成 1280 亿美元的损失，认为 100 亿美元的赔偿数额过低。这一想法在另一场外长间会议上提出时，让苏联从西部占领区获得一定比例的工业制成品，代价是东部占领区的农产品和原材料。

1946 年冬季爆发的严重经济危机及如何应对数百万被驱逐者、难民和获释战俘的问题，表明西方盟国别无他法，必须修复被战争蹂躏的基础设施，并恢复生产。各国基于占领区交换的原则索取赔偿，并且不愿补贴德国，这对刺激德国出口造成了有利影响。备选方案是让盟国纳税人出钱支持德国，英国尤其无力拿出要在1945—1948年注入德国的2亿英镑。英国财政部和公众都不愿补贴德国，尤其是为使粮食从英国流入德国。英国被迫首次实施了面包配给制，而在战争期间英国人都从未沦落到这步田地。占领理事会的1946年工业水平计划为关键工业部门设定了生产上限。这一政策被英美创立一个“共同占领区”的决策取代，即把双方占领区看作一个整体，将西德纳入战后重建的马歇尔计划，这与次年创立的西德马克，都加速了人们自东向西的迁移。

由于对纳粹主义的战争采取了道义征伐的形式，战后欧洲经历了一个对纳粹及其法西斯同党进行“政治清洗”的过程，这场运动在整个欧洲范围内夺去了许多人命。在法国，被就地处决者有约1万人；在克罗地亚，这一数字约为10万。“清洗”采取的形式有“野蛮”的与合法的两种，尽管后者常敷衍了事。某些通敌者不值得同情，有些人则变为个人恩怨和政治旧账的牺牲品。许多前被占国家处理法西斯走狗的问题与盟国各方在德国面对的问题大相径庭，这些通敌者从未受到过广泛拥戴，理论上也易于与普通大众隔离。纳粹主义如同恶性肿瘤，渗透到德国社会的每个角落，仿佛某人扬起一把细沙，扩散到全体公民中间。1945年前，约600万人属于纳粹党，另有数百万人活跃于其附属组织中。可以证明，正是这种情况使德国无法展开激进的清洗，后来的冷战又使这种做法显得更不适宜。

宽泛地说，盟国在德采取的政策寻求的是对罪大恶极者的报复，即对今天可能被称作纳粹心态的事物进行预先驱魔。追求正义必然与战后重建的现实相抵消。盟国公众的注意力被对日本使用的两颗原子弹、巴勒斯坦紧急状态和英国退出印度吸引过去。罗斯福和杜鲁门提出的崇高的乌托邦原则在面对苏联外交的现实时已风光不再，苏联不愿重蹈绥靖政策的覆辙，加上英国渐趋衰落，都使美国介入欧洲防卫。面对这些宏大场景，对纳粹战犯的审判已显得苍白和相对次要。

盟国最紧迫的任务是要迅速拘捕任何可能对占领发起抵抗的人。战争罪嫌疑犯和某些宽泛类别的人们属于必须被捕之列，有些人因所处的组织关系而名列其中。西方盟国在前战俘营内共控制了18.2万此类人员；苏联人在特别营中监禁了122600人。

纳粹战争罪主犯在设于纽伦堡的国际法庭接受审判。根据各流亡政府提议，在1943年9月的莫斯科外长间会议后宣布了盟国举行战争罪审判的意图。其目的是要行使国家司法权，但有“犯罪行为不与特定的区域相联系”的人员除外。在德黑兰，斯大林表达了要枪毙5万名德国军官的想法，这曾让丘吉尔愤然离席。讽刺的是，当时丘吉尔正草拟将被通缉为国际要犯的约100名纳粹首犯就地处决的计划。到他们在雅尔塔会晤时，斯大林已经开始接受进行审判的想法，苏联人早在 1943 年就已在进行审判；1945 年 4 月在旧金山，英国人对这一政策表示赞同。擅长起诉股票交易欺诈的美国专家在控告纳粹要犯有密谋实施侵略和组织经济犯罪等方面发挥了关键作用。

22 名首要文职与军方领导人，包括六个组织的代表分别在四个法庭上受审，罪名包括阴谋发动侵略战争、反和平罪、战争罪和反人类罪。这几宗罪把他们对德国人民犯下的众多罪行排除在外。11 人被判处死刑，并被绞死于 1946 年 1 月 16 日黎明。他们的尸首都被拍照并验明正身。四人被判无罪，包括诺拉伊特和帕彭，余者都被判处长期监禁。甚至按纳粹时期德国法律的标准来看，纽伦堡审判的判决也十分公正，无可争议。此次审判也代表了在一个犯罪政权灭亡后，对其具体运作进行的首次记录在案的洞察。

随后的审判包括美国人进行的 12 次纽伦堡“后续”审判，涉及的是纳粹跨部门犯罪。“对医生的审判”和特遣队案都对探寻“安乐死”谋杀、医学“试验”及对苏联犹太人的残忍暴行的可鄙深度发挥了一定作用。军事法庭听取了针对前集中营内对盟国军人实施暴行的人们的案例。劫掠行径横跨欧洲的纳粹要犯被移交其他盟国政府。1946—1950 年间，约有 1800 名被拘留者被交由波兰政府处理，展开了六场重大战争罪审判。其中约有 6%无罪获释，另有 50%被判处五年以下监禁，11%被判处死刑，这些人并未全部处死。鲁道夫·赫斯被绞死于他从前领地内的一个角落，一间毒气室就在近旁。

德国法庭获得授权，以审判被控对其同胞或无国籍人士实施犯罪的德国人。盟国拒绝这些法庭重新调查已被盟国审判的人，这意味着某些出庭作证者要比他们指证的被告犯的罪行更为深重。到 1950 年，当德国法庭可以审判所有纳粹罪行时，西德已经宣判 4419 人，东德也宣判了 1.2 万人。50 年代中期此类审判基本停止后，1958 年一个负责协调调查与起诉的中央机构在路德维希堡成立。到 1992 年起诉人共对 103823 名个人展开诉讼程序。然而，法律系统内包含了过多前纳粹分子，并对犯罪动机与程度区分过细。德国对纳粹战争罪的起诉到今天仍在继续，最近一个案子涉及参与“收获节屠杀”的一名乌克兰人。澳大利亚和英国都通过了有追溯力的战争罪法律。

整体而言，这些审判能否产生更广泛的教育效果令人怀疑。盟国展开的审判受到“成王败寇”的公开指责，不论事实上这是多么不着边际。德国教会为被告鸣冤叫屈，但当时却对人数众多的受害者几乎只字不提。面对接二连三的剥夺与恐怖，疲惫袭来，人的心理防御机制也要做出本能的反抗。这种情绪扩散到某些盟国，舆论开始对审判德军将领产生反感，盟国方面在冲突期间就曾想象过他们其实是无辜的。甚至连丘吉尔都感到有必要向曼施泰因的防御基金捐款。在牵涉战后重建的国家，苏联的威胁，对英国而言还有巴勒斯坦紧急状态，都使对正义的追求难以持续，巴勒斯坦的犹太恐怖复国主义颠覆了英国对犹太人的同情。1949 年联邦共和国的成立，加上对于柏林和朝鲜日益紧张的冷战局势，都意味着盟国方面需要将德国纳入西方防御体系，这就令盟国各方倾向于宽待战犯。到 1958 年，几乎所有战犯都已从兰茨贝格监狱释放。

盟国政策的另一方面是“去纳粹化”，即在德国社会中对因明显同情纳粹而做出妥协的人们进行深层清洗。这在四个占领区的形式不同、范围各异，更不必说下级区域内采取了多种途径。四大占领区政府都不要德国专设“反法西斯”委员会协助。

英、美、法占领区的做法不尽相同。最初，美国人将 1937 年前就已加入纳粹党或其附属组织的“危险”分子开除公职并拘留。这不够公正，因为它也将为实用原因入党的人们包括在内，而且弄巧成拙的是，它还使社会（及占领方）失去了大量各方面专业人才。政策逐渐由报复转向平反。行政机构改革的机会被错过。1946 年 2 月起，美国人采用发放详细调查问卷的做法，要求被调查者对 131 个问题做出回应，调查对象是其占领区内的 1200 万成人，目的是确定个人和纳粹的牵连程度。他们根据结果将其分为从要犯到清白者的五类人员。接着约 300 万人要在美国监视下服从德国人管理的去纳粹化委员会监管，后因将 1919 年后出生人员和因战致残者排除在外，使人数有所减少。人们之间难免会借此相互恶意谴责。一名前大学校长曾在就职演说中赞美纳粹政权，他还不明智地将演说稿复制了 100 份，他留下两份，其余全部送给友人。当他恭顺地将其中一份交给调查他的美国军官时，后者说：“谢谢，但有人已主动提交了 47 份。”

不可避免的是，许多共谋证据都是为陷害那些完全清白或跃升高位的人们而提供的。对纳粹做出最大妥协的人却直到最后才受处理，这意味着他们的受审恰逢经济人才短缺和冷战开端。这真有点讽刺意味，因为在冷战中，随着纳粹秘密警察、工程师和“苏联问题专家”悄然进入东西方情报机构和专门设立的政府部门，就连最肮脏的黑手也找到了用武之地。

1948 年 4 月，苏联人率先停止去纳粹化，西方列强也随即终止。这样许多前纳粹分子就能安坐于政府机构的高位上，更不必说私人部门了——其中的去纳粹化本来就更不彻底。尽管在日益繁荣的西德，“敖德萨档案”式的党卫军老兵神话控制着“制高点”，但这有别于他们通过自助式网络逃避制裁的现实，但最近数十年的纳粹复苏倾向于出自更边缘化的群体，无异于别国境内和他们同样疯狂的人们。

与去纳粹化计划同时进行的是更广泛的民主价值观“再教育”过程。主要结构性障碍都已被纳粹主义、战争和领土的损失扫除，只是我们应当记住这些结构都由人构成。曾经享有政治特权的普鲁士大地主贵族已失去他们在东部的土地，还频繁丧命。在希特勒时期就已不再发挥政治作用的武装部队已变为名誉扫地的失败的军队。这样，德国商人企业家终于可以独立行事，这在一定程度上是因为商业是任何人都能借以出人头地的唯一全国性职业，尤其在随后出现的社会市场经济中，它清除了资本主义的壁垒。德国精英已在结构上融入了民主。

文化上的去纳粹化得到了保证，以使无产者在文化和智力成就骄人的社会中兴起，尽管“德国文化”并未阻止对最为平庸的政治信念的最广泛的怀疑，受教育程度最高的人群对此关注最少；也未阻止迄今人类已知的打磨得最为精细的工业化屠杀机器运转。不出意料，人们倾向于反感“野蛮”的苏联人，尽管契诃夫、陀思妥耶夫斯基、普希金和托尔斯泰的富有想象力的作品不会被德国人排斥在经典文学范畴之外；人们或还反感“物质主义”的美国人，他们此时正在产生杰克逊·波洛克和弗兰克·劳埃德·赖特等现代主义巨人。

除允许德国人自行其是的英占区外，围绕未来的教育体制问题出现了紧张局面，因为所有学校或被关停或被夷为平地，这就开始了新一轮争夺战。在苏占区，各类教育机构被悉数废除，而且由于70%的教师都曾属于纳粹党，来自“反法西斯”和工人阶级群体的替代人员迅速接受了培训。同样，法国人也开除了数千名教师，并废除了单一性别学校和教会学校。1946年“祖克报告”发表后，美国人决定引入一种综合性非教会教育体系，遭到了来自天主教传统论者的激烈反对，在巴伐利亚反对之声尤为强烈；反对者中还有主张为有学术天分的孩子设立人文主义文法学校的人们。由于美国试图加强一种不为多数欧洲国家所知，也与美国精英自己的做法不符的异端，这就犯了伪善的错误。

教育改革——其中多项都因宗教或地区原因而受阻——还伴随着一次广泛的文化再教育计划，尽管该词语有着明显的奥威尔色彩，但仍被不自觉地选用。

最初，广播和报纸都处于盟国严格控制之下，部分原因在于它们是向被占领区人民传递信息的主要渠道。德国人获得更大自由后，他们还被鼓励以盟国媒体机构为样板；英国人热衷于自治的 BBC 公共广播；苏联人坚持国家全面控制；美国倾向于分散的商业服务。盟国庇佑下编辑的报纸被盟国许可出版的报纸取代。数种大报脱颖而出，包括《法兰克福汇报》《世界报》和《南德意志报》，其中信息与观点分开；另有引人入胜的周刊，如《明镜周刊》和《时代周刊》。主要史学家重新坐上了他们的职业座席，开始反思最近的这场“灾难”——只要他们并未亲身卷入其中——探究纳粹主义究竟是不是普遍或局部传统的产物，抑或肇端于法国革命或德国历史身不由己的发展轨迹。电视出现之前，最受欢迎的大众媒体是电影。不论东德西德，进口影片在战后的岁月里都占最大比重。国产影片主要是讲述战后重建的“瓦砾电影”，或对纳粹时期拍摄的题材库进行重新剪辑和编排，制作不传递政治信息的影片。新闻片继续成为电影院的重头戏，各占领国新闻片被用作对其各自生活方式稍加掩饰的宣传。试图通过强制放映描绘纳粹“死亡工厂”——如哈达马尔和奥尔德鲁夫——的单色短片让德国民众重温最近的恐怖，和强制参访废弃集中营一样令人憎恶。

一种分散而苍白的类宗教属性瓦解了公众对7月20日密谋抵抗者，或“殉道”的德裔被驱逐者和对归国的斯大林格勒战役被俘人员的崇拜。这就仿佛高压电突然接触地面。

现在我们要从已被纳粹与其同伙的罪行暂时弄得麻木不仁的世界后退一步，并从当代视角对这些问题进行探讨。虽然有望得出正面结论，但有必要强调的是，这就仿佛发现自己的居所建在充满放射性氡气的矿井之上，或发现某种未来学大厦的基址原是有毒的垃圾场。在最深层意义上，这个故事没有大团圆的结局，不论我们本能地付出多大努力去寻找。

西德同时加入欧盟和北约，及其随后吞并东面邻邦的复杂经历，都可以写成多部著作。取得惊人成就的德国人将要抛弃政治信仰，不再认为德国可以以别国为代价探索出一条独自通向大国的道路，这条道路已引发两场灾难，其苦果也要由两次大战的失败者——德国人民承担。不论德国面对其纳粹的过去会碰到多么复杂的情况，这段历史本身就成了学术界细致考察的热点，当代德国似乎更青睐其在欧盟内的伙伴，它们有着对全球化、失调市场之间适当的平衡、税收和福利措施，或对一党执政过久的腐败效应等的共同焦虑。这些问题都不仅限于德国。当前对德国式民主的持久质疑之声要明显小于新左派暴力处于巅峰的70年代，也小于反社会和狂热边缘群体袭击某类外国人的80年代。这也都不是局部问题，略窥英法两国情况即可证实。不论德国在这些限制之下选择何种道路，它都将难免遭遇来自内外的批评，这与任何大国情况相同，但这可能越发与德国当前展开的事业相关，这样它就将不再依据过去发生的情况而被世人判断。让任何一国“左右都是错”显然会招致不满，更不必说对着子孙讲述其祖辈的罪孽了，德国也同样不能例外。

矛盾的是，在许多有教养的人当中，“野蛮对待德国人”已变得不合时宜，更不必说拥有前所未有的欧洲思维的年轻一代，聚光灯已转向大屠杀被制度化及记忆化的激烈方式。这很不幸，因为它羞辱了幸存者和数代才学出众治学严谨的学者，这些学者已考证了所发生事件的时间和地点，即使他们不是总能找到发生某事的原因，这种活动是不能与电视上的夸夸其谈和报纸上的“专栏版”混同的。对这些毒瘤的担忧扩散到了欧洲犹太社区、以色列和北美等地。但这些将大屠杀概括为当代政治气候和人格特征从而将其淡化的事物，与原事件的罪大恶极并无关联。对此不应存在任何混淆。这就是本书中浸透着纳粹政权从种族角度驱动的罪恶的原因，因为过去的方方面面都已被其沾染。什么都不能完全脱离这些恐怖事件而独立存在，纳粹经济、纳粹休闲政策都不能，当然军方的战史也不能。与大屠杀的事实脱离的“正常”历史是不存在的，大屠杀已打破了我们以各种方式强加于其上的智力框架。这就是认识论在历史研究上的进步引起对这一主题形成比基于累积的档案“事实”更深刻洞见的众多途径之一，尤其当这些“事实”仅狭隘地为法庭目的而被积累时，它就更加无法暴露纳粹计划背后形而上的动机。

这样，当我们放眼不远的未来，能就这一时代发生的事件得出怎样的概括性结论？未来，不管对纪念和表现的样式进行怎样的论辩，第三帝国的历史始终提醒我们，当绝望的人们转向信仰的政治，尤其当这种政治来自类似西诺雷利在奥尔维耶托主教堂绘制的反基督的伪救世主，但其想象的世界却是可憎的对瓦格纳神话世界的戏仿，而又剥去了后者的宗教调和论与对艺术的奉献，反而致力于永恒的种族斗争，此时，会发生什么。纳粹恶毒的意识形态和现代科学理性混杂，还有一个“园丁国家”的除草能力，外加经过修正的基督教，这种融混使其产生了巨大威力。其做法涉及残酷对待那些正在损害“种族”或所谓阴谋使其灭亡的人们。余下的民众都沐浴在自恋的民族心态中，享受着生活水准暂时性的提高和民族兴旺发达的幻想。盛满食物的盘子、工作和工资袋极大地减少了人们对其他同类的关注。少数人对纳粹的这点缺陷和那点不足牢骚满腹，但他们只见树木不见森林，只有极少数人令自己在大量不容置疑的证据当中洞见真相。正是这种视角在较大范围的民众当中扩散，让我们有理由充满希望。在精算的意义上，我们已变得更加“反感风险”。不存在向幸福跃进的“权宜之计”，即使根据 20 世纪这种冒险能对人造成的毁灭性后果判断去设想真正存在一个理想目标。历史的清单支持这样的判断。被今日所称的“武装起来的放荡不羁者”建立的政权不会造就任何持久的事物，其领袖具体体现了对一切对人类有价值的事物的否认；其追随者使自己蒙羞，失去尊严。这并非是个有教化作用的故事。在这种意义上，在欧洲和北美政治文化中显然存在的底层领域，更为实用的抱负，及有关税收、市场、教育、卫生和福利的谈论，都构成了进步，即使我们暂时没有能表达其非凡的亨利·詹姆斯式道德观的天才史学家。比起生活于大灾变时代的人们，我们的生活也许更加枯燥乏味，但穷极无聊也要强于为某种意识形态幻想而死于非命。